Hulda Behnke
Hamburger Küche: Geprüft und bewährt.
Ein Kochbuch mit über 1000 Originalrezepten
traditioneller Kochkunst aus Hamburg

AF138563

SEVERUS Verlag

Behnke, Hulda: Hamburger Küche: Geprüft und bewährt. Ein Kochbuch mit über 1000 Original-
rezepten traditioneller Kochkunst aus Hamburg. 2019
Neuauflage der Ausgabe von 1923
ISBN: 978-3-96345-082-2

Korrektorat: Ksenia Skuropatova
Satz: Sarah Schwerdtfeger

Cover-Ornamente entnommen aus: Behnke, Hulda: Hamburger Küche: Geprüft und bewährt,
Alster Verlag. Hamburg, 1923.
Illustrationen im Buch: Fritz Behnke

Umschlaggestaltung: Annelie Lamers, SEVERUS Verlag
Umschlagmotiv: Hintergrundstruktur: www.pixabay.com

Bibliografische Information der Deutschen Nationalbibliothek: Die Deutsche Nationalbibliothek
verzeichnet diese Publikation in der Deutschen Nationalbibliografie; detaillierte bibliografische
Daten sind im Internet über https://dnb.de abrufbar.

Der SEVERUS Verlag ist ein Imprint der Bedey & Thoms Media GmbH,
Hermannstal 119k, 22119 Hamburg

SEVERUS Verlag, 2019
http://www.severus-verlag.de
Gedruckt in Deutschland
Der SEVERUS Verlag übernimmt keine juristische Verantwortung oder irgendeine Haftung für
evtl. fehlerhafte Angaben und deren Folgen.

Hulda Behnke

# Hamburger Küche:
# Geprüft und bewährt

Ein Kochbuch mit über 1000 Originalrezepten
traditioneller Kochkunst aus Hamburg

# VORWORT

Mein Kochbuch richtet sich ganz besonders an meine liebe Schülerinnen; ihnen soll das Buch ein guter Führer in der Küche sein. Alles das, was ich in unseren guten, alten Hamburger Haushaltungen erfahren habe, möchte ich auf meine Schülerinnen übertragen. Dieses Buch soll versuchen, den Geschmack bei der Zusammenstellung der einfachen, als auch der feineren Menüs zu fördern. Die nachfolgenden Rezepte und Menüs sind die Ergebnisse meiner 20-jährigen praktischen Arbeit und durch eine möglichst klare Darstellung und genaueste Angabe auch der kleinsten Quantitäten verständlich gemacht. Der Krankenkost sowie der vegetarischen Küche und Resteverwendung ist ebenfalls gedacht worden. – Die künstlerische Ausstattung des Buches verdanke ich meinem lieben Sohn Fritz.

*Die Verfasserin*

*Hulda Behnke*

# Inhalt

# WARME VORGERICHTE

gibt man bei einem Diner gewöhnlich nach der Suppe, kalte Vorgerichte vor der Suppe; sie sind dazu bestimmt, den Appetit zu reizen. Bei einer größeren Tafel, die auf Güte Anspruch machen will, müssen ein warmes und ein kaltes Vorgericht vorhanden sein. Sie bestehen aus verschiedenem Fleisch von zahmem und wildem Geflügel, von Fischen, Austern, Krebsen, Hummern, aus geräucherten und marinierten Fischen, aus Pasteten, Croquetten und gefüllten Brötchen.

**Schweizer Eier für 6 Personen.** Man rechnet à Person 1 Ei. Für 6 Eier folgende Tunke: 1/2 Kochl. Mehlschwitze rührt man mit 1/4 Ltr. Fleischbrühe oder Wasser aus, kocht 2 Tomaten in dieser Tunke in 5 Minuten weich, gießt sie durch ein Sieb, 1 Teel. Zitronensaft, 1 Teel. Kapern oder 2 feingehackte Pfeffergurken oder 1 feingehackte Trüffel daran. Nun füllt man die Hälfte der Tunke in 6 kleine Kasserollen, schlägt

*Zutaten: 6 Eier, 1/2 Kochl. Mehlschwitze, 1/4 Ltr. Fleischbrühe oder Wasser, 2 Tomaten, 1 Teel. Zitronensaft, 1 Teel. Kapern, 2 fein gehackte Pfeffergurken oder 1 fein gehackte Trüffel, 6 Teel. geriebener Schweizer Käse, 3 Teel. Butter.*

ein ganzes Ei dazu und füllt die übrige Tunke über die Eier. Über jedes Ei streut man 1 Teel. geriebenen Schweizer Käse, obenauf legt man 1/2 Teel. Butter. Nun stellt man die Näpfe in eine Pfanne oder flachen Topf, gießt bis zur Hälfte kochendes Wasser hinein, stellt sie 10 Minuten in den heißen Ofen. Sollte sich in dieser Zeit keine Kruste bilden, so hält man eine Schaufel mit glühenden Kohlen über die Eier. Frühstücksgericht.

**Käsepudding mit Erbsen für 6 Personen.** 6 Eidotter rührt man mit 125 Gr. geriebenem Schweizer- oder Parmesankäse 10 Minuten, dann gibt man den festen Schnee der Eier dazu und 1/4

*Zutaten: 6 Eier, 125 Gr. gerieben. Schweizer- oder Parmesankäse, 1/4 Ltr. Rahm oder Milch, 2 1/2 Kilo*

Ltr. Rahm oder Milch. 2 1/2 Kilo ausgepalte Erbsen setzt man mit 1/4 Ltr. kochendem Wasser, einer Messerspitze Natron an und kocht sie 30 Minuten. Das Wasser muss vollständig verkocht sein in dieser Zeit. Nachdem die Erbsen etwas abgekühlt sind, schüttet man sie an die Eimasse und gibt 65 Gr. feingehackten gekochten Schinken oder Rauchfleisch dazu. Ist alles gut verrührt, so schüttet man die Masse in eine gut ausgestrichene, mit Mehl ausgestäubte Puddingform und stellt diese in einen Topf mit kochendem Wasser. Fest zugedeckt kocht man den Pudding 40 Minuten im nicht zu heißen Ofen. Beim Anrichten füllt man eine Tomaten- oder Champignontunke über den gestürzten Pudding.

*Palerbsen, 1/4 Ltr. koch. Wasser, eine Messerspitze Natron, 65 Gr. fein gehackter gekocht. Schinken oder Rauchfleisch.*

**Schnepfen-Pastetchen.** Bei diesen ist die Bereitungsart nach der Vorschrift der nachfolgenden Pasteten; man nimmt für 12 Personen 18 Pasteten, 8 Bekassinen, oder 3 Schnepfen und 65 Gr. Geflügelleber. Den Pastetenteig siehe unter Blätterteig.

**Pasteten mit Krammetsvögeln für 12 Personen.** (Siehe unter Salmi von Krammetsvögeln.) Die Pasteten stellt man 10 Minuten vor dem Anrichten in den nicht zu heißen Ofen. Das Salmi darf nicht kochen, man stellt es 30 Minuten vor dem Anrichten in einen Topf mit heißem Wasser. Die Brüste legt man oben auf jede Pastete.

*Zutaten: 14 Krammetsvögel, 65 Gr. Geflügelleber, 18 Pasteten.*

**Pasteten nach schwedischer Art für 12 Personen.** 18 kleine Pasteten (siehe unter Blätterteigpasteten) werden 10 Minuten vor dem Anrichten in den nicht zu heißen Ofen gestellt, dann mit nachfolgendem kleinen Ragout gefüllt. 18 Krebse, 250 Gr. frische Champignons, 3 Karpfen, Milchner, 1/2 Kalbsschweser, 3 gewässerte, von der Gräte befreite, in Würfel geschnittene Sardellen. Man bereitet von den Krebsschalen mit 65 Gr. Butter rote Krebsbutter. Diese Schwitzt man im Topfe mit 1 Kochl. Mehl unter Rühren 1–2 Minuten, gibt dann 1/4 Ltr. Kalbfleischbrühe dazu, quirlt die Tunke mit 1 Eidotter ab und gibt nach Geschmack Salz dazu. Sämtliche Zutaten schneidet man in Würfel und legt diese in die fertige Tunke; die Krebsschwänze legt man beim Anrichten oben auf. Das Ragout stellt man zum Heißwerden 30 Minuten vor dem Anrichten in einen Topf mit heißem Wasser. Man richtet die Pasteten auf einer Serviette an, legt auf den Rand der Serviette geröstete Brötchen, die man mit Kaviar bestreicht.

*Zutaten: 18 Pasteten, 1 Fasan, 65 Gr. Trüffeln, 65 Gr. Hahnennieren, 6 Geflügellebern, 1 Kochl. Mehlschwitze, 125 Gr. Fleischbrühe, 1/2 Teel. Liebig.*

**Ragout nach anderer Art für 18 Personen.**
18 Pastetenkörbchen (siehe unter römische Pasteten) stellt man 10 Minuten vor dem Anrichten in den nicht zu heißen Ofen. Dann füllt man nachstehendes Ragout in dieselben. Das Brustfleisch eines kleinen gebratenen

*Zutaten: 18 Pasteten, 250-Gr.-Dose Gänseleber, 1 Kochl. Mehlschwitze, 1/4 Ltr. dunkle Kraftbrühe, 1 Messerspitze Liebig, 125 Gr. Trüffeln, 2 Essl. Madeira.*

Fasans, 65 Gr. Trüffeln, 65 Gr. Hahnennieren, 6 in Butter geröstete Geflügelebern, sämtliche Zutaten werden in Würfel geschnitten. 1 Kochl. Mehlschwitze rührt man mit 1/4 Ltr. dunkler Brühe glatt (diese kocht man aus den Knochenresten vom Fasan). Die Trüffeln lässt man in dieser Tunke 5 Minuten langsam dämpfen, 1/2 Teel. Liebig erhöht den Geschmack; die Zutaten lässt man in der Tunke 30 Minuten vor dem Anrichten heiß werden. Man stellt den Topf zu diesem Zweck in heißes Wasser. Lässt man das Ragout auf der Herdplatte kochen, wird es unansehnlich und geschmacklos.

**Kiebitzeier mit warmen Schinkenbrötchen.** Man rechnet auf die Person 1–2 Eier. Diese werden vorsichtig mit reichlich kaltem Wasser gewaschen, dann bedeckt mit lauwarmem Wasser angesetzt, langsam ins Kochen gebracht und 8 Minuten ohne Deckel gekocht. Dann richtet man sie in einem Nest von frischer Kresse an und gibt geröstetes Brot, frische Butter und Schinkenbrötchen (siehe unter Schinkenbrötchen) dazu.

**Pastetchen mit Gänseleber-Trüffel für 12 Personen.** Die Gänseleberdose wird geöffnet, dann in kochendes Wasser gestellt, damit sich die Butter löst. Hiernach stürzt man die Leber auf einen Teller, zerschneidet sie in Würfel. 1 Kochl. Mehlschwitze rührt man mit 1/4 Ltr.

*Zutaten: 18 Pasteten, 250-Gr.-Dose Gänseleber, 1 Kochl. Mehlschwitze, 1/4 Ltr. dunkle Kraftbrühe, 1 Messerspitze Liebig, 125 Gr. Trüffeln, 2 Essl. Madeira.*

dunkler Kraftbrühe aus, 2 Essl. Madeira gibt man dazu, dann lässt man die Trüffeln in dieser Tunke 5 Minuten langsam kochen, gibt die Leber hinzu. Man stellt das Ragout 30 Minuten vor dem Anrichten in einen Topf mit heißem Wasser. Durch unnötiges Rühren wird das Ragout unansehnlich. Die fertigen Pasteten werden 10 Minuten vor dem Anrichten erwärmt, dann gefüllt.

**Möweneier** serviert man ebenso. Sie sind im Einkauf billiger.

**Rührei mit Trüffeln und geräuchertem Lachs für 6 Personen.** 65 Gr. Trüffeln werden gröblich gehackt. 1/2 Kochl. Mehlschwitze rührt man mit 1/2 Ltr. brauner, kräftiger

*Zutaten: 65 Gr. Trüffeln, 125 Gr. geräuch. Lachs, 2 ganze Eier, 6 Eidotter, 1 Essl. Butter, 2 Essl. Rahm,*

Fleischbrühe glatt, lässt dieses 5 Minuten mit den Trüffeln langsam kochen, mischt dann 125 Gr. in Würfel geschnittenen geräucherten *1/2 Teel. Salz, 1/2 Kochl. Mehlschwitze, 1/8 Ltr. Fleischbrühe.* Lachs unter die Trüffeln und stellt dieses 10 Minuten vor dem Anrichten in heißes Wasser. 2 ganze Eier und 6 Eidotter schlägt man 5 Minuten, gibt 1 Essl. weiche Butter, 2 Essl. süßen Rahm und 1/2 Teel. Salz dazu und bereitet hiervon Rührei. 1/4 von der Trüffel- und Lachsmasse mischt man rasch unter das fertige Rührei, richtet es auf einer erwärmen Platte an und füllt in die Mitte die übrige Trüffelmasse. Außenherum legt man in Butter geröstete Brotschnittchen oder Leberbrötchen. Das Gericht muss sogleich serviert werden; durch langes Stehen wird der Lachs geschmacklos.

**Schnittchen à la Douglas für 10 Personen.** Man sticht mit einem großen Eierbecher 24 Brotschnitten aus, röstet diese goldgelb in Butter und belegt sie mit heißen Markscheiben (siehe unter Markbrötchen). Auf das Mark legt man 1 rohe holländische Auster, auf dieselbe 1/2 Teel. feinsten Kaviar.

**Italienischer Pfannkuchen für 4 Personen.** Man gibt das Gericht bei einem Frühstück und verwendet hierzu Fleischreste. 125 Gr. Fleischrest ist in Würfel zu schneiden, 1/2 Kochl. Mehlschwitze mit 1/4 Ltr. Fleisch- *Zutaten: 125 Gramm Fleischrest, 1/2 Kochl. Mehlschwitze, 1/4 Ltr. Fleischbrühe, 65 Gr. Trüffeln, 1/2 Teel. Salz, 65 Gr. Schweizer Käse, 1 Teel. Butter.* brühe aufzurühren, dann der Inhalt von 65 Gr. Trüffeln, die man vorher gehackt, dazuzugeben und die Tunke 5 Minuten zu kochen. Endlich tut man 1/2 Teel. Salz und das Fleisch dazu. Man backt 2 Pfannkuchen (siehe unter Pfannkuchen). Auf den Boden einer Gratinplatte legt man einen Pfannkuchen, füllt dann das Fleisch mit der Tunke dazu und legt über das Ganze den zweiten Pfannkuchen. Über das Ganze streut man 65 Gr. geriebenen Schweizer Käse und legt obenauf einen Teel. Butter. Nun bäckt man das Gericht 10 Minuten vor dem Anrichten im heißen Ofen.

**Verlorene Eier auf geröstetem Brot mit Krebstunke.** Frühstücksgericht. Hierzu müs- *Zutaten: 1/2 Ltr. Wasser, 2 Essl. Essig, 1 ganzes Ei.* sen die Eier besonders frisch sein. 1/2 Ltr. Wasser bringt man mit 2 Essl. Essig ins Kochen. Dann schlägt man ein ganzes Ei schnell in einen Löffel, den man in das heiße Essigwasser hält; den Löffel hält man 6 Minuten an den Rand des Topfes, indem man das Ei einmal umlegt. Das Wasser darf nur langsam kochen. Man richtet die Eier auf in Butter geröstetem Brot oder Artischockenböden mit Béchamel- oder Krebstunke an, oder man verwendet sie als Einlage für Suppen und auch für Kranke.

**Käsepudding für 6 Personen.** Der geriebene Käse wird mit den Eidottern, der Butter, dem gehackten Schinken und dem Rahm 5 Minuten gerührt und dann der feste Schnee von 6 Eiern dazugegeben. Diese Masse gießt man in eine mit Butter ausgestrichene Form oder Auflaufform, welche in einem Topf mit kochendem Wasser 1/2 Stunde in den nicht zu heißen Ofen gestellt wird. Der Käsepudding ist als Frühstücksgericht zu verwenden und kann beim Anrichten mit Krebstunke übergossen werden.

*Zutaten: 125 Gramm Schweizer Käse, 125 Gr. gekochten Schinken, 8 Eier, 1/2 Ltr. saurer Raum, 1 Kochl. Butter.*

**Bismarckeier für 8 Personen.** Frühstücksgericht. 125 Gr. gekochter Schinken, fein gehackt, wird mit 65 Gr. Parmesankäse vermischt. 8 Tassen werden mit Butter ausgestrichen, in jede Tasse 1 Ei ganz hineingeschlagen, der Schinken daraufgelegt, hiernach die Tassen in kochendes Wasser gestellt, zugedeckt 10 Minuten langsam gekocht. Beim Anrichten stürzen, mit Holländischer Tunke übergießen.

*Zutaten: 125 Gr. gekochter Schinken, 65 Gr. Parmesankäse, 8 Eier.*

**Auflauf mit Spargel für 4 Personen.** Die ganzen Eier schlägt man in einer Schüssel mit einem Teel. Salz 10 Minuten, dann gibt man das Mehl, die Hälfte vom kalten Wasser hinzu und schlägt den Teig noch 5 Minuten. Nach dieser Zeit gießt man die zweite Hälfte vom Wasser kochend dazu. Zwei gleich große Pfannen erhitzt man auf dem geschlossenen Herd, legt in jede Pfanne 15 Gr. Butter, und dann gießt man den Teig in die Pfanne, bäckt die Pfannkuchen unter öfterem Umlegen in 5 Minuten kross bei nicht zu starker Hitze; Den Spargel schält man, setzt ihn mit 1/2 Ltr. kochendem Wasser an und kocht ihn zugedeckt 30 Minuten. Nach dieser Zeit gießt man den Inhalt einer 1/2-Kilo-Dose Pfifferlinge oder Steinpilze dazu. 30 Gr. Mehl, 15 Gr. Butter oder Fett schwitzt man unter Rühren 2–3 Minuten, dann gießt man die Spargelbrühe nach und nach dazu. Nachdem die Tunke aufgekocht, werden das gehackte Kalbfleisch und der gehackte Schinken dazugegeben. Einen Pfannkuchen legt man in die Auflaufschüssel, die Füllung legt man auf diesen Pfannkuchen, über die Füllung legt man wieder einen Pfannkuchen. Obenauf streut man den geriebenen Käse, und wenn man sie hat, so legt man einen Essl. Butter dazu. Im heißen Ofen 20 Minuten backen.

*Zutaten: 1 Kilo Spargel, 1/2 Kilo Pfifferlinge, 65 Gr. Schinken, 125 Gr. Kalbsbraten, 2 Eier, 65 Gr. Mehl 1/4 Ltr. Wasser, 65 Gr. Käse.*

**Markbrötchen für 4 Personen.** Man verwendet die Brötchen als Beilage zu jedem Gemüse. Für 4 Personen nimmt man 65 Gr. Ochsenmark, schneidet es in 2 cm dicke

*Zutaten: 65 Gr. Ochsenmark, reichlich kochendes Salzwasser.*

Scheiben und legt diese 1 Stunde vor dem Gebrauch in reichliches kaltes Wasser. Das Wasser muss man des Öfteren erneuern, damit das Mark weiß bleibt. Nun setzt man die Markscheiben mit reichlich kochendem Salzwasser an, kocht sie einmal auf und stellt dann den Topf fest zugedeckt 10–15 Minuten beiseite. Lässt man das Wasser weiterkochen, zerfließt das Mark. Das Mark legt man auf vorher in Butter geröstete Brotscheiben und füllt dann über das Mark je 1 Teel. dickliche braune Krafttunke.

**Römische Pasteten für 12 Personen.** Man füllt sie mit jedem Ragout und gibt sie beim Frühstück oder Abendessen zur Tassenbrühe. Auch kann man sie mit verschiedenem

*Zutaten: 1/2 Kilo Palmin od. Kalbsnierenfett, oder Schmalz, 125 Gr. Mehl, 1/8 Ltr. kaltes Wasser, 2 ganze Eier.*

Gemüse als Gemüsegang oder Bratengarnitur verwenden. Um den schlechten Geruch zu vermeiden, empfiehlt es sich, die Pasteten 1 Stunde vor dem Gebrauch fertigzuhalten. Man stellt die Pasteten zum Heißbleiben in den Tellerwärmer und 10 Minuten vor dem Anrichten in den Bratofen. Niemals darf man sie im kalten Raum stehen lassen, da sie sonst zusammenfallen. 1/2 Kilo Palmin, Kalbsnierenfett oder Schmalz setzt man in einem hohen, tiefen Topf zum Heißwerden an. Das Pasteteneisen legt man gleich mit hinein. 125 Gr. Mehl rührt man mit 1/8 Ltr. kaltem Wasser zu einem glatten Teig, gibt 2 ganze Eier dazu und tut den Teig in eine tiefe Tasse oder Schüssel. Dann taucht man das heiße Eisen rasch in diesen Teig, hält dasselbe hiernach mit dem Teig rasch ins Fett und backt die Pastete in 2–3 Minuten hellbraun.

**Austernragout für 12 Personen.** Man rechnet auf die Person 3 Austern. Für 12 Personen nimmt man 1/2 Kilo schieres Kalbfleisch, setzt dieses mit 1 Ltr. kaltem Wasser, 1 kleinen Zwiebel, 6 Pfefferkörnern, 1 Teel. Salz in geschlossenem Topf an und lässt es 2 Stunden kochen. Die Flüssigkeit lässt man bis auf 1/4 Ltr. einkochen. Die Bräte der Austern lässt man in dieser Flüssigkeit 1 Minute kochen und gießt dann die

*Zutaten: 36 Austern, 1/2 Kilo schieres Kalbfleisch, 1 Ltr. kaltes Wasser, 1 kl. Zwiebel, 6 Pfefferkörner, 1 1/2 Teel. Salz, 1/8 Ltr. milder Rheinwein, 1 gehäufter Kochl. Mehlschwitze, 2 Teel. Zitronensaft, 2 Esslöffel Schlagrahm, dann 1 Teel. frische Butter.*

Flüssigkeit durch ein Sieb. 1/8 Ltr. milden Rheinwein bringt man ins Kochen, schüttet die Austern in den kochenden Wein, deckt sie rasch zu und lässt sie hierin 1 Minute stecken, nicht kochen; vom Kochen werden die Austern hart. Nun legt man die Austern auf einen Teller und stellt sie beiseite. 1 gehäuften Kochl. Mehlschwitze rührt man mit der Kalbfleischbrühe aus und gießt den Wein dazu; dann nach Geschmack 1/2 Teel. Salz, 2 Teel. Zitronensaft, 1 Essl. Schlagrahm (ungeschlagen). Nun legt man die gedämpften Austern in diese

Tunke und tut 1 Teel. frische Butter darauf. Man stellt das Ragout in heißes Wasser, füllt es dann in die gewärmten Pasteten und legt obenauf eine gebratene Auster (siehe unter Austern). Sobald man die Austern in die heiße Tunke gelegt hat, muss man das Ragout anrichten; sonst werden die Austern hart.

**Omelette aux fines herbes für 3 Personen.** 3 Eidotter rührt man mit 1 Messerspitze Salz 10 Minuten und gibt den festen Schnee der Eier und 1 gehäuften Teel. Kräuter dazu; 1 gehäuften Kochl. Butter lässt man in der nicht zu heißen Pfanne dünn *Zutaten: 3 Eier, 1 Messerspitze Salz, 1 geh. Teel. Kräuter.* werden. Dann gibt man die Masse dazu und bäckt das Omelett bei geschlossenem Herd 5 Minuten, indem man eine Schaufel mit glühenden Kohlen über die Pfanne hält. Man muss das Omelett sofort anrichten. Es wird mit Krabben, Krebsragout, Champignons, Geflügelleber usw. gefüllt.

**Warme Käsebröte für 6 Personen.** Die Rinde der Weißbrotscheiben wird abgeschnitten und die Brote mit Butter bestrichen. Darüber gibt man 1 Messerspitze Liebigs Fleischextrakt, legt darauf den Käse und streut 1 Messerspitze Paprika über das Ganze. Man legt die Brote nicht zu dicht nebeneinander auf *Zutaten: 65 Gr. Butter, 65 Gr. Schweizer Käse, 6 Weißbrotscheiben, 1 Messerspitze Liebig-Fleischextrakt, 1 Messerspitze Paprika.* ein mit Butter bestrichenes Blech und stellt dasselbe 3–5 Minuten in den heißen Ofen. Chesterkäse ist auch zu verwenden. Man kann dieses Gericht entweder beim Frühstück als Vorgericht zur Tassenbrühe oder bei einem feinen Mittagessen geben.

**Omelett.** 4 Eidotter rührt man mit 1 Teel. Weizenmehl, 2 Essl. geriebenem Käse, 1/8 Ltr. Milch in einer Schüssel 10 Minuten. Dann 1/2 Teel. Salz und der Schnee der Eier. Man stellt 2 Pfannen auf den Herd und gibt in jede *Zutaten: 4 Eier, 1 Teel. Weizenmehl, 2 Essl. gerieb. Käse, 1/8 Ltr. Milch, 1/2 Teel. Salz, 1/2 Kochl. Butter, 2 Teel. Schnittlauch.* 1/2 Kochl. Butter. Darauf tut man in jede Pfanne die Hälfte der Eimasse. Die Masse wird nun ohne zu rühren, ein bis zwei Mal gebacken, ein Mal vorsichtig umgelegt. Dieses lege man auf eine Auflaufschüssel. Darauf gibt man einen Fleischrest mit Tunke oder Champignons mit Tunke oder Kalbsschweser mit Tunke oder Krabben mit Tunke. Jetzt legt man das zweite Omelett darüber, streut 1 Essl. Käse darüber und legt 1 Essl. Butter darauf. 5 Minuten vor dem Anrichten noch einmal in den heißen Ofen. Außer Käse kann man 2 Teel. Schnittlauch geben. Jeden Fleischrest vom Braten kann man hierzu verwenden, auch Schinken. 125 Gr. Fleischrest schneidet man in kleine Würfel, gibt 1 Teel. Butter, 1 Teel. Mehl in einen Topf, schwitzt dieses 1–2 Minuten, gießt

1/8 Ltr. Tunkenreste oder Wasser dazu, lässt dieses einmal aufkochen und gibt dann das Fleisch in die Tunke. Dieses Gericht eignet sich auch für Kranke.

**Eier mit Curry-Tunke im Reisrand für 4 Personen.** Das gewaschene Fleisch wird mit 3/4 Ltr. kaltem Wasser und dem Salz angesetzt und langsam eine Stunde gekocht. Der Reis wird *Zutaten: 4 Eier, 250 Gr. Reis, 5 Gr. Salz, 5 Gr. Curry, 10 Gr. Butter, 15 Gr. Weizenmehl, 100 Gr. Kalbfleisch.* so lange gewaschen, bis das Wasser klar bleibt, dann wird er angesetzt mit 3/4 Ltr. kochendem Wasser und 1 Teel. Salz. Zugedeckt kocht man den Reis 15 Minuten. Dann stellt man ihn ohne Deckel 10 Minuten in den heißen Ofen. 1 Teel. Butter kann man dazu geben, ebenso wird eine Randform dick mit Butter ausgestrichen und der Reis in die Form gefüllt. 3/4 Ltr. Wasser bringt man mit 1/8 Ltr. Essig ins Kochen, schlägt ein rohes Ei schnell in das kochende Wasser und lässt es hierin langsam 3 Minuten kochen. Dann nimmt man es heraus und bereitet die übrigen Eier ebenso. Butter und Weizenmehl schwitzt man im Topfe unter Rühren, die Kalbfleischbrühe und den Curry gibt man nach und nach hinzu. Man lässt die Tunke ohne Deckel 5 Minuten kochen. Beim Anrichten stürzt man den Reisrand auf eine vorher gewärmte runde Platte, legt in die Mitte des Randes die Eier und gießt die dickliche Tunke über die Eier.

**Käse-Auflauf für 4 Personen.** Der Käse wird gerieben, Eidotter und Maispeis rührt man 5 Minuten, dann gibt man die kalte Milch, den recht feingehackten Schinken und zuletzt den festen Schnee der Eier hinzu. Die Masse wird *Zutaten: 125 Gramm Schweizer Käse, 4 Eier, 1/4 Ltr. Milch, 80 Gr. Maispeis, 30 Gr. fein gehackten Rohschinken oder Speck.* in eine gefettete Auflaufform gefüllt und im nicht zu heißen Ofen 20 Minuten gebacken. Der Auflauf muss sogleich serviert werden. Vom langen Stehen fällt er.

**Warme Schinkenbrote für 4-6 Personen.** Man gibt sie beim Frühstück zur Tassenbrühe oder beim Mittagessen als Gemüsebeilage. 12 Scheiben von einem Weißbrot werden erst *Zutaten: 12 Scheiben Weißbrot, 65 Gramm Butter, 1 Teel. Senf, 65 Gr. Schweizer Käse, 65 Gr. gekocht. Schinken.* mit Butter, dann dünn mit Senf bestrichen. Man legt auf die Brotscheiben eine dünne Scheibe Schweizerkäse, dann eine Scheibe gekochten Schinken, dann wieder eine Scheibe Brot, die Butterseite auf den Schinken. Die Brote drückt man fest zusammen und schneidet die Rinden ab. Sind die Brote vorbereitet, werden sie mit wenig Butter in der Pfanne gebraten. Die Brote dürfen nicht zu dicht nebeneinander liegen. Man brät sie 5 Minuten im Ganzen bei nicht zu starker Hitze. Inzwischen werden sie einmal umgelegt.

**Lachsbrötchen für 6 Personen.** Die Brötchen sind zur Tassenbrühe zum Frühstück zu verwenden. 1 Kochl. Butter mischt man mit 1 gehäuftem Teel. feingehackter Petersilie, streicht die Butter auf 12 große Weißbrotscheiben, legt 65 Gr. geräucherten Lachs auf 6 der Brotscheiben, legt die Butterseite der anderen Brötchen auf den Lachs, drückt die Brötchen fest zusammen, schneidet die Rinden ab, gießt auf jedes Brötchen 1 Teel. Milch und legt die Brötchen mit der begossenen Seite sofort auf eine Platte. 65 Gr. Käse wird gerieben; in der Käsemasse wendet man die Brötchen, paniert sie in Eiweiß und Zwieback, lässt einen gehäuften Kochl. Butter in der Pfanne hellbraun werden und brät die Brötchen hierin 3–5 Minuten. Inzwischen werden sie einmal umgelegt.

*Zutaten: 65 Gr. Lachs, 6 Brötchen, 6 Teel. Milch, 65 Gr. Butter, 1 gehäuften Teel., fein gehackte Petersilie, Eiweiß und Zwieback.*

**Nierenschnitten für 6 Personen.** Man verwendet sie als Beilage zur Tassenbrühe oder zu jedem Gemüsegang. Eine Kalbsniere wird gewaschen, mit 1/2 Teel. Pfeffer und 1 Teel. Salz bestreut, in Mehl gewendet, im geschlossenen Topf ohne Butter angesetzt und im eigenen Saft 30 Minuten gedämpft. Ist die Niere in dieser Zeit nicht braun genug, legt man den Deckel beiseite und lässt den Fleischsaft vollständig einschmoren. Inzwischen wird die Niere oftmals umgelegt. Man gießt 1/2 Ltr. lauwarmes Wasser auf die Niere und lässt sie noch langsam 30 Minuten dampfen. Durch starkes Kochen wird die Niere hart. Die Flüssigkeit lässt man auf 1/4 Ltr. eindämpfen. 1/2 Kochl. Mehlschwitze rührt man mit der Tunke aus und gibt 1 Essl. Madeira dazu. Die Tunke muss braun aussehen, pikant und kräftig schmecken. Die gehackte Niere gibt man dazu. Die Masse muss dicklich sein, man streicht sie auf kleine längliche Brötchen, die auf eine vorher mit Butter bestrichene Platte zu legen sind. Auf jedes Brötchen streut man 1 Messerspitze geriebenen Käse, und 1 Messerspitze Butter legt man darauf. Man bäckt die Brötchen im heißen Ofen 5 Minuten.

*Zutaten: Kalbsniere, 1/2 Teel. Pfeffer, 1 Teel. Salz, Mehl, 1/2 Ltr. lauwarmes Wasser, 1 Kochl. Mehlschwitze, 1 Essl. Madeira.*

**Käsecremepasteten für 6 Personen.** 125 Gr. Mehl rührt man mit 1/8 Ltr. kaltem Wasser in einer tiefen Schüssel zu einem glatten Teig, gibt 1 Eidotter dazu und macht 1/2 Kilo Palmin oder Fleischfett heiß. Das Pasteteneisen bleibt in diesem Fett 1/4 Stunde, um vor dem Gebrauch heiß zu werden, dann taucht man es in den Teig und hält das Eisen mit dem Teig 3 Minuten in das heiße Fett. Die Pasteten müssen in dieser Zeit hellbraun werden und kross gebacken sein. Man hält die Pastete für 3–4 Stunden vor dem Gebrauch fertig und stellt sie 10 Minuten vor dem Anrichten in den nicht

*Zutaten: 125 Gr. Mehl, 1/8 Ltr. kaltes Wasser, 1/2 Kilo Palmin oder Fleischfett.*

zu heißen Ofen. Die Pasteten können auch für kleine Ragouts oder auch für verschiedene Gemüse verwendet werden. Füllt man sie mit folgender Käsecreme, so sind sie bei einem Mittagessen als warmer Käsegang zu geben.

**Käsebälle für 4 Personen.** Man gibt sie als Vorgericht mit gebackener Petersilie oder als Beilage zu jedem dunklen Braten. 65 Gr. Mehl und 65 Gr. Butter schmilzt man im Topf unter Rühren 5 Minuten und gibt 1/8 Ltr. heißes Wasser dazu. Den Teig rührt man bei mäßiger Hitze 2–3 Minuten, bis er glatt vom Topf lässt, und stellt dann die Masse 30 Minuten zum Auskühlen beiseite. Hiernach gibt man nach und nach 2 ganze Eier dazu, außerdem 1 Teel. Salz und 1 Teel. geriebenen Käse. Mit einem Teelöffel formt man Klöße, setzt diese in nicht zu heißes Fett und lässt sie unter einmaligem Umlegen 5 Minuten langsam backen. Danach legt man sie auf einen Teller und bestreut sie mit 2 Essl. geriebenem Käse. Den Teller stellt man vor dem Anrichten 5 Minuten in den heißen Ofen. Will man den Geruch vermeiden, sind die Bälle 30 Minuten vor dem Anrichten fertigzuhalten. Das Fett muss nach dem Gebrauch gleich zugedeckt und kaltgestellt werden. Man nimmt Palmin. Ist das Fett zu heiß, so gehen die Klöße nicht auf, werden zu schnell dunkel und bleiben innen ungar. Um die Hitze auszuprobieren, empfiehlt es sich, 1 Messerspitze Teig in das Fett zu setzen. Wird diese Probe in 2 Minuten dunkelbraun, so ist das Fett zu heiß; die Probe muss nach 2 Minuten hellgelb aussehen und gebunden bleiben.

*Zutaten: 65 Gr. Mehl, 65 Gr. Butter, 1/8 Ltr. heißes Wasser, 2 Eier, 1 Teel. Salz, 1 Teel. geriebenen Käse, 1/2 Kilo Palmin.*

**Käsecreme für 4 Personen.** 1/3 Ltr. Milch oder süßer Rahm ist ins Kochen zu bringen. 1 Teel. Maizenamehl rührt man mit 1 Essl. kaltem Wasser aus, gießt dieses unter Rühren in die kochende Milch, gibt 65 Gr. geriebenen Chesterkäse dazu und kocht das Ganze, immer rührend, 3 Minuten. Dann stellt man es 10 Minuten beiseite, gibt 1 ganzes Ei dazu, 1/2 Teel. Senf und 1 Messerspitze Salz nach Geschmack. 10 Minuten vor dem Anrichten macht man diese Crememasse unter Rühren recht heiß, gibt 1 Teel. frische Butter nach Geschmack dazu und füllt die Masse rasch in die heißen Pasteten.

*Zutaten: 1/8 Ltr. Milch oder süß. Rahm, 1 Teel. Maizenamehl, 65 Gr. gehob. Chesterkäse, 1 Ei, 1/2 Teel. Senf, 1 Messerspitze Salz, 1 Teel. frische Butter.*

**Käse-Soufflees für 4 Personen.** Sie werden als Vorgericht, als warmer Käsegang, oder auch als Frühstücksgericht zu Fleischbrühe in Tassen gegeben. 125 Gr. Chesterkäse oder andere

*Zutaten: 125 Gramm Chesterkäse, 3 Eidotter, 1/8 Ltr. Rahm, 1 Messersp. Cayennepfeffer und Salz, 1 Essl. geschmolzene Butter.*

Käsereste werden gerieben, mit 3 Eidottern und 1/8 Ltr. Rahm 5 Minuten verrührt. Nach Geschmack gibt man 1 Messerspitze Cayennepfeffer und Salz dazu, dann zuletzt den Schnee der festen Eier. Ist der Schnee gut verrührt, fügt man 1 Essl. geschmolzene Butter hinzu. Diese Masse wird nun rasch in kleine Porzellankasserollen gefüllt, die man vorher mit Butter ausgestrichen hat. Man kann auch stattdessen Papierkästchen verwenden. Nun müssen sie 15 Minuten in den nicht zu heißen Ofen zum Backen gestellt werden.

**Feinere Schwesercroquetten für 12 Personen.** Zum Frühstück oder zu einem feineren Essen als Vorgericht mit gebackener Petersilie oder als Gemüsebeilage. Eine Schweser im Gewicht bis 1 Kilo legt man, damit sie weiß wird, 1–2 Stunden vor Gebrauch in kaltes Wasser, setzt die Schweser darauf mit 1/2 Ltr. kaltem Wasser an und tut 1 Zwiebel, 10 Pfefferkörner, 1 Teel. Salz dazu. Man kocht sie zugedeckt langsam 30 Minuten. Alsdann legt man die Schweser wieder in reichlich kaltes Wasser, zieht die Haut ab und schneidet die Schweser in Würfel. 1 Kochl. Mehlschwitze rührt man mit der Brühe aus und gibt 125 Gr. vorbereitete Champignons dazu. Man lässt die Tunke 10 Minuten langsam kochen. Statt der Champignons können auch 65 Gr. Trüffeln genommen werden. 1 Teel. Zitronensaft gibt man zu der Tunke und, wenn nötig, etwas Salz nach Geschmack. Die Schweser lässt man wieder aufkochen und quirlt hiernach das Ganze mit 2 Eidottern ab. Die Eidotter müssen vorher 10 Minuten gerührt werden. Ehe man die Schweser an die Tunke tut, sind 3 Blatt Gelatine anzufeuchten und mit der Schweser einmal aufzukochen. Die Masse hält man 3–4 Stunden vor Gebrauch fertig, formt dann Bälle, wendet diese in Mehl, dann in Eiweiß und Zwieback und bäckt sie in heißem Fett, 3 Stück zurzeit, kross.

*Zutaten: 1 Schweser od. Milchner Brischen im Gewicht bis 1 Kilo, 1/2 Ltr. kaltes Wasser, 1 Zwiebel, 10 Pfefferkörner, 1 Teel. Salz, 1 Kochl. Mehlschwitze, 125 Gr. Champignons oder 65 Gr. Trüffeln, 1 Teel. Zitronensaft, 2 Eidotter, 3 Blatt weiße Gelatine, Mehl, Eiweiß, Zwieback.*

**Käseschnittchen für 4 Personen.** 2 Eidotter werden mit dem Mehl und der kalten Milch zu einem Teig verrührt, den festen Schnee der Eier gibt man dazu, danach den geriebenen Käse. Die Rundstücke schneidet man in Scheiben, legt sie in den Teig. Eine Pfanne wird mit 1 Kochl. Butter angesetzt, der Teig wird in die Pfanne gegossen und wie ein Pfannkuchen gebacken.

*Zutaten: 4 Rundstücke, 3 Eier, 10 Gr. Mehl, 1/8 Ltr. Milch, 60 Gr. Schweizer Käse.*

**Gebratene Austern.** Sie werden mit einem Tuche getrocknet, dann in Eiweiß und Zwieback paniert; das Eiweiß wird vorher mit einer Gabel tüchtig durchgeschlagen

*Zutaten: 2 Austern à Person. Eiweiß und Zwieback.*

und etwas Salz hinzugefügt. Reichlich Butter lässt man in der Pfanne gold-gelb werden, legt dann die Austern hinein und brät sie unter Umlegen bei raschem Feuer 1–2 Minuten. Die Pfanne öfters schütteln.

**Anchovisbrötchen für 6 Personen.** Man gibt diese als Beilage zu jedem Gemüse, oder mit Kiebitzeiern bei einem Frühstück zur Tassenbrühe. *Zutaten: 65 Gr. gekochter Schinken, 12 Anchovis, 3 Eiweiß.* Kleine runde Brotschnitte werden mit reichlich Butter goldgelb gebraten; dann beiseite gestellt. 65 Gr. gekochten Schinken und 12 von der Gräte befreite Anchovis werden recht fein gehackt. Die Brötchen werden mit den gehackten Anchovis bestrichen, und darüber der gehackte Schinken verteilt. Den festen Schnee von 3 Eiweiß setzt man häufchenweise oben auf die Brötchen; dann macht man in das Eiweiß eine Vertiefung und verteilt hierin das Eidotter. Die Brötchen werden 3–5 Minuten im Ofen gebacken und müssen heiß serviert werden. 1 Eidotter genügt.

**Omelett für 2 Personen.** 3 Eidotter werden mit einer Messerspitze Salz 5–10 Minuten gerührt, dann der feste Schnee der Eier dazugegeben. *Zutaten: 3 Eier, 1 Messerspitze Salz, 16 Kochl. Butter.* 1/2 Kochl. Butter lässt man in der Pfanne dünn werden, gibt die Eimasse dazu und bäckt das Omelett auf geschlossenem Herd bei mäßiger Hitze 2–3 Minuten, indem man eine Schaufel mit glühenden Kohlen über das Omelett hält. Es wird zusammengeklappt und gleich serviert. Man kann es zum Nachtisch mit jedem Kompott füllen. Gibt man es als Vorgericht beim Frühstück, so füllt man es mit Nierenragout oder Krabben oder Champignons oder Bratenfleischresten. Will man eine Omelette aux fines herbes geben, ist 1/2 Teel. feingehackter Kräuter dazu zu nehmen.

**Sardellenstreifen für 4 Personen.** Man gibt sie bei einem Frühstück zur Tassenbrühe. Die gut gewässerten Sardellen werden feingehackt, dann mit der Butter durch ein Sieb gestrichen, *Zutaten: 125 Gr. Mehl, 65 Gr. Butter, 1 Eigelb, 1 Messerspitze Salz, 1 Messersp. Cayennepfeffer, 6 Sardellen.* die Eidotter dazugegeben und mit dem Mehl verrührt. Diesen Teig rollt man dünn aus und schneidet ihn in dünne, schmale Streifen, legt diese auf eine mit Butter bestrichene Platte und bäckt sie in nicht zu heißem Ofen 5 Minuten.

**Fischcroquetten für 4 Personen.** Hierzu verwendet man Reste von gekochtem Fisch; 250 Gr. Fischfleisch schneidet man in Würfel, 1/2 Kochl. Mehlschwitze rührt man mit 1/8 Ltr. Brühe oder Wasser glatt. 1 Blatt weiße Gelatine kocht man in dieser Tunke 1 Minute, dann *Zutaten: 250 Gramm Fischfleisch, 1/2 Kochl. Mehlschwitze, 1/8 Ltr. Fleischbrühe, 1 Blatt weiße Gelatine, Eidotter, etwas Salz, Pfeffer und Zitronensäure.*

quirlt man die Tunke mit Eidottern ab, gibt Salz, etwas Pfeffer und Zitronensäure nach Geschmack hinzu. Man legt das geschnittene Fleisch in diese Tunke und stellt das Gericht zum vollständigen Erkalten 5 Stunden vor dem weiteren Gebrauch beiseite. Noch besser ist es, man macht die Suche am Tage vorher. Nun formt man hiervon Bällchen, paniert diese in Eiweiß und Zwieback und backt die Croquetten 5 Minuten vor dem Anrichten in recht heißem Fett kross. Man gibt die Croquetten beim Frühstück als Vorgericht mit gebackener Petersilie; werden zu viel Croquetten auf einmal gebacken, so kühlt das Fett aus, und die Bälle platzen.

**Wiener Schmarren für 1 Person.** Die Eier werden, mit einem 1/2 Teel. Salz vermengt, 10 Minuten geschlagen, dann wird das Mehl dazu *Zutaten: 2 Eier, 1/8 Ltr. Milch, 10 Gr. Mehl.*
gegeben und zuletzt die kalte Milch. 110 Gr. Butter lässt man in der Pfanne braun werden, gibt die Teigmasse dazu und backt den Schmarren. 2 Minuten nach dieser Zeit wird er gewendet und nochmals 3 Minuten gebacken, die sich bildenden Blasen durchsticht man mit einer Gabel. Der Schmarren muss hellbraun und kross gebraten sein, wird mit Zucker und Kaneel überstreut und recht heiß aufgetragen.

**Spiegelei auf Brotscheiben mit Sardellen und Champignons für 6 Personen.** Für Kranke geeignet. 6 Weißbrotscheiben werden mit einem Wasserglas rund ausgestochen, 1 Kochl. Butter lässt man in der Pfanne gelb werden, legt die Brotscheiben hinein und brät sie darin unter öfterem Umlegen hellbraun. Danach legt man die Scheiben auf eine vorher gewärmte Platte. 1 oder 2 Teller bestreicht man mit Butter, schlägt die ganzen Eier rasch auf den Teller, 1/2 Teel. Salz streut man über die Eier und dann stellt man die Teller zugedeckt 3 Minuten auf kochendes Wasser. Die fertigen Eier werden ausgestochen mit einem Glas und danach auf die gerösteten Brotscheiben gelegt. Folgende Champignontunke füllt man um die Brötchen (diese Tunke kann man 10 Minuten vor dem Gebrauch fertig halten und in kochendes Wasser stellen): 65 Gr. frische Champignons werden geputzt, gewaschen und fein gehackt. 10 Gr. Butter, 10 Gr. Mehl schwitzt man im Topfe 2 Minuten, dann gibt man 1/4 Ltr. Rahm oder Milch und die gehackten Champignons dazu; hierzu gibt man 1 Teel. feingehackten Dill und kocht die Tunke 5 Minuten. 6 Sardellen werden gewässert, in Streifen geschnitten und über die Eier gelegt.

**Rührei mit geräuchertem Lachs für 2 Personen.** Für Kranke geeignet. Die ganzen Eier werden mit dem kalten Wasser und dem Salz *Zutaten: 4 Eier, 4 Essl. Wasser oder kalte Milch, 1/2 Teel. Salz, 125 Gr. geräuch. Lachs.*

mit einer Schneerute 5 Minuten geschlagen. 1 Essl. geriebenen Schweizer Käse und 2 Teel. Butter, zerpflückt, kann man dazu geben. 1 Essl. Butter lässt man in der Pfanne dünn werden, gießt die Eimasse in die Pfanne und stellt diese auf den geschlossenen, nicht zu heißen Herd. Nun zieht man mit einem zinnernen Löffel strichweise die inzwischen fest werdende Masse vom Boden der Pfanne und wiederholt dieses so lange, bis keine Flüssigkeit mehr vorhanden ist. Das Rührei soll weich und großflockig und nicht trocken sein. Von der Milch wird das Rührei hart. Der Lachs wird in Würfel geschnitten. Beim Anrichten füllt man das Rührei auf eine gewärmte Platte, macht in der Mitte eine Vertiefung, hier hinein legt man den geräucherten Lachs.

**Kartoffelklöße, überkrustet mit Käse, für 6 Personen.** Ein warmes Frühstücksgericht. Die Kartoffeln werden geschält, gewaschen mit kaltem Wasser bedeckt, angesetzt und 30

*Zutaten: 1 Kilo Kartoffeln, 100 Gramm Weizenmehl, 2 Eigelb, 100 Gr. Butter, 100 Gr. Schweizer Käse.*

Minuten gekocht. Nach dieser Zeit wird das Wasser abgegossen, die Kartoffeln werden trocken gedämpft und schnell durch ein Sieb gestrichen. An diese Masse gibt man schnell das Mehl, 1 Teel. Salz, nach 5 Minuten fügt man unter tüchtigem Rühren nach und nach an den ausgekühlten Teig die Eier, dann formt man Klöße. 1 Ltr. Wasser bringt man mit 1 Essl. Salz ins Kochen, legt die Klöße hinein und kocht sie ohne Deckel 10 Minuten. Mit einem Schaumlöffel nimmt man sie aus dem Wasser, legt sie in eine flache Auflaufschüssel und streut den geriebenen Käse zwischen und über die Klöße. Obenauf legt man die Butter, und nun lässt man sie 10 Minuten im heißen Ofen backen.

**Fleischcroquetten für 4 Personen.** Man bereitet die Croquetten von jedem Fleischrest, verwendet sie bei einem Mittagessen oder Frühstück als Beilage zum Gemüse oder als Vorgericht mit gebackener Petersilie. (Ebenso zu bereiten wie die Fischcroquetten).

*Zutaten: 250 Gramm Fleischreste, 1 Kochl. Mehlschwitze, 1/2 Ltr. Fleischbrühe od. Tunkenrest, 8 Blatt weiße Gelatine, 1 Teel. Salz.*

**Piroggen für 6 Personen.** Beigabe zur Fleischbrühe. Mehl und Butter schwitzt man im Topfe unter Rühren 1 bis 2 Minuten, dann

*Zutaten: 125 Gramm Weizenmehl, 1/4 Ltr. Wasser oder Milch, 125 Gr. Butter, 4 Eier.*

gibt man das Wasser oder die Milch dazu und rührt den Teig noch 5 Minuten, bis die Masse gut vom Topfe lässt. Nun gibt man an den heißen Teig 1 ganzes Ei, stellt den Teig zum Erkalten 4 Stunden vor dem Gebrauch recht kalt. Die Masse kommt einem etwas dünn vor, es tut aber nichts, sie muss zum Gelingen des Ganzen tüchtig erkalten. Hiernach werden die letzten

3 ganzen Eier dazu gegeben. Während dieser Zeit bereitet man folgende Crememasse: 2 Eidotter, 1 gehäuften Teel. Liebig rührt man 5 Minuten. Dann fügt man 8 Essl. geriebenen Schweizerkäse, 1 Messerspitze Paprika, 2 Essl. sauren Rahm dazu. 1 Kilo Schmalz erhitzt man in einem breiten tiefen Topf, füllt eine Spritze mit dem Teig und drückt 15 Zentimeter lange Streifen in das heiße Fett. Eine geübte Köchin findet sich zurecht. Die Streifen werden hellgelb gebacken, auf einen Durchschlag gelegt und sogleich mit der Crememasse dick bestrichen. Das Gebäck verziert man außerdem mit 3 Tupfen Kaviar. Hierzu reicht man Sherry oder Portwein.

**Welsh rarebit für 4 Personen.** Man gibt diese Brötchen als warmen Käsegang oder auch bei einem Frühstück zur Tassenfleischbrühe oder auch als Vorgericht beim Kaviar.

*Zutaten: 65 Gr. gerieb. Chester, 1 Kochl. Butter. 1 Eidotter, 1/2 Teel. Senf, 8 Weißbrotscheiben.*

65 Gr. geriebener Chester wird mit 1 Kochl. Butter und 1 Eidotter, 1/2 Teel. Senf verrührt. Diese Masse wird recht dick und hoch auf länglich geschnittene Brotschnittchen gestrichen, im heißen Ofen 5 Minuten gebacken und heiß zu Tisch gegeben. Die Platte, worauf man sie bäckt, muss vorher dick mit Butter bestrichen sein.

**Blätterteigschinkenrollen für 6 Personen.** Man gibt die Rollen zum Frühstück oder Abendessen zur Tassenfleischbrühe. Für 6 Personen nimmt man einen Blätterteig von

*Zutaten: 125 Gramm Butter, 200 Gr. Mehl, 2 Essl. Wasser, 125 Gr. gekochten Schinken, Eiweiß.*

125 Gr. Butter, 200 Gr. Mehl, 2 Essl. Wasser. Der vorbereitete Teig wird 1 Zentimeter dick ausgerollt, in 8 Streifen geschnitten, der dünn geschnittene Schinken daraufgelegt. Die Streifen werden aufgerollt, mit Eiweiß bestrichen und mit einer Messerspitze Käse und einer Messerspitze Cayennepfeffer bestreut, auf ein Backbrett gelegt, im heißen Ofen 15–20 Minuten gebacken. Man kann statt Schinken auch Schweizerkäse nehmen.

**Geflügelsalat für 6 Personen.** Reste vom gekochten oder gebratenen Huhn, Pute oder Fasan. Die Sardellen werden 2 Stunden vorher gewässert, das Wasser wird oft erneuert,

*Zutaten: 1 Huhn, 3 Äpfel, 12 Sardellen, 3 Tomaten, Mayonnaise von 2 Eiern, 1/4 Ltr. Öl, 1 Gurke.*

danach wird das Fleisch von den Gräten getrennt und in feine lange Streifen geschnitten. Die Tomaten werden mit kochendem Wasser überbrüht, die Haut wird abgezogen, und dann werden die Tomaten, ebenso das Geflügelfleisch und die geschälten Äpfel in Streifen geschnitten. Das Ganze mischt man mit einer vorher gerührten Mayonnaise, 1–2 Essl. Essig wird hinzugefügt. Eine frische Gurke schneidet man in Scheiben und dann in Streifen und legt diese beim Anrichten als Kranz um den Salat.

**Rührei mit Bücklingen für 2 Personen.** 100 Gr. Bücklinge werden von Haut und Gräten befreit, hiernach wird das Fleisch in Streifen geschnitten. 2 Eier schlägt man in der Schüssel mit 2 Gramm Salz 5 Minuten. Dann gibt man 1/16 Ltr. Milch oder Wasser dazu. 10 Gr. Butter oder anderes Fett lässt man in der Pfanne dünn werden, gießt die Eimasse in die Pfanne, gibt die Fischstücke dazu, rührt die Masse in der Pfanne bis sie verdickt und keine Flüssigkeit mehr vorhanden ist. Die Masse darf nicht hart werden. Hierzu schmeckt sehr gut in Butter geröstetes Brot.

**Kartoffelkrapfen für 6 Personen.** Die Hefe legt man in eine Schüssel, gibt 1 Teel. Zucker und 1/8 Ltr. Milch oder Rahm dazu, verrührt die Hefe, gibt die Hälfte vom Mehl dazu und rührt ein Teigstück; stellt dieses 30 Minuten zum Aufgehen an einen warmen Ort. Die geschälten Kartoffeln werden, zur Hälfte mit

*Zutaten: 200 Gr. Kartoffeln, 35 Gr. Butter, 4 Eidotter, 10 Gr. Hefe, 150 Gr. Mehl, 1 Teel. Zucker, 1/8 Ltr. Milch oder Rahm, 65 Gr. rohen Schinken, 250 Gr. Schweineschmalz, 85 Gr. Schweizer Käse.*

Wasser bedeckt, angesetzt und 30 Minuten gekocht. Dann gießt man das Wasser ab, dämpft die Kartoffeln trocken und streicht sie schnell durch ein Sieb. Den gut aufgegangenen Hefeteig gibt man dazu, verrührt die Masse, dann gibt man die Butter und nach und nach die Eidotter dazu. Das letzte Mehl streut man in eine Schüssel, gibt den Teig dazu und rührt ihn solange, bis der Teig von der Schüssel lässt. Das letzte Mehl breitet man auf einem Backbrett aus, legt den Teig dazu, rollt ihn fingerdick aus und sticht mit einer Tasse oder einem Glas Böden aus. Auf die Hälfte dieser Böden legt man feingehackten (65 Gr.) rohen Schinken, bestreicht die Außenränder der Böden mit Eiweiß, legt darüber wieder einen Boden, legt die fertigen Krapfen auf ein bemehltes Brett und stellt sie zum Aufgehen 30 Minuten an einen warmen Ort. Man nimmt einen tiefen, eisernen Topf, hierhinein legt man 250 Gr. Schweineschmalz, lässt es heiß werden; dann legt man zurzeit 4 Krapfen in das heiße Fett; sie müssen in dem Fett schwimmen. Der Topf wird mit einem Deckel geschlossen. Man bäckt die Krapfen 5–10 Minuten, sie werden in dieser Zeit einmal umgelegt, beim Anrichten mit 65 Gr. geriebenem Schweizerkäse überstreut. Man stellt sie mit dem Käse 5 Minuten in den heißen Ofen, sie werden warm gegessen.

**Geflügelleberragout zur Füllung der römischen Pasteten für 4 Personen.** 125 Geflügelleber werden gewaschen und mit einem gehäuf-

*Zutaten: 125 Gr. Geflügelleber, 1 gehäuft. Teel. Mehl, 1 Teel. Salz, 1 Messerspitze Pfeffer,*

ten Teel. Mehl, 1 Teel. Salz und 1 Messerspitze Pfeffer bestreut. 1/2 Kochl. Butter lässt man in der Pfanne braun werden, legt die Leber dazu *1/2 Kochl. Butter, 1/4 Ltr. Wasser, 1/2 Teel. Mehlschwitze, kleine Trüffel.* und brät sie unter immerwährendem Umdrehen 3 Minuten. Dann legt man die Leber auf einen Teller. In der Pfanne kocht man unter Rühren den angebräunten Saft mit 1/4 Ltr. Wasser in 2 Minuten los. 1/2 Teel. Mehlschwitze rührt man mit dieser Flüssigkeit aus, gibt eine kleine Trüffel, feingehackt, hinzu und lässt die Tunke hiermit noch 2 Minuten kochen. Dann gibt man die in Würfel geschnittene Leber dazu, stellt das Ragout zugedeckt 30 Minuten zum Heißwerden in kochendes Wasser und füllt es beim Anrichten in die Pasteten. Man kann an das Leberragout nach Geschmack 1 Teel. Madeira geben (siehe Römische Pasteten).

**Leberbrötchen für 6 Personen.** 125 Gr. Geflügelleber wird gewaschen, mit 1 Teel. Salz und 1 Messerspitze Pfeffer bestreut. 1 Teel. Butter lässt man in der Pfanne braun werden, bestreut die Leber mit 1 Teel. Mehl. Dann brät man die Leber unter immerwährendem Umlegen 3 Minuten. Hiernach streicht man sie durch ein Drahtsieb. Dreieckig geschnittene Brotscheiben werden in Butter hellbraun gebraten und schnell mit der Lebermasse bestrichen. Verwendbar zur Tassenbrühe und als Beilage zu Gemüsen.

*Zutaten: 125 Gr. Geflügelleber, 1 Teel. Butter, 1 Teel. Mehl.*

**Tomaten gefüllt mit Geflügelleber.** Frühstücksvorgericht für 4 Personen. 65 Gr. Geflügelleber bestreut man mit einer Messerspitze Pfeffer und Salz und 1 Essl. Mehl, brät die Leber mit 1 Teel. Butter bei mäßiger Hitze 5 Min. Hiernach wird die Leber in kleine Würfel geschnitten. 2 Essl. Reis wäscht man drei bis vier Mal mit *Zutaten: 65 Gr. Geflügelleber, 1 Messerspitze Pfeffer, 1 Messerspitze Salz, 1 Essl. Mehl, 1 Teel. Butter, 2 Essl. Reiß, 1/4 Ltr. Wasser, 1 Essl. und 1/2 Teel. Käse, 8 große Tomaten. 1 Messerspitze Butter.* kaltem Wasser. In der Pfanne, worin man die Leber gebraten hat, lässt man 1/4 Ltr. Wasser einmal aufkochen, gießt diese Flüssigkeit in einen Topf, den Reis gibt man dazu und, nachdem man den Reis 20 Minuten gekocht hat, gibt man 1 Essl. Käse, die Leber, und wenn nötig, etwas Salz dazu. 8 große Tomaten werden etwas ausgeschält und mit dem Reis gefüllt. Man stellt die Tomaten nebeneinander auf eine Gratinplatte, bestreut jede Tomate mit etwas Käse (1/2 Teel.), tut eine Messerspitze Butter darauf und bäckt sie im heißen Ofen 5–10 Minuten. Die Tomaten dürfen nicht zerfallen. Man verwendet sie auch als Bratengarnitur.

**Hummer à la Newbourg für 6 Personen.** Das Hummerfleisch wird in Würfel geschnitten. Die grüne Masse, die sich im Kopfe befindet, *Zutaten: 2 Kilo abgekochten Hummer (siehe unt. Hummer kochen), 65 Gr. Butter, 65 Gr.*

wird dazugegeben. 65 Gr. Butter lässt man in einem Topfe dünn werden. Das Hummerfleisch, 65 Gr. gekochte Trüffeln, 1/2 Teel. Salz, 1 Messerspitze Cayennepfeffer gibt man dazu. Zugedeckt stellt man den Topf *Trüffeln, 1/2 Teel. Salz, 1 Messerspitze Cayennepfeffer, 2 Eidotter, 2 Essl. Schlagrahm, 2 Essl. Madeira oder Sherry, 2 Teel. Kognak.* in einen zweiten Topf mit heißem Wasser 30 Minuten. 2 Eidotter schlägt man 5 Minuten, gibt 2 Essl. Schlagrahm, 2 Essl. Madeira oder Sherry und 2 Teel. Kognak dazu, gießt diese Masse auf die nun inzwischen im Topfe heiß gewordenen Hummerstücke und schüttelt den Topf mit dem Inhalt 2 Minuten. Die Masse darf nicht gerührt werden! Nun stellt man diese zugedeckt 10–15 Minuten vor dem Anrichten in den Topf mit heißem Wasser zurück. Das Wasser darf nicht kochen, vom Kochen gerinnt Rahm und Ei. Man kann die Speise in kleinen Muscheln anrichten, auch in kleinen Papierkästchen oder in Blätterteigpasteten. Steht das Gericht zu lange auf dem heißen Herd, so gerinnt die Tunke, und das Gericht wird wertlos. Man kann außerdem beim Anrichten fein gehackte Trüffeln drüberstreuen.

**Gebackene Austern in Muscheln.** Ein warmes Vorgericht für 12 Personen. Man rechnet in Person 4 Austern. Diese legt man in die dazu bestimmten Muscheln oder Papierkästchen und streut zwischen jede Auster wenig Salz, *Zutaten: 48 Austern, 65 Gr. Brotkrumen, 65 Gr. Butter, 1 Teel. Salz, 1/2 Teel. weißer Pfeffer, 2 Teel. Zitronensaft, 65 Gr. Käse.* Pfeffer und fein geriebene und gesiebte Brotkrumen. 1/2 Teel. Zitronensaft und den Austernsaft gießt man zuletzt über jede Muschel. Obenauf streut man sodann 1/2 Teel. Weißbrotkrumen mit 1/2 Teel. Käse gemischt und zuletzt 1/2 Teel. Butter. Diese vorbereiteten Muscheln werden auf ein Backblech gelegt und 5 Minuten im heißen Ofen gebacken. Damit die Muscheln auf dem Backblech sicher ruhen, ist vorher eine dicke Schicht gewärmtes Kochsalz auf das Backblech zu streuen.

**Mocturtle-Ragout für 6-8 Personen.** Man nimmt hierzu einen halben gebrannten Kalbskopf. Den Kopf waschen und die Knochenseite zuunterst in den Topf legen. 1/2 Ltr. kaltes Wasser, 20 Pfefferkörner, 1 Essl. Salz, 2 abgezogene Zwiebeln, 1/2 Lorbeerblatt *Zutaten: 1/8 Ltr. Madeira, 1 Kochl. Butter, 1 Kochl. Mehl, 2 abgezogene Zwiebeln, 1/2 Kalbskopf, 250 Gr. Trüffeln, 20 Pfefferkörner, 1 1/2 Liter Wasser, 1 Essl. Salz.* gibt man dazu. Fest zugedeckt lässt man den Kopf 2 Stunden mit der Zunge kochen. Den Kopf in der Brühe erkalten lassen und am besten einen Tag vor Gebrauch kochen. Die Knochen vom Fleisch trennen und dieses mit einem scharfen Messer in gleichmäßige Würfel schneiden. Ebenfalls die Zunge, 1

Kochl. Butter, 2 Kochl. Mehl schwitzt man bei mäßiger Hitze 5 Minuten, nun wird diese mit der Kalbskopfbrühe ausgerührt. 1/3 bis 1/4 Ltr. Madeira daran getan, das in Würfel geschnittene Fleisch dazugegeben und mit etwas Farbe die Tunke braun gefärbt. 30 Minuten vor dem Anrichten in einen Topf mit heißem Wasser stellen. Ist die Tunke zu dünn, so wird sie mit 1 Teel. Mondamin oder Maizena sämig gemacht. Man richtet das Ragout mit Blätterteigbrötchen an oder im Reisrand und kann es auch in Blätterteig-Pasteten füllen.

**Schweserpasteten für 6 Personen.** Eine kleine Schweser von 250 Gr. wird vorbereitet und gekocht (siehe unter Zungenragout), hiernach in Würfel geschnitten. 1/2 Kochl. Mehlschwitze wird mit 1/4 Ltr. von der Schweserbrühe ausgerührt. Nachdem die Tunke einmal aufgekocht, wird das Fleisch dazu getan und 1 Teel. Salz und 1–2 Essl. süßer Rahm. Das Ragout wird bis zum Gebrauch zugedeckt in heißes Wasser gestellt. Man kann Austern dazu nehmen, à Person 1–2 Stück. Den Saft der Austern gießt man an das Ragout. Die Austern werden gebraten und beim Anrichten oben auf die Pastete gelegt.

*Zutaten: 1 Schweser im Gewicht von 250 Gr., 1/2 Kochl. Mehlschwitze, 1/4 Ltr. Schweserbrühe, 1 Teel. Salz, 1 bis 2 Essl. süß. Rahm.*

# KALTE VORGERICHTE

**Schwedenplatte für 12 Personen.** 4 Heringe werden gewaschen, abgezogen, von den Gräten getrennt, dann rollt man die Filets auf und schneidet jede Rolle einmal quer durch. Diese Rollen legt man kranzartig auf eine runde Platte und legt auf jede Heringsrolle eine Butterkugel. Von 125 Gr. geräuchertem Lachs rollt man die Scheiben ebenfalls auf, legt die Lachsrollen auf die Heringsrollen. 4 hartgekochte Eier schneidet man der Länge nach durch; die Eidotter verrührt man mit 1/2 Teel. Senf und 1 Teel. Öl, etwas Zitronensaft, 1 Messerspitze Salz, streicht diese Masse in das Eiweiß, wobei man das Messer häufig in heißes Wasser tauchen muss. Sind alle Eier vorbereitet, so schneidet man sie in Viertel und verziert sie mit Kapern. Man kann auch als Füllung feingehackten Gurkensalat oder Pfeffergurken nehmen. 6 feste Tomaten werden einmal durchgeschnitten, dann wird das Weiche herausgenommen. 2 hartgekochte Eier verrührt man mit dem Tomatenmark, gibt 1 Essl. feingehackte Heringsmasse dazu, vielleicht auch etwas Zitronensaft. Diese Masse füllt man in die Tomaten, streut darüber 6–8 feingehackte Pfeffergurken. Die Tomaten legt man im Kranz um die Heringsrollen, dazwischen die Eiviertel. 12 gefüllte Oliven verteilt man dazwischen. Auf den Rand legt man Dreiecke von Brot, vorher geröstet und mit Kaviar oder Sardellenbutter bestrichen. Die Sardellenbutter verrührt man mit 1 Essl. Butter und 1 Essl. gehackter Petersilie und 1 Teel. Spinat. In die Mitte der Heringsrollen füllt man eine Remouladentunke.

*Zutaten: 4 Heringe, 125 Gr. geräuch. Lachs, 4 hartgekochte Eier, 1/2 Teel. Senf. 1 Teel. Öl, etw. Zitronensaft, 1 Messerspitze Salz, Kapern, fein gehackt. Gurkensalat oder Pfeffergurken, 6 feste Tomaten, 12 gefüllte Oliven, Kaviar oder Sardellenbutter (125 Gr. Kaviar oder 1 kl. Tube Sardellenbutter), 1 Essl. Butter, 1 Essl. gehackte Petersilie.*

**Kaviar im Eisblock für 6 Personen.** Man nimmt für eine Anrichte 250 Gr. Kaviar und hierzu einen Eisblock. Der Kaviar muss hellgrau aussehen, mild gesalzen und perlend schmecken. Man gibt hierzu 3 in Viertel geschnittene Zitronen, 65 Gr. Butter, in kleine Kugeln gerollt, und 20 geröstete kleine Weißbrotscheiben (Toast).

*Zutaten: 250 Gr. Kaviar, 1 Eisblock, 3 geschnittene Zitronen, 65 Gr. Butter.*

**Kleine Aspikeier mit Remouladentunke für 6 Personen.** Man rechnet 1 Ei auf die Person; für 6 Eier 3/4 Ltr. Aspik. Die Eier kocht man in 10 Minuten hart, legt sie in kaltes Wasser, *Zutaten: 6 Eier, 3/4 Ltr. Aspik, 1 Tomate, 3 grüne Pfeffergurken, Trüffeln, 1 Blättchen Petersilie.* pellt die Schale ab. Nachdem sie vollständig erkaltet sind, schneidet man die Eier der Länge nach einmal durch und legt in die Mitte einen Streifen Tomate, an den Seiten der Tomate einen Streifen grüne Pfeffergurken, Trüffeln oder 1 Blatt Petersilie. Kleine längliche Näpfe füllt man bis zur Hälfte mit dem klaren, kalten, flüssigen Aspik. Die Näpfe stellt man auf eine große Platte mit Eiswasser, legt die dekorierte Seite der Eier auf den inzwischen festgewordenen Aspik und füllt den übrigen, flüssigen Aspik über die Eier. Diese Eier hält man 3 Stunden vor dem Gebrauch fertig. Beim Anrichten hält man die Formen 1–2 Minuten in lauwarmes Wasser, stürzt sie dann auf eine runde Platte und richtet sie kranzartig an. In die Mitte des Kranzes füllt man Remouladentunke. Außerhalb der Eier legt man Krabben, auf den Rand der Platte grüne Sardellenbrötchen.

**Krabbenberg, garniert mit gefüllten Eiern, Oliven, Tomaten usw. für 10 Personen.** 1 Kilo Krabben wird von der Schale befreit, nur wenn nötig mit etwas Salz gemischt und mit dem Saft 1/2 Zitrone, dann richtet man die Krabben auf einer runden Platte an, garniert außenherum auf den Rand der Platte dreieckig geschnittene, geröstete Brotscheiben, die man mit Anchovisbutter bestreicht; auf die Anchovisbutter legt man eine kleine Kugel grüner Kräuterbutter.

**Sardellenschnittchen mit Lachs für 12 Personen.** 20 gut gewässerte Sardellen werden von Haut und Gräten befreit, dann durch ein Sieb *Zutaten: 20 Sardellen, 65 Gr. Butter, 1 Essl. Petersilie, 16 Brotschnittchen, 65 Gr. Lachs.* gestrichen, mit 65 Gr. Butter und 1 Essl. feingehackter Petersilie gemischt. Diese Butter wird auf 16 kleine geröstete Brotschnittchen gestrichen; in die Mitte, oben auf die Butter, legt man einen Streifen geräucherten Lachs.

**Sardellenbrötchen für 4 Personen.** 6–8 Sardellen werden gut gewässert, von den Gräten *Zutaten: 6-8 Sardellen, 1 Essl. Butter, 1 Teel. feingeh. Petersilie.* befreit, mit 1 Essl. Butter durch ein Haarsieb gestrichen, dann mit 1 Teel. feingehackter Petersilie gemischt und auf geröstete Brotstückchen gestrichen.

**Heringsrollen in Muscheln mit Remouladentunke für 6 Personen.** Matjesheringe werden gewaschen, von der Haut befreit, dann trennt man die Filets vorsichtig von der Gräte, *Zutaten: 3 Matjesheringe, 1/2 Kilo Krabben, 3 Eidotter, eine Messerspitze Salz, 1/4 Ltr. Öl, 1 Essl. Essig, 1 Essl. Kräuter.* schneidet jedes Filet einmal durch, sodass man von einem Hering 4 Stücke

25

bekommt, diese rollt man einzeln auf, legt die Rolle in eine kleine Muschel und füllt darüber folgende Tunke. Man kann auch zur Verschönerung einige Krabben um die Rollen legen. Die Tunke hierzu: 3 Eidotter rührt man mit 1 Messerspitze Salz in einer Schüssel 5 Minuten, daran gießt man tropfenweise unter Rühren 1/4 Ltr. Öl, hiernach gibt man nach Geschmack 1 Essl. Essig und 1 Essl. feingehackte Kräuter zu. Die Kräuter stellt man zusammen aus reichlich Petersilie, etwas Kerbel, Estragon, wenig Schnittlauch. Die Muscheln zum Anrichten dürfen nicht zu klein sein.

**Pampelmusen, grape fruits, für 10 Personen.** Diese appetitanregende Frucht kann *Zutaten: 5 Früchte, 1/2 Glas Kirschen, 1/8 Ltr. Maraschino.* man auch in der kalten Jahreszeit servieren; man rechnet für 2 Personen eine Frucht im Gewicht von 250 Gr.; ist man gezwungen, größere Früchte zu kaufen, so rechnet man 4 Personen auf eine Frucht. Diese legt man 3 Stunden vor dem Anrichten in Eis. Die großen Früchte schneidet man in Viertel, die kleineren, welche ansehnlicher bleiben, in 2 Stücke; man befreit sie vom Kernhaus, dann zackt man den Rand mit einem scharfen Messer aus, hiernach löst man das Fleisch von der Schale, dann füllt man in die Mitte 3 leuchtend rote Kirschen, streut etwas Zucker über die Früchte und träufelt beim Anrichten Maraschino darüber.

**Austernaspik in kleinen Becherformen für 12 Personen.** 1/3 Ltr. Weißwein bringt man ins Kochen, dann schüttet man 24 holländische Austern in den kochenden Wein, lässt die Austern zugedeckt 1 Minute ziehen; dann stellt man den Topf zum Erkalten beiseite. Man bereitet 1 Ltr. hellen Aspik von 1/2 Kilo Kalbfleisch und 1/2 Ltr. Wasser (siehe Berei-

*Zutaten: 24 holländ. Austern, 1/8 Ltr. Weißwein, 1/2 Kilo Kalbfleisch, 1 1/2 Ltr. Wasser, 65 Gr. feinster Kaviar. Zur Tunke: 4 Eidotter, 1 Messerspitze Salz, 65 Gr. Butter, 1/4 Ltr. Aspik, 1 Teel. Petersilie, 1 Teel. Spinat, 2 Teel. Zitronensaft.*

tungsweise unter Aspik); kleine Becherformen füllt man bis zur Hälfte mit dem kalten flüssigen Aspik; wenn dieser anfängt, dick zu werden, legt man 1/4 Teel. feinsten Kaviar in die Mitte, darauf 2 abgetropfte Austern; nun gießt man langsam an den Rand der Form wieder kalten, flüssigen Aspik, bis die Austern bedeckt sind, und stellt die Formen recht kalt; man hält sie 4 Stunden vor dem Gebrauch fertig. Beim Anrichten hält man die Form in lauwarmes Wasser und stürzt sie vorsichtig auf eine runde Platte. In die Mitte füllt man folgende Tunke: 4 Eidotter, 1 Messerspitze Salz, 65 Gr. Butter, 1/4 Ltr. Aspik, 1 Teel. Petersilie, 1 Teel. Spinat, 2 Teel. Zitronensaft, 4 Eidotter rührt man mit 1 Messerspitze Salz 10 Minuten, dann gießt man tropfenweise unter Rühren 65 Gr. kochende Butter dazu; die Butter darf nicht braun werden.

Hiernach kommen 1/4 Ltr. flüssiger Aspik, 1 Teel. abgekochter und durchgestrichener grüner Spinat, 1 Teel. feingehackte Petersilie und 2 Teel. Zitronensaft. Hiernach streicht man die Tunke durch ein feines Sieb; sie muss zart grün aussehen und lieblich schmecken. Man stellt die Tunke 3 Stunden vor dem Gebrauch auf Eis und rührt sie inzwischen öfter um. Außerhalb der Austernaspikbecher legt man, um die Platte zu verschönern, Sardellenschnittchen mit Lachs oder Chesterbrötchen mit Radiesbutterkugeln.

**Anchovisbutter für 12–20 Schnitten.** Hierzu verwendet man die in Tuben käufliche Anchovispaste; man mischt hiervon 2 Essl. mit 2 Essl. frischer Butter, streicht die Masse auf geröstetes Brot.

**Einfache Schwedenplatte für 8 Personen.** *Zutaten: 4 Matjesheringe, 125* Die Heringe werden gewaschen, die Haut *Gramm geräucherter Lachs,* wird abgezogen und das Fleisch von der *1/2 Glas Oliven, 6 hartgekochte* Gräte getrennt. Nun werden die Filets aufge- *Eier, 16 rote Radieschen, 1 Tube* rollt, dann nebeneinander kreuzartig auf eine *Sardellenbutter.* runde Platte gelegt. Die Oliven schält man hart vom Stein, legt 1 Messerspitze frische Butter in die Oliven und rollt sie wieder zusammen. Die Eier pellt man ab, schneidet sie dann der Länge nach einmal durch, verrührt die harten Eidotter mit 1 Teel. Senf und 2 Essl. Öl, recht glatt streicht man diese Masse in das Eiweiß. Hierbei muss man das Messer öfter in heißes Wasser tauchen, damit das Eiweiß die weiße Farbe behält. Sind alle vorbereitet, dann schneidet man die Eier wieder in Viertel. Die geräucherten Lachsscheiben rollt man auf, schneidet diese in 5 cm lange Stücke, legt sie dann zu den Heringsrollen und gibt auf die Heringsrollen kleine Butterkugeln. 1 Essl. Sardellenbutter mischt man mit 2 Essl. frischer Butter und 1 Essl. feingehackter Petersilie. 15 kleine, runde, ausgestochene Brotscheiben werden im Ofen hellgelb geröstet und, nachdem sie erkaltet, mit Sardellenbutter bestrichen. Die Radieschen werden recht fein gerieben, am besten dient hierzu die Mandelmühle. Dann nimmt man 1 Essl. frische Butter und rührt sie tüchtig mit 1 Essl. Rote Beete Saft und den geriebenen Radieschen. Nun formt man von dieser Radieschenbutter recht kleine Butterkugeln. 3–5 von diesen sind in die Mitte recht hoch auf die Sardellenbrötchen zu legen. Die Eiviertel gibt man außerhalb der Heringsrollen auf die Platte. Zwischen die Eiviertel legt man die Sardellenbrötchen und verteilt die Oliven. In die Mitte der Schüssel füllt man Remouladentunke. Diese rührt man von 3 Eidottern und 1/4 Ltr. Öl (siehe Tunken). Die Schwedenplatte gibt man als Vorgericht beim Frühstück oder Mittagessen; statt der Oliven und Eier kann man für 10 Personen 1 Kilo ausgemachte Krabben verwenden.

**Kalte, pikante Brote für 6 Personen.** 12 Weißbrotscheiben werden geröstet. 1 Essl. feingehackter Schinkenspeck wird mit ebenso viel Butter 5–10 Minuten schaumig gerührt, dazu gibt man 1/2 Teel. Senf, 2 harte feingehackte Eidotter, 1–2 Teel. Essig, 1 Teel.

*Zutaten: 12 Weißbrotscheiben, 1 Essl. fetter Schinkenspeck, 1 Essl. Butter, 1/2 Teel. Senf, 1-2 Teel. Essig, 1Teel. Öl, 1 Hering, Pfeffergurken, 2 hartgekochte Eidotter.*

Öl. Hiernach einen vorher gut gewässerten, von Haut und Gräte befreiten Hering. Nachdem die Masse auf die kaltgewordenen Brote gestrichen ist, garniert man die Brötchen obenauf mit Streifen von Pfeffergurke und Zunge oder gekochtem Schinken. Statt Fleisch kann man auch Lachsstreifen nehmen und Kapern dazwischen legen, oder Tomatenstreifen.

**Melone im Eisblock für 8 Personen.** Die Melone legt man 3 Stunden vor dem Gebrauch in Eis, dann schneidet man den Deckel ab, ent-

*Zutaten: 1 Melone im Gewicht von 2 Kilo, Zucker, gerieb. Ingwer, gestoßen. weißer Pfeffer.*

fernt mit einem silbernen Löffel die Fasern und Kerne. Dann holt man große Scheiben ebenfalls mit dem silbernen Löffel heraus, legt diese wieder in die Melone, stellt dieselbe in einen dafür ausgehöhlten Eisblock. Diesen richtet man auf einer Serviette an, serviert dabei Zucker, geriebenen Ingwer und gestoßenen weißen Pfeffer. Es eignen sich hierzu am besten die Netzmelone, Cantaloupe und die grüne Wassermelone; Cantaloupe ist jeder anderen Sorte vorzuziehen. Dieses Vorgericht eignet sich nur für die heiße Jahreszeit.

**Kräuterbutter für 12 Personen** verwendet man zu allen gebratenen und gedämpften Fischen, in gerührtem Zustande oder in kleine Kugeln gedreht. Die Butter ist auch für geröstete Brötchen geeignet. Die frischen Kräuter müssen 3–4 Mal in reichlich kalten Wasser gewaschen werden, dann, mit einem Tuche ausgedrückt, werden sie recht fein gehackt und mit 125 Gr. frischer Butter gemischt; zum Bestreichen der Brötchen genügt die Hälfte der angegebenen Butter. Die Kräuter stellt man zusammen aus: 2 Essl. frischer Petersilie, 1/2 Essl. Kerbel, 1/2 Essl. Estragon, 1 Messerspitze Schnittlauch, 1 Messerspitze Thymian.

**Gefüllte Oliven für 8 Personen.** Man nimmt beim Einkauf 1/2 Glas, welches ungefähr 8-10 Oliven enthält; diese werden scharf vom Stein geschält, doch so, dass sie nicht zerfallen; nachfolgende Masse füllt man in die Oliven, dann drückt man die Frucht zusammen, damit sie ihre Form wieder erhält. 2 hartgekochte Eidotter verrührt man mit ebenso viel Butter, eine Messerspitze feingehackter Petersilie gibt man dazu. Diese Oliven gibt man als Beilage zu jedem großen Braten oder kalten Fisch.

**Gefüllte Tomaten.** Tomaten werden mit durchgestrichenen Sardellen und Remouladentunke gefüllt. 6 Sardellen rechnet man auf 3 Tomaten.

**Gefüllte Eier.** Verwendet man diese zur Garnierung, so genügt 1/2 Ei für die Person. 6 Eier werden 10 Minuten langsam gekocht, dann legt man sie in kaltes Wasser, pellt die Schale ab und halbiert die Eier. Die gelben Eidotter streicht man durch ein Sieb, sodann verrührt man sie mit 1/2 Teel. deutschem Senf, 1 Teel. Öl, 1/2 Teel. Zitronensäure und gibt Salz nach Geschmack dazu; diese Masse füllt man in das Eiweiß zurück, zum Glattstreichen taucht man das Messer öfters in lauwarmes Wasser. Zur Erhöhung des Farbenreizes legt man grüne Kapern darauf.

**Chesterkäsebrote mit Radieschenbutter für 6 Personen.** Die Radieschen werden gerieben, mit der Butter und dem Rote Beete Saft verrührt; dann formt man kleine Kugeln, *Zutaten: 65 Gr. Radies, 1 Teel. Rote Beete Saft, 65 Gr. Butter, 65 Gr. Chesterkäse, 2 Lagen Kresse, 1/2 Kochlöffel Butter.* legt diese nebeneinander auf einen Teller und stellt den Teller 1 Stunde vor dem Gebrauch auf Eis. 12 Weißbrotscheiben werden rund ausgestochen, dann in 1/2 Kochl. Butter hellbraun gebraten, hiernach mit 1 Teel. geriebenem Chesterkäse belegt, auf den Käse legt man ein Häufchen Kresse, in die Kresse hinein legt man 5 Radieschenbutterkugeln.

**Gefülltes Brot für 10 Personen.** Man gibt das Brot zum Abendessen, zum Frühstück oder zum Tee. Man bestellt hierzu beim Bäcker ein 1-Meter-Brot, die Hälfte von diesem Brot wird ausgehöhlt und das Brot beiseitegelegt. Die zweite Hälfte des Brotes wird der Länge nach durchgeschnitten. Dann nimmt *Zutaten: ein 1-Meter-Brot, 1 große Tube Sardellen, 65 Gramm frische Butter, 2 Essl. fein gehackte Petersilie, 1 Teel. Spinat, 2 ganze hartgekochte Eier, 3 große Trüffeln, 8 Radieschen, 125 Gr. gekochte Zunge.* man die Krumen heraus, sämtliche Krumen werden mit dem Inhalt einer großen Tube Sardellenbutter gemischt. 65 Gr. frische Butter, 2 Essl. feingehackte Petersilie, 1 Teel. Spinat gibt man dazu und verknetet es zu einer gleichmäßigen grünen Farbe. Nun füllt man die Masse in das vorher beiseitegelegte, ausgehöhlte Brot, abwechselnd mit 2 ganzen hartgekochten Eiern, 3 großen Trüffeln, Radieschen und 125 Gr. gekochter Zunge. Diese ist in drei dünne Streifen zu schneiden. Ist alles so vorbereitet, wird das Brot 4 Stunden vor dem Gebrauch in den Eisschrank oder in einen kalten Raum gestellt. Beim Gebrauch schneidet man das fest gewordene Brot mit einem scharfen Messer in gleiche Scheiben und richtet diese auf einer runden Platte an.

# Suppen

**Der Suppentopf.** Ein zugeschrobener Dampfkocher darf in keinem Haushalt fehlen. Die Töpfe sind in allen Größen vorrätig und in Haushaltungsgeschäften erhältlich. Für Suppen muss das Fleisch oder das Geflügel frisch geschlachtet sein. Von altem abgehangenem Fleisch wird die Brühe trübe. Um gute Fleischbrühe zu haben, darf das Wasser nur langsam erhitzt werden, damit das Eiweiß nicht im Innern gerinnt bevor es ausgezogen worden ist. Ferner darf das Wasser kaum sieden, damit die verschiedenen Teile, die nach und nach aufgelöst werden sich vollständig und ohne Unruhe vereinigen können. Wenn das Fleisch mit kaltem Wasser angesetzt wird, so löst sich zuerst der Blutfarbstoff, der darinnen ist, dann das Eiweiß, die Salze, die im Wasser löslichen besonderen Fleischstoffe und die organischen Säuren. Kommt das Wasser dem Kochpunkte nahe, so gerinnt das Eiweiß des Blutes und das in dem Wasser schon gelöste und schwimmt als Schaum oben auf, den man nicht abnimmt.

**Kraftbrühe für 6-8 Personen.** Diese für die höhere Kochkunst unentbehrliche Brühe wird zu allen klaren Suppen oder Tunken gebraucht. Man schneidet das Fleisch in Würfel und bräunt es im geschlossenen Topf circa

*Zutaten: 1 Kilo Rindsfleisch, 2 Kilo Kalbsfleisch, 3 Ltr. kaltes Wasser, 1 Essl. Salz, Suppenkraut, 1 weiße Petersilienwurzel, 1/2 Knolle Sellerie.*

30 Minuten. Ist das Fleisch nicht braun genug, legt man den Deckel beiseite, lässt den Fleischsaft vollständig einkochen, bis sich am Boden des Topfes eine dunkelbraune Farbe zeigt; gießt 3 Ltr. kaltes Wasser auf das Fleisch, gibt 1 Essl. Salz, etwas Suppenkraut, 1 weiße Petersilienwurzel, 1/2 Knolle Sellerie dazu, schließt den Topf fest und lässt die Brühe langsam 3 Stunden kochen. Langsames Kochen erhöht den Geschmack der Brühe. Diese Brühe

ist auch für dunkle, abgerührte Suppen verwendbar. Zum Abrühren der weißen Suppen nimmt man Huhn- oder Kalbfleischbrühe.

**Wildbrühe für 8 Personen.** Hierzu können die Abfälle vorn Hirsch, Reh, Hasen oder auch die Knochenreste der Wildbraten benutzt werden. Ist viel Wild in der Küche zu verarbeiten, so trennt man das Fleisch von 2 Reh- oder Hirschblättern, hackt die Knochen in kleinere Stücke, bräunt das Ganze mit 10 Pfefferkörnern, 1 Essl. Salz im geschlossenen Topf, gibt hernach 3 1/2 Ltr. Wasser, etwas Suppenkraut dazu und kocht die Brühe im festgeschlossenen Topf 3 Stunden langsam. Die durch ein Sieb gegossene Brühe muss zum Abrühren brauner Wildsuppen verwendet werden. Alte Rebhühner, Fasanen, Birk- und Schneehühner verbraucht man ebenso.

*Zutaten: Abfälle von Hirsch, Reh, Hasen oder auch d. Knochenreste der Wildbraten, 10 Pfefferkörner, 1 Essl. Salz, 3 1/2 Ltr. Wasser, etwas Suppenkraut.*

**Einfache Kartoffelsuppe für 4 Personen.** 1/2 Kilo geschälte Kartoffeln werden gewaschen, bis zur Hälfte bedeckt mit kaltem Wasser angesetzt und zugedeckt in 30 Minuten weich gekocht. Nach dieser Zeit wird das Wasser abgegossen, die Kartoffeln werden trocken gedämpft und schnell durch ein Sieb gestrichen. 1 Teel. Butter, 2 Teel. Mehl schwitzt man im Topf, gibt die Kartoffelmasse dazu, verrührt alles gut, und danach gibt man das Kartoffelwasser nach und nach dazu und 1 Ltr. kochendes Wasser oder Knochenbrühe. 4 Wurzeln werden geschabt, gewaschen, in feine Streifen geschnitten. Von 2 Stangen Porree werden die schlechten Blätter entfernt, der Porree wird gewaschen und auch in Streifen geschnitten. Diese Streifen werden mit 1/4 Ltr. kochendem Wasser angesetzt und zugedeckt 30 Minuten gekocht und dann zur fertigen Suppe gegossen. 1 Essl. geräucherten Speck schneidet man in Würfel, 2 kleine Zwiebeln werden abgezogen, in Würfel geschnitten und mit dem Speck in einer kleinen Pfanne oder in einem kleinen Topf kross gebraten, jedoch nicht schwarz werden lassen. Den Speck gießt man auch in die fertige Suppe, außerdem gibt man beim Anrichten 1 Essl. feingehackte Petersilie, 1 gehäuften Teel. Salz und auch nach Geschmack etwas geriebenen Pfeffer dazu. Außerdem kann man noch kleine Brotbröckchen in Butter geröstet als Einlage in der Suppe verwenden.

**Beaftee.** Man bereitet diese Brühe hauptsächlich für Kranke. Ein junges Huhn wird gewaschen, mit den Knochen in kleinere Stücke gehackt. Das Fleisch schneidet man in kleine

*Zutaten: 1 jung. Huhn, 125 Gr. schier. Ochsenfleisch, 125 Gr. schier. Kalbfleisch, 1/2 Teel. Salz.*

Würfel und gibt 1/2 Teel. Salz dazu, füllt diese Teile in ein breites, hohes Einmachglas, verschließt dasselbe mit Pergamentpapier und legt oben auf das Papier ein feuchtes Tuch. Nun stellt man das Glas in einen Kochtopf mit lauwarmem Wasser und lässt es 3 Stunden langsam kochen. Der Fleischsaft wird durch ein Sieb gegossen. Ist die Brühe vollständig erkaltet, muss sie entfettet werden.

**Huhnbrühe für 6 Personen.** 1 Huhn im Gewichte von 2 Kilo wird ausgenommen, gewaschen, mit 3 Ltr. kaltem Wasser angesetzt, 3 Stunden langsam gekocht, die Brühe wird durch ein Sieb gegossen und dann entfettet. Diese Brühe verwendet man zum Ausrühren feiner Suppen. Die Magen von jedem Geflügel werden mit der Brühe gekocht. Statt des Huhnes sind auch 6 alte Tauben zu verwenden.

*Zutaten: 1 Huhn im Gewicht von 2 Kilo, 3 Ltr. kaltes Wasser.*

**Grüne Spargelsuppe für 12 Personen.** Zu der Brühe nimmt man ein großes, altes Suppenhuhn oder Kalbfleisch, setzt das Fleisch mit 3 1/2 Ltr. Wasser und 1 Essl. Salz an und kocht die Brühe 3 Stunden recht langsam im festgeschlossenen Topf. 6 Eidotter und 65 Gr. feinste Butter rührt man mit der Schneerute 5–10 Minuten, quirlt die entfettete, kochende Suppe beim Anrichten hiermit ab und gießt sie nochmals durch ein Sieb. Als Einlage sind die zarten, jungen Enden vom Spargel (Köpfe) zu nehmen; diese schneidet man in kleine Stücke, setzt sie mit 1/2 Ltr. kochendem Wasser und 1 Messerspitze Natron an, kocht sie im geschlossenen Topf 15 Minuten und gießt sie hiernach auf ein Sieb zum Abtropfen; die grün aussehenden Spitzen werden in die Suppe gelegt. Die Suppe ist vor dem Anrichten mit 1 Essl. abgekochtem gesiebtem Spinat grün zu färben.

*Zutaten: 2 Bund grüne Spargelspitzen, 1 groß., altes Suppenhuhn im Gewicht von 2 Kilo oder Kalbfleisch, 3 1/2 Ltr. Wasser, 6 Eidotter, 65 Gr. Butter.*

**Rübchensuppe für 4 Personen.** Sämtliche Zutaten werden geschält, in kleine Würfel geschnitten, dann mit 2 Ltr. kochender Knochenbrühe von Schweinebraten, Hammelfleisch, Schinken, oder Zungenbrühe angesetzt, 1 Stunde im geschlossenen Topf gekocht. 1 Kochl. Mehlschwitze rührt man mit dieser Suppe aus. Beim Anrichten gibt man an die Suppe 1 Teel. feingehackte Petersilie. Auch kann als Einlage Eierstich, bereitet von 3 ganzen Eiern, verwendet werden.

*Zutaten: 4 kleine, weiße Mairüben, 2 gelbe Wurzeln, 3 Petersilienwurzeln, 1 Stange Porree, 1/2 Kn. Sellerie, 2 Ltr. koch. Knochenbrühe, 1 Teel. feingeh. Petersilie.*

**Frühlingssuppe für 6 Personen.** 1 Kilo schieres Ochsenfleisch wäscht man, setzt es mit 2 Ltr. kaltem Wasser an und kocht die Brühe langsam 2–3 Stunden. 2 Ltr. Palerbsen setzt man mit 1 Messerspitze Natron, 1/8 Ltr. kochendem Wasser an, dämpft sie im geschlossenen Topf in 30 Minuten weich und stellt sie zum Erkalten beiseite. Eine Handvoll der Erbsenschale lässt man in der Brühe kochen, 6 junge Karotten werden geschält, mit 1/2 Ltr. kochendem Wasser angesetzt, im geschlossenen Topf 40 Minuten gekocht und beiseite gestellt. 1 kleinen Blumenkohl, der vorher in reichlich kalten Salzwasser 1 Stunde gelegen, setzt man mit 1/2 Ltr. kochendem Wasser im geschlossenen Topf an und lässt ihn langsam 15–30 Minuten kochen. Durch rasches Kochen wird der Blumenkohl unansehnlich. Den Inhalt einer 1/4-Kilo-Dose Spargel schneidet man in Würfel, 65 Gr. Morcheln in Streifen, 65 Gr. Schnittbohnen werden abgezogen, recht lang und dünn geschnitten, gewaschen, mit 1/2 Ltr. kochendem Wasser, 1 Messerspitze Natron angesetzt, im geschlossenen Topf 20 Minuten gekocht, dann auf ein Sieb zum Abtropfen gegossen. Diese Gemüse werden in die Terrine mit 1 gehäuftem Teel. feingehackter Petersilie gelegt, dann die mit 1 Essl. Salz abgeschmeckte Brühe dazugetan.

*Zutaten: 1 Kilo schier. Ochsenfleisch, 2 Ltr. kaltes Wasser, 2 Ltr. Palerbsen, 1 Messerspitze Natron, 1/8 Ltr. koch. Wasser, 6 junge Karotten, 1/2 Ltr. koch. Wasser, 1 kl. Blumenkohl, Salzwasser, eine 1/4-Kilo-Dose Spargel, 65 Gr. Morcheln, 65 Gr. Schnittbohnen.*

**Huhnsuppe für 12 Personen.** Man trennt das Brustfleisch von 2 jungen Hühnern. Alles Übrige wird mit 1 Kilo Kalbfleisch und Hühnermagen zerhackt, bräunt dieses im geschlossenen Topf etwa 30 Minuten und gibt 3 1/2 Ltr. kaltes Wasser und 1 Essl. Salz auf diese Knochenreste, lässt die Brühe im fest geschlossenen Topf 3 Stunden langsam kochen. Hierauf gießt man sie durch ein Sieb, entfettet sie, bringt die Suppe nochmals ins Kochen, gibt 1 Essl. Tapioka dazu und lässt die Suppe noch langsam 10–20 Minuten kochen. Das rohe Brustfleisch gibt man mit der Geflügelleber durch die Maschine. Ein geschältes Rundstück wird 1 Minute in heißer Milch geweicht, dann ausgedrückt, mit dem Fleisch gemischt, 1 Teel. feingehackte Petersilie, 3 Eidotter und Salz nach Geschmack dazugegeben. Nun streicht man das Ganze durch ein Sieb, füllt diese Farce in eine mit Butter ausgestrichene Schüssel, tut diese in einen Topf mit kochendem Wasser, legt einen Deckel auf die Schüssel und stellt das Ganze 30–40 Minuten in den nicht zu heißen Ofen. Nachdem diese Masse vollständig erkaltet, schneidet man sie in Streifen oder Würfel (ebenso wie beim Eierstich) und verwendet

*Zutaten: 2 jg. Hühner, 1 Kilo Kalbfleisch, 3 1/2 Ltr. kaltes Wasser, 1 Essl. Salz, 1 Essl. Tapioka, 1 Teel. fein gehackte Petersilie, 3 Eidott., 1/2 Teel. Curry.*

diese als Einlage der Suppe. 1/2 Teel. Curry an die Brühe gegeben, erhöht den Geschmack der Suppe. Diese Suppe ist für Kranke geeignet.

**Jägersuppe für 12 Personen.** 6 starke überjährige Rebhühner werden gewaschen, mit 3 Ltr. kaltem Wasser, 1 Essl. Salz, 10 Pfefferkörnern, 1 Stange Porree, 1/2 Kopf Sellerie angesetzt, im fest geschlossenen Topf langsam 2 Stunden gekocht. 250 Gr. gewaschene und am Tage vor dem Gebrauch mit 1 Ltr. kaltem Wasser eingeweichte Linsen werden mit diesem

*Zutaten: 6 starke, überjährige Rebhühner, 3 Ltr. kaltes Wasser, 1 Essl. Salz, 10 Pfefferkörner, 1 Stg. Porree, 1/2 Kopf Sellerie, 250 Gr. Linsen, 1 Ltr. kalt. Wasser, 1/2 Kochl. Mehlschwitze, 1 Kochl. frische Butter, 1 Teel. Salz.*

Quellwasser angesetzt und 2 Stunden langsam gekocht, nach und nach wird die entfettete Rebhuhnbrühe dazugegeben. 6 Löffel der weichgekochten Linsen verwendet man als Einlage der Suppe, ebenfalls das in Streifen geschnittene Brustfleisch von 2 Hühnern. Die übrigen Linsen und das Fleisch der Rebhühner streicht man durch ein Sieb. 1/2 Kochl. Mehlschwitze mit dem Linsenmus und der Brühe verrührt. Beim Anrichten kann nach Geschmack ein Kochl. frische Butter und, wenn nötig, noch etwas Salz hinzukommen.

**Hamburger Aalsuppe für 12 Personen.** Man verwendet einen Schinkenknochen und 1/2 Kilo Ochsenfleisch. Dieses ist mit 3 Ltr. kaltem Wasser anzusetzen und die Brühe im fest verschlossenen Topf recht langsam 3 Stunden zu kochen. 15 Ltr. Palerbsen setzt man mit 1/2 Ltr. kochendem Wasser und einer Messerspitze Natron an, kocht sie im geschlossenen Topf 30 Minuten, stellt sie beiseite. 1 Ltr. Karotten, 10 junge weiße Petersilienwurzeln, 6 Mairüben werden geschabt, in kleine Würfel geschnitten, mit 1 Ltr. kochendem Wasser

*Zutaten: 1 Schinkenknochen, 1 1/2 Kilo Ochsenfleisch, 3 Ltr. kaltes Wasser, 15 Ltr. Palerbsen, 1/2 Ltr. Wasser, 1 Ltr. Karott., 10 junge weiße Petersilienwurzeln, 6 Mairüben, 1 1/2 Kilo Aal, 1/4 Ltr. Essig, 20 Pfefferkörner, 1 Zwiebel, 1 Lorbeerblatt, 1 Essl. Salz, 1/2 Kilo gemischt. Backobst, 4 Kochl. Mehlschwitze, 125 Gr. frische Aalkräuter, 65 Gr. Zucker, 1/4 Ltr. Weiß- oder Rotwein.*

angesetzt und im geschlossenen Topf 1 Stunde gekocht. 1/2 Kilo Aal schneidet man in 12 Stücke, setzt ihn, nachdem er gewaschen, mit 1/4 Ltr. Essig, 1/2 Ltr. Wasser, 20 Pfefferkörnern, 1 Zwiebel, 1 Lorbeerblatt, 1 Essl. Salz an, bringt den Aal im zugedeckten Topf ins Kochen, stellt ihn beiseite und lässt ihn langsam 30 Minuten ziehen. 1/2 Kilo gemischtes Backobst wird 2–3 Mal mit heißem Wasser gewaschen. Man setzt das Chat mit 1 Ltr. kaltem Wasser an und lässt es 2 Stunden langsam kochen. 4 Kochl. Mehlschwitze rührt man nun mit der Brühe aus. 125 Gr. frische Aalkräuter, welche man aus Estragon, Thymian, Majoran, ein wenig Salbei, Petersilie, Kerbel und Basilikum zusammensteilt, werden 3–4 mal in reichlich frischen Wasser gewaschen, im Tuch ausgedrückt und feingehackt. Die Kräuter lässt man mit der Suppe 5 Minuten kochen, dann gibt man das Gemüse und Backobst mit dem Wasser dazu. Ebenfalls die Aalbrühe; diese muss durch ein Sieb gegossen werden. Man schmeckt die Suppe mit 65 Gr. Zucker, 1/4 Ltr. Weiß- oder Rotwein ab. Zur Aalsuppe gibt man Schwemmklöße. Diese bereitet man von 125 Gr. Mehl, 125 Gr. Butter, 1/4 Wasser, 6 Eiern (siehe unter Schwemmklöße).

**Suppe mit Bleichsellerie für 6 Personen.** Schieres Ochsenfleisch oder Knochenreste setzt man mit 2 Ltr. kaltem Wasser, 1 Essl. Salz und 10 Pfefferkörnern an, kocht das Ganze im geschlossenen Topf 2 Stunden. Man gießt die *Zutaten: 2 Kilo schieres Ochsenfleisch od. Knochenreste, 2 Ltr. kaltes Wasser, 1 Essl. Salz, 10 Pfefferkörner, 1 Essl. Sago, 1/2 Bleichsellerie.* Brühe durch ein Sieb, bringt dann die Brühe ins Kochen, gibt 1 Essl. Sago dazu, kocht die Suppe hiermit 10 Minuten. Der Sellerie wird geschält, auch die Knolle und die Rippen; man schneidet das Ganze in recht feine Streifen, setzt den Sellerie mit 1/2 Ltr. kochendem Wasser an und kocht ihn langsam 1 Stunde. Man gießt ihn beim Anrichten mit dem Wasser in die fertige Suppe.

**Rote Wurzelsuppe für 6 Personen.** 1/2 Kilo Wurzeln werden geschabt, gewaschen, mit 125 Gr. rohem Schinken, 1 Zwiebel, 2 Ltr. kochender Knochenbrühe angesetzt, 1 Stunde gekocht, dann scharf durch ein Sieb gestrichen. 1/2 Kochl. Mehlschwitze rührt man mit dem Wurzelpüree und der Brühe glatt und gibt dann nach Geschmack 1 Essl. Zucker, 1 Teel. Salz *Zutaten: 1/2 Kilo Wurzeln, 125 Gr. roher Schinken, 1 Zwiebel, 2 Ltr. koch. Knochenbrühe, 1/2 Kochlöffel Mehlschwitze, 1 Essl. Zucker, 1 Teel. Salz, 1 Essl. fein gehackte Petersilie, 1 Essl. körnig gekochter Reis. Statt Wurzeln nimmt man auch Karotten.* und 1 Essl. feingehackte Petersilie dazu. Als Einlage ist 1 Essl. körnig gekochter Reis zu nehmen. Mit der Petersilie darf die Suppe nicht mehr kochen.

**Erdäpfelsuppe für 6 Personen.** Für Kranke geeignet. Ein Suppenhuhn im Gewichte von 1 Kilo oder Ochsenfleisch oder Kalbfleisch setzt man mit 2 1/2 Ltr. kaltem Wasser an und gibt 1 Essl. Salz dazu. Man kann auch Knochenreste vom Kalbs- oder Schweinebraten *Zutaten: 1 Suppenhuhn im Gewicht von 1 Kilo, 2 1/2 Ltr. kaltes Wasser, 1 Essl. Salz, 1/2 Kilo Erdäpfel, 1 gehäufter Kochl. Mehlschwitze, 2 Eidotter, 2 Essl. Schlagrahm.* verwenden. Man kocht die Brühe im geschlossenen Topf langsam 2 Stunden. 1/2 Kilo Erdäpfel werden geschält, 4 Stück beiseitegelegt, die übrigen mit der Brühe 1 Stunde gekocht. Man nimmt sie heraus und streicht sie durch ein Sieb. Die übrigen Erdäpfel schneidet man in Streifen, setzt sie mit 1/4 Ltr.

kochender Brühe an und kocht sie im geschlossenen Topf 20–30 Minuten. Man verwendet sie als Einlage. 1 gehäuften Kochl. Mehlschwitze rührt man mit der Brühe aus, gibt die gesiebten Erdäpfel dazu, kocht die Suppe einmal auf und quirlt sie mit 2 Eidottern ab. Die Eidotter müssen vorher 10 Minuten in der Schüssel gerührt werden. Der feste Schnee von 2 Essl. Schlagsahne ist dazuzugeben. (Erdäpfel oder Erdartischocke, auch Topinambur genannt.)

**Endiviensuppe für 6-8 Personen.** Man nimmt 1 Suppenhuhn, setzt es mit 2 1/2 Ltr. Wasser an, gibt 1 Essl. Salz und etwas Suppenkraut dazu, kocht die Brühe im fest geschlossenen Topf 2 Stunden. 2 Kopf Endivien werden gewaschen, mit 1/4 Liter kochendem Wasser und 1 Messerspitze Natron angesetzt, im geschlossenen Topf 10 Min. gekocht. 125 Gr. Spinat wäscht man 2–3 mal mit kaltem Wasser, gibt ihn dann zu den Endivien, lässt beides noch 10 Minuten kochen und gießt das Ganze auf ein Sieb zum Abtropfen und streicht es durch das Sieb. 2 Kochl. Mehlschwitze rührt man mit der Brühe aus und gibt das Endivienpüree dazu, kocht die Suppe einmal auf und quirlt sie mit 3 Eidottern ab. Die Eidotter müssen vorher in der Schüssel 5–10 Minuten tüchtig gerührt werden. Beim Anrichten gießt man die Suppe nochmals durch ein Sieb und füllt den festen Schnee von 2 Essl. Schlagrahm dazu. Die Suppe muss sogleich serviert werden. Als Einlage nimmt man das in Streifen geschnittene Brustfleisch vom Huhn.

*Zutaten: 1 Suppenhuhn im Gewicht von 2 Kilo, 2 1/2 Ltr. kaltes Wasser, 1 Essl. Salz, etwas Suppenkraut, 2 Kopf Endivien, 1/4 Ltr. kochendes Wasser, 1 Messerspitze Natron, 125 Gr. Spinat, 2 Kochl. Mehlschwitze, 2 Essl. Schlagrahm.*

**Champignonsuppe für 8 Personen.** Hierzu nimmt man ein großes, altes Suppenhuhn, setzt es mit 3 Ltr. kaltem Wasser, etwas Suppenkraut und 1 Essl. Salz an und kocht die Brühe recht langsam 3 Stunden. 250 Gr. Champignons werden geputzt und während des Putzens in ausgerührtes Mehlwasser gelegt (man rührt 65 Gr. Mehl mit 1/4 Liter kaltem Wasser aus). Sind alle Champignons vorbereitet, werden sie 2–3 Mal mit reichlich kalten Wasser gewaschen. 8 in dünne Scheiben geschnittene Champignons sind mit 1 Teel. Butter und 1 Teel. Zitronensaft anzusetzen und im geschlossenen Topf unter öfterem Schütteln recht langsam 10 Minuten zu kochen. Die übrig gebliebenen Champignons werden gehackt. 2 Kochl. Mehlschwitze rührt man mit der Hälfte der Brühe aus, gibt die gehackten Champignons dazu und lässt die Suppe zugedeckt langsam 3/4 Stunde kochen. Nun gibt man die übrige Brühe dazu und quirlt

*Zutaten: 1 alt. Suppenhuhn im Gewicht von 2 Kilo, 3 Ltr. kaltes Wasser, etw. Suppenkraut, 1 Essl. Salz, 250 Gr. Champignons, 2 Kochl. Mehlschwitze, 3 Eidotter, 1/8 Liter Schlagrahm.*

die Suppe mit 3 Eidottern ab. Die Eidotter müssen aber vorher in der Schüssel mit 1 Teel. Salz 6 Minuten tüchtig gerührt werden. Zuletzt legt man den festen Schnee von 1/8 Ltr. Schlagrahm und die in Scheiben geschnittenen Champignons als Einlage in die Suppe. Ohne Schlagrahm ist diese Suppe auch für Kranke geeignet. Man lässt dann die Champignons mit der Suppe kochen und gibt sie nicht als Einlage, weil sie für Kranke zu schwer sind.

**Bohnensuppe für 6 Personen.** 250 Gr. weiße Bohnen werden gewaschen und mit 3 Ltr. kaltem Wasser am Tage vorher eingeweicht. Man setzt die Bohnen mit dem Wasser und Knochenresten von Schinken, Hammel oder Kasseler Rippespeer an und kocht die Suppe zugedeckt 2 Stunden. Die geschälten Kartoffeln und Stange Porree lässt man mit der Suppe 1 Stunde kochen. Man streicht alles durch ein Sieb. 1/2 Kochl. Mehlschwitze rührt man mit der Brühe aus, kocht die Suppe einmal auf und nimmt 1 Essl. feingehackte Petersilie, 3 Essl. von den weichgekochten Bohnen als Einlage dazu. Mit der Petersilie darf die Suppe nicht mehr kochen.

*Zutaten: 250 Gr. weiße Bohnen, 2 Ltr. kaltes Wasser, 1/2 Kochlöffel Mehlschwitze, 1 Essl. fein gehackte Petersilie, 100 Gr. geschälte Kartoffeln.*

**Billige Grünkohlsuppe.** Strunkreste von 2 Kilo Grünkohl und auch die Blattrippen vom Grünkohl werden dünn geschält, gewaschen und dann durch die Fleischmaschine gedreht. Danach mit 1/2 Ltr. kochendem Wasser, 30 Gr. Gerstenflocken oder Hafergrütze oder Haferflocken angesetzt und 1 1/2 Stunden langsam gekocht. Nach dieser Zeit wird 1 Teel. Salz dazugegeben und 1 abgezogene geriebene Zwiebel. Man lässt die Suppe mit diesen Zutaten 5 Minuten kochen. Hat man nicht so viele Haferflocken, so kann man 2 roh geriebene Kartoffeln an die kochende Masse geben. Hat man Knochen- oder Schwartenreste, so können diese mit der Suppe gekocht werden. Auch kann man die Suppe vor dem Anrichten scharf durch ein Sieb streichen.

*Zutaten: Strunkreste und Blattrippen von 2 Kilo Grünkohl, 1 1/2 Ltr. kochend. Wasser, 30 Gr. Gersten- oder Haferflocken oder Hafergrütze, 1 Teel. Salz, 1 gerieb. Zwiebel, 2 roh geriebene Kartoffeln.*

**Linsensuppe für 6 Personen.** 250 Gr. Linsen werden gewaschen, mit 2 1/2 Ltr. kaltem Wasser angesetzt, Knochenreste, von jedem Wildgeflügel, dann 1 Essl. Salz und etwas Suppenkraut dazugegeben. Hat man keine Knochenreste, nimmt man 1/2 Kilo durchwachsenen mageren Speck oder Reste von Schinkenknochen. Zugedeckt kocht man die Suppe 2 Stunden. 3 Essl. von den weich

*Zutaten: 250 Gr. Linsen, 2 Ltr. kalt. Wasser, 1 Essl. Salz, Suppenkraut, 1/2 Kilo durchwachsener magerer Speck, 1/2 Kochl. Mehlschwitze.*

gekochten Linsen verwendet man später als Einlage. Man nimmt die Knochen aus der Suppe und streicht dieselbe mit den übrigen Linsen durch ein Sieb und lässt sie einmal aufkochen. Man kann in Würfel geschnittene und in Butter geröstete Zwiebeln oder geröstete Brotstücke außerdem als Einlage dazugeben.

**Einfache Kartoffelsuppe anderer Art für 8 Personen.** 1 Kilo alte, geschälte Kartoffeln werden gewaschen, mit Wasser bedeckt angesetzt, im geschlossenen Topf in 30 Minuten weichgekocht; sodann wird das Wasser abgegossen, die Kartoffeln werden trocken gedämpft und rasch durch ein Sieb gestrichen. Hierauf schlägt man die Kartoffelmasse in der Schüssel mit dem Löffel fest zusammen. Sind die Kartoffeln kalt geworden, so lassen sie sich schlecht durch das Sieb streichen, auch schmeckt die Suppe nicht so gut. 1/2 Kochl. Mehlschwitze rührt man mit 1/4 Ltr. kochendem Wasser glatt, tut die Kartoffelmasse dazu, rührt alles gut durch und gibt nach und nach 1 1/2 Ltr. kaltes Wasser daran und lässt die Suppe einmal aufkochen. Mit 1 Essl. feingehackter Petersilie, 1 Teel. Salz und 1/2 Teel. Pfeffer wird sie abgeschmeckt. Statt der Petersilie kann 1 Essl. feingehackter Kerbel dazugegeben werden.

*Zutaten: 1 Kilo alte, geschälte Kartoffeln, 1/2 Kochlöffel Mehlschwitze, 2 Ltr. koch. Wasser. 1 Essl. fein gehackte Petersilie, 1 Teel. Salz, 1/2 Teel. Pfeffer.*

**Sauerampfersuppe für 6 Personen.** 1/2 Kilo Sauerampfer, 65 Gr. Kerbel wird 3–4 Mal in reichlich Wasser gewaschen, dann im Tuche ausgedrückt und feingehackt. 2 alte, geschälte Rundstücke, die vorher im Ofen etwas geröstet werden, setzt man mit 1/2 Ltr. heißer Brühe an. Diese von Knochenresten bereitete Brühe lässt man mit dem Sauerampfer, dem Kerbel und dem Brot 10 Minuten kochen, schmeckt die Suppe mit 1 Teel. Salz ab und quirlt sie beim Anrichten mit 3 Eidottern ab. Hiernach wird die Suppe durch ein Sieb gestrichen. Als Einlage dienen verlorene Eier, Reis oder Eierstich. Für Kranke geeignet.

*Zutaten: 1/2 Kilo Sauerampfer, 65 Gr. Kerbel, 2 alte geschälte Rundstücke, 1 1/2 Ltr. Knochenbrühe, 1 Teel. Salz, 3 Eidotter.*

**Spargelsuppe für 6 Personen.** Knochenreste von jedem Braten werden mit 2 Ltr. kaltem Wasser angesetzt, etwas Suppenkraut und 1 Teel. Salz hinzugetan und 2 Stunden im geschlossenen Topf gekocht. 1/2 Kilo frischen Spargel schält man, schneidet ihn in kleinere Stücke und setzt die gewaschenen Spargelstücke mit 1/2 Ltr. kochendem Wasser an, lässt den Spargel im geschlossenen Topf 20–30 Minuten kochen. Salz gibt man kurz vor dem Weichwerden an

*Zutaten: Knochenreste von jed. Braten, 2 Ltr. kaltes Wasser, etwas Suppenkraut, 1 Teel. Salz, 1/2 Kilo frisch. Spargel, 1/2 Ltr. koch. Wasser, 2 Kochl. Mehlschwitze, 2-3 Eidotter, 1/8 Ltr. Schlagrahm.*

den Spargel, da er durch zu langes Kochen mit Salz gelb wird und den guten Geschmack verliert. Die Schale vom Spargel muss mit der Knochenbrühe kochen. 2 Kochl. Mehlschwitze werden mit der durch ein Sieb gegossenen Brühe glatt gerührt und das Wasser vom Spargel dazugetan; beim Anrichten quirlt man die Suppe mit 2–3 Eidottern ab, gießt sie alsdann durch ein Sieb und gibt die Spargelstücke als Einlage in die Suppe. Will man die Suppe noch besser machen, kann man den festen Schnee von 1/8 Ltr. Schlagrahm beim Anrichten dazugeben. Hat man keine Knochenreste, so bereitet man die Suppe vom Wasser des ausgekochten Spargels.

**Artischockensuppe für 6 Personen.** Hierzu verwendet man Knochenreste von Kalbs- oder Schweinebraten, oder 1 Suppenhuhn, setzt letzteres oder die Knochen mit 3 Ltr. kaltem Wasser und 1 Essl. Salz an, gibt etwas Suppenkraut dazu und lässt die Brühe im geschlossenen Topf 2 Stunden kochen. 3 kleine Artischocken setzt man mit kochendem Wasser bedeckt an und kocht sie im geschlossenen Topf 40 Minuten,

*Zutaten: Knochenreste von Kalbs- oder Schweinebraten oder 1 Suppenhuhn, 3 Ltr. kaltes Wasser, 1 Essl. Salz, etwas Suppenkraut, 3 kleine Artischocken, 125 Gr. Spinat, 1 Messerspitze Natron, 2 Kochl. Mehlschwitze, 2 Eidotter, 2 Essl. Schlagrahm.*

trennt dann die Blätter von den Böden. 2 Böden schneidet man in Streifen und verwendet sie als Einlage in der Suppe. Das Weiche der Blätter muss mit einem silbernen Löffel herausgeschabt und dieses mit dem einen Artischockenboden durch das Sieb gestrichen werden; ein Drahtsieb ist unzulässig, weil die Blätter hiervon schwarz werden. 125 Gr. Spinat wird gewaschen und mit 1 Messerspitze Natron angesetzt, im geschlossenen Topf 10 Minuten gekocht, dann auf ein Sieb zum Abtropfen gegossen und hiernach durchgestrichen. 2 Kochl. Mehlschwitze rührt man mit der Brühe aus und gibt das Artischockenpüree mit dem Spinat dazu, lässt die Suppe einmal aufkochen und quirlt sie mit 2 Eidottern ab. Die Eidotter werden vorher in einer Schüssel 10 Minuten gerührt. Vom tüchtigen Rühren der Eidotter hängt der gute Geschmack der Brühe ab. Beim Anrichten gibt man die Suppe nochmals durch ein grobes Sieb und füllt den Schnee von 2 Essl. Schlagrahm dazu. Die Suppe ist für Kranke geeignet; in diesem Falle ist dann der Schlagrahm auszuschalten.

**Graupensuppe für 6 Personen.** 65 Gr. Graupen setzt man mit 3 Ltr. kaltem Wasser, 1/4 Stück Sellerie, 1 Stange Porree, 1 Kilo Ochsenfleisch oder Knochenresten an. Auch kann Hammelbein hierzu verwendet werden. Man kocht die Suppe recht langsam 3 Stunden,

*Zutaten: 100 Gr. feinst. Graupen, 3 Ltr. kaltes Wasser, 1/4 St. Sellerie, 1 Stange Porree, 1 Kilo Ochsenfleisch oder Knochenreste, 3 Eidotter, 1 Essl. frische Butter.*

nimmt das Fleisch oder die Knochen aus der Brühe, quirlt die Suppe mit 3 Eidottern ab, gießt sie durch ein Sieb und gibt beim Anrichten 1 Essl. frischer Butter dazu. Als Einlage dient Krebspain.

**Tassenfleischbrühe für 4 Personen.** 1/2 Kilo Ochsenfleisch wird gewaschen, in Würfel geschnitten, mit 4 Pfefferkörnern, 1 Teel. Salz im geschlossenen Topf im eigenen Safte in etwa 30 Minuten gebräunt. *Zutaten: 1/2 Kilo Ochsenfleisch, 4 Pfefferkörner, 1 Teel. Salz, 1 Ltr. kaltes Wasser.* Ist das Fleisch in dieser Zeit nicht braun genug, so legt man den Deckel beiseite und lässt den Saft vollständig einschmoren. Dann gießt man 1 Ltr. kaltes Wasser darauf, gibt etwas Suppenkraut dazu und lässt die Suppe im fest geschlossenen Topf langsam 2 Stunden kochen. Durch starkes Kochen verliert die Brühe ihren Geschmack. Nach der Kochzeit gießt man sie durch ein Sieb, lässt sie 20 Minuten in der Schüssel stehen, entfettet sie, gießt sie zurück in den Topf, indem man den Satz in der Schüssel zurücklässt, bringt sie ins Kochen und füllt beim ersten Aufwallen den Schaum ab.

**Ochsenschwanzsuppe für 6 Personen.** Das gewaschene Fleisch wird in Stücke geschnitten, ebenso der Schwanz, dann im trockenen Topf mit 20 Pfefferkörnern und etwas Salz angesetzt, im geschlossenen Topf 30 Minuten bei nicht zu starker Hitze gebräunt. Ist das *Zutaten: 1 Ochsenschwanz, 1/2 Kilo Ochsenfleisch, 20 Pfefferkörner, 2 1/2 Ltr. kaltes Wasser, etw. Wurzelwerk u. Suppenkraut, 2 gehäufte Essl. Tapioka, 1/8 Ltr. Madeira, 1 Essl. Salz.* Fleisch nicht braun genug in dieser Zeit, dann legt man den Deckel beiseite und lässt das Fleisch noch schnell bei rascher Hitze bräunen. Danach gibt man gibt man 2 Ltr. kaltes Wasser auf das Fleisch und etwas Suppenkraut, lässt die Brühe im fest geschlossenen Topf 3 Stunden langsam kochen; hiernach gießt man die Brühe durch ein Sieb, entfettet sie, bringt die Suppe nochmals ins Kochen, füllt beim ersten Aufkochen Schaum und Fett ab; dann streut man 2 gehäufte Essl. Tapioka in die Suppe, lässt sie hiermit noch 10 Minuten kochen und fügt 1/8 Ltr. Madeira hinzu. Beim Anrichten gießt man die Suppe durch ein Sieb; sie muss pikant und kräftig schmecken und braun aussehen. Liebt man sie gebundener, dann macht man 2 Kochl. Mehlschwitze und rührt diese mit der klaren Brühe aus. Als Einlage gibt man das abgetrennte Fleisch von dem Schwanz, Schwemmklöße, Bierstich oder Schildkröteneierklöße.

**Einfache Suppe mit Reis für 6 Personen.** Das gewaschene Fleisch wird mit 1/2 Ltr. kaltem Wasser, etwas Salz und Suppenkraut angesetzt und dann langsam im fest geschlos- *Zutaten: 1 Kilo Suppenfleisch, 2 1/2 Ltr. kaltes Wasser, 5 Gr. Salz u. Suppenkraut, Reis, Schwemmklöße oder Eierstich.*

senen Topf 2 1/2 Stunden gekocht. Durch rasches Kochen wird das Fleisch hart. Zu dieser entfetteten Brühe werden entweder Reis oder Schwemmklöße oder Eierstich gegeben.

**Suppe von frischen, grünen Erbsen für 6 Personen.** Man setzt die Knochen oder das Fleisch mit 2 1/2 Ltr. Wasser, 1 Teel. Salz, Suppenkraut an, lässt die Brühe im geschlossenen Topf 2 Stunden recht langsam kochen. 2 Ltr. dicke, frische Erbsen werden gepalt; die Hälfte der Schalen kocht man mit der Brühe. Die Erbsen setzt man mit einer Messerspitze Natron, 1/2 Löffel Butter und 1/4 Ltr.

*Zutaten: Knochenreste von Kalbs- oder Schweinebraten oder 1 Kilo Kalbsbein, 2 1/2 Ltr. Wasser, 1 Teel. Salz u. Suppenkraut, 2 Ltr. dicke, frische Erbsen. 1 Messersp. Natron, 1/2 Löff. Butter, 1/4 Ltr. koch. Wasser, 1 Kochl. Mehlschwitze, 2 Eidotter, 1 Essl. gekochter Spinat, 2 Essl. Schlagrahm.*

kochendem Wasser an, 30–40 Minuten werden sie gekocht. Die Hälfte hiervon streicht man durch ein Sieb; die übrigen Erbsen verwendet man später als Einlage für die Suppe. Die Brühe gießt man ebenfalls durch ein Sieb. 1 Kochl. Mehlschwitze rührt man mit der Brühe und dem Püree glatt, lässt die Suppe einmal aufkochen. Beim Anrichten quirlt man die Suppe mit 2 Eidottern ab, gibt 1 Essl. recht grün gekochten und gesiebten Spinat dazu; dann gießt man sie nochmals durch ein Sieb, und nun gibt man den festen Schnee von 2 Essl. Schlagrahm daran. Die Suppe eignet sich auch für Kranke.

**Hühnersuppe mit Schlagrahm für 6 Personen.** Das gewaschene Huhn wird mit dem Magen, 1 Essl. Salz und Suppenkraut, 2 1/2 Ltr. kaltem Wasser angesetzt, dann im geschlossenen Topf 2 Stunden recht langsam gekocht.

*Zutaten: 1 groß. Suppenhuhn im Gewicht von 1 Kilo, 1 Essl. Salz, Suppenkraut, 2 1/2 Ltr. kaltes Wasser, 2 Kochl. Mehlschwitze, 2 Eidotter.*

Hiernach gießt man die Brühe durch ein Sieb. 2 Kochl. Mehlschwitze rührt man mit der Brühe aus, quirlt die Suppe, nachdem sie einmal aufgekocht, mit 2 Eidottern ab; diese müssen in der Schüssel vorher 10 Minuten gerührt werden. Das in Streifen geschnittene Brustfleisch gibt man als Einlage in die Suppe.

**Weiße Selleriesuppe mit Schlagrahm für 6 Personen.** 3 Knollen Sellerie werden geschält, gewaschen, mit 2 Ltr. kochendem Wasser angesetzt; man kann auch Knochenreste vom Kalbsbraten oder Schweinebraten nehmen. Den geschälten Sellerie

*Zutaten: 3 kl. Knollen Sellerie, 2 Ltr. koch. Wasser, 1 Kochl. Mehlschwitze, 1-2 Eidotter, 2 Essl. Schlagrahm, 1 Teel. Salz.*

kocht man in dieser Brühe vollständig weich in 40–50 Minuten; dann streicht man ihn durch ein Sieb. 1 Kochl. Mehlschwitze rührt man mit 1 Löffel Brühe aus; dann gibt man das Selleriemus dazu und nach und nach die Knochenbrühe oder das Selleriewasser. Beim Anrichten kann man die Suppe mit 1–2 Eidottern abrühren und gibt den festen Schnee von 2 Essl. Schlagrahm dazu. Diese Suppe ist ohne Schlagrahm auch geeignet für Kranke.

**Wildsuppe für 6 Personen.** Hierzu verwendet man Knochenreste vom Hasen oder Reh, setzt die Knochen mit 2 1/2 Ltr. Wasser an, gibt 1 Essl. Salz, 20 Pfefferkörner und Suppenkraut dazu. Man lässt die Brühe 2 Stunden langsam kochen; dann gießt man sie durch ein Sieb. 2 Kochl. Mehlschwitze rührt man nun mit dieser Brühe aus, gibt 1/8 Ltr. Madeira dazu. Als Einlage Schwemmklöße oder Eierstich. Die Suppe wird mit einem Löffel dunkelbraun gebrannten Zuckers gefärbt.

*Zutaten: Knochenreste vom Hasen oder Reh, 1/2 Ltr. Wasser, Salz, 20 Pfefferkörner, Suppenkraut, 2 Kochlöffel Mehlschwitze, 1/8 Ltr. Madeira.*

**Erbsensuppe für 6 Personen.** Hierzu nimmt man Knochenreste von jedem Braten, auch von gekochtem Schinken. Die Erbsen werden gewaschen, am Tage vorher mit 2 Ltr. Wasser eingeweicht; dann setzt man sie mit dem Quellwasser und den Knochen an, gibt 1/4 Essl. Salz und Suppenkraut dazu, kocht sie im geschlossenen Topf 2 Stunden. Hiernach streicht man sie durch ein Sieb. 1/2 Kochl. Mehlschwitze rührt man mit dieser Suppe aus.

*Zutaten: Knochenreste von jed. Braten, auch v. gekocht. Schinken, 250 Gr. grüne, getrocknete Erbsen, 2 Ltr. Wasser, Salz und Suppenkraut, 1/2 Kochlöffel Mehlschwitze.*

**Abgerührte braune Nierensuppe für 6 Personen.** Eine Ochsenniere und 250 Gr. Ochsenfleisch werden gewaschen und in Würfel geschnitten, dann mit 20 Pfefferkörnern, 1 Zwiebel und 1 Teel. Salz im geschlossenen Topf in 30 Minuten gebräunt. Hiernach gibt man 2 Ltr. Wasser dazu und etwas Suppenkraut, lässt die Suppe im geschlossenen Topf 2 Stunden recht langsam kochen. Dann gießt man sie durch ein Sieb. 2 Kochl. Mehlschwitze rührt man mit dieser Brühe aus. Nach Geschmack gibt man 1/8 Ltr. Madeira dazu. Die Suppe muss dunkel aussehen, pikant und kräftig schmecken. Will man diese Suppe klar machen, dann kocht man mit der gesiebten Brühe 1 Essl. Tapioka oder Sago 15 Minuten.

*Zutaten: 1 Ochsenniere, 250 Gr. Ochsenfleisch, 20 Pfefferkörner, 1 Zwiebel, 1 Teel. Salz, 2 Ltr. Wasser, 2 Kochl. Mehlschwitze, 1/8 Ltr. Madeira, 1 Essl. Tapioka oder Sago.*

**Klare Hühnersuppe für 6 Personen.** Das Huhn wird zerhackt mit den Knochen; 250 Gr. Schinken schneidet man in Würfel. Das Fleisch

*Zutaten: 1 Huhn, 250 Gr. roher Schinken, etwas Suppenkraut u. 1/2 Essl. Salz, 2 Essl. Tapioka, 1 Teel. Currypuder.*

wird im geschlossenen Topf unter häufigem Umrühren ohne Butter gebräunt. Nun gibt man das Wasser dazu, etwas Suppenkraut und 1/2 Essl. Salz, dann lässt man die Suppe im fest geschlossenen Topf 3 Stunden recht langsam kochen. Hiernach gießt man sie durch ein Sieb und entfettet sie; dann gießt man die Suppe in einen sauberen Topf und lässt den Satz zurück. Beim ersten Aufkochen füllt man Schaum und Fett nochmals ab. Dann gibt man 2 Essl. Tapioka daran und 1 Teel. Currypuder, lässt die Suppe langsam 10 Minuten kochen und gibt sie beim Anrichten durch ein Sieb. Einlage: kleine Eierklöße.

**Kerbelsuppe für 6 Personen.** Man setzt die Knochen mit 2 1/2 Liter kaltem Wasser an, Salz und Suppenkraut gibt man dazu, lässt sie 2 Stunden im geschlossenen Topf kochen, gießt sie durch ein Sieb und entfettet sie. 2 Kochl. Mehlschwitze rührt man mit der Hälfte der Suppe aus, dann gibt man 65 Gr. feingehackten Kerbel, den man vorher in reichlich kaltem Wasser gewaschen, dazu. Nun lässt man die Suppe mit dem Kerbel einmal aufkochen; dann fügt man die übrige Brühe hinzu. Lässt man den Kerbel zu lange in der Suppe kochen, so verliert die Suppe den guten Geschmack und das grüne Aussehen. Als Einlage gibt man verlorene Eier, Reis, Eierstich oder Grießklöße.

*Zutaten: Knochenreste vom Kalbs- oder Schweinebraten, 2 1/2 Ltr kaltes Wasser, 2 Teel. Salz u. Suppenkraut, 2 Kochl. Mehlschwitze, 65 Gr. fein gehackter Kerbel.*

**Tomatensuppe für 6 Personen.** Die Knochen werden mit 2 Ltr. kaltem Wasser, 1 Essl. Salz, 10 Pfefferkörnern, etwas Suppenkraut angesetzt und die Brühe im fest geschlossenen Topf 2 Stunden langsam gekocht. 1/2 Kilo weiche oder beschädigte Tomaten (diese sind im Einkauf billiger) schneidet man in Stücke und dämpft sie im geschlossenen Topf in 10 Minuten weich. Hiernach streicht man sie durch ein Sieb, rührt 2 Kochl. Mehlschwitze mit dem Tomatenpüree aus und gießt die Brühe nach und nach dazu. Wenn die Suppe einmal aufkocht, gibt man den festen Schnee von 1/8 Ltr. Schlagrahm dazu. Als Einlage ist Reis oder Eierstich geeignet. Die Suppe kann man für Kranke verwenden.

*Zutaten: Knochenreste, 2 Ltr. kaltes Wasser, 1 Essl. Salz, 10 Pfefferkörner, etw. Suppenkraut, 1/2 Kilo weiche oder beschädigte Tomaten, 2 Kochlöffel Mehlschwitze, 1/8 Ltr. Schlagrahm.*

**Krebssuppe für 12 Personen.** Das Fleisch und die Niere werden gewaschen und mit 4 Ltr. kaltem Wasser, 1 Essl. Salz, 1/2 Teel. Pfeffer, Suppenkraut angesetzt, im fest geschlossenen Topf 3 Stunden langsam gekocht. Die Krebse werden

*Zutaten: 30 Krebse, 1 Kalbsniere, 1 Kilo Ochsenfleisch, 5 Ltr. junge Erbsen, 1 klein. Blumenkohl, 4 Ltr. Wasser, 1 Essl. Salz, 1/2 Teel. Pfeffer, Suppenkraut,* reichlich mit Wasser bedeckt, einmal aufge-kocht. In diesem Wasser (etwas Salz kann man daran tun) lässt man die Krebse erkalten. Nun

*250 Gramm Butter, 3 Kochl. Mehl, Erbsen, 1 Messersp. Natron, 1 Kilo Spargel, Fleischklöße.*

bricht man das Fleisch aus den Schalen, entfernt den Darm aus dem Schwanz. Die Schwänze und Scheren tut man später als Einlage in die Suppe. Das Innere des Kopfes kocht man mit der Brühe. Die Krebsschale wird gehackt, dann mit 250 Gr. Butter zu roter Farbe geschmort, dann gießt man reichlich kochendes Wasser auf die Schalen, lässt es einmal aufkochen und gießt es durch ein Sieb in eine Schüssel. Die rote Butter füllt man ab und schwitzt sie in einem Topf mit 3 Kochl. Mehl unter Rühren 2 Minuten, gießt die Brühe nach und nach unter Rühren durch ein Sieb dazu. Nun lässt man die Suppe noch einmal aufkochen. Sollte sich die rote Butter teilen, so quirlt man die Suppe vor dem Anrichten mit 1 Eidotter ab. Die ausgepalten Erbsen werden mit 1/4 Ltr. kochendem Wasser, 1 Messerspitze Natron angesetzt und im geschlossenen Topfe langsam 30 Minu-ten gekocht. Die Erbsen gibt man mit ihrem Safte in die fertige Suppe. Außer-dem verwendet man 1 Kilo vorher abgekochte Spargel, in Würfel geschnitten, als Einlage. Einen kleinen Blumenkohl kocht man vorher in etwa 30 Minuten weich, gibt ihn, in kleine Stücke geschnitten, als Einlage, außerdem noch kleine Fleischklöße, ebenso die Schwänze und die Scheren der Krebse.

### Einfache Graupensuppe für 6 Personen.

Hierzu verwendet man am besten Knochen-reste von Hammelbraten oder Roastbeef. Die Knochen setzt man mit 2 Ltr. kaltem Wasser, 1 Teel. Salz und Suppenkraut an; dann kocht man die Brühe im geschlossenen Topf 2 Stun-

*Zutaten: Knochenreste von Hammelbraten od. Roastbeef, 2 Ltr. kaltes Wasser, 1 Teel. Salz u. Suppenkraut, 65 Gr. feine Suppengraupen, 1/2 Ltr. kaltes Wasser, 1-2 Eidotter.*

den recht langsam. 65 Gr. feine Suppengraupen weicht man am Tage vor dem Gebrauch mit 1/2 Ltr. kaltem Wasser ein. Diese Graupen setzt man mit ihrem Quellwasser zu gleicher Zeit mit den Knochen an, dann gießt man nach und nach von der Brühe durch ein Sieb an die Graupen und lässt sie mit der Brühe noch 1 Stunde kochen. Die Suppe wird, für Kranke geeignet, beim Anrichten mit 1–2 Eidottern abgerührt.

### Feinere Kartoffelsuppe für 6 Personen.

1 Ltr. geschälte Kartoffeln kocht man weich, gießt sie ab und dämpft sie trocken; dann streicht man sie rasch durch ein Sieb. Die Kar-toffelmasse schlägt man fest zusammen. 1/2 Kochl. Mehlschwitze rührt man mit 1/4 Ltr.

*Zutaten: 1 Ltr. geschälte Kartof-feln, 1/2 Kochl. Mehlschwitze, 1/4 Ltr. Wasser- oder Knochen-brühe. 1 1/2 Ltr. desgl., 2 Eidot-ter, 1/16 Ltr. Schlagrahm, 2 Essl. fein gehackter Kerbel, 1 Teel. Salz.*

Wasser oder Knochenbrühe aus; dann gibt man die Kartoffeln dazu und nach und nach noch 1 1/2 Ltr. Brühe. 2 Eidotter schlägt man mit 1/16 Ltr. Schlagrahm 5 Minuten. 2 Essl. feingehackten Kerbel lässt man in der Suppe einmal aufkochen; dann gibt man unter Rühren die kochende Suppe an den Schlagrahm. Die Suppe muss sogleich serviert werden. Statt Kerbel kann man auch Petersilie nehmen. Besser wird die Suppe, wenn man Huhnbrühe verwendet.

### Fleischsuppe mit billigen Klößen zum Sattessen für 4-6 Personen.

*Zutaten: 1/2 Kilo Rindfleisch, 2 Ltr. Wasser, 1 Teel. Salz, 200 Gr. Kartoffeln, 150 Gr. Mehl.*

1 Kilo Kluftschale vom Rind wird mit 2 Ltr. kaltem Wasser, 1 gehäuftem Teel. Salz, etwas getrockneter Spargelschale, Erbsschale und Selleriekraut angesetzt. Besser noch schmeckt 1 Stück frischer Sellerie, 1 Stange Porree, 1–2 rote Möhren oder Wurzeln. Mit diesen Zutaten lässt man die Brühe recht langsam 2 Stunden kochen, es empfiehlt sich, wenn man die Suppe 40 Minuten ankocht und im Ökonom oder in der Kochkiste weiterkochen lässt. Durch starkes Kochen wird das Fleisch hart. Nach dieser Kochzeit setzt man folgende Klöße in die Brühe und kocht die Suppe zusammen mit den Klößen 15 Minuten. 200 Gr. Kartoffeln werden am Tage vor dem Gebrauch mit der Schale gekocht, dann wird die Haut abgezogen. Am nächsten Tage werden die Kartoffeln gerieben. 150 Gr. Mehl und ein ganzes Ei wird dazugegeben. Von dieser Masse formt man Klöße.

### Bohnensuppe mit Speck, frischem Schweinefleisch, oder auch nur mit Knochen für 6 Personen.

*Zutaten: 250 Gr. weiße Bohnen, 250 Gr. Kartoffeln, 250 Gr. geräucherter Speck oder frisches Schweinefleisch vom Bauch.*

Die Bohnen werden am Abend vor dem Gebrauch gewaschen und eingeweicht mit 1 Ltr. kaltem Wasser. Am nächsten Tage mit diesem Wasser angesetzt; das Fleisch oder die Knochen, 1 Wurzel, 1 Stück Sellerie und 1 Zwiebel werden dazu gegeben. Mit diesen Zutaten kocht man die Suppe 1 Stunde, nach dieser Zeit gießt man noch 1 Ltr. kochendes Wasser, die geschälten Kartoffeln, 10 Gr. Hafergrütze dazu, und nun lässt man die Suppe noch 1 Stunde langsam kochen. Diese Suppe kann 45 Minuten angekocht und dann in die vorher gewärmte Kochkiste gestellt werden.

### Feinere Blumenkohlsuppe für 6 Personen.

*Zutaten: Knochen von jed. weißen Geflügel, Kalbs- od. Schweinebraten, oder auch ein Suppenhuhn, 2 1/2 Ltr. Wasser, 1 Blumenkohl, 1 gehäufter Teelöffel Salz, 2 Eidotter, 1/8 Ltr. Schlagrahm.*

Hierzu verwendet man Knochen von jedem weißen Gefügel- oder Kalb- oder Schweinebraten. Soll die Suppe besser schmecken, so kann noch 1 Suppenhuhn verwendet werden. Die Knochen oder das Huhn setzt man mit 2 1/2 Ltr. Wasser an, kocht die Brühe fest zugedeckt 2 Stunden, legt den geschälten Strunk und den Blumenkohl dazu und kocht die Brühe hiermit langsam 30–40 Minuten. Alsdann werden der Strunk und die Hälfte des Blumenkohls durch ein Sieb gestrichen. 1 gehäufter Kochl. Mehlschwitze wird mit der Brühe ausgerührt. Dann gibt man das Blumenkohlpüree dazu, quirlt die Suppe mit 2 Eidottern ab, die vorher in einer Schüssel 5 Minuten tüchtig gerührt wurden. Beim Anrichten wird die Suppe nochmals durch ein grobes Sieb gegossen. Als Einlage nimmt man die zweite Hälfte des Blumenkohls und den Schnee von 1/8 Ltr. Schlagrahm. Die Suppe ist für Kranke geeignet.

**Okrasuppe für 18 Personen.** 2 Kilo Ochsenfleisch schneidet man in Würfel, bräunt es im geschlossenen Topf etwa 30 Minuten, gibt 1 Essl. Salz, 20 Pfefferkörner, 250 Gr. Tomaten und etwas Suppenkraut dazu, hiernach 4 Ltr. *Zutaten: 2 Ko. Ochsenfleisch, 1 Essl. Salz, 20 Pfefferkörner, 250 Gr. Tomaten, etw. Suppenkraut, 2 Essl. Tapioka, eine 2-Pfund-Dose Okra, 1/8 Ltr. Madeira.* lauwarmes Wasser. Nun lässt man die Brühe im fest geschlossenen Topf 3 Stunden langsam kochen. Durch Starkes Kochen verliert die Suppe ihren guten Geschmack. Nach dieser Zeit gießt man die Brühe durch ein Sieb, entfettet sie, bringt sie nochmals ins Kochen, füllt beim ersten Aufwallen Schaum und Fett ab, gibt 2 Essl. Tapioka dazu und den Inhalt einer 2-Pfund-Dose Okra. Von letzteren zerschneidet man 8 Schoten in kleine Stücke und verwendet diese als Einlage der Suppe. Die Suppe muss mit dem Okra und Tapioka langsam 30 Minuten kochen; man streicht sie beim Anrichten durch ein grobes Sieb und gibt nach Geschmack 1/8 Ltr. Madeira dazu.

**Feinere Kerbelsuppe für 6 Personen.** Man nimmt hierzu 1 Ochsenniere und setzt sie mit 2 Ltr. kaltem Wasser und etwas Suppenkraut im fest geschlossenen Topf an und lässt die Brühe 2 *Zutaten: 1 Ochsenniere, 2 Ltr. kaltes Wasser, etw. Suppenkraut, 65 Gr. Kerbel, 2 Kochl. Mehlschwitze, 2 Teel. Salz.* Stunden kochen. 65 Gr. Kerbel, gewaschen, abgetrocknet, feingehackt, 2 Kochl. Mehlschwitze rührt man mit der Hälfte der Brühe aus, gibt nun den Kerbel in die Suppe, lässt sie einmal aufkochen, gießt dann den Rest der Brühe dazu und richtet die Suppe sogleich an. Vom langen Stehen gehen der Geschmack und die grüne Farbe verloren. Als Einlage nimmt man verlorene Eier, Reis oder Eierstich.

**Sturensuppe für 3 Personen.** 12 Sturen werden ausgenommen, gewaschen, dann mit 1 1/2 Ltr. kaltem Wasser, 1 Teel. Salz, 1 Zwiebel und 10 Pfefferkörnern angesetzt und im geschlossenen Topf langsam 10 Minuten gekocht. Statt Wasser kann man auch Kalb- *Zutaten: 12 Sturen, 1 1/2 Ltr. kaltes Wasser od. Kalbfleischbrühe, 1 1/2 Teel. Salz, 1 Zwiebel, 10 Pfefferkörner, 4 Eidotter, 1 Teel. fein gehackte Petersilie, 1 altes Rundstück, 1/2 Kochl. Butter, 1 Kochl. Mehlschwitze.*

fleischbrühe nehmen. Man trennt das Fleisch vorsichtig von den Gräten. Das Fleisch wird durch ein Sieb gestrichen. Die Hälfte dieser Fischmasse wird mit 2 Eidottern, 1/2 Teel. Salz und 1 Teel. feingehackter Petersilie verrührt. 1 altes Rundstück wird geschält, in etwas lauwarmem Wasser 1 Minute eingeweicht. 1/2 Kochl. Butter lässt man in der Pfanne dünn werden, legt das ausgedrückte Brot dazu und bäckt dieses unter Rühren auf mäßigem Feuer in 3–4 Minuten ab. Nachdem die Brotmasse ausgekühlt, wird sie mit der Fischmasse verrührt, formt daraus kleine Klöße. Die Brühe, worin man die Fischmasse gekocht, wird durch ein Sieb gegossen. Die Hälfte davon gießt man auf die Klöße, kocht diese dann langsam unter häufigem Schütteln 5 Minuten. Mehlschwitze rührt man mit der übrigen Fischbrühe und der Brühe, worin man die Klöße gekocht, aus. Das gesiebte Fischfleisch gibt man dazu. Unter Rühren kocht man die Suppe einmal auf und quirlt sie dann mit 2 Eidottern ab. Die Eidotter müssen vorher 10 Minuten gerührt werden. Als Einlage nimmt man die bereiteten Klöße. Die Suppe ist für Kranke geeignet.

### Kartoffelsuppe mit geröstetem Speck und Zwiebeln für 4 Personen.
Als Einlage gibt man in die fertige Suppe Schinkenklöße oder kleine Klöße, hergestellt aus allen Fleischarten. 500 Gr. Kartoffeln werden geschält, gewaschen, mit 1 Ltr. kaltem Wasser angesetzt und zugedeckt 30 Minuten gekocht. Nach dieser Zeit gießt man das Wasser ab, dämpft die Kartoffeln trocken und streicht sie rasch durch ein Sieb. 30 Gr. geräucherter Speck wird in Würfel geschnitten und im Topf gebraten, worin man die Kartoffeln gekocht. 1 Zwiebel wird abgezogen, fein gehackt dazugegeben. Sobald Speck und Zwiebel hellbraun geröstet sind, gibt man 10 Gr. Weizenmehl dazu. Sobald dieses gut verrührt ist, die Kartoffelmasse und das Wasser worin die Schinkenklöße gekocht wurden. Man lässt die Suppe langsam 5 Minuten kochen. Danach gibt man 1 Teel. Salz, 1 Essl. feingehackte Petersilie oder Kerbel dazu.

### Grießsuppe für 6 Personen.
Hierzu verwendet man Knochenreste, setzt sie mit 2 Ltr. kochendem Wasser, Suppenkraut, etwas Salz an, kocht sie im fest geschlossenen Topfe 2 Stunden, gießt sie durch ein Sieb, entfettet sie, bringt sie wieder ins Kochen und gibt 65 Gr. Grieß, mit 1/4 Ltr. kaltem Wasser ausgerührt, daran. Hiermit kocht man die Brühe langsam 15 Minuten, quirlt sie dann mit 2 Eidottern ab, die man vorher in einer Schüssel mit 1 Messerspitze Salz 5 Minuten gerührt hat. Als Einlage verwendet man die Wurzeln vom Suppenkraut, die man in Scheiben schneidet. Die Eier können fehlen.

*Zutaten: Knochenreste, 2 Ltr. kochend. Wasser, Suppenkraut, 1 Teel. Salz, 65 Gr. Grieß, 1/4 Ltr. kaltes Wasser, 2 Eidotter.*

**Zwiebelsuppe mit Käse für 6 Personen.** Die abgezogenen Zwiebeln werden in recht dünne Scheiben geschnitten, mit 1/2 Ltr. von dem kochenden Wasser angesetzt und zugedeckt langsam 30 Minuten gekocht. Nach dieser Zeit werden Mehl und Butter unter Rühren lang-

*Zutaten: 100 Gr. Zwiebel, 30 Gr. Weizenmehl, 20 Gr. Butter od. anderes Fett, 2 Ltr. Wasser od. Knochenbrühe, 1 gehäuft. Teelöffel Salz, 1 Messerspitze Pfeffer, 100 Gr. Schweizer Käse.*

sam 2 Minuten geschwitzt, die Zwiebeln und das übrige Wasser gießt man nach und nach dazu. Man lässt die Suppe noch langsam 5 Minuten kochen, nicht länger. Durch zu langes Kochen bindet das Mehl nicht mehr, die Suppe wird zu dünn. In die kochende Suppe streut man schnell den geriebenen Käse, deckt sie zu; kochen darf die Suppe mit dem Käse nicht, sie muss zugedeckt schnell aufgetragen werden. Man kann den Käse auch in recht feine Streifen, wie Nudeln, schneiden. in diesem Falle lässt man die Suppe mit den Käsestreifen noch zugedeckt 10 Minuten stehen. Sie darf aber nicht kochen.

**Fleischtee für Kranke, für 1 Person.** 200 Gr. schieres, frisches Kalb- oder Ochsenfleisch, oder 1 Taube, oder 1/2 Hühnchen. Das Fleisch wird in kleine Würfel geschnitten, dann in ein Weckglas gelegt und ohne Gummiring mit dem Deckel geschlossen, mit einer Feder wird das Glas überspannt, danach in einen Topf mit kaltem Wasser gesetzt, und zugedeckt wird das Glas 2 Stunden gekocht. 2 Eidotter rührt man in einer Schüssel mit einer Messerspitze Salz 10 Minuten. Die kochende Flüssigkeit aus dem Weckglas wird unter Rühren nach und nach dazu gegossen. Außerdem kann man 1 Teel. Kognak oder Portwein hinzufügen. Das Geflügel wird mit den Knochen, vorher feingehackt, in das Weckglas gelegt.

**Hummersuppe für 4 Personen.** Man bereitet die Suppe von Hummerschalenresten. 65 Gr. Schale hackt und schmort man mit 65 Gr.

*Zutaten: 65 Gr. Hummerschalen, 65 Gr. Butter, 2 Kochl. Mehl, 2 Ltr. Fleischbrühe.*

Butter 10–15 Minuten, bis die Butter eine rote Farbe hat, dann gießt man reichlich kochendes Wasser auf die Schalen, lässt das Ganze einmal aufkochen und gießt hiernach alles durch ein Sieb. Die rote Butter füllt man in einen Topf, 2 Kochl. Mehl dazu gebend, schwitzt beides unter Rühren 2–3 Minuten, dann gießt man nach und nach unter Rühren 2 Ltr. Fleischbrühe dazu. Die Brühe bereitet man aus Geflügelknochenresten, oder man nimmt 1 Kilo Kalbfleisch. Das Innere des Hummerkopfes lässt man 10 Minuten mit kochen. Als Einlage verwendet man Spargel und Erbsen. Will man noch Hummerfleischreste verwenden, kann man hiervon Klöße machen. Die Bereitung der Masse siehe unter Hummerkotelettes. Trennt sich die rote Butter von der Suppe, so ist die Suppe mit 1 Eidotter abzurühren.

**Schildkrötensuppe für 12 Personen.** Man kann hierzu die Brühe von 1/2 gebranntem Kalbskopf verwenden. Ansetzen mit 3 Ltr. kaltem Wasser, etwas Suppenkraut, 30 Pfefferkörnern und 1 Zwiebel. Fest zugedeckt, langsam 2 Stunden kochen. Nach dieser Zeit wird die Brühe durch ein Sieb gegossen. Nach 10 Minuten wird die Brühe entfettet, dann vorsichtig in einen Topf gegossen, den Satz zurücklassend. Diese Suppe lässt man nun mit 2 Essl. Tapioka oder Sago noch langsam 10 Minuten kochen. Mit 1/8 Ltr. Madeira, etwas Liebig und, wenn nötig, noch etwas Salz und Pfeffer, wird die Suppe abgeschmeckt. Den Inhalt einer 1/2-Kilo-Dose Schildkrötenfleisch schneidet man in Würfel. Das helle weiße Fleisch verwendet man als Einlage. Das dunkle, unansehnliche Fleisch gibt man in die Suppe und lässt es mit der Suppe 10 Minuten kochen. Beim Anrichten wird die fertige Suppe durch ein Sieb gegossen. Außer dem hellen Schildkrötenfleisch gibt man Eierklöße in die Suppe (siehe unter Schildkröteneier).

*Zutaten: 1/2 Kalbskopf, 3 Ltr. kaltes Wasser, Suppenkraut, 30 Pfefferkörner, 1 Zwiebel, 2 Essl. Tapioka, 1/8 Ltr. Madeira, etwas Liebig, etwas Salz und Pfeffer, eine 1/2-Kilo-Dose Schildkrötenfleisch.*

**Buttermilchsuppe anderer Art für 3 Personen.** 1 1/2 Ltr. Buttermilch bringt man unter Rühren ins Kochen. 3 Essl. Weizenmehl verrührt man mit 1/4 Ltr. kaltem Wasser, gießt dieses unter Rühren an die kochende Buttermilch und kocht die Suppe unter Rühren langsam 5 Minuten. 2 gehäufte Teel. Anis oder Kümmel lässt man mit der Suppe kochen. Zum Schluss Zucker nach Geschmack.

*Zutaten: 1 1/2 Ltr. Buttermilch, 1/4 Ltr. Wasser, 3 Essl. Weizenmehl, Anis oder Kümmel.*

**Bierkaltschale für 4 Personen.** Die Korinthen werden mit heißem Wasser 4 bis 6 Mal gewaschen, dann in eine Terrine gelegt; 1/4 Ltr. kochendes Wasser gießt man auf die Korinthen und lässt sie nun zugedeckt mit den Zitronenscheiben 10 Minuten stehen. Nach dieser Zeit gibt man das geriebene Brot, den Zucker und das Bier dazu. Die Zitronenscheiben können fehlen.

*Zutaten: 10 Gr. Korinthen, 2 entkernte Zitronenscheiben, 50 Gr. Zucker, 50 Gr. Schwarzbrot od. Zwieback, etwas geriebene Zitronenschale, 1 Ltr. Bier.*

**Buttermilchkaltschale für 4 Personen.** Das Brot wird gerieben, mit dem Zucker, der Zitronenschale gemischt. Die Buttermilch wird darüber gegossen, und die kalte, sehr erfrischende Speise sogleich aufgetragen.

*Zutaten: 125 Gr. Schwarzbrot od. Zwieback, 20 Gr. Zucker, etw. Zitronenschale, 1 1/2 Ltr. recht frische Buttermilch.*

**Schokoladensuppe für 4 Personen.** Hafer-flocken werden mit dem Wasser angesetzt, 40 Minuten langsam gekocht, dann wird der Kakao dazugegeben, ebenso der Zucker. Mit diesen Zutaten wird die Suppe zweimal aufgekocht. Süßstofflösung darf nicht kochen.

*Zutaten: 30 Gr. Haferflocken, 20 Gr. Kakao, 1 1/2 Ltr. Wasser, 1 Essl. Zucker oder 1/2 Teel. Süßstofflösung.*

**Reiskaltschale für 4 Personen.** Für die hei-ßen Tage, auch für Kranke geeignet. Der Reis wird mit kaltem Wasser 3 bis 4 Mal gewaschen, dann mit 1/2 Ltr. kochendem Wasser ange-setzt und zugedeckt 20 Minuten gekocht. Das ganze Ei wird mit dem Zucker inzwischen 10 Minuten geschlagen, der kochende Reis wird unter Rühren nach und nach dazu gegossen, dann fügt man den Saft der Zitrone, den Wein oder den Fruchtsaft dazu.

*Zutaten: 100 Gr. Reis, 1 Zitr., 100 Gr. Zucker, 1/2 Ltr. koch. Wasser, 1 Ei, 3/4 Ltr. Weiß-wein od. Saft v. Stachelbeeren.*

**Erdbeerkaltschale für 6 Personen.** 500 Gr. recht reife Erdbeeren werden gewaschen, abgezupft, mit 50 Gr. Zucker überstreut und zugedeckt 1 Stunde kaltgestellt. Die Hälfte der Erdbeeren streicht man durch ein Sieb, 1/2 Ltr. frische Milch oder Rahm gibt man dazu, außerdem 50 Gr. kleine Suppenma-kronen und die übrigen Erdbeeren mit ihrem Saft. Statt Makronen können Zwiebäcke genommen werden.

**Bier mit Rahm und Ei, mit geröstetem Brot oder Zwieback für 1 Person.** Für Kranke geeignet. Das ganze Ei wird mit dem Zucker 10 Minuten geschlagen, danach kocht man das Bier und gießt unter Rühren das kochende Bier an das Ei. Der Rahm oder die Milch wird für sich aufgekocht und dazu gegossen. Ungekochte Milch darf man nicht mit Bier mischen, die Milch oder der Rahm gerinnt. Das Getränk wird dadurch schwer verdaulich. Statt Bier kann auch Weißwein genommen werden.

*Zutaten: 1/4 Ltr. gutes Bier, 1 Ei, 10 Gr. Zuck, 1/8 Ltr. Rahm od. Milch.*

**Weinkaltschale.** Kaneel und Wasser werden zugedeckt einmal aufgekocht. Die Zitronen-scheiben, ohne Kerne, legt man in das Wasser; wenn dieses erkaltet ist werden Zucker, gesto-ßener Zwieback und Wein dazugegeben.

*Zutaten: 50 Gr. Zwieback, 50 Gr. Zucker, 1/2 Zitrone, 1/2 Ltr. Wasser, 1/2 Ltr. Weiß-wein, 2 Gr. Kaneel.*

**Fliederbeersuppe mit Schwemmklößen für 20 Personen.** Die Fliederbeeren werden abge-rupft, mit 6 Ltr. kochendem Wasser angesetzt

*Zutaten: 2 Kilo Fliederbee-ren, 6 Ltr. koch. Wasser, 1 Kilo Prinzäpfel, 1/2 Ltr. Wasser,*

und 1 Stunde langsam gekocht. 1 Kilo Prinzäpfel wird geschält, in dünne Scheiben geschnitten, dann mit 1/2 Ltr. Wasser, 1 Kochl. Zucker weich gedämpft. Diese Apfelscheiben mit dem Saft werden beim Anrichten in die fertige Suppe getan. Die Schale der Äpfel kocht man mit den Fliederbeeren. Maizena rührt man mit 1/4 Ltr. kaltem Wasser aus, gibt dieses unter Rühren in die kochende Suppe und lässt sie nochmals 5 Minuten kochen; dann streicht man sie durch ein Sieb. Nun erst gibt man den Zucker an die Suppe. Als Einlage gibt man Schwemmklöße oder Zwieback.

*125 Gr. Maizena, 1/4 Ltr. kaltes Wasser, 250 Gr. Zucker.*

**Hasensuppe von Knochenresten eines gebratenen Hasen.** Auch das Herz, die Rippen, die Vorderläufe, den Kopf nimmt man zu dieser vorzüglichen Suppe. 1 Teel. Zucker lässt man in einem Topf dunkelbraun werden, dann legt man sämtliche Knochenreste in den Topf, streut 1 Kochl. Weizenmehl darüber, 6 Pfefferkörner, 1 Teel. Salz gibt man dazu, außerdem 1/2 Ltr. Wasser, 1 Stück Sellerie, 1 Stück Porree, 1 weiße geputzte Petersilienwurzel. Die Suppe lässt man zugedeckt 2 Stunden langsam kochen. Nach dieser Zeit wird 1 gehäufter Teel. Currypuder dazugegeben. 1 Essl. Kartoffelmehl rührt man mit 1/4 Ltr. kaltem Wasser aus, gießt es an die kochende Suppe und kocht sie noch 5 Minuten. Dann werden die Knochen aus der Suppe genommen und diese beim Anrichten durch ein Sieb gegossen. Als Einlage nimmt man Käseklöße.

**Zuckerfarbe, oder Couleur, auf Vorrat.** Die Zuckerfarbe, oder auch Couleur genannt, verwendet man für braune Tunken und Suppen. Man bereitet sie, indem man 6 Essl. Zucker in einer Pfanne unter Rühren auf mäßigem Feuer dunkelbraun brennt, dann 1/2 Ltr. heißes Wasser dazu gießt und das Ganze 3 Minuten kocht.

*Zutaten: 6 Essl. Zucker u. 1/2 Ltr. heiß. Wasser.*

**Weinsuppe für 6 Personen.** Für Kranke geeignet. Den Sago setzt man mit 1 Ltr. kochendem Wasser an und kocht ihn unter Rühren 30 Minuten. Man gießt 1/2 Ltr. Weißwein, den Saft von 1 Zitrone durch ein Sieb dazu, lässt die Suppe einmal aufkochen und quirlt sie mit 2 Eidottern ab, die man vorher 10 Minuten tüchtig gerührt hat. Nach Geschmack gibt man 125 Gr. Zucker dazu. Will man Gewürze verwenden kann Kaneel oder Vanille dazugegeben werden.

*Zutaten: 125 Gr. Sago, 1/2 Liter Weißwein, 1 Zitrone, 2 Eidotter, 125 Gr. Zucker, 1 Ltr. Wasser.*

**Frische Pflaumensuppe für 6 Personen.** 1 Kilo Pflaumen wird gewaschen, ausgekernt und mit 2 Ltr. kochendem Wasser angesetzt, dann im geschlossenen Topf 30 Minuten

*Zutaten: 1 Kilo Pflaumen, 2 Ltr. kochendes Wasser, 1 gehäufter Kochl. Maizena, 1/8 Ltr. kaltes Wasser, 65-125 Gr. Zucker.*

gekocht. Rührt 1 gehäuften Kochl. Maizena mit 1/3 Ltr. kaltem Wasser aus, gießt dieses unter Rühren an die kochenden Pflaumen und kocht die Suppe hiermit 5 Minuten. Das Ganze wird durch ein Sieb gestrichen und nach Geschmack 65 Gr. Zucker dazugegeben.

**Frische Pflaumensuppe auf andere Art mit Grießklößen für 6 Personen.** Von den Zwetschen legt man 250 Gr. in eine Schüssel, gießt reichlich kochendes Wasser auf die Zwetschen und zieht die Haut ab, entfernt den Stein, setzt die Zwetschen mit 1 Löffel Zucker im geschlossenen Topf an und dämpft sie in 10 Minuten weich. Diese verwendet man als Einlage zur Suppe. Die übrigen Zwetschen werden vom Kern befreit, dann mit 2 Ltr. Wasser angesetzt und im geschlossenen Topf 10 bis 20 Minuten gekocht. 1 Essl. Maizena rührt man mit 1/8 Ltr. kaltem Wasser aus; dann gibt man dieses unter Rühren an die Suppe, lässt sie hiermit 5 Minuten kochen, danach streicht man sie durch ein Sieb und gibt den Zucker dazu. Als Einlage gibt man Brotbröckchen oder Grieß oder Schwemmklöße und die vorher abgezogenen Zwetschen.

*Zutaten: 1 Kilo Zwetschen, 30 Gr. Zucker, 2 Ltr. Wasser, 1 Essl. Maizena, 1/8 Ltr. kaltes Wasser.*

**Spinatsuppe für 3 Personen.** Die Suppe ist für Kranke geeignet. Der Spinat wird mit reichlich kaltem Wasser 3 bis 4 Mal gewaschen, danach mit 1/4 Ltr. kochendem Wasser und 1 Messerspitze Natron angesetzt; zugedeckt wird der Spinat 20 Minuten gekocht, inzwischen umgerührt, nach dieser Zeit wird der Spinat auf ein Sieb gegossen und durch das Sieb gestrichen. Butter und Mehl schwitzt man im Topfe unter Rühren, gibt den Spinat, das Spinatwasser und die Milch dazu. Das Eidotter wird in einer Schüssel mit 1 Teel. Salz 10 Minuten gerührt, die kochende Suppe wird nach und nach an das Ei gegossen. Mit dem Ei darf die Suppe nicht mehr kochen. Das Weiße vom Ei wird zu festem Schnee geschlagen. Mit einem Löffel setzt man Klöße auf die fertige heiße Suppe, deckt die Suppe mit einem Deckel zu. Nach 5 Minuten anrichten.

*Zutaten: 1/2 Kilo Spinat, 1/8 Ltr. Milch, 1 Ei, 30 Gr. Mehl, 10 Gr. Butter.*

**Kirschsuppe für 6 Personen.** 250 Gr. getrocknete und gequetschte Kirschen werden mit 2 1/2 Ltr. Wasser angesetzt, im geschlossenen Topf 2 Stunden langsam gekocht. 2 Essl. Maizenamehl rührt man mit 1/8 Ltr. kaltem Wasser aus, gibt dieses unter Rühren an die kochende Suppe, lässt die Suppe noch 10 Minuten langsam kochen, streicht sie durch ein Sieb und gibt den

*Zutaten: 250 Gr. getrockn. u. gequetschte Kirschen, 2 1/2 Ltr. Wasser, 2 Essl. Maizenamehl, 1/8 Ltr. kaltes Wasser, 65 Gr. Zucker.*

Zucker dazu. Als Einlage dienen Schwemm- oder Grießklöße, Zwieback, Flammeri von Reismehl oder Grieß.

**Bickbeersuppe für 6 Personen.** Die getrockneten Bickbeeren werden gewaschen, mit 1 1/2 Ltr. kaltem Wasser angesetzt und im geschlossenen Topf 30 Minuten langsam gekocht. 2 Essl. Maizenamehl rührt man mit

*Zutaten: 1/2 Ko. Frische, oder 125 Gr. getrockn. Bickbeeren, 1 1/2 Ltr. kaltes Wasser, 2 Essl. Maizenamehl, 1/8 Ltr. kaltes Wasser.*

1/8 Ltr. kaltem Wasser, gibt dieses unter Rühren an die Suppe und lässt sie hiermit noch 5 Minuten kochen. Sodann gießt man die Suppe durch ein Sieb und streicht die zurückbleibende Masse scharf durch. Als Einlage sind Schwemmklöße, Reismehl oder Maizenaflammeri zu nehmen.

**Buttermilchsuppe für 2 Personen.** Für Kranke geeignet. Die Haferflocken werden mit 1/4 Ltr. kochendem Wasser angesetzt und

*Zutaten: 1 Ltr. Buttermilch, 65 Gr. Haferflocken, 30 Gr. Zucker, 2 Eier.*

zugedeckt langsam 15 Minuten gekocht. Dann gießt man unter Rühren die Buttermilch dazu und lässt die Suppe nochmals 5 Minuten kochen. Die ganzen Eier schlägt man mit dem Zucker 10 Minuten. Die kochende Suppe wird unter Rühren nach und nach dazu gegossen. Mit dem Ei darf die Suppe nicht mehr kochen. Sie wird beim Anrichten durch ein Sieb gegossen.

**Buttermilchsuppe mit Sago für 6 Personen.** Die Buttermilch wird unter Rühren ins Kochen gebracht, dann streut man den Sago

*Zutaten: 2 Ltr. Buttermilch, 200 Gr. Sago, 1 Ei, 60 Gr. Zucker oder Süßstoff nach Geschmack.*

unter weiterem Rühren nach und nach in die kochende Buttermilch. Die Suppe wird nun 20 Minuten langsam gekocht. Das ganze Ei schlägt man in einer Schüssel 10 Minuten, gießt unter Rühren die fertige kochende Suppe an das Ei. Liebt man Gewürz, so kann 1 Stück Zitronenschale, Kaneel, Vanille, Anis oder Kümmel dazugegeben werden. Diese Suppe ist für Kranke geeignet.

**Buttermilchsuppe mit Klackerklüten für 4 Personen.** Man kennt die Suppe unter diesem Namen nur in Norddeutschland. Butter-

*Zutaten: 1 3/4 Ltr. Buttermilch, 1 Ei, 15 Gr. Weizenmehl, 1 Teel. Anis, 30 Gr. Zucker.*

milchsuppen kann man auch Patienten in jeder Gestalt geben; diese Suppen sind außerordentlich gesund, nur mit Klackerklüten ist die Suppe für Kranke zu schwer verdaulich. Das Ei schlägt man in einer Schüssel 10 Minuten, dann gibt man 15 Gr. Weizenmehl und 1/4 Ltr. kalte Buttermilch dazu. Diesen Teig rührt man noch 5 Minuten. 1/2 Ltr. Buttermilch bringt man unter Rühren ins Kochen. Die Mehlmasse gießt man unter Rühren durch einen groben Durchschlag in die kochende Buttermilch. 1 Teel. Anis, 30 Gr. Zucker gibt man dazu und kocht die Suppe 5 Minuten.

**Buttermilchsuppe nach ländlicher Art für 6 Personen.** Man kann diese Suppe für Kranke verwenden. Die Kartoffeln werden geschält, gewaschen, bis zur Hälfte mit kaltem Wasser *Zutaten: 250 Gr. Kartoffeln, 2 Ltr. frische Buttermilch, 15 Gr. Weizenmehl, 3 Gr. Salz, 20 Gr. geräucherter Speck.* bedeckt angesetzt und zugedeckt langsam 30 Minuten gekocht. Nach dieser Zeit wird das Wasser abgegossen, die Kartoffeln werden auf geschlossenem Herd trocken, gedämpft und danach schnell durch ein Sieb gestrichen. Das Mehl wird mit 1/4 Ltr. Buttermilch im Kochtopfe verrührt, danach wird die übrige kalte Buttermilch dazu gegossen, unter Rühren wird die Suppe ins Kochen gebracht und langsam 10 Minuten gekocht. Dann gibt man das Kartoffelmus dazu, und den in Würfel geschnittenen und ausgebratenen Speck. Für Kranke nimmt man keinen Speck, sondern frische Butter.

**Hafersuppe für Kinder und Kranke.** 100 Gr. Hafermehl wird mit 1/2 Ltr. kaltem Wasser im Topfe angerührt, hierauf gießt man 1 Ltr. kochendes Wasser dazu und kocht die Suppe *Zutaten: 100 Hafermehl, 1-2 Eier, 10 Gr. Zucker, 2 Gr. Salz, 1 Essl. Zitronensaft, 1 Essl. frische Butter.* langsam unter Rühren 1/2 Stunde. Sie darf nicht überkochen. 1–2 Eier schlägt man mit 10 Gr. Zucker und 2 Gr. Salz in einer Schüssel 10 Minuten, danach gießt man die kochende Suppe nach und nach dazu. 1 Essl. Zitronensaft und 1 Essl. frische Butter gibt man dazu. Für die Kinder nimmt man noch etwas mehr Zucker. Man kann auch an die nicht mehr kochende Suppe 2 bis 4 Essl. Biomalz geben. Die Suppe schmeckt vorzüglich.

**Haferschleim mit Äpfeln oder Pflaumen für 1 Person.** Die Äpfel wäscht man und schneidet sie in Stücke. Die Grütze wird mit *Zutaten: 15 Gr. beste Hafergrütze, 125 Gr. Äpfel, 10 Gr. Zucker.* 3/4 Ltr. kaltem Wasser angesetzt und langsam 45 Minuten gekocht, sie darf nicht überkochen. Nach dieser Zeit werden die Apfelstücke dazugegeben, die Grütze noch 1/4 Stunde gekocht, und hiernach wird das Ganze scharf durch ein Sieb gegeben. Nun erst fügt man den Zucker hinzu. Will man Pflaumen verwenden, so werden diese am Abend vor dem Gebrauch eingeweicht und dann 1 Stunde mit der Grütze gekocht. Graupen kann man statt Hafergrütze nehmen. Graupenschleim mögen die Patienten nicht gern, deshalb soll man lieber Hafergrütze nehmen.

**Haferschleimsuppe für 4 Personen.** Die Grütze wird mit 1 1/2 Liter kaltem Wasser und dem Salz angesetzt und langsam 40 Minuten gekocht, dann durch ein Sieb gestrichen, mit den übrigen Zutaten 10 Minuten gekocht und mit dem Zitronensaft oder Wein gewürzt.

*Zutaten: 100 Gr. Hafergrütze, 1 1/2 Ltr. Wasser, 10 Gr. Butter, 2 Essl. Korinthen, 1 St. Zimt, Zitronenschale, 1/2 Teelöffel Salz, 50 Gr. Zucker, 1 Zitrone.*

**Graupensuppe mit Buttermilch für 3 Personen.** 125 Gr. Graupen werden am Abend vor dem Gebrauch in 1 Ltr. kaltem Wasser eingeweicht, mit diesem Wasser ins Kochen gebracht und 2 Stunden langsam gekocht. Nach dieser Zeit gießt man 1 Ltr. Buttermilch dazu, kocht unter Rühren die Buttermilch mit den Graupen einmal auf. 1 Teel. Weizenmehl rührt man mit 2 Teel. kaltem Wasser aus, gießt dieses unter Rühren an die kochende Suppe und lässt sie hiermit 3 Minuten kochen. Nach Geschmack wird Zucker hinzugefügt. Statt Graupen verwendet man auch Reismehl, Tapioka oder Haferflocken.

*Zutaten: 125 Gr. Graupen, 1 Ltr. Wasser, 1 Ltr. Buttermilch, 1 Teel. Weizenmehl.*

**Süße Graupensuppe für 5-6 Personen.** Die Graupen mit der Butter verrühren, Salz, etwas Zitronenschale, Korinthen, Kaneel und das Wasser dazugeben. Man kocht die Suppe langsam 1 Stunde. Nach dieser Zeit werden der Zucker und der Zitronensaft dazugegeben.

*Zutaten: 100 Gr. feine Graupen, 10 Gr. Butter, Kaneel, Saft v. 2 Zitr., 10 Gr. Salz, 1 1/2 Ltr. Wasser, 1 Stck. Zitronenschale, 50 Gr. Korinthen, 50 Gr. Zucker.*

**Biersuppe für 6 Personen.** Für Kranke geeignet. 1/2 Ltr. Milch bringt man ins Kochen, rührt 1 gehäuften Kochl. Weizenmehl in einer Schüssel mit 1/8 Ltr. kaltem Wasser, gießt das Mehl unter Rühren an die kochende Milch, kocht diese 5 Minuten.

*Zutaten: 1/2 Ltr. Milch, 1 gehäufter Kochlöffel Weizenmehl, 1/8 Ltr. kalt. Wasser, 2 Flaschen Bier, 3 Eidotter, 1 Kochl. Zucker, 65 Gr. Zucker, 1 Teel. Kümmel, 2 Kochl. Zucker.*

2 Flaschen Bier bringt man in einem anderen Topf ins Kochen, gießt das kochende Bier an die Milch, nachdem sie mit dem Mehl 5 Minuten gekocht wurde. 3 Eidotter rührt man mit 1 Kochl. Zucker 10 Minuten und quirlt die Suppe damit ab. Die Suppe darf mit den Eiern nicht kochen, den Zucker fügt man hinzu. An das Bier kann auch 1 Teel. Kümmel getan werden. Das Eiweiß schlägt man mit 2 Kochl. Zucker zu festem Schnee und setzt beim Anrichten mit einem Löffel Klöße hiervon auf die heiße Suppe; doch darf die Suppe hiermit nicht kochen.

**Biersuppe mit Brot für 4 Personen.** Statt Anis kann man auch etwas getrocknete Apfelsinen- oder Zitronenschale nehmen. Am Abend vor dem Gebrauch wird das Brot mit

*Zutaten: 250 Gr. Brot, 1 Fl. Bier, 1 Teel. Kümmel oder Anis. 1 Ltr. Wasser, 10 Gr. Butter, 20 Gr. Zucker.*

dem kalten Wasser eingeweicht, am nächsten Morgen mit diesem Wasser und dem Gewürz angesetzt und zugedeckt 10 Minuten gekocht, danach streicht man die Brotmasse durch ein Sieb, bringt sie mit dem Bier ins Kochen, gibt Butter, Zucker an die Suppe. Diese Suppe ist für Kranke geeignet. Kinder essen sie meistens nicht gern.

**Eiermilch für 1 Person.** 1/4 Ltr. Milch, 1 Ei, 5 Gr. Zucker. Eidotter und Zucker rührt man in einem Milchtopf oder in einer Kanne 10 Minuten, dann erst setzt man die Milch zum Kochen auf die Gasflamme oder auf den Herd, während dieser Zeit wird die Milch gerührt, damit sich keine Haut bildet. Danach gießt man die kochende Milch unter Rühren an das Eidotter mit Zucker. Das Weiße vom Ei wird mit 2 Gr. Zucker zu festem Schnee geschlagen und rasch auf die fertige und heiße Eiermilch gesetzt, zugedeckt. Nach 5 Minuten ist das nahrhafte Getränk gebrauchsfähig. Man kann mit der Milch ein kleines Stück Zitronenschale oder Vanille kochen.

**Apfelsuppe für 6-8 Personen.** 250 Gr. Reis setzt man mit 2 1/2 Ltr. Wasser, 1 Stück Zitronenschale und Kaneel an. Die Kochäpfel, am besten Prinzäpfel, werden geschält, vom Kernhaus befreit, in Scheiben geschnitten

*Zutaten: 250 Gr. Reis, 2 1/2 Ltr. Wasser, 1 Stck. Zitronenschale u. Kaneel, 1 Kilo Kochäpfel, 65 Gr. Zucker. 1 Essl. ausgerührt. Maizenamehl.*

und in die Suppe getan. Dann das Ganze 1 Stunde langsam gekocht und die Suppe mit Zucker gewürzt. Sollte sie nicht sämig genug sein, gibt man 1 Essl. ausgerührtes Maizenamehl dazu.

**Apfelsuppe für 8 Personen.** Die geschälten Apfel werden mit 1 1/2 Ltr. Wasser weich

*Zutaten: 1 Kilo Kochäpfel, 65 Gr. Sago, 65 Gr. Zucker.*

gekocht und durch ein Sieb gestrichen. Der Sago wird mit dem Apfelwasser angesetzt und 10–20 Minuten gekocht, dann wird die Suppe mit 65 Gr. Zucker abgeschmeckt. Als Gewürz kann man ein Stück Zitronenschale oder Kaneel verwenden. Als Einlage für die Suppe nimmt man Brotstückchen, die in einer Pfanne mit Butter und etwas Zucker geröstet sind.

**Apfelsuppe mit Grieß für 6 Personen.** 1 Kilo säuerliche Apfel werden gewaschen und in Würfel geschnitten, dann mit 2 Ltr.

*Zutaten: 1 Kilo Äpfel, 2 Ltr. Wasser, 65 Gr. Grieß, 65 Gr. Zucker, 1 Stck. Zitronenschale.*

kochendem Wasser, 1 Stück Zitronenschale angesetzt und im geschlossenen Topf 20 Minuten gekocht. Nach dieser Zeit streicht man das Ganze durch ein Sieb, bringt die Flüssigkeit wieder ins Kochen. 65 Gr. Grieß rührt man mit 1/4 Ltr. kaltem Wasser aus, gießt dieses unter Rühren an das kochende Apfelwasser. Nun kocht man die Suppe noch 10 Minuten Hiernach wird sie mit 65 Gr. Zucker abgeschmeckt. Diese Suppe kann man auch für Kinder und Kranke verwenden.

**Zitronensuppe für 5 Personen.** Für Fieberkranke und Kinder geeignet. 2 Essl. Grieß verrührt man mit 1/4 Ltr. kaltem Wasser, gießt dann 1 1/2 Ltr. kochendes Wasser dazu. Unter Rühren bringt man das Ganze ins Kochen, *Zutaten: 60 Gr. Grieß, 1/4 Ltr. kaltes Wasser, 1 1/2 Ltr. koch. Wasser, 1 Stck. Zitronenschale, 2 Eidotter, der Saft von 2-3 Zitronen, 65 Gr. Zucker.* dann stellt man die Suppe zugedeckt beiseite und kocht sie langsam 30 Minuten. 1 Stück Zitronenschale bringt man mit ins Kochen. 2 Eidotter rührt man 5 Minuten tüchtig und gibt unter Rühren nach und nach der kochenden Suppe dazu. Mit dem Ei darf die Suppe nicht mehr kochen. Nun kommt der Saft von 2–3 Zitronen durch ein Sieb dazu und 65 Gr. Zucker. Die Zitronenschale nimmt man heraus und verrührt die Suppe mit dem festen Schnee der Eier.

**Zitronensuppe auf andere Art.** 1 1/2 Ltr. Wasser bringt man mit 1 Stück Zitronenschale ins Kochen. 1 Essl. Mondamin oder Maizena rührt man mit 1/8 Ltr. Wasser aus. Unter Rühren gibt man es an die kochende Suppe. Unter *Zutaten: 1 1/2 Ltr. Wasser, 1 Stck. Zitronenschale, 1 Essl. Mondamin oder Maizena, 1/8 Ltr. Wasser. Eidotter, Zucker, Zitronensaft wie vorstehend.* weiterem Rühren lässt man sie 5 Minuten kochen, dann wird die Suppe mit Eidottern, Zucker, Zitronensaft und Eiweiß vollendet, wie vorstehend.

**Rhabarbergrütze mit Sago.** Der Rhabarber wird dünn geschält, in recht kleine Würfel geschnitten, danach mit dem Wasser angesetzt *Zutaten: 1/2 Kilo Rhabarber, 225 Gr. Sago, 1 1/2 Liter Wasser.* und zugedeckt langsam 20 Minuten gekocht. Nach dieser Zeit wird unter Rühren der Sago langsam an den kochenden Rhabarber gestreut, unter weiterem Rühren lässt man die Masse langsam 20 Minuten kochen und fügt 125 Gr. Zucker hinzu. Danach schüttet man die Grütze in eine vorher mit kaltem Wasser ausgespülte Steingutform. Man gibt Vanilletunke oder Milch dazu.

**Rhabarbersuppe für 1 Person.** Der Rhabarber wird in Stücke geschnitten, mit dem Wasser angesetzt und zugedeckt 10 Minuten *Zutaten: 125 Gr. frisch. Rhabarber, 1/2 Ltr. Wasser, 10 Gr. Sago, 20 Gr. Zucker.*

gekocht, nach dieser Zeit durch ein Sieb gestrichen. Die Flüssigkeit wird wieder ins Kochen gebracht, unter Rühren wird der Sago in die kochende Suppe gestreut, und nun wird die Suppe zugedeckt langsam 15 Minuten gekocht, dann kommt der Zucker dazu.

**Brotsuppe für 3 Personen.** Das Brot wird mit dem Wasser am Tage vor dem Gebrauch einge- weicht, mit diesem Wasser angesetzt und zuge- deckt langsam 30 Minuten gekocht. Danach

*Zutaten: 250 Gr. altes Brot, 1/2 Ltr. Buttermilch, Weiß- od. Apfelwein. 65 Gr. Zucker, 3/4 Ltr. Wasser.*

gießt man die Buttermilch dazu, unter Rühren lässt man die Suppe einmal auf- kochen. Dann streicht man sie rasch durch ein Sieb und fügt den Zucker hinzu. Verwendet man Bier oder Wein, so lässt man die Suppe nicht wieder kochen. Will man die Suppe verbessern, so kann 1 Löffel Butter dazugegeben werden, auch kann die Suppe mit 1 Ei abgerührt werden. Sie ist für Kranke geeignet.

**Buchweizengrütze für 3 Personen.** Für Kin- der und Kranke. 250 Gr. Grütze wird angesetzt mit 1 Ltr. kochendem Wasser, 1 Teel. Salz, und

*Zutaten: 250 Gr. Grütze, 1 Ltr. koch. Wasser, 1 Teel. Salz, 1 Teel. Butter, Zucker und Milch.*

zugedeckt recht langsam 2 Stunden gekocht. Benutzt man die Kochkiste, so wird die Grütze 4–5 Minuten angekocht und dann schnell in die vorher erwärmte Kochkiste gestellt. Man gibt an die Grütze beim Anrichten 1 Teel. Butter, Zucker und Milch.

**Quittengrütze.** 1/2 Kilo Quitten werden geschält, vom Kernhaus befreit, dann in kleine Stücke geschnitten mit 250 Gr. Gerstengrütze oder Haferflocken, 1 1/2 Ltr. Wasser ange- setzt und 2 Stunden langsam gekocht. Es ist

*Zutaten: 1/2 Kilo Quitten, 250 Gr. Gerstengrütze oder Haferflocken, 1 1/2 Ltr. Was- ser, Zucker oder Süßstoff nach Geschmack.*

sparsamer, wenn man die Grütze 45 Minuten ankocht und in der Heukiste vollendet. Zucker oder Süßstoff nach Geschmack hinzufügen.

# Klöße und Suppeneinlagen

**Kartoffelklöße.** Die geschälten Kartoffeln werden am Tage vor dem Gebrauch bis zur Hälfte bedeckt mit kaltem Wasser, 1 Teel. Salz

*Zutaten: 1 Kilo Kartoffeln, 125 Gr. rohe Kartoffeln, 375 Gr. Mehl, 2 Eier, 10 Gr. Salz.*

angesetzt und zugedeckt 30 Minuten gekocht. Nach dieser Zeit gießt man das Wasser ab und dämpft die Kartoffeln trocken. Am nächsten Tage werden diese Kartoffeln gerieben. Die rohe geriebene Kartoffelmasse gießt man auf ein

Sieb, drückt die Masse etwas aus, mischt sie mit den geriebenen Kartoffeln. Die Kartoffelflüssigkeit lässt man 30 Minuten stehen, nach dieser Zeit wird die Flüssigkeit abgegossen und die zurückbleibende Kartoffelstärke (das Kartoffelmehl) und die Eier werden mit der Kloßmasse vermischt. Man formt 30 Klöße, legt sie in kochendes Wasser mit dem Salz und kocht sie 30 Minuten.

### Feinere Kartoffelklöße für 4 Personen.

*Zutaten: 200 Gr. geschälte Kartoffeln, 70 Gr. Weizenmehl, 30 Gr. Butter, 1/8 Ltr. Wasser od. Milch, 20 Gr. gerieb. Schweizer Käse, 2 Eidotter.*

Als Beilage zu jedem Braten. Die Kartoffeln werden mit Wasser bedeckt angesetzt und zugedeckt 30 Minuten gekocht. Danach gießt man das Wasser ab und dämpft die Kartoffeln trocken. Hiernach streicht man sie rasch durch ein Sieb. Mehl und Butter schwitzt man im Topf unter Rühren 2 Minuten. Dann gießt man das Wasser oder die Milch dazu und rührt den Teig auf geschlossenem Herd, bis die Masse vom Topf lässt. Die gesiebte Kartoffelmasse gibt man dazu und, wenn diese ausgekühlt ist, die Eidotter nach und nach und die Hälfte vom geriebenen Käse. Nun stellt man die Masse 2 Stunden vor dem Gebrauch zum Erkalten beiseite, danach formt man Kugeln. Hierbei wird die Handfläche mit Mehl bestäubt. 1/2 Ltr. Wasser wird mit 1 Teel. Salz ins Kochen gebracht, die Klöße werden hineingelegt und nun 6 Minuten lang gekocht. Nach der Kochzeit nimmt man die Klöße mit dem Schaumlöffel aus dem Wasser und bestreut sie mit dem Käse.

### Grießklöße für 6 Personen.

*Zutaten: 65 Gr. Grieß, 1/4 Ltr. kalt. Wasser, 1 gehäuft. Kochl. Butter, 3 ganze Eier.*

65 Gr. Grieß schüttet man in einen trockenen Topf, gießt 1/4 Ltr. kaltes Wasser auf den Grieß; 1 gehäuften Kochl. Butter gibt man dazu, rührt die Masse bei mäßiger Hitze 10 Minuten, bis der Teig glatt vom Topfe lässt, und stellt dann die Masse 30 Minuten zum Erkalten beiseite. Hierauf sind 3 ganze Eier nach und nach dazuzugeben, und die Klöße sind, wie vorstehend angegeben, zu formen und in Salzwasser 5 Minuten zu kochen und zu Fleischbrühe und Fruchtsuppen zu verwenden.

### Klöße von Dickmilch mit Grieß.

*Zutaten: 250 Gr. recht gut abgetropfte Dickmilch (Quark), 125 Gr. Grieß, 30 Gr. gerieb. Weißbrot (Rundstck.), 20 Gr. Butter, 2 Eier.*

Die Butter wird mit der recht trockenen Dickmilch 5 Minuten gerührt, dann fügt man Grieß, das geriebene Brot und zuletzt die Eier hinzu. Von dieser Masse formt man 20 Klöße, setzt sie in kochendes Salzwasser und kocht sie 10–15 Minuten. Beim Formen der Klöße wird die Handfläche mit Mehl bestäubt. Dazu gibt man jedes Kompott, außerdem gießt man beim Anrichten leicht gebräunte Butter oder ausgebratenen Speck über die Klöße.

**Hamburger Mehlklöße für 4 Personen.** Das Mehl schüttet man in eine Schüssel. Butter, Salz und Wasser bringt man ins Kochen, gießt *Zutaten: 125 Gr. Mehl, 1/2 Kochl. Butter, 1/2 Teel. Salz, 1/8 Ltr. koch. Wasser.* diese Flüssigkeit sehr schnell unter raschem Rühren zu dem Mehl und rührt diese Masse in der Schüssel 5 Minuten tüchtig. 1 Ltr. Wasser bringt man mit 2 Teel. Salz ins Kochen, formt von der Teigmasse 12 runde Klöße, legt diese in das kochende Salzwasser und kocht sie ohne Deckel langsam 5 Minuten. Diese Klöße gibt man zum Schmorbraten, auch als Einlage der Hamburger Aalsuppe und auch zum kalten Sauerfleisch.

**Brotklöße für Suppen und Fleischgerichte.** 2 Rundstücke werden geschält, dann mit lauwarmem Wasser 1 bis 2 Minuten eingeweicht *Zutaten 2 Rundstücke, 1/2 Löffel Butter, 1 ganzes Ei, 1/2 Teel. fein gehackte Petersilie.* und gut ausgedrückt. Sodann das Brot mit 1/2 Löffel Butter in die Pfanne gelegt, den Teig so lange gerührt, bis er glatt von der Pfanne lässt (5–8 Minuten), dann 30 Minuten zum Erkalten beiseite gestellt. Hierauf gibt man 1 ganzes Ei und 1/2 Teel. feingehackte Petersilie dazu, formt Klöße, indem man die Handflächen reichlich mit Mehl bestreut, setzt die Klöße mit reichlich kochendem Wasser an und lässt sie ohne Deckel 5 Minuten kochen.

**Markklöße für 10-12 Personen.** Sämtliche Zutaten verrührt man gut miteinander, dann formt man kleine Bälle, legt sie in einen flachen Topf, gießt kochendes Wasser darauf und lässt sie 5 Minuten ziehen. *Zutaten: 650 Gr. fein gehacktes Ochsenmark, 3 gerieb. Rundstücke, 1 Teel. fein gehackte Petersilie, 1 Messerspitze Salz, 2 Eidotter.*

**Nierenfettklöße** sind geeignet als Einlage für Erbsen- und Bohnensuppen oder auch als Beigabe zum Pökelfleisch, Schwarzsauer, Schmorbraten, Schweinesauerfleisch. Das Fett *Zutaten: 125 Gr. Nierenfett, 2 Eier, 1/2 Kilo Mehl, 1/8 Ltr. Milch, 1 1/2 Ltr. Wasser, 1 Essl. Salz.* wird von der Haut und den Sehnen befreit und hiernach recht fein gehackt. Dann mengt man es mit dem Mehl, macht hierin eine Vertiefung, die ganzen Eier werden 5 Minuten geschlagen und dann in die Vertiefung vom Mehl geschüttet, außerdem 1/8 Ltr. Milch. Von dieser gut verrührten Teigmasse formt man Klöße, so groß wie eine Kartoffel. 1 1/2 Ltr. Wasser bringt man mit 1 Essl. Salz ins Kochen, legt die Klöße in das kochende Wasser und kocht sie ohne Deckel 15 Minuten.

**Grüne Schwemmklöße für 6 Personen.** Man verwendet sie als Einlage zur Fleischsuppe. 65 Gr. Mehl und 65 Gr. Butter schwitzt man im Topf unter Rühren 5 Minuten, gießt *Zutaten: 65 Gr. Mehl, 65 Gr. Butter, 1/8 Ltr. Wasser, 1 Teel. Spinat, 2 Ltr. Wasser, 1 gehäufter Essl. Salz, 2 Eier.*

dann 1/3 Ltr. Wasser dazu und rührt den Teig noch 3–5 Minuten auf mäßigem Feuer, bis die Masse glatt vom Topfe lässt, dann stellt man den Teig 30 Minuten zum Erkalten beiseite und gibt nun unter tüchtigem Rühren die Eier dazu. Ganz zuletzt 1 Teel. Spinat. 2 Ltr. Wasser bringt man mit 1 gehäuften Essl. Salz ins Kochen, formt mit einem Teel. Klöße und setzt diese in das langsam kochende Wasser. Man lässt sie recht langsam 5 Minuten kochen. Inzwischen werden sie mit einem breiten Schaum einmal umgelegt. Kocht das Wasser während dieser Zeit zu stark, werden die Klöße unansehnlich.

**Schwemmklöße für 4 Personen.** 65 Gr. Mehl, 65 Gr. Butter schwitzt man im Topfe unter Rühren bei mäßiger Hitze 5 Minuten, *Zutaten: 65 Gr. Mehl, 65 Gr. Butter, 1/8 Ltr. Wasser, 2 ganze Eier.*

gießt dann 1/8 Ltr. Wasser hinzu und rührt den Teig 3–5 Minuten, bis die Masse glatt vom Topfe lässt. Dann wird der Teig 30 Minuten zum Auskühlen beiseite gestellt, und nach und nach 2 ganze Eier dazugegeben; mit einem Teel. formt man die Klöße, wirft sie in kochendes Salzwasser und kocht sie ohne Deckel langsam 10 Minuten.

**Eierstich für 4 Personen.** 3 ganze Eier schlägt man in einer Schüssel 5 Minuten, 1/2 Teel. Salz und 3 Essl. kalte Milch oder kalte *Zutaten: 3 ganze Eier, 1/2 Teel. Salz, 3 Essl. kalte Milch oder kalte Fleischbrühe.*

Fleischbrühe werden dazugegeben. Dann gießt man diese Masse durch ein Sieb in eine Schüssel, die vorher mit Butter ausgestrichen wurde. Die Schüssel stellt man fest zugedeckt in einen Topf mit Wasser und lässt das Ganze 30 Minuten im nicht zu heißen Ofen stehen. Sobald der Eierstich vollständig erkaltet ist, wird er in große passende Stücke geschnitten.

**Kleine Eierklöße oder Schildkröteneier für 6 Personen.** 3 hartgekochte Eidotter werden verrührt, 1/2 Teel. frische Butter, 1 rohes Eidotter, 1/2 Teel. Weizenmehl gibt man *Zutaten: 3 hartgek. Eidotter, 1/2 Teel. frische Butter, 1 roh. Eidotter, 1/2 Teel. Weizenmehl.*

dazu, verrührt alles, formt kleine Klöße, legt diese auf einen tiefen Teller, gießt beim Anrichten rasch kochendes Wasser über die Klöße bis sie gut bedeckt sind und lässt sie mit dem Wasser 1 Minute stehen, dann gießt man es ab und gibt die Klöße in die angerichtete Suppe.

**Eierstich mit Trüffeln für 6 Personen.** 4 Eier schlägt man mit 1/2 Teel. Salz und 1 Essl. feingehackter Trüffeln 5 Minuten und gießt alsdann 1 Essl. kalte Milch hinzu. Eine kleine Schüssel wird mit Butter ausgestrichen und die Masse durch ein Sieb in diese Schüssel gegossen, welche man in einen Topf mit heißem Wasser stellt. Diesen Topf stellt man zugedeckt 30 Minuten in den nicht zu heißen Ofen. Durch zu starke Hitze wird der Eierstich hart und löchrig und dadurch wertlos.

*Zutaten: 4 Eier, 1/2 Teel. Salz, 1 Essl. fein gehackte Trüffeln, 4 Essl. kalte Milch.*

**Käseklöße für 6 Personen.** 65 Gr. Mehl und 65 Gr. Butter werden unter Rühren 5 Minuten im Topf geschwitzt, dann wird 1/8 Ltr. Wasser dazu gegossen und 5–10 Minuten gerührt, bis die Masse vom Topf loslässt. Dann stellt man die Masse 30 Minuten zum Erkalten beiseite, gibt dann nach und nach 2 ganze Eier, 1 Teel. geriebenen Käse, 1 Teel. Salz dazu. Nun formt man runde Klöße, legt sie in kochendes Salzwasser und kocht sie ohne Deckel 10 Minuten.

*Zutaten: 65 Gr. Mehl, 65 Gr. Butter, 1/8 Ltr. Wasser, 2 ganze Eier, 1 Teel. gerieben. Käse, 1 Teel. Salz.*

**Leberklöße für 4 Personen.** 65 Gr. Geflügelleber mit 1 Teel. Butter 2 Minuten braten, 1/2 Rundstück schälen, weichen, mit der Lebermasse durch ein Sieb streichen, 1 Messerspitze Salz, 1 Messerspitze Pfeffer, 1 Eigelb dazu geben, Klöße formen und dann mit 1/4 Ltr. kochender Fleischbrühe ansetzen und 2 Minuten langsam kochen.

*Zutaten: 65 Gr. Geflügelleber, 1 Teel. Butter, 1/2 Rundstück, 1 Messerspitze Salz, 1 Messerspitze Pfeffer, 1 Eigelb, 1/4 Ltr. koch. Fleischbrühe.*

**Fleischklöße für 6 Personen.** Man gibt die Klöße als Einlage bei Suppen oder Ragouts, 125 Gr. Kalbshack, 1 Teel Salz, 1/2 Teel. Pfeffer, 1 Messerspitze rohgeriebene Zwiebel. 1 geschältes Rundstück weicht man 1–2 Minuten in lauwarmem Wasser, drückt es gut aus und mischt es mit dem gehackten Fleisch. Wenn dies gut verrührt ist, gibt man 1 ganzes Ei dazu. Will man die Masse noch feiner, so gibt man sie durch ein Drahtsieb. Dann formt man kleine Klöße, setzt sie mit 1/2 Ltr. kochender Fleischbrühe, 1/2 Teel. Salz an, lässt sie 10 Minuten ziehen. Durch starkes Kochen werden die Klöße trocken.

*Zutaten: 125 Gr. Kalbshack, 1 Rundstück, 1 Teel. Salz, 1/2 Teel. Pfeffer, 1 Messerspitze roh geriebene Zwiebel, 1 Ei, 1/2 Ltr. Fleischbrühe, 1/2 Teel. Salz.*

**Fischklöße für 10 Personen.** Das rohe Fleisch vom Schellfisch wird recht fein gehackt, 2 alte Rundstücke werden geschält,

*Zutaten: 1/2 Kilo Schellfisch, 2 alte Rundstücke, 1/2 Kochl. Butter, 1/4 Teel. Pfeffer, 1 gehäuft.*

mit lauwarmem Wasser 2 Minuten geweicht und ausgedrückt. 1/2 Kochl. Butter lässt man *Teel. fein gehackte Petersilie, 2 Eidotter.* in der Pfanne dünn werden und gibt das Brot dazu. Unter Rühren bäckt man das Brot bei mäßiger Hitze in 5 Minuten ab. Nachdem dieser Brotkloß etwas ausgekühlt ist, mischt man ihn mit dem rohen Fischfleisch und gibt 1/4 Teel. Pfeffer, 1 gehäuften Teel. feingehackter Petersilie und 2 Eidottern dazu. Dann formt man Klöße, die man langsam 5 Minuten in Salzwasser kochen lässt.

**Krebspain.** 12 Krebse kocht man in reichlich Salzwasser 1 Minute und lässt sie zugedeckt hierin erkalten, bricht danach das Fleisch aus den Schalen, hackt letztere recht fein und schwitzt sie mit einem Kochl. Butter zu roter *Zutaten: 12 Krebse, Salzwasser, 1 Kochl. Butter, 1/2 Ltr. koch. Wasser, 1/2 Kochl. Mehl, 2 Essl. süßer Rahm, 1/2 Teel. Salz, 3 Eidotter.* Farbe. Dann wird 1/2 Ltr. kochendes Wasser auf die Schalen gegossen, das Ganze einmal aufgekocht und durch ein Sieb gegossen. Nun nimmt man die rote Butter ab, schwitzt diese mit 1/2 Kochl. Mehl im Topfe unter Rühren 1 bis 2 Minuten, gibt 2 Essl. süßen Rahm dazu und rührt diese Masse auf mäßigem Feuer 1 bis 2 Minuten. Das recht fein gehackte Krebsfleisch, 1/2 Teel. Salz nach Geschmack und 3 Eidotter kommen dazu. Diese Masse füllt man nun in eine mit Butter ausgestrichene Schüssel, tut die zugedeckte Schüssel in einen Topf mit kochendem Wasser und stellt das Ganze 10–15 Minuten in den nicht zu heißen Ofen. Nachdem diese Masse erkaltet, wird sie in Streifen geschnitten und als Einlage für alle abgerührten weißen Suppen gebraucht. Von 250 Gr. Hummer kann der Pain ebenso bereitet werden.

**Brotbröckchen für 6 Personen.** 2 Rundstücke schneidet man in kleine Würfel, setzt *Zutaten: 2 Rundstücke, 2 Kochl. Butter, 4 Teel. Zucker.* diese mit 1 Kochl. Butter in der Pfanne an und brät sie unter öfterem Umrühren 2–3 Minuten, streut dann 1 Teel. Zucker darüber und lässt sie hiermit unter Rühren noch 1 Minute braten, bis sie glänzend aussehen; man verwendet sie als Suppeneinlage.

# FISCHGERICHTE UND MUSCHELN

**Etwas Allgemeines über die Fischzubereitung.** Die Brühe von Karpfen, Seezungen, Barschen, Hechten, Forellen, Schleien soll man nicht verschütten, sondern als Suppe am folgenden Tag verwenden. Damit keine Nährwerte verlorengehen, soll man jeden Fisch mit wenig Wasser ansetzen, im festgeschlossenen Topf langsam dämpfen; durch starkes Kochen wird der Fisch trocken. Die sich bildende Flüssigkeit wird zum Ausrühren der Tunken verwendet. Den Geschmack der Tunken kann man heben durch Dill, Petersilie, Senf. Beim Einkauf soll man Rogen und Leber verlangen, diese verwerten als Brotaufstrich oder wie in folgenden Rezepten ersichtlich. Der Rogen vom Dorsch, Schellfisch, Kabeljau ist am schmackhaftesten.

**Hecht mit Füllung und Rahmtunke für 4 Personen.** Ein Hecht im Gewichte von 1 Kilo wird geschuppt, gewaschen und die Gräte herausgetrennt. 250 Gr. Schellfisch werden gewaschen und das Fleisch von Haut und Gräte getrennt; alsdann wird es gehackt. Auch kann

*Zutaten: 1 Kilo Hecht, 250 Gr. Schellfisch, 2 alte Rundstücke, 1 Essl. gehackte Petersilie. 1 Teel Salz, 2 ganze Eier, 1 Teel. Salz, 2 Teel. Butter, 1/4 Ltr. saurer Rahm.*

die Leber mitgehackt werden. 2 alte Rundstücke werden geschält, in lauwarmem Wasser 2 Minuten eingeweicht, ausgedrückt, mit dem Schellfisch vermischt und 1 Essl. gehackte Petersilie, 1 Teel. Salz, 2 ganze Eier dazugegeben. 1 Teel. Salz streut man in den Hecht, füllt die Füllung hinein, klappt den Hecht wieder zu und legt den Hecht, die Bauchseite nach unten, in eine Bratpfanne. 2 Teel. Butter legt man auf den Fisch und brät ihn im heißen Ofen 30 Minuten. Inzwischen wird er dreimal begossen, zuletzt 1/4 Ltr. saurer Rahm über den Hecht getan. Hiermit lässt man ihn noch 10 Minuten braten. Die Tunke wird, wenn nötig, mit Salz abgeschmeckt und mit ausgerührtem Weizenmehl sämig gemacht.

**Hecht mit Petersilientunke und Brotklö-
ßen für 3 Personen.** Den geschuppten Hecht
schneidet man in Stücke, 1 geschabte Petersilienwurzel schneidet man in Würfel, setzt sie
mit 3/4 Ltr. kochendem Wasser oder Brühe
an, gibt 1/2 Zwiebel, 10 Pfefferkörner und 2
Teel. Salz dazu, lässt dies im geschlossenen
Topf 1 Stunde langsam kochen; 1 Kochl.

*Zutaten: 2 Kilo Hecht,
geschabte Petersilienwurzel,
3/4 Ltr. kochd. Wasser od.
Fleischbr., 1/2 Zwiebel, 10
Pfefferkörner, Salz, 1 Kochl.
Mehlschwitze, 1 Teel. fein
gehackte Petersilie, 1 Teel. Zitronensaft, 2 Eidotter.*

Mehlschwitze rührt man mit dieser Brühe. Zwiebel und Pfefferkörner lässt
man zurück. Dann legt man die Fischstücke in diese Tunke und lässt sie
darin im geschlossenen Topf 30 Min. langsam ziehen. Beim Anrichten gibt
man in die Tunke 1 Teel. feingehackte Petersilie, 1 Teel. Zitronensaft und
nur wenn nötig noch Salz. Um den Geschmack zu erhöhen, quirlt man die
Tunke zuletzt mit 2 Eidottern ab. Fischklöße nimmt man außerdem dazu.

**Kleiß für 4 Personen.** Man nimmt 1 Fisch von 1 Kilo. Der gewaschene Fisch
wird auf den Heber eines Fischkessels gelegt. Den Saft von 1/2 Zitrone und
2 Kochl. Salz streut man über den Fisch. Nun gießt man kaltes Wasser bis an
den Heber dazu. Fest zugedeckt bringt man den Kessel ins Kochen, stellt ihn
beiseite und lässt den Fisch 30 Minuten ziehen, nicht kochen. Durch starkes Kochen wird das Fleisch trocken. Den abgetropften Fisch richtet man
am besten auf einer Serviette an, garniert ihn mit Petersilie und Zitrone. Will
man nur die Filets gebrauchen, so legt man 2 aufeinander und dämpft sie
wie Schellfischfilet. Beim Anrichten zieht man die Haut ab und füllt darüber
Sauce béarnaise oder Krebstunke, auch Tomaten-, Kapern- oder Kaviartunke.

**Kleißfilet in Sauce crevette und Kräuter-
butter für 4 Personen.** Man trennt die Filets
von den Gräten; statt Kleiß kann man auch

*Zutaten: 1 Kilo Kleiß, Stein-
butt, oder Schellfisch, 1 Zitrone, 1 Essl. Salz.*

Steinbutt oder Schellfisch nehmen. Die Filets werden gewaschen, 2 aufeinander und sodann auf den Heber eines Fischkessels gelegt. Den Saft einer
kleinen Zitrone gießt man über den Fisch; statt der teuren Zitrone kann 1
Essl. Essig genommen werden. Dann gibt man so viel Wasser in den Fischkessel, bis es an den Heber reicht, und 1 Löffel Salz. Man bringt nun den Fisch
zugedeckt ins Kochen, stellt ihn hiernach beiseite und lässt ihn 30 Minuten
ziehen. Beim Anrichten zieht man die Haut schnell vom Fisch, übergießt ihn
mit Sauce crevette und legt vorne ein Häufchen Kräuterbutterkugeln.

**Schellfischfilet für 8 Personen.** Man rechnet bei einem kleinen Mittagessen 250 Gr. à

*Zutaten: 2 Kilo Schellfisch, 1
Zitrone, 1 Essl. Salz.*

Person. Die gewaschenen Filets werden je zwei aufeinandergelegt, hiernach diese nebeneinander auf den Heber eines Fischkessels gegeben und so viel kaltes Wasser über die Filets gegossen, bis das Wasser an den Heber des Kessels reicht. Der Saft von 1 Zitrone und 1 Essl. Salz wird über die Filets gestreut. Den fest geschlossenen Kessel bringt man ins Kochen, stellt ihn beiseite und lässt den Fisch 30 Minuten ziehen. Durch starkes Kochen wird der Fisch trocken. Filets von Kleiß oder Steinbutt sind ebenso zu bereiten. Seezungenfilets gleichfalls, doch müssen diese 10 Minuten ziehen. Beim Anrichten füllt man der Länge nach über die eine Seite vom Fisch Krebstunke und über die andere Seite Sauce béarnaise.

**Lachs grillé.** Man nimmt hierzu Stücke aus der Mitte herausgeschnitten; jedes Stück muss 250 Gr. schwer sein. Die Lachsscheiben werden jede mit 1 gehäuftem Teel. Salz bestreut; *Zutaten: à Person 250 Gr. Lachs, 1 gehäufter Teel. Salz, Eiweiß und Zwieback, 1/2 Ltr. Öl, 1 Teel. Butter.*
hiermit lässt man sie 1 Teel. Bitter. 1 1/2 Stunde stehen, dann trocknet man sie mit einem Tuch und paniert sie in Eiweiß und Zwieback. 1/2 Ltr. Öl macht man in einer tiefen Pfanne heiß, bis es blauen Dampf zieht. Nun bäckt man die einzelnen Scheiben in diesem Fett 5 Minuten, inzwischen werden sie einmal umgelegt. Dann legt man die Lachsscheiben in eine zweite Pfanne. Sind alle Scheiben so vorbereitet, belegt man jede Scheibe mit 1 Teel. Butter, stellt die Pfanne 5 Minuten vor dem Anrichten in den heißen Ofen. Man gibt dazu Gurkensalat und Sauce béarnaise.

**Fisch au gratin für 6 Personen.** Man nimmt hierzu 1 1/2 Kilo Filet von Seezungen, Rotzungen, Schellfisch oder Kabeljau. Die gewaschenen Filets legt man auf eine feuerfeste Platte, gießt den Saft von 1/2 Zitrone darüber, streut 1 Teel. Salz darüber und gießt über das Ganze eine Champignontunke, welche man *Zutaten: 1 1/2 Kilo Filet von Seezungen, Rotzungen, Schellfisch od. Kabeljau, 1/2 Zitrone, 1 Teel. Salz, 125 Gr. frische Champignons, 1/2 Ltr. gute Brühe, 65 Gr. geriebener Käse, 4 Teel. Butter.*
von 125 Gr. frischen Champignons und 1/2 Ltr. guter Fleischbrühe bereitet. Obenauf streut man 65 Gr. geriebenen Käse und legt 4 Teel. Butter darauf. Man lässt das Gericht im heißen Ofen backen und gibt Kartoffelmus dazu.

**Lachsaspik für 4 Personen.** Von Knochenresten oder 125 Gr. Kalbfleisch bereitet man Fleischbrühe. 250 Gr. Lachs setzt man mit *Zutat: Knochenreste od. 125 Gr. Kalbfleisch, 250 Gr. Lachs, 1/8 Ltr. Essig, 1 gehäuft. Teel. Salz.*
dieser Brühe an und tut 1/8 Ltr. Essig und 1 gehäuften Teel. Salz dazu. Fest zugedeckt bringt man den Lachs ins Kochen und lässt ihn langsam 30 Minu-

ten ziehen. Durch starkes Kochen wird der Fisch trocken. Der Lachs muss vollständig in dieser Brühe erkalten. Die Brühe wird gemessen und mit Gelatine und Eiweiß vollendet (siehe unter Aspik). Die Hälfte von dem klaren, flüssigen Aspik gießt man in eine Randform und stellt die Form in Eiswasser. Wird der Aspik dick, so legt man den in 6 Stücke geschnittenen Lachs ohne Haut und Gräte auf den Aspik. Zwischen den Lachs legt man in Viertel geschnittene Tomaten und Petersilie. Der übrige klare Aspik ist an den Rand der Form zu gießen. Man hält das Gericht 3 Stunden vor Gebrauch fertig. Beim Anrichten hält man die Randform schnell in lauwarmes Wasser und stürzt sie rasch auf eine runde Platte. In die Mine füllt man eine Remouladentunke oder Mayonnaise. Diese wird von 2 Eidottern und 1/3 Ltr. Öl bereitet.

**Gefüllte Seezungen für 8 Personen.** Die Haut der Zungen wird abgezogen, die Filets werden von den Gräten getrennt, die Gräten werden mit den getrockneten Champignons, *Zutaten: 2 1/2 Kilo Seezungen, 100 Gr. Butter, 50 Gr. getrocknete od. 250 Gr. frische Champignons.* 1 Zwiebel, 10 Pfefferkörnern in 1/2 Ltr. Wasser angesetzt und zugedeckt 40 Minuten gekocht. 8 dicke Stücke der Filets überstreut man mit 1/2 Teel. Salz. Nach 10 Minuten lässt man die Stücke auf einem Durchschlag abtropfen, danach werden sie in Eiweiß und gestoßenem Zwieback gewendet. 10 Minuten vor dem Anrichten werden diese Stücke in reichlich Butter gebraten. 250 Gr. Schellfisch oder die dünnen Spitzen der Filets hackt man recht fein, 10 Gr. Butter, 10 Gr. Mehl schwitzt man im Topf unter Rühren 2 Minuten. Dann gibt man 1/8 Ltr. Rahm oder Fleischbrühe dazu. Nachdem die dickliche Tunke einmal aufgekocht, wird die gehackte Fischmasse damit gemischt, 1 Essl. frische feingehackte Petersilie oder Trüffeln, 1 Teel. Salz, 2 Eidotter werden dazugegeben. Von den übrigen Seezungenfilets bestreicht man die Hälfte mit dieser Fischmasse, darüber legt man die übrigen Filets, und nun legt man die gefüllten Filets nebeneinander auf einen feuerfesten Teller. 10 Gr. Butter, 10 Gr. Mehl schwitzt man im Topfe, gießt unter Rühren nach und nach die Brühe der Gräten durch ein Sieb dazu. Nachdem diese dickliche Tunke einmal aufgeköchelt, wird sie über die Filets gegossen. Nun wird das Gericht im heißen Ofen 10 Minuten gebacken; beim Anrichten lässt man die gebackenen und gefüllten Filets auf eine vorher erwärmte Platte gleiten, eine feinere holländische Tunke (siehe unter warmen Tunken) gießt man darüber, die gebratenen Stücke legt man darum herum.

**Gebratene Seezunge.** Die Fische bleiben schmackhafter, wenn man die Filets nicht abtrennt, sondern nur die Haut abzieht, 1/2 *Zutaten: 250 Gr. Seezunge à Person. Salz, Eiweiß und Zwieback, 250 Gr. Palmin oder Öl, 1 Essl. Butter.*

Kilo Zunge wird mit 1 Teel. Salz bestreut, 30 Minuten lässt man den Fisch damit stehen. Dann trocknet man den Fisch ab und paniert ihn mit Eiweiß und Zwieback, 250 Gr. Palmin oder Öl werden in einer tiefen Pfanne erhitzt. Hierin bäckt man die Zunge 5 Minuten, indem man sie einmal umlegt. Dann tut man sie in eine zweite Pfanne, legt 1 Essl. Butter darauf und bäckt sie noch 5 Minuten im heißen Ofen.

**Fischgericht mit Kräuterbutter und Tomatentunke für 6 Personen.** 1 1/2 Kilo Schellfischfilet legt man gewaschen auf den Heber eines *Zutat: 1 1/2 Kilo Schellfischfilet, 2 Essl. Salz, der Saft einer Zitrone.* Fischkessels, tut 2 Essl. Salz und den Saft einer Zitrone daran, gießt dann so viel Wasser in den Kessel, bis es an den Heber reicht. Fest zugedeckt bringt man den Fisch ins Kochen, stellt ihn dann beiseite und lässt ihn noch 30 Minuten ziehen. Durch zu starkes Kochen wird der Fisch trocken. Beim Anrichten füllt man über die eine Hälfte Tomatentunke, über die andere Champignontunke, legt obenauf kleine Kräuterkugeln, die im Eiswasser vorher festgeworden sind.

**Gebackenes Fischgericht von Resten für 4 Personen.** Hierzu sind alle Fischreste zu verwenden, oder man nimmt 1 Kilo frischen Schellfisch und 250 Gr. Pellkattoffeln. Diese schneidet man in dünne Scheiben. Der Fisch wird gewaschen, mit kaltem Wasser bedeckt, mit 1 Essl. Salz bestreut und im geschlossenen Topf ins Kochen gebracht, dann 30 Minuten beiseite gestellt. Nun zieht man die Haut ab, trennt das Fleisch von den Gräten, 1 Kochl. *Zutaten: 1 Kilo frischer Schellfisch od. Fischreste, 250 Gr. Pellkartoffeln, 1 Kochl. Mehlschwitze, 1 Essl. Salz, 1/4 Ltr. Fleischbrühe, 1 Messerspitze roh geriebene Zwiebel, Saft von 1/2 Zitrone, 1 Teel. Pfeffer, 1 Teel. Salz, 2 Essl. Schweizeroder Chesterkäse, 1/4 Ltr. saurer Rahm, 3 Essl. gerieben. Käse, 4 Teel. Butter.* Mehlschwitze rührt man mit 1/4 Ltr. Brühe oder Wasser aus, tut 1 Messerspitze Zwiebel, Saft von 1/2 Zitrone, 1 Teel. Pfeffer, 1 Teel. Salz, 2 Essl. Schweizer- oder Chesterkäse und 1/4 Ltr. sauren Rahm dazu. Hiermit mischt man die Kartoffeln, nur wenn nötig, gibt man noch etwas Salz daran. Nun füllt man die Masse abwechselnd mit dem Fisch in eine Auflaufform, zuoberst die Kartoffelmasse. Hiernach streut man 3 Essl. geriebenen Käse über das Ganze und legt die Butter obenauf. Nun bäckt man den Auflauf im heißen Ofen 15–20 Minuten.

**Hummer naturell, warm, mit Trüffelbutter, für 18 Personen.** 5 Kilo Hummer setzt man mit 12 Ltr. kochendem Wasser und 250 Gr. Salz *Zutaten: 5 Kilo Hummer, 12 Ltr. kochendes Wasser, 250 Gr. Salz.* an. Fest zugedeckt wird der Kessel ins Kochen gebracht und hiernach beiseite gestellt, die Hummer lässt man nun 30 Minuten ziehen. Würde man sie immerwährend kochen lassen, so würde das Fleisch hart werden und das Aroma verloren gehen. Die Hummer bleiben in diesem Wasser 2 Stunden zum Abkühlen stehen, dann wird das Fleisch vorsichtig aus den Schalen genommen, wieder in die Scheren und Schalen hineingebettet und die Hummerstücke nebeneinander auf den Heber des Fischkessels gelegt. Den Heber stellt man zurück in den Kessel, gießt so viel heißes Wasser in den Kessel, bis es an den Heber des Kessels reicht, und stellt den fest geschlossenen Kessel 30 Minuten bis zum Anrichten auf den nicht zu heißen Herd. Beim Anrichten garniert man den heißen Hummer mit Kopfsalat, und empfiehlt es sich, Tücher, die zuvor in heißes Wasser getaucht und gut ausgedrückt sind, über die Hummer zu legen, damit sie heiß serviert werden können (Trüffelbutter siehe unter Tunken).

**Hummer kochen.** Man rechnet à Person 250 Gr. mit anderen Kleinigkeiten als Ragout verarbeitet, 125 Gr., 3 Ltr. Wasser und 100 Gr.

*Zutaten: 250 Gr. Hummer à Person, 3 Ltr. Wasser, 100 Gr. Salz.*

Salz bringt man ins Kochen, legt die Hummer schnell in das kochende Wasser und deckt den Kessel mit einem Deckel zu. Man lässt die Hummer 3 Minuten kochen, danach stellt man den Kessel 30 Minuten beiseite, lässt die Hummer ziehen, nicht mehr kochen. Danach muss der Hummer in diesem Wasser vollständig erkalten.

**Einfaches Hummerragout für 12 Personen.** Die Hummer werden mit 2 Ltr. kochendem Wasser, 65 Gr. Salz angesetzt, im geschlossenen Topf einmal aufgekocht, dann beiseite gestellt. Nun lässt man die Hummer langsam 30 Minuten ziehen, nicht mehr kochen. Nach dieser Zeit nimmt man den Kessel vom Herd und lässt die Hummer in diesem Wasser erkalten. Dann bricht man das Fleisch aus den Schalen; die Hummerschalen werden feingehackt und

*Zutaten: junges Suppenhuhn im Gewicht von 250 Gr. 1 große Schweser, 2 Kilo Hummer, 375 Gr. Butter, 750 Gr. frische Champignons oder 1 Kilo Spargel, 65 Gr. Salz, 2 Ltr. koch. Wasser, 1 Ltr. kaltes Wasser, 1 Zwiebel, 10 Pfefferkörner, 1 Teel. Salz, 1 Kochl. Butter, 2 Teel. Zitronensaft, 2 Kochl. Mehl.*

nun, mit der Butter angesetzt, zu roter Butter geschmort (siehe unter Krebsbutter). Das Huhn wird angesetzt mit 1 Ltr. kaltem Wasser, 1 Zwiebel, 10 Pfefferkörnern, 1 Teel. Salz, recht langsam im fest geschlossenen Topf 1 1/2 Stunde gekocht. Die Schweser legt man 1 Stunde vor Gebrauch in reichliches kaltes Wasser. Das Wasser wird öfter erneuert. Man tut es, damit die Schweser weiß wird. Nun lässt man sie mit der Huhnbrühe 30 Minuten kochen, und dann legt man die Schweser wieder in kaltes Wasser und zieht sogleich die Haut ab. Das innere der Hummerköpfe lässt man mit dem Huhn noch 10 Minuten kochen. Nach der Kochzeit lässt man das Huhn etwas auskühlen, gießt die Brühe durch ein Sieb. Die Haut wird vom Huhn abgezogen und das Fleisch von den Knochen getrennt. Die Schweser wird in Scheiben geschnitten, die Champignons werden geputzt, während des Putzens in ausgerührtes Mehlwasser gelegt, dann 2–3 Mal mit kaltem Wasser gewaschen und mit 1 Kochl. Butter und 2 Teel. Zitronensaft angesetzt, im geschlossenen Topf unter öfterem Rühren 10 Minuten langsam gedämpft. Die fertige rote Hummerbutter schwitzt man mit 2 Kochl. Mehl im Topfe unter Rühren 2 Minuten, dann gießt man unter Rühren nach und nach die Huhnbrühe dazu, ebenfalls die Champignons mit ihrem Saft, lässt die Tunke mit den Champignons 5 Minuten kochen. Dann legt man das Hummerfleisch sowie Schweser und Huhn in diese Tunke, stellt das Ragout zugedeckt in einen Topf mit kochendem Wasser 30 Minuten vor dem Anrichten. Man kann das Gericht in einem Curryreisrand anrichten. Verwendet man Spargel, so wird er geschält, in Stücke geschnitten, mit durch ein Sieb gegossener Huhnbrühe angesetzt und in 30 Minuten weichgekocht. Will man keinen Reisrand verwenden, so nimmt man Blätterteigstücke.

**Hummer americain für 20 Personen.** 5 Kilo Hummer setzt man, reichlich bedeckt mit kochendem Wasser und 65 Gr. Salz an, kocht sie im fest geschlossenen Kessel 5 Minuten, stellt den geschlossenen Kessel zurück auf den Herd, wo die Hummer nicht mehr kochen, und lässt sie langsam 30 Minuten ziehen. Sie müssen in diesem Wasser vollständig erkalten. Hiernach wird das Fleisch aus den Scheren und den Schalen des Schwanzes genommen, doch darf die Schale des Schwanzes nicht beschädigt werden. Man legt 8 gute Schwänze hiervon zum späteren Füllen beiseite, ebenso 4 Köpfe. Die Masse, welche sich in den Köpfen befindet, wird mit den roten Eiern und 1 Essl. abge-

*Zutaten: 2 Anrichten, 5 Kilo Hummer, 65 Gr. Salz, 1 Essl. abgekocht. Spinat, 1/2 Kochl. Mehlschwitze, 2 Essl. Schlagrahm, 1/2 Teel. Salz, 125 Gr. Butter, 1/2 Ltr. kochendes Wasser, 1 Ltr. Kalbfleischbrühe, 125 Gr. Champignons, 1 Teel. Butter, 1 Teel. Zitronensaft, 125 Gr. Trüffeln, 3 gelbe Wurzeln, 1/2 Ltr. Kalbfleischbrühe, 4 Tomaten, 1/8 Ltr. feinster Rheinwein. 1 Essl. Kognak, 1 Teel. Liebig, 1 Teel. Salz, 1 Teel. Zitronensaft, 1 Schweser oder Milchner Brieschen.*

kochtem Spinat und den weichen Abfällen des Hummerfleisches recht fein gehackt. 1/2 Kochl. Mehlschwitze, mit 2 Essl. Schlagrahm ausgerührt, ist zu dieser grünen, feingehackten Hummermasse zu geben, nach Geschmack 1/2 Teel. Salz. Diese Masse stellt man zugedeckt zum Heißbleiben 30 Minuten bis zum Anrichten in kochendes Wasser und füllt beim Anrichten die Masse in die Schwänze. Die übrigen Schalen der Schwänze und Köpfe werden feingehackt, mit 125 Gr. Butter im Topf bei nicht zu starker Hitze angesetzt und unter öfterem Rühren in etwa 20 Minuten zu roter Farbe geschmort. Dann gießt man 1/2 Ltr. kochendes Wasser auf die Hummerschalen, stellt diese rote Butter zum Auskühlen beiseite und nimmt die rote, feste Butter ab. Das Wasser ist fortzugießen, und die rote Butter mit 2 Kochl. Mehl bei mäßigem Feuer unter Rühren etwa 5 Minuten zu schwitzen. Nun gießt man 1 Ltr. beste Kalbfleischbrühe dazu und die gedämpften Champignons mit ihrem Saft, die vorher mit 1 Teel. Butter und 1 Teel. Zitronensaft im geschlossenen Topf gedämpft wurden. Der Inhalt einer 125-Gr.-Dose Trüffeln ist recht fein zu hacken, dann diese mit ihrem Saft in die Tunke zu geben, und die Tunke mit den Zutaten langsam 10 Minuten zu dämpfen. Vorher schneidet man 3 gelbe Wurzeln in kleine Würfel, setzt diese mit 1/2 Ltr. Kalbfleischbrühe im geschlossenen Topf an, kocht sie langsam in 1 Stunde weich und gibt die Wurzeln ebenfalls an die Hummertunke. 4 Tomaten sind in Viertel zu schneiden, im geschlossenen Topf im eigenen Saft weich zu dämpfen, dann durch ein Sieb zu streichen und das Püree mit an die Hummertunke zu geben, außerdem 1/8 Ltr. feinster Rheinwein, 1 Essl. Kognak und 1 Teel. Liebig; nach Geschmack 1 Teel. Salz und 1 Teel. Zitronensaft. In diese fertige Tunke legt man das in kleine Stücke geschnittene Hummerfleisch und eine in Scheiben geschnittene Schweser. Nachdem alles vorsichtig durchgerührt, wird das Ragout zugedeckt, 1/2 Stunde bis zum Anrichten in einen Topf mit kochendem Wasser gestellt. Die Schweser lässt man vorher in der Kalbfleischbrühe langsam 30 Minuten kochen, legt die Schweser in reichliches kaltes Wasser und zieht die Haut ab. Zur Brühe sind Kalbfleischknorpeln und Kalbfleisch zu verwenden. Dieses setzt man vorher mit 1 Zwiebel und 6 Pfefferkörnern in 1 Ltr. Wasser an, lässt die Brühe langsam 2 Stunden kochen und verwendet sie zum Anrühren der Hummertunke. Beim Anrichten ist das Ragout auf eine runde, heiße Platte zu füllen; man stellt in die Mitte 2 ineinandergeschobene Hummerköpfe und lässt 4 gefüllte Schwänze von diesen ausstrahlen. Der Kopf des Hummers kann mit etwas Petersilie garniert werden.

**Fischsalat für 6 Personen.** Schellfisch oder Kabeljau wird gewaschen, auf den Fischheber gelegt, mit 65 Gr. Salz bestreut und mit 1 Ltr. kaltem Wasser übergossen. Dann bringt man den Fisch im fest geschlossenen Topf ins *Zutaten: 1 1/2 Kilo Kabeljau od. Schellfisch, 65 Gr. Salz, 1 Ltr. kaltes Wasser, 1/4 Ltr. Essig, 1 Teel. Pfeffer, 4 Eidotter, 1/4 Ltr. Öl, etwas Essig und Salz.* Kochen, stellt ihn beiseite und lässt ihn 1/2 Stunde ziehen. Wenn er im Wasser erkaltet ist, zieht man die Haut ab, trennt das Fleisch von der Gräte, gießt nun 1/4 Ltr. Essig und 1 Teel. Pfeffer über den Fisch und lässt ihn damit 1/2 Stunde stehen. Dann füllt man den Fisch in eine Glasschüssel recht hoch, gießt Mayonnaise darüber, die man bereitet von 4 Eidottern, 1/4 Ltr. Öl, abgeschmeckt mit Essig und Salz. Um den Fisch herum legt man einen Kranz von Tomatenscheiben und etwas Kopfsalat.

**Hummerkotelettes für 6 Personen.** Man gibt die Kotelettes als Beigabe zum Gemüsegang. 1 Hummer wird mit 1 Ltr. kochendem Wasser und 1 gehäuften Kochl. Salz angesetzt, einmal aufgekocht; dann 30 Minuten fest zugedeckt beiseite gestellt, lässt man den

*Zutaten: 1/2 Kilo Hummer, 1 Ltr. kochendes Wasser, 1 gehäufter Kochl. Salz, 65 Gr. Butter, 1 Kochl. Mehl, 1/16 Ltr. süßer Rahm, 1/2 Teel. Salz, 1 Eidotter, 1/2 Kochl. Butter.*

Hummer 30 Minuten ziehen, nicht kochen, und in dem Wasser vollständig erkalten. Nun wird das Fleisch aus den Schalen gebrochen, mit dem grünen und den roten Eiern aus der Kopie feingehackt. Die feingehackten Schalen werden mit 65 Gr. Butter angesetzt und die Butter in 10–20 Minuten zu roter Farbe geschmort (siehe Krebsbutter); dann gießt man kochendes Wasser auf die rote Butter, kocht sie auf, gießt sie durch ein Sieb und stellt das Ganze zum Erkalten beiseite. Alsdann nimmt man die rote kalte Butter ab und gießt das Wasser fort. Die Butter schwitzt man mit 1 Kochl. Mehl unter Rühren 2–3 Minuten. Dann gießt man 1/16 Ltr. süßen Rahm dazu, gibt das gehackte Hummerfleisch dazu und, wenn nötig, 1/2 Teel. Salz. Ist die Masse gut verrührt, tut man 1 Eidotter dazu, nun formt man Bälle so groß wie ein halbes Ei, paniert sie in Eiweiß und geriebenem Weißbrot. Wenn alle vorbereitet sind, lässt man 1/2 Kochl. Butter in der Pfanne braun werden, brät die Kotelettes in dieser Butter 3 Minuten, legt sie einmal in der Pfanne auf die andere Seite. Beim Anrichten steckt man kleine Hummerbeine in die Kotelettes.

**Seezungen mit Käse gebacken, Sauce béarnaise und Krebstunke für 10 Personen.** Man zieht die Haut der Seezungen ab und trennt das Fleisch von der Gräte. Hiernach werden sie gewaschen und 10 Filets davon in Schleifen gelegt. Diese Filets legt man nebeneinander auf den Heber eines Fischkessels. Den Saft von 1 Zitrone und 1 Essl. Salz streut man über die Filets, gießt dann soviel Wasser über die Filets, bis dieses an den Heber des Kessels reicht, und stellt dann den Kessel

*Zutaten: 2 Kilo Seezungen, 1 Zitrone, 1 Essl. Salz, 1 gehäufter Teel. Salz, 2 Eiweiß, 2 Essl. geriebener Chesterkäse, 8 Essl. Mehl, 1/2 Kilo Palmin, Provenceröl, oder Kalbsnierenfett, 1 Teel. Butter, Petersilie, 1 Zitrone, 12 Krebse, 125 Gr. Butter, 1/2 Ltr. gute Kalbfleischbrühe, 1 gehäufter Kochl. Mehl, 4 Eidotter, 65 Gr. Butter, 1 Teel. gehackte Kräuter.*

zugedeckt beiseite. Die übrigen Filets schneidet man einmal durch, bestreut sie mit 1 gehäuftem Teel. Salz und lässt sie 20 Minuten stehen. Dann trocknet man sie mit einem Tuche; 2 Eiweiß schlägt man mit einer Gabel 2 Minuten auf einem Teller und legt die Fischstücke in dieses Eiweiß. 2 Essl. geriebenen Chesterkäse mischt man mit 3 Essl. Mehl, breitet dieses auf einem Brette aus, wendet die Filets in dem Eiweiß, legt sie auf das Brett und wendet sie im geriebenen Käse mit dem Mehl. Palmin ‚oder Provenceröl, oder Kalbsnierenfett macht man recht heiß und bäckt die panierten Fischstücke in diesem heißen Fett 2 Minuten. Man darf zurzeit nur 3 Stück backen. Würde man alle Fischstücke auf einmal backen, kühlt das Fett zu sehr aus, und bekommen die Speisen einen schlechten Geschmack. Sind alle vorbereitet, legt man die Fischstücke in eine größere Pfanne nebeneinander, belegt jedes Stück mit 1 Teel. Butter, stellt die Pfanne beiseite. 5 Minuten vor dem Anrichten ist sie in den heißen Bratofen zu stellen. Den Fischkessel mit den in Schleifen gelegten Filets bringt man ins Kochen, stellt ihn beiseite und lässt die Filets fest zugedeckt langsam 10 Minuten ziehen. Man richtet die Filets auf einer langen angewärmten Platte an, gießt über die eine Seite der Filets Krebstunke, über die andere Sauce béarnaise. Obenauf legt man der Reihe nach die gebackenen Filets. Oben und unten gibt man ein kleines Bukett Petersilie mit 1 Zitrone. Die Krebstunke ist von 12 Krebsen und 125 Gr. Butter, 1/2 Ltr. guter Kalbfleischbrühe, 1 gehäuften Kochl. Mehl zu bereiten. Die Sauce béarnaise bereitet man von 4 Eidottern, 65 Gr. Butter, 1 Teel. gehackten Kräutern (siehe unter Tunken).

**Fischauflauf für 4 Personen.** Man verwendet hierzu Fischreste. Den Blumenkohl setzt man mit kochendem Wasser an und kocht ihn im geschlossenen Topf langsam 30 Minuten. 1 Kochl. Mehlschwitze rührt man mit 1/2 Ltr. Rahm oder süßer Milch aus und gibt nach Geschmack 1 gehäuften Teel. Salz und 1/2

*Zutaten: 250 Gr. Fischreste, 250 Gr. Kartoffeln. 1 kl. Blumenkohl, 65 Gr. Salz, 1 Kochl. Mehlschwitze, 1/4 Ltr. Rahm od. süße Milch, 1 gehäuften Teel. Salz, 1/2 Teel. Pfeffer, 2 Teel. Butter.*

Teel. Pfeffer dazu. Die Tunke lässt man mit den in Scheiben geschnittenen Kartoffeln aufkochen, die Hälfte der Kartoffeln gibt man in eine Auflaufform und dann die Fischstücke mit dem Blumenkohl abwechselnd mit dem Rest der Kartoffeln. Darüber streut man 3 Essl. geriebenen Käse und obenauf 2 Teel. Butter. Das Ganze bäckt man 20 Minuten im heißen Ofen.

**Gebratener Aal.** Man rechnet 250 Gr. à Person. Der abgezogene und ausgenommene Aal wird in große Stücke geschnitten, gewaschen, mit Salz überstreut. Mit dem Salz lässt man den Aal 30 Minuten stehen, trock-

*Zutaten: Eiweiß, Zwieback, 1/2 Teel. Butter. Zu 500 Gr. Aal rechnet man 2 Teel. Salz.*

net dann die Stücke mit einem Tuche und paniert sie in Eiweiß und Zwieback. Hiernach bäckt man sie in reichlich heißen Fett, 3 Stücke zurzeit, 1–2 Minuten, legt die vorbereiteten Fischstücke nebeneinander in eine andere Pfanne und auf jedes Stück 1/2 Teel. Butter. Dann Stellt man die Pfanne noch 3 Minuten vor dem Anrichten zum Nachbraten in den heißen Ofen.

**Steinbuttfilet mit Béarnaise- und Hummer-tunke für 10 Personen.** Die Filets werden abge-trennt, doch darf die Haut nicht abgezogen wer-den. Nachdem die Filets gewaschen, legt man 2 Filets aufeinander auf den Heber eines Fisch-kessels, drückt den Saft von 2 Zitronen über die Filets und streut 2 Essl. Salz darüber; nun gießt man so viel Wasser über den Fisch, bis das Was-ser an den Heber des Kessels reicht, bringt den Kessel fest zugedeckt ins Kochen, stellt ihn beiseite und lässt den Fisch langsam 40 Minuten ziehen. Durch starkes Kochen wird der Fisch trocken. Man rich-tet die Filets auf einer vorher gewärmten langen Platte an. Nachdem die Haut abgezogen, wird über die eine Seite der Filets Sauce béarnaise gegossen. Diese Tunke bereitet man von 6 Eidottern, 125 Gr. kochender Butter und 2 Teel. fein-gehackten Kräutern (siehe Sauce béarnaise). Auf die andere Seite der Filets ist Hummertunke zu gießen. Diese bereitet man von 500 Gr. Hummerschalen und 125 Gr. Butter. Die Hummer werden reichlich bedeckt mit kochendem Wasser und 65 Gr. Salz angesetzt, ins Kochen gebracht und im geschlossenen Topf lässt man sie langsam 30 Minuten ziehen. Vom starken Kochen wird der Hummer hart. Man lässt den Hummer in dem Wasser vollständig erkalten, bricht dann das Fleisch aus den Schalen, lässt den Kopf ganz und gibt diesen als Verzierung beim Anrichten auf das Filet. Alle übrigen Schalen werden recht fein gehackt, dann mit 125 Gr. Butter zu roter Farbe geschmort, 1 Ltr. kochen-des Wasser auf die rote Butter gegossen, das Ganze einmal aufgekocht, dann alles durch ein Sieb getan. Nachdem die Flüssigkeit vollständig erkaltet, nimmt man die rote, harte Butter ab, schwitzt sie mit 1 Kochl. Mehl bei gelinder Hitze 5 Minuten und gießt nach und nach 3/4 Ltr. gute Kalbfleischbrühe durch ein Sieb dazu. Diese Tunke wird nun, wenn nötig, noch mit etwas Salz und 1 Mes-serspitze Pfeffer abgeschmeckt. Das ausgetrennte Hummerfleisch wird in Wür-fel geschnitten über die Steinbuttfilets gestreut beim Anrichten.

*Zutaten: 2 Kilo Steinbutt, 2 Zitronen, 2 Essl. Salz, 6 Eidot-ter, 125 Gr. koch. Butter, 2 Teel. fein gehackte Kräuter, 1/2 Kilo Hummer, 125 Gr. Butter, 65 Gr. Salz, 125 Gr. Butter, 1 Ltr. koch. Wasser, 1 Kochl. Mehl, 3/4 Ltr. gute Kalbfleischbrühe, 1 Messerspitze Pfeffer.*

**Seezungen mit Kaviartunke für 12 Perso-nen.** Man nimmt Seezungen im Filet, schneidet 6 Filets einmal durch und rollt die übrigen auf. Die durchgeschnittenen Filets bestreut man mit Salz, stellt sie 30 Minuten beiseite, trocknet sie dann mit einem Tuch und paniert sie mit Eiweiß und Zwieback. 1 Kochl. Butter lässt man in der Pfanne hellbraun werden und brät die Fische unter Umlegen in 5 Minuten kross. Die aufgerollten Filets legt man nebeneinander auf den Heber eines Fischkessels und tut 1 gehäuften Teel. Salz und den Saft einer Zitrone darüber. In den Kessel

*Zutaten: 3 Kilo Seezungen-filets, Salz, Eiweiß, Zwieback, 1 gehäufter Kochl. Butter, 1 gehäufter Teel. Salz, 1 Zitrone.*

gießt man so viel Wasser, bis es an den Heber reicht. Fest zugedeckt, bringt man die Fische ins Kochen, stellt sie zurück und lässt sie langsam 10 Minuten ziehen. Beim Anrichten füllt man über die eine Seite der Länge nach Sauce béarnaise, über die andere Seite Kaviartunke. Obenauf in die Mitte kommen die gebratenen Seezungen. Man gibt das Gericht zum feineren Frühstück oder Mittagessen.

**Knurrhahn oder Petermännchen.** Der vorzügliche Fisch kommt in der wärmeren Jahreszeit auf den Markt und ist wenig bekannt. Die roten Fische sind den grauen vorzuziehen. Man *Zutaten: 250 Gr. Fisch à Person, 1/4 Ltr. Wasser, 1 Zwiebel, 1 Tomate, 1/2 Teel. Kümmel oder einige Zweige frischer Dill.* rechnet 250 Gr. à Person; der ausgenommene Fisch wird gewaschen, die Innenseite mit 1 Teel. Salz bestreut. Ohne Butter wird der Fisch, die Rückseite nach oben, in eine Bratpfanne gelegt und im heißen Ofen 30 Minuten gebraten, inzwischen dreimal mit dem sich in der Pfanne bildenden Saft übergossen. Nach der Bratzeit gießt man 1/4 Ltr. Wasser in die Pfanne, kocht unter Rühren den angebräunten Saft los und macht diese Tunke mit etwas ausgerührtem Mehl sämig. Als Gewürz kann man auch in Scheiben geschnittene Zwiebel, 1 Tomate, 1/2 Teel. Kümmel oder einige Zweige frischen Dill mit in die Pfanne legen. Beim Anrichten wird die Tunke durch ein Sieb gestrichen. Hierzu gibt man Kopfsalat.

**Knurrhahn oder Petermännchen anderer Art.** Man rechnet 250 Gr. à Person. Die Fische werden aufgeschnitten, ausgenommen und gewaschen, so lange, bis das Wasser klar bleibt. Dann zieht man die Haut ab und trennt die Filets von der Gräte. 250 Gr. Fisch gibt man *Zutaten: 250 Gr. Fisch à Person, 1 Teel. Salz, 1 Essl. fein gehackte Petersilie, 1 Rundstück, 1 Eiweiß, 2 Teel. Butter, 1/4 Ltr. Rahm, 1 Essl. geriebener Käse.* durch die Fleischmaschine, 1 Essl. feingehackte Petersilie fügt man hinzu und 1 Teel. Salz, 1 Rundstück wird geweicht, gut ausgedrückt mit der Fischmasse vermischt, zuletzt gibt man 1 Eiweiß dazu. Dann legt man das eine Fischfilet zuunterst auf einen feuerfesten Teller, darauf legt man die Fischmasse und darüber das zweite Filet. Obenauf legt man 2 Teel. Butter und brät den Fisch im heißen Ofen 10 Minuten. Danach gibt man 1/4 Ltr. Rahm über den Fisch und lässt ihn noch 10 Minuten im Ofen. Außerdem streut man 1 Essl. geriebenen Käse darüber. Hierzu gibt man kleine roh geschmorte Kartoffeln und Salat.

**Fischgericht für 5 Personen.** Die Filets von 2 Kilo Seezungen werden gewaschen und nebeneinander auf eine feuerfeste Platte gelegt. 1 Messerspitze Knoblauch wird mit 1 gehäuften Teel. Salz, 1/2 Teel. Pfeffer, 1/8 Ltr. bestem *Zutaten: 2 Kilo Seezungenfilets, 1 Messerspitze Knoblauch, 1 gehäufter Teel. Salz, 1/2 Teel. Pfeffer, 1/8 Ltr. best. Weißwein, 1/2 Zitrone,*

Weißwein ausgerührt und der Saft 1/2 Zitrone dazugegeben. Diese Tunke gießt man über die Fische, lässt sie hiermit 30 Minuten stehen. 1/2 Kochl. Mehlschwitze rührt man mit dieser Flüssigkeit aus, gibt 1 gehäuften Teel. feinge-

*1/2 Kochl. Mehlschwitze, 1 gehäufter Teel. fein gehackte Petersilie, 2 Tomaten, 3 Essl. geriebenes Brot, 2 Essl. Butter, 65 Gr. Käse.*

hackte Petersilie dazu und legt die Hälfte der Filets auf eine feuerfeste Platte. 2 Tomaten schneidet man in Scheiben, tut diese auf die Filets, legt die anderen Filets auf die Tomaten und dann obenauf noch einige Tomatenscheiben. Als-dann wird die Tunke über das Ganze gegossen. 3 Essl. geriebenes Brot mischt man mit 65 Gr. geriebenem Käse, streut dieses über die Tunke, legt obenauf 2 Essl. Butter und bäckt das Gericht 20 Minuten im heißen Ofen.

**Feines Fischgericht von Steinbutt für 6 Personen.** Die Fische werden gewaschen, Regen und Leber, sowie das von Haut und Gräten befreite Fleisch vom Hecht gibt man mit der gewaschenen Petersilie und dem gewasche-nen Spinat durch die Fleischmaschine, zuletzt

*Zutaten: 3 Kilo Steinbutt, 1 Kilo Hecht, 500 Gr. Kartof-feln, 1 bis 2 Eier, 30 Gr. frische Petersilie, 20 Gr. Spinat, 65 Gr. Salz, 250 Gr. Tomaten, 1 Zwiebel, 65 Gr. Butter.*

die geschälten und gewaschenen rohen Kartoffeln. Diese Masse wird mit der Hälfte vom Salz gut verrührt. Eiweiß fügt man hinzu. Kopf und Gräte vom Hecht setzt man mit 1/4 Ltr. kaltem Wasser, der Zwiebel, dem übrigen Salz und 10 Pfefferkörnern an, kocht dieses mit dem Kopf der Gräte und den Flossen vom Steinbutt 30 Minuten. Vorher werden die Filets des Steinbutts von der Gräte getrennt. Hierbei darf das Fleisch nicht zerfallen. Auch wird die Haut vorher nicht abgezogen. 2 Filets legt man nebeneinander auf den Heber eines Fischkessels, die Hautseite nach unten, bestreicht die Filets mit der vorher bereiteten Hechtfüllung, legt die 2 Filets auf diese Füllung, doch so, dass die Hautseite oben bleibt; nun wird die gekochte Brühe von den Gräten über diese gefüllten Filets gegossen. Fest geschlossen wird der Kessel ins Kochen gebracht. Ohne den Deckel zu öffnen, damit kein Dampf ent-weicht, wird der Fischkessel beiseite gestellt zum langsamen Ziehen. Durch starkes Kochen wird das Fleisch trocken. Nach 1 Stunde richtet man die gefüllten Filets auf einer vorher gewärmten Platte an, zieht die obere Haut ab und gießt folgende Tunke über den heißen Fisch: Die Brühe vom Fisch wird mit etwas ausgerührtem Weizenmehl sämig gemacht, 5 Minuten gekocht. Die Tomaten können in dieser Fischbrühe vorher weichgedämpft und durch ein Sieb gestrichen werden. 2 Eidotter rührt man in der Schüssel 10 Minu-ten, 65 Gr. Butter bringt man in einem kleinen Topf ins Kochen und gießt sie tropfenweise unter Rühren nach und nach an die Eidotter, dann unter weite-rem Rühren wird die rote Tomatentunke an diese Eiertunke gegossen. Nach

Geschmack fügt man 2 Teel. Zitronensaft oder 1 Teel. Essig hinzu. Man umkränzt den Fisch mit neuen Kartoffeln, die man mit Petersilie bestreut.

**Schellfisch ohne Butter mit Dilltunke für 6 Personen.** Ein Fisch im Gewicht von 2 Kilo wird gewaschen, 2 Teel. Salz streut man in den Fisch an die Gräte. Hiernach wird der Fisch in eine Bratpfanne oder auf eine feuerfeste *Zutaten: 2 Kilo Schellfisch, 2 Teel. Salz, 1/4 Ltr. Wasser, 6 Pfefferkörner, 1 Zwiebel, 1 Teel. Essig, 2 Essl. fein gehackter, grüner Dill.* Steingutplatte gelegt, mit 1/4 Ltr. Wasser angesetzt, dann in den Bratofen gestellt. Der Fisch darf nicht braun werden; um dieses zu verhüten, wird er mit einem Deckel oder einem Bogen Papier bedeckt. Will man den Bratofen nicht benutzen, so kann der Fisch auf der Sparflamme des Gasofens ebenso bereitet werden; in diesem Falle muss die Pfanne mit einem Deckel fest geschlossen sein. Man lässt den Fisch bei mäßiger Hitze 1 Stunde dämpfen. Fische bis zu 1/2 Kilo sind in 30 Minuten gar. Durch starkes Kochen wird das Fleisch trocken; es muss aber saftig und blätterig bleiben. Hat man reichlich Zwiebeln, so wird der Geschmack verbessert durch das Mitkochen von 6 Pfefferkörnern und 1 Zwiebel. Nach der Kochzeit gießt man an das Fischwasser etwas ausgerührtes Mehl, lässt die Tunke 5 Minuten kochen, dann gießt man sie durch ein Sieb, gibt 1 Teel. Essig, 2 Essl. feingehackten, grünen Dill dazu. Diese Tunke kann auch mit 1 Teel. Senf oder Meerrettich ebenso vollendet werden.

**Knurrhahn, gebraten, mit Kartoffelsalat, oder Kartoffelmus und Kopfsalat, mit Rahmtunke.** 1 Kilo Fisch, die Haut wird *Zutaten: 1 Kilo Fisch, 1 Teel. Salz, Eiweiß u. Zwieback, 1 Kochl. Butter od. 2 Kochl. Öl.* abgezogen, die Filets werden der Länge nach getrennt und mit 1 Teel. Salz bestreut; mit dem Salz lässt man die Filets 30 Minuten stehen, danach wendet man sie in Eiweiß und Zwieback. 1 Kochl. Butter oder 2 Kochl. Öl lässt man in der Pfanne braun werden und brät nun die Filets in der Pfanne 10 Minuten; inzwischen werden sie einmal auf die andere Seite gelegt.

**Zander.** Der geschuppte und gewaschene Fisch wird mit 1/4 Ltr. Essig übergossen, *Zutaten: 1 Kilo Zander, 1/4 Ltr. Essig, 65 Gr. Salz.* reichlich bedeckt mit lauwarmem Wasser angesetzt, 65 Gr. Salz dazu. Fest zugedeckt bringt man den Kessel ins Kochen, stellt ihn dann beiseite und lässt ihn 30 Minuten ziehen. Diese Zeit und das Salz sind berechnet für einen Fisch von 1 Kilo. Einen Fisch im Gewicht von 2 Kilo lässt man 1 Stunde ziehen und nimmt 125 Gr. Salz dazu. Fische im Gewicht von 3–4 Kilo soll man nicht nehmen, sie sind trocken. Hierzu passt Austerntunke.

**Gebratene Scholle.** Die gewaschenen Fische *Zutaten: Schollen, à Person* lässt man mit 1 Essl. Salz 1/2 Stunde stehen *250 Gr., 1 Essl. Salz, Butter.* (auf 1/2 Kilo Fisch 1 Essl. Salz), trocknet die Fische mit einem Tuch ab, paniert sie in Eiweiß und Zwieback. Sind die Fische vorbereitet, bäckt man sie im reichlich heißem Fett im tiefen Topfe, 2 Stück zurzeit, 2 Minuten. Man legt die Fische in eine Pfanne, 1/2 Teel. Butter auf jedes Stück, und brät sie im nicht zu heißen Ofen mit der Butter 5 Minuten.

**Fischcroquetten für 4 Personen.** Man berei- *Zutaten: Fischreste, 1/2 Kochl.* tet sie von Fischresten und gibt sie als Gemü- *Mehlschwitze, 1/4 Ltr. Fleisch-* sebeilage oder mit gebackener Petersilie als *brühe, 4 weiße Blatt Gelatine,* Frühstücksgericht. 125 Gr. Fischreste wer- *2 Eidotter, 1 Teel. Zitronensaft,* den in Würfel geschnitten, 1/2 Kochl. Mehl- *1 Teel. Salz, 1/2 Teel. Pfeffer.* schwitze mit 1/4 Ltr. Brühe ausgerührt. 4 Blatt weiße Gelatine lässt man in dieser Tunke 2 Minuten kochen, dann quirlt man die Tunke mit 2 Eidottern ab, die man vorher 10 Minuten gerührt hat. Das Fischfleisch gibt man in die Tunke und schmeckt das Ganze mit 1 Teel. Zitronensaft, 1 Teel. Salz, 1/2 Teel. Pfeffer ab. Die Masse stellt man 3 Stunden auf Eis oder man bereitet sie am Tage vorher. Man formt Bälle, paniert sie zuerst in Mehl, dann in Eiweiß und Zwieback, backt sie im heißen Fett in 2–3 Minuten kross. Man darf zur Zeit nur 3–4 Croquetten ins Fett legen; legt man zu viele Croquetten in das Fett, so kühlt das Fett aus und die Croquetten platzen.

**Seezungen-Filets mit Austern und Cham-** *Zutaten: 20 Austern, 250 Gr.* **pignons.** Die Filets werden mit einer einfa- *Champignons, 500 Gr. Krab-* chen Fisch- und Champignonfarce gefüllt, in *ben, 125 Gr. Tomaten, 3 Kilo* Weißwein und Zitronensaft gedämpft. Hol- *Seezungen.* ländische Tunke mit Tomaten und Kräutern wird darüber gegossen und die Schüssel garniert mit Krabben, Austern und Champignons.

**Gebratene Makrelen.** Der ausgenommene Fisch wird gewaschen. 1 Essl. Salz wird an die Gräte gestreut, der Fisch in Mehl gewendet. Er wird im hei- ßen Ofen 10 Minuten gebraten, inzwischen oft begossen mit dem eigenen Fett. Zur Makrele gibt man Salat.

**Seezungenaspik für 4 Personen.** Die Filets *Zutaten: 1/2 Kilo Seezungen* werden aufgerollt, dann nebeneinander in *in Filets, 1/2 Zitrone, Salz,* den Topf gelegt, mit dem Saft von 1/2 Zitrone *1 Zwiebel, 10 Pfefferkörner,* beträufelt, mit Salz bestreut. Bis zur Hälfte *2 Essl. Essig, 1 Ltr. Knochen-* bedeckt, gibt man Wasser oder Knochenbrühe *brühe, 16 Blatt Gelatine.*

darauf. Zugedeckt bringt man die Zungen ins Kochen, stellt sie dann 20 Minuten zum Ziehen beiseite. Nun lässt man die Rollen in dieser Brühe vollständig erkalten, wozu man 1 Zwiebel, 10 Pfefferkörner und 2 Essl. Essig gibt. Dann nimmt man zu 1 Ltr. Flüssigkeit 16 Blatt Gelatine und kocht sie 1–2 Minuten; darauf gibt man den nicht zu festen Schnee von 2 bis 3 Eiweiß dazu, kocht die Brühe hiermit einmal auf und stellt sie zugedeckt 1 Stunde beiseite. Dann füllt man sie auf ein Tuch zum Durchtropfen. Das Tuch wird 3 bis 4 Mal durch heißes Wasser gezogen. Die Hälfte von diesem flüssigen Aspik füllt man in eine Randform und stellt diese in eine Schüssel mit Eiswasser. Wenn der Aspik anfängt fest zu werden, legt man die Seezungenrollen, die man mit einem Blaue Petersilie besteckt, auf den Aspik und dazwischen Tomatenstücke. 1 Tomate wird mit kochendem Wasser gebrüht, dann zieht man die Haut ab und schneidet die Tomate in 6 Teile. Den übrigen kalten, flüssigen Aspik gießt man nun langsam an den Rand der Seezungen. Vor dem Stürzen hält man die Randform 2 Minuten in lauwarmes Wasser. In die Mitte des Randes füllt man Remouladentunke. Man hält den Aspik 4 Stunden vor dem Gebrauch fertig.

**Schnepel für 4 Personen.** Der Fisch wird geschuppt, gewaschen, auf den Heber eines Fischkessels gelegt, 1 Ltr. Wasser, 1/8 Ltr. Essig, 1 Schwarzbrotrinde, 1 Lorbeerblatt, 20 Pfefferkörner, 1 Zwiebel und 1 Essl. Salz dazugegeben.

*Zutaten: 1 Kilo Fisch, 1 Ltr. Wasser, 1/8 Ltr. Essig, 1 Schwarzbrotrinde, 1 Lorbeerblatt, 1 Zwiebel, 20 Pfefferkörner, 1 Essl. Salz.*

Fest zugedeckt bringt man den Fisch ins Kochen, stellt ihn beiseite und lässt ihn langsam 30 Minuten ziehen. Man gibt Kartoffelmus dazu. Für Kranke geeignet. Die Brühe vom Schnepel kann man für Fischsuppe verwenden.

**Schnepel in Aspik für 4 Personen.** 1 Kilo Schnepel wird gewaschen, mit 1/8 Ltr. Essig, 1 Lorbeerblatt, 10 Pfefferkörnern, 2 gehäuften Essl. Salz angesetzt und mit 3/4 Ltr. lauwarmem Wasser und 1 Schwarzbrotrinde, fest

*Zutaten: 1 Kilo Schnepel, 1/8 Ltr. Essig, 1 Lorbeerblatt, 10 Pfefferkörner, 2 gehäufte Essl. Salz, 3/4 Ltr. lauwarmes Wasser, 8 Blatt weiße Gelatine.*

zugedeckt, ins Kochen gebracht; dann lässt man die Fische 20 Minuten ziehen und in der Brühe erkalten. Die Fischbrühe wird gemessen; man nimmt zu 1/2 Ltr. Flüssigkeit 8 Blatt weiße Gelatine. Hiervon bereitet man einen klaren Aspik (siehe unter Aspik). Beim Anrichten des Fisches übergießt man ihn mit dem kalten flüssigen Aspik und garniert ihn auf einer Platte mit Salat von Kartoffeln, Gurken und Erbsen. Eine Mayonnaise gibt man dazu.

**Regenbogenforelle für 2-3 Personen.** Der ausgenommene Fisch wird gewaschen, dann

*Zutaten: 1 Regenbogenforelle im Gewicht von 1/2 Kilo, 1/4*

auf den Heber eines Fischkessels gelegt; *Ltr. Essig, 1/2 Ltr. flüssiger* 1/4 Ltr. Essig gießt man zum Blauwerden *Aspik, 2 Teel. Salz.* über den Fisch. Dann gibt man so viel Wasser in den Kessel, bis der Fisch leicht bedeckt ist, und 2 Teel. Salz dazu. Alsdann bringt man den Fisch im geschlossenen Kessel ins Kochen, stellt diesen beiseite und lässt den Fisch 30 Minuten ziehen (durch starkes Kochen werden alle Fische hart und trocken). In diesem Wasser lässt man die Forelle ganz erkalten; nachdem der Fisch gut abgetrocknet ist, legt man ihn auf eine Platte und übergießt ihn am recht kalten Ort mit 1/2 Ltr. flüssigen Aspik. Man übergießt die Forelle immerwährend mit dem Aspik, bis er dick wird und haften bleibt. Hat man keine Knochen- oder Fleischbrühe für den Aspik, so kann man auch die Fischbrühe dazu verwenden. Diese Forelle mit Aspik garniert man mit verschiedenen Salaten, wie Gurken-, Tomaten-, Kartoffel- und Kopfsalat. Außer Forellen eignen sich für die Aspikgerichte folgende Fische: Karpfen, Seezunge, Lachs, Lachsforelle, Heilbutt, Hummer.

**Pfannfisch für 4 Personen.** Man verwendet hierzu Fischreste. Als Frühstücksgericht verwendbar. 1 Ltr. Kartoffeln setzt man bedeckt mit kaltem Wasser an und kocht sie im geschlossenen Topf in 30 Minuten weich, *Zutaten: 1 Ltr. Kartoffeln, 1 Kochl. Butter, 125 Gr. Fischstücke, 1 gehäufter Teel. Senf, 1/4 Ltr. kaltes Wasser, 1 Teel. Senf, 1 Teel. Salz.* gießt das Wasser ab, zieht die Haut ab, solange die Kartoffeln noch heiß sind, und schneidet die Kartoffeln in Scheiben. Alsdann legt man sie mit 1 Kochl. Butter in die Pfanne, brät sie unter öfterem Umrühren mit einem breiten Messer bei mäßiger Hitze 15 Minuten, hiernach tut man 125 Gr. Fischstücke dazu. 1 gehäuften Teel. Senf rührt man mit 1/4 Ltr. kaltem Wasser aus und gießt es über den Fisch. Nach Geschmack kann 1 Teel. Senf und auch noch 1 Teel. Salz dazu gegeben werden. Man rührt alles gut durch und brät das Ganze zugedeckt 10 Minuten.

**Gebratener Barsch für 6 Personen.** Man nimmt beim Einkauf die Fische im Gewicht von 250 Gr. Die Fische werden geschuppt und gewaschen, dann mit 1 Essl. Salz überstreut, in *Zutaten: Etwa 1 1/2 Kilo Barsch, 1 Essl. Salz, Eiweiß, Zwieback oder Mehl, 100 Gr. Fett, 6 Teel. Butter.* dem sie 30 Minuten Stehen müssen. Hiernach werden sie getrocknet und in Eiweiß, Zwieback oder Mehl paniert. Dann bäckt man die Fische in reichlich heißem Fett 1–2 Minuten, legt die vorbereiteten Fische in eine Pfanne, auf jeden Fisch 1 Teel. Butter und stellt sie 5 Minuten vor dem Anrichten in den heißen Ofen. Zum gebratenen Barsch gibt man Kopfsalat mit Mayonnaise und Kartoffelmus.

**Seezungen au vin blanc für 4 Personen.** Man trennt die Filets ab, rollt sie auf und stellt sie nebeneinander auf den Heber des Fischkessels oder in einen kleinen Topf. Den Saft 1/2 Zitrone gießt man über die Filets, das Salz streut man darüber. Nun gießt man 1/2 Ltr. gute Kalbfleischbrühe über die Seezungen, bringt die Fische fest zugedeckt ins Kochen, stellt den Kessel beiseite und lässt den Fisch

*Zutaten: 1 Kilo Seezungen, 1/2 Zitrone, 2 Teel. Salz, 1/2 Ltr. gute Kalbfleischbrühe, 1/2 Kochl. Mehlschwitze, 6-12 Austern, 1/2 Ltr. besten Rheinwein, 125 Gr. frische, gedämpfte Champignons, 1 Kochl. frische Butter, einige Tropfen Zitronensäure.*

langsam 10 Minuten ziehen, nicht kochen. Hiernach lässt man die Fischbrühe bis zur Hälfte einkochen. 1 Kochl. Mehlschwitze rührt man mit der Brühe aus. 1/8 Ltr. besten Rheinwein kocht man, gibt die Austern mit ihrem Saft in den Wein und lässt sie 1 Minute hierin ziehen. Dann stellt man sie beiseite. 125 Gr. frische gedämpfte Champignons lässt man mit ihrem Saft in der Tunke 10 Minuten langsam kochen. Nun schmeckt man die Tunke mit 1 Kochl. frischer Butter und einigen Tropfen Zitronensaft ab. Dann fügt man die Austern mit dem Rheinwein dazu, sowie 2 Essl. Schlagrahm. Die Austern dürfen in der Tunke nicht mehr kochen. Beim Anrichten füllt man diese heiße Tunke mit Austern und Champignons über die Fische. Man kann sowohl gebratene Austern wie einige gebratene Seezungenschnitte beim Anrichten mit auf die Platte legen. Man muss zu diesem Gericht den besten Wein nehmen. Steinbuttfilet bereitet man ebenso. Verwendet man größere Fische im Gewicht von 2 Kilo, so lässt man diese 1 Stunde ziehen.

**Fischpudding für 6 Personen.** Man verwendet Reste von jedem Fisch oder nimmt 1 1/2 Kilo Schellfisch. Die Haut wird abgezogen, das Fleisch von der Gräte getrennt und durch

*Zutaten: Etwa 1 1/2 Kilo Schellfisch, 1 Essl. Petersilie, 3 alte Rundstücke, 1 Teel. Salz, 2 Eier od. 3 Eiweißreste.*

die Maschine gegeben. 3 alte Rundstücke werden geschält, 1 Minute in lauwarmem Wasser geweicht, ausgedrückt und zuletzt durch die Maschine gegeben. Die Fischmasse verrührt man mit 1 Essl. Petersilie und 1 Teel. Salz und gibt 3 Eiweißreste oder 2 ganze Eier dazu. Die Masse füllt man in eine Puddingform, die vorher dick mit Butter ausgestrichen und mit Mehl ausgestäubt ist. Man schließt die Form und stellt sie in einen Topf mit kochendem Wasser, stellt den Topf 1 Stunde in den heißen Ofen. Man muss inzwischen Wasser nachgießen. Beim Anrichten gibt man eine Krebs- oder Krabbentunke darüber. Dazu Kartoffelmus. Man kann diese Fischmasse auch beim feineren Essen verwenden; dann tut man sie in eine Randform und füllt beim Anrichten in die Mitte ein Ragout von Krabben, Champignons und Pfahlmuscheln. Krebstunke dazu.

**Steinbutt mit Austernguss für 6-8 Personen.**
Am besten sind die Fische im Gewicht von 2 Kilo. Die Filets werden von der Gräte getrennt. Die Haut wird nicht abgezogen. 2 Filets werden aufeinandergelegt, die dunkle Hautseite nach oben. Nun bestreut man diese mit 65 Gr. Salz und gibt 2 Essl. Zitronensaft hinzu, gießt so viel lauwarmes Wasser in den Kessel, bis dieses an den Heber reicht, und bringt den Fisch fest zugedeckt ins Kochen. Danach stellt

*Zutaten: 2 Kilo Steinbutt, 30 Gr. Salz, 2 Essl. Zitronensaft, 65 Gr. fein gehackte Trüffeln. Ferner für das Ragout: 125 Gr. Butter, 40 Austern. 1 Kochl. Mehl, 1/4 Ltr. Rheinwein, 1/4 Ltr. Kalbfleischbrühe, 1 gehäufter Teel. Salz, 2 Teel. Zitronensaft, 1/8 Ltr. Schlagrahm, etwas Eiweiß und Zwieback.*

man den Kessel fest zugedeckt 40 Minuten zurück von der heißen Herdstelle und lässt den Fisch ziehen. Durch starkes Kochen wird das Fleisch trocken. Beim Anrichten lässt man die Filets auf eine vorher erwärmte Platte gleiten; nun wird von der oberen Schicht die dunkle Haut abgenommen, das obere Filet mit einem breiten Löffel oder einem breiten Messer etwas gehoben und nun die Hälfte des nachstehend besprochenen Austernragouts auf das untere Filet gelegt. Die andere Hälfte des fertigen Ragouts gießt man zum Schluss über das Ganze. Außerdem legt man auf den Rand der Platte gebratene Austern. 1 Essl. feingehackte Trüffel ist über das Ganze zu streuen. Ein herb schmeckender Moselwein ist hierzu geeignet. Zu dem Ragout verwendet man 40 Austern. Die Hälfte hiervon legt man auf einen Durchschlag zum Abtropfen und mischt sie mit 1 Messerspitze Salz und 2 Teel. Zitronensaft. Hiermit lässt man die Austern 5 Minuten stehen. 1 Kochl. Mehl und 1 Kochl. Butter schwitzt man in einem Kochtopf unter Rühren 2 Minuten, gießt 1/4 Ltr. feinsten Rheinwein unter weiterem Rühren dazu und ebenso anschließend 1/4 Ltr. gute Kalbfleischbrühe. Diese letztere bereitet man von 250 Gr. Kalbfleisch. Dieses wird mit 1 Ltr. kaltem Wasser, 1 kleinen Zwiebel, 10 Pfefferkörnern und 1 Teel. Salz angesetzt und langsam 2 Stunden gekocht. Nachdem nun die Tunke mit dem Wein und der Kalbfleischbrühe einmal aufgekocht ist, wird die zweite Hälfte der Austern mit ihrem Saft dazugegeben und das Ganze einmal gekocht. Nun wird nach Geschmack 1 gehäufter Teel. Salz, 2 Teel. Zitronensaft dazugegeben. Außerdem muss 1/8 Ltr. Schlagrahm und 1 gehäufter Essl. frische Butter dazugegeben werden. Nun stellt man das Ragout zum Heißbleiben zugedeckt in einen zweiten Topf mit heißem Wasser 10 Minuten vorm Anrichten. Die Austern, welche man zum Abtropfen auf den Durchschlag gelegt werden einzeln mit einem Tuche getrocknet, in Eiweiß und Zwieback paniert und dann 5 Minuten vor dem Anrichten mit 1 Kochl. Butter in einer Pfanne auf starkem Feuer rasch 3 Minuten gebraten. Sie müssen sogleich angerichtet werden; vom langen Stehen werden die Austern hart. Die feingehackten Trüffeln streut man beim Anrichten über das Gericht.

**Lachsforellen für 6 Personen.** 3 Kilo Lachsforellen werden gewaschen, mit 1/4 Ltr. heißem Essig übergossen und mit lauwarmem Wasser, 125 Gr. Salz, 20 Pfefferkörnern und 1 Zwiebel ins Kochen gebracht. Danach stellt man den Kessel beiseite und lässt den Fisch

*Zutaten: 3 Kilo Lachsforellen, 1/4 Ltr. heißer Essig, 125 Gr. Salz, 20 Pfefferkörner, 1 Zwiebel, Gurkensalat, Tomaten, Erbsen, Wachsbohnen, Schnittbohnen, Kartoffelsalat.*

1/2 Stunde langsam ziehen. Wenn der Fisch im Wasser erkaltet ist, richtet man ihn an, garniert ihn häufchenweise mit Gurkensalat, Tomaten, Erbsen, Wachsbohnen, Schnittbohnen, Kartoffelsalat. Die gekochten Gemüse werden nur mit Salz, Pfeffer und Essig angemengt. Die in Scheiben geschnittenen Kartoffeln werden mit etwas Mayonnaise und feingehackter Petersilie gemischt, dazu reicht man Mayonnaise.

**Lachsforelle mit rosa Guss.** Vorstehende gekochte und von der Haut befreite Lachsforelle wird mit folgendem Guss überstrichen und garniert mit Gurken und Blumenkohlsalat. Man bereitet eine Mayonnaise von 4 Eidottern, 1/4 Ltr. Öl, 1 Teel. Salz, gießt an diese dicke Mayonnaise 2 Essl. Rote Beete Saft oder den Essig von der Roten Beete. 1 Blatt rote Gelatine und 2 Blatt weiße Gelatine feuchtet man mit kaltem Wasser an und kocht diese mit 2 Essl. Wasser 2 Minuten. Dann gießt man sie durch ein Sieb zu der Mayonnaise.

**Lachs für 8 Personen.** Rheinlachs und Weserlachs sind, wenn auch im Einkauf teurer, jeder Lachsart vorzuziehen. Geeisten Lachs soll man

*Zutaten: 2 Kilo Rhein- od. Weserlachs, 65 Gr. Salz, 1/4 Ltr. Essig.*

niemals kaufen. Ein Stück vom gespaltenen Lachs im Gewicht von 2 Kilo wird gewaschen und mit der Grätenseite nach unten auf den Fischheber des Fischkessels gelegt. Nun streut man 65 Gr. Salz auf den Lachs, gießt 1/4 Ltr. Essig darüber und hiernach so viel lauwarmes Wasser, bis der Fisch bedeckt ist. Fest zugedeckt bringt man den Kessel ins Kochen. Hiernach stellt man ihn zurück und lässt den Fisch 45 Minuten ziehen – nicht mehr kochen. Durch starkes Kochen wird der Fisch trocken. Will man den Fisch kalt servieren, so muss er in diesem Wasser vollständig erkalten. Liebt man Gewürze, so legt man in den Kessel unter den Heber 1 in Scheiben geschnittene Zwiebel, 1/2 in Scheiben geschnittene Zitrone ohne Kerne und 30 Pfefferkörner. Als Tunke sind geeignet: Sauce béarnaise, Sauce palermitaine, Sauce hollandaise, Sauce crevette.

**Steinbutt au gratin für 6 Personen.** Von 2 Kilo Steinbutt werden die Filets von den Gräten getrennt, zusammengelegt, mit Salz und dem Safte 1 Zitrone gewürzt, im Fischkessel,

*Zutaten: 2 Kilo Steinbutt, 1 Essl. Salz, Saft einer Zitrone, 1 Kochl. Mehlschwitze, 65 Gr. Parmesankäse, 65 Gr. Butter.*

halb mit Wasser oder Fleischbrühe bedeckt, angesetzt, und nun lässt man die Filets 30 Minuten ziehen. 1 Kochl. Mehlschwitze rührt man mit der Fischbrühe oder auch Krebstunke auf, gießt die Tunke über die abgetropften und abgezogenen Filets und gibt darüber eine dicke Schicht geriebenen Parmesankäse, sowie einige Butterstücke obenauf. Bei starker Hitze lässt man den Fisch im Ofen 20 Minuten zu schöner brauner Farbe backen.

**Grüne Heringe, gebraten.** Die ausgenommenen und gewaschenen Heringe werden mit Salz bestreut.

*Zutaten: 1 Kilo grüne Heringe, 2 geh. Teel. Salz, 2 Kochl. Butter.*

Hiermit lässt man sie 20 Minuten stehen. Dann werden sie mit einem Tuche getrocknet, in grobem Roggenmehl gewendet oder in Eiweiß und Zwieback paniert. Man rechnet à Person 2 Heringe. Für 1 Kilo Fische nimmt man 2 gehäufte Teel. Salz, 2 Kochl. Butter, die Butter lässt man in der Pfanne hellbraun werden. Hierin werden die Heringe im Ganzen 5 Minuten gebraten. Man kann sie warm oder kalt essen und Kartoffelsalat dazu geben. Will man einen größeren Vorrat Heringe auf einmal vorbereiten, so kann man einen Teil der gebratenen Heringe in Essig legen und diese bei kaltem Wetter vorrätig halten. Bratzeit ist für kleine Fische gerechnet.

**Fischfrikadellen für 3 Personen.** Hierzu verwendet man Fischreste von jedem gekochten Fisch. Das Fischfleisch wird feingehackt, 2 alte Rundstücke werden geschält, in lauwarmem Wasser 1 Minute geweicht und gut ausgedrückt. 1 Teel. Butter lässt man in der Pfanne

*Zutaten: 1/2 Kilo Fischfleischreste, 2 alte Rundstücke, 1 Teel. Butter, 1 Teel. Salz, 1 Teel. fein gehackte Petersilie, 1 Messerspitze Pfeffer, 2 Eidotter, 1 Kochl. Butter.*

dünn werden, legt das Brot hinein und bäckt es unter Rühren auf mäßigem Feuer 3–5 Minuten. Nachdem es erkaltet, mischt man es mit dem gehackten Fischfleisch, 1 Teel. Salz, 1 Teel. feingehackter Petersilie und 1 Messerspitze Pfeffer. Nachdem alles gut verrührt, gibt man 2 Eidotter an die Masse. Nun formt man große Klöße, indem man die Handfläche mit Mehl bestreut, schlägt diese etwas flach. 1 Kochl. Butter lässt man in der Pfanne hellbraun werden und brät die Frikadellen 5 Minuten. Man kann die Frikadellen auch in Eiweiß und Zwieback wenden und in heißem Fett backen.

**Fischfilets au gratin für 4 Personen.** Die gewaschenen Filets legt man auf eine feuerfeste Platte, presst Zitronensäure und streut Salz darüber. 1 Teel. Mehl streut man über die Filets und gießt 1/8 Ltr. sauren Rahm darüber.

*Zutaten: 1 Kilo Seezungen, 2 Teel. Zitronensaft, 2 Teel. Salz, 1 Teel. Mehl, 1/8 Ltr. saurer Rahm, 2 Essl. geriebener Schweizer Käse, 2 Teel. Butter.*

Man streut 2 Essl. geriebenen Schweizer Käse und 2 Teel. Butter über die

Filets. Man kann auch vorher bereitetes Kartoffelmus mit in die Gratinplatte, an die Seite vom Fisch, legen. Das Gericht wird 10 Minuten gebacken. Dazu reicht man Kopfsalat.

**Grüne Fischklöße zum Pfahlmuschelragout.** *Zutaten: 250 Gr. Schellfisch-* 250 Gr. Schellfischfleisch werden roh gehackt, *fleisch, 2 Teel. fein gehackte* 2 Teel. feingehackte Petersilie, 1 gehäufter Teel. *Petersilie, 1 gehäufter Teel.* abgekochter Spinat, 1/2 Teel. Salz wird mit *abgekochter Spinat, 1 1/2* dem Fischfleisch tüchtig verrührt. Ein geschäl- *Teel. Salz, 1 altes Rundstück,* tes, eingeweichtes, gut ausgedrücktes Rund- *2 Eidotter, 1/2 Ltr. Wasser.* stück und 2 Eidotter gibt man dazu. Nun formt man Klöße, 1/2 Ltr. Wasser mir 1 Teel. Salz bringt man ins Kochen, lässt die Klöße 5 Minuten hierin ziehen, nicht kochen; sie werden vom starken Kochen trocken.

**Pfahlmuscheln.** Man rechnet pro Person 1/2 *Zutaten: 1/2 Kilo Pfahlmu-* Kilo und verwendet sie als Beilage oder Garni- *scheln à Person, 1/2 Kochl.* tur. Sie werden gebürstet, sauber gewaschen und *Mehlschwitze, 1/4 Ltr. Brühe,* getrocknet, dann zugedeckt in einen flachen *1 Teel. Zitronensaft.* Topf gelegt und 5–10 Minuten erhitzt. Während dieser Zeit werden sie öfter geschüttelt. Sobald die Schale sich öffnet, sind die Muscheln gut. Man nimmt sie aus der Schale und lässt den Bart zurück. 1/2 Kochl. Mehlschwitze rührt man mit 1/4 Ltr. Brühe aus. Nachdem die Tunke einmal aufgekocht ist, werden die Muscheln in die Tunke gelegt und mit 1 Teel. Zitronensaft, 1 Teel. feingehackter Petersilie, 1/2 Teel. Pfeffer gewürzt. Die Angaben gelten für 1/2 Kilo.

**Ragout von Pfahlmuscheln im Reisrand, mit grünen Fischklößen und Tomatentunke, für 6 Personen.** Frühstücks- *Zutaten: 60-100 Pfahlmu-* gericht. 60–100 Pfahlmuscheln wäscht und *scheln, 250 Gr. Tomaten, 1/4* bürstet man und erhitzt sie zugedeckt in brei- *Ltr. Kalbfleischbrühe, 1/2* tem, flachem Topfe auf nicht zu starkem Feuer. *Teel. Liebig, 1/2 Teel. Pfeffer,* Wenn nach ungefähr 5 Minuten die Muschel *1 Teel. Salz, 1 Messerspitze* sich öffnet, so nimmt man sie aus der Schale. *gehackte Zwiebel, 2 Teel. Zit-* Nun bereitet man eine Tomatentunke von 250 *ronensaft, 2 Essl. Rheinwein.* Gr. Tomaten und 1/4 Ltr. Kalbfleischbrühe. Die Tunke wird mit 1/2 Teel. Pfeffer, 1 Teel. Salz, 1 Messerspitze Zwiebeln, 2 Teel. Zitronensaft oder 2 Essl. Rheinwein gewürzt. Nun lässt man die Tunke mit den Zutaten unter tüchtigem Rühren 2 Minuten kochen, dann gibt man die Muscheln in die Tunke und stellt das Ragout zugedeckt 10 Minuten in heißes Wasser. Dieses darf nicht kochen. Man richtet das Ragout in der Mitte eines Reisrandes an und gibt grüne Fischklöße dazwischen.

**Fischpastete für 10 Personen.** Man verwendet die Pastete als Mittelgericht bei einem feineren Frühstück oder Mittagessen. Man bereitet von 20 Krebsen und 125 Gr. Butter rote Krebsbutter. 250 Gr. frische Champignons werden geputzt, wenn sie gewaschen sind, mit 1 Teel. Zitronensaft, 2 Kochl. Butter in geschlossenem Topf 10 Minuten gedämpft. Dann gießt man 1/2 Ltr. gute Kalbfleischbrühe durch ein Sieb auf die Pilze und lässt diese noch 10 Minuten langsam kochen. Die Krebsbutter schwitzt man mit 2 Kochl. Mehl 2 Minuten, dann gießt man die Pilze mit der Flüssigkeit nach und nach dazu. 1 gehäuften Teel. Salz fügt man hinzu. Die Seezungenfilets werden gewaschen, dann aufgerollt und auf den Boden einer großen Auflaufschüssel gelegt. Grüne Fischklöße streut man darüber. Über das Ganze gießt man die Krebstunke mit den Champignons. Hierüber legt man einen gebackenen Blätterteigboden. Nun wird die Pastete im nicht zu heißen Ofen 30 Minuten gebacken. Hierzu bereitet man einen Blätterteig von 125 Gr. Butter, 125 Gr. Mehl und 4 Essl. Wasser.

*Zutaten: 20 Krebse, 125 Gr. Butter, 250 Gr. frische Champignons, 1 Teel. Zitronensaft, 2 Kochl. Butter, 1/2 Ltr. Kalbfleischbrühe, 2 Kochl. Mehl, 1 gehäuft. Teel. Salz, 3 Kilo Seezungenfilets.*

**Schellfisch mit Austern und Weißweintunke für 4 Personen.** Von 1 Kilo Schellfisch schneidet man die Filets vorsichtig von der Gräte, legt diese nebeneinander in den Kessel und gießt den Saft 1/2 Zitrone, etwas Salz, sowie 1/2 Ltr. gute Kalbfleischbrühe über den Fisch. Man lässt den Fisch 30 Minuten langsam kochen. Inzwischen kocht man 1/3 Ltr. Weißwein und lässt darin 6 Austern 1 Minute stocken. 1 Kochl. Mehlschwitze rührt man mit dem Weißwein, dem Austernwasser und etwas Fischbrühe ab. Wenn nötig, schmeckt man die Tunke mit etwas Zitronensäure und Salz ab. Beim Anrichten gibt man 1 Teel. frische Butter in die Tunke.

*Zutaten: 1 Kilo Schellfisch, der Saft 1/2 Zitrone, 1/2 Ltr. gute Kalbfleischbrühe, etwas Salz, 1/8 Ltr. Weißwein, 6 Austern, 1 Kochl. Mehlschwitze, 1 Teel. frische Butter.*

**Steinbutt für 5 Personen.** Der Steinbutt wird gewaschen und mit 6 Essl. Salz und lauwarmem Wasser angesetzt. Man nimmt so viel Wasser, bis dieses an den Heber des Kessels reicht. Wenn das Wasser zu kochen beginnt, stellt man den Fischkessel zugedeckt 1/2 Stunde beiseite, damit der Fisch langsam kocht. Vor dem Anrichten lässt man ihn gut abtropfen. Man serviert ihn auf einer Serviette, macht auf dem Rücken 6 Einschnitte und verwendet als Garnitur Zitronenschnitte und Petersilie.

*Zutaten: 1 1/2 Kilo Steinbutt, 6 Essl. Salz.*

**Aal in Gelee für 4 Personen.** Der abgezogene Aal wird in Stücke geschnitten und diese gewaschen. Man bringt ihn mit den Gewürzen ins Kochen, fest zugedeckt stellt man den Topf beiseite und lässt den Aal 15 Minuten ziehen.

*Zutaten: 1 Kilo Aal, 1 Ltr. Wasser, 1/4 Ltr. Essig, 1 Lorbeerblatt, 1 Zwiebel, 20 Pfefferkörner, 1 Essl. Salz, 16 Blatt weiße Gelatine, 2 Eiweiß.*

Durch starkes Kochen wird der Fisch trocken. Nun gießt man die Flüssigkeit ab, entfettet sie, vollendet sie (siehe unter Aspik). Den klaren, flüssigen Aspik gießt man über die Aalstücke. Man kann Aal in Gelee 3–4 Tage vor Gebrauch fertig haben.

**Barsche mit Petersilientunke.** Der geschuppte, ausgenommene und gewaschene Fisch wird mit 1/2 Ltr. kaltem Wasser, 1 Zwiebel, 20 Pfefferkörnern, 1 Teel. Salz angesetzt, im geschlossenen Topf einmal aufgekocht, dann

*Zutaten: 1 Kilo Barsche, 1/2 Ltr. Wasser, 1 Zwiebel, 20 Pfefferkörner, 1 Teel. Salz, 1 Teel. Zitronensaft, 1 Teel. fein gehackte Petersilie.*

beiseite gestellt. Nun lässt man den Fisch 10 Minuten langsam ziehen. 1 Kochl. Mehlschwitze rührt man mit der Brühe aus, die man vorher durch ein Sieb gegossen. Nachdem die Tunke einmal aufgekocht ist, wird sie mit 1 Teel. Zitronensaft abgeschmeckt und bei dem Anrichten wird 1 Teel. feingehackte Petersilie dazugegeben. Nun wird der Fisch in dieser Tunke angerichtet. Man gibt Kartoffelmus dazu. Die Flüssigkeit ist gerechnet für 1 Kilo Fisch.

**Lachskochen im Ganzen, nicht gespalten, für 16-20 Personen.** Der Lachs wird gewaschen und auf den Heber in den Fischkessel

*Zutaten: 1 Lachs von etwa 6 Kilo, 1/2 Ltr. Essig, 250 Gr. Salz.*

gelegt, in den man vorher Kochsalz gestreut hat. Sodann gießt man 1/2 Ltr. Essig über den Lachs und ferner so viel lauwarmes Wasser, bis dieses an den Heber reicht. Fest zugedeckt wird nun der Lachs ins Kochen gebracht und darauf von der heißen Herdstelle weggezogen, an einen Platz gestellt, wo das Wasser langsam zieht. Man lässt den Fisch etwa 1 Stunde stehen. Durch starkes Kochen wird das Fleisch trocken.

**Kabeljau mit Sauerkohl für 6 Personen.** Das Fleisch von kleineren Fischen ist schmackhafter. Der gewaschene Fisch wird mit 1 gehäuften

*Zutaten: 1 Kilo Sauerkohl, 1 1/2 Kilo Kabeljau, 500 Gr. Erbsen, 1 Essl. Salz.*

Essl. Salz bestreut. Dann legt man ihn auf den Heber eines Fischkessels, gießt so viel Wasser hinein, bis dieses an den Heber reicht. Fest zugedeckt bringt man den Kessel zum Kochen, lässt den Fisch 45 Minuten ziehen. Danach zieht man die Haut ab und trennt das Fleisch von der Gräte. Diese Fischstücke stellt man zugedeckt auf einen Topf mit kochendem Wasser. Nun füllt man auf eine Platte Sauerkohl (siehe unter Gemüse) in die Mitte legt man die Fischstücke, außenherum füllt man Erbsenpüree. Über den Fisch gießt man holländische Tunke (siehe unter Tunken).

**Gebackener Stint, à Person 10-20 Stück.** Die Fische werden ausgenommen, gewaschen und 10–20 Stück mit 1 Teel. Salz bestreut. Mit dem *Zutaten: 10-20 Stint, 1 Teel. Salz, Eiweiß u. Zwieback, 1 Kochl. Butter.* Salz lässt man die Fische 10–20 Minuten stehen. Dann werden sie mit einem Tuche getrocknet, in Eiweiß und Zwieback gewendet, hiernach 6 Stück zurzeit im heißen Fett 1 Minute kross gebacken. Die Fische werden nun in eine Pfanne gelegt. Sind alle vorbereitet, so werden sie mit 1 Kochl. Butter im heißen Ofen 3 Minuten gebraten.

**Forellen, à Person 1 Forelle.** 6 Forellen gehen auf 1 Kilo. Die Forellen werden vorsichtig aus- *Zutaten: 6 Forellen, 1 Essl. Essig, 1 Teel. Salz.* genommen. Hierbei darf man die Haut nicht zu sehr berühren. Dann zieht man einen Faden vom Schwanz durch den Kopf. Die Fische werden nebeneinander auf den Heber eines Fischkessels gelegt. Für 6 Stück nimmt man 1 Essl. Essig, den man über die Fische gießt. Ebenso streut man vorher Salz in das Innere der Forellen. Nun gießt man so viel lauwarmes Wasser über die Forellen, bis diese bedeckt sind, lässt das Wasser einmal aufkochen, stellt dann den Kessel beiseite und lässt die Fische 20 Minuten ziehen, nicht mehr kochen. Der Kessel muss fest geschlossen sein. Beim Anrichten nimmt man den Heber vorsichtig heraus und richtet die Fische auf einer Platte, auf die man vorher eine Serviette gelegt hat, an. Der Faden wird entfernt. Eine Serviette wird in die heiße Fischbrühe gelegt, gut ausgedrückt und rasch auf die angerichteten Forellen gelegt. Die Farbe bleibt hierdurch besser und die Fische bleiben heiß. Mit dem Tuch werden sie aus der Küche getragen, und dieses wird erst vor der Zimmertür abgenommen. Man garniert die Fische mit Petersilie, gibt dazu geschmolzene Butter, Sauce hollandaise, oder gerührte Butter.

**Schleie** bereitet man ebenso wie Forellen.

**Karpfen.** Man rechnet à Person 250 Gr. Der frisch geschlachtete Karpfen wird gewaschen, *Zutaten: 1/8 Ltr. Essig, 2 Kilo Karpfen, 50 Gr. Salz.* und nun werden die Fischstücke auf den Heber eines Kessels gelegt, und zwar die Schuppenseite nach oben, die Gräte nach unten. 2 Essl. Salz und 1/8 Ltr. Essig gießt man darüber. Nun gießt man so viel Wasser in den Kessel, bis dieses an den Heber reicht, und bringt es fest zugedeckt ins Kochen. Dann 30 Minuten ziehen lassen, nicht kochen. Hat man keinen großen Kessel und muss man die Stücke übereinanderlegen, so ist es besser, dass man so viel Wasser darauf gießt, bis die Fische ganz bedeckt sind. Zum Karpfen gibt man geschmolzene Butter und Meerrettich, oder Meerrettich mit Schlagrahm (1 Essl. Essig, 2 Teel. Zucker, 2 Essl. Meerrettich und 1/8 Ltr. Schlagrahm werden gemischt und außer der Butter zum Karpfen gereicht).

**Fischpain mit Pfahlmuscheln für 4 Personen.** Man verwendet hierzu Fischreste von jedem gekochten Fisch oder man nimmt 1 Kilo frischen Schellfisch. Das Fleisch wird von Haut und Gräte befreit, dann durch die Maschine gegeben. 2 alte Rundstücke werden geschält und eingeweicht, gut ausgedrückt, zuletzt auch durch die Maschine mit dem Fischfleisch gegeben. Nachdem alles gut verrührt ist, gibt man 2 gehäufte Teel. Petersilie, 2 Teel. Salz, 2 ganze Eier hinein. Diese Masse wird nun in eine Randform gefüllt, die man vorher mit Butter ausgestrichen und mit Mehl ausgestäubt hat. Diese Form stellt man in einen Topf, der bis zur Hälfte mit heißem Wasser gefüllt ist. Den geschlossenen Topf stellt man 45 Minuten in den nicht zu heißen Ofen. Das Wasser darf nur langsam kochen, sonst wird das Fleisch trocken. Beim Anrichten füllt man in die Mitte des Randes ein Ragout von Pfahlmuscheln. Über das Ganze kommt dann eine Tomatentunke oder Sauce palermitaine.

*Zutaten: 1 Kilo Fischreste, 2 gehäufte Teel. Petersilie, 2 alte Rundstücke, 2 Teel. Salz, 2 Eier.*

**Heringsauflauf für 4 Personen.** Die Kartoffeln werden mit der Schale gekocht, abgezogen und in dünne Scheiben geschnitten. Der Speck wird in kleine Würfel geschnitten, im Topfe hellbraun und kross gebraten. Dann gibt man 10 Gr. Mehl dazu, schwitzt beides unter Rühren 1 Minute und gibt 1/4 Ltr. Wasser, Milch und den sauren Rahm dazu. Den Essig, die geriebene Zwiebel, die ganzen Eier schlägt man 5 Minuten in einer Schüssel, gibt die Tunke dazu, dann die Kartoffeln und die am Tage vorher gewässerten Heringe, die man von der Gräte befreit und in Würfel geschnitten hat. Diese Masse füllt man in eine Auflaufschüssel und stellt sie 20 Minuten in den nicht zu heißen Ofen. Die Eier können fehlen.

*Zutaten: 2 große Heringe, 1 Zwiebel, 2 Eier, 250 Gr. Kartoffeln, 50 Gr. Speck, 1 Essl. Essig, od. Zitronensaft, 1/4 Ltr. Wasser, Milch oder sauren Rahm.*

**Fischauflauf mit Makkaroni für 4 Personen.** 250 Gr. Makkaroni werden mit 1 1/2 Ltr. kochendem Wasser angesetzt und im geschlossenen Topf 30 Minuten gekocht. Nach dieser Zeit legt man den Deckel beiseite und lässt das Wasser einkochen. 1/2 Kochl. Mehlschwitze wird mit 1/2 Ltr. Milch ausgerührt und, nach-

*Zutaten: 250 Gr. Makkaroni, 1 1/2 Ltr. koch. Wasser, 1/2 Kochl. Mehlschwitze, 1/2 Ltr. Milch, 1/2 Teel. Pfeffer, 3 Essl. gerieben. Käse, 1 Essl. Zwieback, 2 Teel. Salz, 1 Kilo Fisch (Schellfisch od. Kleiß), 2 Teel. Zitronensaft, 2 Teel. Salz, 1 Essl. geriebener Käse, 3 Teel. Butter.*

dem diese Tunke einmal aufgekocht, noch 1/2 Teel. Pfeffer, 3 Essl. geriebener Käse, 1 Teel. Zwieback und 1 Teel. Salz hinzugefügt. Mit dieser Tunke werden die Makkaroni gemischt. Das Fischfleisch (Schellfisch oder Kleiß) wird von Haut und Gräten befreit, mit 2 Teel. Zitronensaft und 2 Teel. Salz bestreut und hiernach schichtweise mit den Makkaroni in eine Auflaufform gefüllt. Obenauf legt man 1 Essl. geriebenen Käse und 3 Teel. Butter. Darauf bäckt man das Gericht 30 Minuten im nicht zu heißen Ofen. Frühstücksgericht.

**Krabbenfrikadellen für 4 Personen.** Den Inhalt 1 Dose Krabben hackt man recht fein, 2 Rundstücke werden mit heißem Wasser 5 Minuten geweicht, 50 Gr. Speck schneidet *Zutaten: 1 Dose Krabben, 2 Rundstücke, 50 Gr. Speck, 1 Zwiebel, 3 Eier, 1/8 Ltr. Milch, 1 Ei, 1 Essl. Petersilie.* man in Würfel und brät sie in einer Pfanne langsam unter Rühren hellbraun und kross, 1 kleine Zwiebel wird gerieben, das gut ausgedrückte Brot legt man mit der Zwiebelmasse in die Pfanne. Unter Rühren wird das Brot bei mäßiger Hitze 5 Minuten gebacken. Dieser Kloß wird mit den feingehackten Krabben gemischt. Man bereitet Rührei von 3 Eiern, 1/3 Ltr. Milch. Das fertige Rührei wird mit der Krabbenmasse verrührt. Danach gibt man noch 1 ganzes Ei, 1 Essl. frische, feingehackte Petersilie dazu und streicht die Masse durch ein grobes Sieb (das Rührei kann fehlen.) Von dieser Masse formt man Klöße, wendet diese in Eiweiß, dann in Mehl und nun bäckt man die Frikadellen in Butter hellbraun in 3–5 Minuten. Hierzu gibt man Spinat, Erdäpfelmus, oder Selleriemus.

**Gebratene Makrele.** Der Fisch wird gewaschen. 1 gehäuften Teel. Salz streut man an die Gräte und wendet den Fisch im Mehl; legt ihn in die Pfanne mit 2 Teel. Butter und lässt nun den Fisch im heißen Ofen 30 Minuten braten.

**Fisch mit Kartoffelmus, gebacken, für 3 Personen.** Man verwendet Seezungen, Dorsch, Kabeljau oder Schellfisch. Die Haut trennt man ab, das Fleisch der Länge nach von den Gräten, legt das Fleisch auf eine feu- *Zutaten: Etwa 1 Kilo Seezungen, 1 Teel. Salz, 2 Teel. Zitronensaft, 1/8 Ltr. Wasser, 1 Teel. Mehl, 1 Teel. Dill, 2 Essl. Käse, 3/4 Kilo Kartoffeln, 2 Teel. Butter.* erfeste Platte. 1 gehäuften Teel. Salz, 2 Teel. Zitronensaft drüberstreuen, 10 Minuten stehen lassen. 1/8 Ltr. Wasser bringt man ins Kochen, 1 Teel. Mehl mit 2 Teel. kaltem Wasser ausrühren, dieses unter Rühren an das kochende Wasser gießen. Die Tunke einmal aufkochen lassen. 1 Essl. feingehackten Dill gibt man dazu, ebenso die Flüssigkeit vom Fisch, die sich inzwischen auf der Platte gesammelt hat. Diese gut verrührte Tunke gießt man wieder über den Fisch. An die Seite des Fisches spritzt man Kartoffelmus, über das

Ganze streut man 2 Essl. geriebenen Käse. Wenn man es hat, kann man noch 2 Teel. Butter oben auflegen. Kartoffelmus bereitet man von 3/4 Kilo Kartoffeln.

**Stock- oder Klippfisch.** Der Fisch wird am Abend vor dem Gebrauch mit reichlich kalten Wasser eingeweicht, hiernach, mit Wasser bedeckt, ins Kochen gebracht. 2 Essl. Salz, 1 Zwiebel kommen hinzu. Fest zugedeckt bringt man den Fisch ins Kochen; nach dem

*Zutaten: Etwa 1 Kilo Seezungen, 1 Teel. Salz, 2 Teel. Zitronensaft, 1/8 Ltr. Wasser, 1 Teel. Mehl, 1 Teel. Dill, 2 Essl. Käse, 3/4 Kilo Kartoffeln, 2 Teel. Butter.*

ersten Aufkochen stellt man den Fisch beiseite und lässt ihn 30 Minuten ziehen, nicht kochen. Durch starkes Kochen wird der Fisch trocken. Nach der Kochzeit löst man das Fleisch von den Gräten. Man kann das Fleisch verwenden als Salat und zubereiten, indem man es mit Öl, Pfeffer, Senf, Essig, Oliven und Tomaten mischt.

**Kabeljau mit Sauerkohl, gebratenen Austern und einfacher holländischer Tunke für 4 Personen.** 1 Kilo Kabeljau wäscht man,

*Zutaten: 1 Kilo Kabeljau, 1 Kilo Sauerkraut, 4 Essl. Salz, 12 Austern.*

bedeckt den Fisch mit kaltem Wasser und gibt 4 Essl. Salz in das Wasser. Fest zugedeckt lässt man den Fisch 5 Minuten kochen. Dann wird der Kessel beiseite gestellt, und nun lässt man den Fisch 30 Minuten ziehen. Durch starkes Kochen wird der Fisch trocken. Nach dieser Zeit muss man das Fleisch vorsichtig von Haut und Gräte befreien. 1 Kilo gekochter Sauerkohl wird auf eine runde Platte gefüllt, eine Vertiefung in den Kohl gemacht und hier hinein die Fleischstücke gelegt. Darüber wird holländische Tunke gegossen. Außerdem werden 6–12 gebratene Austern auf den Kohl gelegt.

**Ein billiges und sehr gutes Fischgericht für 6 Personen.** Dieses Gericht ist auch für Kranke geeignet. Der Fisch wird gewaschen, die Haut wird abgezogen; danach trennt man

*Zutaten: Etwa 1 1/2 Kilo Schellfisch, 30 Gr. Butter, 1/2 Zitrone, 40 Gr. Weizenmehl, 1 Essl. Petersilie, 5 Gr. Salz.*

das Fleisch in großen Stücken von der Gräte und legt diese Stücke in eine Auflaufschüssel. Mehl und Butter schwitzt man unter Rühren 1–2 Minuten im Topfe; danach gießt man 1/4 Ltr. Wasser dazu und rührt die dickliche Tunke bis sie einmal aufkocht. Dann fügt man Salz, den Saft der Zitrone hinzu und gießt nun die Tunke über die Fischstücke. Zugedeckt wird das Gericht im heißen Ofen 20 Minuten gebacken. Beim Anrichten wird 1 Essl. frische feingehackte Petersilie darüber gestreut. Man gibt Reis oder Kartoffeln dazu.

**Fischsuppe für 6 Personen.** Für Kranke geeignet. Hierzu nimmt man 1 Kilo Gräten und Kopfreste von jedem Fisch. Die gewaschenen und sauberen Teile werden mit 1 1/2 Ltr. kaltem Wasser, 2 abgezogenen Zwiebeln, 10 Pfefferkörnern und 2 geschabten Petersilienwurzeln angesetzt. Man lässt die Suppe 45

*Zutaten: 1 Kilo Gräten und Kopfreste, 1 1/2 Ltr. kaltes Wasser, 2 abgezogene Zwiebeln, 2 geschabte Petersilienwurzeln, 10 Pfefferkörner, 1 Kochl. Butter, 2 Kochl. Mehl, 1 Teel. Salz, 1 Eidotter.*

Minuten kochen. Nach dieser Zeit werden 1 Kochl. Butter, 2 Kochl. Mehl im Topf geschwitzt. Nun gießt man die Fischbrühe unter Rühren nach und nach dazu. 1 Teel. Salz gibt man hinzu. Nachdem die Suppe einmal aufgekocht, wird sie mit 1 Eidotter abgerührt.

**Fischklöße.** 30 Gr. rohes Fischfleisch sucht man vorher von den Gräten und vom Kopie ab und hackt es recht fein. 20 Gr. Butter, 50 Gr. Mehl schwitzt man im Topf unter Rühren 1–2 Minuten, gibt dann 6 Essl. Wasser dazu und

*Zutaten: 30 Gr. rohes Fischfleisch, 20 Gr. Butter, 50 Gr. Mehl, 5 Essl. Wasser, 1/2 Teel. Salz, 1 gehäufter Teel. Petersilie, 1 Eidotter, 1/4 Ltr. Fischbrühe.*

rührt den Teig bis die Masse glatt vom Topf lässt. Nun wird das gehackte Fischfleisch dazu gegeben. Die Masse wird gut verrührt und nach 5 Minuten gibt man 1 Eidotter, 1 gehäuften Teel. feingehackte Petersilie, 1/2 Teel. Salz hinzu. Von dieser Masse formt man kleine, runde Klöße. Beim Formen wird die Handfläche mit Mehl bestäubt. Diese Klöße legt man in einen flachen Topf, gießt 1/4 Ltr. von der Fischbrühe durch ein Sieb auf die Klöße und kocht die Klöße recht langsam 10 Minuten. Sie dürfen nur ziehen, durch starkes Kochen zerfallen sie.

# WARME TUNKEN

**Kaperntunke für 6 Personen.** 1 gehäuften Kochl. Mehlschwitze rührt man mit 1/2 Ltr. Fleischbrühe oder Wasser aus. Man gibt 1 Essl. Kapern dazu und kocht die Tunke 10 Minuten und quirlt sie mit 3 Eidottern ab, die vorher mit 1 Teel. Salz 5 Minuten verrührt sind. Man schmeckt die Tunke mit 1 Teel. Zitronensaft und, wenn nötig, noch mit Salz ab. Soll sie besser werden, nimmt man noch 1 Teel. Butter dazu.

*Zutaten: 1 geh. Kochl. Mehlschwitze, 1/2 Ltr. Fleischbrühe od. Wasser, 1 Essl. Kapern, 3 Eidotter, 1/2 Teel. Salz, 1 Teel. Zitronensaft, 1 Teel. Butter.*

**Gurkentunke für 4 Personen.** Zum Suppenfleisch zu verwenden. 1 Kochl. Mehlschwitze rührt man mit 1/2 Ltr. Brühe aus. 2 Essl. in Würfel geschnittene Senfgurken lässt man in dieser Tunke 10 Minuten langsam kochen, gibt nach Geschmack 1/2 Teel. Salz, 1/2 Teel. Zucker und 1 Essl. Essig dazu. Man kann die Tunke mit 1 Teel. Couleur braun färben.

*Zutaten: 2 Eidotter, 1 Messerspitze Salz, 65 Gr. kochende Butter, 1 Teel. fein gehackte Kräuter, 1 bis 2 Teel. Zitronensaft.*

**Sauce béarnaise für 3 Personen.** 2 Eidotter rührt man in einer kleinen Schüssel mit 1 Messerspitze Salz 10 Minuten, gibt unter Rühren tropfenweise 65 Gr. kochende Butter dazu; hiernach 1 Teel. feingehackte Kräuter und nach Geschmack 1–2 Teel. Zitronensaft. Die Kräuter stellt man zusammen aus reichlich Petersilie, wenig Schnittlauch, Kerbel, Estragon und Thymian. Die Tunke ist zum Roastbeef, Beefsteak, Suppenfleisch und Hammelkotelette zu verwenden. Auch eignet sie sich für jeden gekochten Fisch, für gebratene Seezungen, gekochten und gebratenen Lachs.

*Zutaten: 1 Kochl. Mehlschwitze, 1/2 Ltr. Brühe, 2 Essl. Würfel geschn. Senfgurken, 1/2 Teel. Salz, 1/2 Teel. Zucker, 1 Essl. Essig.*

**Kaviartunke für 12 Personen.** 6 Eidotter schlägt man 10 Minuten, gibt unter weiterem Rühren 125 Gr. kochende Butter tropfenweise dazu. Hiernach 65 Gr. feinsten Kaviar. Nach

*Zutaten: 6 Eidotter, 125 Gr. kochende Butter, 65 Gr. feinster Kaviar, 1 Teel. Salz, 2 Teel. Zitronensaft.*

Geschmack 1 Teel. Salz, 2 Teel. Zitronensaft. Die Tunke muss gleich über den heißen Fisch gefüllt werden.

**Soubisesauce für 2 Personen.** 2 große Zwiebeln werden abgezogen, in Scheiben geschnitten und mit 1 Kochl. Butter im geschlossenen Topf angesetzt und langsam 30 Minuten *Zutaten: 2 große Zwiebeln, 1 Kochl. Butter, 1/2 Kochl. Mehl, 1/8 Ltr. süß. Rahm, 1/2 Teel. Salz, 1 Messerspitze Pfeffer.* gedämpft. Die Zwiebeln dürfen nicht braun werden. 1/2 Kochl. Mehl gibt man dazu, schwitzt beides unter Rühren 3 Minuten und gibt dann 1/8 Ltr. süßen Rahm dazu. Mit 1/2 Teel. Salz und 1 Messerspitze Pfeffer lässt man die Tunke einmal aufkochen. Das Püree streicht man durch ein grobes Sieb. Kann man die Tunke nicht gleich anrichten, so stellt man sie zugedeckt in einen Topf mit heißem Wasser. Für Hammelkotelettes geeignet.

**Currytunke für 8 Personen.** 1 gehäuften Kochl. Mehlschwitze rührt man mit 3/4 Ltr. der Brühe, die aus 1 Huhn gewonnen ist, aus. *Zutaten: 1 geh. Kochl. Mehlschwitze, 3/4 Ltr. Brühe von 1 Huhn, 1 gehäufter Teel. Curry.* Den Rest der Brühe kann man am nächsten Tage für Suppe verwenden. 1 gehäuften Teel. Curry und 1 Teel. Salz fügt man hinzu. Dann lässt man die Tunke 5 Minuten kochen. Vor dem Anrichten stellt man die Tunke zugedeckt in einen Topf mit kochendem Wasser.

**Krafttunke für 6 Personen.** 250 Gr. Ochsen- oder Kalbfleisch in Würfel geschnitten, setzt man mit 1 Teel. Salz, 6 Pfefferkörnern und 1 Zwiebel an, bräunt das Fleisch im geschlossenen Topf ohne Butter im eigenen Saft in etwa *Zutaten: 250 Gr. Kalb- oder Ochsenfleisch, 1 Teel. Salz, 6 Pfefferkörner, 1 Zwiebel, 1 Ltr. Wasser, 1 Teel. Mondamin, 1 Essl. kaltes Wasser.* 30 Minuten. Ist das Fleisch in dieser Zeit nicht braun genug, wird der Deckel beiseitegelegt und der Saft ganz eingekocht. Nun gießt man 1 Ltr. Wasser auf das Fleisch, lässt die Brühe fest zugedeckt 1 Stunde kochen, gießt sie dann durch ein Sieb, entfettet sie und lässt sie nochmals bis 1/2 Ltr. Flüssigkeit einkochen. 1 Teel. Mondamin rührt man mit 1 Essl. kaltem Wasser aus, gießt dieses unter Rühren an die Flüssigkeit und lässt das Ganze 5 Minuten kochen. Die Tunke muss pikant schmecken und dunkel aussehen. Ist sie nicht braun genug, muss sie mit etwas Couleur gefärbt werden.

**Tomatentunke für 6 Personen.** 250 Gr. frische Tomaten werden in Stücke geschnitten, dann im geschlossenen Topf mit 6 Pfefferkörnern, 1/2 Teel. Salz, 1/4 Ltr. Kalbfleischbrühe *Zutaten: 1/2 Teel. Salz, 250 Gr. frische Tomaten, 6 Pfefferkörner, 1 Kochl. Mehlschwitze, 1 Messerspitze Zucker, 1 Teel. Zitronensaft, 2 Essl. Schlagrahm.*

weich gedämpft und durch ein Sieb gestrichen; 1 Kochl. Mehlschwitze wird mit dem Püree ausgerührt. Nun tut man nach Geschmack 1 Messerspitze Zucker, 1 Teel. Zitronensaft und 2 Essl. Schlagrahm dazu.

**Krebsbutter.** Die lebenden Krebse wirft man in 1 Ltr. kochendes Salzwasser, deckt sie schnell zu und lässt sie einmal aufkochen; *Zutaten: 6 Krebse, 65 Gr. Butter, 1 Ltr. koch. Salzwasser 1/2 Ltr. kochendes Wasser.* dann stellt man sie zugedeckt beiseite und lässt sie erkalten. Hiernach bricht man das Fleisch aus den Schwänzen und entfernt den Darm. Die Scheren legt man zu dem Schwanzfleisch zurück. Das Innere des Kopfes gibt man an die Brühe, welche man zur Tunke bei einem Ragout verwendet. Die Schalen werden recht fein gehackt; dann setzt man sie mit 65 Gr. Butter in einem trockenen Topf an und schmort sie unter häufigem Rühren zu roter Farbe. Nun gießt man 1/2 Ltr. kochendes Wasser auf die rote Butter und lässt die Schalen einmal aufkochen; dann gießt man das Ganze durch ein Sieb in eine Schüssel. Diese Butter mit dem Wasser lässt man vollständig erkalten. Hat man Hummerschalenreste, so kann man diese auch verwenden. Man nimmt die rote, hart gewordene Butter zum weiteren Verbrauch vom Wasser ab und gießt das Wasser weg.

**Krebstunke für 4 Personen.** Man bereitet rote Krebsbutter von 6 Krebsen und 65 Gr. Butter. Die rote Butter wird mit 1 Kochl. Mehl 2–3 Minuten geschwitzt, dann gießt man unter *Zutaten: 25 Gr. Butter, 6 Krebse, 1/2 Ltr. Kalbfleischbrühe, 1 Kochl. Mehl, etwas Salz und Pfeffer.* Rühren 1/2 Ltr. Kalbfleischbrühe hinzu. Das Innere der Köpfe wird vorher in der Brühe gekocht, die Schwänze und Scheren werden als Einlage in der Tunke verwendet. Man gibt nach Geschmack Salz und sehr wenig Pfeffer dazu.

**Sauce mousseline für 10 Personen.** 4 Eidotter rührt man mit 1/2 Teel. Salz 10 Minuten, gießt dann unter Rühren tropfenweise 125 Gr. kochende Butter nach und nach dazu. Die But- *Zutaten: 4 Eidotter, 1/2 Teel. Salz, 125 Gr. koch. Butter, 1/16 Ltr. Schlagrahm, 2 Eiweiß, 2 Teel. Zitronensaft.* ter darf nicht braun werden; hierdurch würde die Tunke schmierig schmecken. Nun gibt man den festen Schnee von 1/5 Ltr. Schlagrahm oder von 2 Eiweiß dazu und nach Geschmack 2 Teel. Zitronensaft. Man serviert die Tunke zum Spargel, zur Artischocke oder zum gedämpften Fischflet, zum Blumenkohl. Auch verwendbar mit Trüffelscheiben und Spargelspitzen.

**Sauce crevette für 4 Personen.** Man bereitet Krebsbutter aus der Schale von 6 Krebsen und *Zutaten: Schale von 6 Krebsen, 65 Gr. Butter, 3 Eidotter, 1 Messerspitze Salz.*

65 Gr. Butter. 3 Eidotter sind mit etwas Salz 10 Minuten zu rühren, dann die kochend heiße rote Butter tropfenweise unter Rühren an die Eidotter zu gießen und die Tunke nur, wenn nötig, noch mit Salz und 2 Tropfen Zitronensaft zu würzen.

**Meerrettichtunke für 6 Personen.** 1 gehäuften Kochl. Mehlschwitze rührt man mit 1/2 Ltr. Fleischbrühe aus; dann gibt man 3 Essl. geriebenen Meerrettich, 1 Essl. Zitronensaft und 1 Teel. Zucker, 1 Teel. Salz nach

*Zutaten: 1 geh. Kochl. Mehlschwitze, 1/2 Ltr. Fleischbrühe, 3 Essl. geriebener Meerrettich, 1 Essl. Zitronensaft, 1 Teel. Zucker, Salz.*

Geschmack dazu. Der Meerrettich darf nicht mit der Tunke kochen; durch das Kochen verliert die Tunke den frischen Meerrettichgeschmack. Die Tunke muss gleich serviert werden.

**Austerntunke für 5 Personen.** 125 Gr. Kalbfleisch setzt man mit 1/2 Ltr. Wasser, 2 Pfefferkörnern, 1 Zwiebel und Salz an, lässt diese Brühe im geschlossenen Topf 1 Stunde langsam kochen, gießt sie durch ein Sieb und rührt 1/2 Kochl. Mehlschwitze mit dieser Brühe

*Zutaten: 125 Gr. Kalbfleisch, 1/2 Ltr. Wasser, 2 Pfefferkörner, 1 Zwiebel, Salz, 1/2 Kochl. Mehlschwitze, 2 Eidotter, einige Tropfen Zitronensaft oder 1 Essl. guter Rheinwein.*

aus. 2 Eidotter werden 5 Minuten gerührt, 6 Austern mit ihrem Saft in die ausgerührte Tunke gegossen und hierin 1 Minute gekocht, dann wird die Tunke mit den Eidottern abgequirlt, nach Geschmack 1 Essl. guter Rheinwein oder einige Tropfen Zitronensaft dazugegeben. Beim Anrichten rührt man noch rasch 1 Essl. frische Butter unter die Tunke. Lässt man die Austern in der Tunke länger kochen, so werden sie hart.

**Burgundertunke für 12 Personen.** Diese Tunke gibt man zum gekochten Schinken, Wildschweinsrücken oder Kasseler Rippespeer. 125 Gr. rohen Schinken, 250 Gr. Ochsenfleisch schneidet man in Würfel, mit 1 Zwiebel, 10 Pfefferkörnern, 4 Wacholderbeeren, 1/2 Teel. Salz ansetzen und ohne Butter

*Zutaten: 125 Gr. roher Schinken, 250 Gr. Ochsenfleisch, 1 Zwiebel, 10 Pfefferkörner, 4 Wacholderbeeren, 1/2 Teel. Salz, 3/4 Ltr. Wasser, 1/2 Flasche Burgunder, 2 geh. Teel. Mondamin.*

bräunen (siehe Krafttunke). Auf das gebräunte Fleisch gießt man 3/4 Ltr. kaltes Wasser und kocht die Brühe 1 Stunde. Dann gießt man 1/2 Flasche Burgunder dazu, kocht die Brühe 15 Minuten ohne Deckel, dann rührt man 2 gehäufte Teel. Mondamin mit 1 Essl. kaltem Wasser aus, gießt es unter Rühren an die Flüssigkeit; nach 5 Minuten Kochen durch ein Sieb gießen.

**Einfache Tomatentunke für 3 Personen.**
125 Gr. Tomaten schneidet man in Stücke und setzt sie mit 1/8 Ltr. Wasser im geschlossenen Topfe an, lässt sie zugedeckt 5 Minuten dämpfen; dann streicht man sie durch ein Sieb. 1/2

*Zutaten: 125 Gr. Tomaten, etwas Salz, 1/2 Kochl. Mehlschwitze, 1 Messerspitze gerieb. Zwiebel, einige Tropfen Zitronensäure.*

Kochl. Mehlschwitze rührt man mit diesem Püree aus. Ist die Tunke noch zu dick, dann gibt man etwas Blumenkohlwasser oder Brühe dazu. Nun schmeckt man sie mit 1 Messerspitze geriebener Zwiebel, etwas Salz und einigen Tropfen Zitronensaft ab. Die Tunke kann man auch zu jedem Fisch verwenden, sowie zu kaltem Braten. Hat man ausgekochte Hühnerreste, so kann man diese in der Tunke wärmen.

**Kraft- oder Trüffeltunke zu frischen Gänselebern als Ragout für 6 Personen.** Das Ochsenfleisch zerschneidet man in Würfel, setzt das Fleisch mit 10 Pfefferkörnern, 1 Zwiebel und Salz an und bräunt es im geschlossenen Topf in etwa 30 Minuten. Ist noch zu viel Saft auf dem Fleisch und ist es in dieser Zeit noch

*Zutaten: 250 Gr. Ochsenfleisch, 10 Pfefferkörner, 1 Zwiebel, 3/4 Ltr. Wasser, 1/2 Kochl. Mehlschwitze, 1/8 Ltr. Madeira, 1 Teel. Salz, 1 Teel. ausgerührtes Maizenamehl, eine 65-Gr.-Dose Trüffel.*

nicht braun genug, dann legt man den Deckel beiseite und bräunt es nun noch 5 Minuten. Dann gießt man 3/4 Ltr. Wasser auf das Fleisch und lässt es nun im geschlossenen Topf 1 1/2 Stunde recht langsam kochen. 1/2 Kochl. Mehlschwitze rührt man mit der dunklen, kräftigen Brühe aus. Ist die Brühe nicht dunkel genug, färbt man sie mit etwas Couleur (siehe Zuckerfarbe oder Couleur). Beim Anrichten wird die Tunke mit 1/8 Ltr. Madeira und etwas Salz gewürzt und, wenn nötig, noch mit 1 Teel. ausgerührtem Maizenamehl sämig gemacht. Will man Trüffeln verwenden, so kann man den Inhalt einer 65-Gr.-Dose Trüffeln nehmen; man schneidet diese in Scheiben und gibt sie mit dem Saft an die Tunke, die man hiermit noch 10 Minuten kochen lässt.

**Sauce hollandaise für 3 Personen.** 2 Eidotter rührt man mit 1 Messerspitze Salz 10 Minuten, dann gibt man 65 Gr. kochende Butter

*Zutaten: 2 Eidotter, 1 Messerspitze Salz, 65 Gr. kochende Butter, 1/2 Teel. Zitronensaft.*

tropfenweise dazu. Die Butter darf nicht braun werden, da dadurch die Tunke schmierig schmecken würde. Nun gibt man 1–2 Teel. Zitronensaft dazu.

**Warme Oliventunke für 18 Personen.**
Man verwendet hierzu den Inhalt von einem 1/2-Kilo-Glas Oliven, schält das Fleisch vom

*Zutaten: Ein 1/2-Kilo-Glas Oliven, 1/4 Ltr. heißes Wasser od. Brühe.*

Stein und legt die geschälten Oliven auf einen tiefen Teller, 1/4 Ltr. heißes

Wasser oder Brühe wird über die Oliven gegossen, 20 Minuten zugedeckt zum Heißwerden über kochendes Wasser gestellt. Die französischen Oliven Sind für Tunkeneinlagen zu verwenden, während die großen spanischen als Garnitur für Bratenstücke dienen. Diese gewärmten Oliven legt man in die fertige Bratentunke vom Hammel oder Roastbeef.

**Pilztunke.** 60 Gr. Pilze werden gereinigt, gewaschen, im eigenen Safte weich gedämpft. Dann wird 1/4 Ltr. Wasser dazu gegossen. 1 Teel. Mehl wird mit etwas kaltem Wasser angerührt und unter Rühren an die kochenden Pilze gegossen; sie werden 5 Minuten langsam gekocht. Als Würze nimmt man 1/2 Teel. Salz, 1 Teel. Dill oder Petersilie.

*Zutaten: 60 Gr. Pilze, 1/4 Ltr. Wasser, 1 Teel. Mehl, 1/2 Teel. Salz, 1 Teel. Dill oder Petersilie.*

**Sauce diable für 4 Personen.** 2 Tomaten werden mit 1/8 Ltr. Brühe und 1 Pfefferschote angesetzt, im geschlossenen Topf in 5 Minuten weich gekocht und hiernach durch ein Sieb gestrichen. 1/2 Kochl. Mehlschwitze rührt man mit dem Tomatenpüree aus, dann gibt man 1/2 Teel. Liebig–Fleischextrakt, 1 Messerspitze Knoblauch, 1 Teel. Weinessig, 1 Messerspitze rohgeriebene Zwiebel und 1/4 Ltr. Brühe dazu. Unter Rühren lässt man die Tunke einmal aufkochen. 1 Teel. Butter verrührt man mit 1 Messerspitze Cayennepfeffer und legt diese Butter beim Anrichten in die heiße Tunke.

*Zutaten: 2 Tomaten, 1/8 Ltr. Brühe, 1 Pfefferschote, 1/2 Kochl. Mehlschwitze, 1/2 Teel. Liebig-Fleischextrakt, 1 Messerspitze Knoblauch, 1 Teel. Weinessig, 1 Messerspitze roh geriebene Zwiebel, 1 Teel. Butter, 1 Messerspitze Cayenne-Pfeffer.*

**Béchamel-Tunke für 6 Personen.** Diese Tunke gibt man zum Suppenfleisch oder zum gekochten Schinken. 2 Zwiebeln werden in Scheiben geschnitten, mit 1 Kochl. Butter im geschlossenen Topf angesetzt und 20 Minuten recht langsam gedämpft. Die Zwiebeln dürfen in dieser Zeit nicht braun werden. 1/2 Kochl. Mehl gibt man dazu, schwitzt beides unter Rühren noch 2 Minuten, dann gießt man 3/8 Ltr. süßen Rahm dazu, lässt die Tunke einmal aufkochen, hiernach fügt man 1 Messerspitze Pfeffer, 1/2 Teel. Salz nach Geschmack hinzu und streicht die Tunke durch ein Sieb.

*Zutaten: 2 Zwiebeln, 1 Kochl. Butter, 1/2 Kochl. Mehl, 3/8 Ltr. süßer Rahm, 1 Messerspitze Pfeffer, 1/2 Teel. Salz. Statt Rahm kann auch Milch genommen werden.*

**Champignontunke für 6 Personen.** 125 Gr. frische geputzte und gewaschene Champignons werden mit 1 Teel. Butter und 1 Teel. Zitronensaft 5 Minuten gedämpft. Nun gießt

*Zutaten: 125 Gr. Champignons, 1 Teel. Butter, 1 Teel. Zitronensaft, 1/2 Ltr. Kalbfleischbrühe, 1 Kochl. Mehlschwitze, 1/8 Ltr. süßer Rahm.*

man 1/2 Ltr. gute Kalbfleischbrühe dazu und dämpft sie recht langsam im geschlossenen Topfe 15 Minuten. Zuletzt rührt man 1 Kochl. Mehlschwitze mit 1/8 Ltr. süßem Rahm und 1 Teel. Salz mit der Champignontunke aus.

**Senftunke feinerer Art für 2 Personen.** 1 Kochl. Butter schwitzt man mit 1 Teel. Mehl bei mäßiger Hitze 2 Minuten. Hiernach wird unter Rühren 1/4 Ltr. Milch nach und nach dazu gegossen, 1 gehäufter Teel. Senf, 1/2 Teel. Salz, 1/2 Teel. Zucker, 1 Teel. Zitronensaft fügt man hinzu. Mit diesen Zutaten muss die Tunke 2 Minuten kochen.

*Zutaten: 1 Kochl. Butter, 1 Teel. Mehl, 1/4 Ltr. Milch, 1 geh. Teel. Senf, je 1/2 Teel. Salz, Zucker und Zitronensaft.*

**Senftunke, einfache, für 6 Personen.** 1 Kochl. Mehlschwitze rührt man mit 1 1/2 Ltr. Brühe oder Wasser aus. 2 Teel. deutschen Senf gibt man dazu, ebenso 1 Teel. Salz, 1 Teel. Zitronensaft, 2 Teel. Zucker. Unter tüchtigem Rühren lässt man die Tunke 3 Minuten kochen.

*Zutaten: 1/2 Ltr. Brühe oder Wasser, 2 Teel. deutscher Senf, 1 Teel. Salz, 1 Teel. Zitronensaft, 2 Teel. Zucker.*

**Dilltunke für 4 Personen.** 1/2 Kochl. Mehlschwitze rührt man mit 1/4 Ltr. guter Fleischbrühe aus. Dann gibt man 2 gehäufte Teel. feingehackten Dill, 1/2 Teel. Salz und 1 Teel. Zitronensaft dazu, kocht die Tunke einmal auf und richtet sie sogleich an. Lässt man sie zu lange mit dem Dill kochen, geht der frische Geschmack verloren.

*Zutaten: 1/2 Kochl. Mehlschwitze, 1/4 Ltr. gute Fleischbrühe, 2 geh. Teel. fein gehackter Dill, 1/2 Teel. Salz, 1 Teel. Zitronensaft.*

**Sauce palermitaine für 6 Personen.** 1/2 Kochl. Mehlschwitze wird ausgerührt mit 1/4 Ltr. Tomatenmus. Dieses kann man von 250 Gr. Tomaten bereiten. 1 Trüffel feingehackt und 1/2 Teel. feingehackte Kräuter werden dazugegeben. Diese dickliche Tunke lässt man 5 Minuten kochen. Nun gibt man 3 Essl. Weißwein, 1 gehäuften Teel. Salz, 1 Teel. Zitronensaft dazu. Man kann eine Sauce hollandaise dazwischen rühren, die man von 2 Eidottern und 65 Gr. Butter bereitet.

*Zutaten: 1/2 Kochl. Mehlschwitze, 250 Gr. Tomaten, 1 Trüffel, 1/2 Teel. fein geh. Kräuter, 3 Essl. Weißwein, 1 geh. Teel. Salz, 1 Teel. Zitronensaft, 2 Eidotter, 65 Gr. Butter.*

**Einfache holländische Tunke für 4 Personen.** 1 Kochl. Mehlschwitze wird mit 1/2 Ltr. Brühe oder Wasser ausgerührt, 1 Teel. Kapern hinzugefügt und das Ganze unter öfterem Umrühren 5 Minuten gekocht. 2 Eidotter müssen vorher in einer Schüssel

*Zutaten: 1/2 Kochl. Mehlschwitze, 2 Eier, 1/4 Ltr. Brühe, 1 Teel. Salz, 1 Teel. Butter und 1 Teel. Kapern, 1 Teel. Essig.*

tüchtig gerührt werden; danach quirlt man die Eidotter mit der Tunke ab. 1 Teel. frische Butter muss noch hinzugegeben werden.

**Zwiebeltunke, holsteinische, für Pellkartoffeln.** 65 Gr. geräucherten Speck schneidet man in Würfel; alsdann lässt man den Speck auf mäßigem Feuer hellbraun und kross werden. Dann gibt man 1 Kochl. Mehl dazu und schwitzt Mehl und Speck unter Rühren 2 Minuten. Nun gießt man 1/4 Ltr. Milch oder Rahm und 1/8 Ltr. Wasser dazu. Nachdem die Tunke einmal aufgekocht ist, wird 1 Teel. roh geriebene Zwiebel, 1 Teel. Salz, 1/2 Teel. Pfeffer und 1/2 Teel. Zucker dazugegeben.

*Zutaten: 65 Gr. geräucherter Speck, 1 Kochl. Mehlschwitze, 1/4 Ltr. Milch oder Rahm, 1/8 Ltr. Wasser, 1 Teel. Salz, 1 Teel. geriebene Zwiebel, 1/2 Teel. Pfeffer, 1/2 Teel. Zucker.*

**Eine andere Zwiebeltunke für Pellkartoffeln, für 4 Personen.** 65 Gr. geräucherten Speck schneidet man in Würfel und brät den Speck in einem Topf bei mäßiger Hitze hellbraun und kross. Nun gibt man 3 abgezogene, in Scheiben geschnittene Zwiebeln dazu. Zugedeckt lässt man das Ganze langsam 20 Minuten dämpfen. Darauf stellt man den Topf wieder auf die heißere Herdstelle und lässt unter Rühren die Zwiebeln langsam kross werden. Hiernach gibt man 1 Kochl. Butter dazu. Ist die Butter geschmolzen, wird die Tunke angerichtet.

*Zutaten: 65 Gr. geräucherter Speck, 3 Zwiebeln, 1 Kochl. Butter.*

# Kalte Tunken

**Trüffelbutter für 18 Personen.** 200 Gr. frische Butter rührt man in einer Schüssel etwa 10 Minuten, bis die Butter weich und schaumig ist. Der Inhalt einer 125-Gr.-Dose Trüffeln wird gerieben und dann mit dem Saft dazugegeben; außerdem 1/8 Ltr. Kalbfleischbrühe und 1/2 Teel. Zitronensaft.

*Zutaten: Eine 125-Gr.-Dose Trüffeln, 200 Gr. frische Butter, 1/3 Ltr. Kalbfleischbrühe 1/2 Teel. Zitronensaft.*

**Kräuterbutter für 6 Personen.** 65 Gr. Butter verrührt man mit 1 Essl. feingehackten Kräutern, dann formt man kleine Kugeln und legt sie in eine Schüssel mit reichlich Salzwasser, dem man ein Stück Eis zufügt. Man hält sie 30 Minuten vor Gebrauch fertig.

*Zutaten: 65 Gr. Butter, 1 Essl. fein gehackte Kräuter.*

**Remouladentunke für 6 Personen.** Die Eidotter rührt man mit 1/2 Teel. Salz 10 Minuten, dann gibt man 1/4 Ltr. Öl tropfenweise unter Rühren dazu. Nun schmeckt man die Tunke mit 2 Teel. Essig und 1 gehäuften Teel. fein gehackten Kräuter ab. Die Kräuter stellt man folgendermaßen zusammen: Man nimmt reichlich Petersilie, Estragon, wenig Kerbel, Schnittlauch, Thymian, Mint und Salbei.

*Zutaten: 3 Eidotter, 1/2 Teel. Salz, 1/4 Ltr. Öl, Essig und 1 gehäufter Teel. fein gehackte Kräuter.*

**Radiesbutter.** 12 große Radieschen werden gerieben, mit 65 Gr. frischer Butter und 1 Teel. Rote Beete Saft verrührt. Nun formt man kleine Kugeln und stellt diese bis zum Gebrauch kalt, am besten auf Eis.

*Zutaten: 12 große Radieschen, 65 Gr. frische Butter, 1 Teel. Rote Beete Saft.*

**Roher Apfelmeerrettich für 4 Personen.** Diese kalte Tunke gibt man zum Suppenfleisch, auch zum gekochten Rauchfleisch, Karpfen oder Schlei. 125 Gr. Prinz- oder Gravensteiner, oder Räumeäpfel, 1/8 Ltr. Weißwein, Saft von 1/2 Zitrone, 20 Gr. Zucker, 60 Gr. Meerrettich. Die Äpfel werden geschält und gerieben.

*Zutaten: 125 Gr. Prinz- oder Gravensteiner, oder Reinette-Äpfel, 1/8 Ltr. Weißwein, Saft einer halben Zitrone, 20 Gr. Zucker, 60 Gr. Meerrettich.*

**Cumberlandtunke für 4 Personen.** Man gibt die Tunke zum Wildschwein- oder Hammelrücken, Rehrücken oder Damwildrücken. 65 Gr. Johannisbeergelee rührt man in einer Schüssel mit 1 gehäuften Teel. Senf, 1/2 Teel. Salz 3 Minuten, dann gießt man unter weiterem Rühren nach und nach 1/3 Ltr. Öl, und hiernach gibt man die geriebene Schale 1 kleinen Orange und deren Saft dazu. Ist die Tunke zu dick, so gießt man 1 bis 2 Essl. Rotwein dazu und, um den Geschmack zu heben, 1 Teel. Essig.

*Zutaten: 650 Gr. Johannisbeerengelee, 1 Teel. Senf, 1/2 Teel. Salz, 1/8 Ltr. Öl, die Schale 1 kleinen geriebenen Orange, 1-2 Essl. Rotwein, 1 Teel. feinster Essig.*

**Sauce diable (Teufelstunke) für 4 Personen.** Diese pikante Tunke gibt man zum gebratenen Fisch oder auch zum Hammelbraten, Roastbeef, Wildschwein. 2 harte Eidotter verrührt man mit 1 Messerspitze Zucker und 1 Teel. Senf. Danach gibt man unter weiterem Rühren 1/2 Teel. feingehackte Wacholderbeeren und 1/3 Ltr. Öl tropfenweise dazu. 1 Messerspitze roh geriebene Zwiebel, ebenso viel Paprika, 1 Teel. Rotwein und nach Geschmack roten Weinessig. Diese Tunke wird 5 bis 10 Minuten gerührt. Man kann sie auch mit 1 Teel. Zitronensaft statt des Essigs würzen.

*Zutaten: 2 harte Eidotter, 1 Messerspitze Zucker, 1/2 Teel. Senf, 1/2 Teel. fein gehackte Wacholderbeeren, 1/8 Ltr. Öl, 1 Messerspitze rohe, geriebene Zwiebel, 1 Teel. Rotwein, etwas roten Weinessig, 1 Teel. Zitronensaft, 1 Messerspitze Paprika.*

**Sauce ravigote für 6 Personen.** 3 Eidotter werden mit 1 Messerspitze Salz 10 Minuten gerührt, dann werden 65 Gr. kochende Butter unter Rühren langsam dazu gegossen, sowie 1 gehäufter Teel. gesiebter Spinat und 1 Teel. gehackte Tunkenkräuter. Ist alles gut verrührt, schmeckt man mit 1 bis 2 Teel. Zitronensaft ab und gießt dann 1/4 Ltr. kalten flüssigen Aspik dazu, streicht die Tunke scharf durch ein feines Sieb und rührt sie häufig um. Danach stellt man die Tunke in Eiswasser und hält sie 3 Stunden vor dem Gebrauch fertig.

*Zutaten: 3 Eidotter, 1 Messerspitze Salz, 65 Gr. kochende Butter, 1 gehäufter Teel. gesiebter Spinat, 1 Teel. gehackte Tunkenkräuter (diese siehe unter Sauce béarnaise), 1/4 Ltr. Aspik.*

**Mayonnaise für 3 Personen.** 2 Eidotter rührt man mit 1 Messerspitze Salz 10 Minuten, gießt dann 1/8 Ltr. Öl unter Rühren tropfenweise dazu und zuletzt nach Geschmack 1 Teel. Essig oder Zitronensaft.

*Zutaten: 2 Eidotter, 1 Messerspitze Salz, 1/8 Ltr. Öl, 1 Teel. Essig oder Zitronensaft.*

**Minttunke für 6 Personen.** 65 Gr. frischen Mint hackt man recht fein, legt diesen in eine tiefe Schüssel, gießt 1/8 Ltr. rasch kochendes Wasser auf den Mint und deckt die Schüssel fest zu. Die Tunke bleibt 10 Minuten stehen. Nun gibt man 1 Messerspitze Salz, 1 Essl. guten Essig, 1/4 Ltr. kalte Fleischbrühe und 1 Teel. Zucker nach Geschmack dazu. Diese Tunke wird kalt serviert zum Lammbraten.

*Zutaten: 65 Gr. Mint, 1/8 Ltr. rasch kochendes Wasser, 1 Essl. guter Essig, 1/4 Ltr. kalte Fleischbrühe, 1/2 Teel. Zucker.*

**Orangentunke für 6 Personen.** Man rührt eine Mayonnaise von 2 Eidottern und 1/4 Ltr. Öl und gibt 3 Essl. Johannisbeergelee, 1 Teel. Senf, die abgeriebene Schale und den Saft 1 Orange, 1 Messerspitze Salz und, wenn nötig, noch nach Geschmack 1 Teel. Essig dazu. Ist die Tunke zu dick, so verdünnt man sie mit 1 Essl. Rotwein. Beim Anrichten durch ein Sieb gießen.

*Zutaten: 2 Eidotter, 1/4 Ltr. Öl, 3 Essl. Johannisbeerengelee, 1 Teel. Senf, 1 Orange, 1 Messerspitze Salz, 1 Teel. Essig.*

**Kalte Fischtunke für 6 Personen.** Man kann die Tunke zu jedem kalten und warmen Fisch, zum kalten und warmen Suppenfleisch, Hammelkeule oder Roastbeef geben. 3 Eier werden hart gekocht, man verrührt die Eidotter mit 1/2 Teel. Senf, 1 Teel. Sardellenbutter, 1 Teel. roh geriebener Zwiebel. Unter Rühren gießt man langsam 1/4 Ltr. Öl dazu. An diese dicke Tunke gibt man 2 Teel. gehackte Rote Beete und 2 Teel. feingehackte Salz- oder Pfeffergurken, 1 Teel. Kapern, 1 Teel. gehackte Petersilie. Ist alles gut verrührt, so gibt man noch 1–2 Teel. Rote Beete Saft dazu.

*Zutaten: 3 Eier, 1/2 Teel. Senf, 1 Teel. Sardellenbutter, 1 Teel. roh gerieb. Zwiebel, 1/4 Ltr. Öl, Rote Beete, Salz- oder Pfeffergurken, Kapern, Petersilie.*

## Tunken für kalte Puddinge

**Zitronentunke für 6 Personen.** 1/4 Ltr. Wasser bringt man ins Kochen. 1/2 Teel. Maizenamehl rührt man mit etwas kaltem Wasser aus. Dann gießt man dieses unter Rühren an das kochende Wasser. 8 Eidotter werden mit 1 Essl. Zucker 5 Minuten gerührt, nun gibt man das kochende, mit dem Maizenamehl sämig gemachte Wasser unter Rühren langsam dazu. Dann gießt man das Ganze in den Topf zurück und bringt es kurz vors Kochen. Hiernach gießt man die Creme durch ein Sieb. Ist sie vollständig erkaltet, gibt man den festen Schnee der Eier, die abgeriebene Schale 1/2 Zitrone dazu; ist alles gut verrührt, zuletzt den Saft von der Zitrone.

*Zutaten: 1/4 Ltr. Wasser, 1/2 Teel. Maizenamehl, 3 Eidotter, 1 Essl. Zucker, 1/2 Zitrone.*

**Rumtunke für 4 Personen.** 2 Eidotter rührt man mit 1/2 Löffel Zucker 10 Minuten, dann gibt man 3 Essl. Schlagrahm, zu Schnee geschlagen, dazu; wenn alles gut verrührt ist, werden zuletzt 1 bis 2 Essl. Rum, Arrak oder Kognak dazugegeben. Man kann die Tunke zu einem Kaffe-, Ananas-, Vanille-, oder abgerührten warmen Mehlpudding geben.

*Zutaten: 2 Eidotter, 1/2 Löffel Zucker, 3 Essl. Schlagrahm, 1-2 Essl. Rum, Arrak oder Kognak.*

**Karamelltunke für 6 Personen.** 4 Eidotter rührt man mit 1 Teel. Zucker 10 Minuten. 1 Kochl. Zucker wird in der Pfanne hellbraun gebrannt und 1/4 Ltr. Wasser dazu gegossen. Unter Rühren lässt man diese Flüssigkeit bis zur Hälfte einkochen, gießt sie unter raschem Rühren an die Eidotter und gibt den Schnee von 1/8 Ltr. Schlagrahm dazu. Statt Schlagrahm kann der feste Schnee der Eier genommen werden.

*Zutaten: 4 Eidotter, 1 Teel. Zucker, 1 Kochl. Zucker, 1/4 Ltr. Wasser, 1/8 Ltr. Schlagrahm.*

**Vanilletunke für 8 Personen.** 1/2 Ltr. Milch oder süßen Rahm bringt man mit 1/2 Stange Vanille, die vorher gespalten und ausgekratzt ist, ins Kochen. 1/2 Teel. Maizena wird mit 1 Essl. kaltem Wasser ausgerührt, dieses unter Rühren an die kochende Milch gegossen und das Ganze 2 Minuten gekocht. Zu 3 Eidottern, die vorher 10 Minuten mit 1 Kochl. Zucker in der Schüssel tüchtig gerührt wurden, gießt man langsam unter Rühren die kochende Milch. Das Ganze gießt man wieder in den Topf zurück und bringt die Tunke unter Rühren bis kurz vors Kochen. Zuletzt wird sie durch ein Sieb gestrichen. Während des Erkaltens muss die Tunke viel umgerührt werden, damit sich keine Haut bildet.

*Zutaten: 1/2 Ltr. Milch oder süßen Rahm, 1/2 Stange Vanille, 1/2 Teel. Maizena, 1 Essl. kaltes Wasser, 3 Eidotter, 1 Kochl. Zucker.*

**Weißweintunke für 2 Personen.** 1/4 Ltr. Weißwein bringt man mit 1 Stange Vanille ins Kochen. 1 Messerspitze mit kaltem Wasser ausgerührtes Maizenamehl gibt man unter Rühren an den kochenden Wein und lässt beides 2 Minuten langsam kochen. Inzwischen rührt man 2 Eidotter mit 1 1/2 Kochl. Zucker 5 Minuten. Die kochende Weintunke quirlt man nun mit den Eidottern ab, gibt das Ganze nochmals in den Topf und bringt die Flüssigkeit unter Rühren bis kurz vors Kochen. Dann gießt man die Tunke durch ein Sieb und gibt beim Anrichten den festen Eierschnee dazu; ist alles verrührt, den Saft 1/2 Zitrone und Zucker nach Geschmack. Man kann auch den Wein mit den Eidottern und der Vanille ohne Maizenamehl auf dem Feuer abschlagen, streicht die Tunke durch ein Sieb und gibt das andere dazu.

*Zutaten: 1/4 Ltr. Weißwein, 1 Stange Vanille, 1 Messerspitze ausgerührtes Maizenamehl, 2 Eidotter, 1 1/2 Kochl. Zucker, 1/2 Zitrone.*

**Schokoladentunke, warm, für 2 Personen.** 1/4 Ltr. Milch, 65 Gr. Schokolade (diese wird gerieben) kocht man 1 bis 2 Minuten. 1/2 Teel. Kartoffelmehl rührt man mit 2 Essl. kalten Wassers aus, gießt es an die kochende Tunke und lässt dieselbe 2 Minuten kochen. Zum Vanilleeis servieren.

*Zutaten: 1/4 Ltr. Milch, 85 Gr. Schokolade, 1/2 Teel. Kartoffelmehl, 2 Essl. kaltes Wasser.*

**Weinschaumtunke für 6 Personen.** 2 ganze Eier schlägt man mit 1 Kochl. Zucker 10 Minuten in einem Topfe. Nun wird 1/2 Ltr. Weißwein dazu gegeben, der Topf auf mäßiges Feuer gestellt, und unter tüchtigem Schlagen lässt man die Tunke einmal aufkochen. Dann wird sie zurückgestellt und während des Erkaltens oft umgerührt.

*Zutaten: 2 Eier, 1 Kochl. Zucker, 1/2 Ltr. Weißwein.*

**Kirschtunke für 6 Personen.** 250 Gr. saure Weinkirschen oder Schattenmorellen werden mit 1/2 Ltr. Wasser angesetzt und zugedeckt 10 Minuten gekocht. 1 Essl. Kartoffelmehl verrührt man mit 1/8 Ltr. kalten Wassers, gießt dieses unter Rühren an die kochenden Kirschen, kocht sie 5 Minuten, dann streicht man sie durch das Sieb und fügt 20 Gr. Zucker hinzu. Von Himbeeren, schwarzen und roten Johannisbeeren bereitet man auch Fruchttunke.

*Zutaten: 250 Gr. saure Weinkirschen oder Schattenmorellen, 1 Essl. Kartoffelmehl, 20 Gr. Zucker.*

**Mokka-Tunke für 4 Personen.** Man bereitet vom Mokka mit 1/4 Ltr. kochendem Wasser Mokkaextrakt; Eidotter und Zucker werden 10 Minuten gerührt. Dann wird der inzwischen ausgekühlte Mokka tropfenweise dazu gegossen. Beim Anrichten wird der feste Schnee vom Schlagrahm dazugegeben.

*Zutaten: 65 Gr. Mokka, 2 Eier, 15 Gr. Zucker, 1/8 Ltr. Schlagrahm.*

# BRATEN

**Roastbeef.** Am besten nimmt man ein Stück ohne Filet. Das Fleisch wird gewaschen, getrocknet, ohne Butter im nicht zu heißen Ofen angesetzt, unter Begießen und Umlegen im eigenen Fett im Ganzen 1 1/4 Stunde gebraten. In der letzten Viertelstunde gießt man das Fett ab und tut 1/2 Ltr. Brühe oder Wasser über den Braten (diese Brühe kann man aus der Beilage bereiten. Die Beilageknochen setzt man 2 Stunden vor Gebrauch mit 1 Ltr. Wasser an und kocht sie zugedeckt). Das fertige Roastbeef wird 10 Minuten vorm Anrichten mit einem Tuche zugedeckt und in den nicht zu heißen Tellerwärmer gestellt. Würde man das Fleisch sogleich anschneiden, würde der Fleischsaft herauslaufen und das Fleisch trocken und grau werden. Im Teller-

*Zutaten: 250 Gr. Fleisch à Person, 1/2 Ltr. Brühe, 1 Teel. Mondamin, 2 Teel. kaltes Wasser, 1 Teel. Salz.*

wärmer muss das Fleisch mit der weichen Seite zuunterst auf der Fleischplatte liegen. Man vermeidet hierdurch den grauen Strich. Die Flüssigkeit in der Pfanne gießt man in einen Topf, bringt sie nochmals ins Kochen, füllt beim ersten Aufkochen Schaum und Fett ab. 1 Teel. Mondamin rührt man mit 2 Teel. kaltem Wasser aus, gießt es unter Rühren an die Tunke und kocht sie hiermit 5 Minuten. Nach Geschmack ist Salz dazuzugeben. Die Bratzeit ist gerechnet für ein Fleischstück von 2–3 Kilo. Fleischstücke im Gewicht von 4–6 Kilo müssen 2 Stunden braten.

**Spanferkel für 12 Personen.** Die Rundstücke werden 2 Minuten in lauwarmem Wasser geweicht, dann gut ausgedrückt, mit der feingehackten Leber, Herz und Niere, den Eidottern gemischt, dann durch ein Sieb gestrichen.

*Zutaten: Ein Spanferkel, Herz und Niere desselben, 250 Gr. Geflügelleber, 4 Eier, 4 Rundstücke, 125 Gr. Trüffeln, 3/4 Ltr. Kalbfleischbrühe.*

Hiernach werden die feingehackten Trüffeln mit dem Saft dazugegeben, sowie 1 Teel. Salz. 1 Teel. Salz streut man in das Spanferkel, füllt die Farce hinein und näht den Bauch zu. Hiernach im heißen Ofen 1 1/4 Stunde braten. Man legt den Braten auf eine Platte, das Fett gießt man ab, und nun gießt man in die heiße Pfanne die Kalbfleischbrühe, kocht unter Rühren in 5 Minuten den Fleischsaft los, macht die Tunke mit ausgerührtem Maizenamehl sämig, gibt nach Geschmack 1/2 Teel. Salz dazu; außerdem nimmt man noch eine Cumberlandtunke zu diesem Braten.

### Garniertes Ochsenflet für 10 Personen.

*Zutaten: 2 Kilo Fleisch, 1 Kochl. Butter, 1/2 Ltr. Rahm, 1/2 Teel. Salz, Weizenmehl, junge Erbsen, Karotten, gr. Bohnen, Blumenkohl, Tomatentunke, neue gestobte Vierländer Kartoffeln, 250 Gr. Morcheln, 10 Tomaten.*

Ein Filet von 2 Kilo muss recht fein im Faden sein. Das gespickte Filet belegt man mit 1 Kochl. Butter und brät es im nicht zu heißen Ofen unter fleißigem Begießen und Umlegen 45 Minuten, in den letzten 10 Minuten muss der Ofen heißer werden. Dann gießt man 1/2 Ltr. sauren Rahm über das Filet. Nach den 10 Minuten gießt man die Tunke vollständig ab, legt das Filet auf eine Platte und gießt in die leere Pfanne noch 1/4 Ltr. Rahm. Unter immerwährendem Rühren kocht man den angebratenen Fleischsaft los. Diese Flüssigkeit gießt man zu der Rahmtunke, gibt dann nach Geschmack 1/2 Teel. Salz dazu und macht sie nun, wenn nötig, mit etwas angerührtem Weizenmehl sämig. Nachdem der Braten aus dem Ofen, deckt man ihn mit einem Tuche zu und stellt ihn 10 Minuten beiseite. Würde man ihn sogleich anschneiden, so liefe der Saft aus. Auch muss der Braten einmal in dieser Zeit auf die andere Seite gelegt werden, damit der Fleischsaft besser durchzieht. Beim Anrichten legt man das tranchierte Filet auf einen Brotsockel. Der Brotsockel muss vorher erwärmt sein, dann richtet man um das Filet häufchenweise junge Erbsen, Karotten, große Bohnen, neue gestobte Vierländer Kartoffeln und Blumenkohl an. Diesen übergießt man mit etwas Tomatentunke. Zuletzt verteilt man außen an den Rand der Platten 10 Tomaten, die mit Morcheln zu füllen sind.

### Lammbraten für 10 Personen.

*Zutaten: 1/2 Lammhinterviertel, 1/2 Ltr. süßer Rahm, 1/2 Ltr. Wasser oder Brühe, 1 Teel. Salz, ausgerührtes Weizenmehl.*

Das Lammviertel wird ohne Butter im nicht zu heißen Ofen angesetzt und unter fleißigem Begießen und Umlegen 1 Stunde gebraten; dann wird das Fett vollständig abgegossen und nach und nach 1/2 Ltr. süßer Rahm über den Braten gefüllt und hiermit noch 20 Minuten gebraten. Die Rahmtunke ist vollständig abzugießen, und der Braten auf die Platte zu legen. In die Pfanne gießt man dann noch 1/2 Ltr. Wasser oder Brühe und kocht unter immerwährendem Rühren den eingeschmorten Fleischsaft los. Diese Tunke dämpft man in der Pfanne bis zur Hälfte ein, gießt diese Flüssigkeit in die vorherige Rahmtunke, schmeckt diese mit 1 Teel. Salz ab und kocht sie nun mit etwas ausgerührtem Weizenmehl sämig. Beim Anrichten ist sie nochmals durch ein Sieb zu gießen. Den Lammbraten lässt man mit dem vorherigen Fette noch 10 Minuten im Ofen weiterbraten, damit die Haut wieder kross wird. Zum Tranchieren des Lammfleischbratens ist ein scharfes Messer notwendig. Zum Lammbraten kann man außer Rahmtunke auch Minttunke geben.

**Schinken in Burgunder mit Orangentunke für 12 Personen.** Für den Weihnachtsabend geeignet. Als Beilage zum Schinken verwendet man Nudeln oder Makkaroni mit Parmesankäse, glasierte Zwiebeln, glasierte Kastanien, weißes, in Weißwein gedämpftes Sauerkraut,

*Zutaten: 1 Schweinskeule von 2,5 Kilo, 1 Essl. Zucker, 1/2 Ltr. Burgunder oder Rotwein, 1 kleine Zwiebel, 1/4 Ltr. Schinkenbrühe, 2 Teel. Kartoffelmehl.*

geschabte Meerrettichlocken, rosa gefärbt, kleine roh geschmorte Bratkartoffeln mit reichlich feingehackter Petersilie bestreut. 1 Schweinskeule im Gewicht von 2,5 Kilo wird nicht zu stark gesalzen, mit dem Salpeter eingerieben und noch einige Tage in den Rauch gehängt. Dieses besorgt der Schlachter. Nach 4 Tagen ist der Schinken gebrauchsfähig. Er wird mit kaltem Wasser bedeckt angesetzt und langsam 2 Stunden gekocht. Durch starkes Kochen wird das Fleisch hart. Nach dieser Zeit legt man den Schinken in die Bratpfanne und entfernt die Schwarte. 10 cm breit lässt man die Schwarte am Beinknochen sitzen und zackt sie aus. 1 Essl. Zucker streut man über die Fettseite des Schinkens, hiernach lässt man ihn im heißen Ofen 30 Minuten braten. Danach wird 1/2 Ltr. Burgunder oder Rotwein, 1 kleine Zwiebel, 1/4 Ltr. von der Schinkenbrühe dazugegeben. Mit dieser Flüssigkeit lässt man den Braten noch 10 Minuten ziehen. Hiernach wird die Flüssigkeit abgegossen. 2 Teel. Kartoffelmehl rührt man mit etwas kaltem Wasser an, gießt die abgegossene Flüssigkeit daran und lässt die Tunke langsam 5 Minuten kochen. Die zurückbleibende Brühe verwendet man in den nächsten Tagen für Suppen.

**Schinken in Burgunder, anderer Art.** 1 frische Schweinskeule im Gewicht von 3,5 Kilo übergießt man mit 1 Flasche Rotwein, oder man nimmt Burgunder – es geht aber auch ohne Burgunder. Man nimmt hierzu am besten

*Zutaten: 1 Schweinskeule von 3 1/2 Kilo, 1 Flasche Rotwein oder Burgunder, 1 Zitrone u. 4 Wacholderbeeren, etwas Kartoffelmehl.*

eine breite Steinkruke, damit der Schinken wenigstens bis zur Hälfte mit dem Wein bedeckt ist. Diese Keule wird täglich einmal gewendet. Man lässt sie eine Woche mit dem Wein recht kalt stehen. Als Gewürz 1 in Scheiben geschnittene Zitrone und 4 Wacholderbeeren. Der vom Wein durchzogene Schinken wird ohne Wasser und Fett in der Pfanne angesetzt und im heißen Ofen 1 1/2 Stunden gebraten, inzwischen nach Verlauf von 10 Minuten übergossen mit dem Fett, welches sich während der Bratzeit in der Pfanne sammelt. Auch wird der Braten oft gewendet in der Pfanne. In der letzten Viertelstunde wird der Weinrest ohne Zitronenscheiben und Wacholderbeeren in die Pfanne gegossen. Die Tunke wird zum Schluss mit etwas Kartoffelmehl sämig gemacht.

**Schweinebraten, mariniert mit Wein oder Essig.** Die Schwarte schneidet man vom Rücken. Die Zwiebel wird abgezogen und in Scheiben geschnitten. Man legt den Rücken in eine Holzmulde, streut die Gewürze in die Mulde und gießt den Wein oder Essig über *Zutaten: 1 Schweinerücken von 5 Kilo, 1 Fl. Rotwein oder Essig, 1 Zwiebel, 1/2 Lorbeerblatt, 10 Wacholderbeeren, 2 Zitronenscheiben ohne Kerne, 4 Nelkenköpfe.* den Rücken. Man stellt den Rücken recht kalt und lässt ihn in dieser Marinade eine Woche liegen; er wird einmal am Tage umgelegt und übergossen. Der Braten wird 1 1/2 Stunden bei nicht zu starker Hitze gebraten, die Marinade zum Schluss mit zur Tunke verwendet.

**Schweinebraten.** Ein Nackenstück oder Rücken, oder auch eine kleine Keule vom jungen Schwein sind die besten Teile zum Braten. 4 Kilo Keule werden im Ganzen 2 Stunden gebraten. Ein Nackenstück, sowie Rücken im Gewicht von 2 Kilo, brät man 1 1/2 Stunden. Der Braten wird bei anfangs nicht zu starker Hitze ohne Wasser und ohne Salz angesetzt. Nach Verlauf von 10 Minuten wird der Braten übergossen mit dem Fett, das sich während der Bratzeit sammelt. Nach Verlauf von 20 Minuten wird der Braten auf die andere Seite gelegt. In der letzten Viertelstunde wird der Ofen sehr heiß gemacht, und nun gießt man 1/2 Ltr. Wasser über den Braten. Nach 10 Minuten wird diese Flüssigkeit wieder abgegossen. Nun lässt man den Braten ohne Flüssigkeit im heißen Ofen 5 Minuten stehen, damit die Haut kross wird. Die abgegossene Flüssigkeit wird wieder ins Kochen gebracht, mit etwas Weizenmehl sämig gemacht, außerdem gibt man 1 Teel. Salz dazu.

**Kalte gefüllte Schweinsrolle für 12 Personen.** 60 Gr. Salz mischt man mit 5 Gr. Salpeter. Das Bruststück wird entknöchelt, dann mit dem Salz und Salpeter tüchtig eingerieben. Zugedeckt lässt man das Stück 3 Tage ruhen; danach streicht man die nachfolgende Fleischmasse auf die innere Seite, rollt das Fleisch auf, *Zutaten: 250 Gr. Kalbfleisch, 65 Gr. Pfeffergurken, 100 Gr. geräucherter Speck, 1/2 Kilo Schweinsbrust, 50 Gr. Leber, 1 Zwiebel, 1 Rundstück, 60 Gr. Salz, 5 Gr. Salpeter, 10 Gr. Salz, 2 Zwiebeln, einige Suppenkräuter.*

wickelt diese Rolle in ein Tuch und verschnürt sie mit einem dicken Bindfaden. Danach bringt man die Rolle mit kaltem Wasser bedeckt ins Kochen und kocht sie recht langsam 3 Stunden. 10 Gr. Salz, 2 Zwiebeln, einige Suppenkräuter lässt man mitkochen. Diese Brühe wird später für Erbsen- oder Bohnensuppe verwendet. Nach der Kochzeit lässt man die Rolle in der Brühe erkalten, danach legt man sie eine Nacht zwischen 2 Bretter, beschwert sie mit einem Stein oder einem 2-Kilo-Gewicht. Beim Anrichten entfernt man das Tuch und den Bindfaden, schneidet die Rolle in Scheiben, garniert sie mit Kresse, Aspik, gibt Remouladentunke oder Orangentunke dazu. Die Füllung, Kalbfleisch, Speck, Leber und Zwiebel, gibt man einmal durch die Fleischmaschine, das Rundstück, vorher geweicht, gibt man zuletzt durch die Maschine, dann mischt man die Masse mit dem Ei, 1 Teel. Salz, 3 Pfeffergurken.

**Rinderfilet mit Eierkräutertunke.** Man rechnet bei einem Braten ohne Knochen 125 Gr. für die Person, 1 1/2 Kilo Filet, 50 Gr. geräucherter Speck. Der in dünne Scheiben geschnittene Speck wird in eine Pfanne gelegt, *Zutaten: 1 1/2 Kilo Filet, 50 Gr. geräucherter Speck, 1/4 Ltr. Weißwein, 1 Essl. Kognak, 1 Teel. Salz, 1 Teel. Kartoffelmehl, 1/8 Ltr. kaltes Wasser.* langsam bei nicht zu starker Hitze gebraten. Das Filet wird in das heiße Fett gelegt und nun im heißen Ofen 45 Minuten gebraten; nach Verlauf von 10 Minuten wird der Braten übergossen mit dem Fett in der Pfanne, auch wird das Filet gleichzeitig auf die andere Seite gelegt. In den letzten 10 Minuten gießt man 1/4 Ltr. Weißwein, 1 Essl. Kognak, 1 Teel. Salz über den Braten. Zuletzt rührt man 1 Teel. Kartoffelmehl mit 1/8 Ltr. kaltem Wasser an und gießt es an die kochende Tunke. Die dickliche und glänzend aussehende Tunke wird beim Anrichten über den Braten gegossen.

**Kalbskeule, gebraten, mit Rahmtunke.** 1 Keule im Gewicht von 6 Kilo wird 2 Stunden gebraten bei nicht zu starker Hitze. Ist der Braten in der letzten halben Stunde nicht knusperig und braun, so legt man etwas Holz nach, und gibt dem Braten zuletzt *Zutaten: 1 Keule von 6 Kilo, 100 Gr. geräuch. Speck, 1/2 Ltr. saurer Rahm oder Wasser, 1/2 Ltr. Wasser, 1 Teel. Salz.* dadurch etwas mehr Hitze. Sobald die Bratzeit beendet ist, wird der Braten 10 Minuten vor dem Anrichten mit einem Tuche zugedeckt und nicht sogleich angeschnitten. Zerlegt man den Braten sogleich, wenn er aus dem Ofen kommt, so läuft der Saft aus, das Fleisch wird trocken. 100 Gr. geräucherten Speck schneidet man in dünne Scheiben, legt diese auf die Keule und stellt sie in den Ofen. Unter fleißigem Begießen wird sie gebraten; in der letzten halben Stunde gießt man 1/2 Ltr. sauren Rahm oder Wasser in die Pfanne. Diese Flüssigkeit wird nach 15 Minuten in einen Topf gegossen.

Den Braten lässt man noch ohne Flüssigkeit im Ofen weiterbraten. Nach dieser Zeit legt man den Braten auf eine Platte, legt ein Tuch darüber, 1/2 Ltr. Wasser gießt man in die Pfanne und kocht unter Rühren den angebräunten Fleischsaft los, dann gießt man diese Flüssigkeit zur Rahmtunke, 1 Teel. Salz gibt man an die Tunke; wenn nötig, wird sie mit Mehl sämig gemacht.

**Kalbskeule mit Champignontunke für 6 Personen.** Hierzu nimmt man am besten das untere Stück von der Keule mit der Niere. Das Fleisch wird gewaschen und mit einem Tuche abgetrocknet, dann in der Pfanne ohne Butter angesetzt und unter fleißigem Begießen und Umlegen 1 1/2 Stunden langsam gebraten. *Zutaten: 3 Kilo Kalbskeule, 1/2 Ltr. Knochenbrühe oder Wasser, 125 Gr. frische Champignons, 1 gehäufter Teel. Mondamin, 1/2 Teel. Salz, 2 Teel. kaltes Wasser.* Während der letzten halben Stunde gießt man das Fett ab, gießt 1/2 Ltr. Knochenbrühe oder Wasser über den Braten. Mit dieser Flüssigkeit lässt man den Braten 15 Minuten im Ofen; hiernach wird die Flüssigkeit abgegossen, das vorherige Fett wird über den Braten gegossen. Diesen lässt man 15 Minuten weiterbraten. Die abgegossene Flüssigkeit entfettet man. 125 Gr. Champignons werden geputzt, gewaschen, in Scheiben geschnitten. Diese werden in der entfetteten Flüssigkeit langsam 5 Minuten gekocht. 1 gehäuften Teel. Mondamin rührt man mit 2 Teel. kaltem Wasser aus, gießt dieses unter Rühren an die Tunke und lässt sie nun noch 5 Minuten ohne Deckel langsam kochen. 1/2 Teel. Salz gibt man dazu.

**Kalbsrücken für 18 Personen.** Man nimmt hierfür einen Kalbsrücken im Gewichte von 7–8 Kilo, trennt die Niere und die übrigen Fette vom Braten, schlägt den Knochen des Rückens ein, doch darf das Fleisch nicht verletzt werden. Der Braten wird mit dem Fett ohne Butter im nicht zu heißen Ofen angesetzt, *Zutaten: 2 Anrichten, 1 Kalbsrücken im Gewicht von 7-8 Kilo, 3/4 Ltr. saurer Rahm, ausgerührtes Weizenmehl, 2 Nieren, 3/4 Ltr. lauwarmes Wasser, 1 Teel. Salz, Kartoffeln, Tomaten, Morcheln.* unter fleißigem Begießen und Umlegen 1 1/2 Stunde gebraten. In der letzten halben Stunde gießt man das Fett vollständig ab und gießt nach und nach 3/4 Ltr. sauren Rahm über den Braten. Die Tunke wird nur, wenn nötig, mit ausgerührtem Weizenmehl sämig gemacht. Die Niere ist aus dem Fett zu lösen, im geschlossenen Topf ohne Butter anzusetzen und bei nicht zu starker Hitze 30 Minuten zu bräunen. Ist sie in dieser Zeit nicht braun genug, muss der Deckel beiseitegelegt und der Fleischsaft vollständig eingeschmort werden. Nun gießt man 3/4 Ltr. lauwarmes Wasser auf die Niere und lässt sie noch 40 Minuten fest zugedeckt langsam kochen. Durch starkes Kochen wird die Niere hart und trocken. Die Brühe der Niere gießt man zuletzt in die Rahmtunke und schmeckt die Tunke mit 1 Teel. Salz ab. Das übrige abgegossene Fett vom Braten ist für Kartoffelbraten oder für alle Gemüsearten verwendbar. Beim Anrichten muss der Kalbsrücken einmal durchgeschnitten werden. Nachdem der Braten tranchiert ist, legt man in die Mitte auf den Rücken die geschnittene Niere und darüber 12 geschälte Oliven. Über das Ganze wird heiße, braune Tunke gefüllt. Die neuen abgekochten Kartoffeln verzieren vorn vor dem Braten die Platte, die Morcheln umgeben als Kranz die Kartoffeln, und außerhalb der Morcheln legt man auf den Rand der Platte gefüllte Tomaten. Es ist unbedingt nötig, dass die Platte 1 Stunde vor dem Gebrauch zum Heißwerden in den heißen Tellerwärmer gestellt wird, auch der Guss für die Tunke. Die Platten müssen, nachdem sie angerichtet sind, beim Tragen ins Anrichtezimmer mit sauberen heißen Tüchern zugedeckt werden.

**Kalbsbraten mit Rahmtunke für 6 Personen.** Eine Rippe wird im ganzen 1 Stunde gebraten (eine Rippe im Gewicht von 4 Kilo muss 1 1/2 Stunden braten). Das Fleisch wird gewaschen, mit einem Tuche getrocknet, ohne Butter angesetzt und im nicht zu heißen Ofen 3/4 Stunde unter fleißigem Begießen und Umdrehen gebraten (man legt den Braten nach jeder Viertelstunde um und begießt ihn alle 5 Minuten). Das Fett gießt man dann vollständig ab und gibt nach und nach 1/2 Ltr. sauren Rahm darüber. Die Tunke wird mit 1/2 Teel. Salz abgeschmeckt und, wenn nötig, noch mit etwas ausgerührtem Weizenmehl sämig gemacht.

*Zutaten: 1 Rippe im Gewicht von 2 Kilo, 1/2 Ltr. saurer Rahm, 1/2 Teel. Salz.*

**Kalbsfilet, getrüffelt, für 10 Personen.** Die Trüffeln werden in das Fleisch geschoben; dann wird das Filet mit einem Bindfaden zusammengeschnürt, mit recht vielem Fleischfett angesetzt und im nicht zu heißen Öl unter fleißigem Begießen und Umlegen 3/4 Stunde gebraten. Das Fett gießt man nun vollständig ab; dann gießt man 1/2 Ltr. Knochenbrühe über das Fleisch und lässt es hiermit 5 Minuten langsam im Ofen braten. Hiernach gießt man diese Brühe ab, entfettet sie und macht sie mit etwas ausgerührtem Maizenamehl sämig; sodann gibt man das Salz an die Tunke. Sie muss dunkel aussehen und pikant und kräftig schmecken.

*Zutaten: 3 Kilo Kalbsfilet, 125 Gr. Trüffeln, Fleischfett, Maizenamehl, 1/2 Ltr. Knochenbrühe, 1/2 Teel. Salz.*

**Kalbsrippe mit Krafttunke für 8 Personen.** 2 Kilo Kalbsrippe wäscht man und trocknet sie mit einem Tuche. Dann legt man die Rippe in die Pfanne und brät sie unter fleißigem Begießen im nicht zu heißen Ofen. Man legt den Braten mehrmals um und brät

*Zutaten: 2 Kilo Kalbsrippe, 1/2 Ltr. Wasser- oder Knochenbrühe, 1 Teel. Maismehl, 1/2 Teel. Salz.*

ihn ohne Butter im eigenen Fett 1 Stunde. In der letzten Viertelstunde gießt man das Fett vollständig ab und gießt über den Braten 1 1/2 Ltr. Wasser oder Knochenbrühe. Nun gießt man die Flüssigkeit wieder ab und gießt das vorherige Fett wieder über den Braten und lässt ihn hiermit noch 5 Minuten im Ofen. Nun stellt man die Pfanne auf einen Topf mit kochendem Wasser und deckt den Braten mit einem Tuch zu. Die Fleischteile legt man zuunterst in die Pfanne, die Knochen nach oben. Hierdurch bleibt das Fleisch durch und durch saftig. Es ist gut, den Braten vor dem Anschneiden 10 Minuten ruhen zu lassen, weil sonst der Saft ausläuft. Die Tunke wird entfettet, dann bringt man sie ins Kochen und füllt beim ersten Aufwallen den Schaum ab. Dann gibt man unter Rühren 1 Teel. mit kaltem Wasser ausgerührtes Maismehl dazu, lässt die Tunke hiermit 5 Minuten kochen und gibt Salz nach Geschmack dazu.

**Heidschnuckenrücken für 10 Personen.** Der Heidschnuckenrücken wird mit 1/2 Kochl. Butter angesetzt, im nicht zu heißen Ofen unter fleißigem Begießen und Umlegen 45 Minuten *Zutaten: 1 gespickter Heidschnu-cken-Rücken im Gewicht von 3 Kilo, 1/2 Kochl. Butter, 1/2 Ltr. saurer Rahm, 1 Teel. Salz.* gebraten; dann wird das Fett vollständig abgegossen und 1/2 Ltr. saurer Rahm über den Braten getan; hiermit lässt man den Braten noch 15 Minuten unter öfterem Begießen im Ofen. Die Tunke wird, wenn nötig, mit wenig ausgerührtem Mehl sämig gemacht und mit 1 Teel. Salz gewürzt. Es empfiehlt sich, dass die Fleischseite jetzt zuunterst in die Pfanne, ein Tuch über den Braten gelegt wird und die Pfanne 10 Minuten über kochendes Wasser gestellt wird. Würde man den Braten anschneiden, sowie er aus dem Ofen kommt, so würde der Fleischsaft auslaufen und das Fleisch grau und trocken werden.

**Hammelkotelettes mit Reis, Artischocken-böden, Schmorkartoffeln für 6 Personen.** Man rechnet beim Einkauf 10 Kotelettes auf 1 Kilo. Die Kotelettes werden mit 1 gehäuftem Teel. Salz, 1/2 Teel. Pfeffer bestreut; 1/2 Kochl. Butter lässt man in der Pfanne braun werden, legt die Kotelettes in die braune But- *Zutaten: 1 Kilo Kotelettes, 250 Gr. Reis, 6 Artischocken, 1 Kilo Kartoffeln, 1 Teel. Salz, 50 Gr. frische Butter, 1/2 Teel. Pfeffer, 1 Teel. Kartoffelmehl, 3/4 Ltr. kochendes Wasser, 1 Teel. Salz.* ter, und nun brät man sie unter häufigem Umlegen 6 Minuten; danach stellt man die Pfanne mit den Kotelettes noch 5 Minuten in den heißen Bratofen; sie werden sogleich angerichtet. Man gießt in die Pfanne, worin die Kotelettes gebraten wurden, 1/4 Ltr. Wasser, kocht unter Rühren den angebräunten Fleischsaft los, 1 Teel. Kartoffelmehl rührt man mit 1/8 Ltr. kaltem Wasser an, gießt es in die Pfanne an die kochende Tunke und kocht diese unter Rühren langsam 3 Minuten. Der Reis wird gewaschen, mit 3/4 Ltr. kochendem Wasser angesetzt, 1 Teel. Salz und 10 Gr. Butter gibt man dazu; zugedeckt lässt man den Reis 15 Minuten kochen. Nach dieser Zeit legt man den Deckel beiseite und stellt den Topf ohne Deckel 5 Minuten in den heißen Bratofen. Der Reis darf nicht gerührt werden. Beim Anrichten füllt man den Reis auf eine längliche Platte, oben und unten wird der Reis länglich geformt. Die Kotelettes legt man geordnet auf den Reis, die braune dickliche Tunke füllt man über jedes Kotelett, der weiße Reis darf von der Tunke nicht berührt werden. Die Artischocken werden abgekocht, die Blätter werden zum Teil entfernt, die kleinen, in Butter geschmorten, mit Petersilie überstreuten Kartoffeln werden in die Artischockenböden gelegt und diese um den Reissockel gestellt.

**Hammelkeule für 6 Personen.** Eine Keule brät man im ganzen 1 1/2 Stunde. Das Fleisch wird gewaschen, mit einem Tuch getrocknet, *Zutaten: 1 Keule im Gewicht von 3 Kilo, 3/4 Ltr. saurer Rahm, 1 Teel. Salz.* dann ohne Butter unter fleißigem Begießen und Umlegen im eigenen Fett 3/4 Stunde gebraten. Dann gießt man, nachdem das Fett abgegossen wurde, nach und nach 3/4 Ltr. sauren Rahm über den Braten. Die Tunke wird, nur wenn nötig, mit etwas ausgerührtem Weizenmehl sämig gemacht und mit 1 Teel. Salz gewürzt. Das abgegossene Fett ist zum Kartoffelbraten oder für Kohl und Steckrüben verwendbar.

**Hammelkeule in Beize.** 1 Hammelkeule im Gewicht von 3 Kilo wird mit 1/2 Ltr. Rotwein übergossen, 2 abgezogene, in Scheiben geschnittene Zwiebeln, 1 Essl. Wacholderbeeren und 1 Essl. Essig werden dazugegeben. *Zutaten: 1 Hummelkeule im Gewicht von 3 Kilo, 1/2 Ltr. Rotwein, 2 Zwiebeln, 1 Essl. Wacholderbeeren, 1 Essl. Essig.* In dieser Beize lässt man die Keule eine Woche liegen, legt sie jedoch täglich einmal um. Man kann Schweinskeule und Ochsenfleisch ebenso bereiten (Bratzeit s. unter Hammelkeule).

**Hammelfleisch mit Kohlrabi für 6 Personen.** Hammelfleisch vom Bauch oder Vorderblatt ist im Einkauf billiger als Rücken oder Keule. Die Kohlrabis werden dünn geschält, nur die stockigen Teile vom Kohlrabi schält *Zutaten: 1 Kilo Hammelfleisch, 1 Kilo Kohlrabi, 1 Kilo Kartoffeln, 1 Ltr. kaltes Wasser, 1 Teel. Salz, 2 Essl. Reis oder Graupen, 1 Essl. Petersilie.* man dick. Die Kartoffeln werden geschabt, gewaschen. Das gewaschene Hammelfleisch wird mit 1 Ltr. kalten Wasser und 1 Teel. Salz angesetzt und zugedeckt recht langsam 1 Stunde gekocht. Nach dieser Zeit gibt man den in Scheiben geschnittenen Kohlrabi, die Kartoffeln, dazu und kocht das Gericht noch langsam 1 Stunde. 2 Essl. Graupen oder Reis kann man 2 Stunden mitkochen. Beim Anrichten fügt man 1 Essl. feingehackte Petersilie hinzu.

**Schweinsmürbebraten für 2-3 Personen.** Nachdem das Fleisch gewaschen und getrocknet, setzt man es mit 1 Teel. Butter im Ofen an; unter fleißigem Begießen und Umlegen *Zutaten: 1 Teel. Butter, 1/4 Ltr. Rahm, 1/2 Kilo Schweinsmürbebraten, ausgerührt. Maizenamehl, 1/2 Teel. Salz.* brät man es 30 Minuten, in der letzten Viertelstunde gießt man 1/4 Ltr. sauren Rahm darüber. Man schmeckt die Tunke mit Salz ab und gibt, wenn nötig, etwas ausgerührtes Maizena dazu.

**Kasseler Rippespeer für 6 Personen.** Eine Rippe wird ohne Butter angesetzt und im nicht zu heißen Ofen im eigenen Fett 1 Stunde *Zutaten: 3 Kilo Rippe, 1/4 Ltr. Rotwein, 1/4 Ltr. Wasser, 1 Teel. Mondamin.* gebraten. Nach dieser Zeit gießt man das Fett ab, tut 1/4 Ltr. Rotwein und 1/4 Ltr. Wasser über den Braten und lässt ihn noch 1/4 Stunde im Ofen. Alsdann gießt man die Brühe ab, entfettet sie und kocht sie nochmals auf. 1 Teel. Mondamin rührt man mit 1 Essl. kaltem Wasser aus, gießt dieses unter Rühren an die Tunke und kocht die Tunke hiermit 5 Minuten. Außer dieser Tunke gibt man noch Orangentunke zu diesem Braten.

**Schweinsrippe in Beize für 8 Personen.** Eine Schweinsrippe im Gewicht von 2 Kilo wird im ganzen 1 Stunde gebraten, eine solche im Gewicht von 4 Kilo 1 1/2 Std. Das Fleisch wird gewaschen und mit einem Tuche getrocknet. Dann setzt man es ohne Butter und ohne Salz im nicht zu heißen Ofen an. Inzwischen wird der Braten alle 5 Minuten mit dem eigenen Fett begossen und nach 15 *Zutaten: 1 Schweinsrippe von 2 Kilo (man rechnet für die Person 125-250 Gr.), 1/2 Ltr. Wasser od. Knochenbrühe, 1 Teel. Mondamin, 2 Teel. kaltes Wasser, 1/2 Teel. Salz. Zur Beize: 1 Fl. Rotwein, 1/2 Ltr. Essig, 2 Zwiebeln, 1 Lorbeerblatt, 10 Nelkenköpfe, 30 Pfefferkörner.* Minuten in der Pfanne umgelegt. In der letzten Viertelstunde gießt man 1/2 Ltr. Wasser oder die folgende Beize über den Braten. Zuletzt gießt man diese Brühe wieder ab, entfettet sie, bringt sie nochmals ins Kochen, und nun rührt man 1 Teel. Mondamin mit 2 Teel. kaltem Wasser aus, gießt dieses unter Rühren an die Tunke, gibt 1/2 Teel. Salz nach Geschmack dazu und lässt die Tunke ohne Deckel 5 Minuten kochen. Beim Anrichten der Tunke gibt man sie erst durch ein Sieb und dann in eine gut angewärmte Schüssel. Das abgegossene Fett vom Braten verwendet man für Kohl oder Steckrüben statt Butter, oder man kann es auch zum Kartoffelbraten gebrauchen. Liebt man Gewürz beim Schweinebraten, so besteckt man die Rippe mit Nelkenpfeffer und legt eine Zwiebel mit in die Pfanne. Um einer Schweinsrippe oder einem Schweineschinken einen wildartigen Geschmack zu geben, bereitet man folgende Beize: 1 Flasche Rotwein und 1/2 Ltr. Essig gießt man zusammen, schneidet 2 Zwiebeln in Scheiben und legt diese nebst 1 Lorbeerblatt, 10 Nelkenköpfen und 30 schwarzen Pfefferkörnern in den Wein. Nun legt man den Braten in diese Flüssigkeit und bereitet ihn eine Woche vor dem Gebrauch, indem man ihn jeden Tag einmal in dieser Beize umwendet. Will man diese Bereitungsart im Sommer vornehmen, so muss man den Braten in Eis stellen, im Winter genügt ein kalter Raum. Man gießt, um die Tunke zu vollenden, statt Wasser diese Beize in die Pfanne zum Braten.

**Schweinsrippe, mit Pflaumen und Äpfeln gefüllt, für 4 Personen.** 1 ausgeschälte Schweinsrippe im Gewicht von 1 Kilo. Die Rippen werden mit dem Beil geknickt, dann wird die Rippe zusammengeklappt und zusammengenäht; eine Öffnung lässt man frei und füllt in diese nachfolgende Apfelfüllung. Nachdem auch diese Öffnung zugenäht ist, wird die gefüllte Rippe in die Pfanne gelegt,

*Zutaten: 1 Schweinsrippe von 1 Kilo, 1/2 Ltr. Wasser, 1 Essl. Weizenmehl, 1/8 Ltr. kaltes Wasser, 1/2 Teel. Salz. Apfelfüllung: 1 Kilo Äpfel, 100 Gr. Rosinen oder Pflaumen, 100 Gr. geriebenes altes Weißbrot, 1/2 Teel. Salz, 30 Gr. Zucker, 1/8 Ltr. Wasser.*

ohne Fett und ohne Wasser 1 1/2 Stunden im nicht zu heißen Ofen gebraten, inzwischen nach Verlauf von 10 Minuten übergossen mit dem Fett, welches sich während der Bratzeit in der Pfanne sammelt, auch wird der Braten auf die andere Seite gelegt. Nach dieser Bratzeit wird 1/2 Ltr. Wasser in die Pfanne gegossen. Hiermit lässt man den Braten noch 1/4 Stunde im Ofen. Dann gießt man diese Tunke in einen Stieltopf, füllt etwas Bratenfett über den Braten und lässt ihn nun noch 10 Minuten im Ofen weiterbraten. Die abgegossene Flüssigkeit wird wieder ins Kochen gebracht, 1 Essl. Weizenmehl rührt man mit 1/3 Ltr. kaltem Wasser aus, gießt dieses an die kochende Flüssigkeit und kocht die Tunke 5 Minuten ohne Deckel. 1/2 Teel. Salz fügt man hinzu. Apfelfüllung: Die Äpfel werden geschält, gewaschen, in Viertel und dann in dünne Scheiben geschnitten; die Pflaumen werden mit heißem Wasser gewaschen, mit 1/4 Ltr. Wasser am Abend vor dem Gebrauch eingeweicht, dann zum Quellen in den noch warmen Bratofen gestellt. Am nächsten Tage werden die Pflaumen entsteint, mit den Äpfeln, dem Zucker und dem Weißbrot gemischt, mit 1/3 Ltr. Wasser angesetzt und langsam im geschlossenen Topf 20 Minuten gedämpft.

**Schweinsrippe für 6 Personen.** Eine Rippe wird gewaschen, mit einem Tuche getrocknet und im nicht zu heißen Ofen unter fleißigem

*Zutaten: 2 Kilo Rippe, 1/2 Ltr. Wasser, 1 Teel. Mondamin, 1 Teel. kalt. Wasser, 1 Teel. Salz.*

Begießen und Umlegen 1 Stunde ohne Butter gebraten. In der letzten Viertelstunde gießt man das Fett vollständig ab. Man gießt 1/2 Ltr. Wasser über den Braten und lässt ihn noch weitere 10 Minuten im Ofen. Man tut die Tunke in einen Topf, gießt das vorherige Fett wieder über den Braten und lässt ihn noch 5 Minuten im Ofen weiterbraten. Die Tunke wird entfettet und nochmals ins Kochen gebracht. 1 Teel. Mondamin rührt man mit 1 Teel. kaltem Wasser aus, gießt es unter Rühren an die Tunke, kocht sie hiermit 5 Minuten und gibt nach Geschmack 1/2 Teel. Salz dazu. Das Fett vom Braten ist für Kohlreste, Bratkartoffeln oder Steckrüben verwendbar.

**Schweinskeule.** Eine Keule im Gewicht von 3 Kilo wird im Ganzen 1 1/2 Stunden gebraten, eine Keule im Gewicht von 5–6 Kilo 2 1/2 Stunden. Die Keule wird gewaschen und mit *Zutaten: 1 Schweinskeule, 1 Teel. Mondamin oder Maizena, 1 Teel. Salz, eventuell einige Nelkenköpfe u. 1 Zwiebel.* einem Tuche wieder getrocknet. Die Schwarte wird mit einem scharfen Messer karree-artig eingeschnitten. Nun wird die Keule ohne Butter angesetzt und im nicht zu heißen Ofen unter fleißigem Begießen und Umlegen im eigenen Fett gebraten. In der letzten Viertelstunde wird das Fett abgegossen und nun wird 1/2 Ltr. Wasser über die Keule gegossen. Hiernach lässt man den Braten 10 Minuten im Ofen weiterbraten. Nach dieser Zeit wird die Flüssigkeit in einen Stieltopf gegossen, entfettet, wieder ins Kochen gebracht. 1 Teel. Mondamin oder Maizena rührt man mit 2 Teel. kaltem Wasser aus, gießt dieses unter Rühren an die kochende Flüssigkeit, kocht die Tunke 2 Minuten und gibt nach Geschmack 1 Teel. Salz dazu. Liebt man Gewürze, so kann man die Schweinskeule vorher mit Nelkenköpfen bestecken, auch kann man eine Zwiebel mit in die Pfanne legen. Das abgegossene Fett wird zum Schluss nochmals über den Braten gefüllt, dann lässt man ihn noch 10 Minuten im Bratofen weiterbraten, damit die Schwarte wieder kross wird. Das abgefüllte Fett verwendet man statt Butter für Kohl oder andere Gemüsearten, auch zum Kartoffelbraten.

**Ochsenfilet.** Man rechnet beim kleinen Mittagessen auf die Person 125 Gr. Ein schmales, dünnes Filet wird im Ganzen 3/4 Stunde gebraten, ein dickes Filet 1 1/4 Stunde bei *Zutaten: à Person 125 Gr. Filet, 1 Kochl. Butter, 1/4 Ltr. Rahm, etwas ausgerührtes Weizenmehl, 1/2 Teel. Salz.* nicht zu starker Hitze. Ist der Ofen zu heiß, so wird das Fleisch hart. Man setzt es mit 1 Kochl. Butter an und brät es unter fleißigem Begießen und Umlegen. In den letzten 10 Minuten ist 1/4 Ltr. saurer Rahm über den Braten zu gießen. Die Tunke wird mit Salz gewürzt und nur wenn nötig mit etwas ausgerührtem Weizenmehl sämig gemacht. Der Rahm ist gerechnet für einen Braten im Gewicht von 1 Kilo.

**Schmorbraten für 8 Personen.** Hierzu nimmt man am besten ein Steertstück, auch kann man ein Bruststück oder Querrippe nehmen. Man rechnet 125 Gr. auf die Person. Ein Stück von 2 Kilo wird im Ganzen 2 Stunden geschmort. Das gewaschene Fleisch wird mit einem Tuch abgetrocknet, mit 1 Teel. Pfeffer,

*Zutaten: 2 Kilo Fleisch, 1 Teel. Pfeffer, 2 Teel. Salz, 2 Kochl. Mehl, 1 Ltr. heißes Wasser, 1 Stück Schwarzbrotrinde, Honigkuchen, 1 Zwiebel, 1 Zitronenscheibe ohne Kerne oder 1 gelbe Wurzel.*

2 Teel. Salz bestreut und in 2 Kochl. Mehl gewendet. Nun bräunt man das Fleisch ohne Butter im geschlossenen Topf zirka 30 Minuten. Ist das Fleisch während dieser Zeit nicht braun genug, so legt man den Deckel beiseite und lässt den Fleischsaft vollständig einschmoren, gießt dann 1 Ltr. heißes Wasser auf das Fleisch und stellt den Topf fest zugedeckt in den nicht zu heißen Ofen. Ist die Tunke nicht sämig genug, so gibt man etwas ausgerührtes Weizenmehl dazu. Liebt man Gewürze, so kann man ein Stück Schwarzbrotrinde, Honigkuchen, 1 Zwiebel, 1 Zitronenscheibe ohne Kerne oder eine gelbe Wurzel mitschmoren lassen. Während des Bratens legt man das Fleisch einmal um.

**Saurer Schmorbraten.** Ein Stück im Gewicht von 2 Kilo brät man im ganzen 2 Stunden, ein solches von 3 Kilo 2 1/2 Stunden. Man nimmt am besten Spitzbrust, Querrippe oder Steertstück. Man kann das Fleisch mit 1/4 Ltr. Essig übergießen und 2 bis 3 Tage stehen lassen, indem es öfter in dem Essig umgelegt wird. Das

*Zutaten: 2 Kilo Rindfleisch, 1/4 Ltr. Essig, 1 Teel. Salz, 1/2 Teel. Pfeffer, 2 Essl. Mehl, 3/4 Ltr. kaltes Wasser, 1 Zwiebel, 1 Lorbeerblatt, 1 Stück Schwarzbrot oder Honigkuchen, 2 Nelkenpfeffer.*

gewaschene Fleisch wird mit 1 Teel. Salz eingerieben und mit 2 Essl. Mehl überstreut. Man setzt es ohne Butter im geschlossenen Topf an und bräunt es in zirka 30 Minuten. Ist das Fleisch in dieser Zeit nicht braun genug, so ist der Deckel beiseite zu legen und der Fleischsaft einzuschmoren. Man gießt 3/4 Ltr. kaltes Wasser auf das Fleisch und den Essig und stellt es fest zugedeckt 1 1/2 Stunde in den heißen Ofen. Inzwischen wird das Fleisch einmal umgelegt. Die Tunke wird, wenn nötig, mit etwas ausgerührtem Weizenmehl sämig gemacht. Sind Gewürze erwünscht, so kann dazugegeben werden: 1 Zwiebel, 1 Lorbeerblatt, 1 Stück Schwarzbrot oder Honigkuchen und 2 Nelkenpfeffer.

**Ochsenzunge pökeln.** Im Winter pökelt man die Zungen 14 Tage, im Sommer genügt 1 Woche. Alle 2 Tage werden sie in der Lake umgelegt. 1 Teel. Salpeter, 2 Teel. geriebener

*Zutaten (8 Personen): 1 Zunge, 1 Teel. Salpeter, 2 Teel. gerieb. Ingwer, 6 Essl. Salz, 1 Teel. gestoß. Pfeffer.*

Ingwer, 6 Essl. Salz, 1 Teel. gestoß. Pfeffer. Diese Zutaten werden gemischt, dann reiht man die Zungen ungefähr 5–10 Minuten mit der Mischung tüchtig ein, legt sie in einen steinernen Topf und beschwert sie mit einem Deckel und Stein. Sie muss recht kalt stehen. Will man die Zunge kochen, so wäscht man sie, wenn sie aus der Lake kommt, setzt sie mit so viel kaltem Wasser an, bis sie gut bedeckt ist; dann kocht man sie 3 Stunden recht langsam im fest geschlossenen Topf. Sie wird inzwischen einmal umgelegt. Durch rasches Kochen wird die Zunge hart. Die weichgekochte Zunge legt man nun rasch in reichliches kaltes Wasser und zieht die Haut ab. Hat man gute Fortreste, so wird die Zunge noch besser, wenn man diese mit der Zungenbrühe kochen lässt. Die Zungenbrühe gießt man durch ein Sieb. Ist sie erkaltet, so nimmt man das Fett ab und kann dieses zum Kartoffelbraten oder für Gemüse verwerten. Die Brühe kann man zu Bohnen- oder Erbsensuppe verwenden.

**Rindermagen, oder Pansen, oder Rinderfleck.** Den Magen waschen, ansetzen mit 1 1/2 Ltr. Wasser, 1 Stunde ankochen und 3 Stunden in Ökonom oder Kochkiste kochen lassen. Nach dieser Zeit wird das Fleisch mit *Zutaten: 1 1/2 Ltr. Wasser, 1 Essl. Essig, 1 Teel. Zucker, 1 gehäufter Essl. Mehl, 1 Teel. Plantox, Pfeffer, Zwiebel, Kartoffelscheiben, etwas Essig und Salz.* einem scharfen Messer in recht feine Scheiben geschnitten, die Hälfte der Brühe wird ins Kochen gebracht, 1 Essl. Essig, 1 Teel. Zucker, 1 gehäufter Essl. Mehl mit 2 Essl. kaltem Wasser ausgerührt, gießt man dazu. Nachdem diese dickliche Tunke aufgekocht, wird die geschnittene Fleischmasse dazugegeben. Um den Geschmack zu heben, kann man 1 Teel. Plantox hinzugeben. Man kann auch etwas gestoßenen Pfeffer und Zwiebel hinzufügen. Die übrige Brühe kann man mit Kartoffelscheiben ansetzen, 40 Minuten kochen, mit etwas ausgerührtem Mehl dicklich machen und mit etwas Essig und Salz abschmecken.

**Rinderkopffleisch.** Das Fleisch wird abgetrennt und zu Gulasch verwendet. Das übrige vom Kopf wird mit Wasser bedeckt angesetzt, 2 Zwiebeln, 1 Lorbeerblatt, 10 Pfefferkörner werden dazugegeben. Nachdem man den Topf 1 Stunde angekocht, stellt man ihn noch *Zutaten: 1 Rinderkopf, 2 Zwiebeln, Lorbeerblatt, 10 Pfefferkörner, Kartoffeln, Dörrgemüse, Haferflocken oder Hafermehl, 1 Essl. fein gehackte Petersilie.* 3 Stunden in die Kochkiste oder Ökonom. Nach dieser Zeit wird das Fleisch abgetrennt und dieses zu einem Ochsenmaulsalat verwendet. In die Brühe gibt man geschälte Kartoffeln, etwas Dörrgemüse, (Wurzeln, Porree, Sellerie, Kohl), Haferflocken oder Hafermehl. Zugedeckt lässt man das Gericht 1 Stunde kochen. Die Dörrgemüse kann man am Abend vor dem Gebrauch einweichen in kaltem Wasser. Das Quellwasser verwendet man mit zur Suppe. Beim Anrichten gibt man an die Suppe 1 Essl. feingehackte Petersilie.

**Kuheuter.** Ein Kuheuter wird bedeckt mit kaltem Wasser und 2 Essl. Salz angesetzt, 1 Stunde langsam gekocht, dann im Ökonom oder in der Kochkiste 4 Stunden weiterkochen lassen. Die Brühe kann später mit Gemüse und Kartoffeln als zusammengekochtes Gericht verwendet werden. Der gekochte Kuheuter wird in Scheiben geschnitten, in Milch und geriebenem Brot gewendet und in heißem Fett 5 Minuten gebraten. Es wird verwandt als Beilage zu Gemüse oder auch zu Kartoffelsalat.

**Kuheuter in Zuckerlake.** Ein Stück im Gewicht von 2–3 Kilo, 1 1/2 Ltr. Wasser, 10 Gr. Salpeter, 500 Gr. Salz, 60 Gr. Zucker. Das Wasser wird mit den Gewürzen gemischt und

*Zutaten: 1 Kuheuter von 2-3 Kilo, 1 1/2 Ltr. Wasser, 500 Gr. Salz, 10 Gr. Salpeter, 60 Gr. Zucker.*

einmal aufgekocht, wenn erkaltet, legt man das Fleisch hinein und lässt es in dieser Lake 14 Tage liegen. Man kann statt Kuheuter auch Schweinebacken oder Ochsenspitzbrust nehmen. Nach dieser Zeit wird das Euter mit frischem, kaltem Wasser angesetzt und 3 Stunden langsam gekocht. Es gerät vorzüglich im Ökonom. Das Schweine- und Ochsenfleisch kocht man 2 Stunden.

**Falscher Hase für 6 Personen.** 4 Rundstücke werden in 1/4 Ltr. heißer Milch 20–30 Minuten geweicht. 1/2 Kilo Ochsenfleisch, 1/2 Kilo Kalbfleisch, 125 Gr. Schinkenspeck gibt man zwei Mal durch die Fleischmaschine mit einer kleinen Zwiebel, zuletzt kommt das Brot durch die Maschine. Die Masse wird gut verrührt mit

*Zutat: 4 Rundstücke, 1/4 Ltr. heiße Milch, 1/2 Kilo Ochsenfleisch, 1/2 Kilo Kalbfleisch, 125 Gr. Schinkenspeck, 1 kleine Zwiebel, 1 Teel. Salz, 1/2 Teel. Pfeffer, 2 Eier, 1/2 Kochl. Butter, 1/4 Ltr. saurer Rahm.*

1 Teel., Salz, 1/2 Teel. Pfeffer und 2 ganzen Eiern. Man formt von dieser Masse einen länglichen Kloß und wendet ihn in Mehl. 1/2 Kochl. Butter lässt man dünn werden in der Pfanne, legt den falschen Hasen in die Butter und brät ihn im heißen Ofen unter Begießen 30 Minuten. In der letzten Viertelstunde gießt man 1/4 Ltr. sauren Rahm darüber. Die Tunke wird, wenn nötig, mit Mehl sämig gemacht. Nimmt man zu viele Eier, wird das Fleisch hart und trocken.

**Hasen.** Man sollte sich vor dem Selbstabziehen und Häuten des Hasen nicht scheuen. Die Leber, als Leckerbissen, gehört dem Jäger; sie muss am selben Tage gegessen werden. Die Leber wird mit Mehl bestreut in brauner Butter mit Zwiebeln oder Äpfeln 15 Minuten geschmort. Daher bekommt man beim Einkauf die Leber selten. Man schneidet das Fell an den Pfötchen ringsum mit einem scharfen Messer ein, dann hängt man den Hasen mit den Hinterläufen an zwei Haken auf. Das gelöste Fell zieht man von den beiden Keulen und dem Schwanz ab und dann mit schnellem Griff über den Körper herunter.

Beim Kopf muss man mit dem Messer nachhelfen. Hiernach legt man den Hasen auf ein Brett, schlitzt den Leib auf und fängt das Blut auf, gibt sogleich einen Essl. Essig dazu und verwendet es später zum Hasenpfeffer. Die Leber, die Lunge, das Herz legt man eine Stunde in reichlich kaltes Wasser. Der Hase wird gewaschen, das Halsstück mit dem Kopf, die Vorderläufe, die Rippen und Bauchlappen hackt man ab, beim Kopf entfernt man die Augen. Diese Teile verwendet man mit dem Blut zum Hasenpfeffer. Die Stücke können mit 1/8 Ltr. Essig übergossen, kalt gestellt und einige Tage aufbewahrt werden. Das Fell wird mit zusammengeknülltem Papier ausgestopft und an der Luft getrocknet.

**Hasenbraten mit Apfelkartoffeln.** Die Hinterläufe eines Hasen schlägt man vom Rücken, zieht die sieben Häute ab, belegt die Keulen mit Speckscheiben und brät sie in der Pfanne im heißen Ofen 20 Minuten, nach dieser Zeit legt man den enthäuteten Rücken zu den Keulen in die Pfanne. Dieser wird ebenfalls mit Speckscheiben oder Butter belegt. Beide Teile werden noch 25 Minuten im heißen Ofen gebraten, nach Verlauf von 10 Minuten übergossen mit dem Fett, welches sich in der Pfanne während der Bratzeit ansammelt. In den letzten 10 Minuten gießt man, wenn man ihn hat, 1/4 Ltr. sauren Rahm über den Braten, sonst genügt Wasser zur Tunke. Außerdem streut man 1 Teel. Weizenmehl und 1/2 Teel. Salz in die Pfanne. Nach der Bratzeit wird der Hase vor dem Anrichten 5 Minuten mit einem Tuche zugedeckt in den Tellerwärmer gestellt. Man sollte solides Fleisch vom Rücken mit einem silbernen Löffel in Stücke zerlegen und nicht mit einem Messer. In die Pfanne gießt man, nachdem die Tunke durch ein Sieb in die Tunkenschüssel gegossen, 1/4 Ltr. Wasser und kocht unter Rühren den angebräunten Fleischsaft bis zur Hälfte ein und gießt diese Flüssigkeit zur Tunke. Man gibt zum Hasenbraten Rosenkohl, Rotkohl, Apfelkartoffeln oder Apfelmus, Selleriesalat, Johannisbeergelee, oder auch Kronsbeeren.

**Hasen-Kotelettes.** Man trennt das Fleisch von den Keulen eines Hasen, gibt es zweimal durch die Fleischmaschine. 1 Teel. Salz, 1 Messerspitze Pfeffer, 1 ganzes Ei gibt man dazu. 300 Gr. Speck schneidet man in Würfel und brät sie im Topfe kross, dann gibt man 30 Gr. Weizenmehl dazu. Unter Rühren lässt man das Mehl in dem Topf 2 Minuten schwitzen, dann gießt man 2 Essl. Wasser oder Fleischbrühe dazu, rührt den

*Zutaten: 1 Teel. Salz, 1 Messerspitze Pfeffer, 1 ganzes Ei, 300 Gr. Speck, 30 Gr. Weizenmehl, 2 Essl. Wasser od. Fleischbrühe, 1 Essl. Mehl, 1 Zwiebel, 1/2 Ltr. Wasser od. Knochenbrühe, 1 Teel. Zitronensaft, 1/8 Ltr. Portwein, 1 Messerspitze Pfeffer, 1 Teel. Salz.*

Kloß, bis er vom Topfe lässt, danach wird die Fleischmasse nach und nach mit diesem Kloß gemischt. Mehl oder gestoßenes Zwiebackmehl breitet man auf einem Brett aus, legt die Fleischmasse darauf und formt eine Rolle. Diese wird wieder in gleichmäßige Stücke geschnitten, diese Stücke werden in geschmolzener Butter (Margarine) und Mehl gewendet, in brauner Butter langsam 5 Minuten gebraten. Beim Anrichten werden die Kotelettes kranzartig auf eine runde Platte gelegt, in die Mitte des Kreuzes legt man Strohkartoffeln oder kleine runde Bratkartoffeln. Folgende Tunke gießt man um die Kotelettes: Herz, Lunge und Knochenreste vom Hasen bräunt man im Topfe 30 Minuten, dann gibt man 1 Zwiebel, 1 Essl. Mehl, 1/2 Ltr. Wasser oder Knochenbrühe dazu. Man kocht diese Brühe zugedeckt 40 Minuten. Danach fügt man 1 Teel. Zitronensaft, 1/3 Ltr. Portwein, 1 Messerspitze Pfeffer, 1 Teel. Salz dazu. Die braune Tunke wird beim Anrichten durch ein Sieb gegossen.

**Hasenpfeffer.** Hierzu nimmt man Herz, Lunge, Bauchlappen, Vorderläufe und den gespaltenen Kopf. Sämtliche Zutaten werden *Zutaten: 1 Essl. Weizenmehl, 1 Zwiebel, 1 Teel. Salz, 3/4 Ltr. Wasser, 10 Pfefferkörner.* im geschlossenen Topf gebräunt in 30 Minuten. Nach dieser Zeit 1 Essl. Weizenmehl 1 Zwiebel, 10 Pfefferkörner, 1 Teel. Salz und 3/4 Ltr. Wasser dazugeben. Diese Brühe lässt man 2 Stunden kochen. Nach dieser Zeit wird sie durch ein Sieb gegossen, das aufgefangene, mit Essig verrührte Blut wird dazu gegeben, ebenso das von den Knochen getrennte, in Würfel geschnittene Fleisch. Man stellt das Gericht 30 Minuten vor dem Anrichten in einen Topf mit heißem Wasser. Hierzu gibt man Kartoffelmus, Rote Beete, Apfelmus, Nudeln, Kartoffelklöße oder Salzgurken.

**Hasenragout.** Dieses köstliche Gericht kann man nur bereiten, wenn keine Zutaten fehlen, und wenn man reichlich gesegnet ist mit Hasen. 250 Gr. durchwachsenes Schweinefleisch oder fetten Speck, 1 Zehe Knoblauch oder 2 Zwiebeln, 2 Wacholderbeeren, 1/8 Ltr. Portwein oder Madeira (kann fehlen), 1/2 Zitrone, 1 Teel. Salz, 1 Messerspitze Paprika. Der Hase *Zutaten: 250 Gr. durchwachsenes Schweinefleisch od. –fett, Speck, 1 Zehe Knoblauch oder 2 Zwiebeln, 2 Wacholderbeeren, 1/8 Ltr. Portwein oder Madeira, 1/2 Zitrone, 1 Teel. Salz, 3/4 Ltr. Wasser, 65 Gr. Weizenmehl, 2 Essl. Johannisbeerengelee, 1 Messerspitze Paprika.* wird enthäutet. Dann trennt man das Fleisch von den Knochen und schneidet es in Stücke, diese so groß, wie man sie haben will, ebenso das Schweinefleisch. Diese beiden Teile legt man in einen Schmortopf und bräunt das Fleisch zugedeckt 10 Minuten. Die Knochen werden zerkleinert mit 3/4 Ltr. Wasser angesetzt und zugedeckt 2 Stunden gekocht. Man streut über das gebräunte Hasenfleisch 65 Gr. Weizenmehl, gibt sämtliche Gewürze dazu, dann zuletzt die vorher gekochte Brühe von den Hasenknochen. Zugedeckt lässt man das Gericht im Bratofen 45 Minuten schmoren. Den Portwein und den Saft der Zitrone gibt man 5 Minuten vor dem Anrichten dazu. Ist die Tunke nicht braun genug, so wird sie mit etwas dunkelbraun gebranntem Zucker gefärbt. Hierzu gibt man Klöße oder selbstbereitete Nudeln oder auch Blätterteigstücke. 2 Essl. Johannisbeergelee kann man zuletzt an das Ragout geben.

**Hasenpain als Brotaufstrich.** Hierzu benutzt man die Vorderläufe und die Keulen. Das rohe Fleisch wird von den Knochen und den Sehnen befreit, dann durch die Fleischmaschine gegeben. 125 Gr. geräucherten Schinkenspeck oder fettes Schweinefleisch, 1 kleine Zwiebel gibt man mit dem Hasenfleisch zweimal durch die Fleischmaschine. 30 Gr. Butter, 60 Gr. Mehl schwitzt man unter Rühren in einem Topfe 1–2 Min, dann gießt man 1/2 Ltr. Wasser oder Knochenbrühe oder einen Tunkenrest dazu. Nachdem diese dickliche Masse einmal aufgekocht, wird sie mit der Fleischmasse gemischt, 1 Teel. Salz, 1 ganzes Ei wird dazugegeben, dann wird die Masse durch ein Sieb gestrichen. Eine Schüssel legt man mit dünnen Speckscheiben aus, die gesiebte Fleischmasse gießt man in die Schüssel, dünne Speckscheiben legt man oben auf die Farce. Zugedeckt wird die Schüssel in einem Topf mit heißem Wasser 45 Min. in den heißen Bratofen gestellt.

*Zutaten: 125 Gr. geräucherter Schinkenspeck oder fettes Schweinefleisch, 1 kl. Zwiebel, 30 Gr. Butter, 60 Gr. Mehl, 1/4 Ltr. Wasser oder Knochenbrühe oder 1 Tunkenrest, 1 Teel. Salz, 1 Ei.*

**Rehkeule für 6 Personen.** Eine Keule von 2 Kilo wird im ganzen 1 Stunde bei mäßiger Hitze unter fleißigem Begießen und Umlegen gebraten. Sie wird mit 1 Löffel Butter angesetzt und 15 Minuten mit dieser gebraten, dann gießt man nach und nach 1/2 Ltr. sauren Rahm dazu. Die Tunke wird nur wenn nötig mit etwas ausgerührtem Weizenmehl sämig gemacht. Das Braune in der Pfanne wird zuletzt mit etwas Wasserlosgekocht und zur Tunke getan. In der Zwischenzeit muss man die Tunke öfters abgießen, weil dem Braten sonst zu viel Saft entzogen wird durch die Dämpfe, die sich im Ofen durch die Flüssigkeit entwickeln.

**Rehrücken.** Man rechnet einen Rücken von 5–6 Kilo für 12 Personen. Der gespickte Rücken wird mit 1 Kochl. Butter belegt und im heißen Ofen unter fleißigem Begießen und Umlegen 15 Minuten gebraten. Dann gießt man 1/2 Ltr. sauren Rahm in zwei Touren über den Braten, hiermit lässt man den Braten noch 15 Minuten im Ofen, inzwischen fleißig begießen, dann den Rahm vollständig abgießen, 1 Essl. Butter über den Braten füllen, dann noch 10 Min. im Ofen braten lassen. Die Tunke wird mit 1/2 Teel. Salz gewürzt, nur wenn nötig mit etwas ausgerührtem Weizenmehl sämig gemacht. Größere Rücken im Gewicht von 9–10 Kilo lässt man 1 Stunde im Ofen braten.

**Rehrücken für 10 Personen.** Der gespickte Rehrücken wird mit 2 Kochl. Butter belegt, im heißen Ofen 45 Minuten gebraten. Nach Verlauf von 10 Minuten wird er mit dem Fett, welches sich während der Bratzeit in der Pfanne sammelt, übergossen. Auch wird der Rücken oft auf die andere Seite gelegt. Nach dieser Zeit wird der Rücken zum vollständigen Kaltwerden beiseite gestellt. Man gießt 1/2 Ltr. Wasser in die Pfanne, kocht unter Rühren den angebräunten Fleischsaft los. 8 Blatt weiße Gelatine, 1 gehäuften Teel. Salz gibt man in die Pfanne und kocht dieses unter Rühren 1–2 Minuten, dann gießt man die Tunke durch ein Sieb, stellt sie zum Erkalten beiseite. Das Weißbrot wird mit 1/4 Ltr. heißer Milch 5–6 Minuten geweicht und ganz gut verrührt. Die Gänseleber wird durch die Fleischmaschine gegeben und dann nach der Leber das Brot. An diese Masse gibt man die Eidotter, 1 gehäuften Teel. Salz, die feingehackten Trüffeln und 1/4 Ltr. Rahm. Eine Kastenform wird mit Butter ausgestrichen, mit Mehl ausgestäubt. Die Lebermasse wird in die Kastenform gestrichen, und nun wird diese Form mit Speckscheiben belegt, in eine zweite Pfanne mit Wasser 30 Minuten in den heißen Bratofen gestellt. Nach dieser Zeit stellt man die Lebermasse zum vollständigen Auskühlen beiseite. 2 frische grüne Gurken werden recht dünn geschält. Man schneidet 18 recht dicke, runde Scheiben, höhlt sie ganz wenig aus, setzt sie mit 1/2 Ltr. kochendem Wasser, 1 Messerspitze Natron an und kocht sie zugedeckt 10 Minuten. Nach dieser Zeit wird 1 Teel. Salz zugegeben. Man lässt die Gurkenstücke in diesem Wasser erkalten. 500 Gr. kleine, ganz frische Champignons werden geputzt, gedämpft, mit Rahmtunke bereitet (siehe unter Gemüse). Nun legt man auf jedes Gurkenstück von den weißen mit wenig Rahmtunke angemachten Champignons, doch so, dass von dem Gurkenstück ein großer Rand frei bleibt. Von 1/2 Ltr. guter Fleischbrühe bereitet man hellen Aspik. Diesen Aspik stellt man in Eiswasser. Sobald er vollständig erkaltet, wird der Aspik recht fein gehackt. Beim inzwischen kaltgewordenen Rehrücken schneidet man die beiden Fleischseiten vom Knochen. Die kaltgewordene Lebermasse erreicht man auf den Knochen. Das Fleisch vom Rehrücken wird in große Scheiben zerlegt. Diese Scheiben werden auf den Rücken auf den Lebermus gelegt. Von der Lebermasse muss man nichts mehr sehen können. Nun übergießt man den Rehrücken mit dem dunklen Aspik, den man aus der Rehbratentunke herstellt. Die Platte mit dem Rehrücken stellt man etwas schräge an das offene Fenster. Man füllt den dunklen Aspik solange über den Rehrücken bis der Aspik haftet. Danach wird die Platte mit einem sauberen, heißen, nassen Tuch gesäubert. Die mit den weißen Champignons belegten Gurkenstücke legt man an jede Seite vom Rehrücken. Der helle Aspik wird gehackt, auf jedes gefüllte Gurkenstück legt man 1/2 Teel. feingehackten Aspik, außerdem auf den braunen Rehrücken

*Zutaten: 1 großer Rehrücken von 4 Kilo, 2 Kilo Gänseleber, 4 Eier, 500 Gr. Weißbrot, 65 Gr. Trüffeln, 1/4 Ltr. Rahm.*

der Länge nach einem Strich von dem gehackten hellen Aspik. Den übrigen Aspik legt man häufchenweise am Kopf- und Schwanzstück auf die Platte. Hierzu gibt man eine Cumberland-Tunke. Diese Platte ist geeignet für ein kaltes Büfett oder auch beim Mittagessen als kalte Mittelschüssel.

**Hirschrücken.** Ein Hirschrücken im Gewicht von 7–10 Kilo. Die Haut wird abgezogen, der Rücken wird gespickt, mit 2 Kochl. Butter belegt und nun im nicht zu heißen Ofen im ganzen 1 1/4 Stunde gebraten, inzwischen nach Verlauf von 10 Minuten auf die andere Seite

*Zutaten: 1 Hirschrücken von 7-10 Kilo, 2 Kochl. Butter, 1/2 Ltr. saurer Rahm, 1 Essl. Butter, 1/2 Ltr. Wasser oder Knochenbrühe, 1 Teel. Salz, 1 Teel. Weizenmehl, 2 Teel. kaltes Wasser.*

gelegt und übergossen mit dem Fett, welches sich während der Bratzeit ansammelt. In der letzten Viertelstunde gießt man 1/2 Ltr. sauren Rahm über den Braten. Diese Tunke wird nach 10 Minuten in einen Stieltopf abgegossen. 1 Essl. Butter legt man wieder auf den Rücken und brät ihn noch im heißen Ofen 10 Minuten. Nach der Bratzeit wird der Rücken 10 Minuten mit einem Tuche zugedeckt beiseite gestellt. Die weiche Fleischseite wird zuunterst auf die Platte gelegt. Man gibt in die Pfanne, worin der Rücken gebraten, 1/2 Ltr. Wasser oder Knochenbrühe, kocht unter Rühren den angebräunten Fleischsaft in 5 Minuten los. Diese Flüssigkeit gibt man zur vorher abgegossenen Rahmtunke, lässt sie 5 Minuten ohne Deckel kochen, gibt 1 Teel. Salz dazu. Ist sie nicht sämig genug, so wird 1 Teel. Weizenmehl mit 2 Teel. kaltem Wasser ausgerührt und dieses unter Rühren an die Tunke gegossen. Beim Anrichten wird die Tunke durch ein Sieb gegossen. Außer dieser Rahmtunke gibt man zum Hirschrücken Cumberlandtunke. Bevor man den Rücken in die Pfanne legt, wird der Knochen zur Mitte einmal eingeschlagen, damit man für 20 Personen zwei Anrichten bekommt.

**Hirschrollen.** Man verwendet hierzu die Bauchlappen vom Hirsch. Die Haut wird abgezogen von beiden Seiten, die Fettstücke lässt man sitzen. 6 abgezogene, in dünne Scheiben

*Zutaten: 1 gehäufter Teel. Salz, 30 Gr. geräucherter Speck, 1 Teel. Pfeffer, 2 Essl. Mehl, 1/2 Ltr. Wasser.*

geschnittene Zwiebeln verteilt man auf die Seite vom Fleisch; 1 gehäuften Teel. Salz mischt man mit 1 Teel. Pfeffer, dies streut man über die Zwiebel. 30 Gr. geräucherten Speck schneidet man in Würfel, legt diese Würfel auf die Zwiebeln, und nun wird das Fleischstück fest aufgerollt und mit einem Faden umwickelt. Diese vorbereitete Fleischrolle kann man eine Woche mit zum Pökelfleisch legen. Beim Gebrauch wird die Rolle mit 2 Essl. Mehl überstreut, zugedeckt im eisernen Schmortopf angesetzt und in etwa 30 Minuten ohne Fett und ohne Wasser gebräunt. Inzwischen wird die Rolle oft auf die andere Seite gelegt. Ist sie in dieser Zeit nicht braun genug, so legt man den Deckel beiseite und lässt den Fleischsaft vollständig einschmoren. Danach wird 1/2 Ltr. Wasser über die Rolle gegossen. Fest zugedeckt lässt man die Rolle im heißen Bratofen 1 1/2 Stunde schmoren. Inzwischen wird die Rolle einmal auf die andere Seite gelegt. Ist die Tunke nicht sämig genug, so wird etwas ausgerührtes Weizenmehl dazu gegossen.

**Hirschkeule.** Eine Keule im Gewicht von 5 Kilo. Die Haut wird abgezogen, die Keule wird gespickt, mit 100 Gr. Speckscheiben belegt, bei nicht zu großer Hitze im Ganzen 2 Stunden gebraten. Inzwischen nach 5–10 Minuten mit dem Fett, welches sich während der Brat-

*Zutaten: 1 Keule von 5 Kilo, 100 Gr. Speckscheiben, 1/2 saurer Rahm oder Wasser, 1/4 Ltr. Wasser oder Knochenbrühe, 1 Teel. Salz, 1 Teel. Weizenmehl, 2 Teel. kaltes Wasser.*

zeit in der Pfanne sammelt, übergossen. Auch wird die Keule gleichzeitig auf die andere Seite gelegt. Nach 1 Stunde gießt man 1/2 Ltr. sauren Rahm oder Wasser über die Keule. Diese Flüssigkeit wird nach 10 Minuten in einen Stieltopf gegossen. Man lässt den Braten 10 Minuten ohne Fett und ohne Wasser im Ofen weiterbraten und nun wird 1/4 Ltr. Wasser oder Knochenbrühe über die Keule gegossen. Auch diese Flüssigkeit wird wieder nach 10 Minuten in den Stieltopf an die Tunke gegossen. Die Fettschicht auf der Tunke wird wieder über die Keule gefüllt, und nun lässt man sie bis zum Schluss mit diesem Fett im Ofen weiterbraten. Auch wird die Keule in dieser Zeit nochmals wieder auf die andere Seite gelegt. Nach dieser Bratzeit legt man die Keule auf eine Platte, gießt in die Pfanne, worin man sie gebraten, 1/4 Ltr. Wasser, kocht unter Rühren den angebräunten Fleischsaft in 5 Minuten los, dann gießt man diese Flüssigkeit zur vorher abgegossenen Rahmtunke. An diese Rahmtunke wird 1 Teel. Salz gegeben. Ist sie nicht sämig genug, so wird 1 Teel. Weizenmehl mit 2 Teel. kaltem Wasser verrührt und an die kochende Tunke gegeben.

**Hirschfilet für 6 Personen.** 1 1/2 Kilo werden mit 2 Kochl. Butter angesetzt und im nicht zu heißen Ofen 30 Minuten gebraten unter fleißigem Begießen und Umlegen. In

*Zutaten: 1 1/2 Kilo Filet vom Hirsch, 2 Kochl. Butter, 1/2 Ltr. saurer Rahm, 1/2 Teel. Salz, etwas Weizenmehl.*

den letzten 10 Minuten macht man den Ofen recht heiß und gießt 1/2 Ltr. sauren Rahm über das Filet. Die Tunke wird, wenn nötig, mit etwas ausgerührtem Weizenmehl sämig gemacht und mit 1/2 Teel. Salz gewürzt.

**Wildschweinsrücken für 10 Personen.** Vom Wildschwein darf man nur Frischlinge oder einjährige Tiere verwenden. Ein Rücken wird ohne Butter im heißen Bratofen angesetzt und

*Zutaten: Wildschweinsrücken, 1/2 Ltr. Wasser oder Knochenbrühe, 1/8 Ltr. Rotwein, 1 geh. Teel. Maizena, 1 Teel. Salz.*

unter fleißigem Begießen und Umlegen 1 Stunde gebraten. In der letzten Viertelstunde wird das Fett vollständig abgegossen, und nun wird 1/2 Ltr. Wasser oder Knochenbrühe sowie 1/3 Ltr. Rotwein über den Braten gegossen. Diese Flüssigkeit gießt man nach 10 Minuten wieder ab. Dann gießt man das vorherige Fett wieder über den Rücken und lässt den Rücken hiermit noch 5 Minuten im heißen Ofen weiterbraten. Nach dieser Zeit wird der Braten, die Fleischseite nach unten, mit einem Tuche zugedeckt 10 Minuten in den Tellerwärmer gestellt. Tranchiert man den Braten so wie er aus dem Ofen kommt, läuft der Fleischsaft aus, das Fleisch wird trocken. Die vorher abgegossene Flüssigkeit wird entfettet und wieder ins Kochen gebracht. 1 gehäuften Teel. Maizena rührt man mit 2 Teel. kalten Wassers aus, gießt dieses unter Rühren an die kochende Flüssigkeit. Diese Tunke lässt man noch 3 Minuten kochen. Sie wird mit 1 Teel. Salz gewürzt. Außer dieser warmen Tunke gibt man eine kalte Orangentunke zum Wildschweinsrücken. Als Garnitur verwendet man kleine Käse, Soufflees, Pimentos, Oliven, Salzgurken, Sauerkraut, Kastanienpürée und Kartoffelkränze. Das vorher abgegossene Bratenfett kann man einige Tage später statt Butter für Kohl und Steckrüben verwenden.

**Verwendung von Resten vom Hasenbraten oder anderem Wild.** 250 Gr. Fleischreste. Den Inhalt einer 125-Gr.-Dose Champignons schüttet man in einen Topf, 2 Schalotten werden abgezogen, in Scheiben geschnitten dazugegeben und zugedeckt wird beides langsam 10 Minuten gekocht. 1/2 Teel. Zucker schüttet man in einen Topf und lässt den Zucker bei mäßiger Hitze dunkelbraun werden, nicht schwarz. Dann fügt man 80 Gr. Butter, 60 Gr. Mehl hinzu und schwitzt beides unter Rühren 1–2 Minuten. Danach werden 1/4 Ltr. Weißwein, 2 Teel. Essig, 1 Teel. Senf, die Champignons, 1 Teel. Salz dazugegeben. Hat man noch einen Tunkenrest, so wird dieser dazu gegossen. Nachdem die Tunke aufgekocht, wird das Fleisch dazu gegeben und der Topf zugedeckt in einen Topf mit heißem Wasser gestellt. 1 Teel. Kapern oder 4 Oliven, klein geschnitten, kann man dazugeben. Man richtet das Ganze in einem Käse- oder Reisrand an.

*Zutaten: 1 Keule von 5 Kilo, 100 Gr. Speckscheiben, 1/2 saurer Rahm oder Wasser, 1/4 Ltr. Wasser oder Knochenbrühe, 1 Teel. Salz, 1 Teel. Weizenmehl, 2 Teel. kaltes Wasser.*

**Falscher Hase von Wildfleischresten.** Reste vom Reh, Hirsch oder Hasen verwendet man auch zu dem gleichen Zweck. Die Zwiebeln, das Fleisch, Speck und die von der Gräte befreiten Sardellen gibt man zweimal durch die Fleischmaschine. Statt Wild kann man

*Zutaten: 500 Gr. Reste vom Reh, Hirsch oder Hasen, 100 Gr. geräuch. Speck, 1 Ei, 1 kleine Zwiebel, 5 Gr. Salz, 4 Sardellen, 2 Rundstücke, 2 Gr. Pfeffer, 50 Gr. Mehl, 1 Kochl. Butter, 1/4 Ltr. saurer Rahm.*

auch halb Rindfleisch und halb Kalbfleisch nehmen. Die Rundstücke werden mit heißem Wasser geweicht, gut ausgedrückt, zuletzt durch die Maschine gegeben. Die Fleischmasse wird mit dem Ei, Salz, Pfeffer gemischt, 50 Gr. Mehl breitet man auf einem Brett aus, legt die Fleischmasse darauf, formt ein längliches Brot und spickt dieses mit Speckstreifen. 1 Kochl. Butter lässt man in der Pfanne braun werden, legt den Braten in die Butter und brät ihn im heißen Ofen 30 Minuten. Inzwischen viermal mit dem Fett übergießen, nach dieser Zeit gießt man 1/4 Ltr. sauren Rahm in die Pfanne. Man lässt den Braten noch 10 Minuten im Ofen. Hierzu gibt man Bratkartoffeln, Rot- oder Weißkohl.

# Einfache, billigere Gerichte

**Suppenfleisch für 8 Personen.** Am besten ein Steertstück oder Querrippe. Legt man Wert auf eine gute Fleischbrühe, so muss man das Fleisch aus der Kluft nehmen. Dieses Fleisch wird gewöhnlich trocken nach dem Kochen, während das Steertstück oder die Querrippe saftig bleiben. Für eine gute Fleischbrühe muss das Fleisch oder das Geflügel frisch geschlachtet sein; altes abgehangenes Fleisch oder Knochen machen die Brühe trübe. Ein Fleischstück von 2 Kilo wird gewaschen, mit 2 Ltr. kaltem Wasser, etwas Suppenkraut und 1 Essl. Salz angesetzt, im fest geschlossenen Topf recht langsam 2 Stunden gekocht. Durch starkes Kochen wird das Fleisch hart. Am besten nimmt man hierzu einen Dampfkocher. Als Beilage gibt man Meerrettichtunke, Senftunke, Tomatensalat, Gurkensalat, Teufelstunke.

*Zutaten: 2 Kilo Fleisch, 2 Ltr. kaltes Wasser, etwas Suppenkraut, 1 Essl. Salz.*

**Apfelfleisch für 6 Personen.** Man verwendet dazu Suppenfleisch, schneidet 500 Gr. Fleischreste in Würfel, auch die Fettstücke, schält 500 Gr. Äpfel und schneidet sie in Scheiben und setzt das Ganze mit 1/8 Ltr. Wasser an. Dazu gibt man 1 Lorbeerblatt, 1 Essl. gewaschene Rosinen, 2 Kochl. Zucker, 1 Teel. Salz und lässt es zugedeckt 40 Minuten langsam schmoren. Um ein Anbrennen zu vermeiden, legt man eine Asbestplatte[1] unter den Topf. Dazu gibt man Kartoffelmus.

*Zutaten: 500 Gr. Reste vom Fleisch, 500 Gr. geschälte Äpfel, 1/8 Ltr. Wasser, 1 Teel. Salz, 1 Lorbeerblatt, 1 Essl. gewaschene Rosinen, 2 Kochl. Zucker.*

**Klops. Ein Frühstücksessen für 4 Personen.** 2 alte Rundstücke schält man ab, weicht sie mit

*Zutaten: 2 alte Rundstücke, 125 Gr. Ochsen- und Schweinehack, 1/4 Ltr. lauwarmes Wasser,*

---

1    Anm. des Verlags: Die Rezepte müssen im historischen Kontext gelesen werden. Asbest hat nach neuerem Wissensstand eindeutig festgestellte Gesundheitsgefahren. Bitte kochen sie nicht mit Asbest.

1/4 Ltr. lauwarmen Wasser 2 Minuten und drückt sie gut aus. 1/2 Kochl. Butter lässt man in einer Pfanne dünn werden, gibt das Brot dazu, stellt die Pfanne auf mäßiges Feuer und rührt die Brotmasse 3–5 Minuten. Dann mischt man das Fleisch damit und gibt 1 Teel. Salz, 1/2 Teel. roh geriebene Zwiebel und 1/2 Teel. Pfeffer und *1/2 Kochl. Butter, 1 Teel. Salz, 1/2 Teel. Zwiebel, 1/2 Teel. Pfeffer, 1 ganzes Ei oder 2 Eiweiß, 1/2 Kochl. Butter, 1 Kochl. Mehlschwitze, 1/2 Ltr. Brühe, 1 gehäuft. Teel. Kapern, 4 Sardellen, 1 Teel. Essig, 1/2 Teel. Salz.* zuletzt 1 ganzes Ei dazu. Hat man Eiweißreste, so kann man anstatt des ganzen Eies 2 Eiweiß nehmen. Aus dieser Masse formt man 6–8 Klöße. 1/2 Kochl. Butter lässt man in der Pfanne braun werden, legt die Klopse in die Pfanne und brät sie 1–2 Minuten. 1 Kochl. Mehlschwitze rührt man mit 1/2 Ltr. Brühe oder Wasser aus, gibt 1 gehäuften Teel. Kapern und 4 feingehackte, von Haut und Gräten befreite Sardellen dazu und fügt 1 Teel. Essig und 1/2 Teel. Salz hinzu. Alsdann legt man die Klopse in die Tunke und lässt sie hierin zugedeckt langsam 30 Minuten ziehen. Die Tunke kann man mit etwas braunem Zucker abschmecken. Lässt man die Klopse zu rasch kochen, werden sie hart.

**Beefsteak à la Moser für 6 Personen.** Die Steaks werden mit Salz und Pfeffer bestreut, in der Pfanne in wenig brauner Butter unter häufigem Umlegen 3 Minuten gebraten. Die *Zutaten: 1 Kilo Steak, 1 Kilo Kartoffeln, 3 Gr. Zwiebeln, 2 Teel. Salz, 1/4 Ltr. Wasser, 1 Kochl. Butter, 1 Teel. Pfeffer.* Kartoffeln kocht man mit der Schale in 30 Minuten weich, zieht die Haut ab, schneidet sie in dünne Scheiben. 3 große Zwiebeln werden abgezogen, ebenfalls in dünne Scheiben geschnitten, dann mit 1 Kochl. Butter im geschlossenen Topf 20 Minuten langsam gedämpft; sie dürfen nicht braun werden. Nun gibt man die Hälfte der Kartoffeln dazu, legt die Steaks nebeneinander auf die Kartoffeln, gibt den Rest der Kartoffeln dazu und streut 1 Teel. Salz darauf. Nun gießt man 1/4 Ltr. Wasser in die Pfanne, worin das Fleisch gebraten, kocht den Fleischsaft unter Rühren in 2 Minuten los, gießt diese Brühe über die Steaks und legt einen Kochl. Butter oben auf, fest zugedeckt stellt man den Topf zum langsamen Schmoren in den Bratofen. Dauer 30 Minuten.

**Fleischreste zum Aufwärmen und zur Verwendung bei einem Frühstück für 4 Personen.** 250 Gr. Fleischreste von jedem Braten schneidet man in Würfel. 1/2 Kochl. Mehl-*Zutaten: 250 Gr. Reste vom Fleisch, 1/2 Kochl. Mehlschwitze, 1/4 Ltr. Brühe oder Wasser, 1/2 Teel. Salz.* schwitze rührt man mit 1/4 Ltr. Brühe oder Wasser und 1/2 Teel. Salz aus. Die Tunke lässt man einmal aufkochen, dann gibt man das Fleisch dazu und stellt den Topf mit dem Fleisch zugedeckt in einen zweiten Topf mit kochendem Wasser, 30 Minuten vor dem Anrichten. Lässt man das Fleisch in der

Tunke vor dem Anrichten kochen, so wird es hart. Reste von jeder Tunke kann man mit verwenden.

**Rollfleisch für 4 Personen.** 1/2 Kilo Rollfleisch wird mit 1/2 Teel. Salz, 1 Messerspitze Pfeffer bestreut, 1 Essl. klein geschnittener Speck und 2 Scheiben Zwiebel werden hineingerollt. Jede Rolle wendet man in Weizen-

*Zutaten: 500 Gr. Rollfleisch, 1/2 Teel. Salz, 1 Messerspitze Pfeffer, 1 Essl. kleingeschnittn. Speck, 1/2 Ltr. Wasser, 2 Scheiben Zwiebel, Weizenmehl.*

mehl, legt sie in einen Schmortopf, bräunt sie im geschlossenen Topf unter öfterem Umlegen im eigenen Saft ohne Butter und Fett in zirka 30 Minuten. Nun gießt man Wasser auf das Fleisch, bis es bedeckt ist, dann stellt man den geschlossenen Topf in den Ofen und lässt das Fleisch recht langsam 1 Stunde schmoren. Wenn nötig, macht man die Tunke sämig.

**Kohlzwickeln für 4 Personen.** Man verwendet Fleischreste von jedem Braten oder Suppenfleisch. Von einem kleinen Weißkohl im Gewicht von 1/2 Kilo sind die äußeren schlechten Blätter zu entfernen, der Kohl ist reichlich

*Zutaten: Fleischreste, 500 Gr. Weißkohl, 125 Gr. Fleisch, 1 Kochl. Mehlschwitze, 1/2 Ltr. Knochenbrühe, 1 Essl. Kapern, 1/2 Teel. Salz, 2 Eidotter.*

bedeckt mit kochendem Wasser anzusetzen, in einem geschlossenen Topf 1 Stunde zu kochen und dann 30 Minuten zum Auskühlen beiseite zu stellen. Die Farce ist ebenso wie beim Fleischpudding zu bereiten. Man verwendet 125 Gr. Fleisch. Die einzelnen Blätter vom Kohl breitet man aus, verteilt die Farce auf die Blätter und rollt sie auf. 1 Kochl. Mehlschwitze wird mit 1/2 Ltr. Knochenbrühe oder Wasser ausgerührt. Man gibt 1 Essl. Kapern dazu und würzt die Tunke mit 1/2 Teel. Salz, legt die Kohlzwickeln nebeneinander in die Tunke und lässt das Gericht zugedeckt 1/2 Stunde langsam dämpfen. Man kann die Tunke beim Anrichten mit 2 Eidottern abrühren. Man kann die Kohlzwickeln auch auf andere Art bereiten. 65 Gr. Speck wird, in Würfel geschnitten, im breiten Topf langsam ausgebraten. 1 gehäuften Kochl. Mehl gibt man dazu und schwitzt beides unter Rühren 2 Minuten. Dann wird 1/2 Ltr. Wasser, 1 Teel. Kapern und 1 Teel. Salz dazugegeben. Die mit der Fleischfarce gefüllten Kohlzwickeln legt man nebeneinander in die Tunke und lässt sie hierin langsam 30 Minuten kochen. 5 Minuten vor dem Anrichten gibt man 2 Essl. geriebenen Käse dazu. Die Tunke kann man ebenfalls mit 2 Eidottern abrühren.

**Schinkenauflauf mit Kartoffeln für 6 Personen.** Die Kartoffeln setzt man bedeckt mit kaltem Wasser an, kocht sie im geschlossenen Topf in 30 Minuten weich und gießt das Was-

*Zutaten: 1 Kilo Kartoffeln, 1 Kochl. Mehlschwitze, 1/2 Ltr. Milch, 1 Teel. Salz, 1/2 Teel. Pfeffer, 1 Messerspitze roh*

ser ab, schneidet sie, nachdem die Haut abgezogen, in Scheiben. 1 Kochl. Mehlschwitze rührt man mit 1/2 Ltr. Milch oder Rahm aus und gibt nach Geschmack 1 Teel. Salz, 1/2 Teel. Pfeffer, 1 Messerspitze roh geriebene Zwiebel dazu. Die Kartoffeln sind mit dieser Tunke zu mischen. Die Hälfte füllt man in eine Auflaufform. 250 Gr. gekochten Schinken oder Rauchfleisch hackt man und gibt es auf die Kartoffeln. Die zweite Hälfte der Kartoffeln füllt man über den Schinken, verrührt 2 Essl. geriebenen Käse mit 1/8 Ltr. saurem Rahm und gießt dieses über die Kartoffeln. Obenauf legt man 1 Teel. Butter und bäckt das Gericht 30 Minuten im heißen Ofen.

*geriebene Zwiebel, 250 Gr. gekochter Schinken oder Rauchfleisch, 1 Teel. Butter.*

### Gulasch für 6 Personen.

**Gulasch für 6 Personen.** Ein Frühstücksgericht. Man schneidet Ochsen-, Hummel-, Schweine- und Kalbfleisch in Würfel, setzt es im geschlossenen Topf mit 1/2 Teel. Pfeffer, 1 Messerspitze Paprika, 1 Teel. Salz an, bräunt das Fleisch in zirka 30 Minuten. Ist es dann nicht braun genug, ist der Deckel beiseite zu legen und der Saft vollständig einzuschmoren,

*Zutaten: 250 Gr. Kalb-, Ochsen-, Hummel- und Schweinefleisch, 1 Messerspitze Paprika, 1/2 Teel. Pfeffer, 1 Teel. Salz, 2 Zwiebeln, 250 Gr. Tomaten, 3/4 Ltr. lauwarmes Wasser 1 Kochl. Mehl, 500 Gr. geschälte Kartoffeln.*

alsdann sind 2 abgezogene, in Scheiben geschnittene Zwiebeln dazuzugeben. Danach fügt man die in Stücke geschnittenen Tomaten und 1 Kochl. Mehl dazu. Man rührt alles gut durch, gießt 3/4 Ltr. lauwarmes Wasser auf das Fleisch, lässt es fest zugedeckt 1 Stunde langsam schmoren. Nach dieser Zeit gibt man die Kartoffeln an das Fleisch und lässt das Gericht mit den Kartoffeln noch langsam 30–40 Minuten schmoren.

### Gedämpfte Rinderbrust für 6 Personen.

**Gedämpfte Rinderbrust für 6 Personen.** Das gewaschene Fleisch wird mit 1 Ltr. kaltem Wasser, mit etwas Suppenkraut angesetzt und im Dampftopf 2 Stunden langsam gedämpft. Man gibt zu diesem Fleisch

*Zutaten: 2 Kilo Rinderbrust, Querrippe oder Steertstück, 1 Teel. kaltes Wasser, 1 Essl. Salz.*

Meerrettichtunke oder auch rohgeschabten Meerrettich. Die Brühe verwendet man als Suppe.

### Rumpsteak.

**Rumpsteak.** Die Steaks werden zweifingerbreit dick geschnitten. 1 Teel. Salz mischt man mit 1/2 Teel. Pfeffer (für 1/2 Kilo Steak gerechnet) und streut es über sie. Dann lässt man 1/2 Kochl. Butter in der Pfanne braun werden, legt die Steaks dazu und brät sie unter

*Zutaten: 125 Gr. Steak à Person, 1 Teel. Salz, 1/2 Teel. Pfeffer, 1/2 Ltr. heißes Wasser, 1/2 Teel. Mondamin oder Maizena, 1/2 Kochl. Butter, 1 Zwiebel, 1 Kochl. Butter.*

Umlegen 10 Minuten auf geschlossenem heißen Herd. Die Steaks werden auf eine Platte gegeben. 1/2 Ltr. heißes Wasser gießt man in die Pfanne und kocht unter Rühren den angebräunten Fleischsaft los. Diese Flüssigkeit wird zur Hälfte eingekocht. 1 Teel. Mondamin oder Maizena rührt man mit 1 Essl. kaltem Wasser aus, gießt dieses unter Rühren in die Pfanne, lässt die Tunke 2 Minuten kochen und gießt sie dann durch ein Sieb über die Steaks. Will man Steaks mit Zwiebeln geben, rechnet man auf die Person 1 Zwiebel. Sie werden abgezogen, in Scheiben geschnitten und im geschlossenen Topf 30 Minuten mit 1 Kochl. Butter gedämpft. Sie müssen weiß bleiben. Nach dieser Zeit schüttet man sie in die Pfanne, worin man die Steaks gebraten, und lässt sie unter Rühren braun und kross werden in 2 Minuten.

**Fleischpudding für 6 Personen.** Hierzu verwendet man am besten Fleischreste von jedem Braten oder von Suppenfleisch. Stattdessen kann auch 250 Gr. Ochsen-, 125 Gr. Kalbs- und 125 Gr. Schweinehack genommen werden. Das Ganze gibt man durch die Fleischmaschine. 3 alte Rundstücke werden geschält und 1 Min. in lauwarmem Wasser eingeweicht, gut ausgedrückt und zuletzt mit durch die Maschine gegeben. Nach Geschmack gibt man 1 gehäuften Teel. Salz. 1/2 Teel. roh geriebene Zwiebel und 1/2 Teel. Pfeffer dazu. Nachdem alles gut verrührt ist, kommen noch 2 ganze Eier oder Eiweißreste hinzu. Man kann 3 Eiweiß statt der ganzen Eier verwenden. Man füllt die Masse in eine buttergestrichene Form, die mit Mehl ausgestäubt wurde. Man stellt die festgeschlossene Form in einen Topf mit heißem Wasser und kocht den Pudding 1 Stunde. Man muss inzwischen kochendes Wasser nachgießen. Am besten stellt man den Topf mit dem Pudding in den Ofen. Tomaten- oder Kaperntunke gibt man dazu.

*Zutaten: Fleischreste oder 250 Gr. Ochsen-, 125 Gr. Kalbs-, 125 Gr. Schweinehack, 3 alte Rundstücke, 1 Teel. Salz, 1/2 Teel. roh gerieb. Zwiebel, 1/2 Teel. Pfeffer, 2 Eier oder Eiweißreste.*

**Sauerkraut und Erbsenmus mit Schinken- oder Rauchfleischklößen für 6 Personen.** Schinken oder Rauchfleisch hackt man recht fein. Die Rundstücke werden in 1/2 Ltr. heißem Wasser eingeweicht, der Speck wird in Würfel geschnitten, in der Pfanne unter Rühren bei nicht zu starker Hitze ausgebraten; die Würfel dürfen nicht zu braun werden. Danach gibt man die abgezogenen feingehackten Zwiebeln dazu und lässt beides zugedeckt langsam 10 Minuten dämpfen. Nach dieser Zeit wird das ausgedrückte Brot in die Pfanne gelegt und unter Rühren auf mäßigem Feuer 3–5 Minuten gebacken, bis die Brotmasse vom Boden der Pfanne lässt. Den Brotkloß mischt man nun mit dem gehackten Schinken. Wenn die

*Zutaten: 100 Gr. gekochter Schinken oder Rauchfleisch, 100 Gr. geräucherter Speck, 250 Gr. Rundstücke, 5 Gr. Zwiebeln, 2 Eier, 50 Gr. Mehl, 1/2 Ltr. heißes Wasser.*

Masse gleichmäßig verrührt ist, werden die Eier nach und nach dazugegeben, außerdem die Hälfte vom Mehl. Man lässt diesen Teig 1 Stunde stehen; er wird dadurch fester. Danach formt man mit zwei Löffeln, die man in heißes Wasser taucht, Klöße, wendet sie im übrigen Mehl, legt sie in kochendes Salzwasser und kocht sie langsam 5 Minuten.

**Wurzeln und Kartoffeln mit Ochsenquerrippe für 6 Personen.** 1 Kilo Rippe wird gewaschen, mit 1 Ltr. kaltem Wasser und 1 Teel. Salz angesetzt und im geschlossenen Topf recht langsam 2 Stunden gekocht. Durch starkes Kochen wird das Fleisch hart. Die geschälten Karotten werden in die kochende Brühe

*Zutaten: 1 Kilo Querrippe v. Ochsen, 1 Ltr. kaltes Wasser, 1 Teel. Salz, 1 1/2 Kilo geschälte Karotten, 500 Gr. geschälte Kartoffeln, 1 gehäufter Teel. Salz, 1/2 Kochl. Mehlschwitze, 1 Essl. fein gehackte Petersilie.*

gegeben und 1 Stunde mit dem Fleisch gekocht. Die Kartoffeln setzt man bedeckt mit kaltem Wasser und 1 gehäuften Teel. Salz an, kocht die Kartoffeln langsam in 30 Minuten weich, gießt das Wasser ab und dämpft die Kartoffeln trocken. Hiernach stößt man sie mit einem Löffel durch. 1/2 Kochl. Mehlschwitze wird mit der Brühe ausgerührt. Nun lässt man die Karotten und Kartoffeln in dieser Tunke 5 Minuten kochen. Danach gibt man 1 Essl. feingehackte Petersilie dazu und richtet das Gericht mit dem Gemüse an.

**Ochsenmaul** verwendet man zur Suppe oder zu einem kleinen Ragout, welches zur Füllung von Pasteten dient, auch als Fleischsalat kann ein gekochtes Ochsenmaul hergerichtet

*Zutaten: 1 Ochsenmaul, 1 Ltr. kaltes Wasser, 1 Teel. Salz, 20 Gr. Fett od. Ochsenmark, 2 Zwiebeln, 1 Petersilienwurzel.*

werden. Das Maul wird 4 Stunden vor dem Gebrauch gewässert, das Wasser wird oft erneuert. Danach setzt man es bedeckt mit kaltem Wasser an und lässt es einmal aufkochen. Nun wird das Wasser abgegossen. Mit einem Messer schabt man die Borsten und die harte Haut ab, dann wäscht man das Maul solange, bis das Wasser klar bleibt. Setzt das Maul mit 1 Ltr. kaltem Wasser, 1 Teel. Salz, 20 Gr. Fett oder Ochsenmark, 2 Zwiebeln, 1 Petersilienwurzel an und kocht es fest zugedeckt recht langsam 6 Stunden. Nun lässt man das Fleisch vollständig in der Brühe erkalten. Nach dem Erkalten schneidet man das Fleisch in Würfel und verwendet es als Einlage der Suppe oder der verschiedenen Ragouts; die Brühe ebenfalls.

**Geräuchertes Ochsenfleisch kochen.** Brust und Rückenstücke sind die zartesten Teile und sehr geeignet als Rauchfleisch, ebenso gut kann man auch Schwanz- und Kluftstück verwenden. Das geräucherte Fleisch wird mit warmem Wasser sauber gebürstet, die zu sehr vom Rauch geschwärzten Stellen werden dünn abgeschnitten. Nun legt man das Fleisch am Tage vor dem Gebrauch in reichlich kaltem Wasser. Danach setzt man es bedeckt mit heißem Wasser an, fest geschlossen kocht man ein Stück im Gewicht von 4–5 Kilo 3 Stunden recht langsam; durch starkes Kochen bleibt das Fleisch hart. Nach der Kochzeit lässt man das Fleischstück in der Brühe 30 Minuten stehen. Die Brühe verwendet man in den nächsten Tagen für Bohnen- und Erbsensuppe. Man gibt zu dem warmen Rauchfleisch Meerrettich oder Grünkohl mit Kastanien, Nudeln, Makkaroni, Erbsenmus, auch Apfelmeerrettichtunke.

**Rindfleisch mit verschiedenen Gemüsen für 8 Personen.** Am besten geeignet ist das Schwanzstück oder auch die Spitzbrust. Ein Fleischstück im Gewicht von 2 1/2 Kilo wird mit 3 Ltr. kochendem Wasser und 1 Teel. Salz angesetzt und zugedeckt recht langsam 3 Stunden gekocht. Durch zu starkes Kochen ver-

*Zutaten: 2 1/2 Kilo Rindfleisch, 3 Ltr. kochendes Wasser, 1 Teel. Salz, 1 Kilo Wirsingkohl, 65 Gr. fetter, geräuch. Bauchspeck, 1 Kilo Karotten, 1 Teel. fein gehackte Petersilie, 1 Teel. Zucker.*

dampft die Brühe, das Fleisch wird hart. Den besten Geschmack der Brühe erzielt man durch frischgeschlachtetes Fleisch, während man für Bratzwecke die Fleischstücke 5–8 Tage (im Winter) abhängen lässt. In der letzten Kochstunde setzt man folgende Gemüse mit 1 Ltr. der Fleischbrühe an und kocht die Gemüse in 30–45 Minuten weich. Einen Wirsingkohl im Gewicht von 1 Kilo schneidet man in zweifingerbreite Stücke, füllt das Fett und etwas von der kochenden Brühe darüber und kocht das Gemüse zugedeckt langsam; erst nach 40 Minuten wird 1 Teel. Salz dazugegeben, 65 Gr. fetten, geräucherten Bauchspeck kann man, in Würfel geschnitten, mit dem Kohl kochen. 1 Kilo Karotten, mit Buntschälmesser geschält, kocht man ebenso in Fleischbrühe in 45 Minuten weich, gibt erst nach dieser Zeit 1 Teel. Salz, Zucker, feingehackte Petersilie dazu. Außer diesem Gemüse können noch glasierte Zwiebeln und in Locken geschabter Meerrettich, teils weiß und teils rosa, mit Rote Beete Saft gefärbt, verwendet werden. Beim Anrichten wird die Hälfte des Fleischstückes in Scheiben zerlegt, der Wirsingkohl als Kranz um das Fleisch gelegt. Karotten und Zwiebeln legt man häufchenweise um das Fleischstück auf den Wirsingkohl. Die Meerettichlocken legt man an das Kopfende des Fleischstückes. Nimmt man rosa gefärbten Meerrettich, so verwendet man keine Karotten, weil beide Farben zusammen nicht harmonisch wirken. Die zurückbleibende Fleischbrühe verwendet man als Suppe.

**Rindfleisch mit Brühkartoffeln.** Ein Schwanzstück im Gewicht von 2 1/2 Kilo wird gewaschen, mit 2 Ltr. kaltem Wasser ange-

*Zutaten: 2 1/2 Kilo Rindfleisch, 2 Ltr. kaltes Wasser, 2 Zwiebeln, 5 Gr. Salz, 1 Essl. Petersilie, 1 Kilo Kartoffeln, 1 Essl. Butter.*

setzt und recht langsam 3 Stunden gekocht. Nach dieser Zeit nimmt man das Fleisch aus der Brühe, legt es in einen zweiten Kochtopf, füllt das Fett von der Brühe über das Fleisch; 2 abgezogene, in Scheiben geschnittene Zwiebeln, 5 Gr. Salz, gibt man dazu. 1 Kilo geschälte Kartoffeln setzt man mit 5 Gr. Salz und mit Wasser bedeckt an, kocht sie langsam 25 Minuten; nach dieser Zeit wird das Wasser abgegossen, die Kartoffeln werden trocken gedämpft, hiernach in den Topf zum Fleisch gegeben. Zugedeckt lässt man das Gericht langsam 10 Minuten dämpfen; beim Anrichten wird 1 Essl. feingehackte Petersilie über die Kartoffeln gestreut. Man kann auch 1 Essl. Butter dazugeben.

**Geschmorte Rinderbrust.** 1 1/2 Kilo mit Fett durchwachsene Rinderbrust wird mit 1 Kochl. Mehl überstreut und im Topfe zugedeckt gebräunt in 30 Minuten; ist das Fleisch in dieser Zeit nicht braun genug, so legt man

*Zutaten: 1 1/2-2 Kilo Rinderbrust, 1 Kochl. Mehl, 1/2 Ltr. Wasser, 1 Zwiebel, 4 Pfefferkörner, 1 Teel. Salz, 1 Zitronenscheibe.*

den Deckel beiseite, und lässt den Saft vollständig einschmoren. Hiernach werden 1/2 Ltr. Wasser, 1 Zwiebel, 4 Pfefferkörner, 1 Teel. Salz, 1 Zitronenscheibe ohne die Kerne dazu gegeben. Fest zugedeckt lässt man das Fleisch im Ofen 1 1/2 Stunden langsam schmoren. Hierzu gibt man als Beilage Hamburger Mehlklöße, Kartoffelklöße oder Käsebälle.

**Rindfleisch mit Meerrettich-, Senf-, Dilloder Sardellentunke für 6 Personen.** Hierzu eignet sich am besten ein Schwanzstück oder Querrippe oder auch die Spitzbrust. Die beiden letzten Stücke sind im Einkauf billiger, haben aber dafür auch Knochen. Ein Fleischstück im Gewicht von 2 Kilo wird

*Zutaten: 1 Schwanzstück, 1 Querrippe oder Spitzbrust von 2 Kilo, 1 Ltr. kochendes Wasser, 5 Gr. Salz, 1/2 geschälte Sellerie, 1 St. Porree, 250 Gr. Spargel, 2 gelbe Wurzeln, 1 kl. Blumenkohl, 3 frische Morcheln.*

gewaschen und angesetzt mit 1 Ltr. kochendem Wasser; 5 Gr. Salz fügt man hinzu. Fest zugedeckt wird das Fleisch ins Kochen gebracht, danach stellt man den kochenden Topf von der heißen Herdstelle etwas zurück, damit die Brühe recht langsam kocht; durch starkes Kochen wird das Fleisch hart. Der sogenannte Schraubtopf sollte in keinem Haushalt fehlen; durch die Benutzung dieses Topfs behält die Brühe ihren guten Geschmack. Man lässt das Fleisch 2 1/2 Stunden langsam kochen. In der letzten Stunde fügt man 1/2 geschälten Sellerie, 1 Stange Porree, 2 gelbe Wurzeln, 3 frische Morcheln, wenn man sie hat, 250 Gr. Spargel, 1 kleinen Blumenkohl hinzu. 30 Minuten vor dem Anrichten lässt man das Fleisch in der Brühe nicht mehr kochen. Man stellt den Topf zurück. Durch dieses Verfahren bleibt das Suppenfleisch saftig. In früheren Jahren nannten wir dieses Gericht „Suppe mit allem drin". Reis und Kartoffeln als Beigabe. Die oben genannten Tunken gibt man zum Fleisch.

**Rinderrippenstück, gedämpft.** Man nimmt ein Stück mit 2 Rippen im Gewicht von ungefähr 1 Kilo, schneidet das Stück zwischen den Rippen einmal durch, so dass man 2 Kotelettes erhält, diese werden mit 2 Gr. Salz, 2 Gr. Pfeffer bestreut; 10 Gr. Butter lässt man im flachen Schmortopf braun werden, legt die Kotelettes in die Butter und brät sie bei nicht zu starker

*Zutaten: 1 Stück mit 2 Rippen von ungefähr 1 Kilo, 2 Gr. Salz, 2 Gr. Pfeffer, 10 Gr. Butter, 1 Stange Porree, 1 dicke Petersilienwurzel, 1/2 Knolle Sellerie, 2 große Zwiebeln, 500 Gr. Kartoffeln, etwas Wirsingkohl, 1/2 Ltr. Wasser, 2 Gr. Salz.*

Hitze 10 Minuten ohne Deckel. In dieser Zeit werden die Kotelettes einmal im Topfe gewendet. 1 dicke Petersilienwurzel, 1 Stange Porree oder 2 große Zwiebeln, 1/2 Knolle Sellerie werden in kleine Streifen geschnitten, in den Schmortopf gelegt, auch etwas in Streifen geschnittener Wirsingkohl. 500 Gr. Kartoffeln werden geschält, in den Schmortopf gelegt, 1/2 Ltr. Wasser, 2 Gr. Salz fügt man hinzu. Fest zugedeckt lässt man das Gericht im Bratofen 1 Stunde schmoren.

**Frikadellen von Fleischresten.** Das Fleisch gibt man mit der Zwiebel zweimal durch die Maschine, danach fügt man zuletzt die gekochten Kartoffeln hinzu. Die Masse wird mit dem Ei und dem Salz verrührt. Nun formt man kleine Bälle, wendet sie in Mehl oder

*Zutaten: 250 Gr. gekochtes Suppenfleisch od. Bratenreste, 100 Gr. Schweinefleisch, 1 Ei, 50 Gr. Kartoffeln. 5 Gr. Salz, 1 Zwiebel, 1 Kochl. Butter, Fett oder Öl.*

Zwieback. 1 Kochl. Butter, Fett oder Öl lässt man in der Pfanne heiß werden, brät die Frikadellen 10 Minuten bei nicht zu starker Hitze, inzwischen werden sie einmal auf die andere Seite geleert. Will man das Ei sparen, so kann man eine große, rohe geriebene Kartoffel als Bindemittel an die Masse geben.

**Spanisches Frikko für 6 Personen.** Das Fleisch wird in Würfel geschnitten, im Schmortopf zugedeckt in 30 Minuten gebräunt. Ist das Fleisch in dieser Zeit nicht braun genug, so legt man den Deckel beiseite und lässt den Saft vollständig einkochen. Hiernach gießt man an das braune Fleisch den sauren Rahm und lässt nun das Fleisch zugedeckt 30 Minuten schmoren.

*Zutaten: 1 1/4 Kilo Kartoffeln, 500 Gr. Ochsenfleisch (Kluftschale), 250 Gr. durchwachsenes Schweinefleisch, 100 Gr. Zwiebeln, 1/4 Ltr. saurer Rahm, 30 Gr. Reis, 1/2 Teel. Pfeffer, 1 Teel. Salz, 1 kl. rote Pfefferschote.*

Die Kartoffeln werden geschält oder geschabt, in dünne Scheiben geschnitten; ebenso werden die Zwiebeln abgezogen, in Scheiben geschnitten. Eine

Puddingform wird mit Butter reichlich gefettet, dann legt man eine Schicht Kartoffelscheiben, Zwiebelscheiben und das Fleisch in die Form, in die Mitte streut man den Reis, das Salz und den Pfeffer, dann wieder Zwiebeln, Fleisch und zuletzt Kartoffelscheiben; danach gießt man die Rahmtunke und, wenn man sie hat, auch noch etwas Butter darüber. Die Form wird mit ihrem Deckel geschlossen in einen Topf mit kochendem Wasser gestellt und zugedeckt 2 Stunden gekocht. Statt Rahm können 500 Gr. Wirsingkohl, in Streifen geschnitten, und 250 Gr. Tomaten, in Scheiben geschnitten, genommen werden.

**Beefsteak mit jungen Mairüben, Karotten, Erbsen und Kartoffelmuskränzen für 4 Personen.** Das Gemüse wird geschabt, gewaschen, zu kleinen Kugeln ausgestochen, jedes für sich mit 1/2 Ltr. kochendem Wasser angesetzt und zugedeckt 30 Minuten gekocht. Die ausgepahlten Erbsen werden ebenso angesetzt und ebenso gekocht. Die geschälten Kartoffeln

*Zutaten: 500 Gr. Beefsteak, 250 Gr. Karotten, 1 Kilo Kartoffeln, 250 Gr. Mairüben, 5 Kilo Erbsen, 1/2 Ltr. kochendes Wasser, 1/4 Ltr. Milch, Rahm oder Wasser, 1 Teel. Salz, 1 Teel. Butter, 1/2 Teel. Salz, 1 Teel. Butter, 2 Teel. Petersilie.*

werden in 30 Minuten weichgekocht, abgegossen, trocken gedämpft und dann rasch durch ein Sieb gestrichen. Diese Kartoffelmasse gibt man in den Topf zurück, 1/2 Ltr. Milch oder Rahm oder Wasser, 1 Teel. Salz, ebenso viel Butter gibt man dazu. Unter tüchtigem Rühren bringt man das Kartoffelmus ins Kochen, es darf nicht zu weich sein. Die weichgekochten Gemüse lässt man ohne Deckel kochen bis die Flüssigkeit vollständig eingekocht ist. Danach wird 1/2 Teel. Salz, 1 Teel. Butter, 2 Teel. feingehackte Petersilie dazugegeben. Mit der Petersilie darf das Gemüse nicht mehr kochen. Beim Anrichten wird die Hälfte vom Kartoffelmus auf eine vorher gewärmte lange Platte gefüllt und, so breit wie die Beefsteaks sind, geformt. Die gebratenen Steaks werden auf diesen Sockel gelegt. Von der zweiten Hälfte des Kartoffelmuses setzt man mit einem Esslöffel Häufchen um den Beefsteaksockel, drückt sie etwas breit, und nun legt man die Gemüse häufchenweise auf diese Stücke. Das letzte Kartoffelmus spritzt man mit der Sterntülle um diese Gemüsehäufchen. Man muss diese Platte sehr gewandt und schnell anrichten, damit sie heiß aufgetragen wird.

**Sauerbraten.** Hierzu eignet sich am besten ein Schwanzstück vom Rind, auch die entknöchelte Spitzbrust. Ein Fleischstück im Gewicht von 2 Kilo wird in eine irdene Schüssel oder in einen irdenen Topf gelegt. 1 große abgezogene, in Scheiben geschnittene Zwiebel, 6 Pfefferkörner, 1/2 Lorbeerblatt fügt man hinzu. Danach gießt man 3/4 Ltr. mildem Essig oder

*Zutaten: Ein 2-Kilo-Schwanzstück v. Rind, 1 Zwiebel, 6 Pfefferkörner, 3/4 Ltr. Essig oder Bier, 1/2 Lorbeerblatt, 65 Gr. geräuchert. Speck, 2 Gr. Pfeffer, 10 Gr. Salz, 20 Gr. Weizenmehl.*

Bier über das Fleisch. Zugedeckt stellt man die Schüssel recht kalt, im Winter 1 Woche, im Sommer muss man den Braten nach 3–4 Tagen verwenden; auch muss das Fleisch täglich einmal umgewendet werden. 65 Gr. geräucherten Speck schneidet man in dicke Streifen, wendet diese in Salz und Pfeffer (2 Gr. Pfeffer, 5 Gr. Salz). Mit einem kleinen spitzen Messer stößt man Löcher in das Fleisch; in diese Löcher schiebt man einen Speckstreifen. Mit einem Bindfaden schnürt man das Fleisch zusammen. Danach legt man es in einen eisernen Topf. Zugedeckt wird das Fleisch in 30 Minuten gebräunt. Ist es in dieser Zeit nicht braun genug, so legt man den Deckel beiseite und lässt den Saft vollständig einschmoren. Danach fügt man 20 Gr. Weizenmehl, 5 Gr. Salz, die Zwiebel und Gewürze, das Bier oder den Essig, worin das Fleisch gelegen, hinzu. Recht langsam und fest geschlossen lässt man den Braten 2 Stunden im Bratofen schmoren.

**Haschee von Fleischresten für 4 Personen.** *Zutaten: 1 Zwiebel, 500 Gr. Fleisch, 2 Kochl. Butter oder anderes Fett, 2 Teel. Mehl, 1/8 Ltr. saurer Rahm oder Wasser, 1 Teel. Salz, 1 Teel. Kapern.*
500 Gr. Fleisch von jedem Braten oder auch gekochtem Suppenfleisch. 1 Zwiebel wird abgezogen, in Würfel geschnitten, 2 Kochl. Butter oder anderes Fett lässt man im Topfe dünn werden, gibt die Zwiebel dazu und schmort sie zugedeckt bei nicht zu starker Hitze 10 Minuten. Nach dieser Zeit fügt man 2 Teel. Mehl hinzu, schwitzt beides unter Rühren 1–2 Minuten. Wenn man Rahm hat, so wird 1/8 Ltr. saurer Rahm oder Wasser dazu gegossen; 1 Teel. Kapern, 1 Teel. Salz, das durch die Fleischmaschine gegebene Fleisch gibt man dazu. Man lässt das Gericht nur ein Mal aufkochen, danach stellt man den Topf in einen zweiten Topf mit heißem Wasser. Beim Anrichten umkränzt man das Gericht mit Rührei oder verlorenen Eiern.

**Schweinskarbonade.** Man rechnet beim Einkauf 3 Stück auf 500 Gr. und 1 Karbonade auf *Zutaten: 500 Gr. Karbonade, 1 Teel. Butter, 1 Teel. Salz.*
die Person. Zu 500 Gr. nimmt man 1 Teel. Salz. Nachdem die Karbonaden mit Salz bestreut sind, müssen sie sofort gebraten werden. Steht das Fleisch zu lange mit dem Salz, wird es hart. 1 Teel. Butter lässt man in der Pfanne braun werden, legt die Karbonaden hinein und brät sie 10 Minuten bei nicht zu starker Hitze. Man kann die Karbonaden auch in Eiweiß und Zwieback panieren. Am saftigsten bleiben sie, wenn sie in reichlich heißem Fett gebacken werden (siehe unter Croquetten von Fleischresten).

**Sülze.** Ein Schweinekopf im Gewicht von 2 Kilo. Der saubere Kopf wird mit 2 Ltr. kaltem Wasser angesetzt, 1/2 Ltr. Essig, 4 abgezogene geschnittene Zwiebeln, 1 Lorbeerblatt, 20 Pfef- *Zutaten: 1 Schweinekopf von 2 Kilo, 2 Ltr. kaltes Wasser, 1/2 Ltr. Essig, 4 abgezogene geschnitt. Zwiebeln, 1 Lorbeerblatt, 2 Teel. Salz, 20 Pfefferkörner.*

ferkörner, 2 Teel. Salz dazugegeben und zugedeckt 2 1/2 Stunden langsam gekocht. Man trennt das Fleisch vom Knochen und lässt es erkalten. In Würfel geschnitten füllt man das Fleisch in eine Schüssel und gießt die Flüssigkeit darüber. Im Winter 14 Tage vor Verbrauch fertig halten, in dünne Scheiben schneiden, geriebene rohe Zwiebeln, Pfeffer und Essig dazu geben. Nimmt man einen Kopf im Gewicht von 4–6 Kilo, so muss man ihn 4 Stunden kochen lassen.

### Ochsenzunge, gefüllt, mit Käse gebacken.

*Zutat: 1/2 Kilo frische Gänseleber, 1 Zunge, 100 Gr. frischer Holländer oder Schweizerkäse, 250 Gr. Trüffeln, 1 Kochl. Butter oder Margarine, 30 Gr. Salz, 1 Teel. Zucker, 1/4 Ltr. Weißwein, 1 Ei, 65 Gr. Butter, 65 Gr. Weizenmehl, 1/8 Ltr. Wasser, Milch oder Rahm, 1 Ei, 1/2 Ltr. Brühe, 1 gehäuft. Teel. Kartoffelmehl.*

100 Gr. frischen Holländer Käse oder Schweizer Käse, eine 6 Tage gepökelte Zunge, 1/2 Kilo frische Gänseleber, 250 Gr. Trüffeln. Die Zunge wird mit kaltem Wasser bedeckt angesetzt und recht langsam 2 Stunden gekocht; nach dieser Zeit wird die Haut abgezogen. Man legt in einen breiten Schmortopf 1 Kochl. Butter oder Margarine und 1 Teel. Zucker; sobald die Butter und der Zucker gebräunt, wird die Zunge in den Topf gelegt. 1/4 Ltr. guten Weißwein gießt man dazu und lässt die Zunge zugedeckt im Bratofen noch langsam 30 Minuten schmoren. Die Gänseleber wird durch ein Sieb gestrichen, die Trüffeln werden feingehackt, mit der Lebermasse und 30 Gr. Salz gemischt. Die weichgedämpfte Zunge wird auf eine feuerfeste Platte gelegt, in Scheiben geschnitten, mit der vorher gedämpften Lebermasse überstrichen. Die Masse bindet besser, wenn man vorher an die kalte Masse 1 ganzes Ei gibt. 65 Gr. Butter, 65 Gr. Weizenmehl schwitzt man im Topfe unter Rühren 1–2 Minuten, dann fügt man 1/2 Ltr. Wasser, Milch oder Rahm dazu und lässt diese dickliche Tunke einmal aufkochen; danach wird der geriebene Käse, 1 ganzes Ei dazu gegeben, diese dickliche Käsetunke über die Zunge gefüllt, zum Schluss noch etwas Käse darüber gestreut. Die Zunge wird nun im heißen Ofen 15–20 Minuten gebacken. Man gießt in den Schmortopf, worin die Zunge mit dem Wein gedämpft, 1/2 Ltr. Brühe, in der die Zunge zuerst gekocht wurde, lässt diese Tunke unter Rühren 5 Minuten kochen, dann wird 1 gehäufter Teel. Kartoffelmehl, mit etwas kaltem Wasser angefeuchtet, dazugegeben. Die Tunke wird 5 Minuten gekocht. Beim Anrichten wird die Tunke um die Zunge gegossen, nicht über die Zunge. Man legt um die Zunge grüne Artischockenböden, die mit Ochsenmarkscheiben belegt werden, außerdem braun glasierte Kastanien.

### Gepökelte Ochsenzunge mit Apfelmeerrettich.

*Zutaten: 1 Ochsenzunge von 1 Kilo, 100 Gr. Zucker, 200 Gr. Salz, 1 1/2 Ltr. Wasser, 10 Gr. Salpeter.*

Eine frische Ochsenzunge im Gewicht von 1 Kilo wird vom Schlund befreit, mit einem spitzen Messer macht man an jeder Seite 4 Schnitte in die äußere dicke Haut, legt die Zunge in einen Steintopf, gießt folgende Salzlake über die Zunge, beschwert sie mit einem sauberen Brett und einem gewaschenen Feldstein. Das Wasser mit den Zutaten bringt man im Topfe aufgeschlossenem Herd unter Rühren zum Sieden; es darf nicht kochen. Wenn erkaltet, wird die Pökellake über die Zunge gegossen. Man lässt sie hierin 14 Tage liegen, im Sommer nur 1 Woche. Nach dieser Zeit kann man die Zunge noch 4 Tage räuchern. Um einen guten Rauchgeschmack zu erzielen, ist Buchenholz oder Heidekraut zu brennen. Die vorbereitete Zunge wird mit kaltem Wasser angesetzt und recht langsam 3 Stunden gekocht. Nach der Kochzeit wird die Haut abgezogen, die Zunge in die Brühe zurückgelegt, nicht mehr gekocht.

**Hammelkotelettes mit Soubise.** Man rechnet auf die Person 2 Kotelettes, beim Einkauf 5 Kotelettes auf 1/2 Kilo, 1Teel. Salz, 1/2 Teel. Pfeffer streut man über die Kotelettes.

*Zutaten: 2 Koteletten à Person, 5 Koteletten auf 500 Gr., 1 Teel. Salz, 1/2 Teel. Pfeffer, 1/2 Kochl. Butter.*

1/2 Kochl. Butter lässt man in der Pfanne braun werden und brät die Kotelettes in der Butter unter Umlegen 5 Minuten bei nicht zu starker Hitze. Man richtet die Kotelettes auf einer runden Platte an, füllt Soubisetunke in die Mitte und legt außerhalb der Kotelettes einen Kranz von Schmorkartoffeln. Soubise siehe unter Tunken.

**Hammelkeule, gedämpft, für 6 Personen.** Eine Hammelkeule wird mit 1 Ltr. kaltem Wasser angesetzt und, fest zugedeckt, 1 Stunde langsam gekocht. Durch starkes Kochen wird das Fleisch hart. Nach dieser Zeit werden 250 Gr. Karotten, 250 Gr. junge Kartoffeln und ebenso

*Zutaten: 1 Hammelkeule von 2 Kilo, 250 Gr. Rüben, 500 Gr. Spargel, 250 Gr. Karotten, 1 Essl. Mehl, 1 gehäufter Essl. Petersilie, 2 Teel. Salz, 500 Gr. Kartoffeln.*

viel Rüben und, falls vorhanden, 500 Gr. frischer Spargel in Stücke geschnitten dazu gegeben und das Ganze, fest zugedeckt, noch 40 Minuten weitergekocht. 1 Essl. Mehl rührt man mit 1 Essl. Wasser aus und gibt dieses mit an die Speise. In den letzten 3 Minuten gibt man noch 1 gehäuften Essl. Petersilie und 2 Teel. Salz hinzu und gibt das Fleisch mit dem Gemüse zu Tisch. Hat man keinen frischen Spargel, so verwendet man den Inhalt einer Dose Spargel.

**Hammelfleisch mit Curry für 4 Personen.** Das Hammelfleisch schneidet man in Würfel. Das Mehl und sämtliche Gewürze ohne die Zwiebeln streut man über das Fleisch. Zugedeckt bräunt man das Fleisch bei nicht zu star-

*Zutaten: 500 Gr. mageres Hammelfleisch, 40 Gr. Zwiebeln, 10 Gr. Salz, 20 Gr. Mehl, 50 Gr. Butter, 4 Gr. Curry, 1/2 Ltr. Knochenbrühe oder Wasser.*

ker Hitze 30 Minuten. Nun gibt man die in Scheiben geschnittenen Zwiebeln und das Wasser hinzu. Zugedeckt schmort man das Gericht im nicht zu heißen Bratofen 1 Stunde. Als Beigabe gibt man hierzu Kartoffelmus, Reis, Makkaroni, Sauerkraut, Erbsen- oder Bohnenmus.

**Irish stew für 6 Personen.** À Person werden 2 Hammelkotelettes gerechnet. Beim Einkauf rechnet man 5 Kotelettes auf 500 Gr. Diese werden mit 1/2 Teel. Pfeffer, 1 Teel. Salz bestreut. 1 Teel. Butter lässt man in der Pfanne braun werden, brät die Kotelettes hierin unter immerwährendem Umlegen in der Pfanne 3 Minuten und stellt sie dann beiseite. 1 Kopf Wirsingkohl

*Zutaten: 2 Hammelkoteletten à Person und 5 Hammelkoteletten auf 500 Gr., 1/2 Teel. Pfeffer, 1 Teel. Salz, 1 Teel. Butter, 1 Kopf Wirsingkohl, 500 Gr. Kartoffeln, 3 Zwiebeln, 1 Kochl. Butter, 1 Teel. Salz, 1/2 Kochl. Butter.*

im Gewicht von 1 Kilo schneidet man in Viertel, entfernt den Strunk, wäscht den Kohl und setzt ihn, reichlich bedeckt mit kochendem Wasser, an. Dann wird er im geschlossenen Topf 1 Stunde gekocht und nach dieser Zeit zum Abtropfen auf ein Sieb gegossen. Die Kartoffeln schält, wäscht und schneidet man in dünne Scheiben, 3 Zwiebeln werden abgezogen und ebenfalls in Scheiben geschnitten. Man legt auf den Boden eines Topfs 1 Kochl. Butter, hierauf die Hälfte von dem Kohl, dann die Hälfte der Kartoffeln und Zwiebeln, legt die Kotelettes nebeneinander dazu, dann wieder Kartoffeln, Zwiebeln und zuletzt Kohl. Man gibt 1 Teel. Salz dazu und tut obenauf 1 Kochl. Butter. in die Pfanne, in welcher die Kotelettes gebraten, gießt man 1/2 Ltr. kaltes Wasser und kocht unter Rühren den Fleischsaft in 5 Minuten los, gießt die Flüssigkeit über den Kohl, schließt den Topf und lässt das Gericht im Ofen 1 Stunde schmoren.

**Einfaches Kohlessen für 4 Personen.** 500 Gr. Hammelrippe, 1 Kopf Wirsingkohl, 2 Kilo Kartoffeln. Den Kohl schneidet man in Viertel, setzt ihn mit kochendem Wasser an und lässt ihn 2 Stunden kochen. Darauf legt man ihn

*Zutaten: 500 Gr. Hammelrippe, 1 Essl. Reis, 1 Kopf Wirsingkohl, 2 Kilo Kartoffeln, 1/2 Ltr. kochendes Wasser, 1 Zwiebel, 1 Teel. Salz, 1/2 Teel. Pfeffer.*

auf ein Sieb zum Abtropfen. Nun tut man einen Teil des Kohls in den Topf, gibt daran 1 Löffel Reis, 1 in Scheiben geschnittene Zwiebel, 1 Teel. Salz, 1/2 Teel. Pfeffer und eine Schicht in Scheiben geschnittene Kartoffeln, darauf das gewaschene Fleisch, wieder eine Schicht Kohl, Kartoffeln usw., zuletzt 1/2 Ltr. kochendes Wasser. Zugedeckt lässt man das Gericht im Bratofen 1 1/2 Stunde langsam schmoren.

**Wirsingkohl mit Hammelfleisch für 6 Personen.** Der Kohl wird in Viertel geschnitten,

*Zutaten: 1/2 Kilo Hammelfleisch, 1 Kilo geschälte Kartoffeln,*

den Strunk verwendet man nicht, oder man muss ihn in recht feine Scheiben schneiden. Nun wird der Kohl bedeckt mit kochendem

*125 Gr. Zwiebeln, 1 Kilo Wirsingkohl, 50 Gr. Reis, 2 Gr. Pfeffer, 5 Gr. Salz.*

Wasser angesetzt und zugedeckt 45 Minuten gekocht. Die Zwiebeln werden abgezogen, in Scheiben geschnitten, die Kartoffeln werden ebenfalls in Scheiben geschnitten. Man nimmt ein Stück Fleisch von den Bauchrippen oder vom Blatt, diese Teile sind im Einkauf billiger als Keule und Rücken. Den angekochten Kohl gießt man auf einen Durchschlag, die Hälfte von diesem Kohl legt man in den Schmortopf, darauf streut man Reis, die Hälfte Kartoffeln und Zwiebeln, Salz und Pfeffer darüber, dann wird das Fleisch darauf gelegt, darauf wieder Kartoffeln und Kohl, 3/4 Ltr. vom Kohlwasser gießt man dazu und nun lässt man das Gericht zugedeckt 1 1/2 Stunden im Bratofen oder in der Kochkiste schmoren.

**Kohl mit Hammelrippchen für 4 Personen.** Das gewaschene Fleisch wird, in passende Stücke geschnitten, in einen Schmortopf gelegt; 1 Teel. Zucker streut man auf den Boden des Topfs. Zugedeckt wird das Fleisch langsam in 30 Minuten gebräunt; der Zucker dient zum Bräunen. Nach dieser Zeit werden der in Stücke

*Zutaten: 500 Gr. Hammelrippen oder Bauchlappen, 500 Gr. Weißkohl, 50 Gr. Reis oder Graupen, 5 Gr. Salz, 60 Gr. Zwiebeln, 500 Gr. geschälte Kartoffeln, 1 Teel. Zucker, 1/2 Ltr. kochendes Wasser.*

geschnittene Kohl, die abgezogenen, in Scheiben geschnittenen Zwiebeln, die in Scheiben geschnittenen Kartoffeln, der Reis, schichtweise über das Fleisch gelegt. Zuletzt gießt man 1/2 Ltr. kochendes Wasser darüber. Zugedeckt lässt man das Gericht im Bratofen 1 1/2 Stunde langsam schmoren. Für dieses einfache Gericht kann man auch die Kochkiste benutzen.

**Hammelfrikassee mit Wurzeln für 6 Personen.** Hierzu verwendet man das Fleisch von Nacken und Schulter, oder man nimmt auch die Bauchrippchen. Das Fleisch wird in kleine Stücke geschnitten; dann wird es im geschlossenen Topf gebräunt. 1 Lorbeerblatt, 10 Pfefferkörner und 1 Teel. Salz, 2

*Zutaten: 1 Kilo Fleisch vom Nacken, von der Schulter oder Bauchrippen, 1 Lorbeerblatt, 10 Pfefferkörner, 2 Ltr. Wurzeln, 1 Teel. Salz, 2 Nelkenköpfe.*

Nelkenköpfe gibt man dazu, dann so viel Wasser, bis das Fleisch gut bedeckt ist. 2 Ltr. Wurzeln werden geschabt, in feine Streifen geschnitten und nun an das kochende Fleisch gegeben. Das Gericht lässt man im geschlossenen Topf 2 Stunden langsam kochen. Kartoffeln kocht man für sich, und beim Anrichten mischt man die abgekochten Kartoffeln mit dem Wurzelessen. Die Tunke kann noch mit etwas ausgerührtem Mehl sämig gemacht werden.

**Gedämpfte Kalbs- oder Ochsenleber mit Schwarzwurzeln für 6-8 Personen.** Die Leber wird frisch am Schlachttage verwendet, 2 Minuten in kaltes Wasser gelegt, danach wird die Haut abgezogen, 1 Teel. Salz auf die Leber gestreut; der Speck wird in dünne Scheiben geschnitten, in einen Schmortopf gelegt und langsam hellbraun und kross gebraten. Nach dieser Zeit legt man die Leber in den Schmor-

*Zutaten: 1 1/2 Kilo gedämpfte Kalbs- oder Ochsenleber, 1 Kilo Schwarzwurzeln, 1 Ei, 1 Zitrone, 30 Gr. Mehl, 100 Gr. Speck, 1 Teel. Salz, 1 kleine Zwiebel, 1/2 Ltr. saurer Rahm oder Wasser, 1 Teel. Butter, 1 Teel. Weizenmehl, 1 Ltr. kochendes Wasser.*

topf, deckt den Topf mit einem Deckel zu und bräunt die Leber von allen Seiten in 30 Minuten auf geschlossenem Herd bei nicht zu starker Hitze. Ist die Leber in dieser Zeit nicht braun genug, so legt man den Deckel beiseite und lässt den Saft vollständig einschmoren. Eine kleine Zwiebel wird abgezogen, in Scheiben geschnitten, das Mehl, 1 Zitronenscheibe dazu gegeben und hiernach 1/2 Ltr. saurer Rahm oder Wasser. Man lässt die Leber zugedeckt 45 Minuten im Bratofen langsam schmoren. Beim Anrichten wird die Leber in Scheiben geschnitten, die Tunke darüber gegossen, die Speckscheiben beigelegt, und um die Leber die wie folgt zubereiteten Schwarzwurzeln gelegt, außerdem werden kleine runde, rohe Kartoffeln, in Fett geschmort, mit auf die Platte gelegt; außerhalb der Schwarzwurzeln legt man einen dünnen Kranz von Kresse. Schwarzwurzeln werden geputzt, in passende Stücke geschnitten, während des Putzens in Essigwasser gelegt; man tut es deshalb, damit die Wurzeln weiß bleiben. Sind alle vorbereitet, so werden sie mit 1 Ltr. kochenden Wassers und dem Saft der Zitronen angesetzt und zugedeckt 1 Stunde gekocht. Nach dieser Zeit legt man den Deckel beiseite. 1 Teel. Butter verknetet man mit 1 Teel. Weizenmehl, legt diesen Kloß in die kochenden Schwarzwurzeln und kocht sie noch 5 Minuten. Das ganze Ei schlägt man vorher mit 1 Teel. Salz 10 Minuten, danach wird die Tunke der Schwarzwurzeln unter Rühren dazu gegossen.

**Kalbsleber mit Rahmtunke für Personen.** Man zieht die Haut ab, streut 1 Teel. Salz, 1 Kochl. Mehl über die Leber, setzt sie mit 1 Kochl. Butter im nicht zu heißen Ofen an und

*Zutat: 1 1/2 Kilo Kalbsleber, 1 Teelöffel Salz, 1 Kochl. Mehl, 1 Kochl. Butter, 1/2 Ltr. saurer Rahm.*

brät sie unter fleißigem Begießen 30 Minuten. In den letzten 10 Minuten gießt man nach und nach 1/2 Ltr. sauren Rahm über die Leber. Die Tunke wird, wenn nötig, mit etwas ausgerührtem Weizenmehl sämig gemacht. Will man die Leber in Scheiben geschnitten verwenden, ist die Haut abzuziehen und die Leber in fingerbreite dicke Scheiben zu schneiden. Diese werden mit 1 Messerspitze Pfeffer, 1/2 Teel. Salz bestreut und in Mehl gewendet. Man brät die Leber in reichlich brauner Butter unter Umlegen 5 Minuten. Als Beilage zur Leber dienen Apfelmus oder Apfelreis.

**Kalbsleberpudding für 6 Personen.** 1 Kilo Kalbsleber gibt man durch die Fleischmaschine. 2 alte Rundstücke werden geschält, 1 Minute in lauwarmem Wasser eingeweicht, gut ausgedrückt und mit der Lebermasse gemischt. 1 Kochl. Mehlschwitze rührt man mit 1/8 Ltr. Rahm aus und mischt dies dann

*Zutaten: 1 Kilo Kalbsleber, 2 alte Rundstücke, 1 Kochl. Mehlschwitze, 1/8 Ltr. Rahm, 1/2 Teel. Pfeffer 1 gehäufter Teel. Salz, 2 ganze Eier oder 4 Eiweiß, eine 65-Gr.-Dose Trüffeln.*

mit der Lebermasse, gibt noch 1/2 Teel. Pfeffer und 1 gehäuften Teel. Salz dazu und zuletzt 2 ganze Eier oder 4 Eiweiß. Diese Masse streicht man durch ein grobes Sieb. Den Inhalt einer 65-Gr.-Dose Trüffeln hackt man fein und vermischt ihn mit der Lebermasse, die man in eine glatte, mit Butter und Mehl präparierte Puddingform tut. Die Form stellt man in einen mit kochendem Wasser gefüllten Topf ohne Deckel und stellt diesen 1 Stunde in den nicht zu heißen Ofen. Beim Anrichten gießt man braune Krafttunke darüber. Als Beilage gibt man kleine, roh geschmorte Kartoffeln oder in Butter geröstete Brotscheiben.

**Kalbsfrikassee mit Curry und Spargel für 6 Personen.** 1 Kilo Kalbsfrikassee setzt man mit 1 Ltr. kaltem Wasser und 1 Teel. Salz an, kocht das Fleisch im geschlossenen Topf langsam 1 Stunde (durch rasches Kochen wird das

*Zutaten: 1 Kilo Kalbsfrikassee, 1 Ltr. Wasser, 1 Teel. Salz, 1 Kochl. Mehlschwitze, 1 Teel. Curry oder Petersilie, 250-Gr.-Dose Spargel.*

Fleisch hart). 1 Kochl. Mehlschwitze wird mit der Brühe angerührt, 1 Teel. Curry dazu gegeben. Die Tunke unter Rühren einmal aufkochen lassen mit dem Fleisch. Statt Curry nimmt man auch Petersilie. Der Spargel wird, in kleine Stücke geschnitten, in die fertige Tunke gelegt.

**Kalbsfrikassee mit Reisrand für 4 Personen.** Das gewaschene Fleisch wird in 4–6 Stücke geschnitten, dann mit 1 Ltr. kaltem Wasser, 1 Teel. Salz angesetzt und zugedeckt sehr langsam 1 1/2 Stunde gekocht. Durch starkes Kochen wird das Fleisch hart. Dann wird 1 gehäufter Kochl. Mehlschwitze mit dieser

*Zutaten: 1 Bruststück mit Knorpel von 2 Kilo, 1 Ltr. kaltes Wasser, 1 Teel. Salz, 1 gehäufter Kochl. Mehlschwitze, 1 gehäufter Teel. fein gehackte Petersilie, 1-2 Teel. Zitronensaft, 250-Gr.-Dose Spargel.*

Brühe ausgerührt. An die Tunke kommt noch 1 gehäufter Teel. feingehackte Petersilie, 1–2 Teel. Zitronensaft und 1 Teel. Salz. Auch kann man den Inhalt einer 250-Gr.-Dose Spargel dazu tun. Mit der Petersilie darf die Tunke nicht mehr kochen. Das Fleisch wird hiernach in die Tunke gelegt und dann in die Mitte eines Reisrandes gefüllt.

**Gefüllte Kalbsbrust für 8 Personen.** Die Knochen lässt man vom Schlachter vorsichtig auslösen. 500 Gr. Kalbshack mischt man mit 65 Gr. fein gehackter Trüffelschale. 3 geschälte Rundstücke werden mit lauwarmem Wasser

*Zutaten: 2 Kilo Kalbsbrust, 500 Gr. Kalbshack, 65 Gr. fein gehackte Trüffelschale, 3 geschälte Rundstücke, 2 Eier, 1 Teel. Salz.*

einige Minuten geweicht, dann ausgedrückt und mit dem Fleisch gemischt. Nun gibt man 2 ganze Eier und 1 Teel. Salz nach Geschmack dazu; diese Farce wird durch ein Sieb gestrichen. Die Farce füllt man in die Brust, die man zunäht. Dann bräunt man das Fleisch im geschlossenen Topf in zirka 30 Minuten auf beiden Seiten, streut 1 Löffel Mehl darüber und gibt so viel Wasser oder sauren Rahm dazu, bis das Fleisch halb bedeckt ist. Man stellt den fest geschlossenen Topf in den Ofen und lässt das Fleisch 3 Stunden langsam dämpfen. Inzwischen wird das Fleisch drei bis vier Mal umgelegt. Die Tunke wird mit 1/2 Teel. Salz gewürzt und, wenn nötig, noch mit etwas ausgerührtem Weizenmehl sämig gemacht. Beim Anrichten wird der Faden entfernt und die Tunke durch ein Sieb gegossen. Eine Füllung anderer Art kann man wie folgt bereiten: 4 geschälten Rundstücke werden in lauwarmem Wasser 1 Minute eingeweicht und sodann gut ausgedrückt. 65 Gr. Butter lässt man in einer Pfanne dünn werden, gibt das Brot dazu und bäckt es in 3–5 Minuten zu einem Kloß. Unter Rühren fügt man zu diesem Teig noch 1 Teel. Salz, 2 Teel. Zucker, 1 Essl. geriebene Mandeln, 4 bittere Mandeln, die abgeriebene Schale einer halben Zitrone und 1 ganzes Ei hinzu. Statt Mandeln, Zitronenschale und Zucker kann man auch 65 Gr. feingehackte Trüffeln und 1 gehäuften Teel. Petersilie nehmen. Mit der gleichen Masse kann man auch Lammbrust und Gänsehals füllen.

**Kalbschnitzel mit Sardellen.** Man rechnet 125 Gr. für die Person. Das Schnitzel schneidet man vom Rücken oder von der unteren Keule. Mit 1/2 Teel. Salz bestreut, wendet man das fingerbreit dick geschnittene Fleisch

*Zutaten: 125 Gr. Kalbschnitzel, 1/2 Teel. Salz, 1/2 Zitrone, Sardellen, 10 Gr. Butter, Kapern.*

in Eiweiß und danach in geriebenem Brot. 10 Gr. Butter lässt man in der Pfanne braun werden und brät das Schnitzel in der braunen Butter 10 Minuten. In dieser Zeit wird das Schnitzel oft auf die andere Seite gelegt. Beim Anrichten träufelt man den Saft 1/2 Zitrone darüber, sehr gewässerte Sardellen schneidet man in Streifen und legt diese gitterartig über das Schnitzel, in jede Lücke legt man 1 Kaper.

**Kalbssteak.** Man rechnet 125 Gr. auf die Person. Man schneidet die Steaks zweifingerbreit dick; sie werden mit Salz bestreut und in Eiweiß und Zwieback paniert. Nun brät man die Steaks in reichlich brauner Butter unter immerwährendem Umlegen 10 Minuten. Liebt man die Steaks recht dünn geschnitten, so genügen 2 Minuten zum Braten. Die Pfanne muss vor dem Braten erhitzt sein.

*Zutaten: Zu 500 Gr. Steak rechnet man 1 Teel. Salz, 2 Eiweiß, 3 Essl. Paniermehl, 65 Gr. Butter.*

**Braunes Frikassee für 4 Personen.** 500 Gr. Kalbfleisch wird in einem trockenen Topfe langsam gebräunt, dann gibt man 1 Zwiebel, 10 Pfefferkörner, 1 in Würfel geschnittene Petersilienwurzel dazu, mit 1/2 Ltr. Wasser lässt man das Fleisch langsam 1 Stunde kochen. Nun macht man 1 Kochl. Mehlschwitze, rührt diese mit der Frikasseebrühe aus und gibt nach Geschmack 2 Teel. Zitronensaft und 1 Teel. Salz dazu. Dieses Ragout kann man in einem Rand von Kartoffelmus oder Reis anrichten.

*Zutaten: 500 Gr. Kalbfleisch, 1 Zwiebel, 10 Pfefferkörner, Petersilienwurzel, 1/2 Ltr. Wasser, 1 Kochl. Mehlschwitze, 2 Teel. Salz, 2 Teel. Zitronensaft.*

**Kalbsnieren mit Reis für 4 Personen.** Die vom Fett befreiten Nieren werden mit 1 Teel. Salz bestreut. Den Speck schneidet man in Würfel und lässt ihn im Topfe langsam hellbraun und kross ausbraten, danach werden die Nieren dazu gegeben, das Mehl wird darüber gestreut, und zugedeckt werden die Nieren bei nicht zu starker Hitze, am besten im Bratofen, 30 Minuten geschmort. Nach dieser Zeit gießt man den Rahm oder den Weißwein und 1/4 Ltr. Wasser dazu, nun lässt man die Nieren noch langsam 10 Minuten dämpfen. Die Oliven werden geschält, in Streifen geschnitten, zur Tunke gegeben. Beim Anrichten schneidet man die Nieren in Scheiben, legt diese in die Tunke zurück. Einen Reisrand stürzt man auf eine vorher gewärmte runde Platte und füllt in die Mitte des Randes die heißen Nieren mit der Tunke.

*Zutaten: 500 Gr. Reis, 3 frische Kalbsnieren, 30 Gr. geräuch. Speck, 6 Oliven, 1/8 Ltr. Weißwein oder saurer Rahm, 1 Teel. Salz, 1/4 Ltr. Wasser.*

**Kalbsbrust mit Pahlerbsen für 4 Personen.** Das Fleisch wird in einen Schmortopf gelegt und zugedeckt langsam 30 Minuten auf geschlossenem Herd gebräunt, inzwischen drei Mal gewendet. Ist das Fleisch in dieser Zeit nicht braun genug, so legt man den Deckel beiseite und lässt den Saft vollständig einschmoren. Die Zwiebeln werden abgezogen, in Scheiben geschnitten, mit dem Salz und dem Mehl zum gebräunten Fleisch gege-

*Zutaten: 750 Gr. Kalbsbrust, 3 Gr. Salz, 10 Gr. Weizenmehl, 10 Gr. Zwiebel, 1 Kilo Palerbsen oder 4 Kilo frische Erbsen, 1 Essl. Butter, 50 Gr. Tomaten, 1 Teel. Salz, 1 Essl. Mehl, 1 Essl. Zucker.*

ben. Die Tomate legt man in eine tiefe Schüssel, gießt rasch kochendes Wasser auf die Tomate, danach zieht man sogleich die Haut ab, schneidet die Tomate in Stücke und gibt sie zum Fleisch. Die Erbsen schüttet man auf einen Durchschlag zum Abtropfen, das Erbsenwasser wird zum Fleisch gegeben, und nun wird das Fleisch fest zugedeckt im Bratofen 1 Stunde geschmort. Nach dieser Zeit zerlegt man das Fleisch in Stücke oder Scheiben. Diese werden wieder in die Tunke gelegt, zugedeckt wird der Topf noch 10 Minuten heiß gestellt. Die Erbsen werden mit 1 Essl. Butter, 1 Teel. Salz, 1 Essl. Zucker, 1 Essl. Mehl überstreut zugedeckt, 10 Minuten auf geschlossenem Herd gedämpft. Eine runde Platte wird vor dem Anrichten erwärmt, die Erbsen beim Anrichten auf die Platte gefüllt; nun macht man eine Vertiefung und füllt das Fleisch mit der dicklichen Tunke hinein.

**Kalbshirn mit Äpfeln für 2 Personen.** Das Hirn wird 4 Stunden vor dem Gebrauch mit reichlich, kaltem Wasser gewässert, das Wasser wird oft erneuert. Nach dieser Zeit wird das Hirn mit 1/4 Ltr. Wasser, 1 Essl. Essig angesetzt und langsam 10 Minuten gekocht; durch starkes Kochen zerfällt das Hirn. Die Butter lässt man in der Pfanne braun werden, das Hirn wird von der Haut befreit, danach in die braune Butter gelegt. Auf das Hirn streut man Salz, Pfeffer, die in Scheiben geschnittene Zwiebel, die Apfelscheiben, zuletzt den Zucker, darüber. Zugedeckt lässt man das Gericht 20 Minuten langsam schmoren. Beim Anrichten wird der Saft einer halben Zitrone darüber getröpft. Man gibt Kartoffelmus oder Bratkartoffeln dazu.

*Zutaten: 1 Kalbshirn, 25 Gr. Äpfel, 1 Zwiebel, 1 Gr. weißer Pfeffer, 3 Gr. Salz., 10 Gr. Butter, 10 Gr. Zucker, 1/4 Ltr. Wasser, 1 Essl. Essig, 1/2 Zitrone.*

**Kalbshirnsalat**, vorzüglich auch für Kranke zu verwenden. Das gewässerte Hirn wird mit 1/4 Ltr. Wasser, 1 Teel. Essig, 1 Teel. Salz angesetzt und zugedeckt 20 Minuten langsam gekocht. Danach lässt man es in dieser Brühe vollständig erkalten. Aus der Brühe bereitet man später Aspik. Das kalte Gehirn wird in Stücke geschnitten, mit 4 in Würfel geschnittenen Artischockenböden, 125-Gr.-Dose Erbsen, 2 Essl. Öl gemischt, auf einer Platte angerichtet, mit Kresse und dem fein gehackten Aspik umkränzt und mit Mayonnaise übergossen. Man kann Krebsschwänze oder Krabben außerdem dazu verwenden.

*Zutaten: 1 Kalbshirn, 1/4 Ltr. Wasser, 1 Teel. Essig, 1 Teel. Salz, 2 Essl. Öl, 4 Artischockenböden, 125-Gr.-Dose Erbsen.*

**Kalbshirn mit Rührei, Morcheln, Spargelspitzen.** Für Kranke geeignet. Das Hirn wird 4 Stunden vor dem Gebrauch gewässert, das Wasser wird oft erneuert. 10 Gr. Butter lässt

*Zutaten: 1 Kalbshirn, 10 Gr. Butter, 3 Gr. Salz, 1 Gr. Pfeffer, 2 Eier, 1/8 Ltr. Wasser oder Milch, 65 Gr. Morcheln, 250 Gr. Spargelspitzen.*

man in der Pfanne braun werden. Das von der Haut und den Äderchen befreite Hirn legt man in die Pfanne, 3 Gr. Salz, 1 Gr. Pfeffer streut man darüber; für Kranke lässt man den Pfeffer fehlen. Unter öfterem Umrühren wird das Hirn 20 Minuten ohne Deckel aufgeschlossenem Herd gebraten. Nebenbei bereitet man Rührei von 2 Eiern, 1/8 Ltr. Wasser oder Milch. 65 Gr. gedämpfte Morcheln, 250 Gr. Spargelspitzen werden abgekocht. Beim Anrichten füllt man das Gehirn auf eine vorher gewärmte Platte, Rührei und Spargelspitzen legt man kranzartig um das Hirn. Außerhalb des Randes werden dreieckig geschnittene, in Butter oder Fett geröstete Brotscheiben gelegt. Frische, grüne Kresse kann ebenfalls mit auf die Platte gelegt werden. Da Ochsenhirn im Geschmack kräftiger ist, wird es von manchen bevorzugt, ebenso gut kann man Hammel- und Schweinehirn bereiten.

**Kalbshirn, pikant**, auch für Kranke geeignet. Das vorher gewässerte Hirn wird mit 1/4 Ltr. Wasser, 1 kleinen Zwiebel, 3 Gr. Salz angesetzt und langsam 10 Minuten gekocht. 30 Gr. Butter, 20 Gr. Mehl schwitzt man unter Rühren im *Zutaten: 1 Kalbshirn, 1/4 Ltr. Wasser, 1 kleine Zwiebel, 3 Gr. Salz, 30 Gr. Butter, 20 Gr. Mehl, 1/4 Ltr. Rahm od. Milch, 4 Sardellen.* Topfe 1–2 Minuten, danach gießt man 1/4 Ltr. Rahm oder Milch dazu. Hat man keine Milch, so wird die Brühe genommen, worin das Hirn gekocht, 4 Sardellen, vorher gewässert, werden von den Gräten befreit, durch ein Sieb gestrichen. Das Hirn wird in Scheiben geschnitten, in die vorher aufgekochte Rahmtunke gelegt, die Sardellenmasse hinzugefügt, und hiernach wird das kleine feine Gericht zugedeckt 30 Minuten vor dem Anrichten in einen zweiten Topf mit heißem Wasser gestellt. Die Sardellenmasse darf nicht kochen.

**Kalbshirnschnitte, gebacken, für 2 Personen.** Für Kranke geeignet. Das Hirn wird 4 Stunden gewässert, das Wasser während dieser Zeit oft erneuert, danach wird das Hirn *Zutaten: 1 Kalbshirn, 1/4 Ltr. Wasser, 1 Essl. Essig, 5 Gr. Salz, 1 Ei, 10 Gr. Mehl, 1/8 Ltr. Wasser.* mit 1/4 Ltr. Wasser, 1 Essl. Essig, 5 Gr. Salz angesetzt und zugedeckt langsam 10 Minuten gekocht. Nach dieser Zeit stellt man den Topf zurück und lässt das Hirn erkalten. 1 Ei wird in einer Schüssel 5 Minuten geschlagen, 10 Gr. Mehl, 1/5 Ltr. Wasser wird dazu gegeben, das Hirn schneidet man in 2 cm dicke Scheiben, zieht jede einzelne Scheibe mit einer Gabel durch den dicklichen Teig, legt diese sogleich in heißes Schmalz oder Talg, Öl kann man auch nehmen. Man bäckt zurzeit 4–6 Scheiben in dem heißen Fett. Sobald die Scheiben zu schöner, hellbrauner Farbe gebacken, legt man sie auf ein Löschpapier. Mit ausgebackener Petersilie oder Spinat anrichten. Dazu eine feine holländische Tunke.

**Fleischpastete für 4 Personen.** Man nimmt hierzu einen Fleischrest von Kalbsbraten, frische Champignons. 1 Kochl. Mehlschwitze wird ausgerührt mit 1/2 Ltr. Knochenbrühe. Hat man Tunkenreste, so gibt man diese auch dazu. Auf die Champignons gießt man 1/3 Ltr. Brühe, lässt sie noch 5 Minuten langsam kochen, dann gießt man sie mit der Flüssigkeit in die ausgerührte Tunke und schmeckt sie mit

*Zutaten: 250 Gr. Kalbsbraten-reste, 125 Gr. frische Champignons, 1 Kochl. Mehlschwitze, 1/2 Ltr. Knochenbrühe, 1/8 Ltr. Brühe, 1 altes Rundstück, 1 gehäuft. Teel. Salz, 1 Eiweiß, 125 Gr. Schweinehack, 1/2 Teel. Pfeffer, 1 Teel. Salz, 1/2 Teel. roh geriebene Zwiebel.*

1 gehäuften Teel. Salz ab. Man kann sie mit etwas Couleur braun färben. Dann tut man das geschnittene Fleisch in diese Tunke. Statt der Pilze kann man 3–4 in Scheiben geschnittene Pfeffergurken, man kann auch einige Morcheln nehmen. 1 altes Rundstück wird geschält, geweicht, gut ausgedrückt und mit 125 Gr. Schweinehack verrührt. 1 Teel. Salz, 1/2 Teel. Pfeffer, 1/2 Teel. roh geriebene Zwiebel und 1 Eiweiß kommen dazu. Diese Fleischmasse streicht man an den inneren Rand einer Auflaufschüssel. Auf den Boden der Schüssel legt man einen vorher gebackenen Blätterteigboden, hierauf füllt man das Kalbfleisch mit der Tunke. Über das Ganze wird ein zweiter Blätterteigboden gelegt. Nun bäckt man die Pastete in nicht zu heißem Ofen 1/2 Stunde. Statt Blätterteig kann man auch Hacketeig verwenden (siehe unter Apfeltorte mit Hacketeig).

**Kalbfleisch mit Kaperntunke für 6 Personen.** Kalbsbrust oder Vorderblatt, auch die Rippen- und Knorpelstücke sind geeignet. Man zerlegt das Fleisch in 6–12 Stücke und setzt es mit 1

*Zutaten: 1 Kilo Kalbsbrust, 1 Zwiebel, 1 Ltr. kaltes Wasser, 10 Gr. Butter, 20 Gr. Mehl, 1 Essl. Kapern, 1 Teel. Salz, 1 Ei.*

Zwiebel, 1 Ltr. kalten Wassers an, kocht es zugedeckt recht langsam 1 1/2 Stunden. Danach schwitzt man 10 Gr. Butter und 20 Gr. Mehl in einem Topf, gibt unter Rühren nach und nach die Kalbfleischbrühe dazu, außerdem gibt man 1 Essl. Kapern, 1 Teel. Salz dazu. Mit diesen Zutaten lässt man die Tunke langsam ohne Deckel 5 Minuten kochen. 1 ganzes Ei schlägt man vorher in einer Schüssel 10 Minuten, die kochende Tunke wird unter Rühren nach und nach an das gut geschlagene Ei gegossen. Die Fleischstücke legt man in die fertige Tunke. Hierzu gibt man Reis. Kann man das Gericht nicht sogleich anrichten, so wird es in einen Topf mit heißem Wasser gestellt, das Wasser darf nicht kochen.

**Gulasch von Kalbfleisch für 4 Personen.** 500 Gr. Kalbfleisch wird gewaschen, in Würfel geschnitten und in einem Topf ohne Butter zugedeckt auf den nicht zu heißen Herd gestellt.

*Zutaten: 500 Gr. Kalbfleisch, 1 Essl. Weizenmehl, 1/2 Teel. Salz, 1 Tomate, 1 Messerspitze Paprika, 1/2 Ltr. geschälte Kartoffeln.*

Das Fleisch wird nun in 30 Minuten gebräunt und zwischendurch umgerührt. Ist es in dieser Zeit nicht braun geworden, so wird der Topfdeckel beiseitegelegt, und nun muss der Fleischsaft vollständig einschmoren. Hiernach wird 1 Essl. Weizenmehl, 1/2 Teel. Salz, 1 Messerspitze Paprika, 1 Tomate und 1/2 Ltr. Wasser dazu gegeben. Fest zugedeckt stellt man das Fleisch 30 Minuten zum langsamen Kochen in den nicht zu heißen Bratofen. 250 Gr. geschälte Kartoffeln schneidet man in große Würfel und gibt diese zu dem Fleisch, worauf man das ganze Gericht noch 30 Minuten zugedeckt im Bratofen langsam weiterkochen lässt.

**Kalbshirn für 2 Personen.** Man muss das Hirn am Schlachttage verwenden. 2 Stunden vor Gebrauch in reichlich kaltes Wasser legen. Danach legt man es 10 Minuten auf einen Durchschlag. 1 Kochl. Butter in der Pfanne braun werden lassen, das Hirn hineinlegen, *Zutaten: 1 Kalbshirn, 1 Kochl. Butter, 1/2 Teel. Pfeffer, 1 gehäufter Teel. Salz, 1/2 Teel. roh geriebene Zwiebel, 1 gehäufter Teel. Mehl, der Saft 1/2 Zitrone oder 3 Essl. Tomatentunke.*

1/2 Teel. Pfeffer, 1 gehäufter Teel. Salz, 1/2 Teel. roh geriebene Zwiebel und 1 gehäufter Teel. Mehl müssen über das Hirn gestreut werden. Nun wird es unter immerwährendem Rühren in der Pfanne auf nicht zu starkem Feuer 10 Minuten gebraten. Ein ganzes Hirn rechnet man für 4 Personen. Beim Anrichten legt man dreieckig geschnittene, in Butter geröstete Brotscheiben auf den Rand der Platte. Außerdem träufelt man beim Anrichten den Saft von 1/2 Zitrone über das Hirn oder 3 Essl. dickliche Tomatentunke. Das Hirn vom Schwein ist kleiner als das vom Rind oder Kalb.

**Rührei auf andere Art.** Nachdem die Eimasse in die Pfanne geschüttet, nimmt man eine breite Forke und rührt die Eimasse während des Dickwerdens. Man kann bei dem Anrichten mit dem Rührei, Morcheln, Sprotten, Krabben und Krebse mischen.

**Lungenhaschee.** In Tirol nennt man dieses wohlschmeckende und billige Gericht Mäuschel. Lunge und Herz vom Schaf, Kalb oder Rind werden auch im Einkauf Herzschlag genannt; man legt es 4 Stunden vor dem Gebrauch in reichliches, kaltes Wasser; dasselbe wird öfter erneuert. Danach setzt man Herz und Lunge mit 2 Ltr. kaltem Wasser, 5 Gr. *Zutaten: Lunge und Herz vom Schaf, Kalb oder Rind, 2 Ltr. kaltes Wasser, 5 Gr. Salz, 1 St. Sellerie, 2 Zwiebeln, 10 Pfefferkörner, 10 Gr. Butter oder Fett, 20 Gr. Mehl, 1 Spitze vom Lorbeerblatt, 1 kleine Zwiebel, 5 Gr. Zucker, 5 Gr. Salz, 2 Essl. Essig.*

Salz, 1 Stück Sellerie, 2 Zwiebeln, 10 Pfefferkörnern, 1 Spitze vom Lorbeerblatt an und kocht es recht langsam 2 Stunden. Die Hälfte dieser Brühe verwendet man am nächsten Tage zur Suppe. Nachdem das Fleisch vollständig in der Brühe erkaltet ist, wird es in feine lange Streifen geschnitten, 10 Gr. Butter oder Fett schwitzt man mit 20 Gr. Mehl im Topf unter Rühren 1–2 Minuten, danach gießt man die Hälfte der Lungenbrühe dazu. Ist die Tunke zu dünn, so lässt man sie ohne Deckel langsam einkochen, 1 kleine Zwiebel wird gerieben, 5 Gr. Zucker, 5 Gr. Salz, 2 Essl. Essig, das geschnittene Fleisch gibt man an die Tunke. Das Gericht muss süßsauer schmecken. Man gibt hierzu Kartoffelklöße.

**Lungenhaschee anderer Art.** Man kocht Herz und Lunge wie im vorstehenden Rezept 2 Stunden. 10 Gr. geräucherten Speck schneidet man in Würfel und brät den Speck im Topf langsam kross, danach werden 20 Gr. Weizenmehl dazugegeben und unter Rühren nach und nach 3/4 Liter Lungenbrühe. Diese dickliche Tunke kann man mit 1 Essl. Zucker, den man für sich im kleinen Topfe bräunt, braun färbt. Das in Streifen geschnittene Fleisch legt man in die fertige Tunke und würzt diese mit Salz, etwas Pfeffer, 2 Löffeln Essig. Statt Essig wird auch Madeira, wenn man ihn hat, oder Zitronensaft oder Weißwein genommen.

*Zutaten: Lunge und Herz vom Schwein, Kalb oder Rind, 10 Gr. geräucherter Speck, 20 Gr. Weizenmehl, 1 Essl. Zucker, 3/4 Ltr. Lungenbrühe, 2 Löffel Essig, etwas Salz und Pfeffer.*

**Geflügelreis mit Curry für 6 Personen.** 250 Gr. Reis wird zwei bis vier Mal gewaschen, dann angesetzt mit 1/4 Ltr. Huhnbrühe, 1 Teel. Salz und 1 Teel. Curry. Zugedeckt wird der Reis 15 Minuten gekocht. Nach dieser Zeit werden die in Würfel geschnittene Leber und das Fleisch von einem fetten, gekochten Huhn dazugegeben. Dieses lässt man im offenen Topfe im nicht zu heißen Bratofen 10 Minuten trocken dämpfen. Der Reis darf nicht gerührt werden.

*Zutaten: 250 Gr. Reis, 1 Huhn, 1 Teel. Curry, 1 Essl. Kräuter, 1 Teel. Salz, 3/4 Ltr. fette Huhnbrühe, 1 in Würfel geschnittene Leber.*

**Schweinefleisch mit Tomaten und weißen Bohnen.** Die Bohnen werden am Tage vor dem Gebrauch gewaschen, mit 1 Ltr. kaltem Wasser eingeweicht, am nächsten Tage mit diesem Wasser, dem Fleisch, 1 Teel. Salz, den Zwiebeln angesetzt und langsam 1 1/2 Stunden gekocht. Nach dieser Zeit fügt man die geschälten Kartoffeln und Tomaten hinzu und lässt das Gericht noch langsam 45 Minuten kochen. Im Grudeofen gelingt das Gericht vorzüglich.

*Zutaten: 1 Kilo Fleisch, 500 Gr. weiße Bohnen, 250 Gr. Tomaten, 50 Gr. Sellerie, 100 Gr. Kartoffeln, 1 Teel. Salz, 100 Gr. Zwiebeln.*

**Schweinefleisch in Gelee.** Schweineschwarten werden in Würfel geschnitten, mit 1 Ltr. kaltem Wasser, 1 Zwiebel, 1 Lorbeerblatt, 1/2 Ltr. Essig, 1 Essl. Salz und 20 Pfefferkörnern

*Zutaten: 1 Schweinsrippe v. 1 1/2 Kilo, 500 Gr. Schweineschwarte, 1 Ltr. kaltes Wasser, 1 Zwiebel, 1 Lorbeerblatt, 1/2 Ltr.*

angesetzt und 1 Stunde langsam gekocht. *Essig, 1 Essl. Salz, 20 Pfeffer-*
Nach dieser Zeit legt man die Schweinsrippe *körner, 2 Eiweiß.*
dazu und lässt beides noch langsam 1 Stunde weiterkochen. Nun gießt man
die Flüssigkeit durch ein Sieb, legt die Schweinsrippe wieder in die Flüssigkeit und lässt das Ganze vollständig erkalten. Danach wird das Fett abgefüllt; die Schweinsrippe wird tranchiert und in eine Glasschüssel gelegt.
Die Flüssigkeit wird einmal aufgekocht und der nicht zu feste Schnee von
2 Eiweiß dazugegeben. Diese Masse wird mit der Schneerute tüchtig durchgeschlagen und noch einmal aufgekocht, wonach sie 30 Minuten zugedeckt
beiseite gestellt wird. Lässt man die Flüssigkeit mit dem Schnee zu lange
kochen, wird die Brühe nicht klar. Ein Tuch wird drei bis vier Mal durch heißes Wasser gezogen, gut ausgedrückt über einen Topf gelegt und die Brühe
zum langsamen Durchtropfen auf dieses Tuch gefüllt. Auf dem Tuch darf
die Flüssigkeit nicht gerührt werden. Diese klare und kalte Flüssigkeit wird
in die Glasschüssel auf die geschnittene Schweinsrippe gegossen. Hat man
keine Schweinschwarten zur Verfügung, wird die Rippe mit dem Wasser
und den Gewürzen angesetzt und 1 Stunde gekocht. Die Flüssigkeit wird
mit Eiweiß und Gelatine vollendet (siehe unter Aspik).

**Kasseler Rippespeer, gekocht mit Grün-** *Zutaten: 1 1/2 Kilo Kasseler*
**kohl, für 6 Personen.** Ein Fleischstück von *Rippespeer, 1 Ltr. kaltes Wasser,*
1 1/2 Kilo wird gewaschen und angesetzt *2 Kilo Grünkohl, 1/2 Kochl.*
mit 1 Ltr. kaltem Wasser, zugedeckt wird es *Mehlschwitze, 2 Kochl. Schwei-*
langsam 1 1/2 Stunden gekocht. Es wird hart *neschmalz, 1 Kochl. Zucker.*
durch zu starkes Kochen. Die Blätter des Grünkohls werden von den Rippen abgezupft und drei Mal mit reichlich kaltem Wasser gewaschen, dann
mit reichlich kochendem Wasser angesetzt und zugedeckt 1 Stunde gekocht,
nach dieser Zeit auf einen Durchschlag gegeben. Das Wasser muss man fortgießen. Der Kohl wird fein gehackt. 1/2 Kochl. Mehlschwitze wird mit der
Hälfte der Brühe des Fleisches ausgerührt. Den Kohl gibt man dazu. Nach
Geschmack sind 1 Kochl. Zucker und 2 Kochl. Schweineschmalz hinzuzufü-
gen. Zugedeckt lässt man den Kohl noch 30 Minuten schmoren. Die übrige
Brühe vom Fleisch kann man am nächsten Tag für Erbsensuppe verwenden.

**Pickelsteinerfleisch für 6 Personen.** 1 *Zutaten: 1 Knolle Sellerie, 2*
Knolle Sellerie wird geschält und in Würfel *Stangen Porree, 1 gelbe Wur-*
geschnitten. 2 Stangen Porree und 1 gelbe *zel, 500 Gr. Schweinefleisch, 1*
Wurzel werden in Scheiben geschnitten. Das *Essl. Mehl, 250 Gr. Hammel-*
Schweinefleisch und Hammelfleisch werden *fleisch, 1 Messerspitze Paprika,*
in Würfel geschnitten und im Topf zugedeckt *1 gehäufter Teel. Salz, 500 Gr.*
*Kartoffeln.*

30 Minuten gebräunt. Ist das Fleisch nach dieser Zeit noch zu hell, dann legt man den Deckel beiseite und lässt den Saft einschmoren. 1 Essl. Mehl, 1 gehäuften Teel. Salz, 1 Messerspitze Paprika wird dazu gegeben. Hiernach das Gemüse und 1/2 Ltr. kochendes Wasser. Fest zugedeckt lässt man das Gericht langsam 1 1/2 Stunden dämpfen.

**Weihnachtsbraten einfacher Art für 6 Personen.** Schweinsblatt im Gewicht von 1–2 Kilo wird entknöchelt, mit 5 Gr. Salz eingerieben, dann aufgerollt und mit einem Bindfaden verschnürt; hiernach im Schmortopfe oder in der Pfanne angesetzt und zugedeckt, ohne Wasser im eigenen Fett gebräunt, bei nicht zu starker Hitze auf geschlossenem Herd in zirka 30 Minuten. Ist das Fleisch in dieser Zeit nicht braun genug, so legt man den Deckel beiseite und lässt den Fleischsaft vollständig einschmoren. Danach wird 1 Essl. Weizenmehl über das Fleisch gestreut und 1/2 Ltr. Wasser darüber gegossen. Nun lässt man den Braten noch fest zugedeckt 1 Stunde schmoren, am besten im Bratofen. 1 Kilo Äpfel, den besten Geschmack haben Prinz-Äpfel, Schüräpfel, Borstorfer Äpfel für diesen Zweck, 65 Gr. Pflaumen oder Rosinen. Diese werden mit heißem Wasser gewaschen, entsteint, mit den geschälten Äpfeln gekocht, 65 Gr. Zucker, die Hälfte der Bratentunke wird dazugegeben und nun lässt man die Äpfel zugedeckt langsam 30 Minuten schmoren.

*Zutaten; 1 Schweinsblatt von 1-2 Kilo, 5 Gr. Salz, 1 Essl. Weizenmehl, 1/2 Ltr. Wasser, 1 Kilo Äpfel, 65 Gr. Pflaumen od. Rosinen, 65 Gr. Zucker.*

**Gebratener Schinken (Schinkenreste).** Man klopft den in Scheiben geschnittenen Schinken, feuchtet ihn mit 1/8 Ltr. saurer Milch an und lässt ihn 1 Stunde damit stehen. Dann wendet man ihn in Eiweiß, Zwieback oder Mehl. 1 Teel. Butter lässt man in der Pfanne braun werden und brät den Schinken darin auf jeder Seite 1–3 Minuten. Hiernach wird die Milch, worin der Schinken geweicht, dazu gegossen, die Pfanne mit einem Deckel geschlossen und der Schinken langsam 5 Minuten gedämpft. Man gibt ihn zu jedem jungen Gemüse.

*Zutaten: 250 Gr. Reste vom Schinken, 1 Teel. Milch, Eiweiß. Zwieback oder Mehl, 1/8 Ltr. saure Milch, 1 Teel. Butter.*

**Rührei für 2 Personen.** 3 ganze Eier schlägt man in einer Schüssel mit 1 Messerspitze Salz 5 Minuten. Dann gibt man 3 Essl. kaltes Wasser oder Milch dazu. 1 gehäuften Teel. Butter lässt man in der Pfanne dünn werden. Die Eimasse gießt man durch ein Sieb in die Pfanne. Nun stellt man die Pfanne auf mäßiges Feuer und zieht mit einem Löffel nach 1–2 Minuten die inzwischen festgewordene Eimasse vom

*Zutaten: 3 Eier, 3 Essl. kaltes Wasser oder Milch, 1 Messerspitze Salz, 1 gehäufter Teel. Butter.*

Boden der Pfanne. Hierbei hält man den Löffel schräge, damit die flüssige Eimasse abläuft.

**Steinpilz-Auflauf mit Reis für 3 Personen.** 250 Gr. Reis werden gewaschen. mit 1 Ltr. kochendem Wasser angesetzt und zugedeckt langsam 15 Minuten gekocht. Nach dieser Zeit legt man den Deckel zur Seite und stellt den Topf in den heißen Bratofen. *Zutaten: 250 Gr. Reis, 1 Ltr. Wasser, 250 Gr. Steinpilze, 1 Eidotter, 2 Teel. Zitronensaft, 1 Teel. Salz, 1 Teel. Backpulver, 500 Gr. Mais, 250 Gr. abgekochte Kartoffeln.*
250 Gr. Steinpilze werden geputzt, gewaschen, in kleine Stücke geschnitten, mit 2 Teel. Zitronensaft gemischt und nun hingestellt. 1 Eidotter rührt man mit 1 Teel. Salz 5 Minuten. Den Inhalt einer 500-Gr.-Dose Mais, die kleingeschnittenen Pilze mit dem Zitronensaft, 1 Teel. Backpulver, den Reis gibt man vorsichtig dazu. Der Reis darf nicht viel gerührt werden. Zuletzt kommt der feste Schnee vom Ei hinzu. Nun füllt man die Masse in eine Auflaufform und bäckt den Auflauf im nicht zu heißen Ofen 45 Minuten. Für die letzten 10 Minuten muss der Ofen recht heiß gemacht werden. Man kann zu diesem Auflauf alle essbaren Pilzarten verwenden. Zur Verlängerung kann man auch 250 Gr. abgekochte Kartoffeln nehmen. Alle Pilze müssen im frischen Zustande gebraucht werden. Man darf nie vergessen, dass alle Pilze nach Verlauf von zwei Tagen in Zersetzung übergehen und dadurch schädlich sind.

**Wiener Fleischgericht.** Hierzu nimmt man am besten 1 Kilo Ochsenfilet. Will man das Gericht billiger herrichten, kann man auch Steertstück oder Kluftschale verwenden. Das Fleisch schneidet man in Würfel, ebenso 125 Gr. geräucherten Schinkenspeck. Zugedeckt lässt man das Fleisch im Topf 30 Minuten bei mäßiger Hitze braun werden. Ist es in dieser Zeit nicht braun genug, nimmt man den Deckel ab und lässt den Fleischsaft vollständig *Zutaten: 125 Gr. geräucherter Schinkenspeck, 1 Kilo Ochsenfett, 1 Essl. Selleriewürfel, 1 Essl. weiße Wurzeln, 1 Essl. gelbe Wurzeln, 2 Tomaten, 1/2 Teel. fein gehackt. Thymian, 1 Zwiebel, 1 Teel. Salz, 1/2 Teel. Pfeffer, 4 Nelkenköpfe, 1/2 Teel. fein gehackter Estragon, 1 Essl. Mehl.*
einschmoren. Nun gibt man 1 Essl. in Würfel geschnittenen Sellerie, 1 Essl. weiße Wurzeln, 1 Essl. gelbe Wurzeln, 2 Tomaten, 1/2 Teel. fein gehackten Thymian, 1 Zwiebel, 1 Teel. Salz, 1/2 Teel. Pfeffer, 4 Nelkenköpfe, 1/2 Teel. fein gehackten Estragon, 1 Essl. Mehl dazu. Nun gießt man 3/4 Ltr. lauwarmes Wasser auf das Fleisch, lässt es zugedeckt 1 Stunde im Bratofen dämpfen. Beim Anrichten legt man Makkaroni oder Nudeln herum.

**Falscher Hase ohne Brot und ohne Ei für 6 Personen.** Das Fleisch gibt man zwei Mal durch die Fleischmaschine, dann gibt man die Zwiebel und zuletzt die geschälten rohen Kartoffeln durch die Maschine. Die Kartoffeln ersetzen Brot und das Ei als Bindemittel. An diese gut verrührte Masse gibt man nun Salz und Pfeffer, formt die Masse länglich und wendet sie in dem Mehl, dann sticht man die Speckstreifen oben in die Fleischmasse, legt sie in die Bratpfanne und brät das Gericht 45 Minuten im heißen Bratofen. In den letzten 10 Minuten übergießt man den Braten mit 1/4 Ltr. Wasser und macht, wenn nötig, die Tunke mit etwas ausgerührtem Mehl sämig.

*Zutaten: 65 Gr. Speck, 500 Gr. Ochsenfleisch, 250 Gr. Kartoffeln, 2 Teel. Salz, 1 Zwiebel, 1/2 Teel. Pfeffer, 2 Essl. Mehl.*

**Warmes Rundstück.** Für 1 Person 1 Rundstück. Es wird quer durchschnitten, man nimmt die Krume vorsichtig heraus, gießt dann 1–2 Essl. Milch in das Brot zum Weichen. 5 Minuten weichen lassen. Dann bestreicht man es innen mit fein gehacktem, gekochtem Schinken, schlägt ein Ei hinein und legt die andere Hälfte vom Rundstück wieder darüber. Das Brot wird außen herum mit Butter bestrichen. Sind alle Brötchen vorbereitet, so legt man sie nebeneinander in die Pfanne und brät sie im heißen Bratofen 5–10 Minuten. Sie müssen heiß serviert werden. Auf das Ei kann man noch etwas Käse streuen.

*Zutaten: Für je 1 Rundstück 1-2 Essl. Milch, 1 Teel. Butter, 20 Gr. gehackter Schinken, 1 Ei, etwas Käse.*

**Makkaroni für 8 Personen.** Die Makkaroni werden mit 2 Ltr. kochendem Wasser und 1 Essl. Salz im geschlossenen Topf angesetzt und 30 Minuten gekocht, dann auf ein Sieb zum Abtropfen gegossen und mit geriebenem Schweizer Käse vermischt. Hierauf werden sie schichtweise mit 6 abgezogenen und in Scheiben geschnittenen Tomaten in eine Auflaufform gelegt. 3 ganze Eier schlägt man 5 Minuten tüchtig, gießt dann 3/4 Ltr. sauren Rahm hinzu und gibt diese Masse zuletzt über die Makkaroni. Obenauf legt man noch 2–3 Teel. Butter und lässt das Gericht 30 Minuten im heißen Ofen backen.

*Zutaten: 1 Kilo Makkaroni, 2 Ltr. kochendes Wasser, 1 Essl. Salz, 3/4 Ltr. saurer Rahm, 6 Tomaten, 3 Eier, 125 Gr. Schweizer Käse, 2-3 Teel. Butter.*

**Gefüllte Zwiebel.** Man rechnet 1 spanische Zwiebel für 2 Personen. Die äußeren schlechten Blätter werden abgezogen. Dann wird die Zwiebel mit 1 Ltr. kochendem Wasser angesetzt und im geschlossenen Topf 1 Stunde

*Zutaten: 1 spanische Zwiebel, 1 Ltr. koch. Wasser, 1/4 Ltr. Brühe, 1 Teel. Salz, 1/2 Kochl. Mehlschwitze, etwas braune Zuckerfarbe (Couleur).*

gekocht. Nachdem die Zwiebel etwas ausgekühlt, schneidet man den Deckel ab, höhlt sie aus und füllt sie mit einer Fleischmasse (siehe unter gefülltem Sellerie). 1/2 Kochl. Mehlschwitze rührt man mit 1/4 Ltr. Zwiebelwasser aus, schmeckt die Tunke mit 1 Teel. Salz ab und färbt sie mit etwas Couleur braun, legt die gefüllte Zwiebel in die Tunke und lässt sie zugedeckt 30 Minuten langsam kochen. Während dieser Zeit wird die Tunke öfter über die Zwiebel gefüllt.

**Haferflocken-Frikadellen für 6 Personen.** 100 Gr. Haferflocken werden mit 1/4 Ltr. kaltem Wasser angesetzt und zugedeckt 10 Minuten hinten auf den Herd gestellt. 1 Teel. *Zutaten: 100 Gr. Haferflocken, 1/4 Ltr. kaltes Wasser, 1 Teel. Salz, 1 Messerspitze Pfeffer, 1 Zwiebel.*
Salz, 1 Messerspitze Pfeffer, 1 abgezogene, geriebene Zwiebel werden an die Masse gegeben. Die einmal aufgekochte und inzwischen dick gewordene Masse wird 10 Minuten zum Abkühlen beiseite gestellt. Dann formt man kleine Bälle von dieser Masse. 1 Kochl. Fett lässt man in der Pfanne heiß werden, legt die mit einem Messer etwas breit gedrückten Bälle in die Pfanne und brät sie 5 Minuten bei nicht zu starker Hitze.

**Käse-Soufflees als Bratengarnitur für 4 Personen.** 3 Eidotter rührt man mit 65 Gr. geriebenem Schweizer- oder Parmesankäse 5 *Zutaten: 65 Gr. Käse, 1/8 Ltr. saurer Rahm, 3 Eier, 2 Teel. gehackter Schinken.*
Minuten. Dann gibt man den festen Schnee der Eier und 1/8 Ltr. sauren Rahm, 2 Teel. fein gehackten, gekochten Schinken dazu. Ist alles gut verrührt, so werden 6 kleine Timbalformen mit Butter ausgestrichen und mit Mehl ausgestäubt. Dann wird die Masse hineingefüllt, und nun stellt man die Förmchen nebeneinander in einen Topf, bis zur Hälfte mit kochendem Wasser. Man stellt den Topf 10–15 Minuten in den nicht zu heißen Bratofen. Die Soufflees müssen sogleich angerichtet werden. Gestürzt verwendet man die Soufflees als Garnitur bei Rehbraten, Hammelrücken oder Schweinsrücken.

**Blätterteig mit Geflügelleber für 6 Personen.** Blätterteig bereiten von 125 Gr. Mehl, 125 Gr. Butter, 2 Essl. kaltem Wasser. Diesen 2 cm dick ausrollen, 12 Böden ausstechen, 6 Böden mit folgendem Ragout belegen. Die Innenwand des zweiten Bodens mit Eiweiß *Zutaten: 125 Gr. Mehl, 125 Gr. Butter, 2 Essl. kaltes Wasser, etwas Eiweiß, 125 Gr. Geflügelleber, 1 Teel. Salz, 1/2 Teel. Pfeffer, 2 Teel. Mehl. 2 Teel. Speckwürfel, 1/8 Ltr. Wasser.*
bestreichen und auf den gefüllten Boden legen, im heißen Ofen 5–10 Minuten backen. Ragout: 125 Gr. Geflügelleber waschen, mit 1 Teel. Salz, 1/2 Teel. Pfeffer, 1 Teel. Mehl bestreuen, 2 Teel. Speckwürfel ausbraten, mit der

Leber 2–3 Minuten unter Rühren braten, die Leber in Würfel schneiden, 1 gehäuften Teel. Mehl mit dem Speck schwitzen; 1/8 Ltr. Wasser oder Brühe dazu gießen und aufkochen, mit der Leber mischen und eventuell mit Trüffeln oder Kräutern würzen.

**Geschmorter Salat im Kartoffelmusrand.** *Zutaten: 4 feste Köpfe Salat,* 4 feste Köpfe Salat schneidet man in Viertel, *1/2 Ltr. Wasser, 2 Teel.* wäscht sie, setzt sie mit 1/2 Ltr. kochendem *Zucker, 2 Teel. Butter.* Wasser an und kocht das Gemüse zugedeckt 30 Minuten. Nach dieser Zeit wird der Deckel beiseitegelegt und das Wasser wird vollständig eingekocht. 2 Teel. Zucker legt man auf den Boden des Topfes und lässt den Zucker langsam braun werden. Danach wird das Gemüse mit dem braunen Zucker gemischt und wieder zugedeckt langsam 10 Minuten geschmort. Beim Anrichten gibt man wenig Salz hinzu und 1 Teel. Butter, wenn man sie hat. Kartoffelmus formt man kranzartig auf einer runden Platte und füllt in die Mitte das Gemüse.

**Weiße Bohnen mit Wurzeln für 6 Personen.** *Zutaten: 500 Gr. weiße Boh-* 250 Gr. weiße Bohnen werden gewaschen, *nen, 1 Ltr. kaltes Wasser, 4* am Tage vor dem Gebrauch mit 1 Ltr. kaltem *Wurzeln, 500 Gr. geräucherter* Wasser eingeweicht und danach mit diesem *magerer Speck, 1 Teel. Salz, 1* Wasser ins Kochen gebracht. 4 geschälte, in *Kochl. Mehlschwitze, 1/8 Ltr.* Würfel geschnittene, gewaschene Wurzeln *Essig.* gibt man an die kochenden Bohnen, außerdem 500 Gr. geräucherten mageren Speck. Fest zugedeckt lässt man das Gericht 2 Stunden kochen. 1 Kochl. Mehlschwitze wird nun mit der Bohnenflüssigkeit ausgerührt, 1 Teel. Salz, 1/8 Ltr. Essig kommt dazu. Das Gemüse lässt man mit allen Zutaten 5 Minuten kochen, dann richtet man es mit dem Speck an. Man gibt nur abgekochte Kartoffeln dazu.

**Tomaten-Pfannkuchen.** Ein Frühstücksvor- *Zutaten: 2 Essl. Mehl, 3 Essl.* gericht für 2 Personen. 2 Essl. Mehl verrührt *kaltes Wasser, 1 Ei, 1 Tomate,* man mit 3 Essl. kaltem Wasser, 1 Eidotter gibt *1 Essl. gekochter feingehackter* man dazu, dann den festen Schnee von dem *Schinken, 1 Essl. gerieb. Käse,* Ei. Von einer Tomate zieht man die Haut ab. *1/2 Kochl. Butter.* Nachdem die Tomate erkaltet, wird sie in Scheiben geschnitten und in den Teig gegeben, 1 Essl. gekochten feingehackten Schinken fügt man hinzu. 1/2 Kochl. Butter lässt man in der Pfanne schmelzen, gibt die ganze Teigmasse in die Pfanne, bäckt den Pfannkuchen bei mäßiger Hitze und unter öfterem Umlegen 5 Minuten. Beim Anrichten streut man über den Pfannkuchen geriebenen Käse.

# WARME MITTELGERICHTE

**Ragout von Huhn, Champignons mit Curry, für 4 bis 6 Personen.** Das Gericht gibt man zum Frühstück und richtet es im Reisrand an. Ein Huhn wäscht man und setzt es mit 1 1/2 Ltr. kaltem Wasser und 1 gehäuften Teel. Salz an. Im geschlossenen Topf muss das Huhn 1 1/2 Stunden langsam kochen. Durch starkes Kochen wird das Fleisch hart. Die Brühe gießt man in ein Sieb. Die Hälfte der Brühe ist am nächsten Tage zur Suppe verwendbar. 125 Gr. frische Champignons werden geputzt und während des Putzens in ausgerührtes Mehlwasser gelegt (man nimmt 1 Kochl. Mehl, 1/4 Ltr. kaltes Wasser oder kalte Milch). Sind alle vorbereitet, so werden sie 2–3 Mal in kaltem Wasser gewaschen, dann mit 1 Teel. Zitronensaft, 1 Teel. Butter im geschlossenen Topf angesetzt und unter öfterem Schütteln langsam 10 Minuten gedämpft. 1 Kochl. Mehlschwitze rührt man mit der übrigen Brühe aus, gibt die Champignons mit ihrem Saft dazu und kocht die Tunke langsam 10 Minuten. Man würzt sie mit 1 Teel. Curry und mit Salz. Das abgetrennte Hühnerfleisch wird in die Tunke gelegt und das Gericht zugedeckt 20 Minuten in einen Topf mit heißem Wasser gestellt. Will man keinen Curry, so kann die Tunke zuletzt mit zwei Eidottern abgequirlt werden.

*Zutaten: 1 Huhn im Gewichte von 1 Kilo, 1 1/2 Ltr. kaltes Wasser, 1 gehäufter Teel. Salz, 125 Gr. frische Champignons, 1 Kochl. Mehl, 1/4 Ltr. kaltes Wasser, 1 Teel. Zitronensaft, 1 Teel. Butter, 1 Kochl. Mehlschwitze, 1 Teel. Curry, 2 Eidotter.*

**Reiches Huhnragout für 10 Personen.** Die gewaschenen Hühner und die Kalbszunge setzt man mit 2 Ltr. kaltem Wasser, 1 Essl. Salz, 1 Zwiebel, 10 Pfefferkörnern an, kocht sie langsam 2 Stunden im geschlossenen Topf. Die Hühner dürfen nur 1 Stunde kochen, man nimmt sie dann heraus und

*Zutaten: 2 junge Suppenhühner à 2 Kilo, 1 gr. Schweser, 2 Kalbszungen, Blumenkohl, 1 Kilo Morcheln, 12 Krebse, 1 Kilo Schellfisch für die Farce.*

trennt das Fleisch von den Knochen. Die Haut lässt man zurück. Die Schweser lässt man vorher 2–3 Stunden in reichlich kalten Wasser liegen, damit sie weiß wird, tut sie dann mit in die Brühe und lässt sie mit der Zunge langsam 30 Minuten kochen. Dann legt man sie in kaltes Wasser, zieht die Haut ab und schneidet sie in Scheiben. Die weiche Zunge legt man auch in reichliches, kaltes Wasser, zieht die Haut ab und schneidet sie in Scheiben. 12 Schweserscheiben werden in Eiweiß und geriebenem Brot gewendet und 5 Minuten vor dem Anrichten in brauner Butter kross gebraten. Das rohe Fleisch vom Schellfisch wird recht fein gehackt, 2 alte Rundstücke geschält, mit wenig lauwarmen Wasser geweicht, gut ausgedrückt und dann mit 1/2 Kochl. Butter, welche man in der Pfanne dünn werden ließ, gemischt. Unter Rühren bäckt man das Brot in der Pfanne bei mäßiger Hitze 5 Minuten. Nachdem dieser Brotkloß etwas ausgekühlt ist, mischt man ihn mit der rohen Fischmasse und gibt 1/2 Teel. Pfeffer, 1 gehäuften Teel. fein gehackter Petersilie dazu. Die Krebse werden mit 1 1/2 Ltr. kochendem Wasser und 1 Essl. Salz angesetzt und 10 Minuten langsam gekocht. Dann bricht man das Fleisch aus den Schalen. Das Innere des Kopfes lässt man mit der Zungenbrühe kochen. Die Schwänze und Scheren benutzt man beim Anrichten als Garnitur. Die Hälfte der Fischfarce füllt man in die Krebsnasen oder -köpfe, von dem Rest der Farce formt man kleine Klöße. Sind alle Klöße vorbereitet, gießt man 1/2 Ltr. Zungenbrühe auf die Klöße, kocht sie langsam 5 Minuten, nimmt die Klöße heraus und legt sie zum Huhnfleisch; in diese Brühe legt man die gefüllten Krebsnasen, kocht sie 5 Minuten und gießt die Brühe zur Hühnerbrühe zurück und stellt die Krebsnasen zugedeckt auf kochendes Wasser. Die Krebsschalen werden fein gehackt. Mit 65 Gr. Butter bereitet man rote Krebsbutter (siehe Krebsbutter). Der gewaschene Blumenkohl wird mit kochendem Wasser angesetzt und 30 Minuten gekocht. Gibt dann 1 Essl. Salz dazu und lässt ihn hiermit 5 Minuten stehen. 2 Kochl. Mehlschwitze werden mit der durch ein Sieb gegossenen Zungenbrühe ausgerührt. An die fertige Tunke gibt man 1 Essl. Kapern und nun lässt man sie mit den Kapern 5 Minuten kochen. Das Fleisch von den Hühnern, der Zunge, Schweser und Fischklöße tut man in die Tunke, stellt das Ragout 30 Minuten bis zum Anrichten zugedeckt in kochendes Wasser. Man richtet das Ragout auf zwei runden, vorher gewärmten Platten an. Über das Ganze gibt man eine Sauce hollandaise, diese wird von 4–6 Eiern und 125 Gr. Butter bereitet. Die Morcheln legt man als Kranz darum und verteilt auf beiden Platten die roten Krebsnasen. Den Blumenkohl schneidet man in kleine Stücke, legt die Röschen auf die Morcheln. Die Scheren und Schwänze verteilt man in die Mitte des Ragouts und über das Ganze träufelt man zuletzt die flüssige rote Krebsbutter. Die gebratenen Schweserstücke legt man auf den Rand der Platte (die Bereitung der Morcheln siehe unter Gemüse).

**Salmi von Krammetsvögeln für 10 Personen.** Man verwendet das Gericht bei einem Frühstück oder bei einem feineren Mittagessen als Vorgericht. Will man das Gericht als Mittelschüssel servieren, sind doppelte Zutaten zu nehmen. 15 Krammetsvögel werden mit je einer Speckscheibe belegt und im heißen

*Zutaten: 15 Krammetsvögel, 1/2 Kochl. Mehl, 2 Essl. Madeira, 1/8 Ltr. braune Fleischbrühe, 1 Essl. Butter, 1/2 Teel. Salz, 1/2 Ltr. Wasser, 1 gehäufter Teel. Mondamin, 1 Essl. kaltes Wasser.*

Ofen unter öfterem Umrühren 10 Minuten gebraten, dann zum Auskühlen 15 Minuten beiseite gestellt. Hiernach trennt man von 10 Krammetsvögeln die Brust vom Knochen und stellt diese, sowie die Köpfe der Krammetsvögel, zugedeckt beiseite. Man entfernt dann den Magen; alles Übrige, Knochen und Fleisch, wird fein gehackt. 1/2 Kochl. Mehl streut man in die Pfanne, worin die Krammetsvögel gebraten sind, schwitzt dieses unter Rühren bei mäßiger Hitze 2 Minuten, gießt 1/16 Ltr. Madeira und 1/8 Ltr. braune Fleischbrühe oder Wasser dazu, rührt das Ganze bei gelinder Hitze noch 2 Minuten, mischt das Feingehackte der Krammetsvögel mit diesem und streicht nun alles durch ein Drahtsieb. Diese Püreemasse oder Salmi ist in einen Topf zu füllen, dieser 30 Minuten bis zum Anrichten in einen Topf mit kochendem Wasser zu stellen. Obenauf legt man 1 Essl. Butter, nur wenn nötig, nach Geschmack 1/2 Teel. Salz. Die Knochenreste, welche nicht durch das Sieb zu streichen sind, setzt man mit 1/2 Ltr. Wasser an und lässt das Ganze im geschlossenen Topf 1/2 Stunde kochen. Gießt dann die Brühe durch ein Sieb, bringt sie nochmals ins Kochen; einen gehäuften Teel. Mondamin rührt man mit 1 Essl. kaltem Wasser aus, gießt dieses unter Rühren an die Brühe und kocht das Ganze noch 5 Minuten. Die Tunke muss dunkelbraun aussehen und dicklich sein. Dann legt man das Brustfleisch und die Köpfe in diese Tunke und stellt das Gericht 30 Minuten vor dem Anrichten in einen Topf mit kochendem Wasser. Beim Anrichten füllt man das Salmi auf eine runde Platte und außenherum auf den Rand der Platte dreieckig geschnittene, in Butter geröstete Brötchen, legt dann das Brustfleisch auf das Brot und die Köpfe oben auf das Salmi.

**Schweserpain mit gefüllten Tauben für 6 Personen.** Man gibt dieses Gericht als Mittelschüssel bei einem feineren Mittagessen. 1 große Schweser wird 1–2 Stunden vor dem Gebrauch mit reichlich kaltem Wasser gewässert, damit die Schweser weiß wird. Das Wasser muss oft erneuert werden. Nun setzt man die

*Zutaten: 1 große Schweser, 1/8 Ltr. kaltes Wasser, 1 Zwiebel, 6 Pfefferkörner, etwas Salz, 2 gesch. Rundstücke, 2 ganze Eier, eine 250-Gr.-Dose Trüffeln, 500 Gr. frische Champignons, 4-6 Tauben.*

Schweser mit 1/2 Ltr. kaltem Wasser, 1 Zwiebel, 6 Pfefferkörnern, etwas Salz an, bringt sie im geschlossenen Topf ins Kochen; dann lässt man die Schweser

1/2 Stunde langsam kochen. Durch starkes Kochen wird sie krümelig und verliert den guten Geschmack. Hiernach legt man die Schweser in kaltes Wasser, zieht die Haut ab und streicht das Ganze durch ein Sieb. 2 geschälte Rundstücke werden 1–2 Minuten in lauwarmem Wasser eingeweicht, fest ausgedrückt und zuletzt ebenfalls durch das Sieb gestrichen. Diese Schwesermasse rührt man nun zusammen, gibt 1 Teel. Salz nach Geschmack dazu; dann 2 ganze Eier. Hat man Eiweißreste, so nimmt man 4 Eiweiß statt der 2 Eier. Diese Masse füllt man in eine mit Butter ausgestrichene Randform; stellt den Rand zugedeckt, bis zur Hälfte mit Wasser in einen Topf und stellt den Topf 30–40 Minuten in den nicht zu heißen Ofen. Will man die Farce zu dem Pain besser machen, so kann man den Inhalt einer 65-Gr.-Dose Trüffeln, feingehackt, zwischen die Farce geben. Man hält den Pain 30 Minuten vor dem Anrichten fertig; beim Anrichten füllt man in die Mitte die gedämpften Champignons mit weißer Rahmtunke; obenauf legt man die tranchierten, farcierten Tauben. Über das Ganze gießt man eine bräunliche, kräftige Taubentunke, bereitet aus den Knochenresten der Tauben (siehe unter Tauben).

**Entensalmi für 8 Personen.** Eine Ente wird im heißen Ofen im eigenen Fett unter fleißigem Begießen und Umlegen 30 Minuten gebraten, dann die Haut abgezogen, das Fleisch von den Knochen getrennt. Die Knochen setzt man mit 1 1/2 Ltr. kaltem Wasser, 6 Pfefferkörnern und 1 Teel. Salz an, gibt 1 Teel. Couleur dazu und lässt die Brühe im geschlossenen Topf 2 Stunden recht langsam kochen. Die Brühe muss bis zur Hälfte eingekocht sein; dann wird die Brühe durch ein Sieb gegossen. 1 Kochl. Mehlschwitze wird mit dieser Brühe ausgerührt. Ist die Tunke nicht sämig genug, so gießt man etwas mit kaltem Wasser ausgerührtes Maizenamehl dazu. Die Tunke muss dunkelbraun aussehen und dicklich sein. Liebt man Madeirageschmack, kann 1/16 Ltr. Madeira oder Portwein dazugegeben werden. Das Brustfleisch schneidet man nun in etwa 8 große Stücke, legt es in die heiße Tunke und stellt das Gericht zugedeckt in einen Topf mit kochendem Wasser. Das übrige Fleisch mit der rohen Leber und dem Magen dreht man durch die Fleischmaschine. Die Hälfte der Tunke, worin die Bruststücke liegen, wird mit dem fein gehackten Fleisch gemischt und das Ganze durch ein Sieb gestrichen. Man gibt nach Geschmack Salz und 1/2 Kochl. frische Butter dazu und stellt das Salmi zugedeckt 30 Minuten in heißes Wasser. Beim Anrichten füllt man das Salmi auf eine heiße, runde Platte; große, dreieckig geschnittene, in Butter geröstete Brotschnitte umgeben als Kranz das Salmi. Auf die heißen Brotstücke legt man die heißen

*Zutaten: 1 Ente, 1 1/2 Ltr. kaltes Wasser, 6 Pfefferkörner, 1 Teel. Salz, 1 Teel. Couleur, 1 Kochl. Mehlschwitze, Maizenamehl, 1/16 Ltr. Madeira oder Portwein, 1/2 Kochl. frische Butter, Brotschnitte, eine 125-Gr.-Dose Trüffeln, eine 1-Kilo-Dose Gänseleber.*

Bruststücke und gießt den Rest der Tunke über das Ganze. Will man das Salmi noch verbessern, so kann der Inhalt einer 125-Gr.-Dose Trüffeln, klein gehackt oder in große Stücke geschnitten, mit in die Tunke getan, oder auch Oliven verwendet werden. Auch der Inhalt einer 1-Kilo-Dose Gänseleber, in Scheiben geschnitten, ist dazu geeignet. Die kalt tranchierte Gänseleber wird ebenfalls 30 Minuten vor dem Anrichten zugedeckt auf kochendes Wasser gestellt. Man bereitet das Salmi von Krammetsvögeln, Tauben, Rebhühnern ebenso.

**Taubensalmi für 6 Personen.** Für Kranke zu verwenden. 6–8 Tauben werden mit Speckscheiben belegt und im heißen Ofen unter öfterem Begießen 20 Minuten gebraten. Nachdem sie abgekühlt sind, zieht man die Haut ab, trennt das Fleisch vom Brustknochen und stellt es bis zum Anrichten beiseite. Das übrige Fleisch von den Knochen hackt man mit 250 Gr. roher Geflügelleber fein und gibt es durch

*Zutaten: 6-8 Tauben, 6-8 Speckscheiben, 250 Gr. Geflügelleber, 3/4 Ltr. kaltes Wasser, 1 Teel. Salz, 1/2 Kochl. Mehlschwitze, 1/2 Teel. Salz, 65 Gr. fein gehackte Trüffeln, 1/2 Kochl. frische Butter, 2 Essl. Madeira, 1-2 Teel. Couleur, 1 geh. Teel. Mondamin, 6 Oliven.*

ein Drahtsieb. Die Knochen werden mit 3/4 Ltr. kaltem Wasser, 1 Teel. Salz angesetzt, 1 Stunde gekocht, und danach wird die Brühe durch ein Sieb gegossen. 1/2 Kochl. Mehlschwitze rührt man mit 1/8 Ltr. von der Brühe aus, gibt die gesiebte Masse dazu, nach Geschmack 1/2 Teel. Salz und 65 Gr. fein gehackte Trüffeln. Obenauf legt man 1/2 Kochl. frische Butter und stellt das Ganze 30 Minuten vor dem Anrichten zugedeckt in einen Topf mit kochendem Wasser. Nach Geschmack kann man 2 Essl. Madeira an das Gericht geben. Die übrige Knochenbrühe bringt man wieder ins Kochen. 1–2 Teel. Couleur kann man dazu geben. Alsdann rührt man 1 gehäuften Teel. Mondamin mit 1 Essl. kaltem Wasser aus, gibt dies unter Rühren an die Brühe und kocht sie langsam 5 Minuten. Diese dunkelbraun aussehende Tunke schmeckt man mit etwas Salz ab und tut das abgetrennte Brustfleisch in die Tunke. Das Ganze stellt man 30 Minuten vor dem Anrichten in kochendes Wasser. Beim Anrichten füllt man das Salmi auf eine gut gewärmte runde Platte, dreieckig geschnittene, in Butter gebratene Brotscheiben legt man um das Salmi, auf die Brotscheiben legt man die heißen Bruststücke der Tauben und gießt die heiße Tunke über das Ganze. Man kann außerdem 6 geschälte Oliven zwischen die Bruststücke auf das Salmi legen. Von Rebhühnern macht man das Salmi ebenso.

**Taubenragout für 6 Personen.** Von Kalbshack macht man Fleischklöße (siehe unter Suppeneinlagen); diese werden mit 1/2 Ltr. kochendem Wasser, 1 Teel. Salz angesetzt, 3 Minuten

*Zutaten: 6 Tauben, 1 Kalbsniere, 65 Gr. Trüffeln, 125 Gr. Kalbshack, 125 Gr. Geflügelleber, 1 Ltr. kochendes Wasser,*

langsam gekocht. Die Tauben belegt man mit Speckscheiben und brät sie 30 Minuten im heißen Ofen. Danach zieht man die Haut ab, das Fleisch wird von den Knochen getrennt.

*3 Teel. Salz, 1 1/2 Teel. Pfeffer, 2 Teel. Mehl; 2 Kochl. Butter, 1 gehäuft. Kochl. Mehlschwitze, 1-2 Essl. Madeira.*

Man gießt 1/4 Ltr. Wasser in die Pfanne und kocht unter Rühren den angebräunten Saft los. Die Knochen werden mit diesem Wasser angesetzt und 1 Stunde gekocht. Die Niere wird vorher mit 1 Teel. Salz, 1/2 Teel. Pfeffer und 1 Teel. Mehl bestreut und 30 Minuten im geschlossenen Topf gebräunt. Dann wird die Knochenbrühe durch ein Sieb auf die Niere gegossen, und nun lässt man die Niere mit der Brühe langsam 30 Minuten kochen, schneidet sie in Scheiben und legt sie zum Taubenfleisch. Die Geflügelleber wird auch mit 1 Teel. Salz, 1 Teel. Mehl und 1 Teel. Pfeffer bestreut, mit 1/2 Kochl. Butter in der Pfanne unter öfterem Umlegen 3 Minuten gebraten und hiernach zu dem Taubenfleisch und der Niere gelegt. Ein gehäufter Kochl. Mehlschwitze wird mit der Brühe ausgerührt. Die Trüffeln werden feingeschnitten und mit dem Saft in diese Tunke gegeben. Nach Geschmack kommen 1–2 Essl. Madeira dazu. Ist die Tunke nicht braun genug, muss man sie mit Couleur färben. Alle Zutaten legt man in die Tunke, auch die fertigen Fleischklöße; stellt das Ganze bis zum Anrichten 30 Minuten in heißes Wasser.

**Poularde à la Normande für 8-10 Personen.** Die Poularde wird ohne Butter im heißen Ofen angesetzt und im eigenen Fett, unter fleißigem Begießen und Umlegen, 1 1/4 Stunde gebraten. Champignons werden geputzt, in Mehlwasser gelegt, gewaschen und mit 1 Essl. Butter und 1 Teel. Zitronensaft angesetzt, im geschlossenen Topf 5–10 Minuten langsam gedämpft, inzwischen öfter geschüt-

*Zutaten: 1 Poularde im Gewicht v. 3 Kilo, 250 Gr. Champignons, 1 Essl. Butter, 1 Teel. Zitronensaft, 1 Kochl. Mehlschwitze, 1 Teel. Salz, 1/8 Ltr. Brühe, 1/3 Ltr. Schlagrahm, 30 Austern, Eiweiß, geriebenes Weißbrot, 6 Eidotter, 125 Gr. Butter, 65 Gr. Trüffeln.*

telt. 1 Kochl. Mehlschwitze rührt man mit dem Saft der Champignons 1 Teel. Salz und 1/8 Ltr. Brühe aus. Die Champignons lässt man 5 Minuten darin kochen, dann ist 1/2 Ltr. Schlagrahm an die Champignons zu geben. Die Champignons sind 10 Minuten vor dem Anrichten in einen Topf mit kochendem Wasser zu stellen. 30 Austern legt man auf ein Sieb zum Abtropfen, den Austernsaft tut man an die Champignons und ebenso die Hälfte der Austern. Die übrigen Austern paniert man in Eiweiß und geriebenem Weißbrot, brät sie in reichlich Butter 2–3 Minuten auf heißem Feuer. Die Austern dürfen mit den heißen Champignons nur 5 Minuten stehen, nicht kochen. Nun zieht man die Haut von der heißen Poularde, tranchiert sie und gießt über das Ganze die Champignons. Über die Champignons gießt man eine holländische Tunke, gerührt von 6 Eidottern und knapp 125 Gr. Butter. 65 Gr. gehackte Trüffeln legt man als Strich auf die holländische Tunke und an jede Seite von den Trüffeln legt man frische grüne Estragonblätter. Die gebratenen Austern legt man zum Schluss auf den Rand der Platte.

### Kückenragout mit Austern für 4 Personen.

*Zutaten: 2 Kücken, 1 Zwiebel, 1 Teel. Salz, 10 Pfefferkörner, 250 Gr. Champignons, 1 Teel. Zitronensaft, 1 Teel. Butter, 1 Kochl. Mehlschwitze, 2 Essl. Schlagrahm, 1 Teel. Salz, 1-2 Teel. Zitronensaft, 24 Austern, 1 kleine Schweser.*

Für Kranke geeignet. 2 Kücken werden mit 1 Speckscheibe im heißen Ofen angesetzt und unter fleißigem Begießen und Umlegen 30 Minuten gebraten. Sind sie etwas abgekühlt, zieht man die Haut ab und trennt das Fleisch von den Knochen. Die Knochen werden mit 3/4 Ltr. kaltem Wasser, 1 Zwiebel, 1 Teel. Salz und 10 Pfefferkörnern zugedeckt 1 Stunde gekocht. 1 kleine Schweser legt man 1 Stunde vor dem Gebrauch in kaltes Wasser. Diese Schweser lässt man mit den Knochen 30 Minuten kochen und legt sie nochmals in kaltes Wasser, worauf man die Haut abzieht und die Schweser in Scheiben schneidet. Die Champignons werden vorbereitet, mit 1 Teel. Zitronensaft und 1 Teel. Butter angesetzt, zugedeckt und langsam 10 Minuten gedämpft. Die fertige Knochenbrühe gibt man sodann durch ein Sieb zu den Champignons und lässt diese 5 Minuten langsam kochen. 1 Kochl. Mehlschwitze rührt man mit den Champignons und der Brühe aus. Außerdem gibt man noch 2 Essl. Schlagrahm, 1 Teel. Salz und, wenn nötig, noch 1–2 Teel. Zitronensaft an die Tunke. Nun legt man die Austern mit ihrem Saft in das heiße Ragout. Das abgetrennte Fleisch wird in die Tunke gelegt, und zugedeckt stellt man das Gericht 30 Minuten vor dem Anrichten in heißes Wasser. Beim Anrichten kann man über das heiße Ragout 2 fein gehackte Trüffel streuen sowie mit kleinen Blätterteigstücken und 6–12 gebackenen Austern das Gericht verzieren.

### Hummer- und Kückenragout für 12-14 Personen.

*Zutaten: 3 Kilo Hummer, 1/2 Kilo Champignons, 4 große Kücken, 1 große Schweser, 65 Gr. Trüffeln, 125 Gr. Butter, 2 Kochl. Mehl.*

Die Hummer werden reichlich mit kochendem Wasser bedeckt, unter Zusatz von 2 gehäuften Essl. Salz zugedeckt 8 Minuten gekocht und sodann, ohne den Kessel zu öffnen, zurückgestellt. Hierin lässt man die Hummer vollständig erkalten. Längeres Kochen macht das Fleisch hart. Nachdem die Hummer erkaltet, trennt man das Fleisch aus den Scheren und Schwänzen. Die Schalen von 2 Scheren und 2 Köpfen werden fein gehackt, mit 250 Gr. Butter angesetzt und zu roter Farbe geschmort (Krebsbutter siehe unter Fisch.) Die Kücken werden mit 1 Löffel Butter im heißen Ofen unter fleißigem Umlegen und Begießen 35

Minuten gebraten. Sind sie etwas ausgekühlt, so zieht man die Haut ab und trennt das Fleisch von den Knochen. Die Knochen werden mit 1 Zwiebel, 1 Teel. Salz, 1 Ltr. Wasser und 10 Pfefferkörnern 1 Stunde gekocht. Die große Kalbsschweser, welche man schon vorher 2–3 Stunden gewässert hat, kocht man 30 Minuten in der Knochenbrühe. Dann legt man die Schweser in kaltes Wasser, zieht die Haut ab und schneidet sie in Scheiben. Die im Sieb zurück-gebliebenen Hummerschalen gibt man mit in die Knochenbrühe. Die Beine der Hummer legt man zur Verzierung zurück. Die Hummerstücke lässt man möglichst ganz, nur das Grüne im Kopfe und Unansehnliche vermischt man mit 1/2 Teel. Mehlschwitze und verrührt dieses mit 2 Essl. Rahm, schmeckt es mit Salz ab, füllt die Masse in die offenen Hummerschwänze, streut 2 Teel. geriebenen Käse darauf und gibt 1 Teel. Butter obenauf. Nun werden diesel-ben auf ein dick mit Salz bestreutes Backblech gelegt und 10 Minuten vor dem Anrichten im heißen Ofen gebacken. Die Champignons werden geputzt, gewaschen, mit 1/2 Kochl. Butter und 2 Teel. Zitronensaft angesetzt und zugedeckt, unter häufigem Schütteln 5 Minuten gedämpft. Auf die Champi-gnons gießt man 1/2 Ltr. Knochenbrühe und lässt sie noch 5 Minuten lang-sam kochen. Die Hummerbutter schwitzt man mit 2 gehäuften Kochl. Mehl 2 Minuten und rührt sie mit der Knochenbrühe aus. In diese Tunke tut man das Fleisch von Hummer, Schweser und Kücken. Die Kückenbrüste lässt man zurück. Schweserklöße: Die Schweserabfälle gibt man durch ein Drahtsieb, ferner 1/2 Teel. Spinat, 1/2 in warmem Wasser geweichtes und gut ausge-drücktes Rundstück, setzt noch 1/2 Eidotter und 1 Messerspitze Salz hinzu und verrührt die Masse gut. Sodann formt man aus der Masse kleine Klöß-chen, legt sie nebeneinander in einen flachen Topf, gießt vorsichtig kochen-des Wasser darüber und lässt die Klößchen hierin 5 Minuten langsam kochen. Beim Anrichten legt man die gefüllten Schwänze spiralförmig zwischen das Ragout, gießt die heiße Tunke über das Ragout, stellt 2 Hummerköpfe in die Mitte, gegen die Köpfe etwas schräg die Kückenbrüste, die vorher schnell in eine holländische Tunke getaucht sind, und streut über die gelbe Tunke fein gehackte Trüffeln. Die Klößchen verteilt man über das Ganze, die Hummer-beinchen legt man gitterartig als Dreieck auf den Rand der Platte.

**Salmi von Fasanen für 4 Personen.** Man kann diese Masse auch in Pastetenkörbchen füllen und als Vorgericht geben. Die Fleisch-reste von Fasanen werden fein gehackt. Zu 500 Gr. Fleisch nimmt man 1 gehäuften Kochl. Mehlschwitze, die man mit 1/2 Ltr. Tunkenrest oder Fleischbrühe ausrührt. Nachdem diese Tunke einmal aufgekocht ist, wird das Fleisch

*Zutaten: 500 Gr. Fasanen-fleischreste, 1 gehäufter Kochl. Mehlschwitze, 1/2 Ltr. Tun-kenrest oder Brühe, 1 Teel. Salz, 1 Teel. Butter.*

hiermit gemischt und das Ganze durch ein Drahtsieb gestrichen. Das Püree abschmecken mit 1 Teel. Salz und 1 Teel. Butter, dann 30 Minuten in ein Wasserbad steilen zum Heißbleiben. Das Salmi darf nicht kochen. Beim Anrichten füllt man es auf eine runde Platte; dreieckig geschnittenes, geröstetes Brot legt man kranzartig um das Salmi. Man kann auch einige fein gehackte Trüffeln darüber streuen. Zur Füllung für kleine Pasteten benötigt man 12 Pasteten (kleine Blätterteigpasteten siehe unter Backwerk).

**Fasanen-Supreme für 12 Personen.** Die Fasanen werden mit einer Speckscheibe belegt, im heißen Ofen unter öfterem Begießen und Umlegen 30 Minuten gebraten. Nachdem sie etwas abgekühlt sind zieht man die Haut ab, trennt das Fleisch vom Knochen, legt das Brustfleisch beiseite und presst das übrige durch die Fleischmaschine. Die Knochen werden mit 1 Ltr. kaltem Wasser, 10 Pfefferkörnern und 2 Teel. Salz angesetzt und 1 Stunde gekocht, sodann durch ein Sieb gegossen. Mehl und Butter schwitzt man unter Rühren 2 Minuten, dann gießt man den Rahm dazu sowie 1/8 Ltr. von der Knochenbrühe. Diese dickliche Tunke muss einmal aufkochen, dann wird das durch die Maschine gepresste Fleisch dazugegeben und die Masse durch ein grobes Drahtsieb gestrichen, hiernach mit Salz abgeschmeckt und 30 Minuten vor dem Anrichten in kochendes Wasser gestellt. Die übrige Knochenbrühe kocht man mit den Trüffeln langsam 10 Minuten. 2 Teel. Mondamin rührt man mit 2 Essl. kaltem Wasser und lässt es mit der Knochenbrühe 5 Minuten kochen. Das Brustfleisch wird in 12 Scheiben geschnitten, in die Tunke gelegt und dieses 10 Minuten in einen Topf mit kochendem Wasser gestellt. Beim Anrichten füllt man die heiße Fleischmasse recht hoch in die Mitte einer runden Platte, die Trüffeln verteilt man obendrauf, die Fleischscheiben in der Tunke werden herumgelegt. Außerdem kann man dreieckig geschnittene, in Butter gebratene Brotscheiben auf den Rand der Platte legen. Man verwendet das Gericht bei einem feineren Frühstück als Vorgericht, oder bei einem Mittagessen als Mittelschüssel. Ohne Schlagrahm und Trüffeln auch für Kranke zu verwenden.

*Zutaten: 2 Fasanen, 65-Gr.-Dose Trüffeln, 1/8 Ltr. Schlagrahm, 10 Pfefferkörner, 1/2 Kochl. Mehl, 1/2 Kochl. Butter, 2 Teel. Salz.*

**Rebhuhnpain für 3 Personen.** Das Fleisch von 3 gebratenen Rebhühnern trennt man von den Knochen. Die Knochen werden mit 1/2 Ltr. kaltem Wasser angesetzt und zugedeckt 1 Stunde gekocht. Das Fleisch wird mit der rohen Leber feingehackt. 1/2 Kochl.

*Zutaten: 3 gebratene Rebhühner, 1/2 Ltr. kaltes Wasser. 1/2 Kochl. Mehlschwitze, 1/2 Teel. Salz, 1 Ei oder 2 Eiweiß, eine 65-Gr.-Dose Trüffeln 1 Teel. Mondamin, 1/2 Teel. Salz.*

Mehlschwitze rührt man mit 1/8 Ltr. von der kochenden Knochenbrühe aus, gibt dann das gehackte Fleisch dazu, 1/2 Teel. Salz, 1 ganzes Ei, oder hat man Eiweißreste, so verwendet man 2 Eiweiß. Diese Masse streicht man durch ein grobes Drahtsieb. Eine Schüssel wird mit Butter ausgestrichen, mit Mehl bestreut. Den Inhalt einer 65-Gr.-Dose Trüffeln hackt man recht fein und gibt sie mit dem Saft an die gesiebte Fleischmasse. Diese füllt man in die vorbereitete Schüssel. Zugedeckt stellt man diese in einen Topf mit heißem Wasser und stellt den Topf 45 Minuten in den nicht zu heißen Bratofen. Die Knochenbrühe wird durch ein Sieb gegossen, ins Kochen gebracht. 1 Teel. Mondamin wird mit 1 Teel. kaltem Wasser ausgerührt, dann unter Rühren in die kochende Brühe gegossen. Die Tunke wird, wenn nötig, mit 1/2 Teel. Salz gewürzt und mit Couleur braun gefärbt. Nachdem die Tunke 1–2 Minuten gekocht hat, wird der Pain auf eine runde Platte gestürzt, diese braune, dickliche Tunke darüber gegossen und mit dreieckig geschnittenem, in Butter geröstetem Brot angerichtet.

**Wildpain mit gebratenem Brot und Geflügelleber für 6 Personen.** Hierzu verwendet man entweder Bratenreste von Hasen- oder Rehrücken, oder ein Rehblatt. Das von den Knochen getrennte Fleisch wird zusammen mit 65 Gr. Speck durch die Fleischmaschine gegeben, die Knochen mit 1 Ltr. Wasser, 1 Zwiebel, Salz, 10 Pfefferkörnern und 1 Teel. *Zutaten: Reste von Wildbraten, 65 Gr. Speck, 1 Ltr. Wasser, 1 Zwiebel, Salz, 10 Pfefferkörner, 1 Teel. Couleur, 1/2 Kochl. Mehlschwitze, 1/8 Ltr. süßer Rahm, 1/8 Ltr. Knochenbrühe, 1 geh. Teel. Salz, eine 65-Gr.-Dose Trüffeln.*

Couleur angesetzt, die Brühe im fest geschlossenen Topf 2 Stunden gekocht, bis sie zur Hälfte eingedämpft ist. Dann wird die Brühe durch ein Sieb gegossen und mit 1/2 Kochl. Mehlschwitze ausgerührt. 2 Essl. Madeira dazu, macht die Tunke, wenn nötig, mit etwas Mondamin sämig und kocht sie 5 Minuten. Soll die Tunke verfeinert werden, so kann diese mit dem Inhalt einer 65-Gr.-Dose in Scheiben geschnittener Trüffeln noch 5 Minuten kochen. Diese Tunke ist späterhin als Überguss über den Pain zu verwenden. Eine gute Farce wird erzielt, wenn 1 gehäufter Kochl. Mehlschwitze mit 1/8 Ltr. süßem Rahm und 1/3 Ltr. Knochenbrühe verrührt und das gehackte Fleisch dazugetan wird; 1 gehäufter Teel. Salz, 2 ganze Eier oder 3–4 Eiweißreste kommen dazu. Diese Farce streicht man durch ein Sieb, tut dann den Inhalt einer 65-Gr.-Dose Trüffeln gehackt mit dem Saft dazu. Füllt die Masse in eine mit Butter ausgestrichene Randform, stellt diese bis zur Hälfte in einen Topf mit kochendem Wasser, schließt den Topf und stellt ihn 1 Stunde in den nicht zu heißen Ofen. Kocht das Wasser zu stark, dann wird die Masse trocken. Beim Anrichten füllt man in die Mitte ein Ragout von Geflügelleber und Trüffeltunke. Außen herum legt man Dreiecke von Brot in Butter geröstet (Ragout siehe unter Ragout von Geflügelleber).

**Hasensalmi für 2 Personen.** Man verwendet Reste von Hasen oder Wildgeflügel, trennt das Fleisch von den Knochen und hackt es recht fein. 1/2 Kochl. Mehlschwitze rührt man mit 1/3 Ltr. Brühe aus, gibt das Fleisch dazu und streicht das Ganze durch ein Sieb. Nach

*Zutaten: Hasen- oder Wildgeflügelreste, 250 Gr. Fleischreste, 1/2 Kochl. Mehlschwitze, 1/8 Ltr. Knochenbrühe, 1 Kochl. Butter, 1 Teel. Salz, 2 Essl. Madeira.*

Geschmack gibt man 1 Kochl. Butter und 1 Teel. Salz dazu oder auch 2 Essl. Madeira oder Rotwein. Das Salmi stellt man 30 Minuten vorm Anrichten auf einen Topf mit kochendem Wasser und füllt es auf eine runde Platte und legt dreieckig geschnittene, in Butter geröstete Brotscheiben herum. Das Gericht wird zum Frühstück verwendet. Man kann auch die frische Leber vom Hasen dazu nehmen.

**Beefsteakpastete für 6 Personen.** Man bereitet einen Blätterteig von 200 Gr. Mehl, 200 Gr. Butter und 2 Essl. Wasser. Der fertige Teig wird 2 cm dick ausgerollt, man stellt die Auflaufschüssel auf den Teig und sticht 2 Böden aus, legt diese auf ein Blech und bäckt sie im nicht zu heißen Ofen 15 bis 20 Minuten, legt 1 gebackenen Boden in die Auflaufschüssel. 125 Gr. Kalbs- oder Schweinehack verrührt man mit einem geschälten, eingeweichten und ausgedrückten Rundstück, 1 Teel. Salz, 1/2 Teel.

*Zutaten: 200 Gr. Mehl, 200 Gr. Butter, 1/16 Ltr. Wasser, 125 Gr. Kalb- und Schweinehack, 1 Teel. Salz, 1/2 Teel. Pfeffer, 1 Messerspitze geriebene Zwiebel, 1 Eiweiß, 1 Kilo Rumpsteak, 1 gehäuft. Teel. Salz, 1/2 Teel. Pfeffer, 1/2 Ltr. Wasser, 1/2 Kochl. Mehlschwitze, 125 Gr. Champignons, oder eine 65-Gr.-Dose Trüffeln, oder 8 Oliven.*

Pfeffer, 1 Messerspitze geriebene Zwiebel und 1 Eiweiß gibt man dazu. Diese Farce erreicht man an den Rand der Schüssel. Das Rumpsteak, zweifingerbreit geschnitten, zerschneidet man in 6 Stücke, bestreut sie im Ganzen mit 1 gehäuften Teel. Salz und 1/2 Teel. Pfeffer. Dann brät man sie in wenig brauner Butter unter fortwährendem Umdrehen 3 Minuten. Nun legt man die Steaks nebeneinander in die Pastetenschüssel, tut dann 1/2 Ltr. Wasser in die Pfanne, worin die Steaks gebraten, kocht unter Rühren den angebräunten Fleischsaft los in 5 Minuten. 1/2 Kochl. Mehlschwitze rührt man mit dieser Flüssigkeit aus; dann kann man in die Tunke Champignons, oder den Inhalt einer 65-Gr.-Dose Trüffeln, oder 8 Oliven legen. Ist die Tunke zu dünn, tut man etwas mit Wasser ausgerührtes Maizenamehl daran. Diese Tunke wird über die Steaks gegossen, dann legt man den zweiten Blätterteigboden darauf und bäckt die

Pastete im nicht zu heißen Ofen 30 Minuten. (Blätterteig siehe unter Backwerk).

*Zutaten: 3 Kücken, 1/2 Edamer, 65 Gr. Reis, 1 Zwiebel, 1 Ltr. Wasser, 65 Gr. Butter, 1 Teel. Salz, 10 Pfefferkörner.*

**Edamer Käse, mit Kücken und Reis gefüllt, für 6 Personen.** Die Kücken werden mit einer Speckscheibe belegt, angesetzt im heißen Ofen, unter fleißigem Begießen und Umlegen 40 Minuten gebraten. Nach dieser Zeit zieht man die Haut ab und trennt das Fleisch von den Knochen. Die Knochen werden mit dem Wasser, der Zwiebel, Salz, Pfefferkörnern angesetzt und im geschlossenen Topf 1 Stunde gekocht. Dann gießt man die Brühe durch ein Sieb. 65 Gr. Reis werden drei Mal gewaschen, mit der Hälfte der Brühe angesetzt und 15 Minuten gekocht. 1 Kochl. Mehlschwitze rührt man mit der übrigen Brühe aus, lässt die Tunke einmal aufkochen und legt dann das Fleisch der Kücken in die Tunke. Der Käse wird ausgehöhlt, das Innere feingehackt, die Hälfte von diesem Käse mit dem Reis gemischt. Den Käse stellt man in eine Auflaufform, füllt abwechselnd den Reis und die Kücken mit der Tunke in den Käse, streut zuletzt über den Reis den übrigen Käse. Obenauf legt man 4 Teel. Butter. Im heißen Ofen 30 Minuten backen.

*Zutaten: 4 Kücken, 1/2 Kilo Champignons, 2 Kalbszungen, 10 Pfefferkörner, 1 Zwiebel, 1 Ltr. kaltes Wasser, 1 Teel. Salz, 65 Gr. Butter, 1 Essl. Zitronensaft, 1 gehäuft. Kochl. Mehlschwitze, 1/8 Ltr. süßer Rahm.*

**Weißes Zungenragout für 8 Personen.** Die Kalbszungen setzt man mit 1 Zwiebel, 10 Pfefferkörnern, 1 Ltr. kaltem Wasser, 1 Teel. Salz an, lässt sie im geschlossenen Topf 2 Stunden langsam kochen; durch starkes Kochen werden sie hart. Die mit Speck belegten Kücken werden im heißen Ofen unter häufigem Begießen und Umlegen 40 Minuten gebraten. Hiernach zum Auskühlen 30 Minuten beiseite gestellt. Dann zieht man die Haut ab, trennt das Fleisch ab. Die Knochen lässt man 1 Stunde mit den Kalbszungen kochen. Die weichgekochten Zungen legt man in kaltes Wasser, zieht die Haut sogleich ab, schneidet die Zunge in große Scheiben. Die Zungenbrühe lässt man bis zur Hälfte einkochen. Die vorbereiteten gewaschenen Champignons werden mit 65 Gr. Butter und 1 Essl. Zitronensaft angesetzt und im geschlossenen Topf unter öfterem Schütteln 10 Minuten langsam gedämpft. 1 gehäuften Kochl. Mehlschwitze verrührt man mit der Champignonbrühe, gibt die Zungenbrühe durch ein Sieb dazu, und lässt die Champignons hierin 10 Minuten langsam kochen, wenn nötig, nach Geschmack noch Salz und 1/8 Ltr. süßen Rahm dazu. Nun legt man die Zungen- und Kückenstücke in die Tunke und stellt das Ragout fest zugedeckt 30 Minuten bis zum Anrichten in einen Topf mit kochendem Wasser (6–8 Stunden kann das Gericht vor dem Gebrauch fertig gehalten werden, 1 Stunde vor dem Anrichten muss man es dann zum Heißwerden in kochendes Wasser stellen).

**Zungenragout für 6-8 Personen.** Das Gericht ist als Frühstücksgericht oder als Mittelgang bei einem freundschaftlichen Mittagessen geeignet. Eine gepökelte Ochsenzunge setzt man reichlich bedeckt mit kaltem Wasser an und kocht sie im geschlossenen Topf 3 Stunden recht langsam. Durch starkes Kochen wird die Zunge hart. Die heiße Zunge ist nun in kaltes Wasser zu legen und ihr sogleich die Haut abzuziehen. Dann wird die Zunge zugedeckt zum Heißbleiben auf kochendes Wasser gestellt. Eine gewaschene, mit 1 Teel. Salz und 1/2 Teel. Pfeffer bestreute und in Mehl gewendete Kalbsniere wird im geschlossenen Topf im eigenen Saft 20–30 Minuten gebräunt. 1 Ltr. Wasser oder Knochenbrühe wird dazu gegossen und langsam im geschlossenen Topf 1 Stunde gekocht. 250 Gr. frische Champignons werden geputzt und gewaschen, mit 1 Teel. Butter und 1 Teel. Zitronensaft gedämpft; 1 gehäuften Kochl. Mehlschwitze rührt man mit der durch ein Sieb gegossenen Nierenbrühe aus, gibt die gedämpften Champignons mit ihrem Saft in die Tunke, lässt diese langsam 10–20 Minuten kochen und gibt nach Geschmack 1/8 Ltr. Madeira dazu. Ist die Tunke nicht sämig genug, so kommt etwas ausgerührtes Maizenamehl daran. Die in Scheiben geschnittene Zunge und Niere legt man nun in diese gut abgeschmeckte Tunke und stellt das Ragout zugedeckt 30 Minuten vor dem Anrichten in einen Topf mit heißem Wasser. Beim Anrichten umgeben Blätterteigstücke als Kranz das Ragout, auch Reis ist hierzu geeignet. Die Tunke wird mit 1 Teel. Couleur braun gefärbt. Eine Kalbsschweser kann mit dazu verwendet werden.

*Zutaten: 1 gepökelte Ochsenzunge, 1 Teel. Salz, 1/2 Teel. Pfeffer, 2 Kalbsnieren, 1 Ltr. Wasser od. Knochenbrühe, 250 Gr. frische Champignons, 1 Teel. Butter, 1 Teel. Zitronensaft, 1 gehäufter Kochl. Mehlschwitze, 1/8 Ltr. Madeira.*

**Ragout von Zunge, Champignons und Nieren für 12 Personen.** Die gewaschenen Nieren werden mit 1 Teel. Salz, 1/2 Teel. Pfeffer, 1 Essl. Mehl bestreut, ohne Butter im geschlossenen Topf angesetzt und im eigenen Saft 30 Minuten gebräunt. Nun gießt man 1 Ltr. lauwarmes Wasser auf die Nieren, 1 Zwiebel dazu gebend. Die Nieren lässt man 40 Minuten in einem geschlossenen Topf langsam kochen. Die Niere wird hart durch starkes Kochen. Die Ochsenzunge wird mit kaltem Wasser angesetzt und recht langsam 3 Stunden gekocht. Nach dieser Zeit legt man die Zunge in kaltes Wasser, zieht die Haut ab und schneidet sie in Scheiben. Die Niere wird ebenfalls in Scheiben geschnitten. Die gewaschene Leber wird mit 1 Teel. Salz, 2 Teel. Pfeffer und mit 1 Teel. Mehl bestreut. 2 Kochl. Butter lässt man braun werden, brät

*Zutaten: 1 große gepökelte Ochsenzunge, 2 Kalbsnieren, 1 Kilo frische Champignons, 1/2 Kilo Geflügel- oder Gänseleber, 125 Gr. Trüffeln, 1 Teel. Salz, 1/2 Teel. Pfeffer, 1 Essl. Mehl, 1 Ltr. lauwarmes Wasser, 1 Zwiebel, 1 Teel. Salz, 2 Teel. Pfeffer, 1 Teel. Mehl, 2 Kochl. Butter, 1 Teel. Zitronensaft, 1 Teel. Butter, eine 125-Gr.-Dose Trüffeln, 2 Kochl. Mehlschwitze, 1/4 Ltr. Madeira.*

die Leber hierin unter häufigem Umlegen 3 Minuten bei starker Hitze. Hiernach schneidet man sie in große Scheiben und legt sie zur Zunge. Mit einem Teil der Nierenbrühe kocht man den angebräunten Fleischsaft der Leber in der Pfanne los. Wenn die Champignons geputzt sind, werden sie mit 1 Teel. Zitronensaft und 1 Teel. Butter in geschlossenem Topf 10 Minuten gedämpft. Nun gießt man die Nierenbrühe durch ein Sieb auf die Champignons. Den Inhalt einer 125-Gr.-Dose Trüffeln schneidet man in Scheiben, gibt den Saft dazu und lässt dieses mit den Champignons langsam 10 Minuten kochen. 2 Kochl. Mehlschwitze rührt man mit den Champignons und der Brühe aus, gießt 1/4 Ltr. Madeira dazu. Nachdem die Tunke ein Mal aufgekocht, legt man das Fleisch in die Tunke, stellt das Ragout 30 Minuten bis zum Anrichten zugedeckt in einen Topf mit heißem Wasser. Beim Anrichten füllt man das Ragout in die Mitte eines Reisrandes oder in einen Blätterteigrand.

**Ragout von Schweser, Zunge, Champignons, Erbsen für 4 Personen.** Die Kücken werden mit einer Speckscheibe belegt, im heißen Ofen 30 Minuten gebraten und oft begossen. Man zieht dann die Haut ab und trennt das Fleisch von den Knochen. Die Knochen setzt man mit 1 Ltr. Wasser, 1 Teel. Salz, 1 Zwiebel und 6 Pfefferkörnern an, kocht die Brühe im geschlossenen Topf 1 Stunde, legt die Schweser dazu und lässt sie fest zugedeckt recht langsam 1/2 Stunde ziehen. Hiernach legt man die Schweser in kaltes Wasser und zieht die Haut ab, schneidet sie in Scheiben und legt diese zum Kückenfleisch. Die Champignons werden geputzt und dann in ausgerührtes Mehlwasser gelegt. Sind alle vorbereitet, spült man sie ab, setzt sie mit 1 Teel. Butter und Zitronensaft an und dämpft sie im geschlossenen Topf 5 Minuten. Durch starkes Kochen werden die Champignons zähe. Die rote Krebsbutter, welche man von den Krebsen bereitet (siehe unter Krebstunke), setzt man mit 1 gehäuften Kochl. Mehl an und schwitzt sie unter Rühren 3 Minuten. Die Brühe, die man bis auf 1/2 Ltr. eingekocht hat, wird durch ein Sieb dazu gegossen. Sollte sich die Butter von der Tunke trennen, muss die Tunke rasch mit 1 Eidotter abgequirlt werden. Kückenfleisch und Schweser legt man in die Tunke. Fest zugedeckt stellt man das Ragout 30 Minuten vor dem Anrichten in einen Topf mit kochendem Wasser. Man kann statt der Champignons 500 Gr. frischen Spargel geben oder einen Kranz Erbsen herumlegen. Blätterteig oder auch Reisrand ist verwendbar.

*Zutaten: 2 Kücken, 1 kleine Schweser, 6 bis 12 Krebse, 125 Gr. frische Champignons, 1 Ltr. Wasser, 1 Teel. Salz, Mehlwasser, 1 Teel. Butter, 6 Pfefferkörner, Zitronensaft, 1 Zwiebel, rote Krebsbutter von 6 Krebsen, 1 geh. Kochl. Mehl, 1 Eidotter, 5 Ltr. Erbsen. Zutaten: 2 Kücken, 1 kleine Schweser, 6 bis 12 Krebse, 125 Gr. frische Champignons, 1 Ltr. Wasser, 1 Teel. Salz, Mehlwasser, 1 Teel. Butter, 6 Pfefferkörner, Zitronensaft, 1 Zwiebel, rote Krebsbutter von 6 Krebsen, 1 geh. Kochl. Mehl, 1 Eidotter, 5 Ltr. Erbsen.*

**Leberpain für 6 Personen.** 1 Kilo Geflügelleber gibt man mit dem Inhalt einer 65-Gr.-Dose Trüffeln durch die Maschine, ebenso 2 geschälte, in lauwarmem Wasser eingeweichte, gut ausgedrückte Rundstücke und mischt dieses mit 1 Teel. Salz und 3 ganzen Eiern. Hat man Eiweißreste, so verwendet man 4 davon statt der ganzen Eier. Die Farce wird durch ein Sieb gestrichen, alsdann in eine mit Butter ausgestrichene Randform gefüllt, bis zur Hälfte in einen Topf mit kochendem Wasser und der zugedeckte Topf 1 Stunde in den nicht zu heißen Ofen gestellt. Beim Anrichten füllt man ein Taubenragout in die Mitte des Randes und umgibt es mit kleinen in Butter gerösteten Brotstücken, oder man füllt ein Ragout von geräucherter Ochsenzunge mit brauner Tunke in die Mitte des Randes. (siehe Zungenragout).

*Zutaten: 1 Kilo Geflügelleber, eine 65-Gr.-Dose Trüffeln, 2 geschälte Rundstücke, 1 Teel. Salz, 3 ganze Eier.*

**Leberpudding für 6 Personen.** 1 Kilo Kalbs- oder Geflügelleber gibt man durch die Fleischmaschine. 1 gehäufter Kochl. Mehlschwitze wird mit 1/3 Ltr. süßem Rahm und 1/8 Ltr. Fleischbrühe ausgerührt, dann gibt man die Lebermasse und 1 Teel. Salz dazu und tut, nachdem alles gut verrührt, 4 Eiweiß dazu, oder, wenn keine Eiweißreste vorhanden, statt deren zwei ganze Eier. Hiernach wird die Masse durch ein grobes Drahtsieb gestrichen. Eine Puddingform oder eine glatte Schüssel wird dick mit Butter ausgestrichen und mit Mehl ausgestreut. Den Inhalt einer 65-Gr.-Dose Trüffeln hackt man recht fein, gibt diese mit dem Saft an die Leberfarce, füllt, nachdem alles gut verrührt, die Masse in die Form, gibt diese zugedeckt in einen Topf oder in eine Pfanne mit kochendem Wasser und stellt den Topf oder die Pfanne 3/4 Stunde in den nicht zu heißen Ofen. Beim Anrichten auf den Rand der Platte dreieckig geschnittene, in Butter geröstete Brotscheiben um den Leberpudding legen. Über das Ganze ist eine Krafttunke zu gießen. Auch kann man außerdem auf die Brötchen kleine Beefsteaks oder Filetsteaks legen (siehe unter Rumpsteak).

*Zutaten: 1 Kilo Kalbs- oder Geflügelleber, 1 gehäuft. Kochl. Mehlschwitze, 1/8 Ltr. süßer Rahm, 1/8 Ltr. Brühe, 65-Gr.-Dose Trüffeln.*

**Nierenragout für 3 Personen.** Ein Frühstücksgericht. Eine Kalbsniere wird gewaschen, mit 1 Teel. Salz, 1/2 Teel. Pfeffer und 1 Essl. Mehl bestreut, dann im geschlossenen Topf unter öfterem Umlegen in etwa 30 Minuten gebräunt im eigenen Safte. Ist die Niere in dieser Zeit nicht braun genug, legt man den Deckel beiseite und lässt den Fleischsaft vollständig einschmoren. Nun gießt man 1/2 Ltr. Wasser darauf und dämpft sie recht langsam 1 Stunde. Durch starkes Kochen wird die Niere hart. Nach dieser Zeit rührt man

*Zutaten: 1 Kalbsniere, 1 Teel. Salz. 1/2 Teel. Pfeffer, 1 Essl. Mehl, 1/2 Ltr. Wasser, 1/2 Kochl. Mehlschwitze, 1/16 Ltr. Madeira, 4-5 Oliven, oder 125 Gr. Champignons, oder 250 Gr. Pfifferlinge.*

1/2 Kochl. Mehlschwitze mit dieser Brühe aus; dann gibt man nach Geschmack 1/16 Ltr. Madeira oder 4–5 Oliven oder Champignons dazu. Die Tunke muss dunkel aussehen; nun gibt man die in Scheiben geschnittene Niere dazu und lässt sie in der Tunke heiß werden. Ebenso 2 Teel. Zitronensaft mit 1/2 Teel. Kräuter. Man richtet das Gericht in einem Reisrand an (Reis siehe unter Gemüse).

**Schinkenpain für 10 Personen.** Man gibt das Gericht als Mittelschüssel bei einem feinen Mittagessen. 1 Kilo gekochten mageren Schinken gibt man zwei Mal durch die Fleischmaschine.

*Zutaten: 1 Kilo gek. mag. Schinken, 1 geh. Kochl. Mehlschwitze, 1/4 Ltr. süßer Ruhm, 4 Eier, 1 Essl. Pistazien.*

1 gehäuften Kochl. Mehlschwitze rührt man mit 1/4 Ltr. süßem Rahm aus und lässt sie einmal unter tüchtigem Rühren aufkochen. Dann stellt man sie 10 Minuten zum Auskühlen beiseite und hiernach mischt man den Schinken damit. Nachdem alles gut verrührt ist, gibt man 4 Eier dazu, oder, wenn man Eiweißreste hat, so verwendet man statt der ganzen Eier 6 Eiweiß. Diese gut verrührte Masse füllt man nun in eine Form, die man vorher mit Butter ausgestrichen und mit Mehl ausgestreut hat. Die Randform stellt man in einen bis zur Hälfte mit kochendem Wasser gefüllten Topf, schließt den Topf mit einem Deckel und stellt ihn 1 Stunde in den mäßig heißen Ofen. Beim Anrichten stürzt man den Rand auf eine runde Platte, 1 Essl. Pistazien wird vorher, bedeckt mit kochendem Wasser, angesetzt, einmal aufgekocht, dann zieht man die Haut ab und schneidet die Pistazien einmal durch. Mit den Pistazien besteckt man beim Anrichten den Schinkenpain und füllt in die Mitte gefrorenen Meerrettich.

**Fischpastete für 6 Personen.** Man trennt das Fleisch von Haut und Gräte, dreht dann das Fischfleisch und die feingehackte Petersilie durch die Fleischmaschine. 2 alte, geschälte, Rundstücke werden mit lauwarmem Wasser eingeweicht, gut ausgedrückt mit dem Fisch vermengt. 1/2 Kochl. Mehlschwitze rührt man

*Zutaten: Reste oder 1 Kilo Schellfisch, 1 Essl. fein gehackte Petersilie, 2 alte geschälte Rundstücke, 1/2 Kochl. Mehlschwitze, 1/8 Ltr. süßer Rahm oder Milch, 1 gehäufter Teel. Salz, 2 ganze Eier oder 3 Eiweißreste.*

mit 1/4 Ltr. süßem Rahm oder Milch aus, tut 1 gehäuften Teel. Salz dazu und mischt dieses mit dem Fischfleisch. Wenn alles gut verrührt ist, tut man 2 ganze Eier oder 3–4 Eiweißreste dazu. Diese Masse füllt man in eine mit Butter ausgestrichene und mit Mehl ausgestreute Randform, stellt diese in einen Topf mit kochendem Wasser, hiernach zugedeckt in den nicht zu heißen Ofen 1 Stunde. Hierzu gibt man Krebs- oder Tomatentunke.

**Krebspastete am Odeonplatz für 4 Personen.** Die Krebse werden gekocht (siehe unter

*Zutaten: 40 Krebse, 125 Gr. Butter, 125 Gr. Mehl, 4 Essl. kaltes Wasser, Dill, 4 Eier.*

Fisch). Das Krebsfleisch wird aus den Schalen gebrochen. Die Schwänze und das Fleisch der Scheren legt man auf einen Teller, diesen stellt man 20 Minuten vor dem Anrichten zugedeckt auf kochendes Wasser. Man bereitet einen Blätterteig und bäckt einen Boden mit Rand; diesen stellt man 10 Minuten vor dem Anrichten in den nicht zu heißen Bratofen. Von den Eidottern und 125 Gr. Butter bereitet man eine holländische Tunke (siehe unter warme Tunken), 1 Essl. feingehackten frischen grünen Dill gibt man dazu. Nun mischt man das Krebsfleisch mit dieser Tunke, richtet das Krebsgericht auf dem Blätterteigboden an, legt einige Dillstreifen und etwas feingehackte Trüffeln darüber. Die Krebsschalen kann man für Krebsbutter verwenden, und am folgenden Tage Suppe oder Krebstunke daraus bereiten.

**Spargelpudding für 3 Personen.** Der Schinken wird feingehackt, der Spargel wird geschält, die Kopfstücke werden gleichmäßig lang geschnitten, die übrigen Spargelstücke in Würfel, *Zutaten: 3 Eier, 1 Kilo Spargel, 125 Gr. Schinken, 65 Gr. Mehl, 65 Gr. Butter, 10 Gr. Salz, 1/4 Ltr. Milch oder Rahm.* dann wird der Spargel gewaschen, mit 1/2 Ltr. kochendem Wasser angesetzt und zugedeckt langsam 30 Minuten gekocht. Eine Puddingform wird dick mit Butter ausgestrichen, und mit Mehl leicht ausgestäubt. Die ganzen Eier werden in einer Schüssel mit der Hälfte vom Salz 5 Minuten geschlagen. Mehl und Butter schwitzt man im Topfe unter Rühren 2 Minuten, gießt die Milch oder den Rahm hinzu; nachdem die Tunke aufgekocht, werden das Salz, die Spargelstücke und der Schinken hinzugefügt. Die Spargelköpfe legt man in die Eimasse, mischt sie vorsichtig damit und legt sie dann einzeln nebeneinander an den Rand der Puddingform, die Köpfe nach unten. Den Rest der Eimasse mischt man mit den Spargelstücken in die Milchtunke. Diese Masse füllt man in die Puddingform, schließt sie mit dem Deckel und lässt sie langsam 40 Minuten kochen. Für Kranke geeignet.

**Gefüllter Sellerie für 2-3 Personen.** Spanische Zwiebeln werden ebenso bereitet. 1 Knolle reicht für 2 Personen, eine spanische Zwiebel ebenfalls. Der Sellerie wird geschält, gewaschen und reichlich bedeckt im geschlossenen Topf mit kochendem Wasser angesetzt und 3/4 Stunde gekocht. Nachdem der Sellerie etwas erkaltet, schneidet man den Deckel ab, höhlt die Knolle aus und füllt sie mit Fleisch- *Zutaten: 1 Knolle Sellerie, 1/2 Kochl. Mehlschwitze, 1/4 Ltr. Knochenbrühe oder Selleriewasser, 1/2 Teel. Salz, 65 Gr. Fleischreste oder frisches Kalbshack. 1/2 Teel. Salz, 1 Messerspitze roh geriebene Zwiebel, 1 Messerspitze Pfeffer, 1 rohes Ei.* farce. 1/2 Kochl. Mehlschwitze rührt man mit 1/4 Ltr. Knochenbrühe oder dem Selleriewasser aus. 1/2 Teel. Salz und das Ausgehöhlte vom Sellerie wird

175

dazugegeben, legt den gefüllten Sellerie in die Tunke und dämpft ihn bei nicht zu starker Hitze 15 Minuten; inzwischen muss die Tunke oft über den Sellerie gefüllt werden. Als Füllung nimmt man 65 Gr. Fleischrest oder Kalbshack. 1 altes Rundstück wird geschält, in lauwarmem Wasser 1 Minute geweicht, gut ausgedrückt und mit dem Fleisch verrührt, gibt dann 1/2 Teel. Salz, 1 Messerspitze roh geriebene Zwiebel, 1 Messerspitze Pfeffer, 1 rohes Ei dazu. Sind Eiweißreste vorhanden, so sind statt Eidotter 2 Eiweiß dazu zu verwenden. Das Gericht eignet sich für Kranke. Für diesen Zweck lässt man Zwiebel und Pfeffer weg und streicht die Farce durch ein Sieb. Man kann auch anstatt der braunen eine weiße Tunke nehmen, die mit 1 Eidotter abgerührt wird. Die spanische Zwiebel kann auch Kranken gegeben werden, nur muss sie vorher 2 Stunden in reichlich Wasser langsam kochen.

**Gefüllte Gurke für 2-3 Personen.** Man schält die Gurke, schneidet sie der Länge nach durch und höhlt sie mit einem Teelöffel aus. Nun bedeckt man sie mit kochendem Wasser oder Fleischbrühe und kocht sie 10 Min. Dann legt man die eine Hälfte der Gurke auf einen Teller und füllt sie mit folgender Masse: Kalbhack verrührt man mit 1 geschälten, eingeweichten und ausgedrückten Rundstück, 1 Messerspitze roh geriebene Zwiebel, 1 Eiweiß oder 1 ganzes Ei und streicht diese Farce durch ein Sieb. Dann legt man die zweite Hälfte der Gurke darüber, gießt folgende Tunke über das Ganze, streut den Käse darüber und legt oben auf 1 Kochl. Butter; im heißen Ofen 30 Minuten backen; zum Frühstück zu verwenden. Die Tunke bereitet man folgendermaßen: 1/2 Kochl. Mehlschwitze verrührt man mit 1/4 Ltr. Gurkenbrühe, macht sie, wenn nicht dick genug, mit etwas Maizena sämig.

*Zutaten: 1 Gurke von 500 Gr., 125 Gr. Kalbshack, 1 altes Rundstück, 1 Messerspitze Pfeffer, 1 Teel. Salz, 1 Messerspitze roh geriebene Zwiebel, 1 weiß oer 1 ganzes Ei, 65 Gr. gerieb. Parmesan, 1/2 Kochl. Mehlschwitze, 1/4 Ltr. Gurkenbrühe.*

**Gemüseauflauf für 4 Personen.** Ein Gericht aus Resten zum Frühstück. Hierzu nimmt man Reste von Blumenkohl, 2 Essl. gewaschenen Reis, setzt ihn mit 1 Teel. Salz und 1/2 Ltr. kochendem Wasser an und kocht ihn im geschlossenen Topf 20 Minuten. Dann gießt man den Reis auf ein Sieb zum Abtropfen. 2 Zwiebeln schneidet man in Scheiben, setzt sie mit 1/2 Kochl. Butter im geschlossenen Topf an und dämpft sie 20 Minuten, dann gibt man 1/2 Kochl. Mehl dazu. Die Zwiebeln dürfen nicht braun werden; man schwitzt das Mehl

*Zutaten: Blumenkohlreste, 2 Essl. Reis, 1 Teel. Salz, 1/2 Ltr. koch. Wasser, 2 Zwiebeln, 1/2 Kochl. Butter, 1/4 Ltr. Milch, 1 Messerspitze Pfeffer, 1 Teel. Salz, 2 Eier, 3 Tomaten, 1 Teel. Salz. 3 Essl. Käse. 1 Kochl. Mehl.*

und die Zwiebeln unter Rühren 3 Minuten, dann gibt man 1/4 Ltr. Milch oder Rahm dazu und nach Geschmack 1 Messerspitze Pfeffer und 1 Teel. Salz. Einen abgekochten Blumenkohl von 500 Gr. schneidet man in Stücke, mischt ihn mit dem Reis und den Zwiebeln und gibt 2 Eier an die fast ausgekühlte Masse, zuletzt den festen Schnee der Eier. Hat man Eiweißreste, so nimmt man 4 Eiweißreste. Die Masse rührt man vorsichtig durch, damit der Kohl nicht zerfällt. 3 Tomaten werden in Scheiben geschnitten, mit 1 Teel. Salz und dem Saft einer Zitrone bestreut und dann schichtweise mit der Blumenkohlmasse in eine Auflaufform gefüllt. Obenauf legt man Tomatenscheiben und streut 3 Essl. Käse darüber, auch 1 Kochl. Butter. Dies lässt man dann 30 Minuten im nicht zu heißen Ofen backen. Dazu kann man auch Erbsen oder Kartoffeln verwenden. Statt Reis kann man auch Makkaroni verwenden.

# KALTE MITTELGERICHTE

**Aspik für 6 Personen.** Knochenreste von jedem Braten oder frisches Kalbfleisch. Das Fleisch oder die Knochen werden mit 1 Ltr. kaltem Wasser, 1 in Scheiben geschnittenen Zwiebel, 1 Teel. Salz angesetzt und langsam 2 *Zutat: Knochenreste oder 250 Gr. frisches Kalbfleisch, 1 Zwiebel, 1 Teel. Salz, 3 Essl. Essig, 16 Blatt weiße Gelatine, 2 Eiweiß.*
Stunden gekocht. Nach dieser Zeit wird die Flüssigkeit mit dem Litermaß nochmals gemessen. Man nimmt zu 1 Ltr. Flüssigkeit 3 Essl. Essig, 16 Blatt weiße Gelatine und 2 Eiweiß. Man gibt das Eiweiß zur Flüssigkeit, schlägt diese mit dem Eiweiß tüchtig durch und gibt nun die Gelatineblätter dazu. Man lässt die Flüssigkeit auf geschlossenem Herd unter häufigem Umrühren einmal aufkochen, dann stellt man sie zugedeckt beiseite. Lässt man die Flüssigkeit mit dem Eiweiß und der Gelatine zu lange kochen, so wird das Eiweiß sehr schnell hart und zieht die unreinen Teile in der Brühe nicht mehr auf. Auch bindet die Gelatine durch zu langes Kochen nicht. Nachdem der Aspik oder die Flüssigkeit einmal aufgekocht hat, stellt man den Topf 30 Minuten zugedeckt beiseite. Ein Tuch zieht man 3–4 Mal durch heißes Wasser, legt es doppelt, gut ausgewrungen, über eine Schüssel. Nun füllt man die inzwischen klar gewordene Flüssigkeit vorsichtig auf das Tuch zum Durchtropfen. Hierbei darf die Flüssigkeit im Topfe und auf dem Tuche nicht gerührt werden. Vom Rühren würde die Flüssigkeit wieder trübe werden. Eine Randform füllt man bis zur Hälfte mit dem klaren flüssigen Aspik und stellt die Randform in eine Schüssel mit kaltem Wasser. Sobald der Aspik in dem Rande anfängt dicklich zu werden, legt man verschiedene Teile als Dekoration auf den Aspik. Sobald die Gegenstände mit dem wenigen Aspik in dem Rand fest geworden sind, etwa nach 30 Minuten, kann man den übrigen kalten flüssigen Aspik auf einmal dazugeben. Als Einlage nimmt man buntgeschälte, in dünne Scheiben geschnittene Wurzeln und einige Petersilienblätter. Man kann auch Tomatenviertel und Oliven nehmen, auch noch Trüffelsterne oder hartgekochte Eischeiben. Man hält den Aspikrand 4 Stunden vor dem Gebrauch fertig. Beim Anrichten taucht man die Randform 2 Minuten in warmes Wasser. Man stürzt die Form auf eine silberne oder Glasplatte und füllt in die Mitte den Salat.

**Schweseraspik für 6 Personen.** Für Kranke geeignet. Die gewässerte Schweser setzt man mit 1 Ltr. kaltem Wasser, 1 Zwiebel, 20 weißen Pfefferkörnern, 1 Teel. Salz an, bringt sie im geschlossenen Topf ins Kochen und lässt sie langsam 40 Minuten kochen; dann legt man sie in kaltes Wasser, zieht die Haut ab. Von der Brühe bereitet man Aspik (siehe Aspik). Die abgezogene Schweser legt man zwischen zwei Teller, beschwert die Teller mit einem Eisen. Nach 1 Stunde schneidet man das Fleisch in Scheiben, belegt diese mit einem Trüffelstern. Eine Randform wird bis zur Hälfte mit dem kalten, flüssigen Aspik gefüllt und in Eiswasser gestellt. Wenn der Aspik fest geworden ist, legt man die Schweserstücke mit der geschmückten Seite nach unten auf den Aspik, legt zuletzt die Abfälle von der Schweser noch mit hinein und füllt dann den Rest des kalten Aspiks darüber. Man hält das Gericht 3 Stunden vor dem Gebrauch fertig und füllt Sauce ravigote in die Mitte des Aspiks. Die Aspikform hält man vor dem Stürzen in lauwarmes Wasser.

*Zutaten: 1 gr. Schweser v. 1 Kilo, 1 Ltr. kaltes Wasser, 1 Zwiebel. 20 weiße Pfefferkörner, 1 Teel. Salz, 16 Blatt weiße Gelatine.*

**Geflügelaspik für 6 Personen.** 6 Tauben oder 3 große Kücken. Das Geflügel wird mit Speck belegt und im heißen Ofen unter fleißigem Begießen und Umlegen 30 Minuten gebraten. Die Haut wird abgezogen und das Fleisch von den Knochen getrennt. Die Knochen setzt man mit 1 Ltr. Wasser und etwas Salz an, kocht sie im geschlossenen Topf 1–2 Stunden, gießt sie dann durch ein Sieb und entfettet sie. Aus dieser Brühe bereitet man den Aspik. Kleine Timbalformen füllt man bis zur Hälfte mit Aspik, füllt dann abwechselnd in die Form Karotten, Palerbsen, Spargel, oder grüne Schnittbohnen. Man kann auch statt der kleinen Formen eine Randform nehmen, füllt dann die verschiedenen Gemüse häufchenweise in die Randform und gießt nach und nach den kalten flüssigen Aspik über das Gemüse. Man hält den Aspik 4 Stunden vor dem Gebrauch fertig. Beim Anrichten hält man die Form in lauwarmes Wasser und stürzt sie langsam auf die Platte. in die Mitte füllt man das Geflügelfleisch und gießt über das Ganze eine Mayonnaise (siehe unter kalten Tunken).

*Zutaten: à Person 1 Taube oder 1/2 Kücken, Speck, 1 Ltr. Wasser, Salz, Karotten, Palerbsen, Spargel, grüne Schnittbohnen.*

**Krebsbombe für 6 Personen.** 60–80 mittelgroße Krebse werden bedeckt mit kochendem Wasser, 1 gehäuften Essl. Salz, angesetzt. Zugedeckt lässt man die Krebse 15 Minuten ziehen und vollständig erkalten. Fleisch und Scheren ausbrechen. 1 1/2 Ltr. klaren Aspik bereiten, eine kleine Randform bis zur Hälfte mit dem

*Zutaten: 60-80 mittelgroße Krebse, 1 geh. Essl. Salz, 1 1/2 Ltr. klaren Aspik, 6 große Oliven, 6 Blatt weiße Gelatine, 1/4 Ltr. Madeira, 250-Gr-Dose Erbsen. Zur Mayonnaise: 3 Eidotter, 1/8 Ltr. Öl, 1/16 Ltr. Schlagrahm, 1/16 Ltr. flüssiger klarer Aspik, 1 Teel. Salz, 2 Teel. Essig.*

Aspik füllen, dann in Eis stellen, mit 6 großen spanischen Oliven die Randform auslegen und mit dem kalten, flüssigen Aspik füllen. Von dem Rest des
Aspiks bringt man die Hälfte wieder zum Kochen. 6 Blatt weiße Gelatine
gibt man dazu und lässt dieses einmal aufkochen. Nachdem diese Flüssigkeit
vollständig ausgekühlt, wird 1/4 Ltr. Madeira zugegossen. Das Fleisch aus
den Scheren der Krebse sowie eine 250-Gr.-Dose Erbsen mischt man mit
diesem Madeira-Aspik. Den übrigen klaren, flüssigen Aspik gießt man über
die Krebsschwänze. Den inzwischen fest gewordenen Aspik in der Randform hält man nun in lauwarmes Wasser 1 Minute, stürzt den Rand auf eine
runde Platte, und nun füllt man in die Mitte dieses Randes das Krebsfleisch,
welches man vorher mit dem Madeira-Aspik gemischt hat. Dieser Aspik
muss in dieser Zeit ebenfalls fest geworden sein. Nun legt man die Krebsschwänze, die man vorher mit hellem Aspik begossen hat, nebeneinander
auf den dunklen Madeira-Aspik. Bleibt noch ein kleiner Rest von dem hellen
Aspik, so kann man ihn vorsichtig über die geordneten Krebsschwänze füllen, aber so, dass der Rand nicht beschädigt wird. 1 Stunde vor Gebrauch fertig halten. Man gibt hierzu eine Mayonnaise von Aspik und Schlagrahm, die
man folgendermaßen bereitet: Eine Mayonnaise gerührt von 8 Eidottern,
1/8 Ltr. Öl; der feste Schnee von 1/16 Ltr. Schlagrahm, 1/16 Ltr. flüssiger
klarer Aspik wird dazu gegeben, nach Geschmack 1 Teel. Salz, 2 Teel. Essig.

**Gans in Gelee.** Die gerupfte Gans wird zerteilt. Zuerst schneidet man die Bauchhaut
vorsichtig ein, ebenso am Halse die Haut und
löst dann Schlund und Speiseröhre. Zunächst
muss die Fettschicht unter der Bauchhaut entfernt werden, welches man in
reichlich kaltes Wasser legt. Dann vorsichtig mit der Hand unter den Magen
und schiebt die Eingeweide mit Kropf-, Luft- und Speiseröhre heraus, sucht
zuerst von den Eingeweiden die Fettschichten ab und legt diese ebenfalls
ins Wasser. Bei der Leber entfernt man vorsichtig die Galle. Nun trennt man
die Keule ab, trennt die Brust vom Rückenstück und zerschneidet dasselbe
in 3–4 Teile, während man die Brust ganz lässt. Diese gewaschenen Fleischstücke setzt man mit 2 Ltr. kaltem Wasser, 1/4 Ltr. Essig, 2 Essl. Salz, 2 Zwiebeln, 1 Lorbeerblatt, 30 Pfefferkörnern im geschlossenen Topf an und kocht
es langsam 1 1/2 Stunden. Magen und Herz kocht man gleichfalls. Durch
starkes Kochen wird das Fleisch hart. Die Fettstücke lässt man etwa 4 Stunden in kaltem Wasser liegen, welches man oft erneuert. Dann zerschneidet
man das Fett in Würfel, legt es in einen Topf, gibt 1 ganzen Apfel, 1 Lorbeerblatt, 1 Zwiebel und 10 Pfefferkörner dazu und lässt das Fett langsam ausbraten, bis die Fettstücke hellbraun aussehen und kross sind. Dann legt man

*Zutaten: 1 Gans, 2 Ltr. kaltes
Wasser, 1/4 Ltr. Essig, 2 Essl.
Salz, 3 Zwiebeln 2 Lorbeerblät-
ter, 40 Pfefferkörner, 1 Apfel.*

das Fett auf einen Durchschlag zum Abtropfen und stellt das so gewonnene Gänseschmalz beiseite. Man kann, damit es fester wird, 250 Gr. Schweineflomen mit dem Gänsefett auslassen. Die inzwischen gekochte Gans nimmt man aus der Brühe, gießt die Brühe durch ein Sieb, entfettet sie, gibt Gelatine dazu und klärt sie mit Eiweiß (siehe Aspik). Die erkaltete Gänsebrust tranchiert man. Diese und die Flügel- und Halsstücke legt man in eine Glasschüssel. Den kalten, flüssigen Aspik gibt man über das Fleisch. Das abgefüllte Fett von der Brühe kann man für Kohl verwenden.

**Ente in Gelee.** 1 Ente rechnet man für 6 Personen. Die gewaschene Ente wird mit 3/4 Ltr. kaltem Wasser, 1/4 Ltr. Essig, 1 Lorbeerblatt, 1 Zwiebel, 20 Pfefferkörnern, 2 Teel. Salz angesetzt und im geschlossenen Topf langsam 1 Stunde gekocht. Durch starkes Kochen wird das Fleisch der Ente hart. Magen-, Hals- und Flügelstücke werden mitgekocht. Nach der Kochzeit wird die Flüssigkeit entfettet. Die Ente legt man zum vollständigen Erkalten beiseite. Die Flüssigkeit wird gemessen, wieder ins Kochen gebracht; zu 1 Ltr. Flüssigkeit nimmt man 16 Blatt weiße Gelatine. Den nicht zu festen Schnee von 2 Eiweiß gibt man dazu, schlägt das Ganze mit der Schneerute tüchtig durch und lässt die Flüssigkeit einmal aufkochen. Dann stellt man sie zugedeckt 1 Stunde beiseite. Nach dieser Zeit gießt man den Aspik zum Durchtropfen auf ein Tuch. Hierbei darf der Aspik nicht gerührt werden. Auch muss die Flüssigkeit langsam tropfen. Die erkaltete Ente wird tranchiert. Einen Teil der abgetrennten Knochen lässt man zurück, füllt das Fleisch in eine Glasschüssel und gießt den erkalteten, flüssigen Aspik auf das Fleisch. Man kann das Gericht mehrere Tage vor dem Gebrauch fertig halten.

*Zutaten: 1 Ente, 3/4 Ltr. kaltes Wasser, 1/4 Ltr. Essig, 1 Lorbeerblatt, 1 Zwiebel, 20 Pfefferkörner, 2 Teel. Salz, 2 Eiweiß, ca. 16 Blatt weiße Gelatine.*

**Gefrorener Meerrettich für 6 Personen.** Man gibt ihn statt Tunke zum gekochten Schinken oder Kasseler Rippespeer. 1/4 Ltr. Schlagrahm wird mit 3 Essl. geriebenem Meerrettich gemischt, 1 Essl. scharfer Essig, 2 Kochl. Zucker dazu gegeben. Man füllt die Masse in eine Form, stellt diese in einen Eimer mit klein gemachtem Eis und Salz, lässt die Masse festfrieren und hält sie 2 Stunden vor Gebrauch fertig. Beim Anrichten hält man die Form in reichlich kaltes Wasser und stürzt sie vorsichtig. Auch kann man diese Meerrettichmasse in ausgehöhlte Tomaten füllen und als Bratengarnitur verwenden. (siehe auch unter Schinkenpain.)

*Zutaten: 3 Essl. gerieb. Meerrettich, 1 Essl. scharfer Essig, 2 Kochl. Zucker, 1/4 Ltr. Schlagrahm.*

**Kalter Pater mit Zunge für 8 Personen**, garniert mit Meerrettich, Aspik, Pickles. Ein Puter wird, mit einer Speckscheibe belegt, 1 Stunde gebraten. Man muss ihn nach Verlauf von 5 Minuten begießen und nach 15 Minuten umlegen. Dann stellt man ihn zum

*Zutaten: 1 Puter im Gewicht von 4 Kilo, 1 Stange Meerrettich, 1 Speckscheibe, 1/2 Ltr. Aspik. 16 Sellerie- oder Artischockenböden, Blumenkohlsalat (s. unter Salaten).*

Erkalten beiseite, garniert den erkalteten und tranchierten Puter mit Aspik, Blumenkohlsalat; letzteren legt man auf Artischocken- oder Sellerieböden. Außerdem garniert man mit geschabtem, rosa gefärbtem Meerrettich. Zum Färben nimmt man Rote Beete Saft.

**Ein mexikanisches Gericht für 12 Personen.** Das Gericht gibt man vor der Suppe. Die Sardinen werden von der Gräte befreit, dann mit dem Öl durch ein grobes Sieb gestrichen, 4 rote Pimentos und 3 Tomaten, ebenfalls auch der Saft der Pimentos. Diese Masse mischt

*Zutaten: 12 grüne Pfefferschoten, 2 Dosen Sardinen, 250 Gr. Tomaten, 125 Gr. Schweizer Käse, eine 1/2-Kilo-Dose Piments, Zwiebeln, 4 hartgekochte Eier, 12 gefüllte Oliven.*

man mit dem geriebenen Käse, 1 Teel. feinsten Essig gibt man dazu. Die grünen Pfefferschoten legt man auf die heiße Herdplatte, inzwischen werden sie oft umgelegt, dann zieht man die Haut ab und schneidet sie der Länge nach auf, entfernt das Innere, füllt die grünen, sowie die roten Pimentoschoten mit dieser Masse, dann legt man dieselbe auf eine runde Platte, eine rote und eine grüne Schote abwechselnd; dazwischen die in Scheiben geschnittenen harten Eier, die gefüllten Oliven und Tomaten, über das Ganze die losen Zwiebelscheiben; zuletzt streut man noch 4 Essl. geriebenen Käse darüber. 4 Stunden vor dem Gebrauch recht kalt stellen.

**Poularde mit Schinkenmus und Gänseleber für 10 Personen.** Hierzu nimmt man 1 Poularde im Gewicht von 4 Kilo und entknöchelt sie. 500 Gr. frische Gänseleber werden durch ein Sieb gestrichen. 500 Gr. gekochten Schinken gibt man zwei Mal durch die Fleischmaschine, dann mischt man ihn mit der Leber. 250 Gr. frische Trüffeln werden gebürstet und

*Zutaten: 4 Kilo Poularde, 500 Gr. frische Gänseleber, 500 Gr. gekochter Schinken, 250 Gr. frische Trüffeln, 1/2 Kochl. Mehlschwitze, 1/2 Teel. Salz, 1/8 Ltr. Schlagrahm, 1 Teel. Pfeffer. 1 Essl. Madeira, 2 Eier, 1 Ltr. Aspik, 1 Teel. Macis.*

gewaschen, dann schält man sie und hackt die Schale recht fein. Die Trüffeln schneidet man in etwa 12 Stücke und gibt sie mit der fein gehackten Schale an die Farce. 1/2 Kochl. Mehlschwitze rührt man mit 1/8 Ltr. Schlagrahm aus, mischt die Farce mit der dicklichen Rahmtunke und nun gibt man 2 Teel. Salz, 1 Teel. Pfeffer, 1 Teel. Macis und 1 Essl. Madeira dazu und, nachdem alles gut verrührt ist, 2 ganze Eier. Nun füllt man die Farce in die Poularde; man kann auch 6 Scheiben von den Trüffeln unter die Haut schieben. Die Poularde wird zugenäht, dann in Speckscheiben, darüber Pergamentpapier gewickelt und fest verschnürt; hiernach im nicht zu heißen Ofen 1 1/2 Stunde gebraten unter fleißigem Begießen und Umlegen im eigenen Fett. In den letzten 10 Minuten löst man die Speckscheiben von der Brustseite, macht den Ofen etwas heißer, damit die Poularde hellbraun wird. Hiernach lässt man sie im Fett vollständig erkalten. Man muss sie 6–10 Stunden vor dem Gebrauch oder am Tage vorher fertig halten. Nach dieser Zeit tranchiert man die Poularde, legt sie wieder zusammen und nun übergießt man sie mit 1 Ltr. kaltem, flüssigen Aspik. Hierbei stellt man die Platte schräg an ein offenes Fenster. Man kann Cumberland-Tunke dazu geben und um die Poularde den übrigen fein gehackten kalten Aspik legen. Man verwende diese Platte für ein feineres Abendessen.

# GEMÜSE

**Blumenkohl für 4 Personen.** Die äußeren Blätter werden entfernt und der Strunk geschält. Die Blume legt man 1 Stunde vor dem Gebrauch in reichliches, kaltes Wasser. Dem Wasser fügt man 2 Essl. Salz hinzu. Man tut es deshalb, damit sich die Raupen entfernen. Nach dieser Zeit wird der Kohl mit dem geschälten Strunk, reichlich bedeckt mit kochendem Wasser, angesetzt, in geschlossenem Topf 30 Minuten langsam gekocht. 5 Minuten vor dem Anrichten gibt man 1 Essl. Salz an das Wasser. Wenn man den Kohl gleich mit dem Salz ansetzt, verliert er die weiße Farbe und wird vom Salz gelb.

*Zutaten: 2 Kilo Blumenkohl, 3 Essl. Salz.*

**Blumenkohl, abgebacken, für 3 Personen.** Man schneidet von dem Kohl die Blätter ab und schält den Strunk, setzt diesen mit 1/2 Ltr. kochendem Wasser im geschlossenen Topf an und kocht ihn 30 Minuten. Dann gibt man die Blume dazu und lässt den Kohl noch 30 Minuten mit dem Wasser kochen, nun fügt man das Salz hinzu. Wenn man ihn gleich zu Anfang mit dem Salz kochen lässt, wird der Kohl gelb und der frische Geschmack geht verloren. Den abgetropften Kohl legt man nun in eine Auflaufschüssel, den Strunk daneben. 1 Kochl. Mehlschwitze rührt man mit 1/8 Liter süßem Rahm oder Milch aus und gibt 1/8 Ltr. von dem Blumenkohlwasser dazu. Diese Tunke ist mit 1 Teel. Salz und 1 Teel. Zucker abzuschmecken und über den Kohl zu füllen. Über das Ganze gibt man 65 Gr. geriebenen Käse und legt obenauf 1 Kochl. Butter; dann bäckt man das Gericht im heißen Ofen 10 Minuten.

*Zutaten: 500 Gr. Blumenkohl, 1/2 Ltr. kochendes Wasser, 1 Kochl. Mehlschwitze, 1/8 Ltr. süßer Rahm oder Milch, 1/8 Ltr. Blumenkohlwasser, 1 Teel. Salz, 1 Teel. Zucker, 65 Gr. gerieb. Käse, 1 Kochl. Butter.*

**Blumenkohlpudding mit Tomatentunke für 6 Personen.** Als warme Mittelschüssel oder Gemüsegang. 1 Blumenkohl legt man in kaltes Salzwasser, den Strunk schält man, *Zutaten: 1 Kilo Blumenkohl, 2 Kochl. Mehlschwitze, 1/8 Ltr. süßer Rahm, 1 Teel. Salz, 3 Eidotter.* schneidet ihn der Länge nach zwei Mal durch, dann setzt man ihn mit der Blume, reichlich bedeckt mit kochendem Wasser an, kocht ihn zugedeckt in 30 Minuten weich; hiernach legt man den Blumenkohl zum Abtropfen auf ein Sieb und dann streicht man ihn durch das Sieb. 2 Kochl. Mehlschwitze rührt man mit 1/8 Ltr. süßem Rahm aus, dann fügt man die Blumenkohlmasse, 1 Teel. Salz dazu, stellt die Masse 10 Minuten zum Abkühlen beiseite. Hiernach wird die Masse mit 3 Eidottern verrührt, in eine glatte Puddingform gefüllt, die mit Butter ausgestrichen und mit Mehl ausgestreut ist; nun stellt man den Pudding ohne Deckel in einen Topf mit kochendem Wasser, stellt den Topf 1 Stunde in den heißen Bratofen. Beim Anrichten stürzt man den Pudding und übergießt ihn mit Tomatentunke, holländischer Tunke oder Krebstunke.

**Blumenkohl mit Rahmtunke für 4 Personen.** Man entfernt die Blätter vom Blumenkohl, schält den Strunk und legt die Blume 1 Stunde vor dem Gebrauch in reichliches, kaltes Salzwasser. Den Strunk setzt man mit 1 Ltr. kochendem Wasser an, lässt ihn 30 Minuten kochen, legt die Blume dazu und kocht den Kohl im geschlossenen Topf 30 Minuten. *Zutaten: 1 Blumenkohl im Gewicht von 1 Kilo, 1 Ltr. koch. Wasser, 1 Essl. Salz, 1 gehäuft. Kochl. Mehlschwitze, 1/8 Ltr. süßer Rahm oder Milch, 1 Messerspitze gerieb. Muskatblüte, 1 Teel. Zucker, 1/2 Teel. Salz, 1 Teel. Butter.* ten. 5 Minuten vor dem Anrichten gibt man 1 Essl. Salz dazu. 1 gehäuften Kochl. Mehlschwitze rührt man mit 1/2 Ltr. süßem Rahm oder Milch aus, gibt nach Geschmack 1 Messerspitze geriebene Muskatblüte, 1 Teel. Zucker, 1/2 Teel. Salz dazu. Will man die Tunke noch verbessern, so gibt man beim Anrichten 1 Teel. Butter dazu.

**Blumenkohlauflauf für 3 Personen.** Für Kranke geeignet. Den Blumenkohl setzt man, reichlich mit kochendem Wasser bedeckt, an und lässt ihn 30 Minuten kochen. In dieser Zeit lässt man 1 Kochl. Mehl und 1 Kochl. But- *Zutaten: 250 Gr. Blumenkohl, 1 Kochl. Mehl, 1 Kochl. Butter, 1/4 Ltr. Milch, 1 Teel. Salz, 3 Essl. geriebener Käse, 65 Gr. Makkaroni.* ter 2 Minuten schwitzen und gießt 1/4 Ltr. Milch dazu. Nachdem die Tunke einmal aufgekocht ist, gibt man noch 2 Essl. geriebenen Käse und 1 Teel. Salz dazu. Gleichzeitig setzt man 65 Gr. Makkaroni, reichlich mit kochendem Wasser bedeckt, an und lässt sie 30 Minuten kochen. Den Blumenkohl schneidet man nun in 3–4 Stücke und legt ihn zusammen mit den Makkaroni in eine

Auflaufform. 65 Gr. fein gehackten Schinken kann man dazwischen streuen. Die Tunke mit dem Käse gießt man darüber, legt obenauf 1 Essl. Käse und 2 Teel. Butter und bäckt den Auflauf 10–15 Minuten im heißen Ofen.

**Rosenkohl für 3-4 Personen.** Der Kohl wird gewaschen, mit 1/4 Teel. Natron und 1 Ltr. kochendem Wasser angesetzt und im geschlossenen Topf recht langsam 1 Stunde gekocht. Kocht man ihn zu rasch, wird er unansehnlich und verliert den frischen Geschmack. Nach der Kochzeit legt man den Deckel beiseite und lässt das Wasser vollständig einkochen. Danach lässt man den Kohl mit Butter und Salz noch langsam 10 Minuten dämpfen. Man richtet den Rosenkohl mit märkischen Rüben oder mit glasierten Kastanien an.

*Zutaten: 500 Gr. Rosenkohl, 1/4 Teel. Natron, 1 Ltr. koch. Wasser, 1 Kochl. Butter, 1 gehäufter Teel. Salz.*

**Weiße, frische Bohnen für 6 Personen.** 1 Kilo halbreife, frische Bohnen werden mit 1 Ltr. kochendem Wasser angesetzt, dann im geschlossenen Topf 1 Stunde gekocht. 1 Teel. Mehlschwitze rührt man mit dem Bohnenwasser aus und lässt die Bohnen in dieser Tunke 5 Minuten langsam kochen. Beim Anrichten gibt man 1 Teel. fein gehackte Petersilie, 1 Teel. Salz und 1 Teel. frische Butter dazu und füllt die Bohnen schichtweise mit Apfelmus in die Gemüseschüssel.

*Zutaten: 1 Kilo Bohnen, 1 Teel. Mehlschwitze, 1 Teel. fein gehackte Petersilie, 1 Teel. frische Butter.*

**Weißes Bohnenmus für 6 Personen.** 1 Kilo weiße Bohnen wird drei bis vier Mal mit reichlich kalten Wasser gewaschen, mit 1 1/2 Ltr. kaltem Wasser am Tage vorher eingeweicht, mit diesem Quellwasser angesetzt und im geschlossenen Topf 1 1/2 Stunde gekocht. Danach gibt man das Ganze durch ein Sieb. 1 Teel. Mehlschwitze rührt man mit 1 Kochl. Mus aus. Nachdem es verrührt ist, gibt man das übrige Mus dazu. Nach Geschmack fügt man 1 Teel. Salz bei, und beim Anrichten gibt man 1 Kochl. frische Butter dazu. Statt der Butter kann man auch ausgebratenes Schinkenfett nehmen. Sollte das Mus zu dick sein gießt man, nachdem es heiß geworden, etwas Brühe dazu. Zum Heißwerden stellt man es 30 Minuten in kochendes Wasser.

*Zutaten: 1 Kilo weiße Bohnen, 1 1/2 Ltr. kaltes Wasser, 1 Teel. Mehlschwitze, 1 Teel. Salz, 1 Kochl. frische Butter.*

**Schneidebohnen für 3 Personen.** Man rechnet für 4 Personen 1 Kilo. Die Bohnen werden fein geschnitten, am besten ganz lang, weil sie sonst durch das Kochen leicht unansehnlich

*Zutaten: 1 Kilo Schneidebohnen, 1 Ltr. koch. Wasser, 1 Teel. Salz, 1 Messerspitze Natron, 1 Teel. frische Butter.*

werden, dann gewaschen; nun setzt man sie mit 1 Ltr. kochendem Wasser und 1 Messerspitze Natron an und kocht sie im geschlossenen Topf 30 Minuten. Dann gießt man sie auf ein Sieb zum Abtropfen, stellt dieses wieder auf einen Topf mit kochendem Wasser, deckt die Bohnen fest zu und lässt sie so noch 15 Minuten bis zum Anrichten stehen. Zum Schluss sind 1 Teel. Salz und 1 Essl. frische Butter hinzuzugeben.

**Schneidebohnen für 4 Personen.** 1 Kilo Schneidebohnen, 5 Gr. Salz, 120 Gr. frische Butter, 5 Gr. fein gehackte Petersilie. Die Bohnen werden entfädelt, in lange Streifen geschnitten. Diese Streifen werden in kleine Bündel gebunden und dann in reichlich kochendem Wasser angesetzt. 1 Messerspitze Natron fügt man hinzu. Zugedeckt werden die Bohnen 30–45 Minuten gekocht. Danach fügt man das Salz hinzu, und nun lässt man sie noch 2 Minuten in dem Salzwasser. Nach dieser Zeit gießt man die Bohnen auf einen Durchschlag, entfernt die Fäden und überstreut sie beim Anrichten mit fein gehackter Petersilie. Die gerührte Butter wird dazugegeben.

*Zutaten: 5 Gr. Salz, 1 Kilo Schneidebohnen, 120 Gr. frische Butter, 5 Gr. fein gehackte Petersilie, 1 Messerspitze Natron.*

**Schneidebohnen mit Milch- oder Rahmtunke für 4 Personen.** 1 Kilo Bohnen wird entfädelt, in feine Streifen geschnitten, dann angesetzt mit 1 Ltr. kochendem Wasser und zugedeckt 45 Minuten gekocht. Nach dieser Zeit gießt man die Bohnen auf einen Durchschlag. 10 Gr. Butter schwitzt man mit 15 Gr. Mehl, gießt unter Rühren 1/4 Ltr. Milch oder süßen Rahm, 1 Teel. Salz dazu. Nachdem diese dickliche Tunke einmal aufgekocht, gibt man die Bohnen dazu, und lässt sie nun noch 5 Minuten dämpfen; etwas fein gehackte Petersilie kann dazukommen.

*Zutaten: 1 Ltr. kochendes Wasser, 1 Kilo Schneidebohnen, 1/4 Ltr. Milch oder süßer Rahm, 15 Gr. Mehl, 1 Teel. Salz, 10 Gr. Butter, fein gehackte Petersilie.*

**Bohnen mit Äpfeln für 2 Personen.** Die geschnittenen Bohnen werden mit wenig kochendem Wasser angesetzt, dann gibt man 3 geschälte Äpfel dazu und lässt die Bohnen 2 Stunden schmoren. Außerdem würzt man sie mit 1/2 Teel. Salz, 65 Gr. Zucker und 1 Teel. Butter.

*Zutaten: 3 Äpfel, 500 Gr. Schneidebohnen, 1/2 Teel. Salz, 65 Gr. Zucker, 1 Teel. Butter.*

**Wachsbohnen mit holländischer Tunke für 4 Personen.** Man zieht die Fäden von den Bohnen, bricht sie ein Mal durch. Nachdem sie gewaschen sind, werden sie mit 1 Ltr.

*Zutaten: 1 Kilo Wachsbohnen, 1 Ltr. kochendes Wasser, 1 Teel. gehackte Petersilie, 1 Teel. Salz.*

kochendem Wasser angesetzt und im geschlossenen Topf 1 Stunde gekocht. Darauf legt man den Deckel beiseite und lässt das Wasser unter Hinzufügung von 1 Teel. Salz vollständig einkochen. Hiernach mischt man die Bohnen mit der fertigen Tunke, die man mit 2 Teel. Zitronensaft abgeschmeckt hat (siehe unter Tunken). Zum Schluss muss die fein gehackte Petersilie dazugegeben werden. Mit der fertigen Tunke dürfen die Bohnen nicht kochen, sondern man stellt den Topf zugedeckt in einen Topf mit heißem Wasser.

**Bohnenpudding.** Die Bohnen werden entfädelt, ein Mal gebrochen, gewaschen, mit 1 Ltr. kochendem Wasser angesetzt und zugedeckt 1 Stunde gekocht, in der letzten Viertelstunde gibt man die Haferflocken dazu; eine Puddingform wird gefettet, mit Mehl ausgestäubt, der Speck wird in Würfel geschnitten, ausgebraten, mit den weich gekochten Bohnen gemischt; wenn etwas abgekühlt, fügt man die geriebene Kartoffelmasse hinzu, füllt alles in die Puddingform, stellt sie in einen Topf mit kochendem Wasser und kocht den Pudding 45 Minuten. Man kann auch im Winter statt der frischen türkischen Erbsen getrocknete weiße Bohnen nehmen. 300 Gr. Bohnen werden gewaschen, am Tage vor dem Gebrauch mit 1 Ltr. kaltem Wasser eingeweicht und mit diesem Wasser am nächsten Tage angesetzt und langsam zugedeckt 1 1/2 Stunden gekocht, danach fügt man die Haferflocken, das Salz und noch 1/4 Ltr. Wasser hinzu.

*Zutaten: 1 Kilo türk. Erbsen, 65 Gr. Speck, 100 Gr. Haferflocken, 65 Gr. rohe, geschälte, geriebene Kartoffeln, 5 Gr. Salz.*

**Linsen für 4 Personen.** Die Linsen werden gewaschen, am Tage vor dem Gebrauch mit 1 Ltr. kaltem Wasser eingeweicht, hiernach mit diesem Wasser angesetzt, zugedeckt und 1 Stunde gekocht. 1 Teel. Mehlschwitze wird mit etwas Linsenwasser ausgerührt. Nun gießt man diese zu den Linsen zurück, 1/2 Teel. Salz kommt dazu, 2 abgezogene, in Scheiben geschnittene Zwiebeln werden mit 1 gehäuften Kochl. Butter angesetzt und zugedeckt 20 Minuten langsam gedämpft. Sie dürfen nicht braun werden, 5 Minuten vor dem Anrichten legt man den Deckel beiseite und lässt die Zwiebeln kross werden. Danach werden sie über die Linsen gegossen; statt Butter ist auch ausgebratener Speck zu verwenden, 20 Gr. Speck oder Schmalz.

*Zutaten: 250 Gr. Linsen, 1 Teel. Mehlschwitze, 1 Ltr. kaltes Wasser, 1 Teel. Salz, 2 Zwiebeln, 1 gehäuft. Kochl. Butter.*

**Haricots verts für 3 Personen.** Man zieht von 1 Kilo Haricots die Fäden ab, wäscht die Haricots und setzt sie mit 1 Ltr. kochendem Wasser, 1 Messerspitze Natron an, kocht sie

*Zutaten: 1 Kilo Haricots, 1 Ltr. kochendes Wasser, 1 Teel. Salz, 1 Messerspitze Natron, 1 Essl. frische Butter.*

im geschlossenen Topf 40 Minuten, dann gießt man sie auf ein Sieb zum Abtropfen, deckt die Bohnen fest zu und lässt sie auf dem Sieb über dem kochenden Wasser noch 10 Minuten stehen. Dann gibt man sie in den Topf zurück, nach Geschmack 1 Teel. Salz und 1 Essl. frische Butter dazu. Beim Anrichten füllt man die Haricots hoch angerichtet in die Mitte der Schüssel. Erbsen legt man als Kranz herum und stellt auf die Erbsen Tomaten, mit Pfifferlingen gefüllt.

**Tomaten mit verlorenen Eiern und Béchamelbeiguss für 6 Personen.** Für Kranke geeignet. Als Vorgericht zu verwenden. Der Reis wird gewaschen, mit 3/4 Ltr. kochendem Wasser angesetzt und 20 Minuten gekocht, 1 Teel. Salz und die Butter fügt man hinzu. Die gewaschenen Tomaten werden einmal quer durchgeschnitten, etwas ausgehöhlt, dieses gibt man zum Reis. Die Tomaten werden nebeneinander auf einen feuerfesten Teller gelegt und 10 Minuten vor dem Anrichten in den heißen Bratofen gestellt, dann mit den Eiern gefüllt und Béchamelbeiguss über die Eier gegossen. Die gefüllten Tomaten stellt man auf den Reis (Béchameltunke siehe unter Tunken).

*Zutaten: 6 große frische Tomaten, 1 Zwiebel, 1/8 Ltr. Rahm, 10 Gr. Butter, 10 Gr. Mehl, 6 Eier, 250 Gr. Reis, 3/4 Ltr. koch. Wasser, 1 Teel. Salz.*

**Tomaten, mit Mais gefüllt.** Diese Tomaten verwendet man als Garnitur beim Gemüsegang und Braten. 6 feste Tomaten schneidet man einmal quer durch, höhlt sie etwas aus, legt sie auf einen Teller, die offene Seite nach oben, und stellt sie 10 Minuten vor dem Anrichten in den heißen Ofen. Dann füllt man sie mit folgendem Mais: 1/2 Kochl. Mehlschwitze rührt man mit 2 Essl. Schlagrahm aus und gibt 1/2 Teel. Salz dazu, dann Mais. Den Mais stellt man zum Heißwerden 30 Minuten vor dem Gebrauch in reichliches heißes Wasser. Auf der Herdplatte darf der Mais nicht kochen; vom Kochen wird der Mais wässerig.

*Zutaten: 6 Tomaten, 2 Essl. Schlagrahm, 1/2 Kochl. Mehlschwitze, 1 Teel. Salz, eine 500 Gr.-Dose-Mais.*

**Tomaten, mit Reis gefüllt.** Man rechnet 1 Tomate à Person. Für 12 Tomaten nimmt man 65 Gr. Reis. Der Reis wird drei bis vier Mal mit kaltem Wasser gewaschen, mit 1 Ltr. kochendem Wasser und 1 Teel. Salz angesetzt und 20 Minuten gekocht. Dann auf ein Sieb gegossen zum Abtropfen. Nun setzt man den Reis mit 1 Kochl. Butter und 2 Essl. geriebenem Käse ohne Deckel in den nicht zu heißen Ofen. Die Tomaten schneidet man einmal quer durch, höhlt sie etwas aus, stellt sie nebeneinander, die offene Seite

*Zutaten: à Person 1 Tomate, bei 12 Tomaten 65 Gr. Reis, 1 Ltr. koch. Wasser, 1 Teel. Salz, 1/2 Kochl. Butter, 2 Essl. geriebener Käse.*

nach oben, auf einen flachen Teller. 5 Minuten vor dem Anrichten stellt man sie in den heißen Ofen und füllt sie dann mit dem heißen Reis. Man füllt die Tomaten auch mit Erbsen, Spinat, Kartoffelmus, Pfifferlingen usw.

**Tomaten, gefüllt.** 6 große Tomaten, 30 Gr. geschabten Speck oder Schinken, 100 Gr. frische Champignons, 1 kleine Schalotte, 1 hartgekochtes Ei, 1/2 Teel. Salz, 1 Messerspitze Pfeffer. Von jeder Tomate wird unter dem Stängel eine Platte abgeschnitten, und der Samen, ohne die fleischigen Seiten zu verletzen, ausgenommen. Die Champignons werden geputzt, gewaschen, fein gehackt; 1 Teel. Butter und 1 Essl. Mehl schwitzt man im Topfe, gibt 2 Essl. Rahm dazu und dann die feingehackten Champignons. Unter Rühren lässt man die Masse auf geschlossenem Herd 5 Minuten schmoren, dann fügt man Salz, Pfeffer, die feingeriebene Zwiebel, das gehackte Ei und den geschabten Schinken hinzu. Diese Masse füllt man in die Tomaten. 1 Essl. geriebenes Weißbrot mischt man mit ebenso viel geriebenem Käse, dieses streut man über die Tomaten. Alsdann stellt man die Tomaten nebeneinander auf einen feuerfesten Teller und bäckt sie in 10 Minuten zu schöner Farbe. Diese Tomaten gibt man als Dörrgericht oder als Gemüsebeigabe.

*Zutaten: 6 große Tomaten, 100 Gr. frische Champignons, 30 Gr. geschabten Speck oder Schinken, 1 kleine Schalotte, 1 hartgekochtes Ei, 1/2 Teel. Salz, 1 Messerspitze Pfeffer, 1 Teel. Butter, 1 Essl. Mehl, 2 Essl. Rahm, 1 Essl. geriebenes Weißbrot, 1 Essl. geriebener Käse.*

**Tomatenreis in Timbalform für 4 Personen.** Der Reis wird drei bis vier Mal gewaschen, mit 1/2 Ltr. kochendem Wasser und 1 Essl. Salz angesetzt, im geschlossenen Topf 15 Minuten gekocht. 250 Gr. Tomaten werden in Viertel geschnitten, im eigenen Saft in 10 Minuten weichgedämpft und dann durch ein Sieb gestrichen. Der Reis wird in den Topf zurückgetan und das Tomatenpüree dazu mit 1/2 Kochl. Butter. Dies lässt man dann ohne Deckel im heißen Ofen 10 Minuten ziehen. Alsdann füllt man den Reis in kleine Timbalformen, die man mit Butter ausgestrichen und nebeneinander in einen flachen Topf stellt, der bis zur Hälfte mit kochendem Wasser gefüllt ist. Zugedeckt hält man den Reis 10–15 Minuten vor dem Anrichten fertig. Man verwendet die gestürzten Timbals als Bratengarnitur.

*Zutaten: 125 Gr. Reis, 1/2 Ltr. koch. Wasser, 1 Essl. Salz, 250 Gr. Tomaten, 1/2 Kochl. Butter.*

**Tomatenreispfannkuchen für 4 Personen.** 250 Gr. Reis, 6 Tomaten, 2 Eier, 1 kleine Zwiebel, 70 Gr. Butter, 5 Gr. Salz. Der Reis wird gewaschen, mit 1/2 Ltr. kochendem Was-

*Zutaten: 250 Gr. Reis, 6 Tomaten, 2 Eier, 1 kleine Zwiebel, 70 Gr. Butter, 1/2 Ltr. kochendes Wasser, 5 Gr. Salz.*

ser angesetzt und 20 Minuten langsam gekocht. Die Tomaten werden mit kochendem Wasser übergossen und danach zieht man sogleich die Haut ab und schneidet die Tomaten in kleine Stücke, gibt sie mit der abgezogenen und in dünne Scheiben geschnittenen Zwiebel zum Reis. Die Eidotter werden mit dem Salz 10 Minuten gerührt. Die fertige und etwas ausgekühlte Reismasse gibt man zu den Eidottern und zuletzt vermischt man den festen Schnee mit dieser Masse. in einer Pfanne werden mit Butter kleine Kuchen auf beiden Seiten gelb gebacken. Hierzu gibt man Gurken-, Kopf- oder Endiviensalat.

**Abgekochte Tomaten.** Die Tomaten werden gewaschen, bedeckt mit kochendem Wasser angesetzt, einmal aufgekocht, beiseite gestellt, und nun lässt man sie 5 Minuten stehen. Durch zu starkes Kochen werden die Tomaten unansehnlich.

**Gefüllte Tomaten.** Man verwendet sie als Garnitur bei jedem Braten oder auch beim Gemü- *Zutaten: Eine Tomate à Person.* segang. Die Tomaten werden quer durchgeschnitten, dann etwas ausgehöhlt und auf einen Teller gelegt, die ausgehöhlte Seite nach oben. Etwas Salz streut man hinein und stellt sie 10 Minuten in den heißen Ofen. Sie werden mit Reis, Erbsen, Spinat, Kartoffelmus, oder auch mit einer Fleischfarce gefüllt.

**Spinat für 4-6 Personen.** Man verwendet Spinat für Kinder und Kranke. Der Spinat *Zutaten: 2 Kilo Spinat, 1 Messerspitze Natron, 1/2 Kochl.* wird drei bis vier Mal gewaschen, dann mit *Mehlschwitze, 1 Teel. Salz,* 1 Messerspitze Natron angesetzt und im *1/8 Ltr. süßer Rahm, 1 Teel.* geschlossenen Topf 15 Minuten gekocht, ihn *frische Butter.* inzwischen oft umrührend, damit er nicht anbrennt. Nach dieser Zeit gießt man ihn auf ein Sieb zum Abtropfen und streicht ihn durch. 1/2 Kochl. Mehlschwitze wird mit 1/2 Löffel Spinat ausgerührt und nach und nach dem übrigen Spinat dazu gegeben. Nach Geschmack 1 Teel. Salz und 1/8 Ltr. süßen Rahm. Ist alles gut verrührt, stellt man ihn 30 Minuten vor dem Anrichten in einen Topf mit kochendem Wasser. Beim Anrichten ist 1 Teel. frische Butter dazuzugeben.

**Spinatpudding für 4-6 Personen.** Der Spinat wird drei bis vier Mal mit reichlich kalten *Zutaten: 3 Kilo Spinat, 1 Messerspitze Natron, 1/8 Ltr.* Wasser gewaschen, dann mit 1 Messerspitze *süßer Rahm, 1/2 Kochl. Mehl-* Natron im geschlossenen Topf unter Rühren *schwitze, 1 Teel. Salz, 4 Eidotter.* 10 Minuten gekocht. Hiernach auf ein Sieb gegossen, gut ausgedrückt und durch das Sieb gestrichen. 1/2 Kochl. Mehlschwitze rührt man mit 1/8 Ltr.

süßem Rahm aus, gibt den Spinat dazu und nach Geschmack 1 Teel. Salz. Nachdem alles gut verrührt und gänzlich ausgekühlt ist, gibt man nach und nach 4 Eidotter dazu und füllt diese Masse in eine vorher reichlich mit Butter ausgestrichene glatte Puddingform. Die Form stellt man ohne Deckel bis zur Hälfte in einen Topf mit kochendem Wasser und stellt diesen 1 Stunde in den nicht zu heißen Ofen. Sollte sich eine Kruste bilden, muss diese beim Anrichten abgenommen werden. Den Spinat verwendet man zur Suppe.

**Reis für 3 Personen.** Der Reis wird drei bis vier Mal gewaschen, dann mit 1 Ltr. kochendem Wasser und 1/2 Essl. Salz angesetzt und *Zutaten: 125 Gr. Reis, 1 Ltr. kochendes Wasser, 1 Essl. Salz, 1 gehäufter Teel. Butter.* im geschlossenen Topf 15 Minuten gekocht. Nach dieser Zeit legt man den Deckel beiseite und stellt den Topf mit der Butter 10 Minuten in den nicht zu heißen Ofen. Man füllt ihn in eine mit Butter ausgestrichene Form. Der Reis darf nicht gerührt werden.

**Risotto für 6 Personen.** 250 Gr. Reis werden 3 bis 4 Mal gewaschen, 1 Kochl. Butter setzt man mit 1 abgezogenen, in Scheiben geschnittenen Zwiebel an, lässt diese zugedeckt 20 Minuten dämpfen; die Zwiebel darf nicht braun werden. Nach dieser Zeit wird der *Zutaten: 250 Gr. Reis, 1 Zwiebel, 1 Kochl. Butter, 3 Essl. Tomatenmus, 1/2 Ltr. Fleischbrühe oder Wasser, 1 gehäufter Teel. Salz, 1/2 Teel. Pfeffer, 125 Gr. Geflügelleber.* gewaschene Reis dazu gegeben, zugedeckt vorsichtig 10 Minuten geröstet, dann fügt man 3 Essl. Tomatenmus, 1/2 Ltr. Brühe oder Wasser, 1 gehäuften Teel. Salz, 1/2 Teel. Pfeffer hinzu und lässt den Reis 15 Minuten zugedeckt langsam dämpfen. Nun werden 125 Gr. fein gehackte Geflügelleber durch ein Sieb gestrichen, dazu gegeben und 5 Minuten langsam mit dem Reis gekocht.

**Gefüllte Piments für 6 Personen.** Man gibt die Piments mit Reis oder Fleischresten gefüllt als Beilage zum Gemüse oder auch zum Braten. Sie sind auch mit Gemüsepüree als Früh- *Zutaten: Eine 500-Gr.-Dose Piments, 65 Gr. Reis, 1 Essl. Salz, 2 Eiweiß, 65 Gr. Schweizer Käse.* stücksgericht verwendbar. Den Inhalt einer 500-Gr.-Dose Piment schüttet man auf ein Sieb zum Abtropfen. 65 Gr. Reis werden, nachdem sie zwei bis drei Mal mit kaltem Wasser abgewaschen, mit 1/4 Ltr. kochendem Wasser, 1 Essl. Salz angesetzt und im geschlossenen Topf 15 Minuten gekocht. Hiernach wird der Reis ohne Deckel 5 Minuten in den heißen Bratofen gestellt, mit 65 Gr. geriebenem Schweizer Käse und 1 Teel. Butter gemischt und 10 Minuten zum Abkühlen beiseite gestellt; man gibt jetzt 2 Eiweiß dazu, füllt die Masse in die Pimentschoten, stellt diese nebeneinander auf einen Teller und stellt den Teller 10 Minuten vor dem Anrichten in den heißen Ofen. Es können auch 125 Gr. abgekochte Champignons mit dem Reis gemischt werden und 65 Gr. in Würfel geschnittene Geflügelleber.

**Apfelreis für 6 Personen.** 250 Gr. Reis werden zwei bis drei Mal mit reichlich kalten Wasser gewaschen, mit 1 Ltr. kochendem Wasser und 1 Stück Zitronenschale angesetzt und 10 Minuten gekocht. 1 Kilo geschälte, in Viertel geschnittene und vom Kernhaus befreite Äpfel werden gewaschen und mit dem Reis noch 20 Minuten gekocht, hiernach mit dem Salz und Zucker gewürzt. Um das Anbrennen zu verhüten, legt man eine Asbestplatte unter den Topf. Der Reis dient als Beigabe zum Suppenfleisch, Kalbssteak, Kalbsleber und Frikadellen. Will man den Reis für Kinder oder Kranke verwenden, so muss er mit den Äpfeln 1 Stunde langsam kochen.

*Zutaten: 250 Gr. Reis, 1 Ltr. Wasser, 1 Stck. Zitronenschale, 500 Gr. Äpfel, am besten Prinzäpfel, 65 Gr. Zucker, 1 Messerspitze Salz.*

**Curryreis für 6 Personen.** Der Reis wird 3 bis 4 Mal gewaschen, dann mit 1 Ltr. kochendem Wasser angesetzt, 1 gehäufter Essl. Salz und 1 gehäufter Teel. Curry dazu gegeben. Im geschlossenen Topf kocht man den Reis 15 Minuten; nach dieser Zeit lässt man den Reis mit 1 Kochl. Butter ohne Deckel 10 Minuten im nicht zu heißen Ofen stehen. Dann füllt man ihn in eine mit Butter ausgestrichene Form.

*Zutaten: 225 Gr. Reis, 1 Ltr. kochendes Wasser, 1 gehäuft. Teel. Curry, 1 Kochl. Butter.*

**Spargel.** Man rechnet auf eine Person bei einer größeren Mahlzeit 250 Gr. Beim Kopfstück wird der Spargel nicht, nach unten zu aber dicker geschält. Nachdem er gewaschen ist, bindet man den Spargel mit weichen Fäden, legt die Bündchen nebeneinander auf den Boden des Spargelkessels und gießt kochendes Wasser auf den Spargel, bis er bedeckt ist. Fest zugedeckt kocht er 30 Minuten. 5 Minuten vor dem Anrichten gibt man, bei 2 Ltr. kochendem Wasser, 1 Essl. Salz dazu. Wenn der Spargel zu lange mit dem Salz kocht, verliert er den frischen Geschmack und die weiße Farbe.

*Zutaten: 225 Gr. Reis, 1 Ltr. kochendes Wasser, 1 gehäuft. Teel. Curry, 1 Kochl. Butter.*

**Spargel anderer Art.** Frisch gestochener Spargel aus dem eigenen Garten, welcher der Luft kaum ausgesetzt wurde, wird nicht geschält, nur gewaschen. Die äußere Haut vom Spargel wird durch die Luft trocken und muss demnach der Spargel nach unten dick geschält werden. Die Schale wird gewaschen und in der Sonne getrocknet, dann für den Winter in Papiertüten, luftdicht und staubfrei

*Zutaten: 1 Kilo frischer Spargel, 1 Ei, 1 Teel. Salz.*

verschlossen aufbewahrt und zum Auskochen für Suppen verwendet. Spargel-kochen: Der gewaschene Spargel wird nass in einen Topf gelegt. Diesen Topf, der nicht zugedeckt wird, stellt man in einen zweiten etwas größeren Topf, den man bis zur Hälfte mit kochendem Wasser füllt. Damit kein Dampf entweicht, schließt man den größeren Topf mit einem Deckel und kocht den Spargel in die-sem Dampfbad 30 bis 45 Minuten. Nach der Kochzeit wird der Spargelsaft abge-gossen und mit etwas Mehl sämig gemacht. Wenn man 1 Ei verwenden kann, so wird das Ei 10 Minuten tüchtig geschlagen, die kochende Tunke nach und nach dazu gegeben. 1 Teel. Salz fügt man beim Anrichten hinzu. Die Zutaten sind für 1 Kilo Spargel gerechnet. Lässt man den Spargel mit dem Salz kochen, so wird er gelb, auch beeinträchtigt das Kochen mit dem Salz den guten Geschmack.

**Endivienmus für 4 Personen.** Man verwendet das Gemüse für Kranke oder bei einem feinen Mittagessen als Gemüsegang. Als Gemüsegang verwendet, sind als Beilage gebackene Austern oder Nieren oder gebratene Schweser, oder gefüllte Pimentos erforderlich. 3 große Köpfe Endivien wäscht man drei Mal in reichlich kal-

*Zutaten: 3 gr. Köpfe Endivien, 1/2 Ltr. Wasser, 1 Messer-spitze Natron, 65 Gr. abge-kochter Spinat, 1/2 Kochl. Mehlschwitze, 1 gehäufter Teel. Salz, 2 Essl. süßer Rahm, 1 Teel. frische Butter.*

ten Wasser, setzt sie dann mit 1/2 Ltr. kochendem Wasser und 1 Messerspitze Natron an, kocht das Gemüse im geschlossenen Topf 30 Minuten; dann gießt man es auf ein Sieb zum Abtropfen, das Wasser gießt man fort, und hiernach wird das Gemüse durchgestrichen. 125 Gr. abgekochten Spinat streicht man ebenfalls durch das Sieb. 1/2 Kochl. Mehlschwitze rührt man mit 1 Löffel Mus aus, dann gibt man das übrige Mus dazu; nach Geschmack 1 Teel. Salz, 1 Kochl. frische Butter und 2 Essl. süßen Rahm. Man stellt das Mus 30 Minuten zuge-deckt in einen Topf mit kochendem Wasser; würde man es auf der Herdplatte kochen lassen, so würde es anbrennen und die frische, grüne Farbe verlieren.

**Grüne Spargelspitzen mit Musselintunke für 18 Personen.** Man nimmt hierzu 8 Bund grüne Spargelspitzen, schneidet diese in 5 cm lange Stücke, das untere holzige weiße Stück vom Spargel lässt man zurück. Der gewa-schene grüne Spargel wird mit 2 Ltr. kochendem Wasser, 1/2 Teel. Natron

*Zutaten: 8 Bund grüne Spar-gelspitzen, 2 Ltr. koch. Wasser, 1/2 Teel. Natron, 125 Gr. But-ter, 125 Gr. Trüffeln, 2 Essl. Schlagrahm, 6 Eidotter.*

angesetzt und im geschlossenen Topf 30 Minuten rasch gekocht, dann auf ein Sieb gegossen zum Abtropfen. Das Sieb mit dem zugedeckten Spargel stellt man nun über einen zweiten Topf mit kochendem Wasser 10 Minuten bis zum Anrichten. 125 Gr. Trüffeln schneidet man in feine Streifen, mischt diese mit Musselintunke, welche man von 6 Eidottern und 125 Gr. Butter, 2 Essl.

Schlagrahm bereitet. Beim Anrichten schwenkt man den Spargel mit dieser Tunke rasch durch (siehe unter Tunken).

**Artischocken.** Eine kleine Artischocke rechnet man à Person, eine große Artischocke für 4 Personen. Sie werden mit kochendem Wasser bedeckt angesetzt und im geschlossenen Topfe gekocht, die kleinen 30 Minuten, die großen 1 Stunde. Beim Anrichten nimmt man mit einem Silberlöffel die Staubfäden heraus und gibt dazu gerührte Butter, holländische oder Tomatentunke.

**Artischockenmus für 4 Personen.** Das Mus ist auch für Kranke zu verwenden. 6 große Artischocken werden reichlich bedeckt mit kochendem Wasser angesetzt und im geschlossenen Topf 1 Stunde gekocht. 65 Gr. Spinat *Zutaten: 65 Gr. Spinat, 6 Artischocken, 1/8 Ltr. kochendes Wasser, 1 Messerspitze Natron, 1 Teel. Salz, 1/2 Kochl. Mehlschwitze, 1/8 Ltr. Schlagrahm.* werden gewaschen, mit 1 Messerspitze Natron angesetzt, im geschlossenen Topf 15 Minuten gekocht, auf ein Sieb gegossen und durchgestrichen. Nachdem die Artischocken etwas ausgekühlt sind, schabt man das Weiche aus den Blättern, streicht dieses mit den Böden durch das Spinatsieb und rührt 1/2 Kochl. Mehlschwitze mit 1 Löffel voll von dem Mus aus. Dann gibt man nach und nach das übrige dazu. Dann nach Geschmack 1 Teel. Salz und 1/8 Ltr. Schlagrahm. Man stellt das Mus 30 Minuten bis zum Anrichten in einen Topf mit heißem Wasser. Beim Anrichten füllt man das Mus auf eine runde Platte, legt einige Blätter als Kranz herum, außerdem als Garnitur gefüllte Tomaten an den Rand der Schüssel.

**Türkische Erbsen für 6 Personen.** 3 Kilo Bohnen werden abgezogen und ein Mal durchgebrochen, gewaschen, mit 2 Ltr. kochendem Wasser angesetzt und im geschlossenen Topf *Zutaten: 3 Kilo türkische Erbsen, 2 Ltr. koch. Wasser, 250 Gr. gewasch. Tomaten, 1 Essl. Butter, 1 Essl. Salz.* 1 Stunde gekocht. Nach dieser Zeit legt man den Deckel beiseite, legt 250 Gr. gewaschene Tomaten auf den Boden des Topfes unter die türkischen Erbsen. Das Gemüse muss noch 20 Minuten ohne Deckel dämpfen, damit die Flüssigkeit vollständig einkocht. Dann können 1 Essl. Butter und 1 Essl. Salz nach Geschmack dazu gegeben werden.

**Erbsen für 3 Personen.** 5 Kilo Palerbsen werden ausgepalt, gewaschen, dann mit 1/4 Ltr. kochendem Wasser und 1 Messerspitze Natron angesetzt. lm geschlossenen Topf lässt man sie 30 Minuten kochen. Nun gibt man *Zutaten: 5 Kilo Palerbsen, 1/4 Ltr. koch. Wasser, 1 Messerspitze Natron, 1 Kochl. Butter, 1 Teel. Zucker, 1/2 Teel. Salz und Petersilie.*

nach Geschmack 1 Kochl. Butter, 1 Teel. Zucker, Salz und Petersilie dazu. Sollten die Erbsen noch Flüssigkeit haben, legt man den Deckel beiseite und lässt die Flüssigkeit in 5 Minuten vollständig einkochen, die Petersilie darf nicht kochen.

**Gedörrte Erbsen für 3 Personen.** Die Erbsen werden mit 1/2 Ltr. kaltem Wasser angesetzt und langsam 1/4 Stunde gekocht. 6 Karotten werden geschält, in Würfel geschnitten und den Erbsen zugefügt, darauf das Ganze noch 30 Minuten gekocht. 1 Teel. Mehlschwitze wird mit den Erbsen ausgerührt. Sind sie alsdann noch zu dünn, lässt man sie ohne Deckel kochen. Beim Anrichten wird 1/2 Teel. Salz, 1/2 Teel. Zucker und 1 Teel. Petersilie zugegeben. Die Erbsen müssen am Tage vor dem Gebrauch mit 1/2 Ltr. kaltem Wasser eingeweicht werden, und mit diesem Quellwasser werden die Erbsen angesetzt.

*Zutaten: 125 Gr. gedörrte Erbsen, 6 Karotten, 1 Teel. Mehlschwitze, 1/2 Teel. Salz, 1/2 Teel. Zucker, 1 Teel. Petersilie.*

**Zuckererbsen oder Schluherbsen für 4 Personen.** Die abgezogenen Erbsen werden gewaschen, dann mit 1 Ltr. kochendem Wasser, 1 Messerspitze Natron angesetzt und im geschlossenen Topf 1 1/2 Stunden gekocht. Dann legt man den Deckel beiseite und lässt das Wasser in zirka 30 Minuten vollständig einkochen, schmeckt das Gemüse mit 1 Kochl. frischer Butter, 1 Teel. Salz und 1 Messerspitze Zucker ab. Sie werden mit Karotten angerichtet.

*Zutaten: 2 Kilo Erbsen, 1 Ltr. kochendes Wasser, 1 Messerspitze Natron, 1 Kochl. frische Butter, 1 Messerspitze Zucker, 1 Teel. Salz, Karotten.*

**Mais.** Die Kolben werden von den Blättern befreit, mit kochendem Wasser angesetzt und im geschlossenen Topfe 1 Stunde gekocht. Dann wird etwas Salz hinzugefügt. Die Brühe wird zur Suppe verwendet mit Graupen oder Gries. Die Maiskörner können vom Kolben befreit werden. Das Gericht wird mit einer Milchtunke, Tomaten- oder Plantoxtunke hergerichtet.

**Maiskolben.** Will man Maiskolben verwenden, so nimmt man die kleinen jungen Sprossen. Diese werden mit kochendem Wasser oder kochender Kalbfleischbrühe angesetzt und in 1/2 Stunde weichgekocht. Nach dieser Zeit wird erst das nötige Salz dazugegeben. Man lässt den Mais mit dem Salz 5 Minuten kochen. Kocht man ihn mit dem Salz zu lange, so wird er gelb. Die zurückbleibende Brühe kann man für Suppen verwenden; die Maiskolben werden wie Spargel mit gerührter Butter oder holländischer Tunke angerichtet. Große, stark ausgewachsene Kolben müssen 1 Stunde kochen. Der Mais muss frisch geschnitten gekocht werden.

**Maisgemüse für 4 Personen.** 1 gehäufter Teel. Mehlschwitze wird mit 2 Essl. Rahm verrührt. Der Mais wird in diese Mehlschwitze getan. Nachdem das Ganze gut verrührt ist, stellt man den Topf in einen zweiten Topf mit heißem Wasser. Zugedeckt lässt man das Gemüse auf der heißen Herdstelle 20 Minuten stehen.

*Zutaten: Eine 1/2-Kilo-Dose Mais (Sweet Corn), 1 gehäuft. Teel. Mehlschwitze, 2 Essl. Rahm, 1 gehäuft. Teel. Salz, 3 Essl. Schlagrahm, 1 Kochl. Butter, eventuell 1 Teel. gestoßenen Pfeffer.*

Dann wird 1 gehäufter Teel. Salz, 3 Essl. Schlagrahm und 1 Kochl. Butter dazu gegeben und das Gemüse sogleich auf eine vorher gut gewärmte Platte gefüllt. Lässt man den Mais an der Herdplatte zu lange kochen, so wird die Tunke wässerig. Statt Rahm kann man auch Milch verwenden. Nach Geschmack kann man auch außerdem 1 Teel. gestoßenen Pfeffer dazugeben.

**Maiscroquetten für 12 Personen.** 1/2 Kochl. Mehlschwitze wird mit 2 Essl. Rahm ausgerührt. Dann gibt man den Inhalt einer 500-Gr.-Dose Mais hinzu und ebenso 1 Teel. Salz. Nachdem dieses gut verrührt ist, fügt

*Zutaten: 1/2 Kochl. Mehlschwitze, 2 Essl. Rahm, eine 500-Gr.-Dose Mais, 1 Teel. Salz, 2 Eidotter, 2 Blatt weiße Gelatine.*

man 2 Blatt weiße Gelatine, die man vorher mit kaltem Wasser angefeuchtet hat, hinzu, und lässt diese Zutaten noch 1–2 Minuten mit dem Mais kochen. Danach quirlt man den Mais mit den Eidottern ab. Die Eidotter müssen vorher 10 Minuten gerührt werden in einer kleinen Schüssel, eine Pimentos-Schote, kleingeschnitten, kann man mit dem Mais mischen. Diese Masse wird 3 Stunden auf Eis gestellt. Hiernach formt man aus der Masse Bälle und paniert sie in Mehl, Eiweiß und Zwieback. Sind alle vorbereitet, werden sie in heißem Fett kross gebacken (siehe Kartoffelbälle).

**Pfifferlinge für 4 Personen.** Von 1 Kilo Pfifferlingen schneidet man die sandigen Stängel ab, brüht dann die Pilze drei bis vier Mal mit kochendem Wasser in einer tiefen Schüssel

*Zutaten: 1 Kilo Pfifferlinge, 1 gehäuft. Teel. Butter, 1/2 Teel. Pfeffer, 1 Teel. Salz, 1 Teel. Zitronensaft, 1 Teel. Petersilie.*

und setzt sie mit 1 gehäuften Teel. Butter, 1/2 Teel. Pfeffer, 1/2 Teel. Salz, 1 Teel. Zitronensaft, 1 Teel. Petersilie im geschlossenen Topf an und schmort sie langsam 10 Minuten. Durch zu starkes Kochen werden die Pilze zäh. Morcheln bereitet man ebenso.

**Morcheln für 18 Personen.** Man kann die Morcheln im frischen Zustand nur in den Monaten April und September haben, in der übrigen Jahreszeit sind getrocknete Morcheln

*Zutaten: 2 Kilo Morcheln, 8 Ltr. stark koch. Wasser, 2 Essl. Zitronensaft, 1 Teel. Salz, 1 Essl. fein gehackte Petersilie, 2 Essl. frische Butter.*

zu verwenden. Die Rundmorcheln sind wegen ihres Geschmackes den Spitzmorcheln vorzuziehen, sie müssen frisch verwendet werden. Bei der Morchel wird der sandige Stiel abgeschnitten. Sind alle vorbereitet, legt man sie in ein großes Gefäß und gießt 3 Ltr. stark kochendes Wasser auf die Morcheln. Nach 30 Minuten sind die Morcheln vorsichtig mit dem Schaumlöffel aus dem Wasser zu nehmen, sie dürfen hierbei nicht viel gerührt werden, damit der Sand am Boden der Schüssel bleibt; das Übergießen mit dem kochenden Wasser wird drei bis vier Mal wiederholt, um alle giftigen Keime zu zerstören. 10 Minuten vor dem Anrichten setzt man die noch heißen Morcheln im Topfe an, gibt 2 Essl. Zitronensaft, 1 Teel. Salz, 1 Essl. fein gehackte Petersilie und 2 Essl. frische Butter dazu. Mit diesen Zutaten dämpfen die Morcheln fest zugedeckt 10 Minuten langsam; kochen sie zu stark, werden sie zäh und unverdaulich.

**Champignons als Gemüse für 4 Personen.**
1 Kilo Champignons wird geputzt und während des Putzens in ausgerührtes Mehlwasser gelegt. Nach zwei bis dreimaligem Waschen setzt man sie mit 1 Kochl. Butter und 1 Kochl. Zitronensaft an, dämpft sie im geschlossenen

*Zutaten: 1 Kilo Champignons, 1 Kochl. Butter, 1 Kochl. Zitronensaft, 1/2 Kochl. Mehlschwitze, 1/8 Ltr. Schlagrahm, 1 Teel. Salz. Mehlwasser: 2 Essl. Mehl mit 1/4 Ltr. Wasser ausrühren.*

Topf 15 Minuten langsam unter Schütteln. Durch starkes Kochen werden sie hart. 1/2 Kochl. Mehlschwitze rührt man mit der Champignonbrühe aus. 1/8 Ltr. Schlagrahm, 1 Teel. Salz und die Champignons gibt man in die Tunke und stellt sie bis zum Anrichten in einen Topf mit heißem Wasser.

**Auflauf von Steinpilzen.** Die braune Haut wird abgezogen, der Stiel wird vom Wurzelstück befreit und die Haut wird dünn abgeschabt; dann werden die Pilze gewaschen, in dünne Scheiben geschnitten, mit 1/4 Ltr. Wasser angesetzt und zugedeckt 10 Minuten gedämpft. Nach dieser Zeit wird das

*Zutaten: 2 Kilo Steinpilze, 500 Gr. Kartoffeln, 1 Teel. Salz, 2 Teel. frischer Dill oder 1/2 Teel. Kümmel, oder 1/2 Teel. Plantox, 1 Essl. Mehl.*

Mehl mit etwas kaltem Wasser angerührt, unter Rühren an die Pilze gegossen und mit den Gewürzen 2 Minuten gekocht. Die gewaschenen Kartoffeln werden mit Wasser bedeckt angesetzt und in 30 Minuten weichgekocht. Dann gießt man das Wasser fort, zieht die Haut ab, schneidet die Kartoffeln in Scheiben und gibt sie in die Pilztunke. Hat man Butter, so erhöht 1 Essl. Butter den Geschmack. Diese Masse wird nun in eine Auflaufschüssel gefüllt, mit 2 Essl. geriebenem Käse bestreut und im heißen Ofen 10 Minuten gebacken.

**Pasteten mit Pilzmasse.** 250 Gr. Pilze werden geputzt, gewaschen, fein gehackt. 1 große

*Zutaten: 250 Gr. Pilze, 1 gr. Tomate, 1/2 Teel. Salz, 125 Gr.*

Tomate wird in Stücke geschnitten, mit den Pilzen, 1/2 Teel. Salz angesetzt und langsam 10 Minuten gedämpft. Alsdann entfernt man

*Mehl, 1 Teel. Backpulver, 4 Essl. kaltes Wasser, 1 große geriebene Kartoffel, geriebener Käse.*

die Tomatenhaut und macht die Tunke mit etwas ausgerührtem Mehl dicklich. 125 Gr. Mehl mischt man mit 1 Teel. Backpulver, die Hälfte hiervon schüttet man in eine Schüssel, 4 Essl. kaltes Wasser, 1 große geriebene Kartoffel gibt man dazu und rührt einen Teig. Das übrige Mehl schüttet man auf das Backbrett und knetet den Teig mit diesem Mehl aus, rollt den Teig zu einer dünnen Fläche aus, sticht mit einem Glas Böden aus, belegt die Hälfte der Böden mit der Pilzmasse, legt über die Masse einen Boden, und streut über jede Pastete etwas geriebenen Käse; man kann hierzu den grünen Kräuterkäse verwenden. Die Pasteten werden gebacken.

**Rotkohl für 6 Personen.** Die äußeren Blätter entfernt man und schneidet den Kohl in recht feine Streifen. Nachdem er gewaschen ist, wird er mit 1 Ltr. kochendem Wasser angesetzt und 2 Stunden gekocht. Nun erst gibt man an den Kohl geschälte Apfel, die in Viertel geschnitten und vom Kernhaus befreit

*Zutaten: 1 Kilo Kohl, 1 Ltr. koch. Wasser, 1 Kilo geschälte Äpfel, 1/8 Ltr. Essig, 65 Gr. Zucker, 1 gehäufter Teel. Salz, 65 Gr. Gänse-, Enten- od. Schweineschmalz, 1/4 Ltr. Rot- oder Weißwein.*

sind. Außerdem 1/3 Ltr. Essig, 65 Gr. Zucker, 1 gehäuften Teel. Salz, 65 Gr. Gänse-, Enten- oder Schweineschmalz. Will man den Kohl verbessern, so ist 1/4 Ltr. Rot- oder Weißwein an den Kohl zu geben. Mit diesen Zutaten lässt man den Kohl noch 1 Stunde kochen. Ist noch viel Flüssigkeit vorhanden, legt man den Deckel beiseite und lässt den Kohl einschmoren. Um ein Anbrennen zu vermeiden, legt man eine Asbestplatte unter den Topf.

**Grünkohl für 3 Personen.** Die äußeren, gelben Blätter entfernt man, zupft die grünen Blätter von den Rippen, wäscht den Kohl 3–4 Mal mit reichlich kalten Wasser, setzt ihn alsdann mit 2 Ltr. kochendem Wasser an und kocht ihn fest zugedeckt 1 1/2 Stunden. Dann

*Zutaten: 2 Kilo Kohl, 2 Ltr. koch. Wasser, 1/2 Kochl. Mehlschwitze, 1/2 Ltr. koch. Wasser, Schinken- od. Rauchfleischbrühe, 1 gehäufter Teel. Salz, 2 Teel. Zucker.*

gießt man den Kohl zum Abtropfen auf ein Sieb und hackt ihn. 1/2 Kochl. Mehlschwitze rührt man mit 1/2 Ltr. kochendem Wasser, oder Schinken- oder Rauchfleischbrühe aus, gibt den Kohl dazu und dann 1 gehäuften Teel. Salz und 2 Teel. Zucker. Mit diesen Zutaten muss der Kohl 30 Minuten langsam schmoren; hat der Kohl dann noch zu viel Tunke, so legt man den Deckel beiseite, lässt den Kohl kurz einschmoren. Um ein Anbrennen zu verhüten ist es nötig eine Asbestplatte unter den Topf zu legen.

**Geschmorter Wirsingkohl für 5 Personen.**
Die äußeren, harten Blätter vom Kohl werden
entfernt, dann schneidet man den Kohl in 4
Stücke und entfernt den Strunk. Den gewa-
schenen Kohl setzt man mit 2 Ltr. kochendem
Wasser, 1/2 Teel. Natron an, lässt ihn zugedeckt

*Zutaten: 2 Kilo Kohl, 1/2 Teel.
Natron, 2 Ltr. kochendes Was-
ser, 1/2 Kochl. Mehlschwitze,
1/8 Ltr. Fleischbrühe, 1/2
Kochl. Salz, 1 Kochl. frische
Butter.*

40 Minuten kochen und gießt ihn nach dieser Zeit auf ein Sieb zum Abtropfen.
2 Kochl. Mehlschwitze mit 1/8 Ltr. Brühe ausrühren. 1/2 Kochl. Salz, dann
den abgetropften Kohl dazugebend, in der Tunke 10 Minuten zugedeckt langsam kochen, nicht viel rühren. Beim Anrichten kommt 1 Kochl. frische Butter
dazu. Man kann den Kohl zu gebratenen Rebhühnern geben.

**Kohlpudding für 3 Personen.** Der Kohl
wird einmal durchgeschnitten, gewaschen, mit
kochendem Wasser angesetzt und zugedeckt 1
Stunde gekocht. Nach dieser Zeit schüttet man

*Zutaten: 750 Gr. Wirsingkohl,
250 Gr. Kartoffeln, 65 Gr.
Haferflocken od. Reis, 650 Gr.
Speck. 1 Teel. Salz, 1 Zwiebel.*

ihn auf einen Durchschlag. Die Kartoffeln werden geschält, gewaschen, in dünne
Scheiben geschnitten. Der Speck wird, in Würfel geschnitten und im kleinen
Topf angesetzt, langsam angebraten. Die Zwiebel wird abgezogen, in Scheiben
geschnitten, mit dem Speck langsam gebraten. Eine Puddingform streicht man
mit Fett aus, legt an den Rand der Form Kohlblätter, so dicht, dass keine Lücken
bleiben. Danach füllt man die übrigen Zutaten mit dem Kohlrest schichtweise
in die Form, schließt die Form mit einem Deckel und stellt sie in einen Topf mit
kochendem Wasser, kocht den Pudding 1 1/2 Stunden (in Ermangelung von
Speck kann jedes Fleisch verwendet werden, auch Speckschwarten).

**Kohlrabi für 4 Personen.** Hierzu nimmt man
jungen Kohlrabi; der ältere und die größeren
Knollen sind häufig stockig und werden nicht

*Zutaten: 6-8 junge Kohlrabis,
1/2 Kochl. Mehlschwitze, 1/8
Ltr. Rahm.*

weich. Der Kohlrabi wird geschält, in dünne Scheiben geschnitten, gewaschen, mit kochendem Wasser bedeckt angesetzt und im geschlossenen Topf
in 30 Minuten weichgedämpft. Den Deckel legt man hiernach beiseite, lässt
das Wasser einkochen, macht dann 1/2 Kochl. Mehlschwitze, rührt diese mit
1/8 Ltr. Rahm aus und gießt die Rahmtunke, die man vorher mit Salz abgeschmeckt hat, über die Kohlrabis.

**Gefüllte Kohlrabis für 4 Personen.** 8 kleine
junge Kohlrabis werden geschält, die zarten
grünen Blätter werden mit 1 Essl. Spinat, 1 Messerspitze Natron, 1/3 Ltr. kochendem Wasser

*Zutaten: 8 kl. junge Kohlrabi, 1
Essl. Spinat, 1 Teel. Mehlschwitze,
1 Essl. Rahm, 1/2 Kochl. Mehlschwitze, 1/8 Ltr. süßer Rahm,
1/4 Ltr. Kohlrabiwasser.*

angesetzt und 5 Minuten gekocht, auf ein Sieb zum Abtropfen getan, dann fein gehackt. 1 Teel. Mehlschwitze rührt man mit 1 Essl. Rahm aus, gibt das gehackte Gemüse dazu und nach Geschmack etwas Salz. Dann stellt man es in kochendes Wasser zum Heißbleiben. Die geschälten Kohlrabis setzt man mit kochendem Wasser an, kocht sie in 30–40 Minuten weich und höhlt sie etwas aus. 1/2 Kochl. Mehlschwitze verrührt man mit 1/8 Ltr. süßem Rahm und 1/4 Ltr. Kohlrabiwasser. In dieser Tunke dämpft man die ausgehöhlten Kohlrabis 5 Minuten, füllt sie mit dem Grüngemüse und verwendet sie als Garnitur zum Braten.

**Kohlrabi auf andere Art.** Der geschälte, in Viertel geschnittene Kohlrabi wird gewaschen, mit 1 Ltr. kochender Kalbfleisch- oder Knochenbrühe, oder kochendem Wasser angesetzt, dann im geschlossenen Topf in 30–40 Minuten weichgekocht. 1 Kochl. Mehlschwitze rührt

*Zutaten: Geschnittener Kohlrabi, 1 Ltr. koch. Knochen- oder Kalbfleischbrühe, 1 Kochl. Mehlschwitze, 1 Teel. fein gehackte Petersilie, 1 Messerspitze Natron.*

man mit dieser Kohlrabibrühe aus, gibt dann Salz nach Geschmack dazu, gießt die Tunke über die Kohlrabis, lässt die Kohlrabis in dieser Tunke noch langsam 10–15 Minuten schmoren und gibt dann beim Anrichten 1 Teel. feingehackte Petersilie dazu. Das Innere der grünen Blätter vom Kohlrabi (das Herz) wird mit wenig kochendem Wasser, 1 Messerspitze Natron angesetzt und im geschlossenen Topf in 10–15 Minuten weichgedämpft, dann werden diese Blätter zum Abtropfen auf ein Sieb gegossen und recht fein gehackt. Dieses Gemüse wird mit etwas Butter und Salz abgeschmeckt und mit dem Kohlrabi zusammen auf einer Platte angerichtet. Man kann den geschälten Kohlrabi auch ganz lassen, etwas aushöhlen, in Fleischbrühe weich dämpfen und danach beim Anrichten mit diesem grünen Blattgemüse füllen.

**Steckrüben für 6 Personen.** 1 Steckrübe im Gewichte von 1 Kilo wird geschält, in feine Streifen geschnitten, gewaschen, mit 1 Kochl. Butter und 1/2 Ltr. kochendem Wasser oder

*Zutaten: 1 Kilo Steckrüben, 1 Kochl. Butter, 1/2 Ltr. koch. Wasser oder Fleischbrühe, 1 Teel. Salz.*

Fleischbrühe angesetzt, dann im geschlossenen Topf 1 Stunde gekocht. Nun erst gibt man 1 Teel. Salz dazu und, wenn noch Flüssigkeit vorhanden ist, so wird diese ohne Kochtopfdeckel vollständig eingekocht. So zubereitet, können die Steckrüben auch zu Hammelkeule oder Rollfleisch gegeben werden.

**Märkische Rüben für 3 Personen.** Die Rüben werden geschabt und gewaschen. 1 gehäuften Kochl. Zucker bräunt man in einem Topfe dunkelbraun, nicht schwarz, gießt 1 1/2 Ltr.

*Zutaten: 500 Gr. Rüben, 1 gehäuft. Kochl. Zucker. 1 1/2 Ltr. koch. Wasser, 1/2 Kochl. Mehlschwitze, 1 gehäufter Teel. Zucker, 1/2 Teel. Salz.*

kochendes Wasser auf den Zucker und bringt es ins Kochen. Man schüttet die gewaschenen Rüben hinein, schließt den Topf und kocht die Rüben 2 Stunden. 1/2 Kochl. Mehlschwitze rührt man mit dem Rübenwasser aus und lässt die Rüben in dieser Tunke 10 Minuten langsam kochen. Nach Geschmack gibt man 1 gehäuften Teel. Zucker, 1/2 Teel. Salz und 2 Teel. frische Butter dazu. Ist zu viel Flüssigkeit vorhanden, so legt man den Deckel beiseite und lässt die Tunke vollständig einkochen.

**Wurzelspeise.** Für Kinder und Kranke geeignet. Die Wurzeln – Karotten kann man auch nehmen –werden geschabt, gewaschen, in kleine Stücke geschnitten, dann mit 3/4 Ltr. kochendem Wasser angesetzt, zugedeckt, und 45 Minuten gekocht. *Zutaten: 500 Gr. junge frische Wurzeln, 1/2 Zitrone, 4 Blatt weiße Gelatine, 1/8 Ltr. Weißwein, 100 Gr. gerieb. Nüsse, 3/4 Ltr. Wasser, 100 Gr. Zucker.* Nach dieser Zeit streicht man die Wurzeln durch ein Sieb, die Gelatine gibt man zu dem kochenden Wurzelwasser und kocht sie unter Rühren 2 Minuten, dann gießt man sie durch ein Sieb zum Wurzelmus, gibt Zucker, Zitronensaft, die Nüsse und den Wein dazu. Die Masse wird während des Erkaltens oft umgerührt und sobald sie dicklich wird, in eine mit kaltem Wasser ausgespülte Form gefüllt.

**Wurzelmus für einjährige Kinder, für 1 Person.** 250 Gr. Wurzeln oder Karotten, ohne Kraut gewogen, werden geschabt, gewaschen, *Zutaten: 250 Gr. Wurzeln oder Karotten, 1/2 Ltr. kochendes Wasser, Butter, Salz.* mit 1/2 Ltr. kochendem Wasser angesetzt und zugedeckt 1 Stunde gekocht. Danach lässt man das Wasser einkochen, streicht die Wurzeln durch ein Sieb, gibt Butter und wenig Salz dazu.

**Junge Karotten für 4 Personen.** Die Karotten werden dünn geschält oder geschabt, gewaschen und mit 1 Ltr. kochendem Wasser ohne Salz angesetzt; dann im geschlossenen Topf 1 *Zutaten: 1 Kilo Karotten, 1 Ltr. kochendes Wasser, 1 Kochl. frische Butter, 1 Teel. Petersilie, 1 Messerspitze Zucker und Salz.* Stunde gekocht. Man legt hiernach den Deckel beiseite und lässt das Wasser vollständig einkochen. Beim Anrichten gibt man 1 Kochl. frische Butter, 1 Teel. Petersilie, 1 Messerspitze Zucker und 1 Teel. Salz nach Geschmack dazu.

**Junge Wurzeln mit Milch oder Rahmtunke für 2 Personen.** Für Kinder und Kranke geeignet. 500 Gr. Wurzeln oder Karotten, ohne Kraut gewogen, werden geschabt, gewaschen, mit 1 *Zutaten: 500 Gr. Wurzeln oder Karotten, 1 Ltr. koch. Wasser, 1/8 Ltr. Rahm, 5 Gr. Mehl, 5 Gr. Butter, 1 Teel. Salz und Zucker.* Ltr. kochendem Wasser angesetzt und zugedeckt 45 Minuten gekocht. Nach dieser Zeit legt man den Deckel beiseite und lässt das Wasser vollständig einkochen. 5 Gr. Mehl, 5 Gr. Butter schwitzt man im Topf unter Rühren 2 Minuten, dann gibt man 1/8 Ltr. Rahm dazu und, wenn dieser verrührt ist, die Wurzeln. Nun lässt man das Gemüse einmal aufkochen. 1 Teel. Salz und Zucker gibt man dazu.

**Junge Wurzeln mit Petersilie für 6 Personen.** 1 Kilo Wurzeln oder Karotten, ohne Kraut gewogen. Die Wurzeln werden geputzt, gewaschen, in Streifen geschnitten, mit 1 Ltr. kochendem Wasser angesetzt und zugedeckt 45 Minuten gekocht. Nach dieser Zeit legt man den Deckel beiseite, lässt das Wasser vollständig einkochen. 1 Teel. fein gehackte Petersilie, 1 Essl. Butter, 1/2 Teel. Salz gibt man dazu.

*Zutaten: 1 Kilo Wurzeln oder Karotten, 1 Ltr. kochendes Wasser, 1 Teel. fein gehackte Petersilie, 1/2 Teel. Salz, 1 Essl. Butter.*

**Junge Wurzeln mit Erbsen für 4 Personen.** Die Wurzeln werden geschabt, gewaschen, in kleine Würfel geschnitten, mit 1/2 Ltr. kochendem Wasser angesetzt und zugedeckt 10 Minuten gekocht. Nach dieser Zeit werden die ausgepalten Erbsen dazu gegeben, zugedeckt wird das Gemüse 45 Minuten gekocht. Mehl und Butter rührt man im großen Löffel zusammen und gibt es nach der Kochzeit an das Gemüse, ebenfalls Salz und Zucker, und lässt es noch 5 Minuten kochen. Beim Anrichten fügt man 1 Teel. fein gehackte Petersilie hinzu.

*Zutaten: 2 Kilo Erbsen, 250 Gr. Wurzeln, 5 Gr. Butter, 2 Gr. Mehl. 5 Gr. Salz, 5 Gr. Zucker, 1/2 Ltr. koch. Wasser.*

**Gestobte Radieschen.** Die grünen Blätter entfernt man; dann setzt man die Radieschen mit kochendem Wasser an und kocht sie im geschlossenen Topf 30 Minuten. Hiernach legt man den Deckel zurück, lässt das Wasser ganz einkochen (in 10–15 Minuten), dann gibt man Salz, fein gehackte Petersilie, frische Butter nach Geschmack dazu und richtet sie sogleich an.

**Schwarzwurzeln für 3–4 Personen.** 1 gehäuften Kochl. Mehl rührt man mit 1/8 Ltr. Essig und 1/4 Ltr. kaltem Wasser aus; die Schwarzwurzeln werden geschält und gleich ins Mehlwasser gelegt. Man gießt Essig an das Wasser, damit die Wurzeln weiß bleiben. Man wäscht sie hiernach noch 2 bis 3 Mal mit kaltem Wasser und setzt sie mit 1 1/2 Ltr. kochendem Wasser oder kochender Kalbfleischbrühe an. 1 Essl. Zitronensaft gibt man dazu und kocht sie zugedeckt 2 Stunden. 1/2 Kochl. Mehlschwitze rührt man mit dem Wasser der Wurzeln aus und lässt die Wurzeln in dieser Tunke 15

*Zutaten: 1 gehäuften Kochl. Mehl, 1 Kilo Schwarzwurzeln, 1/8 Ltr. Essig, 1/4 Ltr. Wasser, 1/2 Ltr. kochendes Wasser oder kochende Kalbfleischbrühe, 1 Essl. Zitronensaft. 1/2 Kochl. Mehlschwitze, 1 Teel. Salz, 2 Eidotter.*

Minuten ohne Deckel kochen. Nach Geschmack gibt man 1 Teel. Salz dazu. Man kann die Tunke beim Anrichten mit 2 Eidottern abrühren.

**Schwarzwurzeln in Teig gebacken mit Petersilie, für 4 Personen.** Die Schwarzwurzeln werden geputzt und während des Putzens in ausgerührtes Mehlwasser gelegt, dem 1/3 Ltr. Essig hinzugefügt wird. Sind alle vorbereitet, werden sie noch 2 bis 3 Mal gewaschen und hiernach mit 1 Ltr. kochendem Wasser *Zutat; 1 Kilo Schwarzwurzeln, Mehlwasser, 1/8 Ltr. Essig, 1 Ltr. kochendes Wasser, 1 Essl. Zitronensaft, 125 Gr. Mehl, 2 Essl. kaltes Wasser, 2 Eidotter, 1 Teel. Salz, 1 Kilo Palmin oder Kalbsnierenfett.*
und 1 Essl. Zitronensaft angesetzt. Im geschlossenen Topf werden sie langsam 2 Stunden gekocht. Den Deckel legt man zuletzt fort und lässt die Tunke einkochen. Die Wurzeln lässt man erkalten. 125 Gr. Mehl rührt man mit 2 Essl. kaltem Wasser glatt, gibt 2 Eidotter, 1 Teel. Salz und den festen Schnee der Eier dazu. Die abgekühlten Wurzeln müssen in den Teig gelegt werden. Palmin oder Kalbsnierenfett macht man in einem tiefen Topf heiß, zieht die Wurzeln einzeln durch den Teig und bäckt sie, 6 zurzeit, kross. Man legt sie zum Heißbleiben auf einen Teller und stellt diesen auf einen Topf mit heißem Wasser. Sind alle gebacken, müssen sie gleich angerichtet werden. Man gibt sie mit gebackener Petersilie.

**Sauerkohl für 10 Personen.** 3 Kilo Sauerkohl werden mit reichlich kalten Wasser gewaschen, gut ausgedrückt, mit 3 Ltr. kochendem Wasser angesetzt; der Kohl muss im fest geschlossenen Topf 4 Stunden kochen. Um den schlechten Geruch zu vermeiden, stellt man den zugedeckten Topf zum Weiterkochen in den nicht zu heißen Ofen oder in die Kochkiste. Nach dieser Zeit gibt man 65 Gr. Schweine-, *Zutaten: 3 Kilo Sauerkohl, 8 Ltr. kochendes Wasser, 65 Gr. Schweine-, Gänse- oder Entenschmalz, 1/8 Ltr. Essig, 1/4 Ltr. Weißwein, 65 Gr. Zucker, 1 gehäuft. Teel. Salz, 1/2 Fl. Champagner.*
Gänse- oder Entenschmalz, 1/8 Ltr. Essig, 1/4 Ltr. Weißwein, den Champagner, 65 Gr. Zucker und 1 gehäuften Teel. Salz nach Geschmack dazu. Mit diesen Zutaten lässt man den Kohl noch ohne Deckel 1 Stunde langsam kochen, damit die Flüssigkeit vollständig verdampft. Um das Anbrennen zu verhüten, ist eine Asbestplatte unter den Topf zu legen (Champagner kann fehlen).

**Sauerkraut mit Fischklößen.** Das Sauerkraut wird mit 1 1/2 Ltr. kochendem Wasser angesetzt und zugedeckt 6–8 Stunden gekocht. Es empfiehlt sich, die Kochkiste zu benutzen. Nachdem die Heringe gewaschen sind, *Zutaten: 1 Kilo Sauerkraut, 1 Kilo grüne Heringe, 500 Gr. Kartoffeln. 1 Zwiebel oder Schnittlauch, 1 Teel. Salz 1, 1 1/2 Ltr. kochendes Wasser.*

befreit man das Fleisch von Haut und Gräten und gibt es mit der Zwiebel, den geschälten und gewaschenen rohen Kartoffeln durch die Fleischmaschine. Diese Masse wird mit dem Salz gut verrührt, dann formt man Klöße, indem man die Handfläche mit Mehl bestäubt und lässt nun die Klöße mit dem Sauerkraut recht langsam 1/2 Stunde sieden. Dann legt man den Deckel beiseite und lässt die Flüssigkeit einkochen. Nach Geschmack kann etwas Essig und Zucker hinzugefügt werden. Kartoffelklöße sind auch geeignet.

**Sauerkraut mit Austern.** Das Sauerkraut wird wie vorstehend 6–8 Stunden gekocht. Nach *Zutaten: 1 Kilo Sauerkraut, 30-60 Austern.* dieser Zeit legt man den Deckel beiseite und lässt die Flüssigkeit einkochen. Die Austern werden 5 Minuten vor dem Anrichten mit dem kochenden Sauerkraut gemischt und der Topf wird fest zugedeckt in heißes Wasser gestellt. Will man den Geschmack verbessern, so kann man 1/4 Flasche Sekt oder Moselwein hinzufügen. Auch kann man die Hälfte der Austern braten und beim Anrichten auf den Kohl legen.

**Sauerampfer für 3 Personen.** Der Sauerampfer ist für Kinder und Kranke geeignet. Er wird drei Mal gewaschen, mit 1 Ltr. kochendem Wasser angesetzt, im geschlossenen Topf 10 *Zutaten: Man rechnet für 3 Personen 2-3 Kilo Sauerampfer, 1/2 Kochl. Mehlschwitze, 1 Ltr. koch. Wasser, 65 Gr. Zucker.* Minuten gekocht. Dann gießt man ihn auf ein Sieb zum Abtropfen (das Wasser gießt man fort), streicht ihn durch, solange er noch heiß ist. 1/2 Kochl. Mehlschwitze rührt man mit 1 Löffel Sauerampfer aus, tut dann das übrige dazu und nun nach Geschmack 65 Gr. Zucker, knapp 1 Teel. Salz, 2 Essl. gewaschene und gekochte Korinthen. Beim Anrichten tut man 1 gehäuften Kochl. Butter dazu und, wenn man es liebt, 2 Essl. Rotwein oder Weißwein. Zum Heißbleiben stellt man den Sauerampfer in einen Topf mit kochendem Wasser, um das Anbrennen zu verhüten.

**Gemüsepastete.** 1 Kilo dicke Perlbohnen, 500 Gr. Pfifferlinge, 2 Tomaten, 500 Gr. Kartoffeln, 350 Gr. Mehl, 125 Gr. roh geriebene Kartoffeln, 65 Gr. Butter. Die Bohnen werden entfädelt, gewaschen, mit 1 Ltr. kochendem Wasser angesetzt. Die Pilze legt man in eine tiefe Schüssel, gießt richtig kochendes Wasser darüber und lässt sie mit dem Wasser 10 Minuten stehen, *Zutaten: 1 Kilo dicke Perlbohnen, 500 Gr. Pfifferlinge, 2 Tomaten, 500 Gr. Kartoffeln, 350 Gr. Mehl, 65 Gr. Butter, 125 Gr. roh geriebene Kartoffeln, 1 Ltr. kochendes Wasser, 2 Teel. Salz, Zwiebel, 2 Teel. fein gehackte Petersilie, 1 Pak. Backpulver.* dann nimmt man sie mit einem Schaumlöffel aus dem Wasser, gießt dieses fort und wiederholt des Übergießen der Pilze drei Mal. Die Kartoffeln werden mit der Schale in 30 Minuten weichgekocht, dann wird die Haut abgezogen und die Kartoffeln werden in Scheiben geschnitten. 1 kleine Zwiebel wird abgezogen und gerieben. Die Tomaten werden gewaschen, in Scheiben geschnitten. 1 Essl. Mehl rührt man mit 3 Essl. kaltem Wasser aus, gießt dieses an die kochenden Bohnen, lässt die Bohnen noch 5 Minuten damit kochen, dann fügt man die Kartoffeln, die Pilze, Tomaten, 2 Teel. Salz, die Zwiebel, 2 Teel. fein gehackte Petersilie hinzu, verrührt alles gut und füllt nun das Gemüse in folgende Pastete, die man 1 Stunde im heißen Ofen bäckt. 350 Gr. Mehl mischt man mit 1 Paket Backpulver. Die weiche Butter rührt man mit der Hälfte vom Mehl in der Schüssel 5 Minuten, dann gibt man die geriebene Kartoffelmasse dazu. Das übrige Mehl schüttet man auf das Backbrett, den Teig gibt man dazu und verknetet nun das Mehl mit dem Teig. Dann rollt man ihn dünn aus, sticht mit einer Springform zwei gleich große Böden aus und legt einen Boden in die mit Fett ausgestrichene und mit Mehl ausgestäubte Springform. Den übrigen Teig legt man an den inneren Rand der Springform, drückt den Teig fest an den Rand, damit sich keine Lücken bilden. Das fertige Gemüse füllt man auf den Teig, legt den zweiten Boden auf das Gemüse und verziert ihn mit dem Rest des Teiges, aus dem man kleine Blätter oder kleine Knöpfe formt.

**Gemischtes Gemüse für 3 Personen.** 3 kleine Artischocken werden mit kochendem Wasser angesetzt und 30 Minuten gekocht. Geschälte Kartoffeln setzt man in kaltem Wasser an, kocht

*Zutaten: 500 Gr. Kartoffeln, 1 Teel. Butter, 3 Artischocken, 2 Tomaten, 1 Knolle Sellerie, 1 Ltr. Wasser, 1 Teel. Salz.*

sie 30 Minuten. Danach wird das Wasser abgegossen, die Kartoffeln werden trockengedämpft durch ein Sieb gestrichen. 1 Teel. Butter fügt man hinzu. Die Masse wird gerührt. 2 Tomaten werden in Stücke geschnitten und im eigenen Saft gedämpft, durch ein Sieb gestrichen und mit der Kartoffelmasse gemischt. 1 Knolle Sellerie wird geschält, gewaschen und in Scheiben geschnitten. Diese werden mit einem Eierbecher ausgestochen. Die Scheiben und die Abfälle mit 1 Ltr. kochendem Wasser angesetzt und zugedeckt 30 Minuten gekocht. 1 Teel. Salz dazu. Beim Anrichten legt man die Böden auf eine runde, gewärmte Platte; die heiße Kartoffelmasse füllt man in eine Spritze und spritzt sie auf den Sellerieboden. In die Mitte der Sellerieböden stellt man die Artischocken oder anderes Gemüse. Vorher werden bei den Artischocken die Staubfäden vorsichtig herausgenommen. In die Mitte der Böden füllt man holländische Tunke.

**Häckerle**, eine Beigabe zum Gemüse. 2 Geflügellebern vom Huhn werden mit 1/2 Teel. Salz, 1 Messerspitze Pfeffer bestreut, 1 Teel. Butter lässt man in der Pfanne braun werden,

*Zutaten: 2 Geflügellebern vom Huhn, 1/2 Teel. Salz, 1 Messerspitze Pfeffer, 1 Teel. Butter 1 Teel. Gänseschmalz, 1 hartgekochter Eidotter.*

und nun legt man die Leber in die braune Butter, brät sie unter immerwährendem Umlegen 5 Minuten. Den Dotter von 1 hartgekochtem Ei verrührt man mit 1 Teel. Gänseschmalz, gibt die gehackte Leber mit ihrem Saft dazu und streicht diese Masse auf geröstetes Brot.

**Kardons, oder Kardi, für 6-8 Personen.** 1 Stange rechnet man, je nach ihrer Größe, für 6–8 Personen. Den Saft 1 Zitrone mischt man mit 1 Ltr. kaltem Wasser, gibt 1 Essl. Essig und 3 Kochl. Mehl dazu. Vom Kardi entfernt man die äußeren holzigen Rippen. Hiernach schnei-

*Zutaten: 1 Staude Kardon, Saft von 2 Zitronen, 1 Ltr. kaltes Wasser, 1 Essl. Essig, 3 Kochl. Mehl, 1 Ltr. kochendes Wasser oder Fleischbrühe, 125 Gr. Speckscheiben, 1-2 Teel. Salz.*

det man die einzelnen Rippen von der Knolle, schält die Rippen mit einem scharfen Messer recht dünn und schneidet sodann die Rippen in fingerbreite und fingerlange Stücke. Man verwendet hauptsächlich das untere Stück von den Rippen. Ebenso wird die Knolle geschält und geschnitten. Jedes einzelne Stück muss sogleich in das angerührte Zitronenwasser gelegt werden. Lässt man das geschälte Gemüse lange trocken liegen, wird es braun und unansehnlich. Sind alle Rippenstücke vorbereitet, werden sie noch rasch 2 bis 3 Mal mit kaltem Wasser gewaschen. 1 Ltr. kochendes Wasser oder Fleischbrühe mischt man mit dem Saft 1 Zitrone, gibt in das kochende Wasser den gewaschenen Kardi und legt obendrauf 125 Gr. Speckscheiben. Am besten ist hierzu mager durchwachsener Speck geeignet. Fest zugedeckt kocht man das Gemüse 1 Stunde. In den letzten 10 Minuten legt man den Deckel beiseite und lässt die Flüssigkeit bis zur Hälfte einkochen. Nun gibt man nach Geschmack 1–2 Teel. Salz an die Flüssigkeit. Man richtet das Gemüse auf einer vorher gewärmten Platte ohne die Brühe an und gießt eine braune Kraftbrühe mit Markscheiben (siehe Bleichsellerie mit Mark) über das Gemüse. Man kann statt Kraftbrühe auch eine holländische Tunke verwenden.

**Sellerie mit brauner Tunke für 3 Personen.** 3 Knollen Sellerie werden geschält, in Streifen geschnitten, gewaschen, mit 1 Ltr. kochendem Wasser angesetzt und 1 Stunde gekocht. 1/2 Kochl. Mehlschwitze rührt man mit dem Selleriewasser aus und gibt 1 Teel. Salz dazu. Mit dieser Tunke lässt man den Sellerie langsam 5 Minuten ohne Deckel kochen. Gerührt darf er nicht werden.

*Zutaten: 3 Knollen Sellerie, 1/2 Kochl. Mehlschwitze, 1 Ltr. kochendes Wasser, 1 Teel. Salz.*

**Bleich-Sellerie, abgebacken, für 4 Personen.** Man nimmt 1 Sellerie, schneidet die Blätter ab und entfernt die äußeren harten

*Zutaten: 1 Sellerie, 1/2 Kochl. Mehlschwitze, 1 Ltr. kochendes Wasser, 1/8 Ltr. süßer Rahm oder Milch, 1 Teel. Salz, 1/8 Ltr.*

Rippen. Die Knolle wird geschält und der Sellerie der Länge nach in 6–8 Stücke geschnitten. Dann wäscht man ihn und setzt ihn mit 1 Ltr. kochendem Wasser an, kocht ihn im geschlossenen Topf 1 Stunde. Danach muss man den Deckel beiseitelegen, das Wasser vollständig einkochen lassen. Nun legt man den Sellerie auf eine feuerfeste Platte. 1/2 Kochl. Mehlschwitze rührt man mit 1/8 Ltr. süßem Rahm oder Milch aus, würzt diese Tunke mit 1 Teel. Salz. Ist sie noch zu dick, so gießt man noch 1/8 Ltr. Wasser dazu. Nun tut man die Tunke über den Sellerie und streut über das Ganze 3 Essl. geriebenen Käse. Obenauf legt man 2 Teel. Butter. Nun bäckt man das Ganze 10 Minuten im heißen Ofen. Man gibt es bei feinerem Essen als Gemüsegang. Zum Überstreuen kann man alle Käsereste und -rinden verwenden.

*Brühe, 3 Essl. fein geriebener Käse, 2 Teel. Butter.*

**Bleich-Sellerie mit Mark für 4 Personen.** Man nimmt 2 Sellerie, die Blätter schneidet man ab, dann schält man die Knolle und die Rippen recht dünn, schneidet den Sellerie 4 Mal der Länge nach durch. Nachdem der Sellerie gewaschen, wird er mit 3/4 Ltr. kochendem Wasser angesetzt und im geschlossenen Topf 1 Stunde gekocht. Nun legt man den Deckel beiseite, 1 Teel. Salz gibt man dazu und lässt das Wasser vom Sellerie vollständig einkochen. Beim Anrichten gießt man eine braune Krafttunke mit Markscheiben über den Sellerie. Statt der braunen Tunke kann man ihn auch mit einer holländischen Tunke übergießen. Die braune Krafttunke bereitet man aus 125 Gr. Ochsenfleisch, schneidet dieses in Würfel, setzt es mit 1/2 Teel. Salz, 1 Messerspitze Pfeffer im geschlossenen Topf an und bräunt es langsam 30 Minuten. Ist das Fleisch in dieser Zeit nicht braun genug, so legt man den Deckel beiseite und lässt den Fleischsaft vollständig einschmoren. Nun gießt man 1/2 Ltr. lauwarmes Wasser auf das Fleisch und lässt dieses recht langsam 30 Minuten kochen. 1/2 Teel. Mondamin rührt man mit 1 Teel. kaltem Wasser aus, gießt dieses unter Rühren an die Brühe und lässt diese Tunke 5 Minuten langsam kochen. Dann gießt man sie durch ein Sieb über den Sellerie. Die Tunke muss dunkelbraun aussehen, pikant und kräftig schmecken.

*Zutaten: 2 Bleichsellerie, 3/4 Ltr. koch. Wasser, 1 Teel. Salz, 125 Gr. schieres Ochsenfleisch, 1/2 Teel. Salz, 1 Messerspitze Pfeffer, 1/2 Ltr. lauwarmes Wasser, 1/2 Teel. Mondamin, 1 Teel. kaltes Wasser.*

**Sellerieböden mit Mark für 6 Personen.** Die Böden verwendet man als Garnitur bei jedem Braten und Gemüse. 2 Knollen Sellerie werden geschält, gewaschen, mit reichlich kochendem Wasser angesetzt und im geschlossenen Topf 1 Stunde gekocht. Nachdem

*Zutaten: 2 Knollen Sellerie, 1 Ltr. kochendes Wasser, 250 Gr. Ochsenmark, 1 Teel. Salz, 1/4 Ltr. braune Tunke.*

der Sellerie etwas abgekühlt ist, schneidet man in Scheiben, sticht mit einem Glase kleine Böden aus, legt diese auf einen Teller und stellt den Teller zugedeckt 30 Minuten vor dem Anrichten auf heißes Wasser. Das Ochsenmark schneidet man in dicke Scheiben und legt diese 2 Stunden vor Gebrauch in kaltes Wasser, damit sie weiß werden. Das Wasser wird öfter erneuert. 10 Minuten vor dem Anrichten setzt man das Mark mit 1 Ltr. kochendem Wasser, 1 Teel. Salz an, kocht es ein Mal auf und stellt es 10 Minuten fest zugedeckt beiseite. Lässt man es die ganze Zeit kochen, zerfließt es. Beim Anrichten legt man die heißen Markstücke auf die heißen Sellerieböden und tut 1 Teel. dicke braune Tunke auf das Mark (braune Tunke siehe Krafttunke).

**Selleriemus für 6 Personen.** Für Kranke geeignet. 4 Knollen Sellerie werden geschält, in Viertel geschnitten, mit 1 Ltr. kochendem Wasser angesetzt und 1 Stunde gekocht. Dann streicht man den Sellerie durch ein Sieb. 1/2 Kochl. Mehlschwitze rührt man mit 1/8 Ltr. Milch oder Rahm aus und gibt das Mus, 1 gehäuften Teel. Salz, 1/8 Ltr. Schlagrahm, 1 Kochl. Butter dazu, verrührt das Ganze und stellt das Mus zugedeckt zum Heißwerden in einen Topf mit heißem Wasser.

*Zutaten: 4 Knollen Sellerie, 1 Ltr. kochendes Wasser, 1/2 Kochl. Mehlschwitze, 1/8 Ltr. Milch oder Rahm, 1 gehäufter Teel. Salz, 1/8 Ltr. Schlagrahm, 1 Kochl. Butter.*

**Gebratene spanische Zwiebel für 3 Personen.** Man setzt die Zwiebel mit reichlich kochendem Wasser an, lässt sie 1 Stunde kochen und dann etwas abkühlen; schneidet sie hiernach in Scheiben, bestreut diese mit Salz, paniert sie. Mit Eiweiß und Zwieback und lässt sie in reichlich heißem Fett 1–2 Minuten braten, dann legt man sie in eine Pfanne, belegt jede Scheibe mit 1 Teel. Butter und stellt die Pfanne 2 Minuten vor dem Anrichten in den heißen Ofen; man verwendet die Scheiben als Bratengarnitur.

*Zutaten: 1 große spanische Zwiebel, 1 Teel. Salz, Eiweiß und Zwieback, 1 Teel. Butter.*

**Glasierte Zwiebeln für 2 Personen.** Hierzu verwendet man möglichst gleich große Zwiebeln. Man zieht die äußere Haut ab und kocht die Zwiebeln 3/4 Stunden (je nach Größe), reichlich mit Wasser bedeckt, 1/2 Kochl. Butter, 1 Kochl. Zucker lässt man in der Pfanne hellbraun werden. Man legt die gut abgetropften Zwiebeln nebeneinander in die Pfanne und deckt diese zu. Unter öfterem Schütteln lässt man sie 10–15 Minuten schmoren, bis die Zwiebeln hellbraun sind. Diese Zwiebeln werden als Garnitur verwendet für Roastbeef, Hammelbraten, Sterlet, Lachs.

*Zutaten: 125 Gr. Zwiebeln, 1/2 Kochl. Butter, 1 Kochl. Zucker.*

**Zwiebeln für Kranke.** Mit Sorgfalt zubereitet, kann man auch für Kranke Zwiebelgerichte verwerten. Die Zwiebel gibt eine gute Geschmacksabwechslung, auch enthält sie Fett. Sie ist schwer verdaulich, wenn man sie

*Zutaten: 250 Gr. Zwiebeln, 1/2 Ltr. Wasser, 1 Teel. Salz, 30 Gr. Mehl, 1/8 Ltr. Milch oder dänischen Rahm, 15 Gr. Butter.*

nicht lange genug kochen lässt. Die Zwiebelscheiben werden mit kochendem Wasser angesetzt und zugedeckt recht langsam 30 Minuten gedämpft. Dann fügt man etwas Mehl mit Milch verrührt hinzu, kocht die Masse 5 Minuten und streicht sie durch ein Sieb (Haarsieb). Hierzu gibt man Kartoffelmus oder Bratäpfel.

**Gedämpfte Gurken für 12 Personen.** Man gibt die Gurken als Beilage und Garnitur zu jedem Braten. 2 schmale, grüne Gurken im Gewichte bis zu 250 Gr. werden geschält, in zweifingerbreite, schräge Scheiben geschnit

*Zutaten: 2 schmale grüne Gurken im Gewicht bis zu 250 Gr., 1 Messerspitze Natron, 1 Ltr. koch. Wasser, 1 gehäuft. Teel. Salz.*

ten, dann mit dem Natron, 1 Ltr. kochendem Wasser angesetzt und im geschlossenen Topf langsam 15 Minuten gekocht. Nun erst kommt 1 gehäufter Teel. Salz dazu. Die Gurken lässt man noch recht langsam 5 Minuten kochen. Das Wasser wird abgegossen und die Gurken in eine Reihe auf den tranchierten Braten angerichtet, zuletzt wird eine dunkelbraune Krafttunke über die Gurken gegossen oder nur kräftige klare Fleischbrühe. Sie eignen sich auch als Beilage zum Hammelrücken oder Rehrücken. Die Gurken müssen eine frische grüne Farbe behalten.

**Chicorée-Gemüse I.** Das vorbereitete und gewaschene Gemüse wird mit 1/2 Ltr.

*Zutaten: 1 Kilo ganz frische Petersilie, 125 Gr. Salz.*

kochendem Wasser angesetzt und zugedeckt 20 Minuten gekocht. Hiernach gießt man es auf ein Sieb zum Abtropfen. 10 Gr. Butter werden mit 10 Gr. Zucker und 5 Gr. Salz bei mäßiger Hitze gebräunt; das abgetropfte Gemüse lässt man hierin 5 Minuten schmoren. Beim Anrichten fügt man 1 Teel. Zitronensaft hinzu. Diese Zutaten sind gerechnet für 250 Gr. Chicorée.

**Chicorée-Gemüse II.** 65 Gr. weiße Bohnen werden gewaschen, mit 1/2 Ltr. kaltem Wasser am Tage vor dem Gebrauch eingeweicht, mit diesem Wasser ins Kochen gebracht und langsam 2 Stunden gekocht. 10 Gr. Butter oder Fett und 10 Gr. Mehl schwitzt man unter Rühren 1–2 Minuten, gießt die weich gekochten Bohnen dazu, 20 Gr. hellbraun und kross ausgebratenen Speck und 65 Gr. in Streifen geschnittene Pimentos. 250 Gr. Chicorée abkochen, in Stücke schneiden und beim Anrichten mit den Bohnen mischen.

**Chicorée-Gemüse III.** Wie Spargel mit gerührter Butter, 250 Gr. Chicorée vorbereiten, mit 1/2 Ltr. kochendem Wasser ansetzen, 20 Minuten kochen, dann 10 Gr. Salz hinzufügen. Das Gemüse darf mit dem Salz nicht lange kochen. Das Wasser kann für Linsen- und Bohnensuppen verwendet werden.

**Chicorée-Gemüse IV.** 65 Gr. Reis werden gewaschen, mit 125 Gr. Tomatenmus angesetzt und langsam 25 Minuten gekocht. Nach dieser Zeit fügt man 30 Gr. geriebenen Käse, 10 Gr. Salz hinzu. 250 Gr. Chicorée werden mit 1/2 Ltr. Wasser angesetzt und zugedeckt 20 Minuten gekocht. Das Wasser kann für den Reis verwendet werden. Kranzartig wird der Reis auf einer vorher angewärmten Platte angerichtet und in die Mitte des Kranzes das Gemüse gefüllt; darüber gießt man eine holländische Tunke, welche man aus 1 Eidotter, 30 Gr. Butter oder Fett und 1 Teel. Zitronensaft bereitet. Außerdem kann man Chicorée mit Selleriemus zusammen geben, auch wie Spinat bereiten.

**Chicorée-Salat.** 250 Gr. Chicorée vorbereiten, waschen, dann in recht dünne Scheiben schneiden, 4 große Kartoffeln werden mit der Schale weich gekocht, die Haut wird abgezogen und die Kartoffeln werden in Scheiben und danach in Streifen geschnitten. 80 Gr. weich gekochte Rote Beete ebenfalls in Streifen schneiden. Diese Zutaten werden mit 4 Essl. Öl, 10 Gr. Salz, 1–2 Essl. Essig gemischt.

**Frische Petersilie auf Vorrat für den Winter.** Im September und Oktober vor der Frost- *Zutaten: 250 Gr. Petersilie, 500 Gr. Palmin.*
zeit muss die Petersilie gesalzen werden. Man wäscht die frische Petersilie 3 bis 4 Mal in reichlich kaltem Wasser, legt sie zum Abtropfen 2 Stunden vor dem Gebrauch auf einen Durchschlag. Danach trocknet man die Petersilie in kleinen Häufchen zurzeit mit einem Tuche und nun wird diese kleine Menge recht fein gehackt. Wird die Petersilie nicht ordentlich getrocknet und wird sie nicht fein genug gehackt, so verdirbt sie. 1 Kilo Petersilie wird mit 125 Gr. Salz gut gemischt und danach löffelweise in einem Glas fest niedergedrückt. Zum Schluss legt man obenauf wieder eine Schicht Salz, bindet das Glas mit Papier zu und stellt es recht kühl. Diese Petersilie kann man bis zum April gebrauchsfähig erhalten. Beim Gebrauch wird die obere etwas gelb gewordene Schicht beiseite geschoben. Man nimmt sie nicht völlig ab, weil diese Schicht wieder konserviert, sondern man macht nur eine Stelle frei und nimmt von der Seite weg.

**Trüffeln.** Die Zeit der Trüffel ist in den Monaten Dezember, Januar, Februar. 500 Gr. Trüffeln werden mit kaltem Wasser sauber gebürstet. Dann mit 1/4

Ltr. Rotwein, und mit 1 Speckscheibe bedeckt angesetzt, im fest geschlossenen Topf 20 Minuten langsam gedämpft.

**Gebackene Petersilie für 4-6 Personen.** Die Petersilie wird 3–4 Mal mit kaltem Wasser gewaschen, dann auf ein Sieb gelegt und über den nicht zu heißen Herd zum Trocknen aufgehängt und in 3 Touren in heißem Fett gebacken. Hält man die Petersilie zu lange im Fett, verliert sie die grüne Farbe.

**Kastanienspeise für 6 Personen.** Für Kranke geeignet. Man entfernt die Schale und die dünne Haut von den Kastanien; danach werden sie mit der Milch und der Vanille angesetzt und zugedeckt 45 Minuten gekocht. Ist noch zu viel *Zutaten: 1 Kilo Kastanien, 3/4 Ltr. Milch, 1/8 Ltr. Madeira oder Portwein, 1/2 Stange Vanille, 1/4 Ltr. Schlagrahm, 100 Gr. Zucker.* Flüssigkeit vorhanden, so legt man den Deckel beiseite und lässt die Milch vollständig einkochen. Nun werden der Zucker und der Wein dazugegeben. Die heiße Masse wird durch ein grobes Sieb auf eine Glasplatte gedrückt, so dass die Masse nudelartig durch das Sieb auf die Platte fällt, zuletzt wird der feste Schnee vom gesüßten Schlagrahm mit einer Kuchenspritze darüber gespritzt.

**Echte Kastanien oder Maronen.** Im September und Oktober werden die Kastanien in den südlichen Ländern geerntet, die kleine glänzende Meraner Kastanie ist der größeren Sorte vorzuziehen. Die Kastanienröster auf den Straßen in der Schweiz und in Tirol rösten die Kastanien auf einem durchlöcherten Blech über Holzkohlenglut unter öfterem Schütteln in 20–30 Minuten. Man kann die Kastanien auch im Bratofen und in der Ofenröhre rösten, nur darf man nicht vergessen, vorher einen Schnitt in die Schale jeder Kastanie zu machen. Beim Rösten überstreut man sie mit einer dünnen Schicht Salz. Man reicht Butter zu den heißen Kastanien, sie schmecken vorzüglich. Gewürze gibt man nicht dazu, sie beeinträchtigen den natürlichen, feinen Geschmack der Kastanie.

**Kastanienmus für 4 Personen.** Die Kastanien werden eingekerbt, gewaschen, reichlich bedeckt mit kaltem Wasser angesetzt und im geschlossenen Topf 1 Stunde gekocht. Inzwischen *Zutaten: 1 Kilo Kastanien, 1/2 Kochl. Mehlschwitze, 1 Teel. Salz, 1/8 Ltr. Schlagrahm, 2 Essl. Madeira, 1 Kochl. Butter.* muss man kochendes Wasser nachgießen; sind die Kastanien nicht mit Wasser bedeckt, werden sie schwarz. Haut und Schale sind abzuziehen. Nun werden sie durch ein Sieb gestrichen, solange die Kastanien noch warm sind. 1/2 Kochl. Mehlschwitze wird mit dem Rahm ausgerührt, die gesiebten Kastanien dazu gegeben, dann Salz, Madeira.

212

**Glasierte Kastanien für 4 Personen.** Man gibt die Kastanien als Gemüsebeilage zu jedem Braten. Die Kastanien werden mit einem scharfen Messer an der Spitze etwas eingekerbt, dann gewaschen und mit 2 Ltr.

*Zutaten: 500 Gr. Kastanien, 2 Ltr. kaltes Wasser, 65 Gr. Butter, 65 Gr. Zucker, 1/4 Ltr. Madeira, 1/2 Teel. Mondamin, 1 Teel. Wasser.*

kaltem Wasser im geschlossenen Topf angesetzt, dann 1 Stunde langsam gekocht. Man muss inzwischen kochendes Wasser nachgießen. Die kleinen, frischen Kastanien, die man im Herbst zuerst bekommt, kocht man nur 30 Minuten. Wenn die Kastanien während des Kochens nicht immer reichlich mit kochendem Wasser bedeckt sind, werden sie schwarz. Nun zieht man von den Kastanien die Schale ab und hiernach die Haut. Sie dürfen hierbei nicht zusammenfallen. 65 Gr. Butter lässt man in einer flachen Pfanne dünn werden, gibt 65 Gr. Zucker dazu, und nun schüttet man die Kastanien vorsichtig in die Pfanne, schließt sie mit einem Deckel und lässt die Kastanien bei mäßiger Hitze 30 Minuten schmoren. Inzwischen werden sie vorsichtig geschüttelt. 5 Minuten vor dem Anrichten gießt man 1/4 Ltr. Madeira dazu und lässt die Kastanien hiermit langsam kochen. 1/2 Teel. Mondamin rührt man mit 1 Teel. Wasser aus, gießt es unter vorsichtigem Rühren an die Kastanien, schmort die Kastanien dann unter immerwährendem Schütteln bei gelinder Hitze noch 3 Minuten. Hiernach müssen sie sogleich angerichtet werden.

**Gebratene Bananen.** Die Bananen werden abgezogen, in Eiweiß, Zwieback oder Mehl paniert; man bäckt nun 3 Stück zurzeit in heißem Fett 2 Minuten. Dann legt man sie in eine zweite Pfanne, legt auf jede

*Zutaten: Bananen, Eiweiß, Zwieback oder Mehl, für jede Banane 1 Teel. Butter.*

Banane 1 Teel. Butter, brät sie im heißen Ofen noch 3 Minuten. Beim Anrichten schneidet man sie quer durch. Man rechnet 1–2 Bananen à Person.

**Bananen braten, unpaniert, für 3 Personen.** Für 6 Bananen verwendet man 1 gehäuften Kochl. Butter. Man zieht die Schale von den Bananen und schneidet dieselben der Länge

*Zutaten: 6 Bananen, 1 gehäufter Kochl. Butter, 1 gehäufter Teel. Zucker, etwas Eiweiß und Zwieback.*

nach einmal durch, worauf man sie mit 1 gehäuften Teel. Zucker überstreut. Die Butter lässt man in einer großen Pfanne braun werden, legt die vorbereiteten Bananen schnell in die Pfanne und brät sie in 5 Minuten hellbraun. Inzwischen müssen sie einmal umgelegt werden. Man verwendet sie als Beilage zu jedem Braten. Man kann die Bananen auch mit Eiweiß und Zwieback panieren.

**Palmenmark für 12 Personen.** Die Tomaten werden mit 1/3 Ltr. Kalbfleischbrühe in 10 Minuten weichgedämpft; dann durch ein Sieb gestrichen, 1 Kochl. Mehlschwitze mit diesem ausgerührt. Die gehackten Trüffeln mit ihrem Saft und ebenso die Piments, fein gehackt, lässt man in der Tunke 10 Minuten langsam kochen. Dann gibt man Salz und Zitronensaft dazu. Hiernach die in Scheiben geschnittenen Markstücke und den Käse. Man stellt das Gericht 30 Minuten in einen Topf mit kochendem Wasser.

*Zutaten: Zwei 1-Kilo-Dosen Palmenmark, 1/8 Ltr. Kalbfleischbrühe, 250 Gr. Tomaten, eine 250-Gr.-Dose Piment, 65 Gr. Trüffeln, 1 Teel. Zitronensaft, 1 Kochl. Mehlschwitze, Chesterkäse, 1 Teel. Salz.*

**Makkaroni mit Tomatenmus für 4-6 Personen.** Makkaroni werden gebrochen, mit 1 1/2 Ltr. kochendem Wasser, 1 Essl. Salz angesetzt und im geschlossenen Topf 40 Minuten gekocht, alsdann auf ein Sieb zum Abtropfen gegossen. Weiche Tomaten werden in Stücke geschnitten, mit 1/4 Ltr. Fleischbrühe angesetzt und im geschlossenen Topf weichgedämpft, alsdann auf ein Sieb gegossen und durchgestrichen. 1/2 Kochl. Mehlschwitze rührt man mit den Tomaten aus, gibt 65 Gr. geriebenen Käse dazu und lässt die Makkaroni in der Tunke 10 Minuten langsam kochen. Beim Anrichten ist 1 Kochl. frische Butter dazu zu geben.

*Zutaten: 500 Gr. Makkaroni, 1 1/2 Ltr. koch. Wasser, 1 Essl. Salz, 250 Gr. weiche Tomaten, 1/4 Ltr. Fleischbrühe, 1/2 Kochl. Mehlschwitze, 65 Gr. geriebener. Käse, 1 Kochl. Butter.*

**Makkaroni auf andere Art für 6 Personen.** Die Makkaroni werden mit dem Wasser und Salz angesetzt und im geschlossenen Topf 40 Minuten gekocht, alsdann auf ein Sieb zum Abtropfen gegossen. Die Mehlschwitze rührt man mit 1/4 Ltr. süßem Rahm aus, den geriebenen Käse und 1/2 Teel. Salz gibt man dazu, und unter tüchtigem Rühren lässt man die Tunke 2 Minuten kochen. Dann gibt man die Makkaroni in diese Tunke und lässt sie zugedeckt langsam 10 Minuten kochen.

*Zutaten: 1 Kilo Makkaroni, 1 1/2 Ltr. koch. Wasser, 1 Essl. Salz, 1/4 Ltr. süßer Rahm oder Milch, 1/2 Kochl. Mehlschwitze, 65 Gr. geriebener Schweizer- oder Parmesankäse.*

**Makkaroni mit Schinken für 4 Personen.** 125 Gr. Makkaroni werden mit 1 Ltr. kochendem Wasser, 1 Teel. Salz, angesetzt und 30 Minuten im geschlossenen Topf gekocht. 1/2 Kochl. Mehlschwitze wird mit 1/4 Ltr. Milch, süßem oder saurem Rahm ausgerührt, 1/2 Teel. Salz dazu gegeben und aufgekocht,

*Zutaten: 125 Gr. Makkaroni, 1 Ltr. kochendes Wasser, 1 1/2 Teel. Salz, 1/2 Kochl. Mehlschwitze, 1/4 Ltr. Milch, süßer oder saurer Rahm, 125 Gr. Schinken oder Kasseler Rippespeer, 2 Teel. Butter, 1 Teel. Käse.*

die Makkaroni dazu gefügt. 125 Gr. gehackter Schinken oder Kasseler Rippespeer werden schichtweise mit den Makkaroni in eine Auflaufschüssel gefüllt, obenauf werden 2 Teel. Butter, 1 Teel. geriebener Käse gelegt, und nun bäckt man das Gericht 1/4 Stunde im heißen Ofen.

**Makkaroni-Timbal für 6-8 Personen.** Die Makkaroni kocht man in Salzwasser wie vor-

*Zutaten: 250 Gr. Makkaroni, 2 Essl. geriebener Käse, 4 Eiweiß.*

stehend, schüttet die weichgekochten Makkaroni auf ein Sieb und stellt sie 10 Minuten zum Abtropfen beiseite. 4 Eiweiß schlägt man mit der Gabel 2 Minuten. Die Hälfte der Makkaroni mischt man mit dem Eiweiß; 12 kleine Timbalformen werden dick mit Butter ausgestrichen. Nun legt man die Formen mit den Makkaroni aus. Die zweite Hälfte der Makkaroni wird mit 2 Essl. geriebenem Käse gemischt und nun zum Schluss in die ausgelegten Timbalformen gefüllt. Das zurückbleibende Eiweiß gießt man zuletzt in die fertig gefüllten Timbalformen. Nun stellt man diese Formen nebeneinander in einen Topf mit kochendem Wasser, stellt den Topf ohne Deckel 20 Minuten in den nicht zu heißen Ofen. Beim Anrichten werden die Timbalformen gestürzt, mit etwas fein gehackter Trüffel bestreut und als Bratengarnitur verwendet.

**Nudeln für 12 Personen.** Die Hälfte von dem Mehl und der Eidotter werden mit dem Wasser

*Zutaten: 500 Gr. Mehl, 8 Essl. kaltes Wasser, 1 Eidotter.*

zu einem Teig gerührt. Das übrige Mehl schüttet man auf ein Backbrett, rollt den Teig unter häufigem Umlegen mit dem übrigen Mehl aus, schneidet ihn hiernach in feine Streifen, trocknet die Nudeln an der Luft und verwendet sie in Suppen und als Gemüse. Man setzt die Nudeln mit 2 Ltr. kochendem Salzwasser an, kocht sie 20–40 Minuten und gießt sie auf ein Sieb zum Abtropfen. Ein Tomatenmus von 250 Gr. Tomaten wird mit den Nudeln angesetzt und zusammen 5 Minuten langsam geschmort. Beim Anrichten tut man 1 Kochl. Butter und 1/2 Teel. Salz nach Geschmack dazu. Es können auch die Nudeln mit geriebenem Parmesan oder Schweizer Käse ohne Tomatenmus abgeschmeckt werden. Auf diese Weise bereitet, gibt man sie als Gemüse zum Suppenfleisch, Kasseler Rippespeer oder gekochten Schinken.

**Mangold.** Man nimmt 1 große, ausgewachsene Staude für 8 Personen. Die grünen Blätter

*Zutaten: 1 Staude Mangold, 1 Essl. Salz.*

werden abgezupft und zubereitet wie Spinat. Die Rippen werden so lang und so breit wie Spargel geschnitten, gewaschen, nebeneinander auf den Heber eines Spargelkessels gelegt und bedeckt mit kochendem Wasser angesetzt, fest zugedeckt 30 Minuten gekocht. Mit 1 Essl. Salz lässt man das Gemüse noch 5 Minuten kochen; hiernach ist das Gemüse mit dem Heber herauszunehmen. Man füllt es in eine gut angewärmte Platte und gibt holländische oder Rahmtunke darüber.

**Gefüllte Datteln.** Man gibt sie zu jedem warmen Braten als Beilage. Die Nüsse werden ausgebrochen und mit kochendem Wasser übergossen. Sodann wird die Haut von den Nüssen gezogen und diese zwei Mal durch die Mandelmühle gegeben. Nach Geschmack fügt man 2 Teel. Rum oder Arrak und 1 Essl. Schlagrahm, etwas Vanille und 1 Eidotter hinzu. Dieser dickliche Brei wird nun in 14 entkernte Datteln gefüllt. Hiernach werden die Datteln in Eiweiß und geriebenen Makronen paniert und in heißem Fett kross gebraten.

*Zutaten: 125 Gr. frische Nüsse, 2 Teel. Rum oder Arrak, 1 Essl. Schlagrahm, etwas Vanille, 1 Eidotter, 14 Datteln.*

**Einfache, abgekochte Kartoffeln für 3-4 Personen.** Am besten sind Eierkartoffeln. Die Kartoffeln müssen eine feine, dünne Schale haben. Im Februar, März, April müssen die Kartoffeln, wenn möglich, am Abend vorher geschält werden, auch muss das kalte Wasser oft erneuert werden. Die gewaschenen Kartoffeln setzt man bis zur Hälfte mit kaltem Wasser bedeckt und 1 Essl. Salz an, kocht sie im geschlossenen Topf 30 Minuten, gießt das Wasser ab und dämpft die Kartoffeln trocken. Sind sie nicht gleich anzurichten, so legt man ein sauberes Tuch lose auf die Kartoffeln, hierüber einen Deckel und stellt den Topf in einen Topf mit kochendem Wasser. Auf diese Weise sind sie mehrere Stunden heiß und schmackhaft zu erhalten.

*Zutaten: 1 Kilo Eierkartoffeln, 1 Essl. Salz.*

**Pommes frites für 18 Personen.** Die Kartoffeln schneidet man in dünne Scheiben, dann in dünne Streifen, legt die Streifen auf ein Tuch und trocknet sie. Öl, Fleisch- oder Pflanzenfett erhitzt man, bis es Dampf zieht. Die geschnittenen Kartoffelstreifen werden nun, ein gehäufter Schaumlöffel voll zurzeit, in diesem Fett unter immerwährendem Rühren goldgelb gebacken, dann legt man die Pommes frites auf ein Sieb zum Abtropfen. Auf das Sieb legt man vorher Löschpapier. Sind nun alle Kartoffeln so vorbereitet, dann werden sie 5 Minuten vor dem Anrichten nochmals alle auf einmal in dem heißen Fett kross gebacken, dann mit 1 Teel. Salz überstreut und, um den tranchierten Braten gelegt, sogleich serviert.

*Zutaten: 2 Kilo große, lange Kartoffeln, 1 Kilo Öl, Fleischfett oder Pflanzenfett, 1 Teel. Salz.*

**Schmorkartoffeln für 3 Personen.** Die geschälten Kartoffeln werden gewaschen, und nachdem man sie mit einem kleinen, runden

*Zutaten: 2 Kilo große, lange Kartoffeln, 1 Kilo Öl, Fleischfett oder Pflanzenfett, 1 Teel. Salz.*

Bohrer ausgestochen, mit einem Tuch getrocknet, mit 1/2 Kochl. Butter im Schmortopf angesetzt und zugedeckt hat (vorteilhaft Eierkartoffeln), werden sie 30 Minuten unter öfterem Schütteln hellbraun gebraten. Beim Anrichten muss 1/2 Teel. Salz und 1 Teel. fein gehackte Petersilie dazugegeben werden.

**Neue Vierländer Kartoffeln für 18 Personen als Bratenbeigabe.** Die Kartoffeln legt man in reichlich kaltes Wasser, schabt sie, wäscht sie, *Zutaten: 1 Kilo geschälte Kartoffeln, 1/2 Kochl. Butter, 1 Teel. feingeh. Petersilie.* setzt sie mit 1 Essl. Salz, bis zur Hälfte mit kochendem Wasser bedeckt, an und kocht sie dann langsam im fest geschlossenen Topf 30 Minuten. Durch starkes Kochen werden die Kartoffeln unansehnlich, auch geht der gute Geschmack verloren. Das Wasser wird abgegossen, und die Kartoffeln werden trocken gedämpft. 2 Essl. frische Butter und 1 Essl. fein gehackte Petersilie gibt man dazu, schwenkt die Kartoffeln hiermit vorsichtig durch und richtet sie sogleich an. Die Petersilie für solche Verwendung muss 3–4 Mal mit reichlich kaltem Wasser gewaschen, hiernach mit einem Tuche gut ausgedrückt und dann gehackt werden. Kann man die Kartoffeln nicht sogleich anrichten, müssen sie in einen Topf mit kochendem Wasser gestellt, ein trockenes, sauberes Tuch auf die Kartoffeln gelegt, und der Topf mit einem Deckel geschlossen werden. Butter und Petersilie kommen erst beim Anrichten dazu.

**Kleine Bratkartoffeln für 4 Personen.** Die kleinen Kartoffeln werden gewaschen und reichlich mit kaltem Wasser bedeckt ange- *Zutaten: 1 Kilo geschälte Kartoffeln, 1/2 Kochl. Butter, 1 Teel. feingeh. Petersilie.* setzt, im geschlossenen Topf 30 Minuten gekocht, dann das Wasser abgegossen und die Haut abgezogen. Die Kartoffeln setzt man mit 1 Essl. Butter an und dämpft sie zugedeckt im Schmortopf 20 Minuten recht langsam, streut 1 Teel. Salz und 2 Teel. Paniermehl auf die Kartoffeln, schwenkt sie durch und lässt sie noch 10 Minuten ohne Deckel im Ofen weiterbraten. Beim Anrichten gibt man noch 1 Teel. frische Butter an die Kartoffeln. Statt der Butter können auch Fettreste von jedem Braten verwendet werden.

**Brühkartoffeln für 4 Personen.** Man nimmt am besten Eierkartoffeln. Die geschälten Kartoffeln setzt man bis zur Hälfte bedeckt mit *Zutaten: 4 Kilo Kartoffeln, 2 Essl. frische Butter. 1 Essl. Salz, 1 Essl. fein gehackte Petersilie.* kaltem Wasser, 1 Essl. Salz an, kocht sie im geschlossenen Topf in 30 Minuten weich, gießt das Wasser ab und dämpft sie trocken. 1/2 Kochl. Mehlschwitze rührt man mit 1/2 Ltr. Fleischbrühe aus, gibt 1 Teel. Salz, 1 gehäuften Teel. fein gehackte Petersilie dazu und lässt die Tunke aufkochen. Die Kartoffeln lässt man in der Tunke langsam 5 Minuten kochen, dann müssen sie sogleich angerichtet werden. Kann man sie nicht gleich anrichten, deckt man sie zu und stellt den Topf in kochendes Wasser.

**Apfelkartoffeln für 4 Personen.** Man gibt sie zu jedem kalten Fleisch, Suppenfleisch und zum Hasen. Die geschälten Kartoffeln setzt man, bis zur Hälfte mit Wasser bedeckt, mit 1 Teel. Salz an und kocht sie 10–15 Minuten. Nun gibt man 1 Kilo geschälte, vom Kernhaus befreite, in Viertel geschnittene Äpfel dazu; dann lässt man das Gericht fest zugedeckt 30–40 Minuten weiterkochen. Beim Anrichten gibt man 1 Kochl. Butter oder in Würfel geschnittenen Speck, den man vorher ausgebraten dazu, etwas Schmalz und 100 Gr. Zucker nach Geschmack.

*Zutaten: 2 Kilo geschälte Kartoffeln, 1 Teel. Salz, 1 Kilo Äpfel, 1 Kochl. Butter oder 100 Gr. Speck.*

**Kartoffelnester für 6 Personen.** Man verwendet sie als Garnitur zu Braten. Die geschälten Kartoffeln setzt man bedeckt mit kaltem Wasser an, kocht sie im geschlossenen Topf 30 Minuten, gießt das Wasser ab und dämpft sie trocken. Man streicht sie durch ein Sieb, rührt die Masse rasch mit 1 Kochl. Butter zusammen, stellt sie 30 Minuten beiseite und gibt nach dieser Zeit 2 Eidotter dazu. Dann formt man Bälle, wendet sie in Eiweiß und Zwieback und formt dann mit dem Daumen ein Nest. Man bäckt 3 Stück zurzeit in heißem Fett kross. Die Nester können 1 Stunde vor Gebrauch fertiggestellt werden, 10 Minuten vor dem Anrichten stellt man sie in den nicht zu heißen Ofen. Die Nester sind mit kleinen, roh geschmorten Kartoffeln zu füllen, diese mit gehackter Petersilie zu bestreuen (siehe Schmorkartoffeln). Auch füllt man verschiedene Gemüse in die Nester.

*Zutaten: 1 Kilo geschälte Kartoffeln, 1 Kochl. Butter, 2 Eidotter. Eiweiß und Zwieback.*

**Kartoffelkränze für 6 Personen.** Kartoffelkränze verwendet man als Garnitur für jeden Braten, auch beim Gemüsegang, indem man in die Kränze verschiedene kleine Gemüse füllt. Die geschälten Kartoffeln werden gekocht, abgegossen und trockengedämpft. Darauf werden sie durch ein Sieb gestrichen. Zu dieser Kartoffelmasse gibt man 2 Eidotter und etwas Salz, rührt das Ganze gut durch, formt auf einem Brett Kränze, bestreut sie mit Parmesankäse und belegt sie mit Butterstückchen. Darauf lässt man sie auf einer Platte in dem heißen Ofen 5–10 Minuten hellbraun backen.

*Zutaten: 1 Kilo Kartoffeln, 2 Eidotter, etwas Salz, etwas Parmesankäse und Butter.*

**Kartoffelpuffer für 4 Personen.** Die rohen Kartoffeln werden gerieben, und zwar in eine Schüssel mit kaltem Wasser. Dieses tut man, damit die Kartoffelmasse nicht braun wird. Sind

*Zutaten: 500 Gr. rohe Kartoffeln. 1 Teel. Salz, 1 Kochl. Mehl, 2 Eier, 2 Essl. Milch, 125 Gr. Butter oder ausgelassenes Speckfett.*

alle Kartoffeln gerieben, so schüttet man die Masse auf ein Sieb zum Abtropfen, drückt die Kartoffelmasse gut aus und mischt sie mit 1 Kochl. Mehl und 1 Teel. Salz. Ist alles gut verrührt, so kommen 2 Eidotter, 2 Essl. Milch und zuletzt der feste Schnee der Eier hinzu. 1 Kochl. Butter oder ausgelassenes Speckfett legt man in eine Pfanne, tut 2 Kochl. von dem Teig in diese Pfanne, streicht denselben gut aus und bäckt die Puffer unter öfterem Umlegen in 5 Minuten kross. Man kann Gurkensalat oder Kronsbeeren dazu geben.

**Kartoffelmus für 4 Personen.** Die geschälten und gewaschenen Kartoffeln werden mit kaltem Wasser bis zur Hälfte bedeckt angesetzt und im geschlossenen Topf 30 Minuten gekocht. Das Wasser wird abgegossen, und hiernach werden die Kartoffeln gedämpft. Dann drückt man sie durch ein Sieb. Die Kartoffelmasse wird schnell zusammengedrückt und, damit sie nicht erkaltet, in den Topf zurückgetan. Unter raschem Rühren gießt man nach und nach 1/4 Ltr. heiße Milch sowie 1 Teel. Salz und 1/2 Löffel frische Butter dazu. Unter raschem Rühren lässt man die Masse heiß werden. Kann man das Kartoffelmus nicht sogleich anrichten, stellt man es in einen Topf mit kochendem Wasser und gießt obenauf 2 Kochl. Milch, damit sich keine Haut bildet. Das Kartoffelmus ist auch für Kranke geeignet.

*Zutaten: 1 Kilo Kartoffeln, 1/4 Ltr. heiße Milch, 1 Teel. Salz, 1/2 Löffel frische Butter.*

**Kartoffelmus-Auflauf für 2 Personen.** Für Kranke geeignet. Die geschälten Kartoffeln werden mit kaltem Wasser angesetzt, in 30 Minuten weich gekocht, abgegossen, trockengedämpft und durch ein Sieb gestrichen. Die Masse wird mit 1 Teel. Butter, 2 Essl. geriebenem Käse und 2 Essl. saurem Rahm verrührt. Dann gibt man 2 Eidotter hinzu und zuletzt den festen Schnee der Eier. Nun gibt man die Masse in eine Auflaufform oder Schüssel, auch in kleine Timbalformen und bäckt sie in nicht zu heißem Ofen 15–20 Minuten. Hat man keinen Bratofen, stellt man die Schüssel in einen Topf mit kochendem Wasser und lässt ihn auf dem Herd kochen.

*Zutaten: 250 Gr. Kartoffeln, 1 Teel. Butter, 2 Essl. gerieben. Käse, 2 Essl. saurer Rahm, 2 Eier.*

**Roh gebratene Kartoffeln für 2 Personen.** Die Butter lässt man in der Pfanne dünn werden, gibt die in Scheiben geschnittenen Kartoffeln dazu und schließt die Pfanne mit einem Deckel. Die Kartoffeln werden bei mäßiger Hitze 30 Minuten gebraten. Inzwischen müssen sie 3 Mal mit einem breiten Messer umgerührt werden. Nach dieser Zeit wird der Deckel beiseitegelegt und auf stärkerem Feuer die Kartoffeln hellbraun und kross gebraten. Man gibt kurz vor dem Anrichten das Salz dazu.

*Zutaten: 250 Gr. geschälte Kartoffeln, 30 Gr. Butter, 1/2 Teel. Salz.*

**Kartoffelcroquetten mit Käse für 6 Personen.** Die Masse wird wie Kartoffelbälle bereitet. Die gesamten Bälle wendet man in geriebenem Käse. Für 16 Kartoffelbälle nimmt man 65 Gr. Käse. Dann wendet man sie in Eiweiß und wieder in Käse. Nun bäckt man sie im heißen Fett. Die Bälle sind als Beilage zu jedem Braten geeignet.

**Béchamelkartoffeln für 3 Personen.** Man gibt die Kartoffeln zum Suppenfleisch. 500 Gr. Kartoffeln setzt man bedeckt mit kaltem Wasser an, kocht sie im geschlossenen Topf 30 Minuten und zieht die Haut ab, solange die

*Zutaten: 500 Gr. kleine Kartoffeln, 1/2 Kochl. Mehlschwitze, 1/4 Ltr. Milch, 1/4 Teel. Pfeffer, 1 Teel. Salz, 1/2 Teel. roh gerieb. Zwiebel.*

Kartoffeln noch heiß sind. 1/2 Kochl. Mehlschwitze rührt man mit 1/4 Ltr. Milch aus. 1 Teel. Salz, 1/4 Teel. Pfeffer und 1/2 Teel. roh geriebene Zwiebel gibt man dazu und lässt die Kartoffeln in dieser Tunke 5–10 Minuten langsam kochen.

**Zuckerkartoffeln für 3-4 Personen.** Man gibt diese Kartoffeln zum Grünkohl. Hierzu nimmt man kleine, runde Kartoffeln. Diese werden

*Zutaten: 1 Kilo Kartoffeln, 1 gehäufter Teel. Butter, 1 Kochl. Zucker, 1 Teel. Salz.*

gewaschen, reichlich bedeckt mit kaltem Wasser angesetzt und im geschlossenen Topf 30 Minuten gekocht. Nach dieser Zeit wird das Wasser abgegossen, und die Kartoffeln werden solange sie noch heiß sind abgepellt. 1 gehäuften Teel. Butter lässt man in einem Topf dünn werden, gibt die Kartoffeln dazu und schließt den Topf mit einem Deckel. Unter öfterem Schütteln brüht man sie bei nicht zu starker Hitze 20 Minuten. Dann überstreut man sie mit 1 Kochl. Zucker und 1 Teel. Salz, schüttelt die Kartoffeln gut durch und lässt sie noch 10 Minuten weiterbraten bis sie hellbraun und glänzend aussehen.

**Kartoffelbälle oder Kartoffelcroquetten, für 4 Personen.** Die geschälten Kartoffeln setzt man, bedeckt mit kaltem Wasser an und

*Zutaten: 500 Gr. geschälte Kartoffeln, 1/2 Teel. Butter, 1 Teel. Salz, 1 Eidotter.*

kocht sie im geschlossenen Topf 30 Minuten, gießt dann das Wasser ab und dämpft sie trocken, streicht sie rasch durch ein Sieb und gibt 1/2 Teel. Butter und 1 Teel. Salz dazu. Die Masse wird fest zusammengerührt und 20 Minuten zum Abkühlen beiseite gestellt. Dann gibt man 1 Eidotter dazu. Ist dieser verrührt, werden kleine Bälle geformt, in Eiweiß und Zwieback gewendet und im heißen Fett kross gebacken. Man darf nur 4 Bälle zurzeit backen; legt man sie alle auf einmal in das Fett, so kühlt dieses rasch ab und die Kartoffelbälle platzen.

**Kartoffelklöße.** Man gibt sie zum Schmorbraten (siehe unter Klöße und Suppeneinlagen). Mit der Hand formt man große Klöße, hierbei wird die Handfläche mit Mehl bestreut. Die Klöße sind in reichlich kochendes Salzwasser (1 1/2 Ltr. kochendes Wasser, 2 Essl. Salz) zu legen und ohne Deckel 30 Minuten zu kochen. Will man die Klöße mit geröstetem Brot füllen, schneidet man ein altes Rundstück in Würfel und brät sie mit 1 Kochl. Butter kross. Die Klöße schlägt man flach, legt 3 Stückchen Brot hinein und rollt die Klöße wieder zusammen.

**Thüringer Kartoffelklöße für 8 Personen.** 125 Gr. Grieß schüttet man in einen Topf, 30 Gr. Butter und 1/2 Ltr. kalte Milch gibt man dazu. Nun rührt man diesen Teig auf mäßigem *Zutaten: 125 Gr. Grieß, 30 Gr. Butter, 1/2 Ltr. kalte Milch. 500 Gr. geschälte Kartoffeln, 1 Ei, 30 Gr. Brot.* Feuer 10–20 Minuten, bis die Masse gut vom Topfe lässt. Darin stellt man den Kloß beiseite 500 Gr. geschälte Kartoffeln wäscht man, gibt die Kartoffeln durch die Mandelmühle. Hierbei stellt man eine Schüssel mit reichlich kaltem Wasser unter die Mandelmühle. Nach 10 Minuten werden die Kartoffeln auf ein Sieb geschüttet zum Abtropfen. Dann wird die Kartoffelmasse mit einem Tuche ausgepresst. Nach 30 Minuten wird das Wasser abgegossen. Die auf dem Boden der Schüssel zurückbleibende Kartoffelstärke oder das Kartoffelmehl gibt man zur Kloßmasse. Diese trockene Kartoffelmasse wird mit dem noch warmen Grießkloß vermischt und 5 Minuten tüchtig verrührt. Nun wird ein ganzes Ei dazugegeben. Ebenso werden 80 Gr. in Würfel geschnittenes und in Butter gebratenes Brot dazu gegeben. Nun formt man aus dieser Masse runde Klöße. Hierbei muss die Handfläche mit Mehl bestäubt werden. Die Klöße werden mit reichlich kochendem Salzwasser angesetzt und ohne Deckel 30 Minuten gekocht. Diese Klöße gibt man zum Schmorbraten, auch Rollfleisch und auch zum kalten Schweinefleisch in Gelee.

**Kartoffel-Auflauf mit Hering für 2 Personen.** Die Kartoffeln werden in 30 Minuten weichgekocht, die Haut wird abgezogen und die Kartoffeln in Scheiben geschnitten. Der Hering wird gewaschen, die Haut wird abge- *Zutaten: 500 Gr. Kartoffeln, 1 gesalzener Hering, 1/8 Ltr. saurer Rahm, 1 Ei, 30 Gr. Speck oder Butter, 30 Gr. geriebener Käse, 30 Gr. gerieben. Brot.* zogen, das Fleisch von den Gräten befreit und hiernach fein gehackt. Das geriebene Brot, Rahm, Ei und Käse schlägt man 5 Minuten in einer Schüssel, füllt diese Masse schichtweise mit den Kartoffeln und dem Hering in eine Auflaufform. Obenauf legt man den recht feingewürfelten Speck. Man bäckt das Gericht 10 Minuten im heißen Ofen.

# Geflügel

**Wildente.** Die Ente wird gerupft, gesengt, ausgenommen und gewaschen. Dann ohne Fett und Wasser angesetzt und im heißen Ofen unter häufigem Begießen und Umlegen 45 Minuten gebraten. Nach dieser Zeit gießt man 1/4 Ltr. Rotwein, 1/8 Ltr. Wasser in die Pfanne und lässt die Ente hiermit noch 10 Minuten braten. Dann wird die Flüssigkeit in einen zweiten Topf gegossen. Die Ente lässt man nun noch 5 Minuten im heißen Ofen braten, damit die Haut wieder kross wird. Die abgegossene Flüssigkeit wird wieder ins Kochen gebracht, 1 gehäufter Teel. Kartoffelmehl wird mit 2 Teel. kaltem Wasser ausgerührt und an die Flüssigkeit gegossen. Die Tunke muss 3 Minuten kochen, 1/2 Teel. Salz fügt man hinzu; liebt man Gewürze, so können 4 Wacholderbeeren mit der Tunke kochen. Diese Bratzeit ist gerechnet für große Enten, für kleine Wildenten rechnet man im Ganzen 45 Minuten Bratzeit.

*Zutaten: 1 Wildente, 1/4 Ltr. Rotwein, 1/8 Ltr. Wasser, 1 gehäufter Teel. Kartoffelmehl, 4 Wacholderbeeren, 1/2 Teel. Salz.*

**Salmi von Wildenten.** Für Kranke geeignet. Außer Ente bereitet man Tauben und Schnepfen ebenso zu. Die Ente wird 30 Minuten gebraten, dann trennt man das Fleisch von den Knochen und gibt es mit der Leber durch die Fleischmaschine. Man gießt in die Pfanne in der man die Ente gebraten hat, 1/2 Ltr. Wasser und kocht in 10 Minuten den angebräunten Fleischsaft los. 1 Essl. Mehl rührt man mit 4 Essl. kaltem Wasser aus, gießt dieses unter Rühren in die Pfanne und kocht die Tunke 3 Minuten. Dann fügt man das gehackte Fleisch und 1 Teel. Salz hinzu; wenn alles gut verrührt ist, streicht man die Masse durch ein Drahtsieb. Das Salmi wird vor dem Anrichten 30 Minuten in einen Topf mit heißem Wasser gestellt.

*Zutaten: 1 Wildente, 1/8 Ltr. Wasser, 1 Essl. Mehl, 1 Teel. Salz.*

**Enten für 18 Personen.** Die Hals- und Flügelstücke und den Magen der Enten setzt man mit 1 1/2 Ltr. Wasser, 1 Teel. Salz und 1 Essl. Couleur an, kocht die Brühe im fest geschlossenen Topf langsam 2 Stunden, setzt die Enten ohne Butter im heißen Ofen an und bratet sie im ganzen unter fleißigem Begießen und

*Zutaten: 2 Anrichten, 4 junge Enten, 1 1/2 Ltr. Wasser, 1 Teel. Salz, 1 Essl. Couleur, 1 gehäufter Teel. Mondamin, 1 Essl. kaltes Wasser, 1 Messerspitze Pfeffer u. Salz, braune Butter.*

Umlegen 1 Stunde; das Fett wird vollständig abgegossen. Nun gießt man die Brühe über die Enten und lässt sie hiermit 10 Minuten im Ofen, gießt die Brühe vollständig ab und gießt das vorherige Fett wieder über die Enten. Mit dem Fett müssen die Enten noch 5 bis 10 Minuten im heißen Ofen weiterbraten, damit die Haut wieder kross wird. Die Brühe wird nun vollständig entfettet, wieder ins Kochen gebracht und beim ersten Aufwallen Fett und Schaum abgefüllt. 1 gehäuften Teel. Mondamin rührt man mit 1 Essl. kaltem Wasser aus, gießt dieses unter Rühren an die kochende Brühe und kocht diese Tunke langsam noch 10 Minuten. Beim Anrichten gießt man die Tunke durch ein Sieb in die gut gewärmte Schüssel. Die Lebern der Enten werden mit 1 Messerspitze Pfeffer und Salz bestreut und in wenig brauner Butter unter immerwährendem Umlegen 5 Minuten gebraten. Beim Anrichten schneidet man die Leber in Scheiben, legt diese Leberscheiben auf die tranchierten Enten und gießt beim Anrichten über das Ganze heiße Tunke.

**Gefüllte Ente für 6 Personen**, Man verwendet für 6 Personen 1 Ente. 500 Gr. Äpfel werden geschält, von dem Kernhaus befreit und in Scheiben geschnitten. 125 Gr. Rosinen werden mit heißem Wasser gewaschen, dann mit den Äpfeln und einem Stück Zitronenschale angesetzt. 3 Kochl. Zucker, 2 Essl. Wasser dazu getan und hiernach 10 Minuten

*Zutaten: 1 Ente, 1/2 Kilo Äpfel, 125 Gr. Rosinen, 3 Kochl. Zucker, Zitronenschale, 2 Essl. Wasser, 2 Essl. geriebenes Brot, 1/2 Ltr. Wasser, 1 gehäufter Teel. Mondamin, 1 Essl. kaltes Wasser, 1 Teel. Salz.*

gedämpft. Dann gibt man 2 Essl. geriebenes Brot, 1 Teel. Salz dazu, füllt die Masse in die Ente, näht sie zu, setzt sie ohne Butter im nicht zu heißen Ofen an und brät sie unter Begießen und Umlegen 1 Stunde. Das Fett gießt man ab und gibt 1/2 Ltr. Wasser über die Ente. Die Ente lässt man hiermit 10 Minuten braten. Dann gießt man die Flüssigkeit ab und gießt das vorherige Fett wieder über die Ente. Damit die Haut der Ente kross wird, lässt man sie noch 10 Minuten braten. Die abgegossene Flüssigkeit bringt man ins Kochen, füllt beim ersten Aufwallen Schaum und Fett ab. 1 gehäuften Teel. Mondamin rührt man mit 1 Essl. kaltem Wasser aus, gießt es unter Rühren an die Tunke und gibt nach Geschmack 1 Teel. Salz dazu. Die Tunke lässt man ohne Deckel 5 bis 10 Minuten langsam kochen. Diese Bratzeit ist für eine große Ente gerechnet, für 1 junge Ente genügt 1 Stunde im Ganzen. Das Entenfett ist für Kohl zu verwenden.

**Kalte Ente in Aspik für 6-8 Personen.** Eine Ente im Gewicht von 3 Kilo, entknöchelt, den Magen, die Knochen und die Flügelspitzen setzt man mit 1 Ltr. Wasser, 1 Zwiebel, 1 Teel. Salz und 10 Pfefferkörnern an und kocht es zugedeckt 2 Stunden. 500 Gr. durchwachsenes Schweinefleisch zwei Mal durch die Maschine drehen. 2 Rundmücke mit 1/4 Ltr. heißem Wasser oder Milch aufweichen,

*Zutaten: 1 Ente von 3 Kilo, 1 Ltr. Wasser, 1 Zwiebel, 1 Teel. Salz, 10 Pfefferkörner, 1/2 Kilo durchwachsenes Schweinefleisch, 2 Rundstücke, 2 Eier, 1 gehäufter Teel. Salz, 1-2 Trüffeln, 3-4 Essl. süßer Rahm, 1/2 Ltr. Wasser, 4 und 16 Blatt weiße Gelatine, 1 Teel. Salz.*

gut ausdrücken und zur Fleischmasse geben. Hierzu noch 2 ganze Eier oder 3 Eiweißreste, 1 gehäuften Teel. Salz, 1–2 Trüffeln, in Stückchen gehackt. Diese gut verrührte Fleischpaste rührt man scharf durch ein Drahtsieb und legt sie dann auf die Fleischseite der entknöcherten Ente. Auch 3–4 Essl. süßen Rahm dazu geben. Die Leber der Ente schneidet man ein Mal durch und legt sie auf die Füllung. Dann näht man die Ente mit ganz kleinen Stichen recht dicht zusammen. Man gibt dann das Entenfett in die Bratpfanne, legt die Ente hinein und lässt sie im nicht zu heißen Ofen 1 1/2 Stunden braten. Nach den ersten 5–10 Minuten mit dem Fett in der Pfanne übergießen. Nicht zu heiß, sonst platzt die Haut, die Füllung kommt heraus und das Gericht ist wertlos geworden. Nach der Bratzeit lässt man die Ente erkalten, gibt das Fett in eine Schale, gießt in die Pfanne 1/2 Ltr. Wasser, kocht unter Rühren den angebräunten Fleischsaft los und lässt die Tunke bis zur Hälfte einkochen. Hieran gibt man 4 Blatt weiße Gelatine und 1 Teel. Salz und lässt sie 1–2 Minuten kochen. Dann durch ein Sieb geben und in einer Schale erkalten lassen. Die Knochenbrühe mit einem Maß messen. Auf 1 Ltr. Flüssigkeit 16 Blatt weiße Gelatine. Hieraus fertigt man den hellen Aspik. Der Magen kann noch in die Füllung gegeben werden. Ist die Brühe trübe, mit Eiweiß klären. Wenn die Ente erkaltet, mit scharfem Messer zerlegen. Nach natürlicher Form wieder zusammenschieben. Die Platte vor ein offenes Fenster schräg stellen und mit dem Aspik solange begießen, bis er haften bleibt. Den hellen Aspik hackt man und legt ihn kranzförmig um die Ente und einen Strich auf den Rücken, Eiweißringe, mit Trüffeln gefüllt garniert man um die Ente. Petersilie, Kopfsalat, Endivien. Das Gericht dient als feines Abendessen, als Mittelschüssel beim Mittagessen und auch als Frühstückgang. Einen Puter füllt man mit Schweserfüllung.

**Gefüllte Ente in Aspik für 6 Personen.** Die vorbereitete Ente wird entknöchelt. Den Magen, die Flügelspitzen und das Halsstück setzt man mit 1 Zwiebel, 20 Pfefferkörnern, 1/8 Ltr. Essig, 1 gehäuften Teel. Salz und 3/4 Ltr. kaltem Wasser an, kocht diese Brühe Zugedeckt 1 1/2 Stunden. Dann macht man hiervon Aspik (siehe unter Aspik.) 375 Gr.

*Zutaten: 1 Ente im Gewicht von 1-1 1/2 Kilo, 1 Zwiebel, 20 Pfefferkörner, 1/8 Ltr. Essig, 1 gehäufter Teel. Salz, 3/4. Ltr. kaltes Wasser, 375 Gr. Geflügelleber, 2 alte Rundstücke, 65 Gr. Trüffeln, 1 Teel. Salz, 2 Eier.*

Geflügelleber werden roh fein gehackt und durch ein Sieb gestrichen. 2 alte Rundstücke weicht man 2 Minuten in lauwarmem Wasser ein, drückt sie gut aus und streicht sie durch ein Drahtsieb. Nachdem die Lebermasse gut verrührt ist, gibt man den Inhalt einer 65-Gr.-Dose Trüffeln mit dem Saft fein gehackt dazu, ebenso 1 Teel. Salz und 2 ganze Eier. Hat man Eiweißreste, so nimmt man 3 Eiweiß statt der ganzen Eier. Nun füllt man die Leberfarce in die Ente, näht diese zu und brät sie im heißen Ofen 1 Stunde unter fleißigem Begießen, worauf man sie zum Erkalten 3–4 Stunden beiseite stellt. Nach dieser Zeit übergießt man die Ente mit dem kalten flüssigen Aspik so lange, bis das Gelee haftet. Man verrichtet diese Arbeit am offenen Fenster.

**Poularde für 10 Personen.** Die Flügelspitzen und die Halsenden schneidet man ab. Dieses setzt man mit dem Magen, dem Herz, 1 gehäuften Teel. Salz und 1 1/2 Ltr. kaltem Wasser an, kocht alles im geschlossenen Topf vorher 2 Stunden. Die Poularde wird mit 1 Speckscheibe belegt, im nicht zu heißen Ofen

*Zutaten: 1 große Poularde von 3 Kilo, 1 gehäufter Teel. Salz, 1 1/2 Ltr. kaltes Wasser, 1 Speckscheibe, 1 gehäuft. Teel. Mondamin, 1 Essl. kaltes Wasser, 1 Teel. Salz, Trüffeln, Brunnenkresse.*

unter fleißigem Begießen und Umlegen 3/4 Stunden gebraten. Hiernach gießt man das Bratfett vollständig von der Poularde ab, gießt die Brühe von den Flügelspitzen und Halsenden über die Poularde und lässt sie hiermit noch 10 Minuten im Ofen. Nun gießt man diese Brühe wieder ab, gießt das vorherige Fett mit der Speckscheibe wieder über die Poularde, macht den Ofen recht heiß und lässt sie hiermit noch 10 Minuten im Ofen. Die Brühe wird nun vollständig entfettet, nochmals aufgekocht. 1 gehäuften Teel. Mondamin rührt man mit 1 Essl. kaltem Wasser aus, gießt dieses unter Rühren an die Brühe und kocht die Brühe hiermit 5 Minuten. Hat man 1 Trüffel zur Verfügung, so schneidet man diese in Scheiben und lässt sie in der Tunke 5 Minuten langsam kochen. Die Tunke wird mit 1 Teel. Salz gewürzt. Die Trüffelscheiben legt man beim Anrichten über die tranchierte Poularde und legt als Garnitur um die Poularde Brunnenkresse.

**Poulet à la Stambul für 10 Personen.** Die Poularde wird entknöchelt, die Knochen werden mit 1 1/2 Ltr. kaltem Wasser, 1 Zwiebel, 1 Essl. Salz angesetzt und langsam 2 Stunden gekocht. Der Reis wird gewaschen, mit 1 1/2 Ltr. kochendem Wasser angesetzt und 15 Minuten gekocht, dann zum Abtropfen auf ein Sieb gegossen. Die Trüffeln werden gröblich gehackt und mit dem Reis gemischt; 1 Teel. Salz und 2 Essl. geriebenen Chesterkäse,

*Zutaten: 1 Poularde im Gewicht von 3 Kilo, 1 1/2 Ltr. kaltes Wasser, 1 Zwiebel, 1 Essl. Salz, 250 Gr. Reis, 1 1/2 Ltr. koch. Wasser, 1 Teel. Salz, 2 Essl. geriebener Chesterkäse, 1 Kochl. Butter, 4 Eiweiß, 1 Scheibe Speck, 1 Kilo frische Champignons, dreieckig geschn. Brotscheiben, 10 Wachteln.*

1 Kochl. Butter gibt man dazu, dann 4 Eiweiß, füllt die Masse in die Poularde, näht sie zu, belegt sie mit 1 Scheibe Speck und brät sie im nicht zu heißen Ofen 1 Stunde. In der letzten Viertelstunde macht man den Ofen heißer. Die Poularde muss 10 Minuten vor dem Tranchieren, mit einem Tuche zugedeckt, im nicht zu heißen Tellerwärmer stehen. Beim Anrichten füllt man die Champignons (siehe unter Gemüse) um die Poularde, außerhalb der Champignons dreieckig geschnittene Brotscheiben. Auf die Brotscheiben legt man die Wachteln; diese werden vorher im heißen Ofen 20 Minuten gebraten. Aus der Knochenbrühe bereitet man eine Trüffeltunke.

**Poularde mit Gänseleber und Trüffeln gefüllt.** für 10 Personen. Man nimmt hierzu 1 Kilo frische Gänseleber, 250 Gr. frische Trüffeln und 250 Gr. altes Brot. Die gebürsteten und gewaschenen Trüffeln werden geschält und eine Trüffel hiervon in Scheiben geschnitten und diese Scheiben unter die Haut der

*Zutaten: 1 Poularde, 1 Kilo frische Gänseleber, 250 Gr. frische Trüffeln, 250 Gr. altes Brot, 1 gehäufter Teel. Salz, 1 Ei, einige Speckscheiben, 1 Teel. Reismehl, 1 Teel. Salz, 1 1/2 Ltr. Wasser.*

Poularde geschoben. Das Brot wird 1–2 Minuten in lauwarmem Wasser geweicht, die Trüffelschale wird gehackt. Die Hälfte der Gänseleber verrührt man mit dem Brot und der gehackten Trüffelschale und gibt 1 gehäuften Teel. Salz und 1 Ei dazu. Die übrigen Trüffeln schneidet man in große Würfel und tut sie in diese Farce und diese Farce wiederum mit der zweiten Hälfte der Gänseleber zusammen in die Poularde. Nun belegt man die Poularde mit Speckscheiben und verschnürt sie. So zubereitet, kann man sie bei kaltem Wetter drei bis vier Tage stehen lassen. Nach dieser Zeit setzt man sie im heißen Ofen ohne Butter an und brät sie unter fleißigem Begießen und Umlegen 1 Stunde. Dann nimmt man die Speckscheiben ab, gießt das Fett ab, macht den Ofen heißer und brät die Poularde 10 Minuten weiter, damit sie braun wird. Die Flügel und das Halsstück werden mit 1 1/2 Ltr. Wasser angesetzt und zugedeckt 1 Stunde gekocht. Dann legt man die fertige Poularde auf eine Platte und stellt sie 10 Minuten vor dem Anrichten in den warmen Tellerwärmer. Inzwischen füllt man die Knochenbrühe in die Pfanne in der die Poularde gebraten ist, kocht unter Rühren den angebräunten Fleischsaft in 5 Minuten los, gießt die Flüssigkeit in eine Schüssel und füllt das Fett ab. Die entfettete Flüssigkeit bringt man wieder ins Kochen, gibt unter Rühren 1 Teel. Reismehl und 1 Teel. Salz hinzu und lässt die Tunke 5 Minuten kochen. Beim Anrichten muss die Tunke durch ein Sieb gegossen werden. Man gibt dieses Gericht beim feineren Mittagessen.

**Entknöchelte Poularde für 3 Personen.** 125 Gr. Gefügelleber gibt man mit 125 Gr. Trüffeln durch die Fleischmaschine, rührt 1/2 Kochl. Mehlschwitze mit 2 Essl. Knochenbrühe aus. Diese bereitet man von dem Geripppe der Poularde. Das Fleisch ist nun mit der etwas ausgekühlten Mehlschwitze zu mischen und, nachdem alles gut verrührt, sind 1 Teel. Salz nach Geschmack und 2 ganze rohe Eier daran zu geben. Hat man Eiweißreste, so genügen auch 1–2 Eiweiß statt der ganzen Eier. Die durch ein Sieb gestrichene Farce wird in die Poularde gefüllt, diese zugenäht, mit 1 Speckscheibe belegt und im nicht zu heißen Ofen eine 3/4 Stunde unter fleißigem Begießen gebraten.

*Zutaten: 125 Gr. Gefügelleber, 1 Poularde im Gewicht von 2 Kilo, 125 Gr. Trüffeln, 1/2 Kochl. Mehlschwitze, 2 Essl. Knochenbrühe, 1 Teel. Salz, 2 ganze rohe Eier, 1 Speckscheibe.*

**Puter für 6 Personen.** 1 junger Puter im Gewicht von 4 Kilo wird ausgenommen und gewaschen; danach schlägt man den Hals und die Flügelspitzen ab. Hals, Flügelspitzen, Magen und Herz werden alsdann mit 3/4 Ltr. Wasser, 1 gehäuften Teel. Salz, 1 Essl. getrockneter Champignons angesetzt und zugedeckt 2 Stunden langsam gekocht. Diese Flüssigkeit verwendet man später zur Tunke. 250 Gr. Weißbrot wird mit 1/4 Ltr. heißem Wasser 5 Minuten geweicht; gut ausgedrückt legt man das Brot in eine Pfanne, gibt 1 Kochl. Gänse- oder Entenfett oder Butter dazu. Unter Rühren wird das Brot in der Pfanne auf geschlossenem Herd abgebacken, bis es trocken als Kloß von der Pfanne loslässt. Den Kloß stellt man zum Auskühlen 10 Minuten beiseite. Die Leber wird fein gehackt zum Kloß gegeben. Man kann auch eine gekochte Schweser mit der Brotmasse mischen. Außerdem gibt man die fein abgeriebene Schale 1/2 Zitrone, 60 Gr. abgezogene süße geriebene Mandeln, 4 bittere Mandeln, 2 Eidotter dazu. Die Masse wird in den Kropf des Puters gefüllt; der Kropf wird

*Zutaten: 1 Puter im Gewicht von 4 Kilo, 3/4 Ltr. Wasser, 1 Teel. Salz, 1 Essl. getrocknete Champignons, 250 Gr. Weißbrot, 1 Kochl. Butter oder Fett, abgeriebene Schale 1/2 Zitrone, 60 Gr. süße Mandeln, 4 bittere Mandeln, 2 Eidotter, 2 Teel. Kartoffel- oder Maismehl.*

zugenäht und man setzt den Puter mit 1 Speckscheibe belegt im heißen Ofen an. Nun wird der Puter 1 Stunde im eigenen Fett gebraten, inzwischen übergossen mit dem Fett, welches sich nach Verlauf von 5–10 Minuten während der Bratzeit sammelt. Nach dieser Bratzeit gießt man das Fett ab und gießt es an die vorher gekochte Knochenbrühe in die Pfanne. Nach 15 Minuten wird auch diese Flüssigkeit wieder abgegossen und das vorherige Fett wieder über den Puter gegossen. Man lässt den Puter nun noch 5 Minuten im Ofen, damit die Haut wieder kross wird. Die Flüssigkeit wird ins Kochen gebracht. 2 Teel. Kartoffelmehl oder Maismehl werden mit etwas kaltem Wasser angefeuchtet und an die kochende Flüssigkeit gegossen. Man lässt die Tunke ohne Deckel 5 Minuten kochen. Statt Brot kann man 250 Gr. Kalbfleisch und 125 Gr. geräucherten Speck, durch die Fleischmaschine gegeben, nehmen. Trüffeln oder Champignons, auch 20 Gr. abgezogene Pistazien verbessern den Geschmack.

**Gebratene Tauben.** Man rechnet auf die Person 1 Taube. Die Tauben werden mit Speck belegt, ohne Butter im heißen Ofen angesetzt, fleißig begossen und umgelegt, 30 Minuten gebraten. In den letzten 10 Minuten wird das Fett vollständig abgegossen, dann gießt man für 3 Tauben 1/4 Ltr. Wasser darüber. Die Brühe wird entfettet und die Tunke mit etwas ausgerührtem Maizenamehl sämig gemacht. Will man Rahmtunke, so nimmt man statt des Wassers 1/4 Ltr. sauren Rahm.

*Zutaten: 3 Tauben, Speck, 1/4 Ltr. Wasser oder saurer Rahm, ausgerührt. Maizenamehl.*

**Gefüllte Tauben für 3 Personen.** Die Tauben werden entknöchelt, die Leber gibt man mit 30 Gr. Trüffeln durch die Maschine. 1 geschältes Rundstück weicht man 1 Minute in reichlich lauwarmem Wasser ein, drückt es gut aus und gibt es zum Schluss mit durch die Maschine. 1 Ei gibt man an diese Farce und etwas Salz, streicht sie durch ein Sieb, füllt die Farce in die Tauben und näht sie zu. Nun legt man sie in die Pfanne, entweder mit 1 Löffel Butter, oder belegt jede Taube mit 1 Speckscheibe, brät sie 30 Minuten, begießt sie inzwischen mit 1/4 Ltr. saurem Rahm. Die Tunke wird mit Salz gewürzt und, wenn nötig, mit etwas ausgerührtem Weizenmehl sämig gemacht.

*Zutaten: 3 Tauben, 125 Gr. Geflügelleber, 30 Gr. Trüffeln, 1 geschältes Rundstück, 1 Ei, etwas Salz, 1 Löffel Butter, 1/4 Ltr. saurer Rahm, Speckscheiben.*

**Rebhuhnbraten für 6 Personen.** Man rechnet 1 Rebhuhn à Person. Kleine junge Rebhühner brät man im ganzen 20 Minuten im heißen Ofen, große, ausgewachsene 35 Minuten. Die Rebhühner werden mit einer Speckscheibe belegt. Man begießt sie

*Zutaten: 6 Rebhühner, 6 Speckscheiben, 1/4 Ltr. saurer Rahm, 1/8 Ltr. Wasser, 1/2 Teel. Salz, eventuell etwas Weizenmehl.*

nach Verlauf von 5 Minuten und legt sie in der Pfanne zwei Mal während der Bratzeit um. Für 6 Rebhühner rechnet man 1/4 Ltr. sauren Rahm. Dieser wird in den letzten 10 Minuten über die Rebhühner gegossen. Nach dieser Zeit gießt man die Tunke in einen kleineren Stieltopf, stellt die Pfanne auf eine heißere Herdstelle, gießt nun 1/8 Ltr. Wasser in die Pfanne und kocht unter Rühren den angebräunten Fleischsaft in 2 bis 3 Minuten los. Diese Flüssigkeit gießt man mit in den Stieltopf zu der Rahmtunke, welche sodann mit 1/2 Teel. Salz gewürzt wird. Nur wenn nötig, wird sie noch mit etwas angerührtem Weizenmehl sämig gemacht. Die Tunke wird beim Anrichten durch ein Sieb in eine vorher gut gewärmte Schüssel gegossen.

**Haselhuhn für 6 Personen.** Die Hühner legt man 6 Stunden vor dem Gebrauch in reichlich kalte Milch; hiernach werden sie mit je 1 *Zutaten: 6 Hühner, 65 Gr. Speckscheiben, 1/2 Ltr. saurer Rahm, 1/2 Teel. Salz.* Speckscheibe belegt, im heißen Ofen unter öfterem Begießen und Umlegen 20 Minuten gebraten, dann gießt man das Fett ab und gießt in zwei Touren den Rahm über die Haselhühner. Mit dem Rahm lässt man die Hühner 10 Minuten braten, dann gießt man die Tunke ab und lässt die Hühner noch mit dem Fett 5 Minuten braten. Die Tunke wird mit dem Salz gewürzt und, nur wenn nötig, mit etwas ausgerührtem Weizenmehl sämig gemacht.

**Fasan für 4-6 Personen.** Hähne sind größer und im Einkauf teurer als Hennen. Das Fleisch der Hennen ist nicht so zart wie das *Zutaten: 1 Fasan, 1 Scheibe Speck, 1/2 Ltr. saurer Rahm, 1/2 Teel. Salz.* der Hähne. Der Fasan wird mit 1 Scheibe Speck belegt, dann im heißen Ofen unter fleißigem Begießen und Umlegen im Ganzen 45 Minuten gebraten. Nach 30 Minuten gießt man das Fett ab, legt den Speck beiseite und gießt nach und nach 1/2 Ltr. sauren Rahm über den Fasan. Die Tunke wird mit 1/2 Teel. Salz gewürzt, wenn nötig mit etwas ausgerührtem Weizenmehl sämig gemacht. Kleine Fasanen werden im Ganzen 30 Minuten gebraten.

**Farciertes Kücken für 2 Personen.** 125 Gr. gekochter Schinken und 125 Gr. Geflügelleber werden zwei Mal durch die Fleischmaschine gegeben. 65 Gr. frische Trüffeln werden gebürstet und geschält. Die Schale wird fein gehackt, die Trüffeln in Stücke geschnitten. 1/2 Kochl. Mehlschwitze rührt man mit *Zutaten: 1 Kücken, 125 Gr. gek. Schinken, 125 Gr. Geflügelleber, 65 Gr. frische Trüffeln, 1/2 Kochl. Mehlschwitze, 1/8 Ltr. Schlagrahm, 1 ganzes Ei, 1/4 Ltr. saur. Rahm, Salz, Weizenmehl, Speckscheiben.* 1/8 Ltr. Schlagrahm aus und gibt die Fleischmasse und die Trüffeln dazu. Ist das Ganze gut verrührt fügt man 1 ganzes Ei oder 2 Eiweißreste und etwas

229

Salz hinzu. Diese Masse stopft man in ein entknöcheltes Kücken, näht es zu, belegt es mit Speckscheiben und brät es im nicht zu heißen Ofen 30 Minuten. Dann legt man den Speck beiseite, gießt das Fett vollständig ab und gießt 1/4 Ltr. sauren Rahm über das Kücken. Mit dem Rahm lässt man das Kücken noch 10 Minuten braten. Die Tunke wird, nur wenn nötig, mit etwas ausgerührtem Weizenmehl sämig gemacht.

**Huhn mit Spargel für 6 Personen.** Ein junges Huhn von etwa 1 Kilo wird mit 1 Ltr. kaltem Wasser, 1 Teel. Salz angesetzt und im geschlossenen Topf 1 Stunde recht langsam gekocht. Durch starkes Kochen wird das Fleisch hart. Eine Schweser von 1/2 Kilo legt man dazu,

*Zutaten: 1 junges Huhn von etwa 1 Kilo, 1 Ltr. kaltes Wasser, 1 Teel. Salz, 1 Schweser von 1/2 Kilo, 1 Kochl. Mehlschwitze, eine 1/2- Kilo-Dose Spargel, 3 Eidotter.*

lässt das Ganze 30 Minuten kochen, legt die Schweser in kaltes Wasser, zieht die Haut ab und schneidet die Schweser in Scheiben. Vom Huhn zieht man die Haut ab und trennt das Fleisch von den Knochen. 1 Kochl. Mehlschwitze wird mit der Brühe ausgerührt. Den Inhalt einer Dose Spargel gibt man dazu. Hiernach rührt man die Tunke mit 3 Eidottern ab. Die Eier müssen vorher 10 Minuten gerührt werden. 30 Minuten vor dem Anrichten stellt man das Gericht in einen Topf mit heißem Wasser. Ist das Gericht für Kranke bestimmt, wird 1/2 Kücken à Person gerechnet. Man kann beim Anrichten die Hälfte der Schweser panieren und in brauner Butter 2–3 Minuten braten.

**Gänsebraten für 6-8 Personen.** Die ausgenommene, gewaschene Gans wird mit einem Tuch getrocknet, ohne Butter angesetzt und unter fleißigem Begießen und Umlegen im ganzen 1 3/4 Stunden gebraten. In der letzten halben Stunde wird das Fett vollständig abge-

*Zutaten: 1 Gans im Gewicht von 6 Kilo, 1 1/2 Ltr. kaltes Wasser, 1 gehäufter Teel. Salz, 10 Pfefferkörner, 2 Teel. Mondamin oder Kartoffelmehl, 4 Teel. kaltes Wasser.*

gossen. Hals, Flügelstücke, sowie Magen werden mit 1 1/2 Ltr. kaltem Wasser, 1 gehäuften Teel. Salz und 10 Pfefferkörnern angesetzt und zugedeckt 2 Stunden langsam gekocht. Diese Flüssigkeit wird über die Gans gegossen, sobald man das Fett entfernt hat. Mit dieser Flüssigkeit lässt man die Gans 10 Minuten im Ofen. Dann wird diese Flüssigkeit abgegossen und das vorherige Fett wieder über die Gans gegeben, womit man die Gans im heißen Ofen 5–10 Minuten weiterbraten lässt, damit die Haut wieder kross wird. Die abgegossene Flüssigkeit wird entfettet wieder ins Kochen gebracht. Nebenher rührt man 2 Teel. Mondamin oder Kartoffelmehl mit 4 Teel. kaltem Wasser aus und gießt dieses unter Rühren an die Flüssigkeit. Die so entstandene Tunke lässt man 3 Minuten kochen. Beim Anrichten wird die

Tunke durch ein Sieb gegossen. Das abgefüllte Fett kann statt Butter bei allen Gemüsearten verwendet werden.

**Gefüllte Gans für 8-10 Personen.** 2 1/2 Kilo Prinzäpfel werden geschält, in Viertel geschnitten, vom Gehäuse befreit, dann in dünne Scheiben geschnitten. 125 Gr. Rosinen werden 2–3 Mal mit heißem Wasser gewaschen, mit den Äpfeln und 65 Gr. Zucker und 1 gehäuften Teel. Salz gemischt. Die Füllung setzt man mit 1/5 Ltr. Wasser an, kocht sie langsam 15 Minuten, mischt die Masse mit 2

*Zutaten: 1 junge Gans im Gewichte von 5 Kilo, 2 1/2 Kilo Prinzäpfel, 125 Gr. Rosinen, 65 Gr. Zucker, 1 gehäufter Teel. Salz, 1/8 Ltr. Wasser, 2 Essl. geriebenes Brot, 1 1/2 Ltr. Wasser, 1 gehäufter Teel. Salz, 2 gehäufte Teel. Mondamin, 1 Essl. kaltes Wasser.*

Essl. geriebenem Brot und füllt sie in die Gans; diese wird dann zugenäht. Man setzt die Gans ohne Butter an und brät sie langsam 1 Stunde unter fleißigem Begießen und Umlegen. Das Fett gießt man ab. Magen, Flügel und Halsstücke setzt man vorher mit 1 1/2 Ltr. Wasser, 1 gehäuften Teel. Satz an und kocht die Brühe langsam 2 Stunden. Diese Brühe gießt man über die Gans, wenn das Fett abgefüllt ist, und lässt die Gans mit der Brühe noch 1/4 Stunde braten unter öfterem Begießen. Die Brühe gießt man dann ab und füllt das vorherige Fett wieder über die Gans. Mit dem Fett lässt man die Gans noch 1/4 Stunde im Ofen, inzwischen wird sie öfter begossen. Das Fett gießt man deshalb über die Gans, damit die Haut kross wird. Die abgegossene Brühe wird entfettet und nochmals ins Kochen gebracht. 2 gehäufte Teel. Mondamin rührt man mit 1 Essl. kaltem Wasser aus, gießt es unter Rühren an die Tunke und kocht die Tunke hiermit noch 5–10 Minuten.

**Gans mit Trüffelfüllung für 8-10 Personen.** Eine junge Gans wird entknöchelt. Die Knochen, Hals und Flügelstücke, sowie Magen werden mit 1 Teel. Salz, 10 Pfefferkörnern und 2 Ltr. kaltem Wasser, zugedeckt langsam 2 Stunden gekocht. Man gießt gleichzeitig 1–2 Essl. Zuckerfarbe oder Couleur zum Färben an die Flüssigkeit. 250 Gr. frische Trüffeln werden gebürstet und gewaschen, mit 1/8 Ltr.

*Zutaten: 1 junge Gans von 4 Kilo, 1 Teel. Salz, 10 Pfefferkörner, 2 Ltr. kaltes Wasser, 1-2 Essl. Zuckerfarbe, 250 Gr. frische Trüffeln, 1/8 Ltr. Rotwein oder Madeira, 1/2 Kilo alte Rundstücke, 1/2 Kilo Geflügelleber, 1 Essl. Salz, 3 Eier, 2 Teel. Mondamin, 4 Teel. Wasser.*

Rotwein oder Madeira in einem kleinen Topfe angesetzt und zugedeckt einmal aufgekocht. Nun stellt man den Topf mit den Trüffeln beiseite, lässt letztere 1/4 Stunde ziehen, nicht mehr kochen. Die alten Rundstücke werden mit 1 Ltr. lauwarmem Wasser 2 Min. geweicht, dann gut ausgedrückt. 1/2 Kilo Geflügelleber gibt man durch die Fleischmaschine und hiernach gibt man sie durch ein Sieb. Diese Lebermasse gibt man zu dem verrührten Brot. Die Trüffeln werden dick geschält. Die Schale wird recht fein gehackt und mit dem Saft oder dem Wein zu dem Brot und der Leber gegeben. An diese Masse gibt man nun 1 Essl. Salz und 3 ganze Eier. Ist diese Masse gleichmäßig verrührt, werden die Trüffeln, in kleine Stücke geschnitten, dazu gegeben. Diese Masse wird nun in die entknöchelte Gans gefüllt und diese zugenäht. Sodann belegt man die Gans mit dem vorher herausgenommenen Fett und schlägt sie danach in einen großen Bogen weißes Papier, mit dem Papier nicht zu fest verschnürt. Nun brät man die Gans im nicht zu heißen Ofen 1 1/2 Stunden. Nach dieser Zeit wird die Gans vorsichtig aus dem Papier herausgenommen und zugedeckt 10 Minuten vor dem Tranchieren in den Tellerwärmer gestellt. Das Fett wird aus der Pfanne genommen. Die vorbereitete Brühe von dem Gerippe der Gans wird jetzt in die Pfanne gegossen. Nun kocht man unter Rühren den angebräunten Fleischsaft in der Pfanne in 5 Minuten los. Diese Flüssigkeit wird in eine Schüssel gegossen und entfettet wieder ins Kochen gebracht. 2 Teel. Mondamin rührt man mit 4 Teel. kaltem Wasser aus, gießt dieses unter Rühren an die kochende Flüssigkeit und kocht die Tunke 3 Minuten. Beim Anrichten wird sie durch ein Sieb gegeben. Man kann zur getrüffelten Gans Orangenmarmelade oder auch Gurkensalat geben. Auch Chutney ist als Beigabe geeignet.

**Gänseklein.** Den Magen einer Gans öffnet man und säubert ihn; den Hals zerschneidet man. Die Halshaut darf nicht verletzt werden; sie wird beiseitegelegt. Die Flügel und Flügelspitzen werden zwei Mal durchgeschlagen, mit Magen und gefülltem Halsstück, 1 Ltr. Wasser, 1 Lorbeerblatt und 1 Zwiebel angesetzt und im geschlossenen Topf 1 1/2 Stunden langsam

*Zutaten: Magen, Hals und Flügelstücke einer Gans, 1 Ltr. Wasser, 1 Lorbeerblatt, 1 Zwiebel, 3 alte Rundstücke, 1/2 Kochl. Butter, 1 Essl. geriebene Mandeln, 1 Teel. Salz, 1 Ei, 1 Zehe Knoblauch, 1/2 Kochl. Mehlschwitze.*

gekocht. 3 alte Rundstücke werden geschält, in lauwarmem Wasser geweicht und gut ausgedrückt. 1/2 Kochl. Butter lässt man in der Pfanne dünn werden, gibt das Brot dazu und bäckt dieses unter Rühren 3–5 Minuten ab, wonach man es zum Auskühlen beiseite stellt. Nach dieser Zeit fügt man 1 Essl. geriebene Mandeln, 1 Teel. Salz, 1 ganzes Ei und 1 Zehe geriebenen Knoblauch hinzu. Diese Farce füllt man in die Halshaut, welche sodann an beiden Enden mit Fäden zugebunden wird. Diesen gefüllten Hals lässt man mit den Flügelstücken 1/2 Stunde kochen. Nach dem Kochen muss die Flüssigkeit bis zur Hälfte eingekocht sein. 1/2 Kochl. Mehlschwitze wird mit der Flüssigkeit ausgerührt, dann richtet man die Fleischstücke und den tranchierten Hals in der Tunke an. Man gibt zum Gänseklein Kartoffelmus und Rote Beete.

**Frische Gänseleber.** Die Leber wird drei bis vier Mal gewaschen, die Galle vorher entfernt. Die gewaschene Leber wird nun auf ein großes Stück Butterbrotpapier gelegt, mit Salz und Pfeffer bestreut und mit 2 Zwiebelscheiben belegt, dann fest eingewickelt. Nun legt man die Leber in einen hellen Topf, der nicht ausgesprungen sein darf, gießt so viel lauwarmes Wasser darüber, bis sie bedeckt ist und 1 Flasche Kochweißwein (dämpft man 3–4 Lebern zugleich, so genügt 1 ganze Flasche, für 1 Leber nimmt man 1/2 Flasche). Den zugedeckten Topf stellt man nun in den nicht zu heißen Ofen, bringt die Leber ins Kochen und lässt sie 1/2 Stunde im Ofen zugedeckt kochen; dann nimmt man den Topf heraus und lässt die Leber in der Weinbrühe zugedeckt kalt werden. Will man die Leber warm mit Trüffeltunke verwenden, so schneidet man vorher die kalte gedämpfte Leber in große Scheiben, legt die Leber auf einen Teller, deckt sie fest zu und lässt sie 30 Minuten vor dem Anrichten auf kochendem Wasser warm werden, dann übergießt man sie mit einer dicken, pikant schmeckenden Trüffeltunke.

*Zutaten: Lebern im Gewicht von 1 Kilo, 10 Gr. Salz, Pfeffer, 2 Zwiebelscheiben, 1 Fl. Kochweißwein.*

**Gänseleberwurst.** Die Leber wird mit 1/3 Ltr. Weißwein zugedeckt angesetzt und 10 Minuten recht langsam gekocht, danach wird die Leber durch die Maschine gegeben. 100 Gr. fetter, frischer Schweinespeck und 100 Gr. mageres Schweinefleisch werden mit 1/2 Ltr. Wasser, Salz, Pfeffer, Zwiebel angesetzt und zugedeckt recht langsam 1 1/2 Stunden gekocht. Nach dieser Zeit wird das Fleisch durch die Maschine gegeben, die Brühe lässt man bis zur Hälfte einkochen. Dann gießt man sie zur Fleisch- und Lebermasse, füllt alles in den Gänsehals, näht den Hals zu und kocht ihn 1 Stunde im Wasser.

*Zutaten: 250 Gr. Gänseleber, 100 Gr. fetter frischer Speck, 100 Gr. mageres Schweinefleisch, 1 kleine Zwiebel, 1/2 Teel. Pfeffer, 1 gehäufter Teel. Salz, 65 Gr. Trüffeln, 1/8 Ltr. Weißwein.*

**Kaninchen-Leberwurst auf Vorrat.** Den Kopf und die Pfoten von 1 Kaninchen schlägt man ab, wäscht das Fleisch, Leber, Herz und Nieren. Hiernach bringt man diese Teile mit 1/2 Ltr. Wasser, 1 Zwiebel, 1 Lorbeerblatt, 8 Pfefferkörnern ins Kochen und kocht sie 1 Stunde recht langsam; durch starkes Kochen wird das Fleisch hart. Nach dieser Zeit trennt man das Fleisch von den Knochen. Dann wird es zwei Mal mit der Zwiebel, Leber, Herz und Nieren durch die Fleischmaschine getrieben. Will man den Geschmack verbessern, gibt man 65 Gr. geräucherten Speck mit durch die Maschine. Die kleinen Fettteilchen, die

*Zutaten: 1 Kaninchen, 1/2 Ltr. Wasser, 1 Zwiebel, 1 Lorbeerblatt, 8 Pfefferkörner, 85 Gr. geräucherter Speck.*

sich auch beim Kaninchen vorfinden, sind mit durch die Maschine zu geben; diese werden vorher nicht mitgekocht. Die Brühe gießt man durch ein feines Sieb, mischt die Fleischmasse mit dieser Flüssigkeit und fügt 1 Teel. Salz hinzu. Die Masse kann man, um sie zu verfeinern, durch ein Drahtsieb streichen. Sie wird nun in kleine, saubere Portionsgläser (Rex) gefüllt. Mit einem nassen, heißen Tuche wird der Rand des Glases abgewischt, der nasse Gummiring auf den Rand gelegt, das Glas mit dem nassen Deckel geschlossen und 45 Minuten sterilisiert; größere Gläser sterilisiert man 1 1/2 Stunden bei 80 Grad.

**Kalbskeule, garniert mit geröstetem Brot.**
Die Kräuter stellt man zusammen: Petersilie, Estragon, Thymian, etwas Fenchel. Mit diesen gehackten und gemischten Kräutern reibt man die Keule ein; ebenso mischt man Salz und Salpeter und reibt die Keule auch hiermit ein. Die Zwiebeln werden in Scheiben geschnitten

*Zutaten: 3 Kilo Kalbskeule, 10 Gr. Salz, 20 Gr. Salpeter, 3 Zwiebeln, 1/2 Zitrone, 6 Nelkenköpfe, 1 Lorbeerblatt, 20 Pfefferkörner, 2 Essl. gemischte Kräuter, 4 Wacholderbeeren, 1/2 Ltr. Weißwein oder Essig.*

in einen Steintopf gelegt; ebenso Nelkenköpfe, Lorbeerblatt, Pfefferkörner, Zitrone und Wacholderbeeren, dann Weißwein oder Essig. Die Keule legt man in diese Beize, lässt sie 4 Tage darin liegen, legt sie täglich ein Mal auf die andere Seite. Am Tage vor dem Gebrauch wird die Keule mit 1 Ltr. kaltem Wasser angesetzt und langsam 2 Stunden gekocht. Durch starkes Kochen wird das Fleisch hart. Man kann auch die Keule in eine Bratpfanne legen und im nicht zu heißen Ofen 1 1/2 Stunden braten. Während dieser Zeit muss man das Fleisch oft auf die andere Seite legen und mit der Beize übergießen, worin die Keule gelegen. Auch kann man noch in der letzten Viertelstunde 1/2 Ltr. Wasser in die Pfanne gießen. Man lässt die Keule in dieser Brühe vollständig erkalten. Beim Anrichten wird die Keule zerlegt. Aus der Flüssigkeit bereitet man mit 6 Blatt Gelatine einen klaren Aspik (siehe unter Aspik). Dieser klare, flüssige, kalte Aspik wird über die zerlegte Keule gegossen. Man übergießt die Keule solange mit Aspik, am besten am offenen Fenster, bis der Aspik haftet und die Keule glänzend aussieht. 40 Sardellen werden 3 Stunden vorher gewässert, dann werden sie von der Gräte befreit, der Länge nach in Streifen geschnitten. Diese Streifen legt man gitterartig über die glasierte Keule. In jedes Gitter legt man eine Kaper, garniert die Keule außerdem mit grünem Kopfsalat, Senf- oder Aspikeiern. Hierzu gibt man eine Mayonnaise oder Kräutertunke (siehe unter Sauce ravigote.) Einfachere und billigere Bereitungsweise: Statt der Kalbskeule kann man auch Bauchlappen oder Schlagseite vom Kalb nehmen, reibt das Stück mit Salz und Salpeter, ebenso auch mit den Kräutern ein, legt die in dünne Scheiben geschnittenen Zwiebeln auf die Schlagseite und rollt das Fleischstück fest auf, umwickelt die Rolle mit einem Faden. Nelkenköpfe, Pfeffer, Lorbeerblatt, Wacholderbeeren und Essig werden gemischt. Man legt die Rolle 4 Tage in diese Beize und täglich ein Mal auf die andere Seite. Am Tage vor dem Gebrauch wird sie mit 1 Ltr. kaltem Wasser angesetzt und zugedeckt recht langsam 1 1/2 Stunden gekocht. Die Brühe kann man für Suppe verwenden, und dann kann man zu diesem Fleisch Kartoffelsalat geben.

# SALATE

**Weißer Bohnensalat für 6 Personen.**
Die halbreifen, weißen Bohnen werden
gewaschen, mit 1 Ltr. kochendem Wasser angesetzt und zugedeckt 1 Stunde
gekocht. Den Inhalt einer 500-Gr.-Dose
Pimentos schneidet man in recht feine
Streifen. Von einem Bleichsellerie entfernt man die Blätter, schält die Knolle,
wäscht und schneidet sie mit den Blattrippen in lange, feine Streifen; 12 frische
Radieschen werden ebenfalls in dünne
Scheiben geschnitten. Diese Teile werden mit einer Mayonnaise gemischt, die
man bereitet von 2 Eidottern und 1/4 Ltr.
Öl. Beim Anrichten legt man um den Salat
Rapunzel oder Brunnenkresse. Man kann
auch in feine Streifen geschnittenen Kopfsalat nehmen.

*Zutaten: 250 Gr. halbreife weiße
Bohnen, 1 Ltr. kochendes Wasser, eine 500-Gr.-Dose Piments, 1
Bleichsellerie, 12 frische Radieschen, 2 Eidotter, 1/4 Ltr. Öl.*

**Wachsbohnensalat für 3-4 Personen.** Den Inhalt einer 500-Gr.-Dose
Wachsbohnen gießt man auf ein Sieb zum Abtropfen. 3 Essl. Öl verrührt
man mit 1/2 Teel; Salz, 1/2 Teel. Senf, 1/2 Teel. Pfeffer und 2 Essl. Essig und
lässt die Wachsbohnen in dieser Tunke 10 Minuten stehen. Auch kann man
1 Messerspitze roh geriebene Zwiebel dazu geben.

**Wachsbohnensalat mit Tomaten für 6
Personen.** Die Bohnen werden abgezogen,
ein Mal durchgebrochen, gewaschen, mit
1 1/2 Ltr. kochendem Wasser angesetzt, im

*Zutaten: 2 1/2 Kilo Wachs-
bohnen, 125 Gr. Tomaten,
1/4 Ltr. Öl, 1/2 Teel. Pfeffer, 1
Essl. Salz, 3 Essl. Essig.*

geschlossenen Topf 1 Stunde gekocht. Die Tomaten legt man in eine Schüssel, gießt reichlich kochendes Wasser darauf, zieht die Haut ab, und sobald
sie erkaltet sind schneidet man sie in Scheiben. Die weichgekochten Wachsbohnen gießt man zum Abtropfen auf ein Sieb; nachdem sie erkaltet, werden

sie mit dem Öl, Salz, Pfeffer und Essig gemischt. Die Bohnen lässt man in dieser Tunke 10 Minuten. Dann wird die Tunke über die Tomatenscheiben gegossen. Nun richtet man die Bohnen recht hoch in der Glasschüssel an und legt die Tomatenscheiben herum.

**Weißkohlsalat für 6 Personen.** Die äußeren losen Blätter und den Strunk entfernt man vom Kohlkopf und schneidet den Kohl in recht feine Streifen. Harte Kohlstücke lässt

*Zutaten: 500 Gr. Weißkohl, 3 Eidotter, 1 Essl. Butter, 1 Teel. Salz, 1/2 Teel. Pfeffer, 1 Teel. Zucker, 3-4 Essl. Essig.*

man zurück. Den geschnittenen Kohl übergießt man mit 1 Ltr. kochendem Wasser, dann lässt man ihn auf dem Durchschlag vollständig abtropfen. 3 Eidotter schlägt man in einer Schüssel 10 Minuten, gibt 1 Essl. Butter, 1/2 Teel. Pfeffer, 1 Teel. Zucker, 1 gehäuften Teel. Salz und 3–4 Essl. Essig dazu. Darauf stellt man die Tunke 10 Minuten in einen Topf mit kochendem Wasser. Inzwischen muss die Tunke so lange gerührt werden, bis sie anfängt zu dicken. Dann gießt man die Tunke über den gut abgetropften Kohl und lässt das Ganze abkühlen.

**Blumenkohlsalat für 4 Personen.** 1 Kopf Blumenkohl setzt man bedeckt mit kochendem Wasser an und kocht ihn im geschlossenen Topf 30 Minuten. Durch starkes Kochen verliert der Kohl den Geschmack. Wenn der Kohl erkaltet ist, wird er ebenso wie die Wachsbohnen mit Essig und Öl vollendet.

**Erbsensalat.** Den Inhalt einer 250-Gr.-Dose Erbsen gießt man auf ein Sieb. Dann kann man die Öltunke von Wachsbohnen oder von Blumenkohl über die Erbsen gießen.

**Salat von Bleichsellerie mit Äpfeln für 10 Personen.** Hierzu nimmt man 2 Bleichsellerie, die äußeren harten Rippen, sowie die Blätter schneidet man ab. Dann schält man die Knolle, schneidet sie, sowie die zarten, gelben Rippen

*Zutaten: 2 Bleichsellerie, 250 Gr. weiche, beste amerikanische Äpfel, 3 Eidotter, 1/4 Ltr. Öl, 1 gehäufter Teel. Salz, 2 Essl. Essig.*

in feine Streifen; 250 Gr. weiche, beste amerikanische Äpfel werden geschält, in feine Streifen geschnitten und mit dem Sellerie gemischt. Man rührt eine Mayonnaise von 3 Eidottern und 1/4 Ltr. Öl. Man lässt sie ohne Salz und Essig, mischt den Sellerie und die Äpfel mit der Mayonnaise, stellt den Salat 2 Stunden vor dem Gebrauch auf Eis, dann erst gibt man nach Geschmack 1 gehäuften Teel. Salz und 2 Essl. Essig dazu. Der Salat wird sogleich angerichtet. Als Kranz darum legt man fein geschnittenen Kopfsalat, Rapunzel oder Kresse. Fügt man von vornherein Essig und Salz dazu, wird der Salat gärig.

**Salat von Bleichsellerie mit Trüffeln, für 10 Personen.** Man gibt den Salat beim feineren Mittagessen zu jedem Geflügelbraten. Für 10 Personen nimmt man 2 Bleichsellerie. Die äußeren, grünen Rippen werden entfernt, die Blätter schneidet man ab, dann schält man die Knolle und schneidet sie sowie die zarten, gelben Rippen in recht feine Streifen. 125 Gr. frische Trüffeln werden gebürstet und, wenn sie vollständig vom Sand befreit sind, 2 bis 3 Mal mit kaltem Wasser gewaschen, dann setzt man sie mit 1/2 Ltr. Rotwein in einem kleinen Topfe an, dämpft sie zugedeckt recht langsam 10 Minuten und lässt sie in der Brühe erkalten. Hiernach schält man die Trüffeln, schneidet sie ebenfalls in recht feine Streifen, gießt sie mit dem Saft an den geschnittenen Sellerie. 1/8 Ltr. Öl verrührt man mit 1 gehäuften Teel. Salz und 1 Teel. Pfeffer, gießt dieses über den Sellerie mischt, das Ganze gut, dann gießt man nach Geschmack 2–3 Essl. Essig dazu; man lässt den Salat 10 Minuten ziehen, dann wird er sogleich angerichtet. Man richtet ihn in einer Glasschüssel recht hoch an und legt als Kranz darum in Würfel geschnittene Artischockenböden, die man vorher mit 2 Essl. Essig, 2 Essl. Öl, 1/2 Teel. Salz angefeuchtet hat. Hierzu eignen sich am besten frische Artischocken. Man nimmt 5 Artischocken oder den Inhalt einer 500-Gr.-Dose Artischockenböden. Die frischen Artischocken werden reichlich bedeckt mit kochendem Wasser angesetzt und im geschlossenen Topf 1 Stunde gekocht. Nachdem sie erkaltet, trennt man die Blätter vorsichtig von den Böden. Die Staubfäden entfernt man. Die Böden schneidet man mit einem silbernen Messer in Würfel. Wenn man ein Stahlmesser hierzu verwendet, werden die Artischocken schwarz. Das Innere der Artischockenblätter kann man mit einem silbernen Löffel ausschaben, durch ein Sieb streichen und beim Anrichten unter den Selleriesalat in die Glasschüssel legen.

*Zutaten: 2 Bleichsellerie, 125 Gr. frische Trüffeln, 1/2 Ltr. Rotwein, 1/8 Ltr. Öl, 1 gehäufter Teel. Salz, 1 Teel. Pfeffer, 2-3 Essl. Essig, Artischockenböden, 2 Essl. Essig, 2 Essl. Öl, 1/2 Teel. Salz.*

**Selleriesalat mit Tomaten für 4-6 Personen.** 4 geschälte Knollen Sellerie werden gewaschen, mit 2 Ltr. kochendem Wasser, ohne Salz, angesetzt und im geschlossenen Topf 30–40 Minuten, je nach der Größe, gekocht. Kurz vor dem Weichwerden gibt man 1 Essl. Salz an das Wasser. Wenn der Sellerie mit dem Salz lange kocht, geht seine weiße Farbe verloren. Nachdem er vollständig erkaltet, zerschneidet man ihn in große Scheiben. 6 Essl. Öl verrührt man mit 1 Messerspitze deutschem Senf, 1 Teel. Zucker, 1/2 Teel. Pfeffer (nur

*Zutaten: 4 geschälte Knollen Sellerie, 2 Ltr. kochendes Wasser, 1 Essl. Salz, 6 Essl. Öl, 1 Messerspitze deutschen Senf, 1 Teel. Zucker, 1/2 Teel. Pfeffer, 2 bis 3 Essl. Essig, 2 bis 3 feste Tomaten, 1/2 Ltr. kochendes Wasser.*

wenn nötig mit etwas Salz), 2–3 Essl. Essig gibt man nach Geschmack dazu; dann füllt man diese Tunke über die breit ausgelegten Sellerscheiben, lässt sie hiermit 20 Minuten stehen, dann ordnet man sie in einer Glasschüssel. 2–3 feste Tomaten legt man in eine Schüssel, gießt 1/2 Ltr. kochendes Wasser darüber und zieht sogleich die Haut ab. Wenn sie vollständig erkaltet sind, schneidet man sie in Scheiben und legt sie noch 5 Minuten in die übrige Sellerietunke; dann legt man sie als Kranz um den Salat und garniert noch mit etwas Kresse.

**Tomatensalat.** 3 feste Tomaten legt man in eine Schüssel und gießt reichlich kochendes Wasser auf die Tomaten. Dann zieht man die Haut ab und, wenn erkaltet, schneidet man die Tomaten in Scheiben. Dann die Öltunke übergießen (siehe Wachsbohnen).

**Ei- und Tomatensalat für 6 Personen.** Die Tomaten legt man in kochendes Wasser, zieht sogleich die Haut ab; dann lässt man sie 30 Minuten erkalten, schneidet sie in Scheiben, ebenso die Eier. Nun mischt man 1 Teel. Senf mit 1/2 Teel. Salz und Schnittlauch, 1/2 Teel. *Zutaten: 2-3 Köpfe Salat, 2 hartgekochte Eier, 250 Gr. feste Tomaten, 1 Teel. Kräuter, 1/8 Ltr. Öl, 1 Teel. Senf, 1/2 Teel. Salz, 1/2 Teel. Zucker, 1/8 Ltr. Essig.* Zucker und 1/8 Ltr. Öl, gießt dann 1/8 Ltr. Essig dazu und mischt den Kopfsalat, die Tomaten und Eischeiben mit dieser Tunke und den Kräutern. Man füllt den Salat in eine Glasschüssel.

**Salat von Roter Beete und Bleichsellerie für 4 Personen.** Die Rote Beete schneidet man in feine Streifen, ebenso den Sellerie. 1 Teel. Senf verrührt man mit 1 gehäuften Teel. Salz, 1/8 Ltr. Öl, 1 Messerspitze Pfeffer gibt *Zutaten: 1 Bleichsellerie, 2 Essl. abgekochte Rote Beete, 1 Teel. Senf, 1 gehäufter Teel. Salz, 1/8 Ltr. Öl, 1 Messerspitze Pfeffer, 2-3 Essl. Essig.* man dazu. Die geschnittenen Zutaten mischt man in dieser Tunke, lässt den Salat 5 Minuten stehen, dann erst gibt man 2–3 Essl. guten Essig dazu, richtet den Salat recht hoch in der Glasschüssel an und gibt als Kranz Kresse oder Rapunzel herum.

**Karottensalat für 2 Personen.** 1/2 Kilo geschälte Karotten setzt man mit 1 Ltr. kochendem Wasser an und kocht sie im geschlossenen Topf 1 Stunde. Nach dieser Kochzeit legt *Zutaten: 1 Ltr. koch. Wasser, 500 Gr. Karotten, die übrigen Zutaten wie bei Wachsbohnensalat.* man den Deckel beiseite und lässt das Wasser vollständig einkochen. Wenn die Karotten erkaltet sind, bereitet man sie ebenso wie die Wachsbohnen.

**Salat von verschiedenen Gemüsen für 6 Personen.** Sämtliche Gemüse setzt man vorher, jedes für sich, mit kochendem Wasser an und kocht sie 30 Minuten, wenn man keine Konserven dazu verwendet. Nun gießt man *Zutaten: 1 Kilo Karotten, eine 250-Gr.-Dose Wachsbohnen, 1 kleiner Blumenkohl, eine 500-Gr.-Dose Erbsen, 2 Essl. Öl, 1 Essl. Essig.* die Gemüse, nachdem sie weichgekocht sind, auf ein Sieb zum Abtropfen, schüttet jedes Gemüse auf einen tiefen Teller, mischt jedes Gemüse mit 2 Essl. Öl und 1 Essl. Essig, Pfeffer und Salz und lässt diese marinierten Zutaten 10–20 Minuten ziehen. Beim Anrichten legt man die Wachsbohnen zuunterst in die Glasschüssel, dann legt man obenauf in die Mitte den nicht zerkochten Blumenkohl, gießt darüber eine Mayonnaise, gerührt von 2 Eidottern und 1/3 Ltr. Öl. Die Erbsen richtet man als Kranz um den Blumenkohl an und die Karotten legt man häufchenweise darauf. Statt der Karotten kann man 2–3 Tomaten verwenden.

**Gemüsesalat für 6 Personen.** Den Inhalt einer 500-Gr.-Dose Erbsen schüttet man auf ein Sieb zum Abtropfen, ebenso viele Karotten, Spargel und Wachsbohnen. Ein kleiner Blumenkohl wird reichlich bedeckt mit kochendem Wasser angesetzt und 30 Minuten langsam gekocht, *Zutaten: 500 Gr. Erbsen, 500 Gr. Karotten, 500 Gr. Spargel, 500 Gr. Wachsbohnen, 1 kleiner Kopf Blumenkohl, 5 Essl. Essig, 5 Teel. Salz, 3 Eidotter, 6 Essl. Öl.* hiernach zum Erkalten beiseite gestellt. Sämtliche Zutaten, jede für sich, übergießt man nach dem Abtropfen mit 1 Essl. Essig und 1 Teel. Salz. Mit der Tunke lässt man die Gemüse 5 Minuten Stehen. Mayonnaise von 3 Eidottern und 6 Essl. Öl rührt man. Die Hälfte von der Mayonnaise lässt man zurück und tut die Hälfte des Gemüses in diese Mayonnaise. Wenn alles gut gemischt ist, füllt man den Salat in eine Glasschüssel, den Blumenkohl legt man obenauf in die Mitte, und von dem übrigen Gemüse legt man Häufchen ringsherum und gießt die zweite Hälfte der Mayonnaise über den Blumenkohl.

**Kopfsalat für 2-3 Personen.** Von 3 Köpfen Kopfsalat schneidet man die Wurzelstücke ab, entfernt die welken, schlechten Blätter und lässt den Salat 10 Minuten in reichlich kaltem *Zutaten: 3 Köpfe Kopfsalat, 3 Essl. Öl, 1/2 Teel. Senf, 1 Teel. Salz, 1 Teel. Schnittlauch, 1 bis 2 Essl. Essig, 1 Ei.* Wasser liegen. 3 Essl. Öl verrührt man mit 1/2 Teel. Senf, 1 Teel. Salz, 1 Teel. fein geschnittenen Schnittlauch und 1–2 Essl. Essig. 1 Ei kocht man 10 Minuten, gießt das Wasser ab, lässt das Ei in kaltem Wasser auskühlen und hackt es. Den gut abgetropften Salat mischt man mit der Tunke und streut beim Anrichten das gehackte Ei zwischen den Salat. Die Rippen dürfen bei dem Salat nicht entfernt werden.

**Kopfsalat mit Sahne für 3 Personen.** 2 Salatköpfe, je nach Größe. Man entfernt die äußeren harten Blätter, trennt die einzelnen Blätter, die Rippen entfernt man nicht. Dann *Zutaten: 2 Köpfe Salat, 1/8 Ltr. saurer Rahm oder Schlagrahm, 1 Essl. Zucker, 1-2 Essl. Essig oder Zitronensaft.* legt man den Salat 30 Minuten in reichlich kaltes Wasser, danach auf ein Sieb zum Abtropfen; er darf nicht ausgedrückt werden. Man schlägt 1/3 Ltr. sauren Rahm oder Schlagrahm mit 1 Essl. Zucker in einer Schüssel 5 Minuten. Dann tut man nach Geschmack 1–2 Essl. Essig oder Zitronensaft dazu. Nun mischt man den Salat mit dieser Tunke und richtet ihn gleich an.

**Salat von Spargel, Erbsen und Tomaten für 6 Personen.** Den Spargel und die Erbsen schüttet man zum Abtropfen auf ein Sieb. Die Tomaten brüht man mit reichlich kochendem Wasser, dann zieht man die Haut *Zutaten: 250 Gr. Spargelköpfe (Dose), eine 500-Gr.-Dose Erbsen, 2 feste Tomaten, 1 Teel. Salz, 2 Eidotter, 1/8 Ltr. Öl, 2 Essl. Essig, Pfeffer.* ab. Wenn dieselben erkaltet sind, schneidet man sie in Viertel, 1 Teel. Salz, 1 Messerspitze Pfeffer streut man über den Spargel. Nun gießt man 2 Essl. Essig darüber und lässt den Spargel in dieser Tunke 10 Minuten ziehen; mit den Erbsen macht man es ebenso. Beim Anrichten legt man den Spargel recht hoch in die Mitte einer Glasschüssel; dann füllt man eine Mayonnaise, gerührt von 2 Eidottern und 1/8 Ltr. Öl über den Spargel. Die Erbsen füllt man als Kranz herum und legt die Tomatenviertel auf die grünen Erbsen.

**Romainsalat für 6 Personen.** Die äußeren, grünen, harten Blätter entfernt man, dann legt man den Salat 3 bis 4 Stunden vor dem Gebrauch auf Eis, damit er kross wird, und *Zutaten: 1 großer Kopf Romainsalat, 8 Essl. Öl, 1 Essl. Essig, 1 Teel. Salz, 1 Messerspitze Pfeffer.* schneidet ihn in fingerlange Stücke. Nun mischt man ihn mit 3 Essl. Öl, 1 Teel. Salz, 1 Messerspitze Pfeffer, 1 Essl. Essig und richtet ihn sogleich an.

**Romainsalat auf andere Art.** Die äußeren, harten Blätter entfernt man, schneidet die Blätter ein Mal quer durch, wäscht den Salat in reichlich Wasser und lässt ihn abtropfen. Der Salat darf nicht im Wasser liegenbleiben, sondern muss, wenn möglich, auf Eis gestellt werden. 2 Bund Radieschen werden gewaschen, und in Scheiben geschnitten zwischen den Salat gestreut. 5 Essl. Öl verrührt man mit 1 Teel. Salz, 1/2 Teel. Pfeffer, 2 Essl. Essig; 1 Messerspitze kleingeschnittenen Schnittlauch gibt man dazu, mischt den Salat in dieser Tunke und serviert ihn sogleich.

**Krautsalat für 6 Personen.** Rotkohl und Weißkohl schneidet man, jedes für sich, recht fein. 1/4 Ltr. Öl verrührt man mit 1 Teel. Senf, 1 gehäuften Teel. Salz, 1/2 Teel. Pfeffer und 1/8 Ltr. Essig. In dieser Tunke lässt man den Salat

*Zutaten: 250 Gr. Rotkohl, 250 Gr. Weißkohl, 1/4 Ltr. Öl, 1 Teel. Senf, 1/2 Teel. Pfeffer, 1 gehäufter Teel. Salz, 1/8 Ltr. Essig.*

10 Minuten stehen. Dann richtet man den Weißkohlsalat recht hoch in einer Glasschüssel an, mischt den Rotkohl mit der zurückbleibenden Tunke, lässt ihn auch 10 Minuten stehen und legt ihn dann kranzartig um den Weißkohl.

**Endiviensalat für 4-6 Personen.** Von einem großen Kopf Endiviensalat entfernt man die äußeren harten, grünen Blätter, schneidet den Strunk ab, legt den Salat 1 Stunde vor dem Gebrauch in reichlich kaltes Wasser und

*Zutaten: 1 Kopf Endiviensa-lat, 30 Radieschen, 1/2 Teel. Senf, 1/4 Ltr. Öl, 1 Messer-spitze Pfeffer, 1 Teel. Salz, 1/8 Ltr. Essig.*

dann auf ein Sieb zum Abtropfen. 30 Radieschen schneidet man in Scheiben, mischt sie mit dem Salat und stellt den Salat noch 1/2 Stunde auf Eis. 1/2 Teel. Senf, 1/4 Ltr. Öl, 1 Messerspitze Pfeffer, 1 Teel. Salz und 1/5 Ltr. Essig rührt man zusammen, mischt mit dieser Tunke den Salat und richtet ihn sogleich an. 1 Messerspitze Schnittlauch kann man dazugeben.

**Eskarolsalat mit Tomaten für 4 Personen.** Die äußeren grünen Blätter entfernt man und schneidet die langen, gelben Blätter einmal durch; dann legt man den Salat 10 Minuten in reichlich eiskaltes Wasser, hiernach auf ein Sieb

*Zutaten: 1 Kopf Eskarolsa-lat, 3 feste Tomaten, 1/2 Ltr. kochendes Wasser, 2 Eidotter, 1/8 Ltr. Öl, 1 Messerspitze Schnittlauch, 1 Essl. Essig.*

zum Abtropfen und steilt ihn recht kalt. 3 feste Tomaten legt man in eine Schüssel, gießt 1/2 Ltr. kochendes Wasser darauf, dann zieht man rasch die Haut ab und stellt die Tomaten zum Kaltwerden beiseite. Man rührt eine Mayonnaise von 2 Eidottern mit dem Salz 10 Minuten, dann gibt man 1/3 Ltr. Öl tropfenweise unter Rühren dazu und würzt die Mayonnaise mit 1 Essl. Essig und 1 Messerspitze Schnittlauch. Man mischt den Salat in dieser Tunke, legt die in Scheiben geschnittenen Tomaten als Kranz herum und serviert den Salat sogleich.

**Feld- oder Rapunzelsalat für 3 Personen.** Der Feldsalat wird vom Wurzelstück befreit und 1 Stunde vor dem Gebrauche in reichlich kaltes Wasser gelegt. Kurz vor dem Anrichten legt man ihn auf einen Durchschlag zum

*Zutaten: 125 Gr. Feldsalat, 3 Tomaten, 1 Ei, 1 Messer-spitze Senf, 2 Essl. Öl, 1 Teel. Salz, 1 Teel. fein geschnittener Schnittlauch, 1-2 Teel. Essig.*

Abtropfen. 3 Tomaten werden in eine Schüssel gelegt, mit kochendem Wasser übergossen, herausgenommen, rasch von der Haut befreit und in Scheiben geschnitten. 1 Messerspitze Senf wird mit 2 Essl. Öl, 1 Teel. fein geschnittenem Schnittlauch, 1 Teel. Salz und 1–2 Teel. Essig gut verrührt. Kurz vor Gebrauch übergießt man den Salat mit der Tunke, vermischt ihn gut mit derselben und häuft ihn dann schichtweise mit dem Ei und den Tomaten in eine Glasschüssel.

**Warmer Gurkensalat für 4 Personen.** Die Gurke wird geschält und in recht dünne Scheiben geschnitten, danach mit sämtlichen Zutaten gemischt und zugedeckt 5 Minuten beiseite gestellt. Der Speck wird in kleine Würfel geschnitten, ausgebraten und über den

*Zutaten: 1 lange Gurke, 65 Gr. geräucherter Speck, 1/2 Teel. Pfeffer, 1 Teel. Salz, 1 Teel. Zucker, 1 Teel. gehackte Petersilie, 1 Teel. gehackter Dill, 1-2 Essl. Essig.*

Salat gegossen. Nachdem das Ganze gut verrührt, wird der Salat angerichtet.

**Gurkensalat mit Rahm für 6 Personen.** 2 recht frische Gurken, 1/3 Ltr. saurer, dicker Rahm, 1 Teel. Zucker, 1/2 Teel. Salz, 1 Essl. Essig oder Zitronensäure. Die Gurken werden geschält, in dünne Scheiben geschnitten. Der Rahm wird in einer größeren Schüssel 5 Minuten geschlagen oder gerührt, sämtliche Zutaten werden nach dieser Zeit dazu gegeben. Danach mischt man die Gurkenscheiben in dieser Tunke und richtet den Salat sogleich an.

**Salat Latouc oder Brunnenkresse für 6 Personen.** Die Kresse wird verlesen, gewaschen und auf ein Sieb zum Abtrocknen gelegt. 125 Gr. Radieschen werden gewaschen und in Scheiben geschnitten. 2 feste Tomaten werden abgezogen und in Scheiben geschnitten. Diese

*Zutaten: 250 Gr. Kresse, 2 hartgekochte Eier, 125 Gr. Radieschen, 2 Tomaten, 1/8 Ltr. Öl, 1 Teel. Salz, 1/2 Teel. Pfeffer, 2 Essl. Essig, 1/2 Teel. Schnittlauch.*

Zutaten werden im Sieb 1/2 Stunde vor dem Gebrauch auf Eis gestellt. 1/8 Ltr. Öl, 1/2 Teel. Pfeffer, 1 Teel. Salz und 1/2 Teel, fein gehackten Schnittlauch mischt man und wendet den Salat in dieser Öltunke, gibt dann nach Geschmack 2–3 Essl. Essig dazu. Hiernach wird der Salat angerichtet und schichtweise mit den Eischeiben in die Glasschüssel gefüllt.

**Gurken- und Tomatensalat für 4 Personen.** Die geschälte Gurke wird in dünne Scheiben geschnitten, 1/8 Ltr. Öl verrührt man mit 1/2 Teel. Zucker, 1/2 Teel. Pfeffer, 1 Teel. Salz, 2 Essl. Essig, 1 gehäuften Teel. fein gehackter

*Zutaten: 1 Gurke, 2 Essl. Essig, 1/2 Teel. Pfeffer, 1 Teel. Salz, 1/8 Ltr. Öl, 1/2 Teel. Zucker, 250 Gr. feste Tomaten, 1 gehäufter Teel. fein gehackte Petersilie.*

Petersilie. Hierin lässt man die Gurkenscheiben 5 Minuten liegen; dann nimmt man die Scheiben heraus und richtet sie in einer Glasschüssel recht hoch an. 250 Gr. feste Tomaten werden abgezogen, in Scheiben geschnitten, auf eine Platte gelegt und die vorherige Gurkentunke darüber gegossen. Hierin lässt man die Tomaten 5 Minuten liegen, garniert sie dann kranzartig um die Gurke. Die Tomaten müssen mit kochendem Wasser übergossen werden, damit sich die Haut löst. Die Tomaten dürfen nicht zu lange in dem heißen Wasser liegen; wenn vollständig erkaltet, werden sie in Scheiben geschnitten.

**Gurkensalat für 18 Personen.** 4 frische Gurken werden geschält und in dünne Scheiben geschnitten. 1/4 Ltr. Öl, 1/2 Teel. Zucker, 1 Teel. Salz, 1 Teel. fein gehackte Petersilie, 1/2 Teel. Pfeffer mischt man mit den geschnittenen Gurken, gießt 1/8 Ltr. Essig über das Ganze und lässt den Salat hiermit 5 Minuten stehen. Hiernach wird der Salat in einer Glasschüssel angerichtet und Kopfsalat als Kranz herumgelegt.

*Zutaten: 4 Gurken, 1/4 Ltr. Öl, 1/2 Teel. Zucker, 1 Teel. Salz, 1 Teel. Petersilie, 1/2 Teel. Pfeffer, 1/3 Ltr. Essig, 2 Köpfe Salat.*

**Rahm-Salat für 6 Personen.** Man legt den Eskarol eine Stunde vor Gebrauch in reichliches Eiswasser. Die äußeren, harten, grünen Blätter lässt man zurück. Die gelben Blätter werden ein Mal durchgeschnitten und auf ein Sieb gelegt zum Abtropfen. Die Rote Beete wird gewaschen, am Tage vor dem Gebrauch im Bratofen 1–2 Stunden geröstet, dann dünn abgeschält, in recht feine Scheiben geschnitten und mit 3 Essl. Essig übergossen. Am nächsten Tage schneidet man die Rote Beete Scheiben in feine Streifen. Birnen schälen, in recht dünne große Scheiben schneiden. Der Rahm wird mit 1 Essl. Zucker 5 Minuten schaumig gerührt, dann gibt man den Rote Beete Saft und 1 Teel. Salz dazu. In dieser Tunke mischt man mit leichter Hand den Eskarolsalat und füllt ihn schichtweise mit den Birnen und den Rote Beete Streifen in die Glasschüssel. Der Salat darf beim Einfüllen nicht gedrückt werden.

*Zutaten: 1 Kopf Eskarol, 1 Rote Beete, 1/4 Ltr. Schlagrahm, 500 Gr. Bürgermeisterbirnen, 1 Essl. Zucker, 1 Teel. Salz, 3 Essl. Essig.*

**Apfelsinensalat für 10 Personen.** 8 Apfelsinen schält man recht dick, damit man gleich die innere weiße Haut mit abschneidet, dann trennt man die Apfelsinen auseinander, nimmt mit einem scharfen Messer die Kernstücke fort und zieht die Haut ab. Hierbei dürfen die Apfelsinenscheiben nicht zerfallen. Sind alle vorbereitet, so streut man 65 Gr. Zucker über die Apfelsinenscheiben. Man hält den Apfelsinensalat 2 Stunden vor Gebrauch fertig. Man kann auch 4 abgezogene, in Scheiben geschnittene Bananen, 4 in Würfel geschnittene Äpfel und einige Weintrauben dazwischen geben. Für Kranke geeignet.

*Zutaten: 8 Apfelsinen, 65 Gr. Zucker, 4 Bananen, 4 Äpfel, einige Weintrauben.*

**Fruchtsalat für 12 Personen.** (Für Kranke geeignet.) 1/2 Ananas schält man und schneidet das Fruchtfleisch in Würfel. 4 Apfelsinen werden geschält, von der weißen Haut befreit und in Scheiben zerteilt. 6 weiche Äpfel werden gleichfalls geschält und in Würfel geschnitten, sodann wird das Ganze gemischt, mit 2 Kochl. Zucker überstreut und zugedeckt 2 Stunden auf Eis gestellt. Will man den Salat reicher machen, so können 500 Gr. blaue Trauben und 4–6 Pfirsiche hinzugefügt werden. Die Pfirsiche werden vorher abgebrüht und von der Haut befreit. 3 Essl. Maraschino gießt man zum Schluss über das Ganze.

*Zutaten: 1/2 Ananas, 4 Apfelsinen, 6 weiche Äpfel, 2 Kochl. Zucker, 500 Gr. große, blaue Weintrauben, 4-6 Pfirsiche, 3 Essl. Maraschino.*

**Fruchtsalat für 4 Personen.** (Als Beigabe zum Braten.) Die Apfelsine befreit man nach dem Schälen von der weißen Haut und den Kernen, schneidet das Fruchtfleisch in Würfel. Den Sellerie, die Bananen und die Äpfel schält man und schneidet sie gleichfalls in Würfel. Die Nüsse werden fein gehackt. Die Trauben werden mit reichlich kochendem Wasser übergossen, mit einem spitzen Messer wird die Haut schnell abgezogen. 2 Essl. Öl, 1 Teel. Zucker und 1 Essl. Essig werden gemischt und über den angerichteten Salat gegossen. Statt dieser Öltunke kann man auch Mayonnaise verwenden. Die Schüssel wird mit Salatblättern garniert.

*Zutaten: 1 Apfelsine, 1 Bleichsellerie, 65 Gr. ausgemachte Nüsse, 2 Bananen, 1 weicher Apfel, 125 Gr. grüne Trauben, 2 Essl. Öl, 1 Teel. Zucker, 1 Essl. Essig.*

**Ochsenmaulsalat.** Das weichgekochte Fleisch vom Rinderkopf muss vollständig erkalten. Danach wird es in recht feine Streifen geschnitten, mit Öl, Essig, Pfeffer, etwas Senf, roh geriebener Zwiebel gemischt. Hat man Kartoffelreste, so können diese, in Streifen geschnitten, mit verwendet werden.

*Zutaten: Öl, Essig, Pfeffer, Zwiebel, Senf.*

**Geflügelsalat für 4 Personen.** Man nimmt 125 Gr. Geflügelfleischreste. Das Fleisch wird in feine Streifen geschnitten, ebenso 1 Essl. abgekochte Rote Beete. Von 1 Bleichsellerie entfernt man nun die äußeren, schlechten Rippen, schält die Knolle, schneidet sie und die zarten Rippen in feine Streifen. 1 weichen amerikanischen Apfel schneidet man in Streifen und mischt das Ganze mit einer Mayonnaise von 2 Eidottern, 1/8 Liter Öl, Essig, Salz. Man garniert den Salat mit Kresse und verwendet ihn zum Frühstück oder als Vorgericht.

*Zutaten: 125 Gr. Geflügelfleischreste, 1 Essl. abgekochte Rote Beete, 1 Bleichsellerie, 1 amerikanischer Apfel, 2 Eidotter, 1/8 Ltr. Öl, 1 Essl. Essig, 1 Teel. Salz.*

**Salat von Ochsenzunge mit Gemüsen und Meerrettich für 6 Personen.** Den Inhalt einer 250-Gr.- Dose Wachsbohnen schüttet man auf ein Sieb zum Abtropfen, ebenso den Inhalt einer 250-Gr.-Dose Erbsen. 125 Gr. gekochte Ochsenzunge schneidet man in feine Streifen, ebenso Wachsbohnen. 65 Gr. getrocknete Morcheln legt man in eine Schüssel, gießt reichlich kochendes Wasser darauf. Hiermit lässt man die Morcheln 10 Minuten stehen, dann wird das Wasser fortgegossen und wieder kochendes Wasser auf die Morcheln gegossen. Man wiederholt dieses vier Mal. Die Morcheln dürfen nicht gekocht werden, da sie vom Kochen hart werden. Das Erdstück wird vorher abgeschnitten. Man schneidet die Morcheln in Streifen. 4 gehäufte Teel. Meerrettich, 1 Teel. Zucker, 1/2 Teel. Salz und 1 Messerspitze Pfeffer verrührt man mit 1/8 Ltr. Öl, mischt die geschnittenen Zutaten in diese Tunke und gibt nach Geschmack 2 Essl. Essig dazu. Man garniert den Salat mit Kresse oder Endivien und hält ihn 3 Stunden vor dem Gebrauch fertig.

*Zutaten: 125 Gr. Ochsenzunge, 250 Gr. Erbsen, 250 Gr. Wachsbohnen, 4 gehäufte Teel. Meerrettich, 65 Gr. getrocknete Morcheln, 1 Teel. Zucker, 1/2 Teel. Salz, 1 Messerspitze Pfeffer, 1/8 Ltr. Öl, 2 Essl. Essig.*

**Heringssalat für 10 Personen.** 3 Heringe lässt man 2 Stunden vor dem Gebrauch in reichlich kaltem Wasser liegen, zieht dann die Haut ab, trennt das Fleisch von den Gräten und schneidet es in Würfel. 250 Gr. Kalbsbraten, 3 geschälte Salzgurken, 250 Gr. weiche Äpfel werden ebenfalls in Würfel geschnitten, ebenso 65 Gr. abgekochte Rote Beete. 4 Eier werden mit kochendem Wasser angesetzt, in 10 Minuten hartgekocht. Das Gelbe wird gehackt, das Weiße in Würfel geschnitten. Die gehackten Eidotter lässt man zurück, das Weiße mischt man mit dem Übrigen. 1 gehäuften Teel. Senf verrührt man mit 1/4 Ltr. Öl und tut 1 Teel. roh geriebene Zwiebel, 1 gehäuften Teel. Zucker und 2 Essl. Essig dazu. Nun mischt man die in Würfel geschnittenen Zutaten hierin und lässt den Salat 2–3 Stunden vor dem Gebrauch stehen. Auch kann man den Essig der Roten Beete dazu geben. Das Ganze garniert man mit Eigelb, fein gehackter Roten Beete und fein gehackter Petersilie. Kalbsbraten kann fehlen.

*Zutaten: 3 Heringe, 250 Gr. Kalbsbraten, 3 geschälte Salzgurken, 250 Gr. weiche Äpfel, 65 Gr. abgekochte Rote Beete, 4 Eier, 1 gehäufter Teel. Senf, 1/4 Ltr. Öl, 1 Teel. roh geriebene Zwiebel, 1 gehäuft. Teel. Zucker, 2 Essl. Essig, Petersilie.*

**Fleischsalat von gekochtem Schinken, garniert mit Aspikeiern, für 6 Personen.** 250 Gr. gekochten Schinken oder geräucherte, gekochte Zunge schneidet man in dünne Streifen, ebenso 250 Gr. weiche säuerliche Äpfel. 250 Gr. frische Champignons werden geputzt,

*Zutaten: 250 Gr. gekochter Schinken, 250 Gr. weiche säuerliche Äpfel, 250 Gr. frische Champignons, 2 Eidotter, 1/4 Ltr. Öl, 1 Teel. fein gehackte Kräuter.*

gedämpft und in Streifen geschnitten. Diese Zutaten werden gemischt mit einer Mayonnaise, gerührt von 2 Eidottern und 1/4 Ltr. Öl. Man kann auch 1 Teel. fein gehackte Kräuter dazu geben, zusammengestellt aus Kerbel, Estragon und sehr wenig Schnittlauch. Statt Schinken kann man auch andere Fleischreste verwenden. Den Salat richtet man recht hoch in einer Glasschüssel an. Dann legt man abwechselnd Rote Beete und Kartoffelscheiben an den Rand. Obenauf legt man Aspikeier (siehe Frühstücksgerichte). Man verwendet dieses Gericht beim Frühstück oder Abendbrot.

**Fischsalat für 12 Personen.** 2 Kilo Fisch werden gewaschen, mit 1 Ltr. lauwarmem Wasser und 65 Gr. Salz angesetzt, fest zugedeckt ins Kochen gebracht, dann 1 Stunde beiseite gestellt. In diesem Wasser lässt man den Fisch auch erkalten, hiernach befreit man denselben von Haut und Gräten. Das Fischfleisch muss blätterig sein und darf nicht zerfallen. Nun gießt man 1/4 Ltr. Essig und streut 1 Teel. Pfeffer über den Fisch und lässt ihn 20 Minuten stehen. Dann richtet man ihn in einer Glasschüssel recht hoch an und füllt eine Mayonnaise über den Fisch, die man aus 5 Eidottern und 3/8 Ltr. Öl bereitet und mit 1–2 Essl. scharfem Essig abschmeckt. Ist die Mayonnaise zu dick, so gibt man 2 Essl. Essig dazu. Den Salat garniert man mit Kopfsalat und Tomaten. Man verwendet Kabeljau oder Schellfisch hierzu.

*Zutaten: 2 Kilo Kabeljau oder Schellfisch, 1 Ltr. lauwarmes Wasser, 65 Gr. Salz, 1/4 Ltr. Essig, 1 Teel. Pfeffer, 5 Eidotter, 3/8 Ltr. Öl, 1-2 Essl. scharfer Essig.*

**Einfacher Kartoffelsalat für 4 Personen.** Die Moor- oder Sandkartoffeln werden mit der Schale 30 Minuten gekocht, dann abgegossen. Die Haut wird abgezogen, solange die Kartoffeln noch heiß sind, dann werden sie in Scheiben geschnitten. 1/8 Ltr. Öl wird mit 3 Essl. Essig, 1 gehäuften Teel. Salz, 1/2 Teel. Pfeffer, einer kleinen, roh geriebenen Zwiebel und 2 Teel. fein gehackter Petersilie gemischt. Die in Scheiben geschnittenen Kartoffeln werden in dieser Tunke 3 Minuten gut geschüttelt, dann mit 1/8 Ltr. kochender Fleischbrühe oder kochendem Wasser übergossen. Vorsichtig umgerührt wird der Salat angerichtet.

*Zutaten: 1 Kilo Moor- oder Sandkartoffeln, 1/8 Ltr. Öl, 3 Essl. Essig, 1 gehäufter Teel. Salz, 1/2 Teel. Pfeffer, 1 Zwiebel, 2 Teel. Petersilie, 1/8 Ltr. kochendes Wasser oder Fleischbrühe.*

**Kartoffelsalat feinerer Art für 4 Personen.** Am besten sind Eierkartoffeln zu verwenden. Sie werden gewaschen, mit kaltem Wasser bedeckt angesetzt und zugedeckt 30 Minuten gekocht. Das Wasser wird abgegossen, die

*Zutaten: 500 Gr. Kartoffeln, 2 Eidotter, 1 Teel. Salz, 1/8 Ltr. Öl, 2 Teel. Essig, 2 Teel. fein gehackte Petersilie, 2-3 Essl. sauren Rahm, 1 Essl. Butter.*

Haut abgezogen und die Kartoffeln werden in dünne Scheiben geschnitten. 2 Eidotter werden 10 Minuten in einer Schüssel mit 1 Teel. Salz gerührt, tropfenweise unter Rühren gibt man 1/8 Ltr. Öl dazu, danach 2 Teel. Essig und 2 Teel. fein gehackte Petersilie, 2–3 Essl. sauren Rahm. 1 gehäuften Essl. Butter, in Stücke geschnitten, gibt man dazu. Zugedeckt stellt man den Salat 30 Minuten vor dem Gebrauch in warmes Wasser. Die Butter muss in dieser Zeit schmelzen. Der Salat darf nicht warm, nicht kalt serviert werden.

**Kartoffelsalat für 6 Personen.** 2 Kilo Eierkartoffeln werden gewaschen, reichlich mit kaltem Wasser bedeckt angesetzt und in 30 Minuten weich gekocht. Alsdann gießt man das Wasser ab, zieht die Haut ab und schneidet die Kartoffeln in Scheiben. Aus 3 Eidottern, 1/4 Ltr. Öl, *Zutaten: 2 Kilo Eierkartoffeln, 3 Eidotter, 1/4 Ltr. Öl, 1 Essl. fein gehackte Petersilie, 1/8 Ltr. Schlag- oder saurer Rahm, 2 Essl. Essig, 1-2 Teel. Salz, etwas Pfeffer.*
1 Essl. fein gehackter Petersilie und 1/3 Ltr. Schlag- oder saurem Rahm rührt man eine Mayonnaise und gibt nach Geschmack 2 Essl. Essig dazu. Statt Rahm kann man auch Fleischbrühe oder Wasser nehmen. Mit diesen Zutaten mischt man die Kartoffeln, gibt, wenn nötig, 1–2 Teel. Salz und etwas Pfeffer dazu.

**Warmer Kartoffelsalat für 4 Personen.** Die Kartoffeln werden mit der Schale in 30 Minuten weichgekocht und dann abgezogen. 65 Gr. in Würfel geschnittenen Speck brät man langsam aus; wenn er anfängt, hellbraun zu werden, gibt man 1 gehäuften Essl. Weizenmehl dazu, schwitzt beides 3 Minuten unter Rühren, gibt *Zutaten: 1 Kilo Kartoffeln, 65 Gr. in Würfel geschnittener Speck, 1 gehäufter Essl. Weizenmehl, 1/2 Ltr. koch. Wasser, 2 Essl. Essig, 1 Teel. Salz, 1/2 Teel. Pfeffer, 1 geriebene rohe Zwiebel.*
dann 1/2 Ltr. kochendes Wasser, 2 Essl. Essig, 1 Teel. Salz, 1/2 Teel. Pfeffer und 1 geriebene Zwiebel dazu, dann lässt man die Kartoffelscheiben hierin 3–5 Minuten kochen. Beim Anrichten gibt man das in Würfel geschnittene Fleisch von 1 Hering dazu. Man gibt die Kartoffeln zum Suppenfleisch, Schmorbraten und zur Hammelkeule. Beim Frühstück zu jedem kalten Fleisch.

**Salat Hermelin für 12 Personen.** Den Inhalt einer 500-Gr.-Dose Mais schüttet man auf ein Sieb. Man rührt eine Mayonnaise von 3 Eidottern und 1/4 Ltr. Öl. Von 1 Bleichsellerie entfernt man die äußeren, schlechten Rippen. Die Knolle schält man, schneidet sie in feine Streifen und ebenso die feinen, gelben Rippen. Man schält 1 Gravensteiner Apfel, *Zutaten: 500 Gr. Mais, 3 Eidotter, 1/4 Ltr. Öl, 1 Bleichsellerie, 1 Gravensteiner Apfel, 2-3 Essl. Essig, 1/2 Teel. Salz, 1 frische Gurke, 2 Essl. Öl, 1 Essl. Essig, 1/2 Teel. Pfeffer, 1/2 Teel. Salz, 1/2 Teel. Zucker, 1 Teel. feingehack. Petersilie, 125 Gr. Trüffeln.*

schneidet ihn in feine Streifen. Diese Zutaten mischt man mit der Mayonnaise und dem Mais. Nun gibt man nach Geschmack 2 bis 3 Essl. Essig und, wenn nötig, 1 Teel. Salz dazu. Man richtet den Salat sogleich an. 1 frische Gurke wird in Scheiben und darauf in Streifen geschnitten. Diese Gurkenstreifen werden mit 2 Essl. Öl, 1 Essl. Essig, 1/2 Teel. Pfeffer, 1/2 Teel. Salz, 1/2 Teel. Zucker, 1 Teel. fein gehackter Petersilie angemacht und als Kranz um den weißen Salat gefüllt. Obenauf legt man 8 rund geschnittene Trüffelscheiben. Man kann statt der Gurke fein geschnittene Trüffeln herumlegen. Die Zutaten stellt man 3–4 Stunden vor Gebrauch auf Eis; erst beim Anrichten wird Essig und Salz hinzugefügt.

**Öl- Ersatz für Kartoffelsalat.** Auf 2 gehäufte Teel. Kartoffel- oder Maismehl nimmt man 1/4 Ltr. Wasser, bringt dieses unter Rühren ins Kochen. 1 Teel. Salz und 2 Essl. Essig gibt *Zutaten: 2 Teel. Kartoffelmehl, 1 Teel. Salz, 1/4 Ltr. Wasser, 2 Essl. Essig, 1 Teel. Senf, 1/2 Teel. roh geriebene Zwiebel.* man dazu, stellt die Masse 5 Minuten zum Auskühlen beiseite. Dann wird 1 Teel. Senf, 1/2 Teel. roh geriebene Zwiebel dazu gegeben. Die in Scheiben geschnittenen Kartoffeln oder verschiedene Gemüse werden mit dieser Tunke gemischt, der Salat halbwarm zu Tisch gebracht. Die Öl-Ersatzmasse kann man auch für jeden Fischsalat verwenden.

**Schweizer Salat für 6 Personen.** Die Kartoffeln werden mit der Schale gekocht, abgegossen, wenn sie noch heiß sind, abgezogen und in Scheiben geschnitten. Den Sellerie schält *Zutaten: 500 Gr. Kartoffeln, 2 Knollen Sellerie, 1 Rote Beete, 1 Essl. Salz, 1/5 Ltr. Essig, 3 Eidotter, 1/4 Ltr. Öl.* man, setzt ihn mit kochendem Wasser an und kocht ihn 1 Stunde. Kurz vor dem Weichwerden gibt man 1 Essl. Salz dazu. Ist er erkaltet, schneidet man den Sellerie in große Scheiben. Die gewaschene Rote Beete legt man in den heißen Bratofen und bäckt sie 1–2 Stunden, je nach der Größe, zieht die Haut ab und schneidet die Rote Beete in dünne Scheiben. Die Zutaten mischt man mit einer Mayonnaise, welche man gerührt von 3 Eidottern und 1/4 Ltr. Öl; nun würzt man den Salat mit 1/8 Ltr. Essig und etwas Salz und garniert ihn mit Feldsalat, Endivien oder Kresse.

**Frankfurter Salat für 6 Personen.** Äpfel, Salzgurke und Rote Beete werden geschält und in Würfel geschnitten. Vom Sellerie nimmt man die geschälte Knolle und die mittleren, zarten Rippen, die ebenfalls in Würfel geschnitten werden. Senf, Öl, Zucker und Salz rührt man *Zutaten: 1 kleine Salzgurke, 1 Bleichsellerie, 2 weiche Prinzäpfel, 65 Gr. gekochte Rote Beete, 1/4 Ltr. Öl, 1 gehäufter Teel. Senf, 1 Teel. Salz, 1 Teel. Zucker, 1/8 Ltr. Essig.*

in einer Schüssel 5 Minuten. Dann mischt man die Zutaten in die Tunke und, nachdem alles gut verrührt, gießt man den Essig dazu. Man lässt den Salat 20 Minuten recht kalt stehen. Beim Anrichten legt man einen Kranz von Rapunzeln oder Kresse darum. Auch ist Endivie sehr geeignet als Umlage.

**Salat americain für 12 Personen.** Man bereitet eine Mayonnaise von 3 Eidottern, 1/4 Ltr. Öl. 250 Gr. frische Haselnüsse werden gerieben. Dazu fügt man das Innere 1 kleinen Pampelmus, sowie 500 Gr. Ananas, die geschälte Knolle und die zarten Rippen von 2 Bleichsellerie. Diese Zutaten müssen 2 Stunden vor dem Gebrauch auf Eis gestellt und in Streifen geschnitten werden. Erst beim Anrichten sind sie mit der Mayonnaise zu mischen. Außerdem garniert man den Salat mit Brunnenkresse.

*Zutaten: 3 Eidotter, 1/4 Ltr. Öl, 250 Gr. frische Haselnüsse, 1 Pampelmuse, 1/2 Kilo Ananas, 2 Bleichsellerie.*

**Italienischer Salat für 6-10 Personen.** Der Apfel und die Gurke werden geschält, in dünne Scheiben und dann in dünne Streifen geschnitten; Hering oder Sardellen werden gewaschen, von Haut und Gräten befreit und die übrigen Zutaten ebenfalls in dünne Streifen geschnitten. Man rührt eine Mayonnaise von 3 Eidottern und 1/4 Ltr. Öl, schmeckt diese mit Salz, 1/2 Teel. Senf und etwas Essig ab. Dann mischt man die Zutaten mit der Mayonnaise und hält den Salat 2–3 Stunden vor dem Gebrauch fertig. Beim Anrichten gibt man etwas Kresse oder klein geschnittenen Kopfsalat, Endivien, oder Rapunzel darum. Man gibt den Salat beim Frühstück oder Abendessen als Vorgericht.

*Zutaten: 250 Gr. Kalbsbraten, 125 Gr. geräucherte, gekochte Ochsenzunge, 1 kleiner Hering oder 10 Sardellen, 1 weicher Apfel, 1 kleine Salzgurke, 2 Essl. fein geschnittene Rote Beete, 65 Gr. geräuch. Lachs, 4 Essigzwetschen, 3 Eidotter, 1/4 Ltr. Öl, Salz, 1/2 Teel. Senf, etwas Essig.*

**Salat Duala für 12 Personen.** 1 Kilo Palmenmark wird in fingerdicke Scheiben geschnitten. 12 gleichmäßig große Scheiben hiervon werden mit je einer kleinen, rund ausgestochenen Trüffelscheibe belegt, mit 1 Essl. Zitronensaft beträufelt und bis zum Anrichten zugedeckt beiseite gestellt. 250 Gr. Walnüsse werden ausgebrochen und fein gehackt, ebenso die übrigen Trüffeln. Von 1 Bleichsellerie entfernt man die äußeren Rippen, die Blätter schneidet man weg, die Knolle wird geschält und gewaschen und hiernach mit den zarten Sellerierippen in feine Streifen geschnitten. 250 Gr. weiche Äpfel schält man und schneidet sie gleichfalls in feine

*Zutaten: 250 Gr. Walnüsse, 1 Kilo Palmenmark, 1 Essl. Zitronensaft, 125 Gr. Trüffeln, 1 Knolle Bleichsellerie, 250 Gr. weiche Äpfel, 3 Eidotter, 1/4 Ltr. Öl, 1 Teel. Salz, 2-3 Essl. Essig oder Zitronensaft, etwas Kresse.*

Streifen. Nun rührt man eine Mayonnaise von 3 Eidottern, 1/4 Ltr. Öl, 1 Teel. Salz gibt man dazu, und hiernach die fein gehackte Nussmasse. Die geschnittenen Zutaten werden mit dieser Mayonnaise gemischt. Die Schüssel mit dem Salat wird 1 Stunde vor dem Anrichten auf Eis gestellt. Beim Anrichten gießt man nach Geschmack 2–3 Essl. Essig oder Zitronensaft an den Salat und richtet ihn recht hoch in einer Glasschüssel an. Dann belegt man ihn mit den verzierten Palmenmarkscheiben und legt ferner an den inneren Rand der Glasschüssel einen Kranz von Kresse.

**Salat Lustig für 8-10 Personen.** 250 Gr. feste Tomaten werden mit kochendem Wasser gebrüht, die Haut abgezogen und, wenn kalt geworden, in Scheiben geschnitten. 2 Bund Radieschen, 1 frische Gurke (geschält), in Scheiben geschnitten. 1 Bleichsellerie, wovon man die äußeren Blätter entfernt, schält man dünn ab und schneidet ihn in dünne Streifen; 1 Schote Piment ebenso. Dies alles wird mit 1 Teel. frischen Kräutern gemischt, dann gibt man 1/4 Ltr. Öl, 2 Essl. Essig, Salz nach Geschmack dazu, mischt den Salat und richtet ihn sogleich an; er wird mit Kopfsalat oder Kresse garniert. Sämtliche geschnittene Teile kann man, noch nicht mit Öl, Salz, Essig angemacht, 2 Stunden vor dem Gebrauch auf Eis stellen.

*Zutaten: 250 Gr. feste Tomaten, 2 Bund Radieschen, 1 frische Gurke, 1 Bleichsellerie, 1 Pimentschote, 1 Teel. frische Kräuter, 1/4 Ltr. Öl, 2 Essl. Essig, 1 Teel. Salz nach Geschmack.*

# KOMPOTTE

**Getrocknete Pflaumen.** Man rechnet für 6 Personen 500 Gr. Die Pflaumen werden drei Mal mit reichlich heißem Wasser gewaschen, dann mit 1 1/2 Ltr. Wasser am Tage vor dem Gebrauch eingeweicht und eine Nacht in den noch warmen Bratofen zum Quellen gestellt. Hiernach bringt man die Pflaumen zugedeckt ins Kochen, kocht sie langsam 1 Stunde. Inzwischen werden die Pflaumen öfter in ihrem Wasser geschüttelt. Nur wenn nötig, gibt man erst jetzt 1 Kochl. Zucker dazu. Will man die Pflaumen für Kinder und Kranke verwenden, so streicht man sie durch ein Sieb.

**Zwetschenkompott für 4 Personen.** Man legt die Zwetschen in eine Schüssel und gießt *Zutaten: 500 Gr. Zwetschen, 30 Gr. Zucker.*
reichlich kochendes Wasser darüber, zieht die Haut ab und entfernt die Steine. Nun setzt man die Zwetschen mit 30 Gr. Zucker ohne Wasser an und dämpft sie im geschlossenen Topf langsam 10–15 Minuten. Für Kranke geeignet.

**Birnenkompott für 3 Personen.** Die Birnen werden geschält, gewaschen, einmal durchge- *Zutaten: 500 Gr. Birnen, 1/2 Ltr. Wasser, 65 Gr. Zucker.*
schnitten und das Kernhaus entfernt. Mit 1 gehäuften Kochl. Zucker setzt man sie an, gibt 1/2 Ltr. Wasser dazu und kocht sie im geschlossenen Topf 30 Minuten. Hiernach nimmt man die Birnen aus dem Wasser, gibt noch 1–2 Kochl. Zucker dazu, legt den Deckel des Topfes beiseite und lässt die Flüssigkeit bis auf 1/4 Ltr. einkochen.

**Apfelmus für 3 Personen.** Die Äpfel werden geschält, in Viertel geschnitten, vorn Kernhaus *Zutaten: 500 Gr. Äpfel, 1/8 Ltr. Wasser, 1 Stück Zitronenschale, 1 Kochl. Zucker, 1 Eiweiß.*
befreit, gewaschen, mit 1 Stück Zitronenschale und 1/8 Ltr. Wasser angesetzt. Im geschlossenen Topf werden die Äpfel in 10

Minuten weichgedämpft, sodann auf ein Sieb gegossen und rasch durchgestrichen. Dann schmeckt man das Apfelmus mit Zucker ab, stellt es 20 Minuten zum Auskühlen beiseite und mischt den festen Schnee von 1 Eiweiß mit dem Apfelmus. Am schmackhaftesten für Apfelmus ist der Prinzapfel. Für Kranke geeignet.

**Kirschkompott für 6 Personen.** Die Maikirschen werden gewaschen, ausgesteint, mit 65 Gr. Zucker im geschlossenen Topf ohne Wasser angesetzt und langsam 20 Minuten gekocht. Inzwischen werden die Früchte geschüttelt. Nun nimmt man die Früchte mit einem Schaumlöffel heraus, gibt nochmals 65 Gr. Zucker an den Saft der Kirschen und lässt den Saft ohne Deckel rasch 10 Minuten kochen, dann stellt man ihn zum Auskühlen 30 Minuten beiseite. Nun erst gießt man den Saft wieder über die Früchte. Die Früchte müssen bis zum vollständigen Kaltwerden öfters geschüttelt werden. Vom öfteren Schütteln werden die Früchte wieder ansehnlich. Wenn man den heißen Fruchtsaft sogleich über die Kirschen gießt, werden diese hart.

*Zutaten: 1 Kilo Maikirschen, 130 Gr. Zucker.*

**Stachelbeerkompott für 6 Personen.** Die unreifen Stachelbeeren wäscht man, setzt sie mit 1/2 Ltr. kochendem Wasser und 1 gehäuften Kochl. Zucker im geschlossenen Topf an und kocht sie 10 Minuten; dann nimmt man sie vorsichtig mit dem Schaumlöffel heraus, gibt noch 125 Gr. Zucker an das Wasser und lässt es mit dem Zucker 5 Minuten kochen. Zum Auskühlen stellt man die Tunke 30 Minuten beiseite und gibt sie dann erst über die Stachelbeeren.

*Zutaten: 1 Kilo unreife Stachelbeeren, 1/2 Ltr. kochendes Wasser, 1 gehäuft. Kochl. Zucker, 125 Gr. Zucker.*

**Kronsbeeren für 6 Personen.** 1 Kilo Kronsbeeren, 250 Gr. weiche Birnen oder Apfel werden geschält, in kleine Würfel geschnitten, mit den gewaschenen Kronsbeeren und 65 Gr. Zucker angesetzt und im geschlossenen Topf 20 Minuten gekocht. Dann nimmt man die Früchte mit einem Schaumlöffel aus dem Saft, lässt denselben mit dem Zucker noch 5 Minuten kochen, stellt ihn 30 Minuten zum Auskühlen beiseite und gießt nach dieser Zeit die Flüssigkeit über die Kronsbeeren. Diese schrumpfen zusammen und werden hart, wenn man den kochenden Saft sogleich über die Früchte gießt.

*Zutaten: 1 Kilo Kronsbeeren, 250 Gr. weiche Birnen oder Äpfel, 65 Gr. Zucker, 125 Gr. Zucker.*

**Kronsbeerengelee für 6 Personen.** Nebenstehende Früchte werden mit 200 Gr. Zucker angesetzt, im geschlossenen Topf 20 Minuten gekocht;

*Zutaten: 1 Kilo Kronsbeeren, 250 Gr. weiche Birnen, 200 Gr. Zucker, 4 Blatt weiße Gelatine.*

jetzt gibt man 4 Blatt weiße Gelatine dazu, kocht das Ganze noch 5 Minuten und streicht die Früchte mit dem Saft durch das Sieb. 3 Stunden auf Eis stellen.

**Johannisbeeren glasieren.** Hierzu nimmt man recht große, trockene Trauben. Sie werden in Eiweiß und dann in Staubzucker gewendet, in der Sonne getrocknet.

**Quittenkompott für 3 Personen.** 500 Gr. Quitten werden mit einem Tuche abgerieben, geschält und vorn Kernhaus befreit. Die Schalen und das Kernhaus setzt man mit 2 1/2 Ltr. Wasser an und kocht sie im geschlossenen Topf 6 Stunden. Hiernach gießt man den Saft durch ein Sieb. 65 Gr. Zucker gibt man an den Saft; dann legt man die Quittenstücke, welche inzwischen sehr braun geworden sind, aber nicht gewaschen werden dürfen, in diesen Saft und kocht sie zugedeckt ebenfalls 6 Stunden recht langsam. Sollte der Saft inzwischen zu sehr verkochen, dann muss man etwas Wasser nachgießen.

*Zutat: 500 Gr. Quitten, 2 1/2 Ltr. Wasser, 65 Gr. Zucker.*

**Gemischtes Kompott für 6 Personen.** Die entkernten Kirschen und die abgezupften Johannisbeeren werden ohne Wasser angesetzt und im geschlossenen Topf langsam 10 Minuten gedämpft. Dann gibt man die Stachelbeeren dazu und kocht sie unter Schütteln langsam 10 Minuten. Danach nimmt man die Früchte mit einem Schaumlöffel aus dem Topf, schüttet den Zucker in den Fruchtsaft und kocht beides ohne Deckel 5 Minuten. Wenn vollständig erkaltet, werden die Früchte in die Tunke gegeben. Wünscht man die Tunke sämig, so ist 1 Teel. Maizena oder Mondamin mit 1/8 Ltr. kaltem Wasser anzurühren und dieses unter Rühren an das Kompott zu gießen. Mit dem Mehl kocht man das Ganze dann noch 5 Minuten.

*Zutaten: 250 Gr. große, rote, raue, reife Stachelbeeren, 500 Gr. Kirschen, 250 Gr. Johannisbeeren, 125 Gr. Zucker.*

**Tutti-frutti-Kompott für 6 Personen.** Johannisbeeren und Kirschen kocht man im geschlossenen Topf ohne Wasser mit 65 Gr. Zucker langsam 10 Minuten, dann gibt man die Himbeeren und Erdbeeren dazu und lässt das Kompott noch 5 Minuten kochen.

*Zutaten: 65 Gr. Zucker, 1 Kilo Kirschen, 500 Gr. Erdbeeren, 500 Gr. Himbeeren, 125 Gr. Johannisbeeren.*

**Rhabarberkompott für 6 Personen.** 500 Gr. Rhabarber schneidet man in Stücke, wäscht und mischt ihn mit dem Zucker. Dann legt man ihn in eine Auflaufschüssel, deckt diese fest zu und stellt sie 30 Minuten in den nicht zu heißen Ofen. Dabei muss man darauf achten, dass der Rhabarber nicht zu stark kocht. Ist der Ofen sehr heiß, so genügen 15 Minuten. Der rote, getriebene Rhabarber wird nicht abgezogen.

*Zutaten: 500 Gr. Rhabarber, 250 Gr. Zucker.*

# Eis

**Ananas-Eis für 6 Personen.** 250 Gr. rohe Ananas werden gerieben, 1/8 Ltr. Weißwein, Saft von 1 Zitrone, 65 Gr. Zucker und zuletzt 1/2 Ltr. Schlagrahm (nicht geschlagen) dazu gegeben. Nun gießt man das Ganze in eine Eismaschine. Um die Eismaschine herum füllt man kleingemachtes Eis, abwechselnd mit dem Salz. Unter raschem Drehen wird die Masse in 12 bis 20 Minuten zum Frieren gebracht. Die fertige Eismasse wird in eine zweite Form gefüllt, mit Pergamentpapier belegt und mit dem Deckel geschlossen. Dann stellt man die Form in den Eiseimer zurück; sie muss ganz mit Eis bedeckt sein. Das Eis ist 1–2 Stunden vor dem Gebrauch fertig zu halten, es muss mit alten Säcken zugedeckt sein, damit es luftdicht verschlossen bleibt. Beim Anrichten taucht man die Form 2 Minuten in reichlich kaltes Wasser. In den Tropen verwendet man statt Schlagrahm Eiweiß. Der feste Schnee von 2 Eiweiß ist Ersatz für 1/4 Ltr. Schlagrahm.

*Zutaten: 250 Gr. rohe Ananas, 1/8 Ltr. Weißwein, Saft von 1 Zitrone, 65 Gr. Zucker, 1/2 Ltr. Schlagrahm. 3 Kilo kleingemachtes Eis, 250 Gr. Salz.*

**Bananen- und Erdbeereis für 6 Personen.** 500 Gr. frische Erdbeeren, 6 weiche Bananen werden durch ein Sieb gestrichen, zuletzt 1/8 Ltr. Wasser durch dasselbe Sieb gegossen, tut dann 1/4 Ltr. Schlagrahm, 65 Gr. Zucker dazu und bringt die Masse in der Eismaschine unter raschem Drehen ins Frieren; dann fortsetzen wie beim Ananaseis.

*Zutaten: 500 Gr. frische Erdbeeren, 6 weiche Bananen, 1/8 Ltr. Wasser, 1/4 Ltr. Schlagrahm, 65 Gr. Zucker.*

**Zitronen-Eis für 6 Personen.** Der Saft von 3 Zitronen wird durch ein Sieb gegossen, dann tut man 1/4 Ltr. Wasser, 125 Gr. Zucker und

*Zutaten: 3 Zitronen, 1/4 Ltr. Wasser, 125 Gr. Zucker, 3 Eiweiß.*

den festen Schnee von 3 Eiweiß dazu. Nun bringt man die Masse in der Eismaschine in 20–30 Minuten unter raschem Drehen ins Frieren. Man serviert das Eis in Gläsern und füllt obenauf etwas Schlagrahm.

**Apfelsinen-Eis für 6 Personen.** Den Saft von 6 Apfelsinen und 1 Zitrone gießt man durch ein Sieb und gibt die dünn abgeriebene Schale *Zutaten: 6 Apfelsinen, 1/4 Ltr. Schlagrahm, 65 Gr. Zucker, 1 Zitrone.* einer Apfelsine, 65 Gr. Zucker und 1/4 Ltr. Schlagrahm dazu. Diese Masse bringt man unter raschem Drehen ins Frieren. Das Eis hält man 1–2 Stunden vor dem Gebrauch fertig.

**Apfelsineneis für 4 Personen.** Mit einem Stück Zucker wird die Schale einer Apfelsine leicht abgerieben. Dieser Zucker wird mit *Zutaten: 4 Apfelsinen, 1/4 Ltr. Wasser, 1 Teel. Essig, 35 Gr. Zucker, 2 Eiweiß.* dem Wasser und dem übrigen Zucker ein Mal aufgekocht; wenn erkaltet, wird der Saft der Apfelsinen, der feste Schnee der 2 Eiweiß, der Essig hinzugefügt. Die Masse wird in die Eismaschine gegossen und unter raschem Drehen ins Frieren gebracht (siehe Ananaseis).

**Mandarinen-Eis für 12 Personen.** Die Schale von 6 Mandarinen reiht man dünn ab, gießt den Saft von 12 Mandarinen und 3 *Zutaten: 12 Mandarinen, 3 Apfelsinen, 125 Gr. Zucker, 1/2 Ltr. Schlagrahm.* Apfelsinen durch ein Sieb und gibt die Mandarinenschalen, 125 Gr. Zucker und 1/2 Schlagrahm dazu. Unter raschem Drehen bringt man die Masse ins Frieren und hält das Eis 1 Stunde vor dem Gebrauch fertig.

**Nuss-Eis für 4 Personen.** 250 Gr. Wal- oder Haselnüsse werden ausgebrochen, mit 1/2 Ltr. Milch angesetzt und 3 Minuten gekocht. Hier- *Zutaten: 250 Gr. Wal- oder Haselnüsse, 65 Gr. Zucker, 1/2 Ltr. Milch, 1/4 Ltr. Schlagrahm.* nach wird die Masse scharf durch ein Sieb gestrichen. Nachdem sie erkaltet, werden 65 Gr. Zucker und 1/4 Ltr. Schlagrahm dazu gegeben. Diese Masse wird unter raschem Drehen in der Eismaschine zum Gefrieren gebracht.

**Nuss-Eis auf andere Art für 6 Personen.** 250 Gr. Walnüsse werden ausgebrochen, durch die Mandelmühle gegeben, mit 1/4 Ltr. *Zutaten: 250 Gr. Walnüsse, 1/4 Ltr. Milch, 1/2 Ltr. Schlagrahm, 65 Gr. Zucker.* Milch 5 Minuten gekocht und dann scharf durch ein Sieb gestrichen. Wenn diese Masse erkaltet ist, mischt man sie mit 1/2 Ltr. Schlagrahm und 65 Gr. Zucker. 4 ausgebrochene Nüsse werden fein gehackt. 1 gehäuften Kochl. Zucker lässt man in einer Pfanne auf mäßigem Feuer hellbraun werden, gibt die gehackten Nüsse dazu und rührt die Masse auf mäßigem Feuer 3–4 Minuten bis sie glänzend aussieht. Dann streicht man die Masse auf einen mit Butter bestrichenen Teller und stellt diesen 15 Minuten zum Auskühlen beiseite. Darauf gibt man die Masse durch die Mandelmühle und fügt sie der obigen Masse bei. Das Ganze bringt man alsdann in der Eismaschine unter raschem Drehen in etwa 20–30 Minuten zum Gefrieren. Die fertige Eismasse füllt man in eine zweite Form, welche man fest verschlossen in den Eiseimer zurückstellt, füllt klein geschlagenes Eis und Salz über die Form und überdeckt den Eimer mit alten Wolldecken oder Säcken, damit das Eis luftdicht verschlossen ist. Man hält das Eis 1 Stunde vor dem Gebrauch fertig. Beim Anrichten taucht man die Form in reichlich kaltes Wasser.

**Nougat-Eis für 4 Personen.** Die Mandeln setzt man mit Wasser bedeckt an, kocht sie einmal auf, zieht die Haut ab und gibt die *Zutaten: 1 Essl. Mandeln, 65 Gr. Zucker, 1/4 Ltr. Schlagrahm, 65 Gr. Zucker.* Mandeln durch die Mandelmühle. 65 Gr. Zucker bräunt man in der Pfanne, welche vorher mit Butter ausgestrichen ist. Die Mandeln tut man in den braunen Zucker, rührt die Masse auf geschlossenem Herd 3–5 Minuten bis sie glänzend aussieht, dann tut man sie auf einen mit Butter bestrichenen Teller. Wenn die Masse vollständig erkaltet ist, gibt man sie ein Mal durch die Mühle, mischt sie mit 1/4 Ltr. Schlagrahm und gibt nach Geschmack 65 Gr. Zucker dazu. Man gießt die Masse in die Eismaschine und bringt sie unter raschem Drehen ins Frieren. Das Eis ist 1 Stunde vor dem Anrichten fertig zu halten.

**Himbeer-Eis für 4 Personen.** 250 Gr. Himbeeren werden abgezupft, mit 1/8 Ltr. Wasser angesetzt und zugedeckt 5 Minuten langsam *Zutaten: 250 Gr. Himbeeren, 1/8 Ltr. Wasser, 65 Gr. Zucker, 1/4 Ltr. Schlagrahm.* gedämpft, dann auf ein Sieb gegeben zum Abtropfen. 65 Gr. Zucker dazu. Wenn erkaltet, kommt 1/4 Ltr. Schlagrahm hinzu. Unter raschem Drehen bringt man die Masse zum Gefrieren in der Eismaschine. Man hält das Eis 1 Stunde vor dem Gebrauch fertig. Noch besser ist diese Eismasse, wenn man die Himbeeren roh durch ein Sieb streicht.

**Erdbeer-Eis anderer Art für 6 Personen.** 1 Kilo gewaschene, abgezupfte Erdbeeren streicht man roh durch ein Sieb, mischt den *Zutaten: 1 Kilo gewaschene, abgezupfte Erdbeeren, 65 Gr. Zucker, 1/4 Ltr. Schlagrahm.* Saft mit 65 Gr. Zucker und 1/4 Ltr. Schlagrahm. Nun füllt man die Masse in die Eismaschine und bringt sie unter raschem Drehen ins Frieren; siehe weiter wie beim Ananas-Eis. Man hält das Eis 1–2 Stunden vor dem Gebrauch fertig.

**Kronsbeeren-Eis für 6 Personen.** 250 Gr. Kronsbeeren werden gewaschen, mit 1/4 Ltr. Wasser in geschlossenem Topf 10 Minuten gekocht, dann wird das Ganze durch ein *Zutaten: 250 Gr. Kronsbeeren, 1/4 Ltr. Wasser, 125 Gr. Zucker, 1/4 Ltr. Schlagrahm, 3 Kilo Eis, 125 Gr. Salz.* Sieb gestrichen, 125 Gr. Zucker dazu getan und 1/4 Ltr. Schlagrahm. Diese Masse bringt man unter raschem Drehen in der Eismaschine zum Frieren. Das klein gehackte Eis füllt man abwechselnd mit 125 Gr. Salz um die Eismaschine. Das fertige Eis wird in eine Eisform gefüllt. Beim Einfüllen wird die Eismasse mit dem Löffel recht fest niedergedrückt in die Form. Die Form wird mit einem Pergamentpapier geschlossen, in den Eiseimer zurückgestellt. Klein gemachtes Eis wird über die Form gelegt und zuletzt die Form mit Säcken zugedeckt. Man hält das Eis 30 Minuten vor dem Anrichten fertig. Beim Anrichten hält man die Form in reichlich kaltes Wasser 2 Minuten. Darauf stürzt man sie schnell auf die Platte. Man hält das Eis 1 Stunde vor dem Gebrauch fertig.

**Frucht-Eis für 6 Personen.** 1/2 Ltr. Himbeer- oder Johannisbeersaft mischt man mit 1/4 Ltr. Wasser, gibt den festen Schnee von 3 Eiweiß und 1/2 Ltr. Schlagrahm dazu. Die Masse *Zutaten: 1/2 Ltr. Himbeer- oder Johannisbeerensaft, 1/4 Ltr. Wasser, 3 Eiweiß, 1/2 Ltr. Schlagrahm.* bringt man unter raschem Drehen ins Frieren und serviert das Eis in Gläsern.

**Waldmeister-Eis für 6 Personen.** Der Waldmeister wird mit 1 Ltr. Rheinwein 1 Stunde fest zugedeckt an einen kühlen Ort gestellt, hiernach der Wein mit dem Saft von 2 Zitronen durch ein Sieb gepresst. 125 Gr. Zucker, 1 Essl. recht fein gesiebten *Zutaten: 125 Gr. Waldmeister, 1 Ltr. Rheinwein, 2 Zitronen, 125 Gr. Zucker, 1 Essl. fein gesiebter Spinat, 3 Eiweiß.* Spinat, den festen Schnee von 3 Eiweiß gibt man dazu, füllt dieses in die Eismaschine und bringt die Masse unter raschem Drehen ins Frieren.

**Rhabarber-Eis für 4-8 Personen.** 250 Gr. rohen, frischen Rhabarber schneidet man in Würfel, kocht ihn mit 1/4 Ltr. Wasser 10 *Zutaten: 250 Gr. Rhabarber, 125 Gr. Zucker, 1/4 Ltr. Schlagrahm, 1/4 Ltr. Wasser.* Minuten und streicht das Ganze durch ein Sieb. Hiernach kommen 125 Gr. Zucker und 1/2 Ltr. Schlagrahm hinzu. Unter raschem Drehen wird die Masse in der Eismaschine zum Gefrieren gebracht.

**Schokoladen-Eis für 6 Personen.** 250 Gr. Schokolade werden gerieben und mit 1/4 Ltr. Milch aufgekocht. Nachdem sie ausgekühlt *Zutaten: 250 Gr. Schokolade, 1/4 Ltr. Milch, 1/2 Ltr. Schlagrahm, 1 Essl. Zucker.*

ist, gibt man 1/2 Ltr. Schlagrahm und 1 Essl. Zucker dazu. Unter raschem Drehen bringt man die Masse ins Frieren und hält das Eis 1 Stunde vor dem Gebrauch fertig.

**Butter-Creme-Eis mit Mokka für 4 Personen.** Man bereitet von dem Mokka mit 1/4 Ltr. kochendem Wasser-Extrakt. Eidotter und die Hälfte vom Zucker rührt man 10 Minuten, *Zutaten: 50 Gr. Mokka, 1/4 Ltr. Wasser, 50 Gr. Butter, 5 Gr. bittere Mandeln, 1/4 Ltr. Rahm, 2 Eier, 150 Gr. Zucker.* dann wird die weiche Butter dazu gegeben. Diese darf nicht salzig schmecken. Die Masse wird noch 5 Minuten gerührt. Danach gießt man tropfenweise den bereits ausgekühlten Mokka dazu. Nun fügt man den festen Schnee von 1 Ei und den Schlagrahm dazu. Die zweite Hälfte vom Zucker schüttet man in eine Pfanne und lässt den Zucker auf geschlossenem Herd hellbraun werden. Die Mandeln werden vorher abgezogen und fein gehackt, danach zum flüssigen braunen Zucker gegeben. Man rührt die Nougatmasse 2 Minuten in der Pfanne, dann gießt man sie auf einen mit Butter gefetteten Teller. Nachdem die Masse in 30 Minuten vollständig erkaltet, wird sie gröblich gestoßen und mit der Crememasse gemischt. Nun gießt man die Masse in die Eismaschine und bringt sie unter raschem Drehen ins Frieren. Das fertige Eis wird in eine zweite Form gegossen, diese wird geschlossen und 1 Stunde in das Eis zurückgestellt. Beim Anrichten stellt man die Form in reichlich kaltes Wasser, stürzt sie rasch auf eine Platte und spritzt Schlagrahm streifenweise über das Eis. Fein gehackte Pistazien werden darüber gestreut.

**Rahm-Eis mit frischen Erdbeeren für 18 Personen.** 1 3/4 Ltr. Schlagrahm mischt man mit 125 Gr. Zucker und dem Innern von 2 Stangen Vanille, und bringt dieses in der Eis- *Zutaten: 2 Stangen Vanille, 1 3/4 Ltr. Schlagrahm, 125 Gr. Zucker, 2 Kilo frische Erdbeeren.* maschine unter raschem Drehen ins Frieren in zirka 20–30 Minuten. Das vorbereitete Eis wird in zwei gleich große Formen gefüllt, diese mit einem Blatt Papier und dem Deckel geschlossen, dann werden die Formen in den Eiskübel zurückgestellt; nun deckt man den Kübel mit altem Leinen oder Tüchern zu und hält das Eis 1 Stunde vor dem Anrichten fertig. Beim Anrichten hält man die Form in kaltes Wasser und stülpt sie rasch auf eine runde Platte. 2 Kilo frische Erdbeeren werden gewaschen und abgezupft und als Kranz um das Rahm-Eis gefüllt.

**Rahm-Eis für 6 Personen.** 1/4 Ltr. Schlagrahm mischt man mit knapp 65 Gr. Zucker, *Zutaten: 3/4 Ltr. Schlagrahm, 65 Gr. Zucker, 1 Stange Vanille.* gibt das Innere von 1 Stange Vanille dazu, fällt das Ganze dann in die Eismaschine und vollendet das Eis unter raschem Drehen. Beim Anrichten legt man frische Walderdbeeren oder Himbeeren um das Eis.

**Vanille-Eis für 6 Personen.** 4 Eidotter rührt man 10 Minuten, bringt 1/4 Ltr. Milch ins Kochen und setzt 1/2 Stange Vanille, die recht fein gehackt wurde, dazu. Die Milch gießt man *Zutaten: 4 Eidotter, 1/4 Ltr. Milch, 1/2 Stange Vanille, 65 Gr. Zucker, 1/2 Ltr. Schlagrahm.* unter Rühren langsam an die Eidotter, gießt das Ganze in den Topf zurück und bringt die Masse unter Rühren bis kurz vors Kochen. Man gießt die Masse durch ein Sieb, stellt sie 20 Minuten beiseite und gibt 65 Gr. Zucker und 1/2 Ltr. Schlagrahm dazu. Die Masse gießt man in die Eismaschine und bringt sie unter raschem Drehen in zirka 20 Minuten ins Frieren. 1 Stunde vor dem Gebrauch fertig zu halten.

**Kaffee-Eis für 6 Personen.** Aus 65 Gr. Mokka bereitet man 1/8 Ltr. Extrakt, mischt den *Zutaten: 65 Gr. Mokka, 65 Gr. Zucker, 1/2 Ltr. Schlagrahm.* Extrakt, mit 65 Gr. Zucker und tut 1/2 Ltr. Schlagrahm dazu. Unter raschem Drehen bringt man die Masse in 15 Minuten ins Frieren, füllt die fertige Eismasse in die Eisform und hält das Eis 1 Stunde vor dem Anrichten fertig.

**Rum-Eis für 6 Personen.** 2 Eidotter rührt man mit 65 Gr. Zucker 5 Minuten. 1/3 Ltr. Milch bringt man ins Kochen, gießt diese *Zutaten: 2 Eidotter, 65 Gr. Zucker, 2-3 Essl. Rum, 1/8 Ltr. Milch, 1/4 Ltr. Schlagrahm.* unter tüchtigem Rühren langsam an die Eidotter und gießt dann das Ganze in den Topf zurück. Diese Creme bringt man sodann unter Rühren bis kurz vors Kochen, streicht die Masse durch ein Sieb in die Schüssel in der die Eidotter gerührt worden sind, und gibt 2–3 Essl. Rum und 1/4 Ltr. Schlagrahm dazu. Unter raschem Drehen bringt man die Masse in der Eismaschine zum Gefrieren und hält die Speise 1 Stunde vor Gebrauch fertig.

# GETRÄNKE

**Walderdbeerbowle für 12 Personen.**
4 Essl. von den Walderdbeeren lässt man zurück und verwendet diese später als Einlage für die Bowle. Alle übrigen Erdbeeren werden recht fein gestampft und roh durchgesiebt. Dann gießt man den Wein zu diesem Erdbeermus, gibt 125 Gr. Zucker dazu und stellt diese Bowle fest zugedeckt 2 Stunden vor dem Gebrauch kalt. Beim Anrichten gibt man den Sekt und den Sauerbrunnen dazu. Dann stellt man die Bowle auf Eis.

*Zutaten: 1 Kilo Walderdbeeren, 2 Flaschen Rheinwein (Zeltinger oder Liebfrauenmilch), 1/2 Flasche Sekt, 1 Flasche Sauerbrunnen, 125 Gr. Zucker.*

**Angosturabowle (für Herren).** 2 Zitronen schneidet man in Scheiben und gibt 65 Gr. Zucker, 1 Flasche Wein dazu, stellt dieses zugedeckt 1 Stunde vor dem Gebrauch an einen kühlen Ort. Hierauf gibt man 1 Flasche Rheinwein, 1 Flasche Sekt, 2 Flaschen Sauerbrunnen und 2 Essl. Angostura dazu. Dann stellt man die Bowle auf Eis.

*Zutaten: 2 Zitronen, 65 Gr. Zucker, 2 Flaschen Rheinwein, 1 Flasche Sekt, 2 Flaschen Sauerbrunnen, 2 Essl. Angostura.*

**Ananasbowle für 12 Personen.** 1 Ananas von 750 Gr. wird geschält. Die Hälfte hiervon wird in kleine Würfel geschnitten, die andere Hälfte wird gerieben. Die Würfel setzt man nun mit 1/2 Flasche Zeltinger an und stellt sie an einen kalten Ort. Die geriebene Ananas setzt man ebenfalls mit 65 Gr. Zucker und 1 ganzen Flasche Zeltlinger an und stellt diese zugedeckt 3 Stunden an einen kühlen Ort. Hiernach gießt man die Flüssigkeit durch ein Sieb. 1/2 Fiasche Zeltlinger gießt man zum Schluss nochmals auf die Ananas und gibt dies zu den Ananasstücken. Man lässt die Bowle dann noch zugedeckt 1 Stunde im Eis stehen und fügt beim Anrichten 1 Flasche Sekt hinzu.

*Zutaten: 1 Ananas von 750 Gr., 2 Flaschen Zeltinger, 1 Flasche Sekt, 65 Gr. Zucker.*

**Eierpunsch.** Man nimmt 1 Flasche Weiß- wein, den Saft von 2 Zitronen und die auf Zucker abgeriebene Schale derselben, 8–10 ganze Eier und 280 Gr. Zucker, quirlt alles kalt durcheinander, stellt den Topf in ein Gefäß mit kochendem Wasser, schlägt die Flüssigkeit auf dem Feuer zu dickem Schaum und fügt zuletzt noch 1/4 Ltr. erwärmten Arrak hinzu.

*Zutaten: 1 Flasche Weißwein, 2 Zitronen, 8-10 ganze Eier, 280 Gr. Zucker, 1/4 Ltr. Arrak.*

**Gurkenbowle.** Man nimmt 3 Flaschen guten Rotwein, der recht kaltgestellt ist, hängt in denselben eine frische, abgeschälte Gurke 1–2 Stunden, bis sie vollständig durchzogen ist, presst sie dann aus und gibt den Maraschino. Zucker wird dazu nicht verwendet.

*Zutaten: 3 Flaschen guten Rotwein, 1/8 Ltr. Maraschino, 1 frische abgeschälte Gurke.*

**Waldmeisterbowle für 8-12 Personen.** Die Wurzeln werden abgeschnitten, dann wäscht man den Waldmeister, legt ihn in eine Schüs- sel, gibt 2 Flaschen Rheinwein dazu, 65–125 Gr. Zucker nach Geschmack, und stellt dieses fest zugedeckt 2 Stunden an einen kühlen Ort. Nun gießt man diese Flüssigkeit durch ein Sieb und presst den Waldmeister mit einem Löffel recht gut aus. Zuletzt kommt 1 Flasche Sekt dazu, sowie der Saft von 1/2 Zitrone. Einige abgezupfte Blätter von dem Waldmeister lässt man in der Bowle schwimmen.

*Zutaten: 250 Gr. Waldmeis- ter, 2 Flaschen Rheinwein, 1 Flasche Sekt, 1/2 Zitrone, 65 bis 125 Gr. Zucker.*

**Punch romain für 6-8 Personen.** Den Saft von 3 bis 4 Zitronen gießt man durch ein Sieb, gibt dann 2 Essl. Rum und 125 Gr. Zucker, 1 Flasche Sauerbrunnen, 1 Flasche Sekt und den festen Schnee von 3 Eiweiß dazu und bringt das Ganze in der Eisma- schine unter raschem Drehen in 40–50 Minuten ins Frieren. Man serviert Punch romain in Gläsern und legt in jedes Glas 2 Strohhalme.

*Zutaten: 3–4 Zitronen, 2 Essl. Rum, 125 Gr. Zucker, 1 Fla- sche Sauerbrunnen, 1 Flasche Sekt, 3 Eiweiß.*

**Kalter Pomeranzenpunsch.** 2 große grüne Orangen, 2 Flaschen Moselwein, 1 Flasche Rotwein, 300 Gr. Zucker, 1/4 Ltr. Wasser. Die Schale der Orangen wird recht fein gerieben, das kochende Wasser darüber gegossen, und zugedeckt lässt man die Schale 10 Minuten ziehen. Danach gibt man den Zucker dazu und sobald dieser geschmolzen ist, den Wein.

*Zutaten: 2 große grüne Oran- gen, 300 Gr. Zucker, 1 Flasche Rotwein, 2 Flasch. Moselwein, 1/4 Ltr. Wasser.*

**Apfelsinenlikör.** Die dünn abgeschälte Schale von 4 Apfelsinen, 6 Mandarinen, oder grünen Orangen in eine Flasche füllen und 1/8 Ltr. Kornbranntwein darüber geben. 65 Gr. Zucker mit Wasser anfeuchten und unter Rühren 3 Minuten kochen. Den flüssigen Zucker ebenfalls in die Flasche gießen, das Ganze durchschütteln, die Flasche zukorken. Nach 14 Tagen kann man den Likör durch ein feines Sieb oder Tuch in die bestimmte Flasche gießen.

*Zutaten: Schale von 4 Apfelsinen, 6 Mandarinen oder grünen Orangen, 1/8 Ltr. Kornbranntwein, 65 Gr. Zucker.*

**Glühwein von Schlehen und Hagebutten.** Ende Oktober oder Anfang November, sobald der erste Frost eintritt, haben die Schlehen die rechte Reife. Die Hagebutten werden von der Blüte und dem Stängel befreit. 3 Kilo Schlehen und 3 Kilo Hagebutten werden mit 8 Ltr. kochendem Wasser übergossen. Mit diesem Wasser lässt man die Früchte eine Nacht stehen. Am nächsten Tage wird das Wasser abgegossen, aufgekocht, nochmals über die Früchte gegossen. Am nächsten Tage kocht man die Früchte mit der Flüssigkeit 10 Minuten, danach gießt man sie auf ein Sieb und kocht den Saft mit dem Zucker 10 Minuten ohne Deckel. Man nimmt für 1 Kilo Saft 125 Gr. Zucker und kann den Saft, in Flaschen gefüllt, im Apparat 15 Minuten sterilisieren, oder man schließt die Flaschen sogleich nach dem Füllen mit einem Salizylwattebausch. Beim Gebrauch wird 1/4 Ltr. Saft mit 1/4 Ltr. kochendem Wasser gemischt.

**Heißer Punsch für Weihnachtsabend oder Silvester.** 2 Flaschen Rotwein, Saft von 2 Apfelsinen und 1 Zitrone erhitzt man am besten in einem Steintopf, kochen darf der Wein nicht. Liebt man Gewürze, so können 10 Nelkenköpfe und die dünn abgeschälte Schale der Apfelsine dazugegeben werden. 500 Gr. Zucker in einem Stück übergießt

*Zutaten: 2 Flaschen Rotwein, Saft von 2 Apfelsinen und 1 Zitrone, 10 Nelkenköpfe, 1/2 Flasche Rum oder Arrak, 500 Gr. Zucker.*

man mit 1/2 Flasche Rum oder Arrak und lässt den Zucker mit dem Rum zugedeckt 10 Minuten ruhen. Vor dem Anrichten entfernt man die Schale der Apfelsine. Eine Feuerzeuge wird im Herd glühend gemacht, das heißt, man lässt die lange so lange in der Feuerglut liegen, bis sie bis zur Hälfte der Länge glüht. Danach legt man sie über die Terrine, worin sich der heiße Punsch befindet. Den mit Rum oder Arrak getränkten Zucker legt man auf die glühende Zange, danach zündet man mit einem zusammengelegten Papierstreifen den Zucker an, der brennende Zucker tropft in die Bowle, man füllt vom Punsch über den brennenden Zucker. Durch das Abbrennen köpft der Punsch nicht.

**Likör von Apfelsinenschalen.** 1 Ltr. Branntwein, 250 Gr. Zucker, 200 Gr. Apfelsinenschale,
recht fein geschält, 1 kleines Stück Ingwerwurzel. Der Zucker wird mit der Wurzel in 1/4 Ltr.
kochendem Wasser angesetzt und langsam 5

*Zutaten: 1 Ltr. Branntwein,
250 Gr. Zucker, 200 Gr.
Apfelsinenschale, 1 kleines
Stück Ingwerwurzel, 1/4 Ltr.
kochendes Wasser.*

Minuten gekocht. Danach entfernt man die Wurzel, gibt die Apfelsinenschale
und den Branntwein dazu. Das Ganze wird nun in Flaschen gefüllt, fest verkorkt kaltgestellt. Der Likör ist nach einigen Wochen gebrauchsfähig.

**Limonade für 6-8 Personen.** Den Saft von 3
Apfelsinen und 2 Zitronen gießt man durch
ein Sieb; 65 Gr. Zucker und 1 Ltr. Wasser
gibt man nach Geschmack dazu. Diese gut
verrührte Flüssigkeit stellt man 1 Stunde vor

*Zutaten: Saft von 3 Apfel-
sinen und 2 Zitronen, 65 Gr.
Zucker, 1 Ltr. Wasser, etwas
Apfelsinenschale.*

Gebrauch in Eis. Bevor man die Flüssigkeit in die Gläser gießt, nimmt man
den Schaum ab. Man kann auch eine Apfelsine vorher recht dünn abschälen,
diese Schale mit dem Zucker und dem Wasser vorher 2 Minuten kochen und
denn mit dem Saft durch ein Sieb gießen. Die Schale lässt man zurück.

**Kaffee-Extrakt.** Man gewinnt Extrakt von 65 Gr. Mokka und 1/4 Ltr.
kochendem Wasser. Dieses wird tropfenweise auf den Kaffee gegossen. Die
Kanne sowie der Trichter müssen vorher mit heißem Wasser ausgespült werden. Der Kaffee darf nicht aus dem Tropfen kommen. Sobald der langsam
tropfende Kaffee eine helle Farbe bekommt, unterlässt man das Nachgießen
des kochenden Wassers. Der Extrakt ist zum Weiterverbrauch fertig. Die
Karlsbader Kaffeemaschine ist die beste.

**Limonade von Apfelsinenschale auf Vorrat.** Apfelsinen- oder Zitronenschale schält oder reiht man recht dünn, gibt sie in eine Flasche und gießt
Franzbranntwein darüber. Fest verkorkt stellt man die Flasche kalt. Nach 2
bis 3 Monaten wird 1 Kilo Zucker mit 1 1/2 Ltr. Wasser ohne Deckel 10
Minuten gekocht, dann zum Auskühlen beiseite gestellt. Hiernach fügt man
20 Gr. Weingeist (in der Apotheke käuflich) und den Apfelsinenfranzbrannt-
wein hinzu; dieses füllt man in saubere Flaschen und stellt sie gut verkorkt in
einen dunklen, kühlen Raum. Beim Gebrauch verdünnt man die, Limonade
mit geeistem Wasser. Ein vorzügliches Sommergetränk.

**Apfelsinen- oder Zitronenschalenverwendung.** Die Schale wird mit einer
feinen Reihe gerieben. Diese wird mit Zucker gemischt und fest in ein trockenes Glas gestampft. Man nimmt Zucker und geriebene Schale zu glei-

chen Teilen. Beim Gebrauch für Limonade wird 1 Teel. dieser Schalen mit 1/4 Ltr. Wasser 2 Minuten gekocht, dann durch ein Sieb gegossen und recht kalt gestellt. Auch für Kranke geeignet.

**Quittentee.** Die Schalen und Kerngehäuse von 5 Kilo Quitten werden dünn auf Papier ausgebreitet, in der Sonne, oder im Gas- oder Grudeofen getrocknet, in Beuteln oder Papiertüten trocken aufbewahrt. Beim Gebrauch setzt man 2 Essl. Tee mit 1 Ltr. kaltem Wasser an und kocht den Tee 15 Minuten. Für Kranke geeignet.

**Tee von Hagebuttenkernen.** Die Kerne von 3 Kilo Hagebutten, Schalen und Kernhaus von 500 Gr. Äpfeln oder Quitten werden in der Sonne oder im Gas- oder Grudeofen getrocknet, mit 30 Gr. Lindenblüten gemischt. 1 Essl. Tee kocht man mit 1 1/2 Ltr. Wasser 15 Minuten. Dann gießt man den Tee durch ein Sieb. Die Lindenblüten können fehlen. Der Tee ist auch für Kranke sehr erquickend.

**Lindenblüten.** Ende Juni und Anfang Juli blüht die Linde und erfüllt die Luft mit herrlichen Düften. Die Blüten haben einen medizinischen Wert, sie werden getrocknet. Wir bereiten daraus einen heilsamen Tee, welcher Anwendung findet als vorzügliches Mittel bei allerlei Erkrankungen. Die voll aufgeblühten Blüten werden bei trockenem Wetter gepflückt, auf Tüchern oder Papier dünn ausgebreitet und in der Sonne, auf dem Balkon oder auch auf dem Boden getrocknet, dann in einem, Beutel oder in Gläsern zugebunden aufbewahrt.

**Kirsch-Likör.** 2 Kilo saure Weinkirschen oder Schattenmorellen werden gequetscht, von 65 Gr. Kirschen stößt man die Kerne recht fein, gibt sie zu den gequetschten Kirschen, ebenso 1 Ltr. Wasser. Man lässt diesen Saft zugedeckt eine Nacht stehen. 16 Gr. Kaneel, 10 Gr. Nelken, 10 Gr. Kardamom lässt man eine Nacht mit 1 1/2 Ltr. Weingeist oder gereinigtem Kornbranntwein ausziehen. Am nächsten Tage gibt man die Früchte auf ein Tuch zum Durchtropfen. 1 1/4 Kilo Zucker und die Gewürze aus dem Weingeist gibt man in den Saft. Den gut ausgetropften Saft lässt man ein Mal mit den Gewürzen aufkochen, sobald der Zucker geschmolzen. An diesen aufgekochten und abgekühlten Saft gibt man den Weingeist. Nachdem dieses gut vermischt, füllt man das Ganze in Flaschen.

**Fleischtee für 1 Person.** Anstatt Kalb- oder Ochsenfleisch kann auch eine Taube oder ein halbes Hühnchen genommen werden. *Zutaten: 200 Gr. frisches Kalb- oder Ochsenfleisch, 2 Eidotter, 1 Messerspitze Salz.*

Das Fleisch wird in kleine Würfel geschnitten, dann in ein Weckglas gelegt und ohne Gummiring mit dem Deckel geschlossen. Das Glas wird mit einer Feder überspannt, dann in einen Topf mit kaltem Wasser gesetzt und zugedeckt 2 Stunden gekocht. Die Eidotter rührt man in einer Schüssel mit 1 Messerspitze Salz 10 Minuten. Die kochende Flüssigkeit aus dem Weckglas wird unter Rühren nach und nach dazu gegossen. Außerdem kann man 1 Teel. Kognak oder Portwein hinzufügen. Das Geflügel wird mit den Knochen, vorher fein gehackt, in das Weckglas gelegt. Für Kranke geeignet.

# Warme Puddinge

**Plumpudding für 8-10 Personen.** Man hackt 250 Gr. Ochsenmark fein, ebenso 65 Gr. Sukkade, 65 Gr. abgezogene Mandeln, zuletzt 250 Gr. altes Weißbrot oder Semmelbrot (Rundstücke werden vorher geschält, dann 1–2 Minuten in lauwarmem Wasser eingeweicht und gut ausgedrückt). Das Brot darf nicht zu feucht werden. 1 Teel. Kardamom, 1 Teel. Salz, 1 Teel. Kaneel gibt man dazu, ebenfalls 250 Gr. Korinthen, 250 Gr. Rosinen; diese werden vorher mit reichlich heißem Wasser drei bis vier Mal gewaschen. Die Teigmasse rührt man nun 5 Minuten tüchtig, gibt dann 65 Gr. Zucker, 1/8 Ltr. Rum, die abgeriebene Schale einer Zitrone, 1 Kochl. Mehl und nach und nach 5 ganze Eier dazu. Diese Masse füllt man in eine Puddingform, die man mit Butter ausgestrichen und mit Mehl ausgestäubt hat, stellt die Form in einen Topf mit kochendem Wasser und kocht den Pudding 4–6 Stunden. Man muss inzwischen kochendes Wasser nachgießen. Man kann den Pudding einige Wochen vor dem Gebrauch fertig haben. Man lässt ihn dann noch 1 Stunde vor dem Gebrauch kochen,

*Zutaten: 250 Gr. Ochsenmark, 65 Gr. Sukkade, 65 Gr. abgezogene Mandeln, 250 Gr. altes Brot, 1 Teel. Kardamom, 1 Teel. Salz, 1 Teel. Kaneel, 250 Gr. Korinthen, 250 Gr. Rosinen, 65 Gr. Zucker, 1/8 Ltr. Rum, die abgeriebene Schale einer Zitrone, 1 Kochl. Mehl, 5 ganze Eier, 1 Essl. Zucker, 2 Essl. Rum.*

damit er recht heiß ist. Beim Anrichten streut man 1 Essl. Zucker über den Pudding, gießt 2 Essl. Rum um den Pudding herum und zündet ihn an. Man gibt ihn brennend zu Tisch. Eine Weintunke reicht man zum Pudding.

**Warmer Zitronenpudding für 4 Personen.** *Zutaten: 3 Eier, 1 Essl. Weizenmehl, 1 Zitrone, 65 Gr. Zucker.* 3 Eidotter rührt man mit 65 Gr. Zucker und der Schale einer halben Zitrone 15 Minuten, gibt nach und nach während des Rührens 1 Essl. Weizenmehl dazu und ganz zuletzt den festen Eierschnee. Ist alles verrührt, den Saft von einer Zitrone, füllt die Masse in eine Pudding-form, welche man vorher mit Butter ausgerieben und mit Mehl ausgestreut hat. Sodann schließt man die Form, stellt sie in einen Topf mit kochendem Wasser bis zum Deckel und kocht den Pudding 30–40 Minuten. Es ist dazu eine Weißweintunke oder eine Fruchttunke zu geben.

### Warmer Schokoladenpudding für 4 Personen.

*Zutaten: 65 Gr. Mehl, 65 Gr. Butter, 125 Gr. beste Schokolade, 1/4 Ltr. Milch, 4 Eier.*

65 Gr. Mehl, 65 Gr. Butter schwitzt man 5 Minuten im Topf bei mäßiger Hitze unter Rühren. Die Schokolade wird mit 1/4 Ltr. Milch gekocht, bis die Masse glatt vom Löffel lässt, und diese nach und nach unter Rühren an die Mehl-schwitze gegossen und die Teigmasse 30 Minuten zum Erkalten beiseite gestellt. Inzwischen umrühren, damit sich keine Haut bildet, dann 4 Eidotter nach und nach dazu geben, dann den festen Schnee der Eier. Die Masse wird in eine mit Butter ausgestrichene und mit Mehl ausgestreute Puddingform gefüllt. Der Pudding wird 1 Stunde in einem Topf mit kochendem Wasser gekocht. Hierzu gibt man eine Vanilletunke. Für Kranke geeignet.

### Abgerührter Mehlpudding für 8 Personen.

*Zutaten: 125 Gr. Mehl, 125 Gr. Butter, 1/4 Ltr. Milch oder Wasser, 6 Eidotter, 1 Zitrone, 65 Gr. Zucker, 1/2 Teel. Salz.*

125 Gr. Mehl, 125 Gr. Butter schwitzt man im Topfe unter Rühren 5 Minuten, gibt 1/4 Ltr. Milch oder Wasser dazu und rührt den Teig so lange, bis die Masse glatt vom Topfe lässt, stellt den Teig 30 Minuten zum Kaltwerden zurück und gibt nach und nach 6 Eidotter, die abgeriebene Schale einer Zitrone, 1/2 Teel. Salz, 65 Gr. Zucker dazu; ist alles gut ver-rührt, den festen Schnee der Eier. Nun füllt man die Masse in eine mit Butter ausgestrichene und mit Mehl ausgestäubte Puddingform, stellt den Pudding in einen Topf mit kochendem Wasser und lässt ihn 1 Stunde kochen. Als Bei-gabe ist eine Fruchttunke geeignet.

### Kartoffelpudding für 4 Personen.

*Zutaten: 500 Gr. Kartoffeln, 1 Ei, 2 bittere Mandeln, 2 Essl. Milch, 30 Gr. Zucker, 1/2 Teel. Backpulver. 1 Teel. Zitro-nat oder Orangenmarmelade.*

Die Kartoffeln kocht man am Tage vor dem Gebrauch, zieht dann sogleich die Haut ab. Am nächsten Tage werden die Kartoffeln gerieben, Eidotter, Zucker und Gewürze rührt man in einer Schüs-sel 10 Minuten. Dann gibt man die Kartoffelmasse und die kalte Milch dazu. Die Masse wird in eine Form gefüllt, die man vorher mit Butter ausgestrichen und mit Mehl ausgestäubt hat. Die Form stellt man geschlossen in einen Topf mit kochendem Wasser und kocht 1 Stunde. Hierzu gibt man Backobst.

**Warmer Schwarzbrotpudding für 4 Personen.** 125 Gr. altes Schwarzbrot wird gerieben und gesiebt; 100 Gr. Butter und 100 Gr. Zucker 10 Minuten schaumig gerührt und 75 Gr. gewaschene Korinthen, 1/2 Teel. gestoßene Nelken, ebenso viel Kardamom und Kaneel, die abgeriebene Schale 1/2 Zitrone, 1/2 Teel. Salz und 3–5 Essl. Rum hinzu gegeben. Nachdem alles gut verrührt ist, wird das gesiebte Schwarzbrot dazu gegeben, hiernach 4 Eidotter und zuletzt der Schnee der Eier. Statt Korinthen kann man auch Kirschen nehmen. Die Masse füllt man in eine mit Butter ausgestrichene und mit Mehl ausgestäubte Puddingform, stellt die geschlossene Form in einen Topf mit kochendem Wasser und kocht den Pudding 2 Stunden. Man gibt eine Weinschaumtunke dazu.

*Zutaten: 125 Gr. altes Schwarzbrot, 100 Gr. Butter, 100 Gurken, 75 Gr. Korinthen, 1/2 Teel. gestoßene Nelken, 2 Teel. gestoßener Kaneel, 1/2 Teel. Kardamom, die abgeriebene Schale 1/2 Zitrone, 1/2 Teel. Salz, 3-5 Essl. Rum, 4 Eier.*

**Kabinettpudding für 12 Personen.** Man tut das Mehl und die Butter in einen Topf, schwitzt beides unter Rühren 3 Minuten und gibt 1/4 Ltr. Milch dazu. Diese Masse wird auf dem Herd 3–4 Minuten gerührt, bis sie glatt vom Topfe lässt, worauf sie 15 Minuten zum Auskühlen beiseite gestellt wird. In dieser Zeit rührt man die Eidotter mit Zucker und den übrigen Gewürzen 10 Minuten. Dann eine Puddingform dick mit Butter ausstreichen und mit Mehl ausstäuben. Die ausgekühlte Teigmasse an die Eimasse geben; nachdem alles gut verrührt, den festen Schnee der Eier hinzufügen. Nun die Masse in die Puddingform füllen und die geschlossene Form in einem Topf mit kochendem Wasser 1 1/2 Stunden kochen. Kochendes Wasser nachgießen. Es ist gut, wenn man den Pudding im Bratofen kochen lässt. Man gibt eine Weinschaumtunke dazu.

*Zutaten: 125 Gr. Mehl, 125 Gr. Butter, 125 Gr. Zucker, 35 Gr. Zitronenschale, 35 Gr. Orangenschale, 125 Gr. bittere Mandeln, 125 Gr. Korinthen, 125 Gr. große Rosinen, 9 Eier, 1/4 Ltr. Milch.*

**Zwieback-Pudding für 6 Personen.** Eidotter und Zucker werden 10 Minuten gerührt, dann werden der Rum und der Saft und die dünn abgeriebene Schale der Zitrone dazugegeben. Die Rosinen werden mit heißem Wasser gewaschen, die Mandeln und Nelkenköpfe werden fein gehackt ebenfalls dazu gegeben. Unter Rühren fügt man abwechselnd Mehl und Milch hinzu, das gehackte Fett und zuletzt den festen Schnee der Eier. Diese Masse wird nun in eine vorher gefettete und mit Zwiebackmehl ausgestreute Puddingform gefüllt,

*Zutaten: 1 Kilo Zwiebackmehl, 4 Eier, 200 Gr. Zucker, 1 Zitrone, 65 Gr. Rosinen, 1/2 Ltr. Magermilch, 4 bittere Mandeln, 2 Gr. Salz, 100 Gr. Butter, Margarine oder Nierentalg, 4 Nelkenköpfe, 1/8 Ltr. Rum.*

fest geschlossen in einen Topf mit kochendem Wasser gestellt und zugedeckt 1 1/2 Stunden gekocht. Hierzu gibt man Fruchttunke.

**Warmer Brotpudding für 6 Personen.** Alle Rundstücke werden recht dünn geschält und mit 1/4 Ltr. kochender Milch begossen. Wenn das Brot völlig aufgeweicht ist, wird es tüchtig verrührt und 2 Essl. Zucker, die abgeriebene Schale einer Zitrone, 1 Teel. Salz und 1 Essl. Butter dazu gegeben. Nach 5 Minuten tüchtigem Rühren

*Zutaten: 500 Gr. alte Rundstücke, 1/4 Ltr. kochende Milch, 2 Essl. Zucker, die abgeriebene Schale einer Zitrone, 1 Teel. Salz, 1 Essl. Butter, 3 Eier, 2 Essl. Rosinen, 1 Essl. bittere Mandeln, 1 Essl. süße Mandeln.*

kommen 3 Eidotter und der feste Schnee der 3 Eier hinzu; ebenso 2 Essl. Rosinen, 1 Essl. geriebene bittere und 1 Essl. geriebene süße Mandeln. Die Masse ist in eine mit Butter ausgestrichene und mit Mehl ausgestäubte Form zu füllen, welche in einen Topf mit kochendem Wasser gesetzt und 1 Stunde gekocht wird. Weinschaumtunke, Zitronen- oder Fruchttunke ist als Beigabe geeignet.

**Warmer Grießpudding für 4 Personen.** 125 Gr. feinen Grieß schüttet man in einen Topf, gibt 1/4 Ltr. kalte Milch, 1 Teel. Salz und 65 Gr. Butter dazu, bringt die Masse unter Rühren zum Kochen und lässt sie dann noch 5

*Zutaten: 125 Gr. feiner Grieß, 1/4 Ltr. kalte Milch, 1 Teel. Salz, 65 Gr. Butter, die abgeriebene Schale einer halben Zitrone, 65 Gr. Zucker, 6 Eier.*

Minuten auf dem Herd. Während dieser Zeit muss die Masse wie ein Kloß vom Topfe lassen. Nun wird sie 25 Minuten zum Auskühlen beiseite gestellt. Dann gibt man 65 Gr. Zucker, die abgeriebene Schale einer halben Zitrone, 6 Eidotter und zuletzt den festen Schnee der Eier hinzu. Die Masse wird in eine Form gefüllt, welche man vorher dick mit Butter ausgestrichen und mit Mehl ausgestäubt hat. Die geschlossene Form stellt man nun in einen Topf mit kochendem Wasser und kocht den Pudding 1 Stunde. Inzwischen muss kochendes Wasser nachgegossen werden.

**Goldpudding für 6 Personen.** Das Ochsenmark wird fein gehackt, 250 Gr. Weißbrot weicht man mit lauwarmem Wasser 1 Minute, drückt es gut aus und mischt es dann mit dem

*Zutaten: 125 Gr. Ochsenmark, 250 Gr. Weißbrot, 1 gehäufter Teel. Salz, 4 Essl. Orangenmarmelade, 4 Eidotter.*

Mark. 1 gehäuften Teel. Salz gibt man dazu und dann 4 Essl. Orangenmarmelade. Ist dieses verrührt, so werden nach und nach 4 Eidotter hinzu gegeben. Diese Masse tut man in eine Puddingform, die vorher mit Butter ausgestrichen und mit Mehl ausgestreut ist. Die geschlossene Form lässt man in einem Topf mit kochendem Wasser 3 Stunden kochen. Inzwischen muss man kochendes Wasser nachgießen.

**Birnenauflauf für 4 Personen.** 250 Gr. geschälte Birnen setzt man mit 1 Löffel Zucker und 1/8 Ltr. Wasser an, kocht sie im geschlossenen Topf 30–40 Minuten und gießt sie in die Auflaufschüssel. 65 Gr. Mehl, 65 Gr. Butter schwitzt man im Topfe 3–8 Minuten,

*Zutaten: 250 Gr. geschälte Birnen, 1 Löffel Zucker, 65 Gr. Mehl, 65 Gr. Butter, 1/8 Ltr. Wasser oder Milch, 1 Kochl. Zucker, 1/2 Teel. Salz, die abgeriebene Schale einer Zitrone.*

gießt 1/8 Liter Wasser oder Milch nach und nach dazu, rührt den Teig so lange, bis er glatt vom Topfe lässt, und tut, nachdem der Teig in 20–30 Minuten etwas ausgekühlt, nach und nach 3 Eidotter dazu, 1/2 Teel. Salz und 1 Kochl. Zucker, die abgeriebene Schale einer Zitrone und zuletzt, wenn alles gut verrührt, den festen Schnee der Eier. Hat man Eiweißreste, so können 2–3 Eiweiß mehr dazu gegeben werden. Die Masse ist über die Birnen zu füllen. Der Auflauf muss bei mäßiger Hitze 1/2 Stunde backen.

**Bananenauflauf für 3 Personen.** 4–6 Bananen werden abgezogen, der Länge nach durchgeschnitten in eine Auflaufschüssel gelegt und mit 2 Löffeln Maraschino übergossen.

*Zutaten: 4-6 Bananen, 2 Löffel Maraschino, 3-4 Eiweiß, 1 Kochl. Zucker, 1 Stange Vanille, 10 süße Mandeln.*

3–4 Eiweiß schlägt man mit 1 Kochl. Zucker und dem Ausschaben von 1 Stange Vanille zu festem Schnee, füllt dieses über die Bananen, schneidet 10 abgezogene süße Mandeln in lange dünne Streifen, sticht diese obenauf in den Eischnee und bäckt den Auflauf 20–30 Minuten im nicht zu heißen Ofen.

**Kirschenauflauf für 6 Personen.** 1 Kilo Weizenbrot oder Rundstücke, auch Zwieback kann genommen werden. Die Kirschen werden entsteint, in eine Auflaufschüssel gelegt und mit Zucker überstreut, für Schattenmorellen und Weinkirschen muss man 200 Gr. Zucker nehmen. Schwarze Kirschen sind

*Zutaten: 1 Kilo Weizenbrot oder Rundstücke, 1 Ltr. Milch, 150 Gr. Butter, 1 Kilo Kirschen, 4-6 Eier, 1/8 Ltr. süßer Rahm, 200 Gr. Zucker, 4 gehackte bittere Mandeln, 50 Gr. Zucker.*

ohne Zucker süß genug. Das Brot wird mit der heißen Milch eingeweicht. Die Butter lässt man in der Pfanne dünn werden, gibt das geweichte Brot dazu und rührt es in der Pfanne auf mäßigem Feuer, bis der Kloß trocken von der Pfanne lässt. Eidotter und 50 Gr. Zucker, 4 gehackte bittere Mandeln werden 5 Minuten gerührt. Der Brotkloß wird dazu gegeben, dann der Rahm und Eidotter über die Kirschen gefüllt und 30 Minuten gebacken.

**Sagoauflauf für 4 Personen.** 65 Gr. Sago setzt man mit 1/2 Ltr. Milch und 1/2 Stange Vanille an, kocht den Sago unter öfterem

*Zutaten: 65 Gr. Sago, 1/2 Ltr. Milch, 3 Eidotter, 1 Kochl. Zucker, 1/2 Teel. Salz, 1/2 Stange Vanille.*

Rühren 30–40 Minuten und stellt ihn zum Erkalten 20 Minuten beiseite. 3 Eidotter werden mit 1 Kochl. Zucker 5 Minuten gerührt und unter Rühren nach und nach die Sagomasse dazu gegeben und nach Geschmack 1/2 Teel. Salz, zuletzt der feste Schnee der Eier hinzugefügt. Diese Masse ist in eine mit Butter ausgestrichene Auflaufform zu füllen und der Auflauf bei ganz mäßiger Hitze 30 Minuten zu backen. Das Gericht ist für Kranke und Kinder geeignet.

**Schokoladenauflauf für 4 Personen.** 65 Gr. Butter und 65 Gr. Mehl schwitzt man im Topfe unter Rühren 10 Minuten. 125 Gr. Schokolade werden mit 1/4 Ltr. Milch weich gekocht, dann

*Zutaten: 65 Gr. Mehl, 65 Gr. Butter, 125 Gr. Schokolade, 1 Kochl. Zucker, 1/4 Ltr. Milch, 3 Eidotter.*

diese unter Rühren in die Mehlschwitze gegossen und der Teig bei mäßiger Hitze 3 Minuten gerührt; nach Geschmack ist 1 Kochl. Zucker dazuzugeben. Dann stellt man die Teigmasse 30 Minuten zum Auskühlen beiseite, gibt nach und nach 3 Eidotter und zuletzt den festen Eierschnee dazu. Die Masse wird in eine mit Butter ausgestrichene Auflaufschüssel gefüllt und der Auflauf bei ganz mäßiger Hitze 40 Minuten im Ofen gebacken. Auch für Kranke und Kinder geeignet.

**Apfelauflauf für 4 Personen.** Man bereitet einen Teig (siehe unter Schwemmklößen) von 65 Gr. Mehl, 65 Gr. Butter und 1/8 Ltr. Wasser. Nachdem der Teig 30 Minuten abgekühlt ist, tut man 4 Eidotter, knapp 65 Gr. Zucker, die abgeriebene Schale 1 Zitrone, 1 Teel. Salz und

*Zutaten: 65 Gr. Mehl, 65 Gr. Butter, 4 Eier, 1/8 Ltr. Wasser, 65 Gr. Zucker, die abgeriebene Schale einer Zitrone, 1 Teel. Salz, 500 Gr. Prinzäpfel, 65 Gr. Zucker.*

zuletzt den festen Schnee der Eier dazu. 500 Gr. Prinzäpfel werden geschält, in Viertel geschnitten, gewaschen auf den Boden einer Auflaufschüssel gelegt, streut dann 65 Gr. Zucker über die Äpfel, tut den Teig hinein und bäckt den Auflauf im nicht zu heißen Ofen 1 Stunde. Um die Ofenhitze hierfür festzustellen, muss man 15 Minuten vorher Eierschalen in die Mitte des Ofens legen. Sind die Schalen in dieser Zeit gelb geworden, dann ist die Hitze gut.

**Grieß-Auflauf für 4 Personen.** Man schüttet den Grieß in einen Topf, gibt unter Rühren nach und nach die kalte Milch und die Butter dazu. Nun rührt man diese Masse im Topfe auf mäßigem Feuer 5–6 Minuten bis sie vom

*Zutaten: 65 Gr. Grieß, 1 Zitrone, 1/4 Ltr. Milch, 65 Gr. Butter, 1 Teel. Salz, 65 Gr. Zucker, 500 Gr. Kirschen, Äpfel, Birnen oder Pflaumen, 4 Eier.*

Topfe lässt. Dann stellt man diesen Kloß 20 Minuten zum Auskühlen beiseite. Nach dieser Zeit werden unter Rühren nach und nach 4 Eidotter, der Zucker, die abgeriebene Schale einer Zitrone, 1 Teel. Salz und zuletzt der feste Schnee der Eier hinzugefügt. Das gekochte Obst legt man in eine Auflaufschüssel, die

Grießmasse füllt man darüber, und nun bäckt man den Auflauf im nicht zu heißen Ofen 30 Minuten.

**Zitronenauflauf für 3 Personen.** Dieser Auflauf ist auch für Kranke geeignet. 3 Eidotter werden mit 30 Gr. Zucker 10 Minuten gerührt; dann die abgeriebene Schale 1 Zitrone und der feste Eierschnee dazu gegeben. Ist dieses gut verrührt, zuletzt der Saft der Zitrone. Nun füllt man die Masse schnell in eine mit Butter ausgestrichene Auflaufform und bäckt den Auflauf bei mäßiger Hitze 20 Minuten. Er muss sogleich serviert werden.

*Zutaten: 3 Eier, 30 Gr. Zucker, 1 Zitrone.*

**Dattelauflauf für 2-3 Personen.** 3 Eidotter rührt man mit 50 Gr. Zucker, gibt den Saft und die Schale 1/2 Zitrone dazu. Hiernach 65 Gr. fein gehackte Datteln, wenn vermischt, den Schnee der Eier. Diese Masse füllt man nun in eine mit Butter ausgestrichene Auflaufform und bäckt den Auflauf in nicht zu heißem Ofen 20 Minuten.

*Zutaten: 3 Eier, 50 Gr. Zucker, der Saft und die Schale 1/2 Zitrone, 65 Gr. fein gehackte Datteln.*

**Kastanienauflauf für 3 Personen.** Für Kranke geeignet. Die Kastanien werden gewaschen, die harte Schale wird abgezogen, danach die dünne Haut. Die Kastanien werden mit 1/2 Ltr. kochender Milch oder Wasser angesetzt und zugedeckt 45 Minuten gekocht, die Vanille wird ebenfalls mitgekocht. Ist nach dieser Zeit noch zu viel Flüssigkeit vorhanden, so legt man den Deckel beiseite und lässt die Flüssigkeit einkochen. Nun werden die Kastanien durch ein Sieb gestrichen. Die Äpfel werden geschält, in Scheiben geschnitten, mit 20 Gr. Zucker überstreut, man füllt eine Schicht Kastanienmasse, dann Äpfel, zuletzt wieder Kastanienmasse in eine Auflaufform, Eiweiß und 30 Gr. Zucker schlägt man zu festem Schnee und füllt ihn zuletzt über den Auflauf; man bäckt ihn im Ofen 20 Minuten.

*Zutaten: 250 Gr. Kastanien, 125 Gr. Äpfel, 1/4 Stange Vanille, 2 Eiweiß, 50 Gr. Zucker, 1/2 Ltr. kochende Milch oder Wasser.*

**Brotauflauf für 6 Personen.** Für Kranke geeignet. Das Brot wird mit 1/2 Ltr. kochendem Wasser geweicht. Die Nüsse werden ausgebrochen und gerieben. Eidotter, Zucker und Butter rührt man 10 Minuten, dann fügt man das weiche vollständig verrührte Brot hinzu. Ist es sehr alt, so kann man die Brotmasse durch ein Sieb streichen. Zwieback kann statt der Rundstücke

*Zutaten: 4 Eier, 250 Gr. alte Rundstücke, 250 Gr. Wal- oder Haselnüsse, Saft und nur wenig feingerieb. Schale von 1 Zitrone, 100 Gr. Butter oder Margarine, 1/2 Dose Rahm, 2 Gr. Salz, 100 Gr. Zucker, 1/2 Ltr. kochendes Wasser.*

verwandt werden. Nachdem das Brot verrührt ist, werden alle übrigen Zutaten hinzugefügt, zuletzt der feste Schnee. Die Masse wird in eine vorher gebutterte Auflaufschüssel gefüllt und im nicht zu heißen Ofen 30 Minuten gebacken.

**Pfannkuchen für 4 Personen.** Das Mehl wird in einer Schüssel mit 1/2 Ltr. kaltem Wasser rasch zu einem Teig verrührt, danach gießt man rasch 1/4 Ltr. kochendes Wasser unter Rühren dazu, zuletzt werden die 4 Eidotter, das Salz und der feste Schnee der Eier dazu gegeben. 2 bis 4 Pfannen werden 10 Minuten zum Heißwerden auf den Herd gestellt. Dann legt man in jede Pfanne 1/2 Kochl. Butter und hiernach 2 Kochl. von dem Teig. Die Pfannkuchen werden unter öfterem Umlegen in 2–3 Minuten kross gebacken und sogleich serviert.

*Zutaten: 125 Gr. Mehl, 1/8 Ltr. Wasser, 4 Eier, 65 Gr. Butter, 1/2 Teel. Salz.*

**Brotauflauf anderer Art für 4 Personen.** Die abgeriebene Schale einer halben Zitrone wird mit der Butter, dem Zucker, den Gewürzen und Eigelb 10 Minuten gerührt. Vorher werden die Brotscheiben in der Milch geweicht. Die nachbleibende Milch gießt man zu der gerührten Masse, dann gibt man den festen Schnee der Eier dazu, und hiernach muss man dieses schichtweise mit dem Brot in eine Auflaufform füllen und den Auflauf 30 Minuten im nicht zu heißen Ofen backen.

*Zutaten: 125 Gr. Brot, 1/4 Ltr. Milch, 65 Gr. Zucker, 65 Gr. Butter, 2 Eier, 10 große süße Mandeln, 1/2 Teel. Salz, 2 Teel. Rum, 1/2 Teel. Kaneel, 1/2 Zitrone.*

**Apfelpfannkuchen für 4 Personen.** Die Äpfel werden geschält, in Viertel geschnitten, vom Gehäuse befreit und hiernach in dünne Scheiben geschnitten. Das Mehl rührt man mit 1/4 Ltr. Wasser zu einem glatten Teig, 1/8 Ltr. kochendes Wasser gießt man rasch dazu, dann 1 gehäuften Teel. Salz und 4 Eidotter, zuletzt den festen Schnee der Eier. 3 Pfannen stellt man 10 Minuten vor dem Gebrauch zum Heißwerden auf den Herd, legt 1 Kochl. Butter in jede Pfanne und gibt hierauf 3 Kochl. Teig dazu. 6–8 Apfelscheiben legt man sogleich auf den Teig und bäckt die Pfannkuchen bei mäßiger Hitze unter öfterem Umlegen in 5 Minuten kross. Auf jeden Pfannkuchen wird 1 gehäufter Teel. Zucker gestreut. Die Pfannkuchen gibt man als warmen Nachtisch; sie müssen sogleich serviert werden.

*Zutaten: 125 Gr. Mehl, 1/4 Ltr. Wasser, 1/8 Ltr. kochendes Wasser, 1 gehäufter Teel. Salz, 4 Eier, 125 Gr. Äpfel, 65 Gr. Butter.*

**Kartoffelpfannkuchen für 2 Personen.** 1 Ei, 125 Gr. geschälte gekochte Kartoffeln (Kartoffelrest), 60 Gr. Weizenmehl, 10 Gr. Butter oder Margarine, 1/3 Ltr. Milch oder Wasser, die fein

*Zutaten: 1 Ei, 125 Gr. Kartoffeln, 60 Gr. Weizenmehl, 10 Gr. Butter oder Margarine, 1/2 Ltr. Milch oder Wasser,* geriebene Schale einer halben Zitrone. Die Butter, Eidotter und Mehl verrührt man mit 2 Gr. Salz in der Schüssel, dann gibt man die Flüssigkeit, die geriebenen Kartoffeln dazu, zuletzt den festen Schnee vom Ei. In einer Pfanne mit etwas Butter oder Öl, Schmalz, Teig werden dünne Kuchen gebacken. Beim Anrichten werden die Kuchen mit Zucker überstreut. Man reicht eine Fruchttunke dazu.

*2 Gr. Salz, die fein geriebene Schale einer halben Zitrone.*

**Pfannkuchen ohne Ei für 2 Personen.** Die Haferflocken werden mit dem kalten Wasser 3 Stunden vor dem Gebrauch eingeweicht.

*Zutaten: 60 Gr. Mehl, 250 Gr. Haferflocken, 3 Gr. Salz, 1/2 Ltr. kaltes Wasser, 100 Gr. Fett.*

Danach schüttet man unter Rühren das Mehl und das Salz dazu und rührt den Teig 5 Minuten. Drei Pfannen werden vor dem Gebrauch zum Heißwerden auf den Herd gestellt. 1 Essl. Fett legt man in jede Pfanne. Sobald es geschmolzen ist, legt man von dem Teig 4 Essl. in die Pfanne, legt einen Deckel über die Pfanne und bäckt die Pfannkuchen 10 Minuten bei nicht zu starker Hitze, inzwischen werden die Pfannkuchen öfter umgelegt. Statt Weizenmehl kann man auch Kartoffelmehl nehmen. Hierzu gibt man Gurken- oder Tomatensalat, Johannisbeeren oder Pflaumenkompott. Als Fett nimmt man Talg, Schmalz, Öl, Margarine oder Butter. Auch verwendet man zur Streckung 100 Gr. geriebene Kartoffeln.

**Bananenpfannkuchen für 4 Personen.** Das Mehl wird in einer Schüssel mit dem kalten Wasser rasch zu einem Teig verrührt. Hierauf gießt man noch 1/8 Ltr. kochendes Wasser unter Rühren dazu. Zuletzt werden die Eidotter, das Salz und der feste Schnee der Eier hinzugefügt. Zwei Pfannen werden 10 Minuten zum Heißwerden auf den Herd gestellt. Dann legt man in jede Pfanne 1/2 Kochl. Butter, 3 Löffel von dem Teig und danach eine halbe in Scheiben geschnittene Banane. Die Pfannkuchen werden unter öfterem Umlegen in 3 Minuten kross gebacken und mit etwas Zucker überstreut.

*Zutaten: 125 Gr. Mehl, 1/8 Ltr. Wasser, 4 Eier, 65 Gr. Butter, 1/2 Teel. Salz, Bananen.*

**Hefekartoffelpuffer für 3-4 Personen.** Die Rundstücke werden 2 Stunden vor dem Gebrauch mit dem Wasser oder der Milch geweicht, danach solange gerührt, bis die Masse ein dicker Brei geworden ist. Die rohen Kartoffeln werden gerieben, in einem Tuche gut ausgedrückt. Hiernach wird die rohe Kartoffelmasse mit dem Brei gleichmäßig verrührt, das Salz, die mit wenig Wasser oder saurem Rahm aufgelöste Hefe werden dazu gegeben. Diese Masse wird zugedeckt 1

*Zutaten: 125 Gr. Rundstücke, 500 Gr. gesch. Kartoffeln, 1-2 Eier, 10 Gr. Hefe, 1/2 Ltr. Milch oder Wasser, 2 Gr. Salz.*

Stunde zum Aufgehen an einen nicht zu warmen Ort gestellt. Von diesem Teig werden in der Pfanne mit Speck oder Margarine kleine Kuchen gebacken.

**Hefenudeln für 4 Personen.** Die Hälfte von dem Mehl schüttet man in eine Schüssel und macht darin eine Vertiefung. Die ganzen Eier schlägt man mit 1 Teel. Salz 10 Minuten. Danach schüttet man die Eimasse in die Vertiefung. Die

*Zutaten: 2 Eier, 500 Gr. Weizenmehl, 100 Gr. Butter oder Margarine, 1 1/2 Ltr. Milch, 20 Gr. Hefe, 1 Teel. Salz, 60 Gr. Zucker, Kaneel, oder Zitronenschale.*

Hefe wird mit 1/4 Ltr. Milch gerührt, bis sie vollständig aufgelöst ist, und dann in die Vertiefung zum Mehl geschüttet. Nun rührt man alles zu einem glatten Teig und stellt ihn zugedeckt an einen warmen Ort zum Aufgehen. Nach einer Stunde gibt man an den gut aufgegangenen Teig die Hälfte vom übrigen Mehl und die geschmolzene Butter, danach schlägt man den Teig 5 Minuten. Das übrige Mehl schüttet man auf ein Backbrett, legt den Teig dazu und rollt ihn 2 Zentimeter dünn aus. Dann schneidet man den Teig in fingerlange Streifen, setzt diese auf ein mit Butter bestrichenes Blech und lässt sie 30 Minuten aufgeben. Im nicht zu heißen Ofen lässt man die Nudeln 5 Minuten backen. Die übrige Milch wird mit 60 Gr. Zucker, einem Stück Kaneel oder Zitronenschale ins Kochen gebracht, die noch heißen Nudeln werden in die kochende Milch gelegt und zugedeckt 10 Minuten gekocht. Man gibt die Nudeln mit der Milch auf den Tisch.

**Bettelmannskuchen für 4 Personen.** Die Äpfel werden geschält, gewaschen, in Viertel geschnitten, das Kernhaus wird entfernt, dann die Viertel in ganz feine Scheiben geschnitten. Diese müssen mit 1 Stück Zitronenschale, 2 Kochl. Zucker, 1/8 Ltr. Wasser zugedeckt 10 Minuten dämpfen. Das Schwarzbrot oder

*Zutaten: 500 Gr. Äpfel, 2 Kochl. Zucker, 1 Stück Zitronenschale, 1/8 Ltr. Wasser, 250 Gr. Schwarzbrot od. Zwieback. 65 Gr. Zucker, 2 Kochl. Butter, 30 Gr. Korinthen. 1 Teel. Kaneel, 2 gestoßene Nelken.*

Zwieback wird gerieben, mit 65 Gr. Zucker vermischt, 1 Kochl. Butter legt man auf den Boden einer Auflaufform, dann die Hälfte vom Brot, darauf die Apfelschicht, dann das übrige Brot. Obenauf wird 1 Kochl. Butter gelegt. Im heißen Ofen muss der Kuchen 20 Minuten backen. Als Gewürz kann man außerdem nehmen: 30 Gr. gewaschene Korinthen, 2 gestoßene Nelken, 1 Teel. Kaneel; diese Zutaten mit den Äpfeln mischen.

**Reiskuchen für 6 Personen.** 65 Gr. Reis setzt man mit 1/2 Ltr. Milch, 1 Stück Zitronenschale und 1/2 Stange Vanille an, die man vorher spaltet und auskratzt. Dann kocht man den Reis 20 Minuten. Um das Anbrennen zu verhüten, ist

*Zutaten: 65 Gr. Reis, 1/2 Ltr. Milch, 65 Gr. Zucker, 1 Stück Zitronenschale, 65 Gr. Butter, 1/2 Stange Vanille, 1 Teel. Salz, 3 Eier, 2 Essl. Rosinen.*

es nötig eine Asbestplatte unter den Topf zu legen. Nach dieser Zeit stellt man den Reis 10 Minuten zum Auskühlen beiseite. 65 Gr. Zucker, 65 Gr. Butter, 1 Teel. Salz, 3 Eidotter rührt man 10 Minuten, dann gibt man unter Rühren den Reis dazu und hiernach zuletzt den festen Schnee der Eier. 2 Essl. Rosinen werden vorher vier Mal mit heißem Wasser gewaschen und dazu gegeben. Die Zitronenschale und Vanille nimmt man heraus. Diese Masse füllt man dann in eine Springform, die man vorher mit Butter ausgestrichen und mit Mehl ausgestreut hat. Nun stellt man den Kuchen in den nicht zu heißen Ofen und bäckt ihn 30 Minuten. Man kann den Kuchen als warmen Nachtisch verwenden oder auch kalt servieren.

**Savarin mit Früchten für 8 Personen.** Die Zutaten werden mit 1/8 Ltr. Milch oder Wasser aufgelöst, 2 Kochl. von dem Mehl zu einem Teig verrührt und dieser an einem warmen *Zutaten: 6 Eier, 250 Gr. Butter, 10 Gr. Hefe, 30 Gr. feinstes Weizenmehl. 50 Gr. Zucker, 1/8 Ltr. Wasser oder Milch.* Ort 1 Stunde aufgehen gelassen. Die Butter wird mit dem Zucker 10 Minuten gerührt, dann werden die Eidotter dazu gegeben, die Masse nochmals 10 Minuten gerührt. Eine Randform wird dick mit Butter ausgestrichen, das gut aufgegangene Teigstück wird mit der gut verrührten Butter verrührt, der erste Schnee der Eier rasch unter die Masse gerührt, danach das letzte Mehl. Der Teig wird 5 Minuten tüchtig geschlagen und in die Randform gefüllt. Dann stellt man den Rand auf einen Wassertopf hinten auf dem Herd 30 Minuten zum Aufgehen. Hiernach wird er im heißen Ofen 30 Minuten gebacken, wenn etwas ausgekühlt, auf eine runde Platte gestürzt. Mit einem Messer macht man Einschnitte, übergießt und tränkt das Gebäck mit folgender Tunke: 1/4 Ltr. Wasser bringt man mit 65 Gr. Zucker, 1/2 Teel. Kartoffelmehl ins Kochen unter Rühren. Nachdem diese Tunke etwas erkaltet, werden 1/8 Ltr. Rum, 1–2 Teel. Zitronensaft und 30 Gr. weichgekochte Rosinen oder Korinthen dazugegeben; dieses ist die einfachere Art. Verwendet man Früchte, so wird der Inhalt einer 500-Gr.-Dose Reineclauden und Aprikosen auf einen Durchschlag gegossen zum Abtropfen. Der Saft wird ins Kochen gebracht mit dem Kartoffelmehl, statt Rum kann man auch Maraschino nehmen. Die Früchte werden zugedeckt 30 Minuten vor dem Anrichten auf kochendes Wasser zum Heißwerden gestellt. 250 Gr. leuchtend rote Kirschen (Weichselkirschen) können zuletzt obenauf gestreut werden, vorher gedünstet. Die heißen Früchte werden in die Mitte des Randes gefüllt.

**Milchreis mit Pflaumen für 2 Personen.** 500 Gr. Pflaumen werden am Tage vor dem Gebrauch mit heißem Wasser gewaschen und die Nacht hindurch mit 1 1/2 Ltr. kaltem Was- *Zutaten: 500 Gr. Pflaumen, 1 1/2 Ltr. kaltes Wasser, 1-2 Kochl. Zucker, 65 Gr. Reis, 1/2 Ltr. Milch, 1/2 Teel. Salz, 3 Teel. Zucker.*

ser zugedeckt in den nicht ganz ausgekühlten Bratofen gestellt. Nach dieser Zeit bringt man die Pflaumen mit demselben Wasser ins Kochen und lässt sie 1 Stunde langsam kochen. 5 Minuten vor Gebrauch gibt man 1–2 Kochl. Zucker hinzu. Wenn die Pflaumen noch zu flüssig sind, nimmt man den Deckel vom Topfe und lässt die Flüssigkeit einkochen. Zu diesen Pflaumen gibt man nachstehenden Milchreis: 65 Gr. Reis werden gewaschen, mit 1/2 Ltr. Milch angesetzt und zugedeckt 45 Minuten gekocht. Die Masse darf nicht gerührt werden. Um das Anbrennen zu verhindern, muss man eine Asbestplatte unter den Topf legen. 5 Minuten vor dem Anrichten werden 1/2 Teel. Salz und 3 Teel. Zucker dazu gegeben. Liebt man Gewürze, kann man gestoßenen Kaneel zusammen mit Zucker über den Reis geben.

**Apfel im Schlafrock für 6 Personen.** Man bereitet einen Blätterteig von 125 Gr. Mehl, 125 Gr. Butter und 4 Essl. Wasser. Den fertigen Teig rollt man 2 cm dick aus, schneidet ihn in 6–8 viereckige Stücke und legt auf jede Fläche 1/2 geschälten Apfel. 1 Teel. Zucker wird über die Äpfel gestreut, die vier Ecken vom Teig über dem Apfel zusammengeschlagen, das Gebäck auf ein Backblech gelegt und im heißen Ofen 5–10 Minuten gebacken (siehe Blätterteig).

*Zutaten: 125 Gr. Mehl, 125 Gr. Butter, 4 Essl. Wasser, Äpfel, Zucker.*

**Apfel-Beignets für 6 Personen.** 125 Gr. Mehl mischt man mit 1/8 Ltr. kaltem Wasser, 1/2 Teel. Salz zu einem gleichmäßigen Teig, gibt 2 Eidotter, 1/8 Ltr. Milch und den festen Schnee der Eier hinzu. Die Äpfel werden geschält, in runde Scheiben geschnitten und aus ihnen vorsichtig das Kerngehäuse gestochen. 1 Kochl. Butter lässt man in der Pfanne hellbraun werden, zieht mit einer Gabel die Apfelringe einzeln durch den Teig und legt sie dann in die Pfanne. Man bäckt zurzeit vier bis sechs in der Pfanne und legt sie oft um. Man bäckt sie 3–5 Minuten auf geschlossenem Herd bei nicht zu starker Hitze. 2 Kochl. Zucker mischt man mit einem gehäuften Kochl. Kaneel und wendet jeden einzelnen Apfelring in diesem Zucker. Man gibt die Beignets heiß zu Tisch.

*Zutaten: 125 Gr. Mehl, 1/8 Ltr. kaltes Wasser, 1/2 Teel. Salz, 2 Eier, 1/8 Ltr. Milch, 500 Gr. Äpfel, 125 Gr. Butter, 2 Kochl. Zucker, 1 gehäufter Kochl. Kaneel.*

**Apfelspeise mit Rundstücken.** Das Brot wird gerieben, ebenso die Mandeln, die Butter, Eidotter, Zucker und die fein geriebene Zitronenschale rührt man in einer Schüssel 10 Minuten, dann fügt man das geriebene Brot

*Zutaten: 225 Gr. Brot, 225 Gr. Äpfel, 4 bittere Mandeln, 50 Gr. süße Mandeln, 3 Eier, 1 Zitrone, 50 Gr. Butter, 50 Gr. Zucker, 1/4 Ltr. Wasser.*

hinzu. Die Äpfel werden geschält, in Viertel geschnitten, mit 1/4 Ltr. Wasser angesetzt und zugedeckt in 10 Minuten weichgedämpft. Hiernach werden die Äpfel durch ein Sieb gestrichen und mit der Brotmasse gemischt. Zuletzt fügt man den festen Schnee der Eier hinzu, füllt die Masse in eine Auflaufform und bäckt den Auflauf 20 Minuten.

## Holsteinische Birnenspeise für 4 Personen.

*Zutaten: 1 Kilo Birnen, 1/2 Ltr. heißes Wasser, 250 Gr. Mehl, 100 Gr. geschälte, gekochte und geriebene Kartoffeln, 1/2 Teel. Salz, 10 Gr. Hefe, 1/4 Ltr. Milch. 30 Gr. Zucker, 1-2 Eier, 60 Gr. Butter.*

Eine Schüssel wird mit dünnen Speckscheiben ausgelegt, 1 Kilo Birnen werden geschält, einmal durchgeschnitten, vom Kernhaus befreit, mit 1/2 Ltr. heißem Wasser angesetzt und zugedeckt 10 Minuten gedämpft. Dann gießt man die Birnen mit der Flüssigkeit in die Schüssel mit den Speckscheiben. Die Hefe wird mit der Milch verrührt, Salz, Zucker, Butter, die Eier und die Hälfte vom Mehl gibt man dazu, nachdem dieses gut verrührt, die geriebenen Kartoffeln und das letzte Mehl. Den gut verrührten Teig füllt man über die Birnen, lässt den Teig 30 Minuten am warmen Ort aufgehen. Dann bäckt man die Speise im heißen Ofen 1 Stunde.

## Brotklöße mit Pflaumen für 4 Personen.

*Zutaten: 1/2 Löffel Butter, 4 Rundstücke, die abgeriebene Schale 1/2 Zitrone, 1 Essl. Mandeln. 1 Teel. Salz, 2 Eidotter, 1 Teel. Zucker, 250 Gr. Pflaumen, 1 Kochl. Zucker, 1 Ltr. kaltes Wasser, 1 gehäufter Essl. Mehl.*

Man kann diese Klöße außerdem als Einlage zu süßen Suppen geben. 4 Rundstücke werden geschält, dann mit lauwarmem Wasser 1-2 Minuten eingeweicht, gut ausgedrückt und mit 1/2 Löffel Butter in der Pfanne auf mäßigem Feuer so lange gerührt, bis der Teig glatt von der Pfanne lässt (5–8 Minuten). Nachdem er erkaltet, gibt man die abgeriebene Schale 1/2 Zitrone, 1 Essl. abgezogene geriebene Mandeln, 1 Teel. Salz und 1 Teel. Zucker dazu, darauf nach und nach 2 Eidotter und formt Klöße, indem man die Handfläche mit Mehl bestäubt. 250 Gr. Pflaumen setzt man mit 1 Kochl. Zucker und mit 1 Ltr. kaltem Wasser an und kocht sie 1 Stunde. Nach dieser Zeit lässt man die Klöße mit den Pflaumen noch 30 Minuten kochen.

## Großer Kloß für 6 Personen.

*Zutaten: 4 alte Rundstücke, 65 Gr. Grieß, 65 Gr. Zucker, 1 Zitrone, 1 Kochl. Butter, 4 Eier, 1 Teel. Salz, 1 Teel. Kaneel, 1 Kochl. Zucker.*

4 alte Rundstücke weicht man mit lauwarmem Wasser 5 Minuten ein, drückt sie gut aus und verrührt sie mit 65 Gr. Grieß, 2 Kochl. Zucker und 1 Teel. Salz. Die abgeriebene Schale einer Zitrone gibt man dann noch dazu, ebenfalls 1 Kochl. Butter. Ist alles gut ver-

rührt, gibt man zuletzt 4 Eidotter und den festen Schnee der Eier dazu. Über eine Schüssel breitet man ein Tuch aus, füllt die Teigmasse in das Tuch und bindet es fest zu. Nun setzt man den Kloß mit reichlich kochendem Wasser an; hierbei legt man einen Teller auf den Boden des Topfes und kocht den Kloß 2 Stunden im geschlossenen Topf. Dann richtet man ihn auf einem alten Teller an und streut 1 Teel. Kaneel und 1 Kochl. Zucker darüber. So lässt man den Kloß noch 10 Minuten in dem nicht zu heißen Bratofen stehen. Als Beilage gibt man Backobst oder Fruchttunke. Das Wasser darf während der 2 Stunden nicht aus dem Kochen kommen. Der Kloß wird wässerig und geschmacklos, sobald das Wasser im Kochen unterbrochen wird.

**Holsteinischer Großer Hans für 6 Personen.** Die Eier werden geteilt, die Eidotter lässt man in der Eischale, das Weiße vom Ei schlägt man mit dem Salz zu festem Schnee. Nach und *Zutaten: 500 Gr. Weizenmehl, 3/4 Ltr. Milch, 6 Eier, 250 Gr. Pflaumen oder Rosinen, 65 Gr. Butter, 1 Teel. Salz.*
nach gibt man das Mehl und die kalte Milch dazu, hiernach die Eidotter und die geschmolzene Butter. Ein Tuch wird zwei Mal durch heißes Wasser gezogen, gut ausgedrückt über eine Schüssel gelegt. Die Pflaumen oder Rosinen wäscht man mit heißem Wasser drei Mal, dann werden die Pflaumen entsteint, auf das Tuch gestreut, und nun wird der Teig in das Tuch gegossen und das Tuch über dem Teig fest verschnürt. Auf den Boden eines Topfes legt man einen Teller, bringt 3 Ltr. Wasser in diesem Topfe ins Kochen, legt den fest zugebundenen Kloß in das kochende Wasser, schließt den Topf mit einem Deckel. Man kocht den Großen Hans 2 1/2 Stunden. Während dieser Zeit muss inzwischen kochendes Wasser nachgegossen werden. Wird das Kochen des Wassers in den 2 1/2 Stunden unterbrochen, so wird der Teig wässerig und wertlos. Man gibt Streuzucker und geschmolzene Butter zum Kloß. Als Fleischbeigabe ist Pökelfleisch oder geräucherter Schweinskopf geeignet.

**Feigen mit Mandeltunke im Reisrand für 4 Personen.** Die Feigen werden mit heißem Wasser gewaschen, dann mit 3/4 Ltr. kaltem Wasser angesetzt und zugedeckt langsam 1 Stunde gekocht. Das Kartoffelmehl wird mit 1/8 Ltr. kaltem Wasser verrührt und dann an *Zutaten: 250 Gr. Feigen, 500 Gr. Reis, 1 Zitrone, 50 Gr. Zucker, 4 Tropfen Mandelöl, 10 Gr. Kartoffelmehl, 1-2 Eier, 1/8 Ltr. Madeira, 3/4 Ltr. kaltes Wasser, 1/2 Teel. Salz.*
die kochenden Feigen gegossen. Diese werden noch 5 Minuten gekocht. Die Eidotter rührt man vorher mit der Hälfte vom Zucker 10 Minuten. Dann wird die kochende Feigentunke langsam unter Rühren dazu gegossen. Man fügt Madeira, Mandelöl, den Saft der Zitrone hinzu. Den letzten Zucker schüttet man in einen Topf, lässt ihn unter Rühren bei mäßiger Hitze braun

werden, nicht schwarz, 1/4 Ltr. Wasser wird dazu gegossen, und unter Rühren wird die braune Flüssigkeit an die Feigentunke gegossen. Die Tunke wird bis zum Gebrauch in heißes Wasser gestellt; das Wasser darf nicht kochen. Ebenso stellt man die Feigen zugedeckt auf kochendes Wasser. Der Reis wird gewaschen, man kann sehr gut Bruchreis verwenden, mit 3/4 Ltr. kochender Milch oder Wasser angesetzt und langsam zugedeckt 20 Minuten gekocht, ohne ihn zu rühren. Verwendet man Wasser zum Kochen, so können 4 Essl. Dosenmilch dazugegeben werden. Nachdem der gekochte Reis etwas ausgekühlt ist, wird er mit dem festen Schnee der Eier gemischt, 1/2 Teel. Salz fügt man hinzu. Der Reis wird in eine Randform gefüllt, bis zum Gebrauch in heißes Wasser gestellt; das Wasser darf nicht kochen. Beim Anrichten stürzt man die Randform auf eine runde Platte und füllt in die Mitte des Randes die Feigen, darüber gießt man die Tunke. Dieser Nachtisch kann kalt oder warm gegeben werden. Eier, Madeira können fehlen.

# KALTE PUDDINGE

**Kalter Schokoladenpudding für 4 Personen.** Der Grieß wird mit Milch oder Wasser im Topfe glatt gerührt, dann unter Rühren langsam 30 Minuten kochen gelassen. Dann wird der Kakao dazu gegeben. Die Eidotter mit dem *Zutaten: 125 Gr. Grieß, 125 Gr. Zucker, 2 Eier, 6 Blatt weiße Gelatine, 1/2 Ltr. Milch, 80 Gr. Kakao oder 125 Gr. Schokolade.* Zucker 10 Minuten rühren, die Gelatine mit kaltem Wasser angefeuchtet und unter Rühren mit 1/4 Ltr. Wasser 2 Minuten gekocht, dann unter Rühren an die Eidotter gießen, dann die Grießmasse dazu. Diese Masse zum Auskühlen 30 Minuten kalt stellen, den festen Schnee dazu, die Masse in die Form füllen, die man vorher mit kaltem Wasser ausgespült und mit Zucker ausstreut.

**Kalter Schokoladenpudding anderer Art für 6 Personen.** 250 Gr. beste Schokolade kocht man mit 1/2 Ltr. Milch vollständig weich, 8 Blatt weiße Gelatine feuchtet man *Zutaten: 250 Gr. beste Schokolade, 1/2 Ltr. Milch, 1/8 Ltr. Schlagrahm, 8 Blatt weiße Gelatine.* mit kaltem Wasser an, dann lässt man sie in der aufgelösten Schokolade 2 Minuten kochen und gießt nun das Ganze durch ein Sieb in eine Schüssel. Die Schüssel stellt man 15 Minuten in Eiswasser. Inzwischen rührt man die Masse öfter um. Dann gibt man den festen Schnee von 1/2 Ltr. Schlagrahm dazu und, wenn nötig, nach Geschmack 1 Kochl. Zucker. Die Masse füllt man in eine mit Wasser ausgespülte und mit Zucker ausgestreute Form. Man hält den Pudding 2 Stunden vor dem Gebrauch fertig.

**Mokkapudding für 6 Personen.** 125 Gr. Butter werden in reichlich kaltem Wasser gewaschen, dann mit 65 Gr. Zucker 10 Minuten gerührt, dann gibt man 3 Eidotter dazu, rührt diese noch- *Zutaten: 2 Essl. kalter Kaffee-Extrakt (65 Gr. Mokka), 125 Gr. Butter, 65 Gr. Zucker, 3 Eier, 16 Schuhsohlen.* mals 10 Minuten mit der Masse und gibt dann erst tropfenweise unter Rühren 2 Essl. kalten Kaffee-Extrakt dazu. Dann legt man eine trockene Puddingform mit 6 Schuhsohlen aus, füllt 1/4 von der Crememasse in die Form, legt 3 Schuhsohlen der Länge nach auf die Masse. dann wieder Creme und Schuhsohlen abwechselnd, im ganzen 12–16 Schuhsohlen. Man streicht die Masse recht glatt in die Form, damit die Lücken gut ausgefüllt sind. 3 Stunden vor dem Gebrauch stellt man die Form in reichlich kaltes Eiswasser. Beim Anrichten gießt man folgende dickliche Schokoladentunke über den Pudding und besteckt den Pudding mit Mandeln oder Pistazienstreifen. Nachfolgende Tunke gibt man dazu:

**Tunke zum Mokkapudding.** 1/4 Ltr. Milch kocht man mit 125 Gr. Schokolade; 1 Teel. Mondamin rührt man mit 1 Teel. kaltem Wasser aus und gießt dies unter Rühren an die kochende Schokolade, welche man noch 2–3 Minuten kochen lässt. Alsdann quirlt man sie mit 2 Eidottern ab und gießt diese dickliche Tunke, nachdem sie erkaltet ist über den Pudding.

*Zutaten: 1/4 Ltr. Milch, 125 Gr. Schokolade, 1 Teel. Mondamin, 2 Eidotter, 1 Teel. Wasser.*

**Kaffeepudding für 6 Personen.** Den Kaffee-Extrakt bereitet man von 125 Gr. feinstem Mokka. Dann werden 6 Blatt weiße Gelatine mit 1/8 Ltr. Wasser in 2–3 Minuten aufgekocht und durch ein Sieb an den Extrakt gegossen; man tut nach Geschmack 65 Gr. Zucker dazu, stellt das Ganze 10–20 Minuten in Eiswasser und rührt es während der Zeit häufig um. Dann fügt man den festen Schnee von 1/2 Ltr. Schlagsahne dazu. Wenn alles gut verrührt ist, füllt man die Masse in eine mit Wasser ausgespülte, mit Zucker ausgestreute Puddingform. Man hält den Pudding 3 Stunden vor dem Gebrauch fertig.

*Zutaten: 6 Blatt weiße Gelatine, 1/8 Ltr. Kaffee-Extrakt, 1/8 Ltr. Wasser, 65 Gr. Zucker, 1/2 Ltr. Schlagrahm.*

**Zitronenpudding für 6 Personen.** 4 Eidotter rührt man mit 1 Kochl. Zucker 10 Minuten. 1/8 Ltr. kochende Milch wird unter Rühren an die Eidotter gegossen. 6 Blatt weiße Gelatine werden mit kaltem Wasser angefeuchtet in den Topf gelegt, worin man die Creme gekocht hat, 2 Essl. kochendes Wasser dazu gegossen und 2–3 Minuten gekocht. Dann gießt man die Gelatine durch ein Sieb zu den Eidottern. Jetzt wird die Masse mit der Schüssel 15 Minuten in Eiswasser gestellt und oft umgerührt. Wenn die Masse anfängt rund zu werden, gibt man den festen Schnee von 1/4 Ltr. Schlagrahm dazu. Ist dieser verrührt, gibt man erst 65 Gr. Zucker, dann die abgeriebene Schale von 1 Zitrone und den Saft von 2 Zitronen durch ein Sieb dazu. Die Masse füllt man in eine Puddingform, die vorher mit Wasser ausgespült und mit Zucker ausgestreut wurde. Der Pudding muss 3 Stunden vor dem Gebrauch fertig sein.

*Zutaten: 4 Eidotter, 1 Kochl. Zucker, 1/8 Ltr. Milch, 6 Blatt weiße Gelatine, 2 Essl. koch. Wasser, 1/4 Ltr. Schlagrahm, 65 Gr. Zucker, 2 Zitronen.*

**Pêches au Cardinal für 8 Personen.** Die geschälte Ananas wird in recht kleine Würfel geschnitten, ebenfalls die Bananen. Die Pis-

*Zutaten: 1/4 Ananas, 3 Bananen, 65 Gr. Pistazien, 1/2 Glas Angelique, 2 Essl. Maraschino,*

tazien werden mit kochendem Wasser ange- *125 Gr. Himbeeren, 125 Gr.*
setzt, einmal aufgekocht, dann abgezogen und *Johannisbeeren, 125 Gr. Zucker,*
fein gehackt. Angelique wird auch in Würfel *6 Blatt rote Gelatine, 8 Pfir-*
geschnitten, den Saft lässt man zurück. Die *siche, Biskuitmasse, 1/4 Ltr.*
Früchte werden mit 2 Essl. Maraschino und 1 *Schlagrahm.*

gehäuften Teel. Pistazien gemischt und fest zugedeckt beiseite gestellt. Die
abgezupften, gewaschenen Himbeeren und Johannisbeeren kocht man mit
125 Gr. Zucker 5–10 Minuten. Dann gibt man 6 Blatt angefeuchtete rote
Gelatine dazu, kocht das Ganze noch 3 Minuten, gießt die Masse durch ein
Sieb und stellt sie auf Eis zum vollständigen Erkalten. Wenn sie anfängt, dicklich zu werden, füllt man sie über die nachfolgenden Pfirsiche. Die Pfirsiche
werden abgezogen, einmal durchgeschnitten und vom Stein befreit. Von einer
vorher bereiteten Biskuitmasse sticht man mit einem Wasserglas Böden aus,
legt von der gemischten Fruchtmasse auf jeden Biskuitboden ein Häufchen,
dann einen halben Pfirsich darüber und gießt von der vorher erwähnten
Fruchttunke darüber, und zwar so lange, bis die Tunke auf den Pfirsichen haften bleibt. Hat man noch Gelee übrig, so hackt man es und garniert es außen
herum. Außerdem garniert man 1/4 Ltr. geschlagenen, mit etwas Zucker
abgeschmeckten Schlagrahm dazwischen und streut die übrigen Pistazien
darüber. Man stellt die Platte 2 Stunden vor dem Gebrauch auf Eis. Anstatt
der Pfirsiche nimmt man auch große eingemachte Birnen.

**Ananaspudding für 4 Personen.** 1/4 Ltr. *Zutaten: 1 gehäufter Essl.*
Schlagrahm schlägt man mit 1 gehäuften Essl. *Zucker, 1/4 Ltr. Schlagrahm,*
Zucker zu festem Schnee; 4 Blatt weiße Gela- *4 Blatt weiße Gelatine, 2 Essl.*
tine kocht man mit 2 Essl. Wasser 1–2 Minuten *Wasser, 3 Essl. roh geschnit-*
und gibt diese durch ein Sieb zu dem Schlag- *tene Ananas.*

rahm. Nun füllt man diese schichtweise mit 3 Essl. roh geschnittener Ananas
in eine Puddingform, die man mit Wasser ausgespült und mit Zucker ausgestreut hat. Die Ananasstücke und die Puddingform müssen vorher vorbereitet sein, sonst wird die Masse zu fest. Die Stücke dürfen nicht zu dicht an dem
Rand der Form liegen, da sonst die Masse weich wird. Zu diesem Pudding
kann man Rumtunke geben.

**Apfelsinenpudding für 4 Personen.** Die *Zutaten: 5 Apfelsinen, 65 Gr.*
Schale von einer Apfelsine wird dünn abgerie- *Zucker, 6 Blatt weiße Gela-*
ben; 65 Gr. Zucker gibt man und dann den Saft *tine, 2 Essl. Wasser, 1/4 Ltr.*
der Apfelsinen durch ein Sieb dazu. 6 Blatt weiße *Schlagrahm.*

Gelatine kocht man mit 2 Essl. Wasser 1–2 Minuten und gießt diese durch ein
Sieb dazu. Den festen Schnee von 1/4 Ltr. Schlagrahm mischt man nun mit

dem Ganzen und stellt die Masse, wenn nötig, 5–10 Minuten in Eis; sie muss während dieser Zeit gerührt werden. Wenn sie anfängt rund zu werden, füllt man die Masse in eine mit Wasser ausgespülte und mit Zucker ausgestreute Puddingform. Man hält den Pudding 3–4 Stunden vor dem Gebrauch fertig.

## Italienischer Napolitain für 12 Personen.

250 Gr. Butter rührt man mit 250 Gr. Zucker 10 Minuten. Dann gibt man nach und nach 250 Gr. erwärmtes Kartoffelmehl löffelweise dazu. Diese Masse rührt man 20 Minuten. Dann kommen nach und nach 4 Eidotter und zuletzt der feste

*Zutaten: 250 Gr. Butter, 250 Gr. Zucker, 250 Gr. Kartoffelmehl, 4 Eidotter, 7 Eischnee, 65 Gr. Pistazien, 1/4 Ltr. Schlagrahm, 1 Kochl. Zucker, 125 Gr. Johannisbeerengelee.*

Schnee von 7 Eiern dazu. Man bäckt den Teig auf einer oder mehreren Springformplatten. 2–3 Kochl. von dem Teig füllt man zurzeit auf eine Platte und bäckt die Masse im nicht zu heißen Ofen 5–10 Minuten. Dann sticht man mit einer kleinen Reisrandform Ringe aus. Diese bestreicht man, wenn sie noch warm sind, mit Johannisbeergelee und legt sie fest aufeinander. Ist der Teig so verarbeitet, dann bestreicht man den Kuchen von außen auch mit Gelee und bestreut ihn mit 65 Gr. abgezogenen und fein gehackten Pistazien. In die Mitte füllt man den Schnee von 1/4 Ltr. Schlagrahm, welchen man mit 1 Kochl. Zucker abschmeckt.

## Nusspudding für 6 Personen.

250 Gr. Walnüsse bricht man aus den Schalen, legt 6–12 ganz gebliebene Nüsse beiseite. Die übrigen werden durch die Mandelmühle gegeben, mit

*Zutaten: 250 Gr. Walnüsse, 1/4 Ltr. Milch, 65 Gr. Zucker, 5 Blatt weiße Gelatine, 4 Eidotter, 2 Essl. Wasser, 1/2 Ltr. Schlagrahm.*

1/4 Ltr. Milch angesetzt und die Nussmasse 5 Minuten gekocht. 4 Eidotter rührt man mit 65 Gr. Zucker 10 Minuten, gießt das Ganze dazu und streicht die Masse hierauf scharf durch ein Sieb. 5 Blatt weiße Gelatine feuchtet man mit kaltem Wasser an, kocht sie in demselben Topf mit 2 Essl. Wasser 1–2 Minuten, gießt sie durch ein Sieb zu der Crememasse und stellt die Schüssel mit letzterer 15 Minuten in Eiswasser. Inzwischen wird die Masse oft umgerührt. Wenn sie anfängt rund zu werden, füllt man den festen Schnee von 1/2 Ltr. Schlagrahm dazu und gibt endlich die Masse in eine mit Wasser ausgespülte und mit Zucker ausgestreute Form. Die ganz gebliebenen Nüsse werden glasiert und beim Anrichten auf den Pudding gelegt (Nüsse glasieren siehe unter Backwerk).

## Karamellpudding für 6 Personen.

4 Eidotter rührt man in einer Schüssel 10 Minuten, brennt 65 Gr. Zucker in der Pfanne hellbraun. Die Pfanne muss vorher mit Butter bestrichen werden. Unter Rühren gießt man 1/4 Ltr. hei-

*Zutaten: 4 Eidotter, 65 Gr. Zucker, 1/4 Ltr. heißes Wasser, 5 Blatt weiße Gelatine, 1/8 Ltr. kochendes Wasser, 1/2 Ltr. Schlagrahm.*

ßes Wasser dazu und kocht den Karamell über die Hälfte ein bis die Masse sämig am Löffel hängt und tut sie unter fortgesetztem Rühren langsam an die Eidotter. 5 Blatt weiße Gelatine feuchtet man mit kaltem Wasser an, legt sie in dieselbe Pfanne, gießt 1/8 Ltr. kochendes Wasser darauf und kocht sie 2–3 Minuten. Gießt sie durch ein Sieb zu der Creme und stellt die Schüssel mit der ganzen Masse 30 Minuten in Eiswasser, die Masse oft umrührend. Wenn sie anfängt rund zu werden, tut man den festen Schnee von 1/2 Ltr. Schlagrahm dazu. Dann wird die Masse in eine mit Wasser ausgespülte und mit Zucker ausgestreute Puddingform gefüllt. Der Pudding ist 3 Stunden vor dem Gebrauch fertig zu halten Hierzu gibt man eine Karamell- oder Fruchttunke.

**Nougatmasse.** Die Mandeln werden mit kochendem Wasser bedeckt angesetzt, einmal aufgekocht; danach zieht man die Haut ab und hackt die Mandeln recht fein. Den Zucker bräunt man in der Pfanne unter Rühren 5 Minuten bis die Masse glänzend aussieht. Dann wird sie auf einen mit Butter bestrichenen Teller verteilt. Nachdem die Masse erkaltet, wird sie nochmals fein gehackt. Die Hälfte dieser Masse gibt man an die Puddingmasse, und die letzte Masse nimmt man zum Ausstreuen der Puddingform.

*Zutaten: 1/2 Essl. Mandeln, 65 Gr. Zucker.*

**Nougatpudding für 6 Personen.** 3 Eidotter rührt man mit 1 Essl. Zucker 10 Minuten, bringt 1/4 Ltr. Milch ins Kochen, gießt diese unter Rühren langsam an die Eidotter. 6 Blatt weiße Gelatine feuchtet man mit kaltem Wasser an, legt sie in einen Topf, kocht sie mit 2 Essl. Wasser ein Mal auf und gießt sie durch ein Sieb zu der Crememasse. Letztere wird 30 Minuten in eine Schüssel mit Eiswasser gestellt. Endlich muss der inzwischen oft gerührten Masse der feste Schnee von 1/4 Ltr. Schlagrahm beigegeben werden, und zu guter Letzt die Nougatmasse.

*Zutaten: 3 Eidotter, 1 Essl. Zucker, 1/4 Ltr. Milch, 1/4 Ltr. Schlagrahm, 2 Essl. kochendes Wasser, 6 Blatt weiße Gelatine.*

**Charlotte Russe für 6 Personen.** 4 Eidotter rührt man mit 2 Kochl. Zucker 10 Minuten, bringt 1/4 Ltr. Milch ins Kochen, gießt unter tüchtigem Rühren die Milch langsam an die Eidotter, tut das Ganze in den Topf zurück und bringt die Masse auf mäßigem Feuer bis kurz vor das Kochen. Das Ganze wird durch ein Sieb in eine Schüssel gestrichen. 6 Blatt weiße Gelatine feuchtet man

*Zutaten: 4 Eidotter, 2 Kochl. Zucker, 1/4 Ltr. Milch, 6 Blatt weiße Gelatine, 2 Essl. Maraschino, 1/4 Ltr. Schlagrahm, 65 Gr. kandierte Früchte, 1 Zitronenschale, 65 Gr. Makronen, 6 Löffel Biskuit.*

mit kaltem Wasser an, kocht sie in demselben Topf mit 2 Essl. heißem Wasser 2 Minuten und gießt sie durch das Sieb zu der Creme. Nun stellt man die Schüssel mit der Masse 15 Minuten in Eiswasser, die Creme inzwischen öfters umrührend. Hiernach gibt man den festen Schnee von 1/4 Ltr. Schlagrahm und 2 Essl. Maraschino oder andere Liköre dazu, dann die abgeriebene Schale einer Zitrone. Eine Puddingform wird mit kaltem Wasser ausgespült und mit Zucker ausgestreut, mit 6 Löffeln Biskuit ausgelegt. 65 Gr. kandierte Früchte schneidet man in Würfel, streut einige auf den Boden der Puddingform, füllt die Puddingmasse schichtweise mit den Früchten und 65 Gr. Makronen in die Form und hält den Pudding 3 Stunden vor dem Gebrauch fertig.

**Erdbeerpudding für 6 Personen.** 500 Gr. frische Erdbeeren werden gewaschen, abgezupft und dann roh durch ein Sieb gegeben. 1 Blatt rote und 4 Blatt weiße Gelatine werden mit kaltem Wasser angefeuchtet, in einem *Zutaten: 500 Gr. frische Erdbeeren, 1 Blatt rote, 4 Blatt weiße Gelatine, 2 Essl. heißes Wasser, 65 Gr. Zucker, 1/4 Ltr. Schlagrahm.*
kleinen Topf mit 2 Essl. heißem Wasser einmal aufgekocht und dann durch ein Sieb unter Rühren in die Erdbeermasse gegossen. 65 Gr. Zucker werden dazu gegeben. Wenn die Masse anfängt rund zu werden, gibt man den festen Schnee von 1/4 Ltr. Schlagrahm dazu. Die Masse wird in eine Form gefüllt, die man vorher mit kaltem Wasser ausspült und mit Zucker ausstreut.

**Flammeri für 6 Personen.** 125 Gr. Reismehl rührt man mit 1/2 Ltr. kaltem Wasser oder Milch aus und bringt 1 Ltr. Milch oder 1 Stück Zitronenschale oder Vanille ins Kochen, gießt dann unter Rühren das Reismehl dazu. Die *Zutaten: 125 Gr. Reismehl, 1/2 Ltr. kaltes Wasser, 1 Ltr. Milch, 1 Stück Zitronenschale oder Vanille, 65 Gr. Zucker, 1 gehäufter Teel. Salz.*
Masse muss immer gerührt werden bis sie kocht, stellt sie zugedeckt beiseite und lässt sie langsam 30 Minuten kochen. Das Anbrennen verhütet eine unter den Topf gelegte Asbestplatte. Zuletzt sind nach Geschmack 65 Gr. Zucker und 1 gehäufter Teel. Salz dazu zu geben. Sind Eiweißreste vorhanden, so kann der feste Schnee von 3 Eiweiß an die ausgekühlte Masse gegeben werden. Die Masse füllt man in eine mit Wasser ausgespülte und mit Zucker ausgestreute Form.

**Nusspudding für 4 Personen.** 250 Gr. Wal- oder Haselnüsse werden ausgebrochen, hiernach durch die Mandelmühle gegeben, sodann mit 1 Ltr. Milch angesetzt und 5 *Zutaten: 250 Gr. Wal- oder Haselnüsse, 3/8 Ltr. Milch, 2 Eier, 2 Kochl. Zucker, 5 Blatt weiße Gelatine.*

Minuten gekocht. 2 Eidotter rührt man mit 1 Kochl. Zucker 10 Minuten, dann wird die kochende Nussmasse unter tüchtigem Rühren langsam dazu gegossen, und hiernach streicht man die Masse scharf durch ein Sieb. 5 Blatt weiße Gelatine werden mit kaltem Wasser angefeuchtet und mit 1 Kochl. Wasser 1–2 Minuten gekocht. Dann gibt man sie durch ein Sieb an die Puddingmasse, wenn diese anfängt rund zu werden, fügt man den festen Schnee der Eier sowie 1 Kochl. Zucker hinzu. Die Masse wird in eine Form gefüllt, die man vorher mit Wasser ausgespült und mit Zucker ausgestreut hat.

**Gludderpudding für 3 Personen.** Auch für Kranke geeignet. Der Wein wird mit dem Rum und dem Zitronensaft aufgekocht. Mondamin wird mit 1 Essl. Wasser aufgelöst und *Zutaten: 1/4 Ltr. Weißwein, 25 Gr. Mondamin, 1 Essl. Rum, 1 Essl. Zitronensaft, 50 Gr. Zucker, 2 Eier.* unter Rühren an den Wein gegeben und 5 Minuten gekocht. Die Eidotter werden mit dem Zucker 5 Minuten gerührt, dann wird die Weinmasse an die Eidotter gegeben und 10–15 Minuten zum Auskühlen beiseite gestellt. Nach dieser Zeit gibt man den festen Schnee der Eier hinzu und füllt die Speise in eine Glasschüssel.

**Kalte Reisspeise mit Erdbeeren für 2 Personen.** Für Kinder und Kranke geeignet. Der Reis wird gewaschen, dann mit der kochenden Magermilch und etwas Zitronenschale *Zutaten: 125 Gr. Reis, 1/2 Ltr. Magermilch, 20 Gr. Zucker, 1 Prise Salz, 1 Ei, 65 Gr. Erdbeeren oder Kirschen.* angesetzt und zugedeckt 20 Minuten langsam gekocht. Eidotter und Zucker werden inzwischen 10 Minuten gerührt. Der fertige heiße Reis wird nach und nach an den Eidotter gegeben, zuletzt wird der feste Schnee vom Ei mit dem Reis gemischt, die Masse wird in eine Glasschüssel gefüllt, obenauf legt man 65 Gr. gewaschene Erdbeeren oder entsteinte Kirschen.

**Rumpudding für 6 Personen.** 3 Eidotter rührt man mit 65 Gr. Zucker 10 Minuten. 1/8 Ltr. Milch bringt man ins Kochen und gießt diese unter Rühren an die Eidotter. 5 Blatt weiße Gelatine feuchtet man mit kaltem Was- *Zutaten: 3 Eidotter, 65 Gr. Zucker, 1/3 Ltr. Milch, 5 Blatt weiße Gelatine, 2 Essl. heißes Wasser, in 1/2 Ltr. Schlagrahm, 2-3 Essl. Rum.* ser an, kocht sie im Topf mit 2 Essl. heißem Wasser und gibt sie dann durch das Sieb zur Creme, worauf man die Schüssel 5–10 Minuten in Eiswasser stellt. Inzwischen muss man die Masse oft umrühren. Nun gibt man den festen Schnee von 1/2 Ltr. Schlagrahm dazu und nach Geschmack 2–3 Essl. Rum. Dann füllt man die Masse in eine Form, die man vorher mit Wasser ausgespült und mit Zucker ausgestreut hat.

**Eispudding für 8 Personen.** Nicht für Kranke und Kinder geeignet. Die gewaschene Butter wird in ca. 5 Minuten schaumig gerührt; danach werden der Zucker, die abgezogenen, geriebenen Mandeln und nach und nach 6 Eidotter und 1/8 Ltr. Schlagrahm dazugegeben. Die Masse rührt man tüchtig 30 Minuten. Eine glatte Puddingform legt man mit 12 Löffeln Biskuit aus, füllt hiernach die Crememasse abwechselnd mit den übrigen 6 Löffeln Biskuit in die Form, streicht die Masse glatt und stellt den Pudding 3 Stunden vor dem Gebrauch auf Eis. Hierzu ist folgende Tunke zu geben: 5 Eidotter rührt man mit 1 gehäuften Teel. Zucker 10 Minuten und gießt unter raschem Rühren langsam 2 Essl. Arrak oder Rum dazu und zuletzt, wenn dieses gut verrührt ist, den festen Schnee von 1/8 Ltr. Schlagrahm.

*Zutaten: 250 Gr. gewaschene Butter, 50 Gr. Zucker, 250 Gr. abgezogene, geriebene Mandeln, 6 Eidotter, 1/8 Ltr. Schlagrahm, 18 Löffel Biskuit. Tunke aus folgenden Zutaten: 5 Eidotter, 1 gehäufter Teel. Zucker, 2 Essl. Arrak, 1/8 Ltr. Schlagrahm.*

**Banutti für 6 Personen.** 6 abgezogene, reife Bananen, 2 Essl. Zucker und der Saft einer halben Zitrone werden mit einer silbernen Forke verrührt, sodann werden 250 Gr. abgezogene, frische, fein gehackte Walnüsse hinzu gegeben. Diese Masse Stellt man 1 Stunde auf Eis. Beim Anrichten füllt man die Speise in eine Glasschüssel und gibt den festen Schnee von 1/4 Ltr. Schlagrahm darüber.

*Zutaten: 6 reife Bananen, 2 Essl. Zucker, 1/2 Zitrone, 250 Gr. Walnüsse, 1/4 Ltr. Schlagrahm.*

**Schweizer Reis für 4 Personen.** 1 Kochl. Reis wäscht man drei bis vier Mal; dann setzt man ihn mit 1 Stange Vanille und 1/2 Ltr. Milch an, kocht ihn, ohne zu rühren, 20 Minuten langsam. Dann stellt man ihn zum Erkalten zur Seite. 4 Blatt weiße Gelatine kocht man mit 2 Essl. Wasser 1–2 Minuten; dann gießt man die Gelatine durch ein Sieb in den Reis und verrührt alles vorsichtig. Ist der Reis etwas abgekühlt, gibt man den festen Schnee von 1/4. Ltr. Schlagrahm dazu. Zucker nach Geschmack. Der Pudding muss 3 Stunden vor dem Gebrauch fertig sein und kalt gestellt werden. Man gibt dazu Erdbeerkompott, Himbeer- oder Kronsbeerengelee.

*Zutaten: 1 Kochl. Reis, 1 Stange Vanille, 1/2 Ltr. Milch, 1/4 Ltr. Schlagrahm, 2 Essl. Wasser, 4 Blatt weiße Gelatine.*

**Obstflammerie für 2 Personen.** Für Kinder und Kranke geeignet. 125 Gr. Erdbeeren werden gewaschen, abgezupft, mit 10 Gr. Zucker überstreut und zugedeckt kalt gestellt. 1/2 Ltr. Milch wird aufgekocht, 50 Gr. Kartoffelmehl verrührt man mit 1/8 Ltr. kaltem Wasser und gießt es unter Rühren in die kochende

*Zutaten: 125 Gr. Erdbeeren, 10 Gr. Zucker, 1/2 Ltr. Milch, 50 Gr. Kartoffelmehl, 1/8 Ltr. kaltes Wasser, 10 Gr. Zucker, 2 Eidotter, 1 Messerspitze Salz.*

Milch. 2 Eidotter werden vorher mit 10 Gr. Zucker und 1 Messerspitze Salz 5 Minuten gerührt. Die kochende Masse gießt man nach und nach an die Eidotter. Ist die Masse etwas ausgekühlt, so wird der feste Schnee der Eier damit verrührt. Die Speise füllt man nun in eine Glasschale und legt die Erdbeeren obenauf.

**Grießflammeri für 6 Personen.** 1/2 Ltr. Milch bringt man mit 1 Stück Zitronenschale und der Vanille ins Kochen. 65 Gr. groben Grieß rührt man mit 1/4 Ltr. kalter Milch aus, gießt dies unter Rühren an die kochende Milch und kocht es unter weiterem Rühren 1/4 Stunde. Dann muss man die Masse mit 3 Eidottern abquirlen, *Zutaten: 1/2 Ltr. Milch, 65 Gr. grober Grieß oder 125 Gr. feinster Suppengrieß, 1 Stück Zitronenschale, 1/4 Ltr. Milch, 3 Eidotter, 1 Essl. Mandeln, 1 Stange Vanille, 1 Teel. Salz, 65 Gr. Zucker.*
auch 1 Essl. abgezogene, geriebene Mandeln daran tun. Außerdem gibt man Salz und 65 Gr. Zucker dazu. Nimmt man den feinsten Suppengrieß, so muss man 125 Gr. nehmen. Nun stellt man die Masse 1/2 Stunde zum Auskühlen beiseite, tut den festen Eierschnee dazu und füllt sie in eine mit Wasser ausgespülte Puddingform. 1 Stunde vor dem Gebrauch fertig zu halten.

**Kalte Reisspeise für 4 Personen.** 125 Gr. Reis werden gewaschen mit 1/4 Ltr. Wasser und 1 Stück Zitronenschale angesetzt und zugedeckt 20 Minuten gekocht. 1/4 Ltr. Weißwein und den Saft einer Zitrone gibt man hinzu. 2 Blatt weiße Gelatine feuchtet man mit Wasser an und *Zutaten: 125 Gr. Reis, 1/4 Ltr. kochendes Wasser, 1 Stück Zitronenschale, 1/4 Ltr. Weißwein, der Saft 1 Zitrone, 2 Eiweiß, 2 Blatt Weiße Gelatine, 125 Gr. Zucker.*
gibt sie gleichfalls hinzu. Darauf schüttelt man das Ganze gut durch und kocht es noch einmal auf, wonach man den Reis 20 Minuten zum Auskühlen beiseite stellt. Der feste Schnee von 2 Eiweiß wird, mit 125 Gr. Zucker gemischt, dem Reis zugesetzt, welcher vorsichtig verrührt in eine Glasschüssel gefüllt wird. 2 Stunden vor dem Gebrauch muss der Reis fertig sein.

**Buchweizengrütze für 6 Personen.** Die Grütze wird mit dem kochenden Wasser und dem Salz angesetzt, zugedeckt 30 Minuten langsam gekocht. Dann erst gibt man die But- *Zutaten: 250 Gr. Alsener Buchweizengrütze, 1 1/2 Ltr. koch. Wasser, 1 Essl. Salz, 65 Gr. Butter.*
ter dazu. Um das Anbrennen zu verhüten, muss eine Asbestplatte unter den Topf gelegt werden.

**Rhabarbergrütze für 6 Personen.** 500 Gr. frischen Rhabarber schneidet man in Würfel (abgezogen wird er nicht). Hiernach setzt *Zutaten: 500 Gr. frischer Rhabarber, 1/2 Ltr. kochendes Wasser, 65 Gr. Mondamin,* man ihn mit 1/2 Ltr. kochendem Wasser an, kocht ihn im geschlossenen Topf 10 Minuten, streicht die Masse durch ein Sieb und bringt diese wieder ins Kochen. 65 Gr. Mondamin rührt man mit 1/4 Ltr. kaltem Wasser aus, gießt dieses unter Rühren an die Rhabarbergrütze, lässt sie unter immerwährendem Rühren 10 Minuten kochen und gibt nach Geschmack 125 Gr. Zucker dazu; diese Masse füllt man in eine mit Wasser ausgespülte Steingutform. Man hält die Grütze 6 Stunden vor dem Gebrauch fertig.

*1/4 Ltr. kaltes Wasser, 65 bis 125 Gr. Zucker.*

**Grütze von Buchweizenmehl für 4 Personen.** 1 Ltr. Wasser bringt man ins Kochen, das Buchweizenmehl wird mit 1/2 Ltr. kaltem Wasser glatt gerührt, das ausgerührte Mehl unter Rühren an das kochende Wasser gegos-

*Zutaten: 500 Gr. frischer Rhabarber, 1/2 Ltr. kochendes Wasser, 65 Gr. Mondamin, 1/4 Ltr. kaltes Wasser, 65 bis 125 Gr. Zucker.*

sen, die Grütze unter weiterem Rühren 5 Minuten gekocht und 1 Teel. Salz und 1 Löffel Butter dazu gegeben. Dann deckt man die Grütze zu und lässt sie noch auf einer Asbestplatte auf dem Herd 40 Minuten kochen. Man gibt sie mit kalter Milch oder Rahm warm zu Tisch. Für Kinder und Kranke geeignet.

**Stachelbeergrütze für 6 Personen.** Als kalter Nachtisch mit süßem Rahm oder Vanilletunke zu servieren, auch für Kranke geeignet. 500 Gr. grüne Stachelbeeren werden gewaschen, mit 1/2 Ltr. kochendem Wasser ange-

*Zutaten: 500 Gr. grüne Stachelbeeren, 1/2 Ltr. kochendes Wasser, 65 Gr. Mondamin, 1/4 Ltr. kaltes Wasser, 65 bis 125 Gr. Zucker.*

setzt, im geschlossenen Topf 20 Minuten gekocht und hiernach durch ein Sieb gestrichen. Die Masse bringt man wieder ins Kochen. 65 Gr. Mondamin rührt man mit 1/4 Ltr. kaltem Wasser aus, gießt dieses unter Rühren an die kochende Stachelbeermasse; unter weiterem Rühren kocht man die Masse 10 Minuten und gibt nach Geschmack 65 bis 125 Gr. Zucker dazu. Die Grütze füllt man in eine mit Wasser ausgespülte Steingutform; eine Blechform darf man für Fruchtgrützen nicht verwenden.

**Aprikosengrütze für 6 Personen.** 375 Gr. getrocknete Aprikosen, die am Tage vor dem Gebrauch mit 1 1/2 Liter Wasser eingeweicht

*Zutaten 1 1/2 Ltr. Wasser, 375 Gr. getrocknete Aprikosen, 65 Gr. Mondamin, 65 Gr. Zucker.*

wurden, werden vorher drei Mal mit reichlich heißem Wasser gewaschen. Hiernach werden sie mit ihrem Quellwasser ins Kochen gebracht; im geschlossenen Topf kocht man die Aprikosen 30 Minuten. Dann gießt man sie auf ein Sieb und streicht sie durch dasselbe. Dieses Wasser bringt man wieder ins Kochen. 65 Gr. Mondamin rührt man mit 1/4 Ltr. kaltem Wasser aus, gießt dieses unter Rühren an die Aprikosenmasse und kocht sie 10 Minuten. Nun erst gibt man nach Geschmack 65 Gr. oder etwas mehr Zucker dazu, füllt die Grütze in eine Steingutform, die man vorher mit Wasser ausgespült und mit Zucker ausgestreut hat. Man hält sie 3 Stunden vor dem Gebrauch fertig und gibt dazu eine Vanilletunke oder Milch oder Rahm. Diese Grütze kann man für Kinder und Kranke verwenden.

**Rote Grütze für 4-6 Personen.** 500 Gr. Himbeeren und 250 Gr. Johannisbeeren werden abgezupft, mit 1/2 Ltr. Wasser angesetzt und im geschlossenen Topf 10 Minuten gekocht. Man gießt das Ganze auf ein Sieb zum Durch- *Zutaten: 500 Gr. Himbeeren, 250 Gr. Johannisbeeren, 1/2 Ltr. Wasser, 125 Gr. Maizena oder Mondamin, 1/2 Ltr. kaltes Wasser, 125 Gr. Zucker.* tropfen und bringt die Flüssigkeit wieder ins Kochen. 125 Gr. Maizena oder Mondamin rührt man mit 1/2 Ltr. kaltem Wasser an und gießt dieses unter Rühren an den kochenden Fruchtsaft, kocht die Grütze unter öfterem Rühren 10 Minuten und gibt den Zucker dazu. Will man die Speise mit Reismehl oder Sago bereiten, so nimmt man nur 65 Gr. Sago oder Reismehl und lässt es 30 Minuten kochen. Die Grütze ist 4–6 Stunden vor dem Anrichten fertig zu stellen. Auch darf die Grütze nur in eine Steingutform gefüllt werden, die man vorher mit Wasser ausgespült hat; in einer Metallform wird die Farbe bläulich.

**Apfelspeise für 3 Personen.** Für Kinder und Kranke geeignet. Der Sago wird im Topf mit dem kalten Wasser 1 Stunde zum langsamen *Zutaten: 250 Gr. Sago, 1 Kilo Falläpfel, 65 Gr. Zucker, 3/4 Ltr. Wasser.* Quellen auf den nicht zu heißen Herd gestellt, nach dieser Zeit langsam ins Kochen gebracht und 30 Minuten gekocht. Die geschälten Äpfel werden gewaschen, im Topfe ohne Wasser angesetzt und zugedeckt langsam 20 Minuten gedämpft. Danach streicht man die Äpfel durch ein Sieb und mischt das Apfelmus mit dem weich gekochten Sago; dann fügt man den Zucker hinzu. Man kann 2 Eidotter mit dem Zucker 10 Minuten rühren, die heiße Sagomasse langsam unter Rühren an die Eidotter gießen. Sobald die Masse erkaltet ist, wird der feste Schnee der Eier dazu gegeben. Die Masse füllt man in eine Glasschüssel.

**Kalte Aprikosenspeise.** Für Kinder und Kranke geeignet. Die recht reifen Früchte werden entsteint, dann wird die Fruchtmasse *Zutaten: 500 Gr. Aprikosen, 1/2 Ltr. Wasser, 4 Blatt weiße Gelatine, 1 Zitrone, 3 Eischnee.* durch ein Sieb gestrichen, 2 Kerne der Aprikosen schlägt man auf, kocht sie mit dem Wasser und den auf dem Sieb zurückbleibenden Fruchtabfällen 5 Minuten, dann gibt man die Gelatine dazu und kocht diese noch 2 Minuten, gießt die Flüssigkeit durch ein Sieb, fügt Zucker nach Geschmack und die gesiebte Fruchtmasse dazu. Wenn erkaltet, mischt man den festen Schnee vom Eiweiß unter die Fruchtmasse, schlägt sie so lange, bis sie dicklich wird; danach füllt man sie in eine Glasschale.

**Apfelsinencreme für 6 Personen.** 2 Apfelsinen werden mäßig an dem Stückzucker abgerieben und die Früchte ausgedrückt. 6 *Zutaten: 4 Apfelsinen, 1 Zitrone, 1/4 Ltr. Weißwein, 125 Gr. Zucker, 6 Eier, 2 Essl. Wasser.* Eidotter werden mit dem Zucker 1/4 Stunde mit der Schneerute geschlagen. Dann wird der Wein dazu gegossen, das Ganze rasch auf mäßigem Feuer mit der Schneerute geschlagen, bis kurz vors Kochen gebracht, dann gibt man den Saft der Früchte und 6 Blatt weiße Gelatine, die mit 2 Essl. Wasser 2 Minuten gekocht wurden, durch ein Sieb dazu. Diese Creme stellt man in Eiswasser, wenn die Masse anfängt, rund zu werden, gibt man den festen Schnee der Eier dazu. Für Kranke geeignet.

**Zitronencreme für 6 Personen.** 8 Eigelbe werden mit 8 Löffeln Zucker 1/4 Stunde gerührt, 6 Blatt weiße Gelatine mit 2 Essl. Wasser 2 Minu- *Zutaten: 6 Blatt weiße Gelatine, 8 Löffel Zucker, 1 Zitrone, 2 Essl. Wasser, 8 Eier.* ten gekocht, durch ein Sieb dazu gegossen und gerührt, bis die Masse anfängt rund zu werden. Man mischt den festen Schnee der Eier durch die Masse und gibt den Saft 1 Zitrone durch ein Sieb zuletzt dazu. Für Kranke geeignet.

**Apfelsinengelee für 3 Personen.** 3 Apfelsinen werden einmal durchgeschnitten, der Saft vorsichtig herausgepresst (die Schale darf *Zutaten: 3 Apfelsinen, 1 Essl. Zucker, 3 Blatt weiße Gelatine, 1/8 Ltr. Wasser.* nicht beschädigt werden), und dann durch ein Sieb in eine Schüssel gegossen; man fügt dann 1 Essl. Zucker hinzu. 3 Blatt weiße Gelatine werden mit 1/3 Ltr. Wasser 1–2 Minuten gekocht und nun durch ein Sieb zum Saft gegeben. Alsdann schabt man die Schalen vorsichtig aus und stellt sie nebeneinander auf einen Teller. Das flüssige Gelee gießt man in die Schalen und stellt sie recht kalt. Man hält das Gelee 3 Minuten vor dem Gebrauch fertig. Das Gelee ist für Kranke geeignet.

**Weingelee für Kranke.** 4 Blatt rote Gelatine werden angefeuchtet, mit 1/8 Ltr. Wasser, 65 Gr. Zucker 1–2 Minuten gekocht. Dann gießt man den Saft von 1 Zitrone und 1/4 Ltr. Rhein- *Zutaten: 1 Zitrone, 65 Gr. Zucker, 4 Blatt rote Gelatine, 1/4 Ltr. Rheinwein, 1/8 Ltr. Wasser.* wein in eine Schüssel, die aufgekochte Gelatine durch ein Sieb dazu, füllt die Flüssigkeit in eine gut ausgespülte Randform und stellt die Form 6 Stunden in Eiswasser. Beim Anrichten hält man sie in lauwarmes Wasser, stürzt das Gelee auf eine runde Platte. Man kann es mit Schlagrahm garnieren.

**Sultancreme für 6-8 Personen.** Die Eidotter werden mit dem Zucker und dem Mehl 10 Minuten tüchtig geschlagen und sodann wird die kalte Milch dazu gegeben. Der Topf wird auf den heißen geschlossenen Herd gestellt, die Masse mit der Schneerute langsam geschlagen, bis sie ein Mal aufkocht. Darauf stellt man sie zum Erkalten beiseite. 8 Blatt weiße Gelatine werden mit kaltem Wasser angefeuchtet, mit 1 Essl. heißem Wasser angesetzt und einmal aufgekocht, dann durch ein Sieb in die vorher abgekochte Crememasse gegossen. Ist die Masse vollständig ausgekühlt, so wird der feste Schnee der Eier und der feste Schnee von 1/4 Ltr. Schlagrahm dazu gegeben. 125 Gr. Sultanrosinen werden gewaschen, von den großen Steinen befreit, bedeckt mit kochendem Wasser angesetzt und 2 Minuten gekocht. Man schneidet sie sodann in kleine Würfel oder hackt sie fein und mischt sie mit dem Vanillezucker, der fein gehackten Sukkade und den fein gehackten bitteren Mandeln. Nachdem die Crememasse mit diesen gehackten Zutaten gemischt wurde, wird sie in eine Glasschüssel gefüllt. Man hält die Speise 3 Stunden vor dem Gebrauch fertig.

*Zutaten: 1/2 Ltr. Milch, 125 Gr. Zucker, 5 Eier, 1 Essl. Weizenmehl, 8 Blatt weiße Gelatine, 1 Teel. Vanillezucker, 125 Gr. Sultanrosinen, 1 Essl. fein gehackte Sukkade, 1 Teel. fein gehackte bittere Mandeln, die Schale einer halben Zitrone.*

**Rum-Creme für 4 Personen.** Für Kranke geeignet. Eidotter und Zucker rührt man 10 Minuten, dann wird die Gelatine mit dem kochenden Wasser angesetzt und unter Rühren auf geschlossenem Herd 2 Minuten gekocht. Danach gießt man die Gelatine in die vorher gut gerührten Eidotter, außerdem gießt man 1 Essl. Rum oder Kognak und die Milch an die Crememasse. Zuletzt, wenn die Masse anfängt, dicklich zu werden, fügt man den festen Schnee oder Eiweiß hinzu; die Masse wird in eine Glasschüssel gefüllt. Kleine Biskuitkuchen können schichtweise dazwischen gelegt werden.

*Zutaten: 3 Eier, 20 Gr. Zucker, 1/4 Ltr. Milch oder Rahm, 1/4 Ltr. Wasser, 6 Blatt weiße Gelatine, 1 Essl. Rum oder Kognak.*

**Crême brulée für 4 Personen.** 4 ganze Eier schlägt man 10 Minuten, gibt 4 Essl. Milch und 1 Teel. Vanillezucker dazu sowie nach Geschmack 1 Teel. Zucker. 60 Gr. Zucker lässt man in einer Pfanne auf mäßigem Feuer dunkelbraun werden, nicht schwarz. 1/8 Ltr. kochendes Wasser gießt man in die

*Zutaten: 4 Eier, 4 Essl. Milch, 1 Teel. Vanillezucker, 1 Essl. Zucker, 1/8 Ltr. kochendes Wasser, 1/8 Ltr. Schlagrahm, 65 Gr. Zucker.*

Pfanne und kocht unter Rühren den Karamell bis die Flüssigkeit sämig ist und glatt vom Löffel lässt. Diese Flüssigkeit ist schnell in eine trockene Schüssel zu gießen bis die dickliche Masse haften bleibt. Nun muss man schnell die Eimasse durch ein Sieb in diese Schüssel gießen. Zugedeckt stellt man die Schüssel in einen Topf mit heißem Wasser und diesen sodann in den nicht zu heißen Ofen. Man kann den Topf auch auf den Ofen stellen, nur darf das Wasser nicht zu stark kochen, sonst wird die Masse löchrig und der Pudding wertlos. Wenn der Pudding vollständig erkaltet ist, wird er gestürzt. Die flüssige, braune Tunke in der Schüssel wird wieder über den Pudding gegossen. Außerdem wird er mit 1/8 Ltr. festem Schlagrahm, der mit 1 Essl. Zucker gesüßt ist, garniert.

*Zutaten: 1/4 Ltr. Milch, 125 Gr. Schokolade, 3 Blatt weiße Gelatine, 2 Eier, 1 gehäufter Teel. Zucker.*

**für 4 Personen.** 1/4 Ltr. Milch kocht man mit 125 Gr. geriebener Schokolade ein Mal auf. 3 Blatt weiße Gelatine werden angefeuchtet und der Masse hinzugefügt; dann nochmals aufgekocht. Vorher rührt man 2 Eidotter mit 1 gehäuftem Teel. Zucker 10 Minuten und gibt die Schokoladenmasse unter tüchtigem Rühren hierzu. Dann stellt man das Ganze 10 Minuten zum Auskühlen beiseite. Inzwischen muss man die Masse oftmals umrühren. Wenn die Masse anfängt rund zu werden, gibt man den festen Schnee der Eier hinzu und füllt die Masse in eine Glasform.

*Zutaten: 500 Gr. Birnen, 125 Gr. Sago, 30 Gr. Zucker, 1/2 Ltr. kochendes Wasser, 20 Gr. Johannisbeeren oder Kirschen.*

**Gefüllte Birnen mit Sago für 3 Personen.** Für Kinder und Kranke geeignet. Die Birnen werden dünn geschält, vom Kernhaus befreit, gewaschen, und mit 1/2 Ltr. kochendem Wasser angesetzt. Liebt man Gewürze, so kann ein Stück Zitronenschale oder Kaneel mitgekocht werden. Zugedeckt werden die Birnen 30 Minuten langsam gekocht. Nach dieser Zeit nimmt man mit einem Schaumlöffel die Birnen aus der Flüssigkeit und streut unter Rühren den Sago in das kochende Birnenwasser. Man lässt den Sago 30 Minuten kochen. Hat man Milch, so wird 1/4 Ltr. Milch außerdem dazu gegossen, oder man nimmt statt Milch Wasser. Nach der Kochzeit wird der Zucker hinzugefügt, die Sagomasse füllt man in eine Schüssel, die Birnen legt man auf den Sago, die offene Seite nach oben. In die Mitte der Birnen füllt man die gekochten Kirschen oder Johannisbeeren.

*Zutaten: 6 Apfelsinen, 1 Blatt rote, 3 Blatt weiße Gelatine, 2 Essl. kochendes Wasser, 2 Essl. Zucker, 1/8 Ltr. Schlagrahm, 1 Teel. fein gehackt. Pistazien.*

**Gefüllte Apfelsinen für 6 Personen.** Man nimmt 6 Apfelsinen, schneidet vorsichtig Körbchen, höhlt das Innere heraus und presst den

Saft durch ein Sieb. 1 Blatt rote und 3 Blatt weiße Gelatine werden mit kaltem Wasser angefeuchtet, mit 2 Essl. kochendem Wasser angesetzt und 1–2 Minuten gekocht. Danach wird die Gelatine durch ein Sieb zu dem Apfelsinensaft gegossen; nach Geschmack gibt man 2 Essl. Zucker dazu und den festen Schnee von 1/8 Ltr. Schlagrahm. Nachdem alles gut verrührt ist und die Masse anfängt rund zu werden, füllt man sie in die ausgehöhlten Apfelsinen und streut zuletzt obenauf 1 Teel. fein gehackte Pistazien.

**Buttermilchspeise für 3 Personen.** Die Buttermilch stellt man zum Warmwerden – nicht Kochen! – 5 Minuten auf den nicht zu heißen Herd. Die Gelatine wird mit 2 Essl. heißem Wasser 1 Minute gekocht und unter Rühren durch ein Sieb an die Buttermilch gegossen, ebenso der Zitronensaft. Ferner nach Geschmack 65 Gr. Zucker, sowie das Innere einer halben Stange Vanille. Diese Speise füllt man in eine Glasschüssel. 4 Tabl. Sacharin nimmt man statt Zucker für Diabetiker.

*Zutaten: 1/2 Ltr. Buttermilch, 3 Blatt rote, 3 Blatt weiße Gelatine, 1 Zitrone, 65 Gr. Zucker, 1 Stange Vanille.*

**Kalter Nachtisch für 3 Personen.** Für Kranke geeignet. 3 Blatt rote und 2 Blatt weiße Gelatine werden mit kaltem Wasser angefeuchtet und mit 3 Essl. kochendem Wasser ein Mal aufgekocht. Der Saft einer halben Zitrone, 1 Essl. Arrak oder Rum und 3 Essl. Weißwein werden dazu gegeben, das Ganze wird durch ein Sieb in eine Schüssel gegossen. Sodann kommen hinzu 100 Gr. Zucker und 1/8 Ltr. saurer Rahm. Diese Masse wird öfter umgerührt und, wenn sie anfängt dick zu werden, in eine mit Wasser ausgespülte und mit Zucker ausgestreute Form gegossen. Statt Rahm kann man auch den festen Schnee von 2 Eiern nehmen. Für Diabetiker nimmt man statt Zucker 2 Tabletten Sacharin.

*Zutaten: 3 Blatt rote, 2 Blatt weiße Gelatine, der Saft einer halben Zitrone, 1 Essl. Arrak oder Rum, 3 Essl. Weißwein, 100 Gr. Zucker, 1/8 Ltr. saurer Rahm.*

# BACKWERK

**Backhitze.** Um die verschiedenen Hitzegrade auszuprobieren legt man in die Mitte des vorher heiß gemachten Bratofens Eierschalen. Ist die Schale in 5 Minuten braun geworden, so ist der Hitzegrad für Blätterteig und Hefeteig gut und richtig. Werden die Eierschalen in dieser Zeit langsam hellbraun, so ist der Hitzegrad richtig für Mürbeteig und Biskuit. Werden die Eierschalen in 10 Minuten hellgelb, so ist die Hitze richtig für Schaumgebäck, welches bei gelinder Hitze mehr trocknet als bäckt. Um das Garsein bei größeren Kuchen zu prüfen, muss man mit einer Stricknadel leicht in den Kuchen stechen; hängt beim Herausziehen kein Teig an der Nadel, so ist der Kuchen fertig.

**Hefeteig (Gest, Bärme).** Bevor man mit dem Teigrühren beginnt, muss man zunächst die Formen, Bleche und Tortenböden mit Fett oder Butter ausstreichen, mit Mehl ausstäuben, Brett, Kuchenrolle bereitlegen, die einzelnen Zutaten zum Gebäck abwiegen, den Ofen heizen; benutzt man einen Gasofen, so wird dieser angezündet, bevor man mit dem Rühren des Teiges beginnt. Die Hefe wird mit etwas Zucker oder Salz und mit der nötigen lauwarmen Milch, oder dem Wasser aufgelöst, dann mit dem dazu in den Rezepten bestimmten Mehl gemischt. Das Vorteigstück wird in einer größeren Schüssel gerührt, diese darf nur bis zur Hälfte gefüllt sein, damit beim Aufgehen an einem warmen Ort der Teig nicht überläuft.

**Mürbeteig I.** Die weiche Butter rührt man mit dem Zucker und Eidotter 10 Minuten. Das Backpulver mischt man mit dem Mehl, gibt es *Zutaten: 200 Gr. Mehl, 100 Gr. Butter, 65 Gr. Zucker, 5 Gr. Backpulver, 1 Ei.* nach und nach zur Eimasse und verarbeitet diesen Vorteig für kleine Kuchen, Fruchttorten usw., ohne Zucker auch für Fleisch- und Gemüsepasteten. Alle

Mürbeteige können zugedeckt am trockenen, kühlen Ort mehrere Tage vorbereitet zum Backen aufbewahrt werden.

**Mürbeteig II.** 200 Gr. Mehl, 200 Gr. Butter, 200 Gr. Zucker, 3 hartgekochte und 3 rohe Eidotter. Diese Zutaten werden zu einem Teig verarbeitet wie Mürbeteig I.

**Mürbeteig III.** 200 Gr. Mehl, 30 Gr. Butter oder anderes Fett, 50 Gr. Zucker, 1/8 Ltr. kaltes Wasser, 1 rohe geriebene Kartoffel, 5 Gr. Backpulver. Die rohe geriebene Kartoffel dient statt Eidotter als Bindemittel. Den Teig ebenso vorbereiten wie Mürbeteig I.

**Mürbeteig IV.** 125 Gr. Mehl, 60 Gr. Butter, 60 Gr. Zucker, 1 Eidotter. Butter, Zucker, Eidotter rührt man 10 Minuten. Dann gibt man das Mehl nach und nach dazu. 30 Gr. geriebene Mandeln oder Haselnüsse erhöhen den Geschmack.

**Käseplätzchen von Mürbeteig für 6 Personen.** Geeignet für Tassenbrühe. Das Mehl schüttet man auf ein Brett, macht darin eine Vertiefung und schlägt 1 Eidotter und den geriebenen Käse hinein. Dann rührt man ein kleines Teigstück, legt die Butter dazu und verknetet das übrige Mehl allmählich mit diesem Butterstück, dann rollt man den Mürbeteig zu einer dünnen Fläche aus, sticht daraus mit einem Glase kleine Plätzchen, legt diese auf ein mit Butter bestrichenes Blech und bäckt die Plätzchen im nicht zu heißen Ofen 5 Minuten.

*Zutaten: 65 Gr. Butter, 1 Eidotter, 2 gehäufte Essl. geriebener Parmesankäse, 125 Gr. Mehl.*

**Blätterteig für 6 Personen.** Man schüttet das Mehl auf ein Backbrett und macht 3 Häufchen. Das eine Häufchen legt man in eine Schüssel und gibt 4 Essl. kaltes Wasser dazu, rührt ein Teigstück. Das zweite Mehlhäufchen breitet man auf dem Brett aus, legt das Teigstück auf dieses Mehl, wendet es öfter in dem Mehl und drückt den Teig dünn aus. Auf dieses Teigstück legt man die Butter, schlägt den Teig zusammen und versucht, den Teig mit dem Rollholz auszurollen. Hierbei wird der Teig oft auf die andere Seite gelegt und von dem übrigen Mehl leicht unter den Teig gestreut. Nun wird der Teig geschlagen von links nach rechts, von oben nach unten. Dann rollt man ihn wieder aus und wendet wieder das Mehl zum Unterstreuen an und schlägt den Teig nochmals von links nach rechts, von oben nach unten. Das Ausrollen und Schlagen des Teiges wiederholt man vier Mal. Das Mehl wird nun verrollt sein und der Blätterteig ist zum Gebrauch fertig. Rollt und schlägt man den Teig zu viel, dann wird der Blätterteig krümelig. Für Blätterteig muss der Ofen vorher zum Backen immer recht heiß gemacht werden, sonst läuft die Butter aus.

*Zutaten: 125 Gr. Mehl, 125 Gr. Butter, 4 Essl. kaltes Wasser.*

**Blätterteig-Cremeschnitte für 4 Personen.** Man bereitet einen Blätterteig von 125 Gr. Mehl, 125 Gr. Butter, 4 Essl. Wasser. Der Blätterteig wird 1–2 cm dick ausgerollt. Von diesem Teig schneidet man 3 fingerbreite und 3 fingerlange Stücke. Diese Stücke legt man auf ein Blech und bäckt sie 5–10 Minuten im heißen Ofen. Wenn sie vollständig erkaltet sind, wird die Hälfte mit 1 Essl. Vanille- oder Zitronencreme belegt; das zweite gebackene Teigstück legt man darüber und zum Schluss streicht man über die einzelnen Schnittchen Zuckerguss (siehe unter Zuckerguss).

*Zutaten: 125 Gr. Mehl, 125 Gr. Butter, 4 Essl. Wasser.*

**Blätterteig-Pasteten, kleine.** Den fertigen Teig (siehe unter vorstehendem Blätterteig) rollt man 2 cm dick aus. Nun sticht man mit einer Tasse oder einem Glas Böden von diesem Teig aus. 10 Böden werden auf ein Backblech gelegt. Der übrige Teig wird wieder aufeinander geschichtet, nicht zusammengedrückt, und wieder ausgerollt. Es werden wieder Böden ausgestochen, mit einem Eierbecher sticht man diese Böden noch ein Mal aus, so dass man Ringe bekommt. Nun bestreicht man den Boden auf dem Backblech mit Eiweiß, legt auf den Boden einen Ring von Teig, bestreicht den Ring mit Eiweiß, schichtet den übrigen Teig wieder aufeinander, rollt den Teig aus, formt Räder und Ringe wie vorhin und fährt so fort, bis der Teig verrollt ist. Beim Überstreichen mit dem Eiweiß muss man darauf achten, dass das Eiweiß nicht über den Rand des Teiges läuft, sonst geht der Teig nicht auf. Die Pasteten werden dann im heißen Ofen 10–15 Minuten gebacken. Man kann sie, sowie sie aus dem Ofen kommen, noch ein Mal leicht mit Eiweiß betupfen. Vom Eiweiß werden sie glänzend. Die Pasteten werden mit jedem heißen Ragout gefüllt.

**Zuckerguss.** Den Zucker setzt man mit dem Wasser im Topf an und kocht dies unter Rühren 5–10 Minuten, so lange, bis der Zucker als Tropfen schwer am Löffel hängen bleibt. Man kann auch an diesen Guss 1 Teel. Zitronensaft, auch Maraschino oder anderen Likör gießen. Der heiße Guss wird schnell über das inzwischen ausgekühlte Gebäck gestrichen. Auch überstreicht man die Seiten der Vanilleschnittchen mit dem Guss.

*Zutaten: 65 Gr. Zucker, 1/8 Ltr. Wasser, 1 Teel. Zitronensaft oder Likör.*

**Biskuitmasse.** 10 Eidotter rührt man mit 125 Gr. Zucker 10 Minuten, gibt nach und nach 125 Gr. gewärmtes Kartoffelmehl (leicht überstäubt), dann den festen Schnee der Eier (nochmals 10 Minuten rühren), die abgeriebene Schale 1 Zitrone oder das Innere 1 Stange Vanille als Gewürz dazu. Diese Masse füllt man in eine große Springform und bäckt den Kuchen im nicht zu

*Zutaten: 10 Eier, 125 Gr. Zucker, 125 Gr. gewärmtes Kartoffelmehl, die abgeriebene Schale 1 Zitrone oder 1 Stange Vanille.*

heißen Ofen 45 Minuten. Will man den Kuchen als Nachtisch gebrauchen, so empfiehlt es sich ihn einen Tag vorher zu backen.

**Creme.** Die Milch mit der recht fein gehackten Vanille, 2 Teel. Mais- oder Kartoffelmehl kocht man unter Rühren im Topf auf. Vorher werden 3-4 Eidotter mit 1 gehäuften Essl. Zucker 10 Minuten gerührt. Die dicklich gekochte Milchmasse gießt man unter Rühren nach und nach an die Eidotter. Die Crememasse muss vollständig erkalten.

*Zutaten: 1/4 Ltr. Milch, 1/2 Stange Vanille, 2 Teel. Mais- oder Kartoffelmehl, 3-4 Eidotter, 1 Essl. Zucker.*

**Biskuittorte.** Eidotter und Zucker werden 10 Minuten gerührt, dann gibt man löffelweise das Mehl, danach den festen Schnee der Eier und zuletzt das Backpulver hinzu. Die Masse wird noch 10 Minuten mit der Schneerute tüchtig geschlagen, danach in eine vorher gefettete Springform gefüllt. Im heißen Ofen wird die Torte 20–35 Minuten gebacken. Nimmt man eine große Form, so genügen 20 Minuten. Nachdem die Torte erkaltet ist wird sie mit einem Faden durchgeschnitten, so dass man zwei Böden erhält; nachfolgende Crememasse streicht man auf den einen Boden und legt den zweiten Boden darüber. Crememasse: 2 Eidotter werden im Topf mit 2 Teel. Kartoffelmehl, 50 Gr. Zucker 10 Minuten gerührt, dann gibt man 1/4 Ltr. Milch und das Innere einer Stange Vanille dazu, bringt die Masse unter Rühren ins Kochen; sobald sie dicklich ist, lässt man sie erkalten. Nun kann man an diese Masse 1 Essl. Johannisbeergelee und 50 Gr. Butter geben.

*Zutaten: 125 Gr. Kartoffel- oder Maismehl, 125 Gr. Zucker, 5 Eier, 1/2 Paket Backpulver.*

**Biskuitrolle.** Zucker, Eigelb und Zitronenschale rührt man 30 Minuten. Hiernach werden abwechselnd das Mehl und der feste Schnee des Eiweiß dazu gegeben. Eine große Springform wird mit Butterbrotpapier belegt, das Papier mit Butter bestrichen, die Teigmasse darauf gegeben. Hiernach wird der Kuchen im heißen Ofen 5–10 Minuten gebacken. Wenn er etwas ausgekühlt wird er, mit der Hälfte von folgender Creme bestrichen, aufgerollt. Die zweite Hälfte streicht man außen herum über die Rolle.

*Zutaten: 90 Gr. Kartoffelmehl, 6 Eier, 125 Gr. Zucker, etwas Vanille- oder Zitronenschale.*

**Creme für Biskuitrolle.** Eigelb, Zucker und Mehl schlägt man im Topfe 10 Minuten mit einer Schneerute, gibt dann Saft oder Weißwein dazu. Nun stellt man den Topf auf schwaches Feuer und schlägt die Masse, bis sie dick geworden ist. Die Butter wird vorher in eine Schüssel gelegt, mit reichlich kaltem Wasser durchgekne-

*Zutaten: 5 Eigelb, 30 Gr. Kartoffelmehl, 125 Gr. Butter, 1/8 Ltr. Himbeer- oder Erdbeersaft oder Weißwein, 125 Gr. Zucker.*

tet, dann gießt man das Wasser fort und rührt die Butter 5 Minuten tüchtig. Sodann gießt man nach und nach die inzwischen kalt gewordene Creme dazu. Man kann die Rolle auch mit fein gehackten Pistazien bestreuen.

**Kleine Biskuitkuchen für Kranke.** 2 Eidotter rührt man mit 65 Gr. Zucker 15 Minuten, danach fügt man den festen Schnee der Eier hinzu. Sobald dieser verrührt ist, werden 65 Gr. feines Kartoffel- oder Maismehl löffelweise mit der Masse verrührt. Mit einem Teelöffel setzt man Häufchen auf ein gefettetes Blech, bestäubt die Kuchen schnell mit feinem Staubzucker und bäckt sie im nicht zu heißen Ofen 5 Minuten.

**Biskuittorte mit Apfelmus.** Man rührt den Zucker mit 2 ganzen Eiern und 10 Eidottern 1/2 Stunde. Die recht fein abgeriebene Schale der Zitrone gibt man dazu. Am besten nimmt man die Schneerute zum Rühren. Auch muss der Teig nach dieser Zeit Blasen schlagen. Nun wird das Mehl (leicht übergestäubt) abwechselnd mit einem Löffel vom festen Eischnee dazu gegeben. Eine Springform wird vorher mit Butter ausgestrichen, die Masse wird in die Form getan und die Torte wird 1 Stunde bei nicht zu starker Hitze gebacken. Man überstreicht diesen Kuchen, wenn er erkaltet ist, mit Schokoladenglasur oder man schneidet die Torte drei Mal quer durch, legt auf jede Schicht 4 Essl. gutes Apfelmus, zum Schluss eine Schicht Buttercreme und oben auf die Torte 1/8 Ltr. Schlagrahm mit 1 Essl. Zucker gemischt. Zur Crememasse nimmt man 30 Gr. Zucker, 50 Gr. Butter. Butter und Zucker rührt man 10 Minuten.

*Zutaten: 12 Eier, 125 Gr. Wiener Mehl, die Schale einer Zitrone, 250 Gr. Zucker, 125 Gr. Kartoffelmehl.*

**Schweinfurter Kirschtorte.** Man bereitet einen Mürbeteig (siehe unter Mürbeteig II) von 250 Gr. Mehl, 125 Gr. Butter, 2 Eiern, bäckt ihn in einer Springform 25–30 Minuten. 500 Gr. Kirschen werden entsteint, mit 1 Essl. Zucker bestreut, saure Kirschen oder Schattenmorellen müssen mit 125 Gr. Zucker bestreut werden. Nach 10 Minuten füllt man die Kirschen auf die heiße Torte. 6 Eier werden mit 30 Gr. Zucker, 1/4 Ltr. Rahm 10 Minuten geschlagen. Diese Masse füllt man auf die Früchte, bäckt das Ganze im nicht zu heißen Ofen 10–15 Minuten.

**Buttercreme als Sandtortenfüllung.** Eine Sandtorte wird am Tage vor dem Gebrauch gebacken, ein Mal oder zwei Mal quer durchgeschnitten. Die Butter durchknetet man mit Wasser, gießt dann das Wasser weg und rührt die Butter mit 65 Gr. Zucker

*Zutaten: 125 Gr. Butter, 65 Gr. Zucker, 2 Eidotter, Nougatmasse aus 65 Gr. Zucker und 1 gehäuften Essl. Mandeln.*

15 Minuten; inzwischen gibt man 2 Eidotter dazu. Nun gibt man die Hälfte der Masse zwischen die Sandtortenschichten, die andere Hälfte streicht man außerhalb über die Torte. Beim Überstreichen muss man das Messer häufig in heißes Wasser tauchen. Nun streut man über das Ganze eine fein geriebene Nougatmasse, welche man von 65 Gr. Zucker und 1 gehäuften Essl. Mandeln bereitet (siehe unter Nougatpudding).

**Sandtorte für 6 Personen.** Die Butter rührt man mit dem Zucker 10 Minuten, gibt dann löffelweise das Kartoffelmehl, leicht übergestäubt, dazu. Das Mehl muss vorher gewärmt werden. Man rührt die Masse tüchtig 30 Minuten, gibt dann nach und nach 4 Eidotter und zuletzt den festen Schnee von 7 Eiweiß dazu. Nachdem alles verrührt, füllt man die Masse in eine mit Butter ausgestrichene und mit Mehl ausgestäubte Springform und bäckt die Torte im nicht zu heißen Ofen 1 Stunde.

*Zutaten: 4 Eidotter, 250 Gr. Butter, 250 Gr. Zucker, 250 Gr. Kartoffelmehl, 7 Eiweiß.*

**Schichttorte.** Die weiche Butter rührt man mit dem Zucker 10 Minuten, gibt die Eidotter dazu, dann die geriebenen Mandeln und nach und nach das Mehl. 4–6 Springformen bestreicht man mit Butter, dann dünn mit dem Teig. Man bäckt sie im nicht zu heißen Ofen 5 Minuten und bestreicht die Böden abwechselnd mit Orangen- und Stachelbeermarmelade und Himbeergelee, zuletzt eine Schicht Buttercreme. Alle Schichten werden fest aufeinander gedrückt. Über das Ganze tut man einen Eiweißguss. Man verwendet 1 Essl. Orangen- und 3 Essl. Himbeer- und Stachelbeermarmelade. Die Torte wird 5 Minuten in den warmen Bratofen gestellt, damit der Guss trocknet.

*Zutaten: 125 Gr. Mehl, 125 Gr. Butter, 125 Gr. Zucker, 2 Eidotter, 125 Gr. gerieb. Mandeln.*

**Apfeltorte für 4-6 Personen.** Die weiche Butter rührt man mit dem Zucker und 1 Eidotter 5 Minuten (vom Eiweiß wird der Teig hart). 1 Teel. Backpulver wird mit dem Mehl gemischt. Man gibt nach und nach die Hälfte vom Mehl dazu. Das übrige Mehl schüttet man auf ein Brett, knetet den Teig nach und nach mit dem Mehl aus und teilt dann diesen Teig in 3 Stücke. Eine Springform streicht man mit Butter aus, legt ein Teigstück hinein. Vom zweiten Teigstück macht man eine dünne Rolle, legt diese an den Rand der Springform und bäckt die Torte im nicht zu heißen Ofen 15–20 Minuten. Vom dritten Teigstück formt man 10 kleine Streifen, legt diese gitterartig auf ein Blech und bäckt sie 10 Minuten im nicht zu heißen Ofen. Die Äpfel werden geschält, in Viertel geschnitten, vom Gehäuse befreit, gewaschen, mit 1/8 Ltr. Wasser, einem Stück Zitronenschale, 1 Kochl. Zucker im geschlossenen Topf angesetzt und langsam

*Zutaten: 250 Gr. Mehl, 125 Gr. Butter, 125 Gr. Zucker, 1 Teel. Backpulver, 1 Eidotter.*

10 Minuten gedämpft. Man legt die Äpfel auf die gebackene Torte und dann das noch warme Gitter obenauf. Die Äpfel müssen zuerst gedämpft werden.

**Nusstorte.** 4 Eidotter rührt man mit 20 Gr. Zucker und 10 Gr. Kartoffelmehl 15 Minuten, gibt die abgeriebene Schale einer halben Zitrone, zuletzt den festen Schnee der Eier dazu und füllt die Masse in zwei gleich große Springformen, die mit Butter ausgestrichen und mit Zwieback vorbereitet sind. 10 Minuten bäckt

*Zutaten: 4 Eidotter, 20 Gr. Zucker, 10 Gr. Kartoffelmehl, 1/2 Zitrone, 250 Gr. Wal- oder Haselnüsse, 1/8 Ltr. Schlagrahm, 1 gehäufter Kochl. Zucker, 3 Blatt weiße Gelatine, 2 Essl. heißes Wasser.*

man sie im nicht zu heißen Ofen und stellt die Kuchen zum vollständigen Erkalten beiseite. Die Wal- oder Haselnüsse werden ausgebrochen. 12 ganz gebliebene Nüsse glasiert man in heißem, hellbraunem Zucker und legt sie auf einen mit Butter bestrichenen Teller. Die übrigen Nüsse gibt man durch die Mandelmühle. Den festen Schnee von 1/8 Ltr. Schlagrahm mischt man mit dieser Nussmasse und gibt 1 gehäuften Kochl. Zucker dazu. 3 Blatt weiße Gelatine feuchtet man mit kaltem Wasser an, kocht sie mit 2 Essl. heißem Wasser 1–2 Minuten, gießt sie dann durch ein Sieb an die Nussmasse und füllt sie auf den erkalteten Kuchen. Den zweiten Kuchen legt man darauf und streicht über das Ganze einen Eiweißguss. Die glasierten Nüsse legt man auf den Guss. Die Torte wird 1 Stunde vor Gebrauch an einen warmen Ort gestellt, damit der Guss trocknet.

**Prinzregententorte.** Die weiche Butter wird mit dem Zucker 10 Minuten gerührt. Dann gibt man nach und nach die Eidotter und zuletzt den festen Schnee der Eier daran. Man

*Zutaten: 125 Gr. Butter, 65 Gr. Weizenmehl, 65 Gr. Kartoffelmehl, 4 Eier, 125 Gr. Zucker, 125 Gr. Gelee.*

bäckt von dieser Masse drei Böden im nicht zu heißen Ofen 3–5 Minuten. Diese Böden werden mit Himbeergelee und hierauf mit Vanillecreme bestrichen und alsdann aufeinander geschichtet. Von außen kann man die Torte gleichfalls mit Gelee bestreichen und Pistazien drüber streuen. Vanillecreme: 3 ganze Eier schlägt man mit 65 Gr. Zucker, einer gespaltenen und ausgekratzten Stange Vanille 5 Minuten, gibt 30 Gr. Kartoffelmehl dazu und schlägt die Masse auf mäßigem Feuer bis sie dicklich ist.

**Dickmilchtorte mit Stachelbeeren oder Rhabarber.** Die Stachelbeeren werden von den Stängeln und Blüten befreit, gewaschen, mit 1/8 Ltr. kochendem Wasser und 2 Essl. Zucker angesetzt und zugedeckt langsam 10 Minuten

*Zutaten: 500 Gr. Dickmilch oder Quark, 250 Gr. Mehl, 100 Gr. Margarine, 200 Gr. Zucker, 3 Eier, 125 Gr. Stachelbeeren, 1/8 Ltr. kochendes Wasser.*

gedämpft. Butter und 100 Gr. Zucker werden 5 Minuten gerührt, dann wird der kalte Saft der Stachelbeeren und das Mehl dazu gegeben. Eine Springform wird mit Butter gut gefettet, der Teig wird auf den Boden der Form gedrückt, 1/4 vom Teig legt man als Rolle auf den Teig an den Rand der Form. Dieser Tortenboden wird im heißen Ofen 10–20 Minuten gebacken. Die Eidotter werden mit 100 Gr. Zucker 10 Minuten gerührt; das Innere einer Stange Vanille kann man dazu geben, danach werden die recht trockene Dickmilch und 4 Essl. Rahm dazu gegeben. Nachdem die Masse gut verrührt ist, werden die Stachelbeeren auf den Tortenboden gelegt, darüber die Dickmilchmasse gefüllt; den festen Schnee der Eier mischt man mit 10 Gr. Zucker, 10 Gr. geriebenen Mandeln und 1/2 Teel. geriebener Zitronenschale, füllt den Eiweißschnee über die Torte und bäckt sie 30 Minuten. Statt der Mandeln nimmt man Kokosnuss.

**Billige Dickmilchtorte.** Diese Torte wird schmackhafter, wenn sie am Tag vor dem Gebrauch gebacken wird. Die geschälten Kartoffeln werden angesetzt und zugedeckt 30 Minuten gekocht; danach gießt man das Wasser ab, *Zutaten: 200 Gr. Quark oder Dickmilch, 125 Gr. abgekochte, gesiebte Kartoffeln, 4 bittere Mandeln, 125 Gr. Zucker, 3 Eier, 1/2 Zitrone, 1 Teel. Backpulver.* dämpft die Kartoffeln trocken und streicht sie rasch durch ein Sieb. Eidotter und Zucker werden 10 Minuten gerührt, die Dickmilch dazu gegeben, und sobald diese verrührt ist, die fein geriebenen Mandeln, die geriebene Schale und der Saft der Zitrone, sowie die etwas abgekühlte Kartoffelmasse. Zuletzt fügt man das Backpulver und den festen Schnee der Eier hinzu. Die Masse wird in eine gefettete und mit Mehl ausgestäubte Springform gefüllt und 1 Stunde gebacken.

**Grießtorte.** Der Grieß wird mit der geriebenen Nussmasse dem Backpulver vermischt. Eidotter und Zucker werden 10 Minuten gerührt, die Vanille wird gespalten, ausgekratzt und dann fein gehackt zur Eimasse gegeben. Unter Rühren *Zutaten: 125 Gr. Grieß, 125 Gr. Zucker, 1/4 Ltr. Wasser o. Milch, 100 Gr. Nüsse, 2 Eier, 1/2 Stange Vanille, 1 Paket Backpulver.* abwechselnd Grieß und Wasser zufügen. Zuletzt kommt der feste Schnee der Eier hinzu; die Masse wird nochmals 10 Minuten gerührt, dann in zwei gleich große ausgefettete Springformen gefüllt. Diese Böden werden im heißen Ofen 15–20 Minuten gebacken. Wenn er vollständig erkaltet, bestreicht man einen Boden mit einer Füllung und legt darüber den zweiten.

**Eiweißguss für die Schichttorte.** 1 Eiweiß rührt man mit 65 Gr. feinstem Staubzucker 15 Minu-*Zutaten: 1 Eiweiß, 1 Essl. Pistazien, 65 Gr. feinster Staubzucker.* ten bis die Masse glänzend aussieht. Beim Überstreichen taucht man das Messer oft in heißes Wasser. Zuletzt streut man 1 Essl. abgezogene und fein gehackte Pistazien über die Torte. Man hält dieselbe 6 Stunden vor Gebrauch fertig.

**Schokoladensandtorte.** Man bereitet einen Teig wie bei der Sandtorte. Ein Viertel vom Teig mischt man mit 1 gehäuften Essl. Kakao, füllt die Hälfte vom weißen Teig in eine mit Butter und Mehl vorbereitete Springform und legt dann schichtweise braunen und weißen Teig in die Form. lm nicht zu heißen Ofen bäckt man den Kuchen 1 Stunde.

*Zutaten wie zum Teig für eine Sandtorte, 1 gehäufter Essl. Kakao, Butter, Mehl.*

**Schokoladentorte.** 125 Gr. Schokolade werden gerieben, mit 125 Gr. weicher Butter, 125 Gr. Zucker, 60 Gr. Kartoffelmehl tüchtig 20 Minuten gerührt. Dann gibt man nach und nach 6 Eidotter, zuletzt den festen Schnee der Eier dazu. Diese Masse füllt man in eine mit Butter ausgestrichene Springform und bäckt den Kuchen 1 Stunde im nicht zu heißen Ofen. Wenn erkaltet, gibt man den nachfolgenden Guss über die Torte, streut 1 Essl. fein gehackte Pistazien darüber; an den Rand der Torte legt man kleine Schokoladentrüffel. Den festen Schnee von 1/8 Ltr. Schlagrahm mit 1 Essl. Zucker vermischt, häuft man in die Mitte der Torte.

*Zutaten: 125 Gr. Schokolade, 125 Gr. weiche Butter, 125 Gr. Zucker, 60 Gr. Kartoffelmehl, 1 Essl. Pistazien, 6 Eier, 1/8 Ltr. Schlagrahm, 1 Essl. Zucker.*

**Schokoladenguss.** 100 Gr. Zucker und 125 Gr. Schokolade kocht man mit 1/4 Ltr. Wasser unter dauerndem Rühren 15 Minuten bis die Masse schwer am Löffel hängt und glänzend ist. 15 Gr. ungesalzene Butter gibt man zuletzt an den Guss. Beim Überstreichen muss man das Messer öfter in heißes Wasser tauchen.

*Zutaten: 125 Gr. Schokolade, 100 Gr. Zucker, 15 Gr. Butter.*

**Schokoladenguss anderer Art.** Den Zucker und die Schokolade verrührt man mit dem Wasser und kocht die Masse 15 Minuten, bis sie schwer als Tropfen am Löffel hängen bleibt. 1/2 Kochl. Butter gibt man dazu.

*Zutaten: 65 Gr. Schokolade, 65 Gr. Zucker, 1/2 Kochl. Butter, 1/4 Ltr. Wasser.*

**Schokoladentorte.** Die weiche Butter rührt man mit dem Zucker 10 Minuten. Das Backpulver wird mit dem Mehl gemischt; dann gibt man die Hälfte Mehl nach und nach zu der Buttermasse und den Eidotter, außerdem fügt man den festen Schnee vom Ei, die kalte Milch, oder das Wasser und das übrige Mehl hinzu. Zwei gleich große Springformen werden gefettet; dann werden die Böden mit dem Teig bestrichen und hiernach diese Böden bei nicht zu

*Zutaten: 200 Gr. Weizenmehl, 65 Gr. Butter, 125 Gr. Zucker, 100 Gr. Margarine, 1 Ei, 2 Teel. Backpulver, 1/16 Ltr. Milch. Crememasse: 125 Gr. Butter, 1/4 Ltr. Milch, 35 Gr. Kakao, 20 Gr. Maizena- oder Kartoffelmehl. Schokoladenglasur: 35 Gr. Schokolade, 1/16 Ltr. Rosenwasser oder Wasser, 1 Ei, 125 Gr. Puderzucker.*

starker Hitze im Ofen 5–10 Minuten hellbraun gebacken. Wenn sie erkaltet, bestreicht man die Böden (den letzten Boden lässt man frei, darauf streicht man den Schokoladenguss) mit folgender Crememasse: Kartoffelmehl oder Maizena tut man in einen Topf, gießt unter Rühren die kalte Milch dazu und kocht dies unter Rühren ein Mal auf. Dann wird der Kakao dazu gegeben und 2 gehäufte Essl. Zucker. Diese Masse stellt man zum Auskühlen beiseite. Die Butter tut man in eine Schüssel, gibt reichlich kaltes Wasser darauf und knetet sie mit dem Wasser durch, damit der Salzgeschmack schwindet. Dann verrührt man die Butter zur Salbe und gibt nun die inzwischen ausgekühlte Crememasse unter Rühren nach und nach an die Butter. Schokoladenglasur: Die Schokolade setzt man mit 1/16 Ltr. Rosenwasser oder Wasser im Topfe auf geschlossenem Herd an. Man rührt die Masse oft um bis die Schokolade aufgelöst ist. Ein Eiweiß schlägt man mit 125 Gr. feinem Puderzucker zu festem Schnee, dann gibt man den Saft von 1/2 Zitrone und die kalt gewordene Schokoladenmasse dazu. Diesen Guss streicht man über den Kuchen. Man taucht das Messer oft in heißes Wasser, damit die Masse glatt bleibt.

**Zitronentorte.** Die Margarine oder Butter rührt man mit dem Zucker und den Eidottern 10 Minuten, dann gibt man das Backpulver, die Flüssigkeit und das Mehl nach und nach dazu, zuletzt den festen Schnee von 2 Eiweiß. Von diesem Teig bäckt man drei gleich große Böden 5–10 Minuten; sobald diese erkaltet sind, streicht man nachfolgende Crememasse auf einen Boden, legt den zweiten Boden darüber, streicht die letzte Crememasse darüber und legt nun den letzten Boden darauf. Folgenden Eischnee spritzt man gitterartig über die Torte und stellt sie noch 10 Minuten in den nicht zu heißen Ofen. Der feste Schnee von 3 Eiweiß wird mit 60 Gr. Zucker und 60 Gr. geriebenen Nüssen 5 Minuten tüchtig geschlagen. Crememasse: 5 Gr. Kartoffelmehl, 100 Gr. Zucker, 2 Eidotter rührt man im kleinen Kochtopf 10 Minuten; nach dieser Zeit fügt man den Saft 1 großen Zitrone und 1 Messerspitze fein geriebene Zitronenschale hinzu und bringt die Crememasse unter Rühren ins Kochen. Sobald sie dicklich ist, wird sie zum Auskühlen beiseite gestellt, und nach vollständigem Erkalten gibt man noch 50 Gr. Butter hinzu.

*Zutaten: 100 Gr. Margarine, 100 Gr. Zucker, 4 Eier, 1/8 Ltr. Milch oder Wasser, 200 Gr. Mehl, 1 Teel. Backpulver, 60 Gr. Zucker, 60 Gr. gerieb. Nüsse, 5 Gr. Kartoffelmehl, 100 Gr. Zucker, 2 Eidotter, 1 große Zitrone, 1 Messerspitze fein geriebene Zitronenschale, 50 Gr. Butter.*

**Rahmtorte für 6 Personen.** 1/4 Ltr. Rahm kocht man mit 1 Teel. Vanillezucker und Zucker. 100 Gr. geriebenes Brot und 4 Eidotter

*Zutaten: 1/4 Ltr. Rahm, 1 Teel. Vanillezucker, 125 Zucker, 100 Gr. geriebenes Brot, 4 Eidotter,* rührt man 10 Minuten, gibt dann die kochende *125 Gr. Butter, 1 Essl. feingeh.* Milch unter Rühren hinzu. Nun gibt man die *Sukkade.* ganze Masse zurück in den Kochtopf und lässt sie unter Rühren 2–3 Minuten kochen bis sie dicklich wird. Sodann stellt man sie zum Auskühlen beiseite und bereitet darauf Mürbeteig. Die Hälfte hiervon legt man auf den Boden einer Springform. Von der andern Hälfte verfertigt man eine Rolle und legt sie an den Rand der Springform. Der Mürbeteig wird sodann 10 Minuten im nicht zu heißen Ofen gebacken. Jetzt gibt man den festen Schnee an die inzwischen kalt gewordene Eimasse. 125 Gr. Butter rührt man 5 Minuten, gibt die Masse unter Rühren an die Butter und füllt sie in die Springform. Obenauf ist 1 Essl. fein gehackte Sukkade zu streuen, dann nochmals 30 Minuten backen.

**Nusstorte für 4 Personen.** Die Nüsse reiben und mit dem Zucker und 1 Eidotter 10 Minuten rühren. Dann Rum, Kartoffelmehl und Backpulver dazu geben und noch 5 Minuten rühren. Zuletzt den festen Schnee der Eier. Von dem Teig bäckt man 2 *Zutaten: 4 Eier, 125 Gr. Zucker, 225 Gr. Nüsse, 1/2 Teel. Backpulver, 1 Teel. Rum, 150 Gr. Kartoffelmehl.* Böden. Man benutzt hierzu 2 Springformen, belegt diese vorher mit einem Papier, welches dick mit Butter bestrichen ist. Man bäckt die Böden im nicht zu heißen Ofen 5–10 Minuten. Hiernach wird die Torte mit folgender Creme gefüllt: 2 Eidotter mit Zucker im Topfe 10 Minuten schlagen, 2 Kochl. Milch und 1 Teel. Kartoffelmehl dazu geben und diese Masse auf schwachem Feuer schlagen, bis sie dicklich ist. 65 Gr. Butter in eine Schüssel legen und mit Wasser waschen. Das Wasser dann fortgießen. Die Butter 5 Minuten rühren und die ausgekühlte Crememasse langsam dazu geben. Diese Masse dann auf die Böden streichen und folgenden Guss über die Torte streichen: 125 Gr. Butter, 1/4 Ltr. Wasser, 1 1/2 Essl. Zitronensaft oder Arrak; man rührt diese Masse in einem Topfe auf dem Herd, bis sie so weit eingekocht ist, dass ein Faden oder Tropfen am Löffel hängen bleibt; dann gießt man den Guss über die Torte und garniert diese mit glasierten Nüssen.

**Pflaumentorte.** Mehl und Backpulver werden vermischt, die weiche Butter wird mit 150 Gr. Zucker 10 Minuten gerührt, das Mehl nach und nach dazu gegeben, auch abwechselnd das kalte Wasser. Eine Springform wird mit Fett oder Butter ausgestrichen, der Teig auf den Boden gelegt und am Rande der Springform etwas hochgeschoben. Hiernach werden die entsteinten Pflaumen auf den Teig gelegt und mit dem *Zutaten: 100 Gr. Margarine, 100 Gr. Zucker, 4 Eier, 1/8 Ltr. Milch oder Wasser, 200 Gr. Mehl, 1 Teel. Backpulver, 60 Gr. Zucker, 60 Gr. gerieb. Nüsse, 5 Gr. Kartoffelmehl, 100 Gr. Zucker, 2 Eidotter, 1 große Zitrone, 1 Messerspitze fein geriebene Zitronenschale, 50 Gr. Butter.*

übrigen Zucker überstreut. Nun wird die Torte im heißen Ofen 15–20 Minuten gebacken. Während dieser Zeit schlägt man die Eidotter mit dem Rahm in einer Schüssel 10 Minuten; dann fügt man den festen Schnee der Eier hinzu, gießt die Masse über die Pflaumen und lässt die Torte nochmals 10 Minuten backen.

**Kastanientorte.** 565 Gr. Kastanien werden eingekerbt, gewaschen, mit kaltem Wasser reichlich bedeckt angesetzt und im geschlossenen Topf in 1 Stunde weichgekocht; dann zieht man die Schale und die Haut ab und streicht die noch heißen Kastanien durch ein Sieb. 125 Gr. Schokolade werden gerieben, 140 Gr. Butter mit 140 Gr. Zucker 10 Minuten gerührt; dann die

*Zutaten: 565 Gr. Kastanien, 125 Gr. Schokolade, 140 Gr. Butter, 140 Gr. Zucker, 5 Eier, 1 Essl. fein gehackte Pistazien. Creme: 3 Eidotter, 100 Gr. Zucker, 1/4 Ltr. süßer Rahm, 2 Blatt Gelatine, 120 Gr. Butter, 125 Gr. Schokolade.*

Kastanienmasse mit der geriebenen Schokolade und hiernach 5 Eidotter dazu getan. Mit den Eidottern wird die Masse nochmals 10 Minuten gerührt, zuletzt wird der feste Schnee der Eier dazugegeben. Die Masse wird in eine Springform gegeben, die mit Butter ausgestrichen und mit Mehl ausgestreut ist. Im nicht zu heißen Ofen wird die Torte 1 Stunde gebacken. Diese Torte bäckt man am Tage vor dem Gebrauch. Gleichzeitig bereitet man unten folgende Creme. Die Hälfte von dieser Crememasse streicht man am Tage des Gebrauchs zwischen die Torte, die man vorher quer durchschneidet. Die zweite Hälfte von der Creme verwendet man als Guss für die Torte. Über den Guss der Torte kann man hoch 1 Essl. fein gehackte Pistazien streuen. Cremebereitung: 3 Eidotter rührt man mit 100 Gr. Zucker 10 Minuten, 1/4 Ltr. süßen Rahm bringt man ins Kochen, gießt die kochende Milch unter Rühren langsam an die Eidotter. 2 Blatt Gelatine werden angefeuchtet mit kaltem Wasser, mit 2 Essl. Wasser 2 Minuten gekocht; hiernach durch ein Sieb zur Creme gießen und erkalten lassen. Nun rührt man 120 Gr. Butter mit 125 Gr. geriebener Schokolade 10 Minuten und gießt die fertige Creme unter Rühren in die Schokoladenmasse.

**Kirschtorte für 6 Personen.** Die Butter und der Zucker werden 10 Minuten in einer Schüssel gerührt. Danach gibt man die Hälfte vom Mehl und den Rahm dazu. Das übrige Mehl schüttet man auf ein Brett, gibt den Teig dazu und knetet den Teig mit diesem Mehl aus. Hiernach wird er 8 Stunden recht kalt gestellt. Eine Springform wird gefettet, mit Mehl ausgestäubt, der dünn

*Zutaten: 250 Gr. Weizenmehl, 125 Gr. Butter oder Margarine, 125 Gr. Zucker, 2 Eier, 1/8 Ltr. saurer Rahm, 500 Gr. schwarze süße Kirschen. Guss: 20 Gr. Zucker, 2 ganze Eier, 10 Gr. Kartoffelmehl, 1/4 Ltr. saurer Rahm.*

ausgerollte Teig wird in die Form gelegt; eine Rolle vom Teig legt man an den Rand der Springform. 500 Gr. schwarze, süße Kirschen legt man auf den Teig und bäckt nun die Torte 20 Minuten. Dann füllt man nachfolgenden Guss über die Kirschen und bäckt die Torte nochmals 15–20 Minuten. 2 ganze Eier, 20 Gr. Zucker, 10 Gr. Kartoffelmehl werden in einer Schüssel mit der Schneerute 10 Min. geschlagen, danach fügt man 1/4 Ltr. sauren Rahm hinzu.

**Schaumtörtchen.** Man bereitet einen einfachen Mürbeteig von 125 Gr. Weizenmehl, 65 Gr. Zucker, 65 Gr. Butter oder Margarine. Den dünn ausgerollten Teig legt man in kleine gefettete Tortenförmchen, auf den Teig drückt

*Zutaten: 125 Gr. Weizenmehl, 65 Gr. Butter oder Margarine, 65 Gr. Zucker. Schaummasse: 1 Ei, 40 Gr. Zucker, 10 Gr. frische Johannisbeeren.*

man ein weißes Papier, auf das Papier streut man so viel Erbsen, bis jede Form gefüllt ist. Die Erbsen füllt man deshalb in die Form, damit der Teig während des Backens festen Halt hat. Sind alle Förmchen vorbereitet, so werden sie auf ein Backblech gelegt und im heißen Ofen 5–10 Minuten gebacken. Die Erbsen entfernt man mit dem Papier. Folgende Schaummasse füllt man in die Törtchen und bäckt sie im heißen Ofen 10 Minuten. Der Schnee von 1 Ei wird mit 40 Gr. Zucker, 10 Gr. frischen Johannisbeeren 5 Minuten geschlagen.

**Weintraubentorte.** Die Butter wird 5 Minuten tüchtig gerührt, bis sie weich ist, dann werden die Hälfte vom Mehl und danach 2 Eidotter, 2 Essl. Rum und 2 Essl. Zucker dazu gegeben. Ist alles gut verrührt, gibt man noch die zweite Hälfte vom Mehl dazu. Eine Springform wird

*Zutaten: 250 Gr. Mehl, 210 Gr. Butter, 2 Eidotter, 2 Essl. Rum, 2 Essl. Zucker, 210 Gr. grüne Weintrauben, 125 Gr. Zucker, 125 Gr. Mandeln, 1/2 Teel. gestoßener Kaneel.*

mit Butter ausgestrichen und mit Mehl ausgestäubt. Die Hälfte vom Teig legt man alsdann auf den Boden der Springform, macht vom übrigen Teig eine Rolle und legt diese an den Rand der Springform. 210 Gr. grüne Weintrauben werden gewaschen und abgezupft auf den Teig gelegt. 125 Gr. Zucker, 125 Gr. geriebene Mandeln und 1/2 Teel. Kaneel mischt man mit dem festen Schnee von 2 Eiweiß und streicht diese Masse über die Weintrauben, worauf man die Torte im nicht zu heißen Ofen 45 Minuten bäckt.

**Mokkatorte für 16 Personen.** 500 Gr. Zucker mit 500 Gr. Butter 10 Minuten rühren, dann löffelweise leicht übergestäubt 500 Gr. Kartoffelmehl dazu. Man rührt die Masse tüchtig mit der Schneerute 40 Minuten. Dann gibt man nach und nach 8 Eidotter dazu und zuletzt

*Zutaten: 500 Gr. Butter, 500 Gr. Zucker, 500 Gr. Kartoffelmehl, 8 Eidotter, 12 Eiweiß. Zur Creme: 250 Gr. Butter, 125 Gr. Zucker, 2 Eidotter, 1/8 Ltr. Mokka-Extrakt.*

den festen Schnee von 12 Eiweiß. Von dieser Masse füllt man mehrere gleich große, mit Butter ausgestrichene Springformen und bäckt sie 10–15 Minuten im nicht zu heißen Ofen. Man kann die Masse auch auf ein großes Blech streichen und dann Böden ausstechen. Die erkalteten Böden bestreicht man mit folgender Mokkacreme und legt die Böden schichtweise aufeinander. Den Rest streicht man über die ganze Torte, und einen Teil verwendet man zum Aufspritzen als Verzierung. Creme: 250 Gr. Butter tut man in eine Schüssel und wäscht sie mit reichlich kaltem Wasser, das Wasser gießt man fort. Nun rührt man die Butter mit 125 Gr. Zucker und 2 Eidottern 10 Minuten. Hiernach gießt man tropfenweise 1/8 Ltr. kalten Mokka-Extrakt dazu. Den Extrakt bereitet man von 125 Gr. bestem Mokka und 1/8 Ltr. Wasser.

**Kartoffeltorte.** Die Kartoffeln werden am Tage vor dem Gebrauch gekocht, die Haut wird abgezogen. Der Zucker, die Eidotter, der Saft und die Schale einer halben Zitrone, sowie *Zutaten: 65 Gr. große Kartoffeln, 120 Gr. Zucker, 1/2 Zitrone, 6 Eier, 120 Gr. Kartoffelmehl, 65 Gr. Sultanrosinen.* die geriebenen Kartoffeln rührt man 20 Minuten. Die Rosinen werden mit heißem Wasser gewaschen, fein gehackt und dazu gegeben; ebenso kommt zuletzt der feste Schnee der Eier hinzu. Die Masse wird in eine Springform gefüllt, die man vorher mit Butter ausgestrichen und mit Mehl ausgestäubt hat. Die Torte wird 40 Minuten bei nicht zu starker Hitze gebacken.

**Makronentorte für 3 Personen.** Der vorher bereitete Mürbeteig wird in eine Springform gelegt und 10 Minuten im nicht zu heißen Ofen gebacken. Auf den Mürbeteig legt man eine Schicht Hagebutten- oder andere Marmelade. *Zutaten: Mürbeteig, Hagebutten oder andere Marmelade, 2 Eiweiß, 120 Gr. Zucker, 4 bittere Mandeln, 120 Gr. süße Mandeln.* Die Eiweiße werden mit dem Zucker zu einem festen Schnee gerührt. Die Mandeln werden abgezogen durch die Mühle gegeben. Die Masse 20 Minuten tüchtig rühren, auf die Marmeladeschicht legen und die Torte im nicht zu heißen Ofen backen.

**Apfeltorte von Hacketeig für 4 Personen.** Mehl und Butter hackt man mit einem Messer gut durcheinander, fügt nach und nach den sau- *Zutaten: 125 Gr. Mehl, 65 Gr. Butter, 3 Kochl. saurer Rahm, 250 Gr. Äpfel.* ren Rahm dazu und drückt den Teig zusammen. Es ist gut, wenn man den Teig 1 Stunde stehen lässt. Man rollt und schlägt ihn aus, wie beim Blätterteig, und teilt das Teigstück in 3 Teile. Eine Springform wird mit Butter ausgestrichen, dann ein Teigstück auf den Boden der Form gedrückt. Von dem zweiten Teigstück macht man eine Rolle und legt diese auf den Teig an den Rand der Springform. Nun bäckt man die Torte 15 Minuten im nicht zu heißen Ofen. Von dem dritten Teigstück muss man ein Gitter formen und dieses 10 Minuten backen.

250 Gr. in Viertel geschnittene und weichgekochte Äpfel werden dann auf die vorher gebackene Torte gelegt. Das noch warme Gitter legt man über die Äpfel.

**Apfelsinentorte.** Butter, Zucker und Eidotter rührt man 10 Minuten. Die Hälfte vom Mehl und die geriebenen Nüsse werden dazu gegeben. Die zweite Hälfte legt man auf ein Backbrett. Dann gibt man den Teig dazu und knetet nach und nach das Mehl mit dem Teig aus. Den Teig teilt man in 5 Stücke, legt 4 Teile in gleich große Springformen und drückt den Teig dann auf dem Boden der Form aus, bäckt ihn 10 Minuten im nicht zu heißen Ofen. Von dem letzten Teigstück formt man ein Gitter. Dieses wird erst gebacken, nachdem man die Torte mit nachfolgender Creme gefüllt hat. Danach wird das noch heiße Gitter auf die letzte Cremeschicht gelegt. Außerdem werden obenauf glasierte Apfelsinenstücke gelegt. Die Zutaten der Cremefüllung schlägt man 10 Minuten, stellt nach dieser Zeit die Masse auf das Feuer und schlägt sie, bis sie dick geworden ist. Wenn ausgekühlt, werden die Böden mit dieser Creme bestrichen.

*Zutaten: 200 Gr. Mehl, 200 Gr. Butter, 60 Gr. Zucker, 3 Eidotter, 90 Gr. Haselnüsse, 4 bittere Mandeln, 1 Teel. fein geriebene Apfelsinenschale. Zur Creme: 250 Gr. Haselnüsse, 10 Essl. Apfelsinensaft, 2 Essl. Zitronensaft, 125 Gr. Zucker, 10 Gr. geriebenes Brot, 2 ganze Eier.*

**Brottorte.** Die Eidotter rührt man mit dem Zucker 15 Minuten. Dann gibt man sämtliche Gewürze dazu, sowie Mandeln, Schokolade und Schwarzbrot. Das Schwarzbrot muss vorher im heißen Ofen getrocknet und dann recht fein gerieben werden. Zuletzt kommt der Arrak oder Rum und der feste Schnee von 12 Eiern dazu. Die Masse wird in eine Springform gefüllt, die man vorher mit Butter ausgestrichen und mit Mehl ausgestäubt hat. Man bäckt die Torte im nicht zu heißen Ofen 1 1/2 Stunden. Wenn sie erkaltet ist, kann man sie mit einem Schokoladenguss überstreichen.

*Zutaten: 6 Eier, 50 Gr. geriebene Mandeln, 80 Gr. fein gehackte Sukkade, 4 Gr. Kardamom, 4 Gr. pulv. Nelken, 250 Gr. geriebenes Schwarzbrot, 80 Gr. gerieb. Schokolade, 250 Gr. Zucker, 8 Gr. gestoßener Kaneel, der Saft 1 Zitrone, 4 Essl. Rum oder Arrak.*

**Gefüllter Kranzkuchen.** Die Mandeln werden gemischt, mit kochendem Wasser angesetzt und ein Mal aufgekocht; danach zieht man die Haut ab und gibt die Mandeln durch die Mandelmühle, oder man hackt sie recht fein. Die Hefe wird in einer Schüssel mit der Milch verrührt, die Hälfte vom Mehl wird dazu gegeben, das Teigstück wird 5 Minuten geschlagen, danach zugedeckt 1 Stunde zum Aufgehen an einen warmen Ort gestellt.

*Zutaten: 10 Gr. Hefe, 500 Gr. Weizenmehl, 1 Ei, 1/4 Ltr. Milch oder Wasser, 50 Gr. Butter, 100 Gr. Zucker, 30 Gr. Rosinen, 250 Gr. süße und 4 bittere Mandeln.*

Die Mandeln werden mit dem Zucker, dem Eiweiß, 1/8 Ltr. Wasser angesetzt und ohne Deckel 10 Minuten gekocht; die Flüssigkeit muss in dieser Zeit vollständig eingekocht sein. An den gut aufgegangenen Teig gibt man den Eidotter, die Rosinen, die geschmolzene Butter und zuletzt das übrige Mehl. Man schlägt den Teig nochmals 5 Minuten, danach breitet man ihn auf dem Backbrett aus, füllt die Mandelmasse darauf und rollt den Teig zusammen. Dann formt man einen Kranz, legt diesen in eine gefettete Springform. In die Mitte des Kranzes stellt man eine Tasse, bestreicht den Kuchen mit Eiweiß und belegt ihn mit breit geschnittenen Mandeln. Nun lässt man den Kuchen noch 40 Minuten aufgehen, danach wird er im heißen Ofen 30–45 Minuten gebacken.

**Mandeltorte mit Erdbeeren.** Man bereitet einen Mürbeteig. Von dem vierten Teil des Teiges macht man eine Rolle, den Rest drückt man auf den Boden einer Springform. Die Rolle wird um den Rand der Form gelegt. Man bäckt die Masse 25–30 Minuten. 500 Gr. rohe oder eingemachte Erdbeeren legt man auf die Torte. 7 Eidotter, 125 Gr. gemahlene Mandeln, 250 Gr. Zucker werden 10 Minuten tüchtig gerührt; zuletzt kommt der Schnee der Eier hinzu. Die Masse wird auf die Früchte gefüllt, das Ganze 20 Minuten bei mäßiger Hitze gebacken.

*Zutaten: Mürbeteig, 500 Gr. Erdbeeren, 7 Eidotter, 125 Gr. Mandeln, 250 Gr. Zucker.*

**Mohntorte für 6-8 Personen.** 140 Gr. Butter, 170 Gr. Zucker rührt man 10 Minuten, dann gibt man nach und nach 5 Eidotter dazu. 170 Gr. Mohn, 70 Gr. mit der Schale geriebene Mandeln, 1 Teel. Kaneel und die Schale einer abgeriebenen Zitrone kommen dazu. Ist alles gut verrührt, so gibt man den festen Schnee der Eier dazu. Nun streicht man eine Springform mit Butter aus und stäubt sie mit Mehl aus, füllt die Masse in die Springform und bäckt die Torte im nicht zu heißen Ofen 1 Stunde. Nach dem Erkalten macht man die Glasur darüber (Glasur siehe: Weiße Pfeffernüsse).

*Zutaten: 140 Gr. Butter, 170 Gr. Zucker, 5 Eier, 170 Gr. Mohn, 70 Gr. süße Mandeln, 1 Teel. gestoßener Kaneel, die abgeriebene Schale 1 Zitrone.*

**Sukkadekuchen.** Die Butter wird mit dem Zucker 10 Minuten gerührt, die Korinthen werden mit heißem Wasser 3 bis 4 Mal gewaschen, danach mit dem Ei, dem Backpulver, Rum, der fein gehackten Sukkade zur Buttermasse gegeben, zuletzt gibt man unter Rühren das Mehl löffelweise dazu. Mit einem Esslöffel setzt man Häufchen auf ein mit Butter bestrichenes und mit Mehl bestäubtes Blech. Die Kuchen werden 10–15 Minuten gebacken.

*Zutaten: 1 Ei, 250 Gr. Weizenmehl, 125 Gr. Butter, 250 Gr. Zucker, 65 Gr. Korinthen, 65 Gr. Sukkade, 1 Teel. Backpulver, 1 Essl. Rum oder Madeira.*

**Kleine Kümmelkuchen.** Die Hefe wird mit 1/8 Ltr. kaltem Wasser gerührt bis sie aufgelöst ist, 1/2 Teel. Salz, die Milch und die Hälfte vom Mehl werden dazu gegeben. Das gut verrührte Teigstück wird zugedeckt 1 Stunde an einen mäßig warmen Platz zum Aufgehen gestellt. Dann wird die Hälfte von dem Rest Mehl, sowie der gestoßene Kümmel dazu gegeben. Das letzte Mehl wird auf einem Backbrett ausgebreitet, der gut verrührte Teig auf dem Mehl dünn ausgedrückt; hiernach wird das Fett oder die Butter in kleinen Stücken auf den Teig verteilt. Dieser wird nun zusammengeschlagen, ausgerollt, wieder wie ein Taschentuch zusammengelegt oder geschlagen, dann wieder ausgerollt; mit einem Glase sticht man kleine Kuchen aus, legt sie auf das Backblech. Sind alle vorbereitet, so stellt man das Blech 30 Minuten an einen warmen Ort, damit der Teig nochmals gut aufgeht. Im heißen Ofen wird das Gebäck 5–10 Minuten zu schöner brauner Farbe gebacken. Wenn noch heiß, werden die Kuchen schnell mit Eiweiß oder Zuckerwasser überstrichen. Man bringt diese Brötchen warm beim ersten Frühstück auf den Tisch oder verwendet sie auch beim Käsegang. Statt Hefe kann Backpulver genommen werden.

*Zutaten: 250 Gr. Kartoffelmehl, 250 Gr. Weizenmehl, 125 Gr. Margarine oder Butter, 20 Gr. Kümmel, 20 Gr. Hefe, 1/2 Teel. Salz, 1/4 Ltr. Wasser oder Milch.*

**Feine Zitronenkuchen.** Die Vanille wird fein gehackt mit dem Mehl und 20 Gr. Zucker gemischt, die Butter rührt man mit den hartgekochten Eidottern und den geriebenen Mandeln 5 Minuten. Dann gibt man die Hälfte vom Mehl dazu, das übrige Mehl breitet man auf dem Backbrett aus, legt den Teig dazu, knetet den Teig mit dem Mehl aus, rollt den Teig 5 Zentimeter dick aus, sticht mit gezacktem Ausstecher kleine Kuchen aus. Diese legt man auf ein gefeuchtetes, mit Mehl bestäubtes Blech und bäckt sie bei mäßiger Hitze 5 Minuten hellgelb. Nach dem Backen mit folgendem Guss bestreichen und sogleich im nicht zu heißen Ofen trocknen lassen.

*Zutaten: 180 Gr. Margarine oder Butter, 250 Gr. Weizenmehl, 2 hartgekochte Eier, 30 Gr. geriebene süße Mandeln, 2 geriebene bittere Mandeln, 20 Gr. Zucker, 1 Stange Vanille.*

**Zitronenguss.** Das Weiße vom Ei wird zu festem Schnee geschlagen, danach wird der Zucker löffelweise dazu gegeben. Die Masse wird noch mit dem Saft 20 Minuten geschlagen bis der Guss glänzend aussieht. Glanz bekommt das Gebäck nur dann, wenn man die mit dem Guss bestrichenen Kuchen wieder in den mäßig heißen Ofen 10–20 Minuten stellt.

*Zutaten 100 Gr. Staubzucker, 1 Eiweiß, 1 Teel. Zitronensaft.*

**Aniskuchen.** Für Kranke geeignet. Zucker und Eidotter rührt man 10 Minuten, danach fügt man den sehr festen Schnee der Eier und die Aniskörner hinzu. *Zutaten: 2 Eier, 70 Gr. Zucker, 125 Gr. Kartoffelmehl, 5 Gr. Aniskörner.* Sobald beides verrührt ist, stäubt man das Mehl unter Rühren nach und nach an die Eimasse. Mit einem Teelöffel setzt man kleine Häufchen auf ein gefettetes und mit Mehl bestäubtes Blech in 3 Zentimeter Entfernung. Man lässt den Teig auf dem Blech eine Nacht stehen, damit sich eine Haut bildet. Im nicht zu heißen Ofen werden die Kuchen in 5–10 Minuten hellgelb gebacken.

**Natronkuchen.** Das Natron mischt man mit dem Mehl; die Korinthen und Rosinen werden 3–4 Mal mit heißem Wasser gewaschen und dann getrocknet. Die weiche Butter rührt man mit dem Zucker 10 Minuten, gibt dann die Gewürze dazu und löffelweise abwechselnd das *Zutaten: 500 Gr. Mehl, 250 Gr. Zucker, 250 Gr. Butter, 1/8 Ltr. Milch, 250 Gr. Rosinen, 1 Essl. Kaneel, die abgeriebene Schale einer Zitrone, 5 Eier, 1 Teel. Natron, etwas Sukkade.* Mehl und die Milch. Die Masse rührt man 20 Minuten, gibt dann die Eidotter und zuletzt den festen Schnee der Eier dazu. Das Ganze tut man in eine mit Butter und Mehl präparierte Form und bäckt den Kuchen im nicht zu heißen Ofen 2 Stunden. Der Kuchen muss innen braun werden (nicht verbrennen).

**Eiweißkuchen.** Butter und Zucker rührt man mit dem Inhalt 1 Vanillestange 10 Minuten, gibt dann Kartoffelmehl und Weizenmehl löffelweise dazu, rührt 15 Minuten und gibt zuletzt den festen Schnee von 12 Eiern dazu. *Zutaten: Eiweiß von 12 Eier, 250 Gr. Butter, 250 Gr. Zucker, 125 Gr. Kartoffelmehl, 125 Gr. Weizenmehl, 1 Stange Vanille, 2 Essl. fein geriebene Mandeln.* Die gewünschte Kuchenform streicht man mit Butter aus und bestreut sie mit 2 Essl. fein geriebenen Mandeln. Alsdann gibt man die Masse in die Form und lässt den Kuchen 1 Stunde backen (Eiweißreste-Verwendung).

**Königskuchen.** Die Butter wird geschmolzen, zum Erkalten in eine Schüssel gegossen, und wenn sie noch weich ist, der Zucker dazu gegeben und beides 10 Minuten gerührt. Die abgezogenen und geriebenen Mandeln, die geriebene Zitronenschale und die gewaschenen und getrockneten Korinthen streut man dazu; nach *Zutaten: 10 Eier, 375 Gr. Weizenmehl, 125 Gr. süße Mandeln, 250 Gr. Kartoffelmehl, 125 Gr. Korinthen, 500 Gr. Butter, 500 Gr. Zucker, 1 Essl. bittere Mandeln, Saft und Schale 1 Zitrone, 2 Essl. Rum.* und nach das erwärmte Mehl, löffelweise den Rum und dann die Eidotter, zuletzt den festen Schnee der Eier. Ein Paket Backpulver löst man mit 1 Essl. Milch auf, gießt dieses, wenn der Eierschnee gut verrührt ist, dazu. Die Masse

wird in eine mit Butter ausgestrichene und mit Zwieback ausgestreute Springform gefüllt und im nicht zu heißen Ofen 1 1/2 Stunden gebacken.

**Steckrübenkuchen.** Die geschälte gewaschene *Zutaten: 125 Gr. Steckrübe,*
Rübe wird in kleine Stücke geschnitten, mit 1/8 *1/2 Ltr. Milch oder Wasser,*
Ltr. Wasser angesetzt und in 30 Minuten weich- *500 Gr. Mehl, 1 Teel. Anis, 1*
gekocht. Ist noch zu viel Feuchtigkeit vorhan- *Paket Backpulver.*
den, so lässt man das Wasser einkochen. 1 Essl. Zucker gibt man an das Ste-
ckrübenmus. Die weitere Bereitung siehe unter Rhabarberkuchen.

**Einfache Vanillekuchen.** Der Zucker, die *Zutaten: 125 Gr. Mehl, 125 Gr.*
Eidotter und die fein gehackte Vanille werden *Zucker, 3 Eier, 1 Stange Vanille.*
1/4 Stunde gerührt, dann gibt man das Mehl dazu und zuletzt den festen Schnee
der Eier. Darauf setzt man mit einem Teelöffel kleine Häufchen auf ein mit Butter
bestrichenes Blech, die im nicht zu heißen Ofen 5–10 Minuten gebacken werden.

**Englischer Käse.** Die Butter und den Zucker *Zutaten: 5 Eier, 250 Gr. Butter,*
rührt man 10 Minuten. Dann gibt man löffel- *250 Gr. Zucker, 250 Gr. Weizen-*
weise, leicht darüber gestreut, das mit 1 Teel. *mehl, 125 Gr. Rosinen, 1 Essl.*
Backpulver vermischte Mehl und abwechselnd *Rum, 1 Zitrone, 1 Teel. Back-*
nach und nach die 5 Eidotter dazu. Die Rosinen *pulver, 1 Tropfen Mandelöl.*
werden, bevor man mit dem Rühren beginnt, mit heißem Wasser 3 bis 4 Mal
gewaschen und mit einem Tuche getrocknet. Die dünn abgeriebene Schale
einer Zitrone und den Saft der halben Zitrone, 1 Tropfen Mandelöl und 1
Essl. Rum gibt man an den Teig und zuletzt den festen Schnee der Eier. Diese
Masse wird im Ganzen 30 Minuten gerührt. Eine Kastenform wird gefettet
und mit Mehl ausgestäubt. Ein Viertel der Teigmasse wird in die Form gefüllt;
auf den Teig streut man die getrockneten Rosinen, dann gibt man schnell
wieder Teig darauf und darauf wieder die Rosinen und zum Schluss nochmal
wieder Teig. Der Kuchen wird 45 Minuten bis 1 Stunde gebacken. Man kann
halb Kartoffelmehl, halb Weizenmehl nehmen.

**Honigkuchen mit Schokolade.** Mehl, Backpul- *Zutaten: 60 Gr. Butter, 250*
ver, Schokolade mischt man, dann macht man in *Gr. Honig, 100 Gr. Zucker.*
dieser Masse eine Vertiefung, in diese schüttet *375 Gr. Mehl, 1 Paket Back-*
man den Zucker, den vorher erhitzten Honig, *pulver, 2 Pakete Vanillezucker,*
die Butter, rührt ein Teigstück, schlägt den Teig *250 Gr. geriebene Schokolade,*
10 Minuten. Sobald der Teig erkaltet, wird er 2 *Pomeranzenschale oder fein*
cm dünn ausgerollt, kleine Kuchen werden aus- *gehackte Sukkade.*
gestochen, diese auf ein gefettetes Blech gelegt und 10–15 Minuten gebacken.

Sobald die Kuchen erkaltet sind, werden sie mit Eiweißguss bestrichen und mit fein gehackter Sukkade oder fein gehackter Pomeranzenschale bestreut.

**Eiweißguss zum Honigkuchen.** 1 Eiweiß und 250 Gr. Puderzucker schlägt man 30 Minuten mit der Schneerute. Man lässt den Guss ganz weiß, oder man färbt ihn mit Kakao oder wenig Zuckerfarbe braun, rot, grün, blau, gelb, mit giftfreier Farbe, die man kaufen kann.

**Kösterkuchen.** 65 Gr. Butter rührt man mit 2 hartgekochten Eidottern und 1 rohen Eidotter, Zucker, mit der Schale geriebenen Mandeln 5 Minuten und gibt Mehl dazu. Diese Masse streicht man mit einem Messer dünn auf ein mit Butter bestrichenes Blech, streut über das Ganze 1 Essl. Kaneel und bäckt die Kuchenmasse im nicht zu heißen Ofen 10–15 Minuten. Solange der Kuchen noch heiß ist, schneidet man ihn in feine Streifen (Teegebäck).

*Zutaten: 65 Gr. Butter, 1 roher Eidotter, 2 hartgekochte Eidotter, 125 Gr. Zucker, 125 Gr. mit der Schale geriebene Mandeln, 125 Gr. Mehl, 1 Essl. Kaneel.*

**Felsenkuchen.** Butter und Zucker werden mit den Gewürzen 10 Minuten gerührt, die Korinthen drei bis viermal mit reichlich heißen Wasser gewaschen, die Sukkade feingehackt. Hiernach wird das Mehl unter Rühren löffelweise dazugegeben; zuletzt die ganzen Eier. Kleine Häufchen setzt man auf ein mit Butter bestrichenes Blech und bäckt sie 15 Minuten im mäßig heißen Ofen. In den letzten 5 Minuten muss der Ofen heißer werden.

*Zutaten: 250 Gr. Mehl, 125 Gr. Butter 1 Teel. Backpulver, 2 Eier, 125 Gr. Zucker, 125 Gr. Korinthen, 65 Gr. Sukkade, 1 Messerspitze Muskatblüte.*

**Zufallskuchen.** Die Kartoffeln werden am Tage vor dem Gebrauch in der Schale geröstet, nachdem sie erkaltet sind, wird die Haut abgezogen, und die Kartoffeln werden gerieben. Die Feigen werden mit heißem Wasser 2–3 Mal gewaschen, dann mit einem Tuche getrocknet. Sämtliche Zutaten werden beigemischt. Die Masse wird in eine mit Fett ausgestrichene Form gefüllt und im heißen Ofen 45 Minuten gebacken.

*Zutaten: 250 Gr. Kartoffeln, 125 Gr. Mehl, 125 Gr. Dresdner Puddingpulver (4 Pakete à 18 Gr.), 1 Ei, 1/8 Ltr. Wasser, 1 Paket Backpulver, 125 Gr. Zucker, 2 Essl. Marmelade, 6 in Würfel geschnittene Feigen, 65 Gr. Nüsse.*

**Erbacher Kuchen mit Schokoladenguss.** Man rührt die Butter mit dem Zucker 15 Minuten. Dann fügt man abwechselnd hinzu: 6 Eigelb, 1/8 Ltr. Milch und das Weizenmehl;

*Zutaten: 1/8 Ltr. Milch, 250 Gr. Butter, 500 Gr. feinstes Weizenmehl, 500 Gr. Zucker, 6 Eier, etwas Vanille oder*

danach gibt man den Schnee der 6 Eier daran und zuletzt rührt man etwas Backpulver unter den Teig. Etwas Vanille oder abgeriebene Zitrone kommt nach Geschmack dazu. 1/4 des Teiges wird mit 65 Gr. Kakao gefärbt und esslöffelweise abwechselnd mit dem weißen Teig in eine Pufferform getan; die Form muss vorher mit Butter ausgestrichen werden. Der Kuchen muss bei mäßiger Hitze 1 Stunde gebacken werden. Inzwischen bereitet man den Guss: 65 Gr. Kakao werden mit 125 Gr. Zucker und 4 Essl. Wasser aufgelöst und gekocht bis sich beim Hochziehen Fäden bilden. 1 Essl. Butter gibt man dazu; dann rührt man die Glasur beim Erkalten bis sich ein Häutchen zu bilden scheint, streicht sie schnell mit einem breiten Messer auf den Kuchen und stellt ihn eine Minute in den warmen Backofen.

*abgeriebene Zitrone, 65 Gr. Kakao, etwas Oetkers Backpulver, ferner: 65 Gr. Kakao, 125 Gr. Zucker, 4 Essl. Wasser.*

**Englischer Madeira Cake.** Die Butter, die Eigelb und der Zucker werden 10 Minuten gerührt, Eiweiß zu Schnee geschlagen, gut verrührt und Kognak hinzugefügt. Das Mehl wird mit Backpulver vermischt und dann so schnell wie möglich mit obigem vermengt. Die Masse wird in eine mit Butter ausgestrichene Form gefüllt und in einem mäßig heißen Ofen 3/4 bis 1 Stunde gebacken. Einige geschälte Mandeln legt man oben auf den Kuchen. Man kann denselben Teig nehmen und 65 Gr. Korinthen, 65 Gr. Sultaninen und 1/2 Zitronenschale, nimmt dann aber nur 3 Essl. Zucker und vermischt die gewaschenen Korinthen usw. mit dem Mehl und dem Backpulver.

*Zutaten: 250 Gr. Mehl, 250 Gr. Butter, 4 Eier, 125 Gr. Zucker, 1 Prise Salz, 1 Essl. Kognak oder Kirschwasser, 1/2 Paket Backpulver, 1/2 Stange fein geschnittene Vanille.*

**Teekuchen.** Die weiche Butter wird in einer Schüssel mit dem Zucker und dem Eidotter 5 Minuten gerührt; alsdann gibt man die Hälfte von dem Mehl dazu, legt den gut verrührten Teig zu dem übrigen Mehl und knetet dasselbe allmählich mit dem Teig aus. Dann dünn ausrollen, kleine Kuchen ausstechen, mit Eiweiß bestreichen, mit Mandeln belegen, im nicht zu heißen Ofen 5 bis 10 Minuten backen.

*Zutaten: 125 Gr. Mehl, 65 Gr. Butter, 65 Gr. Zucker, 1 Eidotter.*

**Heidesand als Teegebäck.** 65 Gr. Schmalz und 65 Gr. Butter bräunt man im Topfe hellgelb, gießt dieses in eine Schüssel und lässt das Ganze vollständig kalt werden. Jetzt wird Zucker und 1 Paket Vanillezucker dazu getan und das Ganze 10 Minuten

*Zutaten: 65 Gr. Butter, 65 Gr. Schmalz, 125 Gr. Zucker, 250 Gr. Mehl, 1 Paket Vanillezucker.*

gerührt, hiernach löffelweise 250 Gr. Mehl dazu gegeben und 1 Kochl. Mehl auf das Backbrett gestreut. Nun rundet man den Teig auf dem Backbrett zu einer dicken Rolle, schneidet fingerbreite Scheiben von der Rolle, legt diese auf ein Backblech und bäckt die Kuchen im heißen Ofen 15–20 Minuten.

**Ingwerkuchen.** Das Mehl gibt man in eine Schüssel, macht eine Vertiefung, gibt den geriebenen Ingwer, Kandis, Milch, die rohen ganzen Eier und Natron dazu und rührt ein weiches Teigstück. Dann gießt man den leicht gewärmten Sirup mit der Butter dazu, rührt

*Zutaten: 1/4 Ltr. Milch, 750 Gr. Wiener Mehl, 3 Eier, 125 Gr. Butter, 500 Gr. heller Sirup, 250 Gr. brauner gestoßener Kandis, 1 Teel. Natron, 10 Gr. gerieb. Ingwer.*

alles tüchtig durch und füllt den Teig in eine mit Butter ausgeriebene und mit Mehl ausgestäubte Springform. Sodann bäckt man den Kuchen im nicht zu heißen Ofen 1 1/2 Stunden. Der Kuchen schmeckt am besten, wenn er eine Woche alt ist. Man verwendet den Kuchen in Scheiben geschnitten, mit Butter bestrichen, mit einer Scheibe dünn gestrichenen Weißbrotes belegt, zum Tee.

**Apfelkuchen für 8-12 Personen für Silvester.** 10 Gr. Hefe rührt man mit 1/2 Ltr. lauwarmer Milch, 1 Teel. Salz, 65 Gr. Zucker und gibt das Mehl nach und nach dazu. 500 Gr.

*Zutaten: 10 Gr. Hefe, 1/2 Ltr. lauwarme Milch, 1 Teel. Salz, 65 Gr. Sukkade, 65 Gr. Zucker, 500 Gr. Mehl, 500 Gr. Äpfel.*

Äpfel werden geschält, in Würfel geschnitten, ebenso 65 Gr. Sukkade. Nachdem alles tüchtig verrührt ist, stellt man den Teig zum Aufgehen 3 Stunden an einen warmen Ort. 1–2 Ochsenaugenpfannen werden 10 Minuten vor dem Gebrauch heiß gestellt. in jedes Loch legt man 1 Teel. Butter oder ausgebratenes Speckfett. Dann füllt man in jedes Loch 1 Essl. vom Teig, bäckt die Kuchen unter Umlegen bei nicht zu starker Hitze 6–10 Minuten. Beim Anrichten streut man Zucker darüber. Man serviert die Kuchen heiß zum Punsch.

**Kaneelkuchen, ein kleines Teegebäck.** Die Mandeln werden mit der Schale gerieben. Der Zucker, Kaneel und die geriebenen Mandeln mit dem festen Schnee und der Hälfte vom

*Zutaten: 200 Gr. Mehl, 250 Gr. Zucker, 1 Kochl. Kaneel oder Zimt, 250 Gr. Mandeln, Schnee von 3 Eiern.*

Mehl werden 5 Minuten tüchtig gerührt. Das übrige Mehl breitet man auf dem Backbrett aus, legt hierauf die Teigmasse. Das Rollholz bestreicht man ebenfalls mit Mehl und rollt mit diesem die Masse auf dem Brett dünn aus. Nun sticht man mit kleinen Kuchenformen oder mit einem Glase kleine Kuchen aus, legt diese auf ein mit Butter bestrichenes Backblech und bäckt sie im nicht zu heißen Ofen in 5–10 Minuten hellgelb. Wenn die Kuchen warm sind, werden sie schnell mit einem Guss bestrichen (siehe diesen bei weißen Pfeffernüssen).

**Zwetschenkuchen.** Die weiche Butter wird mit dem Zucker in der Schüssel 10 Minuten gerührt, dann gibt man die Hälfte von dem Mehl, das Backpulver und die Flüssigkeit dazu und rührt den Teig 5–10 Minuten. Die zweite Hälfte von dem Mehl streut man auf das Backbrett, gibt den Teig dazu und knetet ihn mit dem Mehl aus. Dann streicht man den Teig auf ein größeres mit Fett bestrichenes Kuchenblech, die entkernten Pflaumen oder die geschälten, in Scheiben geschnittenen Äpfel legt man dünn ausgebreitet auf den Teig, streut noch etwas Zucker oder Kaneel über das Obst und bäckt nun den Kuchen 1/2 Stunde im heißen Ofen. Darauf zerschneidet man ihn auf dem Blech in Stücke.

*Zutaten: 500 Gr. Mehl, 30 Gr. Butter oder Margarine, 125 Gr. Zucker, 1 Paket Backpulver, 1/8 Ltr. Wasser oder Milch, 1 Kilo Pflaumen oder Äpfel.*

**Gewürzkuchen.** Alle Zutaten 1/4 Stunde rühren, dann das Mehl löffelweise dazu geben, den Teig 1/2 Stunde kalt stellen. 1 Teel. Teig in Zucker wenden, länglich formen, auf ein großes Blech legen und bei mäßiger Hitze im Ofen hell backen.

*Zutaten: 1 Eidotter, 125 Gr. Zucker, 125 Gr. Mehl, 1/2 Teel. Zimt, 1/2 Teel. gestoß. Nelken, Kardamom, 2 fein gehackte Nüsse.*

**Pfeffernüsse.** Das Mehl schüttet man in eine Schüssel, macht eine Vertiefung und schüttet die geriebenen Mandeln, die geriebene Sukkade und Pomeranzenschale hinein. Die Pottasche verrührt man mit 1 Essl. Zucker und den kleinen Gewürzen in einer Tasse. Man streut dieses in die Masse. Sirup und Butter erwärmt man und gießt dieses, wenn es noch flüssig ist, in die Schüssel. Von der Mitte aus rührt man einen Teig. Ist der Teig fest genug, so knetet man ihn mit dem Rest Mehl 10–15 Minuten durch. Den Teig hält man 3–4 Wochen vorher fertig. Vor dem Gebrauch erwärmt man ihn wieder, rollt ihn dünn aus, sticht kleine Kuchen aus und bestreut sie mit Buntzucker (diesen festdrücken). Alsdann legt man sie auf ein Blech und bäckt sie im nicht zu heißen Ofen 5–10 Minuten.

*Zutaten: 500 Gr. Mehl, 10 Gr. Mandeln, 10 Gr. Sukkade, 65 Gr. Butter, 500 Gr. Sirup, 65 Gr. Schmalz, 1/2 Teel. Kardamom, 65 Gr. Zucker, 1/2 Teel. Nelkenpfeffer, 10 Gr. Pomeranzenschale, 1/2 Teel. Kaneel, 10 Gr. Pottasche.*

**Glasur für Pfeffernüsse.** Den Schnee rührt man mit 125 Gr. Zucker und 1 Essl. Rum 10 Minuten. Die Masse streicht man mit einem Pinsel auf das Gebäck, welches man dann an einen warmen Ort stellt zum Trocknen.

*Zutaten: Schnee von 2 Eiern, 125 Gr. Zucker, 1 Essl. Rum.*

**Kuchenbrot.** Das Mehl wird mit dem Back-pulver gemischt, dann macht man in dem Mehl eine Vertiefung, hier hinein schüttet man den Zucker, das Salz, das kalte Wasser, *Zutaten: 500 Gr. Weizenmehl, 2 Gr. Salz, 1 Paket Backpulver, 100 Gr. Zucker, 1/2 Ltr. Wasser oder Milch.* oder die kalte Milch. Nun rührt man einen Teig, schlägt ihn 5 Minuten, danach füllt man den Teig in eine vorher gefettete und mit Mehl ausge-stäubte Kastenform. Das Brot wird eine Stunde gebacken.

**Hörnchen nach Edith E.** Die Kartoffeln wer-den im Ofen geröstet, abgezogen und gerie-ben. Das ganze Ei wird mit dem Zucker, den geriebenen Mandeln in der Schüssel 10 Minu-ten gerührt. Das Mehl wird mit dem Backpul-*Zutaten: 125 Gr. Kartoffeln, 125 Gr. Mehl, 65 Gr. Zucker, 20 Gr. Butter, 4 bittere Man-deln, 1 Ei, 4 Essl. Wasser oder Milch, 2 Teel. Backpulver.* ver, der geriebenen Kartoffelmasse gemischt, danach wird in dem Mehl eine Vertiefung gemacht; in diese tut man die Butter, die Milch oder das Wasser und die gerührte Eimasse und bereitet einen Teig, den man auf dem Back-brett dünn ausrollt. Nun schneidet man von diesem Teig Vierecke, belegt sie mit 1/2 Teel. Marmelade, klappt den Teig zusammen und formt Hörn-chen. Diese werden, wenn vorrätig, mit etwas Butter belegt, im heißen Ofen 10–15 Min. gebacken.

**Streuselkuchen.** Die Hefe wird mit dem Zucker und dem lauwarmen Wasser verrührt, dann wird die Hälfte vom Mehl dazu gege-ben. Der Teig wird tüchtig geschlagen und zum Aufgehen 1 Stunde an einen warmen Ort gestellt. Dann fügt man das übrige Mehl hinzu, *Zutaten: 375 Gr. Mehl, 10 Gr. Hefe, 30 Gr. Zucker, 1/4 Ltr. Wasser oder Milch. Streusel: 30 Gr. Butter, 100 Gr., Mehl, 135 Gr. Zucker, 1 Paket Vanillezu-cker, Kaneel oder Kardamom.* schlägt den Teig, bis er Blasen wirft, streicht ihn auf ein Blech, welches vor-her mit Butter bestrichen ist, und lässt ihn nochmals 30 Minuten aufgehen. Danach sticht man mit einer Gabel hin und her in den Teig, streut folgende Streusel darauf und bäckt den Kuchen im heißen Ofen 45 Minuten. Streusel: Mehl und Zucker werden mit den Gewürzen gemischt. Die geschmolzene Butter wird in das Mehl gegossen. Alles wird gut verrührt.

**Pumpernickelkuchen.** Die Butter wird mit dem Zucker und den Gewürzen 10 Minuten gerührt. Das Backpulver wird mit dem gerie-benen Pumpernickel gemischt und dann bei-des zu der Butter gegeben. Zuletzt kommt der Schnee der Eier hinzu. Die Masse füllt man in *Zutaten: 125 Gr. Butter, 175 Gr. geriebene Pumpernickel, 4 Eier, 120 Gr. Zucker, 1 Teel. gestoß. Kaneel, 1/2 Teel. Nel-kenpfeffer, 1 Teel. Backpulver, 1 Teel. Vanillezucker, 20 Gr. unge-schälte, geriebene Mandeln.*

eine mit Butter ausgestrichene und mit Mehl ausgestäubte Form. Man bäckt den Kuchen bei mäßiger Hitze 30 Minuten.

**Zwetschenkuchen.** Die Hefe wird mit dem Salz und der lauwarmen Milch verrührt. Dann wird die Hälfte vom Mehl dazu gegeben und der gut verrührte Teig zum Aufgehen 1 Stunde an einen warmen Ort gestellt. Nachdem der Teig gut aufgegangen ist, wird das letzte Mehl hinzugefügt, der Teig 5 Minuten tüchtig geknetet und hiernach auf ein gefettetes Blech dünn ausgelegt. Auf den Teig legt man die entsteinten Pflaumen, darüber streut man den Zucker. Im heißen Ofen wird der Kuchen 10–20 Minuten gebacken.

*Zutaten: 500 Gr. Mehl, 500 Gr. blaue Pflaumen oder Zwetschen, 60 Gr. Hefe, 3 Gr. Salz, 1/2 Ltr. Wasser oder Milch, 100 Gr. Zucker.*

**Kakaokuchen.** Mehl, Backpulver und Kakao werden gemischt, dann macht man eine Vertiefung in dem Mehl. Eine Kastenform wird mit Fett oder Butter ausgestrichen. Den Zucker schüttet man in einen Topf, bräunt ihn unter Rühren 2–5 Minuten; sobald der Zucker glänzend und hellbraun aussieht und flüssig ist, wird das Wasser dazu gegossen. Unter Rühren wird der Karamell bis zur Hälfte eingekocht, dann 10 Minuten zum Auskühlen beiseite gestellt. Nach dieser Zeit wird der Karamell zum Mehl gegossen und das Ganze 5 Minuten tüchtig gerührt. Dann füllt man die Teigmasse in die Kastenform und bäckt den Kuchen im heißen Ofen 45 Minuten. Die Masse kann auch in kleine Förmchen gegeben und nach dem Erkalten mit einer Schokoladenglasur übergossen werden. In diesem Falle nur 10 Minuten backen.

*Zutaten: 250 Gr. Mehl, 60 Gr. Kakao, 1 Paket Backpulver, 200 Gr. Zucker, 1/2 Ltr. Wasser.*

**Dickmilchkuchen** (einen Tag vor dem Gebrauch fertig zu halten). Die weiche Butter wird mit dem Zucker und der Dickmilch 10 Minuten gerührt. Dann gibt man die geriebenen Mandeln und die Zitronenschale dazu. Wenn dieses gut verrührt ist, fügt man noch nach und nach 6 Eidotter hinzu und rührt noch weitere 10 Minuten. Zuletzt gibt man den festen Schnee der Eier an die Masse. Eine Springform wird mit Butter ausgestrichen, mit Mehl ausgestäubt und mit Mürbeteig ausgelegt. 3/4 cm an den Rand der Form muss man eine Rolle von Teig legen, diese im Ofen 10 Minuten backen. Dann legt man 3 Essl. Hagebuttenmarmelade auf den Tortenboden und darauf die Dickmilchmasse. Nun bäckt man den Kuchen 1 Stunde im nicht zu heißen Ofen.

*Zutaten: 100 Gr. Butter, 100 Gr. Zucker, 100 Gr. abgezogene, geriebene Mandeln, 4 bittere Mandeln, 140 Gr. Dickmilch, 6 Eier, die abgeriebene Schale 1 Zitrone.*

**Dickmilchkuchen einfacher Art.** Die Äpfel oder den Rhabarber schneidet man in dünne Scheiben. Die Eidotter werden mit dem Zucker 10 Minuten gerührt; dann fügt man die Dickmilch und nach und nach das Mehl hinzu.

*Zutaten: 250 Gr. Äpfel oder Rhabarber, 250 Gr. Quark oder Dickmilch, 250 Gr. Zucker, 60 Gr. Kartoffelmehl, 2 Eier, etwas Zitronenschale.*

Zuletzt gibt man die Äpfel und den festen Schnee der Eier hinzu. Die Masse wird in eine gefettete Form gefüllt und im heißen Ofen 30 Minuten gebacken.

**Hefekuchen.** Die Hefe verrührt man mit der lauwarmen Milch und fügt die Hälfte des Mehls hinzu. Zugedeckt wird das Hefestück 1 Stunde zum Aufgehen beiseite gestellt. Nachdem der Teig gut aufgegangen ist, werden die Gewürze, sowie die vorher gut gewasche-

*Zutaten: 500 Gr. Mehl, 1/4 Ltr. Milch, 10 Gr. Hefe, 125 Gr. Butter, 2 Eier, 125 Gr. Zucker, 65 Gr. Rosinen, die abgeriebene Schale 1 Zitrone, 25 Gr. süße Mandeln, 4 bittere Mandeln.*

nen und getrockneten Rosinen und die 10 Minuten geschlagenen ganzen Eier hinzugefügt. Dann gibt man nach und nach den Rest des Mehls hinzu und lässt den Teig nochmals 40 Minuten aufgehen. Alsdann in die Form gebracht, wird er 1 Stunde gebacken. Die Form wird vorher mit Butter dick ausgestrichen und mit Zwieback ausgestreut. Statt der Mandeln kann man 4 Tropfen Mandelöl verwenden.

**Billiger Hefekuchen.** Die Hefe wird mit der Milch oder dem Wasser aufgelöst, danach gibt man die Hälfte vom Mehl dazu und rührt einen Teig; diesen stellt man zugedeckt zum Aufgehen eine Stunde in den nicht zu hei-

*Zutaten: 500 Gr. Mehl, 1/4 Ltr. kalte Milch oder Wasser, 30 Gr. Hefe, 250 Gr. Kartoffeln, 200 Gr. Zucker, 1 Zitrone, 100 Gr. Margarine.*

ßen Tellerwärmer. Die Kartoffeln werden am Tage vor dem Gebrauch mit der Schale gekocht. Die Margarine wird mit dem Zucker, dem Saft und der fein abgeriebenen Schale der Zitrone fünf Minuten gerührt. Die Kartoffeln werden abgezogen und gerieben zur Margarine gegeben, danach fügt man den gut aufgegangenen Hefeteig dazu. Man schlägt den Teig in der Schüssel fünf Minuten, dann wird das übrige Mehl nach und nach dazu gegeben; eine Form wird stark gefettet und mit Mehl ausgestäubt, der Teig wird in die Form getan und nochmals zum Aufgehen 30 Minuten beiseite gestellt. Nun im nicht zu heißen Ofen 1 Stunde gebacken.

**Haferflockenkuchen.** 250 Gr. Butter werden mit 65 Gr. Zucker 10 Minuten gerührt. Nun gibt man 200 Gr. Haferflocken und die geriebene Schale und den Saft 1 Zitrone, sowie 1

*Zutaten: 250 Gr. Butter, 65 Gr. Zucker, 200 Gr. Haferflocken, die geriebene Schale und der Saft 1 Zitrone, 1 Ei, 1 Messerspitze Backpulver.*

ganzes Ei dazu. Häufchen setzt man, und zwar weit voneinander auf eine Platte und bäckt die Kuchen im nicht zu heißen Ofen 10 Minuten.

**Haferflockenkuchen mit Süßstoff und Kaneelstreusel.** Die Kartoffeln werden am Tage vor dem Gebrauch mit der Schale gekocht, dann die Haut abgezogen. Die Haferflocken und die Kartoffeln werden durch die Fleischmaschine gegeben. Die Butter vermischt man mit der Kartoffelmasse. Die Milch und den Süßstoff *Zutaten: 250 Gr. Haferflocken, 125 Gr. Kartoffeln, 60 Gr. Butter oder Margarine, 200 Gr. Trockenmilch, 4 Tabletten Süßstoff, 1/8 Ltr. Wasser, 1 Paket Backpulver, 1 Teel. Kaneel, 1 Essl. Zucker.* verrührt man mit dem Wasser. Statt Wasser und Trockenmilch kann gute Milch genommen werden. Dieses gießt man an die Kartoffelmasse. Das Backpulver wird vorher mit den Haferflocken gemischt. Eine Springform wird gefettet und mit Mehl ausgestäubt. 1/4 der Teigmasse lässt man zurück und mischt sie mit dem Kaneel. Den übrigen Teig füllt man in die Springform; darüber werden die Kaneelstreusel und obenauf der Zucker gestreut. Backzeit 1 Stunde.

**Joghurt-Kuchen.** Eidotter, Zucker, die dünn abgeriebene Schale und den Saft der Zitrone rührt man 10 Minuten, dann gießt man die saure Joghurtmilch, Grieß und Backpulver *Zutaten: 2 Eier, 100 Gr. Zucker, 1 Zitrone, 1/2 Ltr. Joghurtmilch, 375 Gr. Grieß, 1 Paket Backpulver.* nach und nach dazu, rührt die Masse 10 Minuten und gibt zuletzt den festen Schnee der Eier an den Teig. Eine Pufferform wird mit Fett ausgestrichen und mit Mehl ausgestäubt, die Kuchenmasse wird rasch in die Form gefüllt, und nun wird der Kuchen im heißen Ofen 1 Stunde gebacken. Statt Grieß kann man auch 500 Gr. Mehl nehmen.

**Feigenkuchen.** Die Feigen werden mit heißem Wasser gewaschen, dann mit 1/4 Ltr. kaltem Wasser angesetzt und recht langsam 1 Stunde gekocht. Nach dieser Zeit werden die Feigen mit dem Wasser durch die Fleischmaschine *Zutaten: 125 Gr. Feigen, 250 Gr. Mehl, 10 Gr. Zucker, 10 Gr. Butter oder Margarine, 5 Gr. Backpulver, 1/16 Ltr. kaltes Wasser.* gegeben. Die weiche Butter rührt man mit dem Zucker und der Feigenmasse 5 Minuten, dann werden das Backpulver und die Hälfte vom Mehl dazu gegeben. Danach wird der Teig mit dem übrigen Mehl ausgerollt, kleine Kuchen werden ausgestochen und diese im heißen Ofen 5 Minuten gebacken.

**Dattelkuchen.** 100 Gr. Datteln werden vom Kern befreit. Die Nüsse werden gerieben, die Datteln fein gehackt, mit Eidottern, Zucker *Zutaten: 100 Gr. Datteln, 100 Gr. Haselnüsse, 30 Gr. Zucker, 2 Eier, 1-2 Teel. Rosenwasser, 35 Gr. Mehl, 1 Teel. Backpulver.*

und Rosenwasser 10 Minuten gerührt. Dann kommt nach und nach das Mehl dazu, 1 Teel. Backpulver vorher mit dem Mehl mischen und hiernach den festen Schnee der Eier. Diese Masse füllt man in eine mit Butter ausgestrichene Form und bäckt den Kuchen 30 Minuten bei mäßiger Hitze. Der Kuchen schmeckt besser, wenn er einige Tage alt ist.

**Kleine Teekuchen.** 125 Gr. Butter werden einmal aufgekocht, in eine Schüssel gegossen und zum vollständigen Kaltwerden 1 Stunde beiseite gestellt. Nach dieser Zeit werden 125 Gr. Zucker, die fein geriebene Schale 1 Zitrone hinzugefügt. Diese Masse rührt man 10 Minuten, gibt dann Mehl löffelweise hinzu, rührt den Teig nochmals 10 Minuten und fügt danach den festen Schnee von 3 Eiweiß hinzu. Von diesem Teig setzt man mit einem Löffel kleine Häufchen auf ein butterbestrichenes Blech und lässt sie im nicht zu heißen Ofen 5 Minuten backen.

**Kleine Teekuchen als Eisgebäck.** Das Mehl wird mit dem Backpulver gemischt. Die ganzen Eier schlägt man mit dem Zucker 10 Minuten, gibt nach und nach das Mehl dazu, *Zutaten: 125 Gr. Kartoffelmehl, 125 Gr. feines Weizenmehl, 1 Paket Backpulver, 125 Gr. Zucker, 2 Eier.* rührt die Masse noch 5 Minuten tüchtig, dann setzt man mit einem Teelöffel Häufchen auf ein mit Butter bestrichenes Blech und bäckt die Kuchen 5–10 Minuten hellbraun.

**Einfache Teekuchen.** Die Butter wird einmal aufgekocht, dann zum Auskühlen in eine Schüssel gegossen. Das Hirschharnsalz, der Zucker, die geriebenen Mandeln und das *Zutaten: 500 Gr. Mehl, 250 Gr. Zucker, 250 Gr. Butter 1 Essl. Mandeln, 5 Gr. Hirschhornsalz, 1 Stange Vanille.* Innere einer Stange Vanille werden an die ausgekühlte Butter gegeben. Die Masse rührt man 10 Minuten. Dann gibt man nach und nach das Mehl dazu. 1 Kochl. Mehl streut man auf ein Backbrett, gibt den Teig dazu, rollt ihn dünn aus und sticht mit einem Glase Kuchen aus. Diese legt man auf ein mit Butter bestrichenes Blech und bäckt sie im nicht zu heißen Ofen 10 Minuten.

**Sandkuchen mit Füllung.** Die ganzen Eier und den Zucker schlägt man 10 Minuten, dann gibt man das Mehl dazu, schlägt die Masse wieder *Zutaten: 8 Eier, 450 Gr. Zucker, 270 Gr. Mehl, 130 Gr. lauwarme zerlassene Butter, 1 Zitrone.* 10 Minuten, dann wird der Saft der Zitrone und zuletzt, unter tüchtigem Rühren, die lauwarme zerlassene Butter hinzugefügt. Der Teig wird noch 30 Minuten tüchtig geschlagen und danach in eine mit Butter oder Zwieback vorbereitete Puffer- oder Springform gefüllt. Man lässt den Kuchen bei mäßiger

Hitze 3/4 Stunden backen. Nachdem der Kuchen in 3–4 Stunden vollständig erkaltet ist, wird er 1 bis 2 Mal quer durchgeschnitten und mit folgender Vanillecreme gefüllt. Vanillecreme: 4 Eier rührt man mit 1 Paket Vanillezucker und 175 Gr. Zucker in einem Topf 10 Minuten. Danach gießt man 4 Essl. Rahm oder süße Milch und 1 Essl. Kartoffelmehl dazu. Dann schlägt man diese Creme auf mäßigem Feuer dicklich. 120 Gr. Butter werden gewaschen und schaumig gerührt. Dann gibt man Creme dazu. Ist dies verrührt, so wird die Masse mit 2–3 Essl. Arrak oder Rum abgeschmeckt. Man kann einen Teil von dieser Crememasse zum Schluss über den Kuchen streichen.

**Weiße Honigkuchen.** Der Honig wird mit dem Fett in einer größeren Schüssel erwärmt, nachdem die Butter flüssig geworden ist, werden 400 Gr. Mehl unter Rühren nach und nach dazu gegeben. Dann fügt man das Backpulver, die Gewürze hinzu. Die Mandeln werden vorher mit kochendem Wasser gebrüht, dann gerieben. *Zutaten: 500 Gr. Honig, 50 Gr. Butter, Margarine oder andere Fette, 500 Gr. Mehl, 50 Gr. süße Mandeln, 2 bittere Mandeln, die abgeriebene Schale 1/2 Zitrone, 10 Gr. Backpulver, 2 fein geh. Nelken, 5 Gr. Kardamom.* Den gut abgerührten Teig legt man auf ein Backbrett, das letzte Mehl streut man unter den Teig und rollt ihn aus. Dann sticht man mit einem Glase Kuchen aus, oder, will man kleine Figuren für den Tannenbaum, so verwendet man kleine Blechformen. Man legt sie auf ein mit Butter bestrichenes Blech und bäckt sie bei gelinder Hitze 5–10 Minuten. Man kann Kunsthonig, sowie Roggenmehl verwenden.

**Mandelkuchen.** 7 ganze Eier, 1 Eidotter, 500 Gr. Zucker, 500 Gr. geriebene Mandeln, 60 Gr. Kartoffelmehl rührt man 1/2 Stunde tüchtig. Dann gibt man die geriebene Schale einer Zitrone hinzu, füllt die Masse in eine mit Butter ausgestrichene Form und bäckt den *Zutaten: 8 Eier, 500 Gr. Zucker, 500 Gr. geriebene Mandeln, 6 Gr. Kartoffelmehl, die geriebene Schale einer Zitrone, 125 Gr. Schokolade, 1/8 Ltr. Wasser, 1 gehäufter Essl. Zucker.* Kuchen bei mäßiger Hitze 1 1/4 Stunden. Als Guss verwendet man 125 Gr. Schokolade, 1/8 Ltr. Wasser und 1 gehäuften Essl. Zucker. Dieses kocht man in 5 bis 10 Minuten zu schöner, glänzender Farbe und gibt 1 Essl. Butter dazu. Damit übergießt man das schon erkaltete Gebäck.

**Apfelkuchen.** Die Hefe und 1 Messerspitze Salz in der lauwarmen Milch auflösen. Dann die Hälfte vom Mehl dazu geben und ein Teigstück rühren. Dieses stellt man zum Aufgehen 30 Minuten an einen warmen Ort. Nach *Zutaten: 210 Gr. Mehl, 10 Gr. Hefe, 1 Essl. saurer Rahm, 50 Gr. Butter, 25 Gr. Zucker, 1/8 Ltr. Milch, 1 Ei, 2 bittere Mandeln, 1 Messerspitze Salz, etwas Zitronenschale.*

dieser Zeit gibt man die zweite Hälfte vom Mehl, den Rahm, das Ei, Butter, Zucker, Mandeln und 1 Teel. geriebene Zitronenschale dazu und schlägt den Teig 10 Minuten tüchtig. Mit dem übrigen Mehl rollt man den Teig dann aus. 500 Gr. geschälte und in dünne Scheiben geschnittene Äpfel legt man auf den Teig und gießt dann folgenden Guss darüber. Guss: 2 ganze Eier mit 2 Kochl. Zucker 5 Minuten schlagen, dann 1/8 Ltr. sauren Rahm dazu geben und nun diesen Guss über die Apfel füllen. Danach lässt man den Kuchen nochmals 10–20 Minuten aufgehen und bäckt ihn im heißen Ofen 20–30 Minuten. Der Kuchen kann auch halbwarm gegessen werden.

**Apfelkuchen anderer Art.** Die Äpfel werden geschält, geviertelt und dann in Scheiben geschnitten, mit 2 Kochl. Zucker, 1/8 Ltr. Wasser angesetzt und in 10 Minuten weichgedämpft. Die weiche Butter wird mit dem *Zutaten: 500 Gr. Mehl, 125 Gr. Butter, 250 Gr. Zucker, 1 Ei, 1/2 Paket Backpulver, die abgeriebene Schale 1/2 Zitrone, 500 Gr. Äpfel.* Zucker und der Zitronenschale 10 Minuten gerührt, dann die Eier und die Hälfte vom Mehl hinzugefügt und die Masse 5 Minuten tüchtig geschlagen. Das Backpulver wird mit dem letzten Mehl vermischt, dann dieses auf ein Backbrett gelegt, der Teig mit diesem Mehl gehörig ausgeknetet. Eine Springform wird mit Butter ausgestrichen, mit Mehl ausgestäubt. Die Hälfte vom Teig legt man in die Form, streut darauf 2 Essl. Zwieback und legt nun die gekochten Äpfel auf den Teig. Über die Äpfel legt man die zweite Hälfte vom Teig. 1 Stunde im nicht zu heißen Ofen backen.

**Rhabarberkuchen.** 250 Gr. Rhabarbermarmelade verrührt man mit 1/2 Ltr. Milch, 1 Paket Backpulver vermischt man mit dem Mehl, die abgeriebene Schale einer Zitrone *Zutaten: 250 Gr. Rhabarbermarmelade, 1/2 Ltr. Milch, 1 Paket Backpulver, 500 Gr. Mehl, Zitronenschale.* gibt man hinzu. Das Mehl gibt man unter Rühren nach und nach an die Marmelade, füllt diese in eine Form, die man vorher mit etwas Butter oder Fett ausgestrichen und mit Mehl ausgestäubt hat. Man bäckt den Kuchen 1 Stunde.

**Berliner Pfannkuchen.** 10 Gr. Hefe mit 1/8 Ltr. Milch verrühren, 65 Gr. Butter, 1 ganzes Ei, 65 Gr. Mehl dazu, sowie 100 Gr. Zucker. Dieser Teig wird 5 Minuten tüchtig geschlagen, dann *Zutaten: 10 Gr. Hefe, 1/3 Ltr. Milch, 65 Gr. Butter, 1 Ei, 200 Gr. Mehl, 100 Gr. Zucker, 1 Teel. Marmelade, 1 Kilo Palmin.* 30 Minuten zum Aufgehen beiseite gestellt. Dann werden 65 Gr. Mehl dazu getan, der Teig wird nochmals 10 Minuten tüchtig geschlagen. 65 Gr. Mehl werden auf ein Brett gestreut, der Teig darauf gelegt und 2 cm dick ausgerollt. Mit einem Glase werden 10 Böden ausgestochen, die Hälfte davon wird mit

1 Teel. Marmelade belegt. Den Rand des Bodens mit Eiweiß bestreichen, den zweiten Boden darüberlegen und nochmals 10–20 Minuten an einen warmen Ort stellen zum Aufgehen. 1 Kilo Palmin im breiten Topf heiß werden lassen, 3 Stück zurzeit hineinlegen und je nach Größe 5–8 Minuten backen. Inzwischen einmal umlegen. Das noch heiße Gebäck mit Zucker überstreuen.

**Nusskranzkuchen.** Die Hefe wird mit der lauwarmen Milch aufgelöst, Salz, Zucker, Zitronenschale und die Hälfte vom Mehl kommen dazu. Wenn er verrührt, stellt man den Teig 1 Stunde zum Aufgehen beiseite. Nach dieser

*Zutaten: 250 Gr. Mehl, 1/8 Ltr. Milch, 2 Essl. Zucker, 30 Gr. Hefe, 100 Gr. Butter, 2 Eier, 1/2 Teel. Salz, die abgeriebene Schale 1 Zitrone.*

Zeit gibt man die ganzen Eier unter tüchtigem Rühren dazu, ebenso die in kleine Stücke geschnittene Butter. Dann fügt man von dem Rest Mehl noch die Hälfte hinzu und legt den Rest Mehl auf ein Backbrett. Nun wird der Teig fingerdick ausgerollt und mit nachfolgender Füllung bestrichen. Danach rollt man diese Teigmasse wieder zusammen und formt einen Kranz, den man wieder 30 Minuten zum Aufgehen fortstellt; zuletzt wird der Kranz mit Ei bestrichen, mit in Streifen geschnittenen Mandeln bestreut und im nicht zu heißen Ofen 3/4 Stunden gebacken. In den letzten 10 Minuten kann der Ofen etwas heißer sein. Füllung: 125 Gr. Zucker kocht man mit 2 Essl. Wasser klar. Dann gibt man 125 Gr. geriebene Haselnüsse oder Mandeln dazu, nimmt die Masse vom Herd; nachdem sie etwas ausgekühlt ist, gibt man den festen Schnee von 2 Eiweiß dazu. Man kann außerdem an die fertige Masse 2 Essl. Hagebuttenmus oder andere Marmelade geben. Statt dieser Füllung kann man 70 Gr. Mandeln, 60 Gr. Rosinen, 60 Gr. Korinthen und 2 Essl. Zitronenzucker auf den Teig streuen.

**Schokoladenkuchen.** Statt Mandeln können Nüsse oder getrocknete Kürbiskerne, auch geraspelte Kokosnuss, genommen werden. Butter, Zucker und Eidotter werden 10 Minuten gerührt; dann fügt man sämtliche Gewürze, das Backpulver, und das Mehl nach

*Zutaten: 125 Gr. Butter, 250 Gr. Weizenmehl, 2 Eier, 20 Gr. Kakao, 2 Gr. Nelkenpfeffer, 2 Gr. gestoßener Kaneel, 125 Gr. süße Mandeln, 2 bittere Mandeln, 1/2 Paket Backpulver.*

und nach hinzu, zuletzt gibt man den Schnee der Eier daran. Nun formt man ein Brot und stellt diesen Teig 2 Stunden recht kalt. Dann schneidet man ihn in Scheiben, legt diese auf ein Backblech und bäckt die Kuchen 5–10 Minuten.

**Orangenkuchen.** 125 Gr. Butter rührt man mit 120 Gr. Zucker 10 Minuten; dann gibt man die abgeriebene Schale einer Orange und einer halben Zitrone dazu, sowie anschließend 2

*Zutaten: 125 Gr. Butter, 120 Gr. Zucker, die abgeriebene Schale 1/2 Zitrone, 2 Eier, 225 Gr. Mehl, der Saft 1 Orange.*

ganze Eier, womit die Masse noch 10 Minuten tüchtig geschlagen wird. Unter Rühren gibt man nach und nach 225 Gr. Mehl und den Saft einer Orange dazu. Etwas zurückgelassenes Mehl streut man über das Backbrett, rollt den Teig damit aus und formt hieraus Kringel oder andere Formen, welche man mit Eiweiß bestreicht und 5–10 Minuten im nicht zu heißen Ofen bäckt.

**Butterkuchen.** Die Hefe verrührt man mit 1 Essl. Zucker und 1/3 Ltr. Milch oder Wasser in einer Tasse. Diese Hefe stellt man 30 Minuten zum Aufgehen an einen warmen Ort. 2 ganze Eier schlägt man mit dem Zucker und dem Gewürz 10 Minuten, gibt das Mehl löffelweise nach und nach dazu und abwechselnd das kalte Wasser, oder die kalte Milch. Diesen Teig schlägt man 10 Minuten. Dann gibt man die inzwischen aufgegangene Hefemasse dazu und schlägt den Teig nochmals 5 Minuten. 100 Gr. Butter, in kleine Stücke geschnitten, gibt man zum Teig. Den Teig breitet man auf ein vorher gefettetes Blech aus, bestreicht ihn mit Eiweiß und bestreut ihn mit 50 Gr. Kristallzucker, ebenso legt man nochmals 50 Gr. Butter verteilt obenauf. Diesen Teig lässt man 30–40 Minuten aufgeben, dann wird er im heißen Ofen 30 Minuten gebacken.

*Zutaten: 1 1/4 Kilo Weizenmehl, 3/4 Ltr. Wasser oder Milch, 150 Gr. Butter, 150 Gr. Zucker, 1 Teel. Kardamom, die abgeriebene Schale 1 Zitrone, 30 Gr. Hefe, 2 Eier.*

**Einfache, weiße Weihnachtskuchen.** Zucker, Butter und Wasser setzt man im Topf auf den Herd zum Heißwerden; sobald der Zucker geschmolzen ist, wird die Flüssigkeit in eine Schüssel geschüttet, die Hälfte vom Mehl wird dazu gegeben. An diesen ausgekühlten Teig gibt man die Gewürze, Hirschhornsalz, Rosenwasser; das übrige Mehl schüttet man auf ein Backbrett, gibt den Teig dazu, rollt ihn mit dem Mehl aus, dann sticht man kleine Kuchen aus, legt sie auf ein gefettetes Blech und bäckt sie 5–10 Minuten.

*Zutaten: 65 Gr. Butter, 350 Gr. Zucker, 1/4 Ltr. Wasser, 2 feingeriebene Nelkenköpfe, 10 Gr. Rosenwasser, 10 Gr. Hirschhornsalz.*

**Braune Kuchen.** Die abgezogenen Mandeln, die Sukkade und die Pomeranzenschale werden durch die Mandelmühle gegeben. Den Sirup stellt man mit der Butter und dem Schmalz 30 Minuten vor Gebrauch warm. Die Pottasche wird mit 1 Essl. Rum verrührt. Das Mehl wird in eine große Schüssel geschüttet. In das Mehl macht man eine Vertiefung und hier hinein schüttet man die aufgelöste Pottasche,

*Zutaten: 2 Kilo Mehl, 2 Kilo Kuchensirup, 1 Kilo Butter, 250 Gr. Schmalz, 1 Kilo Mandeln. 30 Gr. bittere Mandeln, die fein abgeriebene Schale von 2 Zitronen, 1 Essl. Rum, 10 Gr. Pottasche, 20 Gr. Kardamom, 20 Gr. Pomeranzenschale, 20 Gr. Sukkade.*

sämtliche Gewürze und dann den Sirup mit der Butter und dem Schmalz. Von der Mitte aus rührt man ein Teigstück. Ist das Teigstück fest genug, knetet man mit den Händen das letzte Mehl in der Schüssel mit dem Teigstück 10 Minuten tüchtig durch. Man lässt den Teig 14 Tage vor Gebrauch stehen; am besten an einem warmen Ort. Nach dieser Zeit wird er dünn ausgerollt und aus ihm kleine Kuchen herausgestochen. Diese legt man auf ein mit Butter bestrichenes Backblech und bäckt die Kuchen im nicht zu heißen Ofen 5–8 Minuten.

**Braune Kuchen, einfach.** Das Mehl wird mit dem Backpulver vermischt in eine Schüssel geschüttet. Nun macht man in dem Mehl eine Vertiefung, hierhinein schüttet man die Gewürze, den flüssigen Sirup mit dem Schmalz, rührt oder knetet den Teig tüchtig durch. Man hält diesen Teig 1–2 Wochen vor dem Gebrauch fertig. Vor dem Ausrollen stellt man den Teig warm, damit er wieder weicher wird. Man sticht kleine Kuchen aus, legt sie auf ein gefettetes Blech und bäckt sie 15 Minuten bei mäßiger Hitze. Man kann die Kuchen, wenn sie aus dem Ofen kommen, schnell mit Eiweiß bestreichen und mit Buntzucker bestreuen.

*Zutaten: 500 Gr. Sirup, 80 Gr. Schmalz, 500 Gr. Mehl, 5 Gr. gestoßene Nelken, 20 Gr. Pomeranzenschale, 5 Gr. Kardamom, 10 Gr. Backpulver.*

**Butterkuchen für 4–6 Personen.** 10 Gr. Hefe verrührt man mit 1/4 Ltr. Wasser oder Milch, gibt 10 Gr. Zucker, 125 Gr. Mehl dazu und rührt ein Teigstück. Weitere 125 Gr. Mehl gibt man dazu und stellt diesen Teig zum Aufgehen 1 Stunde an einen warmen Ort. Nach dieser Zeit gibt man 60 Gr. Butter, in Stücke geschnitten, und 2 ganze Eier dazu und schlägt den Teig 5 Minuten. Danach gibt man noch 125 Gr. Mehl leicht untergestreut unter Rühren dazu. Man fettet eine Platte mit Butter und legt den Teig dünn darauf, stellt ihn nochmals 30 Minuten an einen warmen Ort und dann 10 Minuten in den warmen Ofen. 75 Gr. Zucker werden mit 5 Gr. Zimt gemischt; 50 Gr. geschmolzene Butter streicht man über den Kuchen, streut den Zucker darüber und stellt ihn noch 5 Minuten in den heißen Ofen.

*Zutaten: 10 Gr. Hefe, 375 Gr. Mehl, 1/4 Ltr. Wasser oder Milch, 2 ganze Eier, 85 Gr. Zucker, 110 Gr. Butter, 5 Gr. Zimt.*

**Kriegskuchen.** Sämtliche Zutaten mischen, dann eine Vertiefung machen, den kalten Karamell in diese gießen und die gut verrührte Masse in eine Form füllen, die man vorher mit Butter ausgestrichen und mit Mehl ausgestäubt hat. Im nicht zu heißen Ofen 1 Stunde backen (Karamell siehe unter Karamellpudding).

*Zutaten: 250 Gr. Mehl, 250 Gr. Zucker, 1/4 Ltr. Karamell, 60 Gr. Kakao, 1/2 Paket Backpulver.*

**Weiße Pfeffernüsse.** 65 Gr. abgezogene Mandeln, 8 Nelken und 65 Gr. Sukkade gibt man durch die Mandelmühle. Das Mehl mischt man mit 1 Teel. Backpulver. 2 ganze Eier sowie 2 Eidotter und 125 Gr. Zucker rührt man 1/4 Stunde. Dann gibt man die Gewürze und das Mehl dazu. Nun setzt man mit einem Teelöffel kleine Häufchen auf ein mit Butter bestrichenes Backblech und bäckt sie im nicht zu heißen Ofen 5–10 Minuten. Die noch heißen Pfeffernüsse werden mit Glasur (s. u. Glasur für Pfeffernüsse) bestrichen.

*Zutaten: 4 Eier, 2 Eidotter, 65 Gr. Sukkade, 250 Gr. Zucker, 250 Gr. Mehl, 65 Gr. süße Mandeln, 6 bittere Mandeln, 8 Nelken.*

**Braune Pfeffernüsse,** schnell zu bereiten. Sämtliche Zutaten werden kalt angerührt. Mit einem Teelöffel werden kleine Häufchen in einem Abstande von etwa 5 Zentimeter auf ein gefettetes Blech gesetzt. Die Häufchen werden nicht geglättet. Sie werden sogleich im heißen Ofen 5–10 Minuten gebacken.

*Zutaten: 1 Kilo Mehl, 500 Gr. Zucker, 275 Gr. Sirup, 2 Zitronen, 375 Gr. Butter, 5 Gr. Kaneel, 125 Gr. Mandeln, 1/8 Ltr. Milch oder Rahm, 15 Gr. Backpulver.*

**Windbeutel.** Mehl und Butter schwitzt man im Topfe unter Rühren 5 Minuten, dann gießt man das Wasser hinzu und rührt den Teig, bis er als Kloß vom Topfe lässt. Nach 10 Minuten gibt man an den ausgekühlten Teig nach und nach 2 ganze Eier, 10 Gr. Zucker, etwas Zitronenschale. Ein Backblech fetten, mit Mehl bestäuben; kleine Häufchen werden mit einem Löffel auf das Blech gesetzt und diese nun 10 Minuten gebacken. Der Ofen darf inzwischen nicht geöffnet werden. Nach dem Erkalten schneidet man an der Seite eine Öffnung und füllt diese mit Schlagrahm.

*Zutaten: 65 Gr. Mehl, 1/8 Ltr. Wasser, 10 Gr. Butter, 2 Eier, 10 Gr. Zucker.*

**Schmalzgebackenes.** Das Eiweiß wird mit dem Zucker zu festem Schnee geschlagen, danach gibt man unter Rühren das Mehl nach und nach dazu, sowie den Saft der Zitrone und das kalte Wasser. Der Teig wird nun noch 5 Minuten geschlagen. Das Fett, Schmalz, Öl, oder der Talg wird in einer tiefen Pfanne erhitzt. Der Teig wird in eine dicke Papiertüte gefüllt, die Spitze am unteren Ende der Tüte abgeschnitten; man kann auch die Kuchenspritze oder den Spritzbeutel benutzen. Nun lässt man den Teig kreuz und quer in das heiße Fett laufen. Sobald das Gebäck goldgelb gebacken ist, wird es über ein Rollholz gelegt und, wenn erkaltet, mit Zucker bestreut. Statt Wasser und Zitronensaft kann Weißwein genommen werden.

*Zutaten: 2 Eiweiß, 60 Gr. Weizenmehl, Saft 1/2 Zitrone, 20 Gr. Zucker, 2 Essl. Wasser oder Milch, 250 Gr. Fett.*

**Schmalzgebackenes auf andere Art.** Butter und Zucker 10 Minuten rühren, dann gibt man die ganzen Eier und 125 Gr. Mehl nach und nach dazu; zuletzt Rum, Milch und Backpulver. Mit einer Schneerute wird der Teig 10 Minuten geschlagen. Die zweite Hälfte vom Mehl auf ein Brett streuen, den Teig dazu und auskneten, ausrollen und nun Streifen oder verschiedene Formen ausstechen und im heißen Fett hellbraun backen. Hiernach sogleich in Vanillezucker wenden.

*Zutaten: 250 Gr. Mehl, 2 ganze Eier, 50 Gr. Butter, 1 Essl. Rum, 1 Paket Vanillezucker, 50 Gr. Zucker, 1 Teel. Backpulver, 1 Essl. Milch.*

**Ostergebäck.** Das Mehl breitet man auf dem Backbrett aus, die harten Eidotter streicht man durch ein Sieb, gibt sie zum Mehl, ebenso den Zucker, die in kleine Stücke gepflückte Butter, die sehr fein abgeriebene Schale 1/4 Zitrone, den Kaneel und den rohen Eidotter. Mit einem Messer hackt man alles gut durcheinander. Danach rollt man den geschmeidigen Teig dünn aus, sticht mit einem Glase oder figürlichen Ausstecher kleine Kuchen aus, bestreicht sie mit Eiweiß und bestreut sie mit Kristallzucker. Man legt die Kuchen auf ein gefettetes Blech und bäckt sie 5–10 Minuten. Die Kuchen dürfen nicht braun werden.

*Zutaten: 150 Gr. Butter, 250 Gr. Weizenmehl, 4 hartgekochte Eier, 1 rohes Ei, 1/4 Zitrone, 100 Gr. Zucker, 2 Gr. gestoßener Kaneel.*

**Mandelkränze.** Die Butter rührt man mit dem Eidotter und dem Zucker 10 Minuten; die bitteren und die süßen Mandeln werden mit kochendem Wasser angesetzt, einmal aufgekocht, und danach wird sogleich die Haut abgezogen. Die bitteren Mandeln und die Hälfte der süßen Mandeln werden feingerieben zum Teig gegeben, ebenso fügt man die Hälfte vom Mehl hinzu. Das übrige Mehl breitet man auf dem Backbrett aus, gibt den Teig dazu, rollt ihn 3 Zentimeter dick aus, formt kleine Kränze, bestreicht sie mit Eiweiß und bestreut sie mit den übrigen in feine Stücke geschnittenen Mandeln; sie werden auf ein gefettetes Blech gelegt, im Ofen 5–10 Minuten gebacken. Die Kränze dürfen nicht braun werden.

*Zutaten: 1 Ei, 250 Gr. Weizenmehl, 100 Gr. Butter, 100 Gr. Zucker, 100 Gr. Mandeln, 4 bittere Mandeln.*

**Nussstangen.** Die ausgebrochenen Walnüsse gibt man durch die Mandelmühle, rührt die Butter mit dem Zucker, den Nüssen und 2 Eidottern 10 Minuten. Dann gibt man das Mehl nach und nach dazu. Dieser Teig kann auch in kleine Förmchen gelegt und später mit Creme oder Obst gefüllt werden. Man formt Stangen, legt sie auf ein buttergestrichenes Blech und bäckt sie im nicht zu heißen Ofen

*Zutaten: 125 Gr. Mehl, 65 Gr. Butter, 125 Gr. Zucker, 125 Gr. Wal- oder Haselnüsse, 2 Eidotter.*

15–20 Minuten. Man nimmt sie zum Eis oder Tee. Der Teig muss vor dem Rollen eine Stunde recht kalt gestellt werden.

**Vanillestangen.** 65 Gr. Butter rührt man mit 65 Gr. Zucker und dem Inneren einer Stange Vanille 10 Minuten, gibt dann 65 Gr. gewärmtes Kartoffel- oder Weizenmehl dazu; 15 Minuten tüchtig rühren. Dann gibt man 2 *Zutaten: 65 Gr. Butter, 65 Gr. Zucker, 1 dicke Vanillestange, 2 Eier, 650 Gr. gewärmtes Kartoffel- oder Weizenmehl.* Eidotter und den festen Schnee der 2 Eiweiß dazu. Diese Masse füllt man in die gut mit Butter ausgestrichene und mit Mehl ausgestäubte Form und bäckt sie 15–20 Minuten im nicht zu heißen Ofen (Stangenform).

**Vanillestangen anderer Art.** Die Mandeln werden mit der Schale gerieben und hiernach mit der Butter und dem Zucker 5 Minuten gerührt. Das Mehl wird nach und nach dazu *Zutaten: 140 Gr. Mehl, 55 Gr. Mandeln, 35 Gr. Zucker, 100 Gr. Butter, 1 Paket Vanillezucker.* gegeben. Nun stellt man den Teig 10 Minuten auf Eis. Hiernach formt man aus dem Teig Stangen so lang und so dick wie ein Finger, legt sie auf ein mit Butter bestrichenes Blech und bäckt sie im nicht zu heißen Ofen 10 Minuten. Dann wendet man sie, solange sie noch warm sind, in Vanillezucker.

**Salzstangen zum Bier mit Rettich.** Butter und Hefe wird in einer Schüssel verrührt, dann wird die kalte Milch, die Hälfte vom Mehl dazu gegeben und ein Teig gerührt. Die- *Zutaten: 60 Gr. Butter, 250 Gr. Weizenmehl, 10 Gr. Hefe, 5 Gr. Salz, 5 Gr. Kümmel, 1/8 Ltr. Milch.* sen Teig stellt man 30 Minuten zum Aufgehen an einen warmen Ort. Nach dieser Zeit schüttet man den Rest Mehl auf ein Backbrett, gibt den Teig dazu, rollt ihn etwas in Mehl, und nun formt man fingerlange Streifen vom Teig, zwei dünne Streifen rollt man wie eine Flechte, bestreicht diese mit Eiweiß und bestreut sie mit Kümmel und Salz. Die fertigen Salzstangen werden auf ein mit Butter dick bestrichenes Blech gelegt und im heißen Ofen 5 Minuten hellbraun und kross gebacken.

**Käsestangen für 6 Personen.** Käsestangen gibt man als Beilage zum Frühstück zur Tassenbrühe oder beim feineren Essen als Käsegang. 65 Gr. Chesterkäse werden gerie- *Zutaten: 65 Gr. Butter, 65 Gr. Chesterkäse, 125 Gr. Mehl, Kümmel, 1 Eidotter, Cayennepfeffer, Salz.* ben und 65 Gr. Butter mit dem Käse in einer Schüssel mit 1 Eidotter gut durchgerührt. Das Mehl breitet man auf einem Brett aus, legt die Käsemasse auf das Mehl und knetet den Teig nach und nach mit dem Mehl aus. Dann formt man fingerbreite Stangen, bestreicht sie mit Eiweiß und bestreut sie mit Kümmel und Salz oder wenig Cayennepfeffer. Man bäckt sie im nicht zu heißen Ofen 15–20 Minuten.

**Baisers.** 2 Eiweiß schlägt man zu festem Schnee und streut unter tüchtigem Rühren feinen Puderzucker nach und nach dazu, ferner 1 Teel. Essig und 1 Teel. Backpulver, worauf man die Masse noch 20 Minuten rührt. Mit einem Löffel macht man Häufchen auf einem mit Butter bestrichenen Blech und stellt dasselbe 2 Stunden in den abgekühlten Ofen.

*Zutaten: 2 Eiweiß, 250 Gr. Puderzucker, 1 Teel. Backpulver, 1 Teel. Essig.*

**Wiener Strudel.** Man macht in dem Mehl eine Vertiefung, hier hinein schlägt man die Eier und den Rahm, dann rührt man von der Mitte aus ein Teigstück. Sobald es etwas fest geworden, gießt man 1/8 Ltr. heißes Wasser dazu und legt den Teig auf das mit Mehl bestäubte Back-brett, formt den Teig zu einer dicken Rolle, stülpt ein erwärmtes Tuch, oder eine heiße, trockene Schüssel darüber und lässt den Teig am warmen Ort 30 Minuten ruhen. Ein Tischtuch wird auf dem Tisch ausgebreitet, mit dem übrigen Mehl bestäubt; dann legt man den Teig auf das Tuch und zieht ihn vorsichtig auf dem Tisch recht dünn aus, so dünn wie Papier, und befeuchtet den Teig mit flüssiger Butter oder Talg. Die Äpfel werden geschält, gewaschen, in dünne Scheiben geschnitten, mit den gewaschenen, fein gehackten Rosinen, dem Zucker und den Gewürzen gemischt. Diese nicht zu feuchte Masse wird auf den Teig gelegt. Dann wird der Teig aufgerollt auf eine gefettete große Springformplatte gelegt. 1 Eiweiß wird mit 1/8 Ltr. Rahm 5 Minuten geschlagen; mit dieser Flüssigkeit wird der Strudel bestrichen und sogleich im Ofen eine Stunde gebacken. Man verbessert den Strudel, wenn man ihn in der letzten Viertelstunde mit Rahm bestreicht.

*Zutaten: 500 Gr. Mehl, 125 Gr. Butter oder Nierentalg, 2 Eier, 1/8 Ltr. Rahm, 1 1/2 Äpfel, 65 Gr. Rosinen, etwas Zitronat, 300 Gr. Mehl, 300 Gr. Butter, 125 Gr. Zucker, 1/8 Ltr. heißes Wasser.*

**Nüsse glasieren.** 12 Walnüsse werden ausgebrochen, die Nüsse dürfen hier-bei nicht zerfallen. 1 Kochl. Zucker lässt man in einem kleinen tiefen Topf auf mäßigem Feuer hellbraun werden, die einzelnen Nüsse werden mit einer Spicknadel aufgespießt und in den flüssigen Zucker getaucht. Dann legt man die Nüsse auf einen mit Butter bestrichenen Teller. Diese Nüsse verwendet man zum Belegen von Torten und kalten Puddingen.

**Schokoladentrüffeln.** 65 Gr. Schokolade werden gerieben, die eine Hälfte streut man

*Zutaten: 65 Gr. Schokolade, 1 gehäufter Teel. Butter, 2 Teel. Schlagrahm.*

auf ein Brett, die andere tut man in eine Schüssel und gibt hierzu 1 gehäuften Teel. Butter, die vorher mit reichlich kaltem Wasser durchgeknetet ist (das Wasser gießt man fort) und 2 Teel. Schlagrahm. Daraus rührt man einen glatten Teig und formt von dieser Masse 8–12 kleine Kugeln. Diese legt man auf das Brett und rollt sie in der Schokolade solange bis diese ganz verbraucht ist. Raspelschokolade eignet sich am besten dazu.

**Schokoladenrollen, mit Schlagrahm zu füllen.** Man legt 3 Eier auf die Waage, wiegt ebenso viel Mehl ab, wie die 8 Eier schwer sind und ebenso viel Zucker. Die Eier werden in einer Schüssel 5 Minuten tüchtig geschlagen.

*Zutaten: 3 Eier, Mehl im gleichen Gewicht der 3 Eier und ebenso viel Zucker, 1 Kochl. Zucker, 65 Gr. Schokolade, 3 Essl. Wasser.*

Dann wird der Zucker dazu gegeben, nochmals 10 Minuten tüchtig geschlagen und sodann nach und nach das Mehl und 3 Essl. Wasser hinzugesetzt. Diese Masse streicht man auf ein vorher mit Butter bestrichenes Backblech und bäckt den Teig im nicht zu heißen Ofen 3–5 Minuten hellbraun. Nun wird der Teig in handbreite Stücke geschnitten, und diese werden über den Finger oder einen dicken Löffelstiel geteilt. Diese Röllchen müssen vor dem heißen Ofen geformt werden. Wird der Teig inzwischen kalt, kann man keine Röllchen mehr aus ihm formen. Sind alle Röllchen vorbereitet, so werden sie mit folgendem Schokoladenguss bestrichen: 65 Gr. Schokolade kocht man mit 1 Kochl. Zucker, 1 Teel. Kartoffelmehl und 1/8 Ltr. Wasser 3–5 Minuten, bis die Schokolade am Löffel hängt. Dann wird die Masse schnell auf das Gebäck aufgetragen, und die Röllchen werden mit Schlagrahm gefüllt.

**Käsebrötchen als Kaffeegebäck,** die man in 30 Minuten herrichten kann. Der Käse wird mit dem Zucker 10 Minuten gerührt, dann gibt man das Mehl und nach und nach die

*Zutaten: 250 Gr. Dickmilchkäse (Quark), 250 Gr. Weizenmehl, 1-2 Eier, 65 Gr. Zucker, 1/2 Paket Backpulver.*

Eidotter und zuletzt den festen Schnee der Eier dazu. Von dieser gut verrührten Teigmasse formt man Bälle, legt diese auf ein mit Butter bestrichenes Blech und bäckt sie im heißen Ofen 5–10 Minuten. Sobald die Kuchen aus dem Ofen kommen, werden sie mit Eiweiß bestrichen.

**Johannisbeerschnitten.** Die weiche Butter rührt man mit dem Zucker und den Eidottern tüchtig 10 Minuten. Dann gibt man das Back-

*Zutaten: 500 Gr. Mehl, 250 Gr. Butter, 375 Gr. Zucker, 1/2 Teel. Backpulver, 2 Eidotter.*

pulver und die Hälfte vom Mehl dazu. Das übrige Mehl schüttet man auf ein Backbrett, gibt den Teig dazu und knetet das Mehl nach und nach mit dem Teigstück aus. Ist der Teig nun noch zu weich, dann stellt man ihn 1 Stunde recht kalt. Nun nimmt man die Hälfte von dem Teigstück, rollt ihn 1 Zentimeter dünn aus und bestreicht die so hergerichtete Teigmasse gleichmäßig mit Johannisbeermarmelade. Von dem übrigen Teig formt man schmale Kuchen und legt diese gitterartig über die Marmelade. Man bäckt den Kuchen im nicht zu heißen Ofen 5–10 Minuten. Den noch heißen Kuchen schneidet man, so wie er aus dem Ofen kommt, in Streifen.

**Haselnussschnitten.** Die Nüsse werden in eine Pfanne gelegt und geröstet bis die Haut platzt, sodann durch die Mandelmühle gegeben. Zu der geriebenen Masse gibt man nacheinander den Eierschnee, den Zucker und Vanillezucker und die Hälfte vom Mehl und rührt die Masse 5 Minuten tüchtig durch. 1 Kochl. Mehl schüttet man auf ein Backbrett, rollt darüber den Teig dünn aus und schneidet ihn in Streifen, welche man im nicht zu heißen Ofen 5–8 Minuten hellgelb bäckt.

*Zutaten: 2 Eiweiß, 125 Gr. Zucker, 1 Teel. Vanillezucker, 65 Gr. entkernte Haselnüsse, 20 Gr. Weizenmehl.*

**Kartoffelkrapfen für 6 Personen.** Die Hefe legt man in eine Schüssel, gibt 1/3 Ltr. Wasser dazu und die Hälfte vom Mehl. Man rührt ein Teigstück und stellt dieses 30 Minuten zum Aufgehen an einen warmen Ort. Die geschälten Kartoffeln werden zur Hälfte mit Wasser bedeckt und 30 Minuten gekocht. Dann gießt man das Wasser ab, dämpft die Kartoffeln trocken und streicht sie schnell durch ein Sieb. Den gut aufgegangenen Hefeteig gibt man dazu und verrührt die Masse. Nun gibt man die Butter und nach und nach die Eidotter hinzu. Die Hälfte vom letzten Mehl streut man in eine Schüssel, gibt den Teig dazu und rührt ihn so lange, bis er von der Schüssel lässt. Den Rest Mehl breitet man auf einem Backbrett aus, legt den Teig dazu, rollt ihn fingerdick aus und sticht mit einer Tasse oder einem Glas Böden aus. Auf die Hälfte dieser Böden legt man den fein gehackten, rohen Schinken, bestreicht die Böden mit Eiweiß und legt darüber wieder einen Boden. Die fertigen Krapfen legt man auf ein bemehltes Brett und stellt sie zum Aufgehen 30 Minuten an einen warmen Ort. Man nimmt einen tiefen, eisernen Topf, hier hinein legt man 250 Gr. Schweineschmalz, lässt es heiß werden und legt zurzeit vier Krapfen in das heiße Fett. Sie müssen in dem Fett schwimmen. Der Topf wird mit einem Deckel geschlossen. Man bäckt die Krapfen 5–10 Minuten. Sie werden in dieser Zeit ein Mal umgelegt. Beim Anrichten überstreut man sie mit dem geriebenen Schweizer Käse. Dann stellt man sie mit dem Käse 5 Minuten in den heißen Ofen. Sie werden warm gegessen.

*Zutaten: 200 Gr. Kartoffeln, 35 Gr. Butter, 3 Eidotter, 10 Gr. Hefe, 150 Gr. Mehl, 1 Teel. Zucker, 1/8 Ltr. Wasser, Milch oder Rahm, 65 Gr. Schweizer Käse, 65 Gr. roh. Schinken, 250 Gr. Schweineschmalz.*

**Schneebälle.** 65 Gr. Butter, 125 Gr. Mehl 2–3 Minuten schwitzen; dann gießt man 1/4 Ltr. Wasser dazu und rührt den Teig bis die Masse glatt vom Topfe lässt. 15 Minuten zum Auskühlen beiseite stellen, dann 2 ganze Eier nach und nach dazu geben. Nun setzt man mit einem Esslöffel Bälle auf ein mit Butter bestrichenes Blech und bäckt die Schneebälle bei mäßiger Hitze 5–10 Minuten. Dann werden sie aufgeschnitten und zum Nachtrocknen in den Tellerwärmer gestellt, danach mit Schlagsahne gefüllt.

*Zutaten: 125 Gr. Mehl, 65 Gr. Butter, 1/4 Ltr. Wasser, 2 Eier, 1/4 Ltr. Schlagsahne.*

**Wiener Tascherln.** 70 Gr. Butter verrührt man mit 70 Gr. gepresster, trockener Dickmilch und gibt dann 70 Gr. Mehl dazu. Ist dieses gut verrührt, streut man etwas Mehl auf das Backbrett, zerlegt den Teig in 4 Teile, rollt ihn 3 Zentimeter dick aus, schneidet hiervon Vierecke, bestreicht den äußeren Rand dieser Vierecke mit Eiweiß, legt in die Mitte Marmelade oder Gelee und klappt die Vierecke zusammen. Dann legt man sie auf ein mit Butter bestrichenes Blech, bäckt sie im nicht zu heißen Ofen und bestreut sie zum Schluss mit Vanillezucker.

*Zutaten: 70 Gr. Butter, 70 Gr. Dickmilch, 70 Gr. Mehl, 1 Teel. Backpulver.*

**Schnecken.** Die Hefe wird in einer Schüssel mit der kalten Milch oder dem kalten Wasser verrührt, danach gibt man die Hälfte vom Mehl hinzu. Man stellt den gut verrührten Teig 1 Stunde zum Aufgehen an einen nicht zu warmen Ort. Nach dieser Zeit gibt man das übrige Mehl an den Teig, formt 8–10 Schnecken und lässt diese nochmals 30 Minuten aufgehen. Dann legt man sie auf ein gefettetes Blech und bäckt sie im heißen Ofen 5–10 Minuten. Man kocht den Zucker mit 1/8 Ltr. Wasser bis der Zucker Fäden zieht. Dann streicht man den Zuckerguss mit einem Pinsel über die Schnecken.

*Zutaten: 10 Gr. Hefe, 250 Gr. Weizenmehl, 100 Gr. Zucker, 1/8 Ltr. Milch oder Wasser.*

**Zuckerguss, einfach.** Die Gelatine wird mit kaltem Wasser angefeuchtet, dann mit 1/8 Ltr. Wasser im kleinen Topfe angesetzt und unter Rühren 1 Minute gekocht; dann fügt man den Zucker hinzu, sowie Rum und rührt den Guss solange, bis er ausgekühlt; dann trägt man ihn schnell über die Kuchen.

*Zutaten: 2 Blatt weiße Gelatine, 1 Essl. Rum oder Arrak, 50 Gr. Zucker, 1/8 Ltr. Wasser.*

**Aus dem Rheinlande.** Die Butter mit dem Zucker 10 Minuten rühren; dann das Mehl, das ganze Ei und 1/8 Ltr. Wasser abwechselnd dazu geben. Der gut verrührte Teig wird eine Nacht recht kalt gestellt. Am nächsten Morgen

*Zutaten: 500 Gr. Mehl, 250 Gr. Zucker, 125 Gr. Butter, 1 Ei, 2 Gr. Backpulver oder Hirschhornsalz, 1 Teel. Kaneel, 1/8 Ltr. Wasser.*

wird der Teig auf dem Backbrett dünn ausgedrückt, das Backpulver oder Hirschhornsalz wird darüber gestreut, nun wird der Teig tüchtig geknetet und dann dünn ausgerollt. Kleine Kuchen werden ausgestochen, diese auf ein gefettetes Blech gelegt und im nicht zu heißen Ofen 10–20 Minuten gebacken.

**Brezeln.** Die Butter wird weich gerührt, und abwechselnd werden Mehl, Salz und Wasser dazu gegeben. Man rollt dünne Stangen und *Zutaten: 190 Gr. Mehl, 130 Gr. Butter, 1/2 Teel. Salz, 6 Essl. Wasser.* formt Kringel daraus. Dann werden sie auf einem mit Butter bestrichenen Blech 5–10 Minuten im heißen Ofen gebacken. Sobald sie aus dem Ofen kommen, werden sie mit Eiweiß bestrichen und mit Salz oder Kaneel bestreut.

**Brezeln von Rahmteig.** Butter, Rahm, die Hälfte vom Mehl rührt man 5 Minuten, dann fügt man das übrige Mehl hinzu und rührt den Teig mit dem Löffel noch 5 Minuten. Von die-*Zutaten: 100 Gr. Butter, 200 Gr. Weizenmehl, 1/8 Ltr. fetter, saurer Rahm, Ei Salz, Kümmel oder Mohn.* sem glatten Teig formt man recht dünne, runde, bleistiftlange Streifen, formt Brezeln, bestreicht sie mit Ei, bestreut sie mit Salz oder Kümmel. Sie werden im heißen Ofen hellbraun gebacken und, solange sie noch heiß sind, mit Ei bestrichen, nochmals mit Salz, Kümmel, oder Mohn bestreut.

**Brezeln mit Hefe gebacken.** Die Hefe wird mit dem Wasser verrührt, die Hälfte vom Mehl wird dazu gegeben. Der Teig wird tüch-*Zutaten: 250 Gr. Weizenmehl, 15 Gr. Hefe, 1/8 Ltr. Wasser, Ei, Salz, Kümmel oder Mohn.* tig mit dem Löffel geschlagen. Danach wird der Teig zum Aufgehen 1 Stunde zugedeckt beiseite gestellt; im Winter stellt man den Teig an einen warmen Ort. Nach dieser Zeit kommt das übrige Mehl hinzu, womit man den Teig verknetet. Dann formt man runde, recht dünne Streifen, formt Brezeln dar-aus, legt sie in kochendes Salzwasser. Sobald sie oben schwimmen, nimmt man sie mit dem Schaumlöffel heraus, legt sie auf ein Brett nebeneinander, das man vorher mit Mehl bestäubt hat, und lässt nun die Brezeln an der Luft trocknen; danach bestreicht man sie mit Ei und bestreut sie mit Salz, Küm-mel oder Mohn, bäckt sie im heißen Ofen goldgelb.

**Buchstaben-Cakes.** Die weiche Butter mit 3 Eidottern und Zucker 5 Minuten tüchtig rühren, dann die Hälfte Mehl auf ein Back-brett streuen; den Teig dazu geben und nach *Zutaten: 3 Eigelb, 125 Gr. Butter, 250 Gr. Mehl, 125 Gr. Zucker, die abgeriebene Schale 1 Zitrone.* und nach mit dem Mehl auskneten. Nun formt man Buchstaben oder kleine

Kringel, dann bestreicht man sie mit dem Eiweiß und hiernach mit Kristallzucker und Kaneel. Nun im nicht zu heißen Ofen 3–5 Minuten backen.

**Pound Cakes.** Die Butter wird zu Sahne gerührt, nach und nach werden die Eidotter und Zucker dazu gegeben, dieses 1/2 Stunde gerührt, dann Zimt, Muskatblüte, Korinthen, Arrak oder Kognak, Mehl, Zitronat, Rosinen hinzu getan und zuletzt der festgeschlagene Schnee der 9 Eier. Die Teigmasse wird in eine *Zutaten: 9 Eier, 500 Gr. Butter, 500 Gr. Zucker, 500 Gr. Wiener Mehl, 500 Gr. Rosinen, 500 Gr. Korinthen, 125 Gr. Zitronat, nach Geschmack 1/2 Essl. Zimt, Muskatblüte, 1 Weinglas Arrak oder Kognak.*
mit Butter ausgestrichene und mit Mehl ausgestäubte Form gefüllt und bei mäßiger Hitze 2 Stunden gebacken.

**Kleine Zuckerkringel.** Die Butter bringt man ins Kochen und gießt sie in eine Schüssel zum Erkalten. Nach dem Erkalten wird sie mit dem *Zutaten: 125 Gr. Mehl, 2 Eier, 80 Gr. Zucker, 1/2 Stange Vanille, 60 Gr. Butter.*
Zucker und den Eidottern 5 Minuten gerührt; die Hälfte vom Mehl wird dazu gegeben und weitere 5 Minuten gerührt, nach dieser Zeit die letzte Hälfte Mehl hinzugefügt. Man formt sodann kleine Kringel und bäckt sie im nicht zu heißen Ofen 5–10 Minuten. Die noch heißen Kränze wendet man in Eiweiß, Kaneel und Zucker, oder Vanillezucker.

**Butterkringel.** Die Butter, den Rahm und 1/4 vom Mehl rührt man 5 Minuten in einer Schüssel. Dann gibt man die Teigmasse auf *Zutaten: 125 Gr. Mehl, 2 Eier, 80 Gr. Zucker, 1/2 Stange Vanille, 60 Gr. Butter.*
das Brett zum übrigen Mehl, rollt den Teig dünn aus und verwendet beim Ausrollen das übrige Mehl. Nun formt man von diesem Teig kleine Kringel, bestreicht sie mit Eiweiß und bestreut sie mit Zucker, legt sie auf ein mit Butter bestrichenes Blech und blickt sie im heißen Ofen 5–10 Minuten.

**Pastorenkragen.** Man bereitet einen Blätterteig von 250 Gr. Mehl, 250 Gr. Butter, 1/8 Ltr. Wasser, rollt den Teig 3 cm dünn aus, schneidet Streifen so lang wie einen Finger und so breit wie zwei Finger, bestreicht die Hälfte der *Zutaten: 250 Gr. Mehl, 250 Gr. Butter, 1/4 Ltr. Wasser. Zuckerguss: 60 Gr. Zucker, 1/8 Ltr. Wasser, 1 Teel. Mandelessenz.*
Streifen dünn mit Marmelade, klappt die zweite Hälfte vom Teig über die Marmelade, formt den gefüllten Streifen zum Halbmond und macht außerhalb der Rundung 4 Einschnitte, legt die Blätterteigkragen auf ein Backblech und bäckt sie im heißen Ofen 5–10 Minuten. Dann gibt man folgenden Zuckerguss darüber: 60 Gr. Zucker bringt man mit 1/8 Ltr. Wasser ins

Kochen bis der Zucker Fäden zieht. Dann gibt man 1 Teel. Mandelessenz dazu und streicht den Guss rasch über das Gebäck.

**Hefekringel.** Die Hefe wird in einer Schüssel mit 65 Gr. Zucker verrührt. Dann gibt man die Butter hinzu, nach und nach das Mehl und 1 Eidotter. 10 Gr. Mehl breitet man auf dem Brett aus. Den gut verrührten Teig rollt und schlägt man auf dem Brett wie Blätterteig drei Mal, formt Kringel und bestreicht sie mit Eiweiß, bestreut sie mit Zucker und Kaneel, legt sie auf ein butterbestrichenes Backblech und stellt dieses an einen warmen Ort, damit das Gebäck aufgeht. Dann bäckt man die Kringel im heißen Ofen 6–8 Minuten.

*Zutaten: 500 Gr. Mehl, 250 Gr. Butter, 20 Gr. Hefe, 65 Gr. Zucker, 1 Eidotter.*

**Gefüllte Tüten für 10 Personen.** Die ganzen Eier schlägt man mit dem Zucker 10 Minuten. Dann gibt man nach und nach das Mehl hinzu und rührt diese Masse mit der Schneerute noch 20 Minuten. Ein Backblech wird mit Butter bestrichen, vom Teig wird mit einem Esslöffel etwas hierauf aufgetragen und der Teig dann messerrückendick ausgerollt und in 15 Zentimeter große Quadrate geschnitten. Dann bäckt man den Teig im nicht zu heißen Ofen 3–5 Minuten, löst jedes Quadrat vorsichtig vom Blech und dreht aus diesen, indem man sie an einer Ecke fasst, rasch Tüten. Man füllt die Tüten mit Schlagrahm oder Creme.

*Zutaten: 3 Eier, 160 Gr. Zucker, 120 Gr. Mehl.*

**Kaneelrollen.** Eier, Kaneel und Zucker rührt man 10 Minuten. Dann gibt man das Mehl hinzu und rührt die Masse noch 15 Minuten tüchtig. Nun trägt man die Masse messerrückendick auf ein mit Butter bestrichenes Backblech und stellt das Blech 3–5 Minuten in den nicht zu heißen Ofen. Dann schneidet man den Teig, solange er noch heiß ist, in gleichmäßige Stücke, welche man über den Finger oder über einen dicken Löffelstiel rollt. Letzteres muss geschehen, solange der Teig noch warm ist.

*Zutaten: 3 Eier, 140 Gr. Zucker, 120 Gr. Mehl, 1 Teel. Kaneel.*

**Adelinens Kränze.** Die Butter, Eidotter und den Zucker rührt man 10 Minuten, dann gibt man die Hälfte vom Mehl dazu. Das übrige Mehl streut man auf ein Backbrett und verknetet den Teig nach und nach mit diesem Mehl. Dann rollt man den Teig aus und formt Kränze. Diese taucht man in Eiweiß. Man mischt den Kristallzucker mit den gehackten Nüssen und streut diese Mischung über die Kränze. Dann legt man sie auf ein mit Butter bestrichenes Blech und bäckt sie im heißen Ofen 5–10 Minuten.

*Zutaten: 3 Eier, 140 Gr. Zucker, 120 Gr. Mehl, 1 Teel. Kaneel.*

**Einfache Plätzchen.** Die Eidotter werden mit dem Zucker und der Orangenmarmelade 20 Minuten gerührt. Dann fügt man den festen *Zutaten: 125 Gr. Mehl, 125 Gr. Zucker, 2 Eier, 1 Essl. Orangenmarmelade.* Schnee der Eier und zuletzt das Mehl hinzu. Von dieser Masse setzt man mit einem Teelöffel kleine Häufchen auf ein mit Butter bestrichenes Backblech und bäckt die Plätzchen im nicht zu heißen Ofen 5 Minuten.

**Ingwerplätzchen.** 140 Gr. Zucker werden mit 2 ganzen Eiern und 1 Teel. geriebenem Ingwer 15 Minuten gerührt, dann gibt man 100 Gr. *Zutaten: 2 Eier, 140 Gr. Zucker, 100 Gr. Mehl, 1 Teel. gerieb. Ingwer.* Mehl dazu. Man setzt Häufchen auf eine mit Butter bestrichene Platte recht weit auseinander, bäckt sie im nicht zu heißen Ofen 5–10 Minuten. Noch besser werden sie, wenn man den Kuchen am Abend vorher auf die Platte setzt.

**Teekuchenplätzchen.** Die Eidotter rührt man mit den Zutaten 10 Minuten und gibt dann den sehr festen Schnee der Eier und zuletzt löffelweise das Mehl dazu. Mit einem *Zutaten: 125 Gr. Mehl, 125 Gr. Zucker, 2 Eier, 1 Messerspitze Mandarinen- oder Orangenschale.* Teelöffel setzt man Häufchen auf ein Blech und bäckt sie im nicht zu heißen Ofen 5–10 Minuten.

**Friedas Plätzchen.** Die Vanillestange wird gespalten und ausgekratzt, mit den Eidottern und dem Zucker 10 Minuten gerührt. Nach dieser Zeit wird das Mehl, das Hirschhornsalz *Zutaten: 6 Eidotter, 65 Gr. Zucker, 10 Gr. Hirschhornsalz oder Backpulver, 1 Stange Vanille, 10 Gr. Mehl.* oder das Backpulver dazu gegeben. Kleine Plätzchen setzt man mit einem Teelöffel auf ein mit Butter bestrichenes Blech und bäckt die Kuchen im mäßig heißen Ofen 5–10 Minuten; sie müssen hellgelb aussehen, dürfen nicht braun werden. Das Hirschhornsalz oder das Backpulver wird vorher mit einem Teelöffel Zucker verrührt.

**Trudels Plätzchen.** Statt Kakaobutter kann Schmalz genommen werden. Die Butter wird erwärmt bis sie flüssig ist, dann werden der Vanillezucker und der übrige Zucker dazu gegeben und 10 Minuten gerührt. Hiernach rührt *Zutaten: 500 Gr. Mehl, 125 Gr. Kakaobutter, 125 Gr. Zucker, 3 Pakete Vanillezucker, 1 Paket Backpulver, 1/8 Ltr. kaltes Wasser.* man nach und nach 400 Gr. vom Mehl, das Backpulver und das kalte Wasser dazu. Das letzte Mehl breitet man auf dem Backbrett aus, legt den gerührten Teig darauf und rollt ihn dünn aus, sticht dann mit einer Form kleine Kuchen aus, legt sie auf ein gefettetes Blech und bäckt sie im heißen Ofen 5 Minuten.

**Haferflocken-Makronen.** 2 Stückchen Butter von Walnussgröße, 1 Tasse Zucker, 1 Ei, 250 Gr. Haferflocken, etwas Wasser oder Milch, 1–2 Pakete Vanillezucker, 1 Backpulver.

**Kokosnussmakronen.** Eidotter, Butter und Zucker, rührt man 10 Minuten, dann fügt man die dünn abgeriebene Schale und den Saft der Zitrone, hiernach Backpulver, die Kokosnussmasse und löffelweise das Mehl hinzu, zuletzt 1/3 Ltr. Wasser oder kalte Milch und den festen Schnee der Eier. Häufchen auf ein gefettetes Blech setzen und im heißen Ofen 10 Minuten backen.

*Zutaten: 125 Gr. Mehl, 100 Gr. Zucker, 125 Gr. geraspelte Kokosnussmasse, 50 Gr. Butter, 2 Eier, Saft und Schale 1 Zitrone, 1 Teel. Backpulver.*

**Grießmakronen.** Die Mandeln oder Nüsse werden gerieben, mit dem Zucker und dem Eiweiß 1/4 Stunde gerührt und dann der Grieß löffelweise dazu gegeben. Von dieser Masse werden mit 1 Teel. Häufchen auf ein mit Butter bestrichenes Blech gesetzt und diese in 5–10 Minuten hellgelb gebacken.

*Zutaten: 650 Gr. feiner Suppengrieß, 2 Eiweiß, 125 Gr. Zucker, 125 Gr. Mandeln oder Nüsse.*

**Grießmakronen (Eiweißrestverwendung).** Die Mandeln werden gerieben, mit dem Zucker, dem Grieß und dem festen Schnee des Eiweißes 10 Minuten gerührt. Nun setzt man mit einem Teelöffel Häufchen auf ein mit Butter bestrichenes Blech und bäckt die Makronen im nicht zu heißen Ofen 10 Minuten.

*Zutaten: 65 Gr. feiner Suppengrieß, 2 Eiweiß, 125 Gr. süße und 4 bittere Mandeln, 125 Gr. Zucker.*

**Schokoladenmakronen.** Eiweißschnee und Zucker rührt man 10 Minuten und dann, unter Zusatz der geriebenen Mandeln und der Schokolade, noch weitere 5 Minuten. Aus dieser Masse formt man Häufchen, welche man auf einem mit Butter bestrichenen Blech 5–10 Minuten im nicht zu heißen Ofen bäckt.

*Zutaten: 1 Eiweiß, 125 Gr. Zucker, 100 Gr. ungeschälte süße Mandeln oder Nüsse, 35 Gr. Schokolade, 6 bittere Mandeln.*

**Nussmakronen.** Ein Eiweiß schlägt man mit dem Zucker 10 Minuten, gibt dann die geriebenen Nüsse hinzu und rührt die Masse noch 5 Minuten. Darauf setzt man mit einem Teelöffel auf ein mit Butter bestrichenes Blech Häufchen, die im nicht zu heißen Ofen 5–10 Minuten gebacken werden.

*Zutaten: 65 Gr. ausgemachte Nüsse, 1 Eiweiß, 65 Gr. Zucker.*

**Gefüllter Mandelpuffer.** 250 Gr. süße Mandeln werden, reichlich mit kochendem Wasser bedeckt, einmal aufgekocht, dann von der Schale befreit und durch die Mandelmühle gegeben. 250 Gr. Zucker und 6 Eidotter rührt man mit den Mandeln 30 Minuten und gibt unter Weiterrühren 2 Kochl. Kartoffelmehl und

*Zutaten: 250 Gr. süße Mandeln, 2 Kochl. Kartoffelmehl, 6 Eier, 250 Gr. Zucker. Cremefüllung: der Saft 1 Zitrone und 2 Apfelsinen, 65 Gr. Zucker, 2 Eier, 1 Essl. Kartoffelmehl, 65 Gr. Butter.*

den festen Schnee der Eier hinzu. Diese Masse füllt man in eine Springform, die man vorher mit Butter ausgestrichen und mit Mehl ausgestäubt hat, und bäckt die Torte im nicht zu heißen Ofen eine Stunde. Man hält die Torte einen Tag vor Gebrauch fertig, schneidet sie dann vier Mal quer durch und bestreicht die einzelnen Böden mit der Hälfte der nachfolgenden Creme. Die zweite Hälfte dieser Crememasse streicht man zum Schluss außen herum über die Torte. Cremefüllung: Den Saft von 1 Zitrone und 2 Apfelsinen gießt man durch ein Sieb. 65 Gr. Zucker, 2 ganze Eier und 1 Essl. Kartoffelmehl schlägt man in einem Topf mit der Schneerute, gibt den Saft dazu und stellt den Topf zum Auskühlen beseite. 65 Gr. Butter werden in eine Schüssel gelegt und mit reichlich kalten Wasser bedeckt 3 Minuten geknetet. Das Wasser gießt man fort, während man an die Butter unter Rühren nach und nach die ausgekühlte Crememasse gibt.

**Stollen.** Die Hefe rührt man mit der lauwarmen Milch aus, gibt die Hälfte vom Mehl dazu, rührt einen Teig und stellt ihn zum Aufgehen 3 Stunden an einen warmen Ort. Die Mandeln werden abgezogen und gerieben. Die weiche Butter rührt man mit dem Zucker, der abgerie-

*Zutaten: 500 Gr. Mehl, 125 Gr. Zucker, 125 Gr. Butter, 65 Gr. süße und 65 Gr. bittere Mandeln, 125 Gr. Rosinen, 1/8 Ltr. Milch, die Schale einer Zitrone, 10 Gr. Hefe, 125 Gr. Sukkade.*

benen Schale der Zitrone, der geriebenen Sukkade und den anderen Zutaten 10 Minuten. Als Gewürz gibt man 1 gehäuften Teel. Kardamom dazu. Die Masse mischt man tüchtig mit dem gut aufgegangenen Hefeteig, gibt nach und nach das übrige Mehl dazu, schlägt den Teig hierbei tüchtig, knetet ihn tüchtig durch, formt einen Stollen, bestreicht den Stollen mit geschmolzener Butter, legt ihn auf ein Backblech und stellt ihn zum Aufgehen 30 Minuten an einen warmen Ort. Im anfangs nicht zu heißen Ofen bäckt man ihn 45 Minuten. Während des Backens wird der Stollen drei Mal mit Butter bestrichen, wenn er aus dem Ofen kommt, wird er mit Staubzucker bestreut.

**Österreichischer Klöben.** Die Mandeln werden mit kochendem Wasser angesetzt, ein Mal aufgekocht und abgezogen. Dann werden die Mandeln durchgeschnitten. Die Hefe verrührt

*Zutaten: 500 Gr. Mehl, 70 Gr. Butter, 80 Gr. Zucker, 2 Eier, 30 Gr. süße Mandeln, 1 bittere Mandel, 10 Gr. Hefe, 1/8 Ltr. Milch.*

man mit der Milch in einer Schüssel, gibt die Hälfte vom Mehl dazu und stellt den Teig 1 Stunde zum Aufgehen an einen warmen Ort. Nach dieser Zeit gibt man Butter, Zucker, 1 ganzes Ei und 1 Eidotter dazu und die Hälfte vom übrigen Mehl. Der Teig wird 5–10 Minuten geschlagen. Das letzte Mehl wird auf ein Backbrett gestreut, der Teig dazu gelegt, im Mehl gewendet. Von diesem Teig macht man 9 Stränge. Von 4 Strängen macht man zuerst einen Zopf, dann wieder von 3 Strängen. Diese Flechte legt man auf die untere Flechte. Danach macht man wieder von 2 Strängen einen Zapf und legt diese Flechte obenauf. Nun wird der Klöben mit Eiweiß bestrichen. In die Falten legt man die breit geschnittenen Mandeln und lässt den Klöben am warmen Ort noch 1 1/2 Stunden aufgehen. Dann wird er im heißen Ofen 30 Minuten gebacken. Wenn noch heiß, wird er mit Butter überpinselt und mit Streuzucker überstreut.

**Puffer.** Die weiche Butter rührt man mit dem Zucker 10 Minuten, gibt löffelweise das Mehl, die Hälfte der Milch und die Schale der Zitrone dazu und rührt die Masse mit dem Mehl 15 Minuten. Dann gibt man die Eidotter dazu *Zutaten: 250 Gr. Mehl, 250 Gr. grober Zucker, 4 Eier, 1/8 Ltr. Milch, 125 Gr. Butter, 1/2 Paket Backpulver, die abgeriebene Schale von 1 Zitrone.* und, wenn diese verrührt, den festen Schnee der Eier. Das Backpulver mischt man vorher mit dem Mehl und füllt die Masse in eine mit Butter und Mehl vorbereitete Form. Den Kuchen bäckt man im nicht zu heißen Ofen 45 Minuten.

**Schokoladenpuffer.** Die Eidotter und den Zucker rührt man mit dem Saft einer Zitrone 15 Minuten, danach stäubt man unter weiterem Rühren nach und nach das Mehl löffelweise darüber, zuletzt fügt man den festen Schnee der Eier dazu. Der Teig wird schnell in die vorher gefettete und mit Mehl ausge- *Zutaten: 6 Eier, 250 Gr. Zucker, 1 Zitrone, 65 Gr. Weizenmehl, 65 Gr. Kartoffelmehl, 80 Gr. Schokoladenstücke. Schokoladenguss: 250 Gr. feiner Puderzucker, 20 Gr. bester Kakao, 1/8 Ltr. kaltes Wasser.* stäubte Pufferform gefüllt. Beim Einfüllen des Teiges streut man 80 Gr. recht dünne Schokoladenstücke dazwischen. 30 Minuten wird der Kuchen im heißen Ofen gebacken. Sobald der Kuchen erkaltet ist, wird er mit folgendem Schokoladenguss überstrichen und danach sogleich noch 3 Minuten in den heißen Ofen gestellt, damit die Glasur nach dem Erkalten spiegelblank und trocken ist. Die Zutaten zum Schokoladenguss rührt man 5 Minuten; man kann zur Geschmackverbesserung 1 Essl. Butter hinzufügen.

**Zitronenpuffer.** Die Butter oder das Schmalz rührt man mit dem Zucker 10 Minuten. Das Mehl wird, gemischt mit dem Backpulver, löf- *Zutaten: 250 Gr. Butter oder Schmalz, 4 Eier, 1/8 Ltr. Wasser oder Milch, 125 Gr. Zucker,*

felweise leicht übergestäubt zur Butter gegeben, dann abwechselnd Eidotter und 1/8 Ltr. Wasser oder Milch. Wenn das Mehl verrührt *1/2 Paket Backpulver, 250 Gr. Kartoffelmehl, 250 Gr. Weizenmehl, 50 Gr. Rosinen, 1 Zitrone.*
ist, so wird die leicht abgeriebene Schale und der Saft der Zitrone und zuletzt der feste Schnee der Eier hinzugefügt. Vorher werden die Rosinen oder Korinthen mit heißem Wasser gewaschen, in einen Durchschlag gelegt und über den Ofen zum Trocknen gehängt. Eine Pufferform wird gefettet, mit Mehl ausgestäubt. Die Hälfte vom Teig wird in die Form gefüllt, darauf verteilt man die Rosinen oder Korinthen, dann füllt man wieder Teig hinein, und nun wird der Kuchen in dem vorher gut erwärmen Ofen 1 Stunde gebacken.

**Klöben.** Die Hefe löst man mit der lauwarmen Milch auf, gibt die Hälfte vom Mehl und den Zucker dazu, stellt den Teig zum Aufgehen 2 Stunden zugedeckt an einen warmen Ort. Die Rosinen werden mit heißem Wasser gewaschen und mit einem Tuche getrocknet. Die Mandeln werden gerieben. Sämtliche Gewürze gibt man an den gut aufgegangenen Teig, die Eier ebenfalls. Nun schlägt man den Teig 10 *Zutaten: 10 Gr. Hefe, 65 Gr. Zucker, 1/8 Ltr. lauwarme Milch, 500 Gr. Mehl, 125 Gr. geriebene Mandeln, 125 Gr. gewaschene Rosinen, 1/2 Teel. Kardamom, 1/2 Teel. Salz, 2 Eier, 65 Gr. Butter, die abgeriebene Schale von 1/2 Zitrone, 6 bittere Mandeln.*
Minuten tüchtig. Dann wird die letzte Hälfte Mehl dazu gegeben. Der Klöben wird geformt, auf ein Backblech gelegt und zum Aufgehen 30 Minuten an einen warmen Ort gestellt. Dann bäckt man ihn 1 Stunde im nicht zu heißen Ofen. In den letzten 10 Minuten muss der Ofen etwas heißer sein. In dieser Zeit wird der Klöben nach Verlauf von 5 Minuten mit reichlich geschmolzener Butter bestrichen. Ebenso bestreicht man ihn zum Schluss, wenn er aus dem Ofen kommt, mit Butter und bestreut ihn mit feinem Staubzucker.

**Klöben anderer Art.** Die Hefe löst man mit dem Wasser auf, gibt die Hälfte vom Mehl und den Zucker dazu, stellt den Teig zum Aufgehen 2 Stunden zugedeckt an den warmen *Zutaten: 50 Gr. Hefe, 750 Gr. Weizenmehl, 1/2 Ltr. Wasser, 60 Gr. Nüsse, 10 Gr. bittere Mandeln, 1 Ei, 150 Gr. Zucker.*
Ort. Die Nüsse und Mandeln werden gerieben. Nach dieser Zeit gibt man die Nüsse, Mandeln und auch die Eier an den gut aufgegangenen Teig. Nun schlägt man den Teig tüchtig 10 Minuten. Dann wird die letzte Hälfte Mehl dazu gegeben. Der Klöben wird geformt, auf ein Backblech gelegt und 30 Minuten zum Aufgehen an einen warmen Ort gestellt. Dann bäckt man ihn 1–2 Stunden im nicht zu heißen Ofen. In den letzten 10 Minuten muss der Ofen etwas heißer sein. In dieser Zeit wird der Klöben nach Verlauf von 5 Minuten mit reichlich geschmolzener Butter bestrichen.

**Puffer mit Hefe für die Kinderstube.** Man schüttet 250 Gr. Mehl in eine Schüssel, macht dann eine Vertiefung, verrührt die Hefe mit der lauwarmen Milch und gießt sie hiernach in die Vertiefung. Von der Mitte aus rührt man ein Teigstück, stellt den Teig zum Aufgehen 1 Stunde an einen warmen Ort. Während dieser Zeit werden die Rosinen mit heißem Wasser gewaschen und mit einem Tuche getrocknet. Die geriebene Zitronenschale, der Saft der Zitrone, die Eidotter, die abgezogenen, geriebenen Mandeln, Zucker, Butter und Rosinen werden 10 Minuten gerührt, dann wird das übrige Mehl nach und nach dazu gegeben und der feste Schnee der Eier. Zuletzt wird der gut aufgegangene Teig mit diesem Teig gemischt. Die Masse wird in eine Form gefüllt, die man vorher mit Butter ausgestrichen und mit Mehl ausgestäubt hat. Dann lässt man den Kuchen noch aufgehen und bäckt ihn 1 Stunde im heißen Ofen.

*Zutaten: 500 Gr. Mehl, 30 Gr. Hefe, 1/4 Ltr. Milch oder Wasser, 125 Gr. Zucker oder Kandis, 125 Gr. Fett oder Schmalz, 2 Eier, 125 Gr. Rosinen, 1 Zitrone, 125 Gr. süße Mandeln, 3 bittere Mandeln.*

**Gussglasur für alle Kuchen.** Der Zucker wird mit dem Wasser im kleinen Topf aufgelöst, dann unter Rühren langsam 5–10 Minuten gekocht, hiernach mit dem festen Eischnee unter raschem Rühren gemischt und mit einem Pinsel auf die gebackenen Kuchen gestrichen, die man zum Trocknen in den mäßig heißen Ofen stellt. Will man diesen weißen Guss farbig herstellen, so kann man ihn rosa färben mit 2 Essl. Rote Beete Saft, grün mit Spinatsaft, braun mit Kakao oder Karamell, schwarz mit dem Saft der schwarz eingekochten Walnüsse.

*Zutaten: 1/8 Ltr. Wasser, 125 Gr. Zucker, 2 Eiweiß.*

**Feinbrot.** 10 Gr. Hefe rührt man mit 1/4 Ltr. lauwarmer Milch, 1 Teel. Salz aus und gibt 250 Gr. Roggenfeinmehl dazu. Das Ganze rührt man glatt und stellt es am Abend vor dem Gebrauch zugedeckt an einen warmen Ort. Am nächsten Morgen schüttet man 125 Gr. Roggenmehl dazu und rührt den Teig tüchtig durch. 125 Gr. Mehl tut man auf das Backbrett und knetet den Teig mit dem Mehl 10 Minuten tüchtig durch. Dann formt man ein Brot, bestreicht es mit Eiweiß, bestreut es mit Kümmel und lässt es an einem warmen Ort 1/2 Stunde gehen. Dann bäckt man das Brot 1 Stunde.

*Zutaten: 10 Gr. Hefe, 1 Teel. Salz, 1/4 Ltr. lauwarme Milch, 500 Gr. Roggenfeinmehl.*

**Milchbrot für 6 Personen.** Das trockene Mehl mischt man mit dem Backpulver, macht darin eine Vertiefung, schlägt das ganze Ei nebst Milch, Zucker und Salz hinein und rührt von der Mitte aus ein kleines Teigstück. Dann gibt man die Butter dazu, kne-

*Zutaten: 125 Gr. Mehl, 1/2 Teel. Salz, 20 Gr. Zucker, 1/2 Teel. Backpulver, 1 Essl. Butter, 1 Ei, 1 Essl. Milch.*

tet den Rest vom Mehl mit dem Teig tüchtig durch und formt aus dem Teig 6 kleine Brote. Diese bestreicht man mit Eiweiß und bäckt sie im nicht zu heißen Ofen 10–15 Minuten.

**Weißbrot mit Mohn.** Die Hefe wird in einer Schüssel mit der kalten Milch verrührt, das Salz wird dazu gegeben und die Hälfte vom Mehl. Der Teig wird 10 Minuten gerührt und *Zutaten: 10 Gr. Hefe, 1 Kilo Weizenmehl, 1 Teel. Salz, 1/2 Ltr. Wasser oder Milch, 2 Essl. Mohn.* nun an einen warmen Ort 1 Stunde zum Aufgehen gestellt. Nach dieser Zeit wird der Teig mit dem übrigen Mehl 10 Minuten geknetet. Eine Kastenform wird gefettet und mit Mehl ausgestäubt; 1/3 Teil vom Teig lässt man zurück. Den übrigen gut geformten Teig legt man in die Kastenform, bestreicht das Brot mit Eiweiß, formt vom 1/8 Teil Teig eine Flechte, legt diese auf das Brot, bestreicht das Ganze nochmals mit Eiweiß, streut 2 Essl. Mohn darüber und stellt das Brot nun noch 30 Minuten an einen warmen Ort zum Aufgehen. Danach wird es im heißen Ofen 1 Stunde gebacken.

**Grahambrot.** 20 Gr. Hefe rührt man mit 1/4 Ltr. lauwarmem Wasser, 1 Teel. Salz aus. 250 Gr. Schrotmehl gibt man dazu. Das Ganze *Zutaten: 20 Gr. Hefe, 1/4 Ltr. Wasser, 500 Gr. Schrotmehl, 1 Teel. Salz.* rührt man gut und stellt es am Abend vorher an einen warmen Ort. Am nächsten Morgen schüttet man 125 Gr. Schrotmehl dazu und rührt den Teig tüchtig durch. 125 Gr. Schrotmehl tut man auf das Backbrett und knetet den Teig mit dem Mehl 10 Minuten tüchtig durch. Dann formt man das Brot, bestreicht es mit Eiweiß und lässt es an einem warmen Ort 1/2 Stunde gehen. Dann bäckt man das Brot bei anfangs mäßiger Hitze 1 Stunde.

**Tischbrot für 6 Personen.** Die Hefe legt man in eine Schüssel, gibt 1 Teel. Salz und die lauwarme Milch dazu. Ist dieses verrührt, fügt man die Hälfte vom Mehl hinzu. Hiernach wird die Schüssel 1 Stunde an einen warmen *Zutaten: 250 Gr. Mehl, 10 Gr. Hefe, je 1 Teel. Salz, Mohn oder Kümmel, 1/8 Ltr. kalte Milch, 1 Messerspitze Butter, 1 Eiweiß.* Ort zum Aufgehen gestellt, dann das übrige Mehl dazu gegeben, der Teig auf ein Backbrett gelegt und tüchtig 5–10 Minuten geknetet. Dann formt man kleine Brötchen und legt sie auf ein mit Butter bestrichenes Blech, bestreicht sie mit Eiweiß und bestreut sie mit Mohn, oder Kümmel und Salz. Man kann außerdem obenauf 1 Messerspitze Butter legen. Das Blech stellt man 1/2 Stunde zum Aufgehen an einen warmen Ort, dann bäckt man die Brötchen im heißen Ofen 15 Minuten. In den Tropen verwendet man für Backzwecke statt der Hefe Backpulver.

**Fleischbrote für 4-6 Personen.** Das Backpulver wird mit dem Mehl vermischt. Die Hälfte von dem Mehl streut man auf das Backbrett. Die zweite Hälfte Mehl verrührt man mit Butter, Milch und Salz. Das Teigstück auf das *Zutaten: 125 Gr. Mehl, 1/2 Teel. Salz, 65 Gr. fein gehacktes Fleisch, 2 Essl. kalte Milch, 65 Gr. Butter, 10 Gr. Backpulver.* Brett legen und allmählich mit dem Mehl ausrollen. Mit einem Glas Böden ausstechen und auf die Hälfte dieser Böden 65 Gr. fein gehacktes Fleisch verteilen. Die Böden werden am Rand mit Eiweiß bestrichen, die zweiten Böden darauf gelegt. Sind alle vorbereitet, so bestreicht man sie noch mit Eiweiß und blickt die Brötchen 5–10 Minuten im heißen Ofen.

**Lübecker Marzipan.** 1 Kilo frische, süße Mandeln werden 1 Minute gekocht, geschält und von schadhaften Stellen befreit, darauf *Zutaten: 1 Kilo süße Mandeln, 65 Gr. Orangenblütenwasser, 1 Kilo Puderzucker.* gewaschen und mit einem Tuche getrocknet und mit der Maschine fein gerieben, dann mit 65 Gr. Orangenblütenwasser und 1 Kilo feinem Puderzucker in einem kupfernen Topfe auf gelindem Feuer solange gerührt, bis die Masse nicht mehr an der Hand klebt; trockener darf sie nicht werden. Dann legt man die Masse auf ein mit Zucker bestreutes Backbrett und rollt sie aus. Dann formt man die Masse entweder zu einer Torte, oder sticht kleine Figuren davon aus, oder formt Kartöffelchen und lässt diese in einem abgekühlten Ofen ein wenig trocknen; der Marzipan darf nicht hart werden.

**Käseplatte für 10 Personen.** Die Hälfte Pumpernickel wird gerieben und auf ein Brett ausgebreitet. Die drei Käsesorten werden mit einem gehäuften Kochlöffel Butter verrührt. Die Hälfte hiervon stellt man auf Eis. Von der zweiten Hälfte formt man 12 Kugeln, legt diese auf das Brett und rollt sie so lange in dem Pumpernickel, bis dieser verarbeitet ist. Diese imitierten Trüffeln stellt man 2 Stunden auf Eis. Von dem Bleichsellerie entfernt *Zutaten: 1 großer Bleichsellerie, je 1 Paket Brezeln, Pumpernickel, Bismarckeks, 12-14 Käsestangen, 125 Gr. Jordanmandeln, 125 Gr. Roquefort, 125 Gr. Gorgonzola, 1 kleiner Gervais, 1 Essl. gerieben. grüner Käse, imitierte Trüffeln, Butter, 1/2 Teel. abgekochter Spinat, 200 Gr. Butter.* man die äußeren grünen Rippen und Blätter. Die Knolle muss man schälen, aber nicht von den Rippen lösen, die Rippen auseinanderteilen. Danach lässt man den Bleichsellerie 1/4 Stunde in Eiswasser liegen. Nun schneidet man die Rippen in gleichmäßige, fingerlange Stücke, füllt sie mit der zweiten Hälfte der Käsemasse und streicht diese mit einem vorher in heißes Wasser getauchten Messer glatt. Diesen Sellerie stellt man ebenfalls 1 Stunde vor dem Gebrauch auf Eis. 1 Essl. geriebenen grünen Käse verrührt man mit 1

Teel. abgekochtem Spinat und 1 Teel. Butter. Die zweite Hälfte vom Pumpernickel schneidet man in Scheiben und dann in Dreiecke. Diese bestreicht man mit der grünen Masse. Zum Glätten taucht man das Messer wieder in heißes Wasser. Nun legt man darauf einen Streifen gleichmäßig geschnittener Radieschenscheiben. Diese sind 1 Stunde vor dem Gebrauch auf Eis zu stellen. 12 Bismarckkekse werden mit Butter bestrichen; die zweite Hälfte vom Gervais verrührt man mit 1 Teel. Butter und legt hiervon spitze Häufchen in die Mitte des Bismarckkekses. 4 rote Radieschenstreifen legt man spiralförmig auf jedes Käsehäufchen. 12 Pumpernickelscheiben werden dick mit Butter bestrichen und 12 Weißbrotscheiben ebenso. Nun legt man 3 Weißbrot- und 4 Pumpernickelscheiben abwechselnd aufeinander, drückt diese Brötchen fest zusammen und schneidet Stücke davon in der Größe von Dominosteinen. Die eine Seite kann man mit Butterkugeln belegen, die so groß wie Erbsen gerollt sind. In die Mitte der Platte legt man recht hoch die Trüffeln. Alle übrigen Zutaten legt man häufchenweise herum und die dreieckig geschnittenen Pumpernickelscheiben auf den Rand der Platte mit der Spitze nach außen. Bereitungszeit für eine Person 1 1/2-2 Stunden.

# VOM EINMACHEN

Hat man keinen Apparat zur Verfügung, so kann man gewöhnliche Flaschen, Steinkruken, Bier-, Selter- und Limonadenflaschen verwenden. Diese Gefäße müssen sehr sauber und trocken gehalten werden, weil die geringste Unsauberkeit das Verderben der Früchte und Gemüse verursacht. Gebrauchte Korken kann man wieder verwenden. Sie werden vorher mit reichlich kaltem Wasser aufs Feuer gestellt und 10 Minuten gekocht. Dann legt man sie nochmals 2 Stunden in frisch kochendes Wasser; diesem Wasser fügt man etwas Salzsäure hinzu, auf 2 Ltr. Wasser 1 Essl. Salzsäure. Ist dieses Wasser ausgekühlt, so werden die Korken noch einmal in reichlich heißes Wasser gelegt und danach an der Luft getrocknet.

## Marmelade ohne Zucker

Alle Früchte und Marmeladen können ohne Zucker eingemacht werden. Die Früchte können in rohem Zustand und ungekocht aufbewahrt werden. Hierzu eignen sich Rhabarber, unreife Stachelbeeren, Bickbeeren und saure Weinkirschen. Rhabarber wird in kleine Stücke geschnitten und dann in die trockenen Flaschen gefüllt; aufgekochtes und erkaltetes Wasser gießt man über den Rhabarber, bis dieses einen Finger breit über den Stücken steht, verkorkt die Flasche und taucht den Flaschenhals rasch in flüssiges Pech, Harz oder Lack. Stachelbeeren bekommen sehr leicht eine harte Haut, sie können dann gekocht werden, durch ein Sieb gestrichen und für Suppen und Grützen verwendet werden. Alle Marmeladen müssen ohne Deckel fest eingekocht werden. Hat man keinen Apparat, so füllt man die Masse in Gläser und Steinkruken und stellt die Kruken zum Nachdünsten eine Nacht in den nicht zu heißen Bratofen, damit sich durch Eintrocknen eine Kruste bildet; oder man nimmt Pergamentpapier, welches vorher in Benzoesäure getaucht ist. Diese Marmelade kann man auch ohne Zucker bereiten und später beim Gebrauch mit einer Süßstofflösung nach Geschmack mischen. Zur Streckung von verschiedenen Marmeladen kann man Karotten, Steckrüben und Kürbis nehmen. Die Karotten werden geschabt, gewaschen und durch die Fleischmaschine gegeben; dann mit den verschiedenen Marmeladen gekocht. Ebenso werden die Steckrüben und der Kürbis zur Streckung vorbereitet.

**Blaue vollausgereifte Pflaumen, süßliche Äpfel und Birnen** zu gleichen Teilen. Die Früchte schälen, entkernen und 2 Stunden unter Rühren kochen.

**Kürbis, Pflaumen, Äpfel oder Birnen** zu gleichen Teilen, als Gewürz etwas Nelken.

**Holunderbeeren (Fliederbeeren), Birnen und Äpfel** zu gleichen Teilen.

**Schwarze Johannisbeeren mit Himbeeren** zu gleichen Teilen.

**Brombeeren mit Äpfeln** zu gleichen Teilen.

**Brombeeren mit Himbeeren** zu gleichen Teilen.

**Rote, raue Stachelbeeren** mit einem Vierteilteil **roter Johannisbeeren.**

**Hagebutten mit Äpfeln** zu gleichen Teilen.

**Grüne Tomaten mit Rhabarber** zu gleichen Teilen.

## Marmelade mit Zucker

**Rhabarber.** Der Rhabarber wird in Stücke geschnitten, gewaschen, in ein 1-Kilo-Glas *Zutaten: Zu 500 Gr. Rhabarber 250 Gr. Zucker.* gelegt und mit dem Zucker überstreut. Den Rand des Glases wischt man mit einem feuchten Tuch ab. Der Gummiring wird mit kaltem Wasser angefeuchtet und auf den Rand des Glases gelegt. Nun legt man den mit kaltem Wasser abgespülten Deckel auf den Gummiring, stellt die vorbereiteten Gläser auf den Träger und schließt sie mit der Feder. Den Träger stellt man in den Apparat und gießt so viel kaltes Wasser hinein, bis dieses bis zur Hälfte an die Gläser reicht, und stellt die Haube über die Gläser. Wenn das Ventilhütchen zu vibrieren anfängt, sieht man nach der Uhr und lässt den Apparat 30 Minuten in dieser Kochhitze stehen. Wenn die Zeit um ist, stellt man den Apparat beiseite, nimmt die Haube ab und legt ein heißes, feuchtes Tuch über den Träger, nimmt diesen schnell heraus, noch ein zweites und drittes Tuch darüber legend und lässt den Rhabarber unter der Feder vollständig erkalten. Man hält 2–3 Träger für einen Apparat. Das heiße Wasser wird ausgegossen, der zweite Träger wird mit den Gläsern hineingestellt und 2 Ltr. kaltes Wasser darüber gegossen, dieses bringt man ins Kochen und fährt dann so fort. Als Kochzeit für 1-Ltr.-Gläser wird beim Gemüse 1 Stunde, bei Fruchtsäften und Kompotten 30 Minuten gerechnet. 2- bis 4-Ltr.-Gläser müssen 1–2 Stunden kochen.

**Rhabarber.** Hierzu nimmt man am besten den hellgrün aussehenden, zieht ihn ab, schneidet ihn in große Würfel, wäscht ihn, legt ihn recht *Zutaten: 2 Kilo Rhabarber, 1/8 Ltr. Wasser, 375 Gr. Zucker.* fest in die Gläser. Der Zucker wird angefeuchtet und, nachdem er geschmolzen, allmählich ins Kochen gebracht. Dann wird der Zucker über den Rhabarber gefüllt; die Gläser werden geschlossen und 30 Minuten sterilisiert. Im Apparat müssen die Gläser erkalten.

**Rhabarbermarmelade.** Die Sorte „Viktoria" ist allen anderen Sorten vorzuziehen. Den Rhabarber in Würfel schneiden, waschen, mit dem Wasser *Zutaten: 1 Kilo Bergamotte-Birnen, 1/2 Ltr. Wasser, 125 Gr. Zucker.* vollständig weichkochen, dann durch ein Haarsieb streichen. Auf 500 Gr. Masse kommen 375 Gr. Zucker. Unter Rühren lässt man das Ganze 40 Minuten kochen. Als Gewürz nimmt man etwas Kardamom oder Ingwerwurzel.

**Rhabarber-Marmelade mit Erdbeeren.** Hierzu verwendet man überreife Erdbeeren, welche unansehnlich sind oder von den Schnecken angefressen wurden und sich nicht mehr zum Roh essen eignen. Erdbeeren und Rhabarber zu gleichen Teilen; auf 500 Gr. Fruchtmasse nimmt man 250 Gr. Zucker. Die abgezupften und gewaschenen Erdbeeren werden mit dem geschälten, in kleine Stücke zerschnittenen Rhabarber angesetzt und zugedeckt 20 Minuten gekocht; nach dieser Zeit legt man den Deckel beiseite, gibt den Zucker zur kochenden Fruchtmasse und kocht sie ohne Deckel 10–20 Minuten auf geschlossenem Herd, inzwischen öfter umrühren. Man kann diese Marmelade benutzen zur Füllung von Omeletten, Torten und kleinen Kuchen.

**Birnen.** Man nimmt hierzu am besten Bergamottebirnen. Die Birnen werden geschält, gewaschen, vom Kernhaus befreit, in die Glä- *Zutaten: 1 Kilo Bergamotte-Birnen, 1/2 Ltr. Wasser, 125 Gr. Zucker.*

ser gefüllt. Wasser und Zucker lässt man 5 Minuten kochen und gießt es dann heiß über die Birnen. Das Glas wird mit einem feuchten Tuch sauber gemacht, mit Ring und Deckel geschlossen und hiernach 1/8 Stunde sterilisiert. Die Gläser müssen im Apparat vollständig erkalten. Nimmt man sie zu früh aus dem Apparat, löst sich der Deckel, und der Inhalt verdirbt.

**Grüne Tomatenmarmelade.** Die gewasche- *Zutaten: 500 Gr. Tomaten, 1/8* nen Tomaten werden in Stücke geschnitten, mit *Ltr. Wasser, 2 Essl. Essig oder* dem Essig und Wasser in geschlossenem Topfe *Zitronensaft, 200 Gr. Zucker.* angesetzt und langsam 10 Minuten gekocht. Dann wird die Masse durch ein Sieb gestrichen und nun mit dem Zucker ohne Deckel 10–15 Minuten gekocht. Als Gewürz kann man Vanille, Zitronenschale, Ingwer, Nelken nehmen.

**Grüne Tomaten als Kompott.** 1 Kilo grüne Tomaten kocht man in der Flüssigkeit 3–4 Minuten. Man legt zurzeit 6 *Zutaten: 1 Kilo grüne Toma-* Tomaten in die Flüssigkeit. Die Tomaten legt *ten, 1/4 Ltr. Essig, 1/4 Ltr.* man in die Gläser; sind alle vorbereitet, so gibt *Wasser, 1 Stück Ingwerwurzel,* man 250 Gr. Zucker in die Flüssigkeit und *4 Nelken, 250 Gr. Zucker.* lässt diese ohne Deckel 3 Minuten kochen. Man gießt die Flüssigkeit über die Tomaten und sterilisiert 10 Minuten.

**Grüne Tomaten als Kompott anderer Art.** Die Tomaten werden gewaschen und mit kochendem Wasser übergos- *Zutaten: 500 Gr. Tomaten, 125* sen. Hiernach bringt man Essig, Wasser und *Zucker, 1/8 Ltr. Cideressig,* die Nelkenköpfe ins Kochen. Die Tomaten *1/2 Ltr. Wasser, 6 Nelkenköpfe* lässt man langsam zugedeckt 3–4 Minuten *oder 1 kleine Ingwerwurzel.* hierin kochen. Dann legt man die Tomaten in die sauberen Gläser, kocht den Saft mit dem Zucker ohne Deckel 10 Minuten und gießt ihn heiß über die Tomaten, schließt die Gläser mit dem Gummiring und Deckel und sterilisiert sie 10 Minuten. Hat man keinen Apparat zur Verfügung, so gibt man eine Einmachtablette, mit etwas heißem Wasser aufgelöst, zur Flüssigkeit, lässt sie aber nur 2 Minuten mit kochen. Die Gläser werden sogleich heiß zugebunden. Wenn man reichlich Zucker hat, so sind 300 Gr. Zucker zu verwenden.

**Tomaten ganz einwecken.** Die frisch gepflückten Tomaten werden gewaschen, in die weiten Gläser gelegt, mit kaltem oder kochendem Wasser übergossen. Das Wasser muss einen Finger breit über den Tomaten stehen. Mit nassem Gummiring und Deckel die Gläser schließen, bei nicht zu starker Hitze 30 Minuten sterilisieren, im Apparat erkalten lassen, oder den Träger mit Tüchern zudecken.

**Tomaten in Salzlake.** Die roten, festen, nicht zu reifen Tomaten werden mit einem Tuche abgerieben, vom Stiel und der Blüte befreit, *Zutaten: 500 Gr. Salz, 2 1/2 Ltr. kaltes Wasser, 2 Kilo Tomaten.* danach in einen Steintopf gelegt. Das Salz wird mit dem kalten Wasser so lange gerührt, bis es vollständig geschmolzen ist. Diese Salzlösung gießt man über die Tomaten. Außerdem legt man ein nicht zu schweres Brett auf die Tomaten. Nun bindet man den Topf mit Papier zu und stellt die Tomaten an einen trockenen, kühlen Ort. Bis Dezember bleiben die Tomaten haltbar.

**Tomatenmus.** Die reifen, unbeschädigten Tomaten werden gewaschen, in Stücke geschnitten, im geschlossenen Topf ohne Wasser angesetzt und zugedeckt 10 Minuten auf geschlossenem Herd gekocht. Nach dieser Zeit streicht man die Masse durch ein Haarsieb. Dann füllt man die Masse in die Gläser, schließt diese mit dem nassen Gummiring und Deckel und sterilisiert 1 Stunde. Hat man keinen Apparat, so wird die gesiebte Tomatenmasse nochmals unter Rühren 10 Minuten gekocht, in die trockenen Flaschen gefüllt, heiß mit einem Salizyl-Wattepfropfen geschlossen, zugebunden, kalt und dunkel gestellt.

**Pflaumenmus mit Nüssen.** Die Pflaumen waschen und entsteinen, im geschlossenen *Zutaten: 500 Gr. Pflaumen, 30 Gr. Nüsse.* Topf ansetzen, 4 bis 6 Stunden kochen. Die Nüsse ausbrechen, durch die Mühle geben. Zu 500 Gr. Pflaumen nimmt man 30 Gr. Nuss. Man kann auch als Gewürz Kaneel oder 6 Nelkenköpfe nehmen.

**Grüne Pflaumen (Reineclauden).** Man nimmt große, nicht zu reife Früchte. Sie wer- *Zutaten: 2 Kilo Pflaumen, 1 Ltr. Wasser, 500 Gr. Zucker.* den einzeln mit einem Tuche abgerieben, dann mit einer silbernen Forke oder einer Stopfnadel drei Mal durchstochen. Danach setzt man sie mit kochendem Wasser an und lässt sie ein Mal aufkochen. Man nimmt für 2 Kilo Pflaumen 1 Ltr. Wasser. Mit einem Schaumlöffel nimmt man die Pflaumen, die nicht geplatzt sein dürfen, heraus und legt sie vorsichtig in die Gläser. Zweifingerbreit vom Rand des Glases lässt man frei. 500 Gr. Zucker, 1/8 Ltr. von dem Wasser, worin die Pflaumen gekocht, lässt man unter Rühren 5 Minuten kochen, dann gießt man den Zucker über die Pflaumen, wischt mit einem sauberen, in heißes Wasser getauchten Tuch den Rand der Gläser ab, schließt sie mit dem nassen Gummiring und Deckel, stellt sie unter die Feder auf den Träger und sterilisiert die Gläser 20 Minuten. Diese Zeit ist gerechnet für schmale Gläser; große, breite Gläser von 2 Kilo Inhalt müssen 40 Minuten sterilisieren.

**Pflaumenmus.** Recht reife Pflaumen oder Zwetschen werden entsteint. Man verarbeitet zurzeit 20–30 Kilo. Sie werden sogleich in den Kessel gelegt, worin sie gekocht werden. Dann bringt man sie ohne Wasser ins Kochen. Es ist gut, wenn man auf den Boden des Topfes 4–6 saubere Feldsteine legt. Das Pflaumenmus wird 6–12 Stunden gekocht und hierbei immerwährend umgerührt. Die Steine legt man in den Kessel, um das Anbrennen zu Verhüten. Sind die Pflaumen nach dieser Kochzeit vollständig zerkocht, so werden sie in Kruken oder Gläser gefüllt, mit flüssigem Hammeltalg zugeschmolzen. Hat man keinen Hammeltalg, so werden die gefüllten Gläser eine Nacht in den noch warmen Bratofen gestellt, damit sich eine Kruste bildet. Dann werden sie noch warm mit einem in Salizyl getauchten Papier belegt und zugebunden.

**Zwetschen einmachen.** Diese Zwetschen sind auch für Kranke als Kompott zu verwenden. *Zutaten: 1 Kilo Zwetschen, 65 Gr. Zucker.* Man legt die Zwetschen in eine tiefe Schüssel, gießt reichlich kochendes Wasser auf, zieht die Haut ab und entfernt die Steine. Die abgezogenen Zwetschen legt man abwechselnd mit dem Zucker in das Einmachglas und sterilisiert sie 30 Minuten im Apparat.

**Essigpflaumen.** Die Pflaumen (Zwetschen) werden mit einem Tuch abgerieben, hiernach mit einer silbernen Forke geprickelt. Dann *Zutaten: 1 Kilo Pflaumen, 1/2 Ltr. Rotwein, 10 Nelkenköpfe, 1 Essl. Essig, 65 Gr. Zucker.* legt man sie in den Glashafen. Den Rotwein kocht man mit den Nelken und 1 Essl. Essig einmal auf, dann gießt man den Wein auf die Pflaumen und deckt sie zu. Am nächsten Morgen gießt man den Wein ab, kocht ihn mit Zucker und gießt diese heiße Flüssigkeit wieder über die Pflaumen. Das Abgießen und Aufkochen der Flüssigkeit wiederholt man 4 Tage. Am letzten Tage lässt man die Pflaumen einmal in dem Saft aufkochen. Dann nimmt man sie vorsichtig mit dem Schaumlöffel aus der Flüssigkeit, legt sie in den Glashafen, lässt den Saft nochmals bis zur Hälfte einkochen und gießt ihn heiß über die Pflaumen. Das Glas wird sogleich mit einem in Salizyl getauchten Papier bedeckt und heiß zugebunden.

**Aprikosen-Marmelade.** Recht reife Früchte werden entsteint; 10 Steine schlägt man auf, hackt die Körner recht fein und gibt sie zu 7 1/2 Kilo Aprikosenfleisch. Zu dieser Menge gibt man 1/4 Ltr. Wasser und kocht das Fruchtfleisch unter Rühren 20 Minuten. Nach dieser Zeit wird die Masse durch ein Sieb gestrichen. Zu 500 Gr. Frucht nimmt man 750 Gr. Zucker und kocht die Masse mit dem Zucker unter Rühren 20 Minuten.

**Aprikosen.** Man nimmt zu 500 Gr. Aprikosen *Zutaten: 500 Gr. Aprikosen,* 125 Gr. Zucker. Die Aprikosen werden ent- *125 Gr. Zucker, 1/8 Ltr. Wasser.* steint. Der Zucker wird mit 1/8 Ltr. Wasser angefeuchtet und bei mäßiger Hitze langsam ins Kochen gebracht. Dann legt man die Aprikosen in den Zucker und lässt sie zugedeckt einmal aufkochen. Danach füllt man sie in das Glas, den Zuckersaft gießt man darüber und sterilisiert die Früchte 30 Minuten.

**Pfirsiche.** Der Zucker wird angefeuchtet und *Zutaten: 500 Gr. Pfirsiche,* aufgekocht. Man legt die Pfirsiche auf ein Sieb *125 Gr. Zucker.* und hält das Sieb rasch in stark kochendes Wasser, zieht sogleich mit einem silbernen Messer die Haut ab, schneidet die Pfirsiche einmal durch und entfernt den Kern. Die halbierten Pfirsiche legt man auf eine Platte und füllt schnell 1 Teel. vom aufgekochten Zucker über jede Pfirsichhäute, um die Pfirsiche weiß zu erhalten. Nachdem alle Früchte fertig sind, füllt man sie mit dem übrig gebliebenen Saft in die Gläser und sterilisiert sie 1/2 Stunde.

**Kirschen, Schattenmorellen.** Zu 500 Gr. *Zutaten: 500 Gr. Kirschen,* Kirschfleisch nimmt man 250 Gr. Zucker, wel- *250 Gr. Zucker.* cher mit Wasser angefeuchtet und, nachdem er vollständig geschmolzen, ins Kochen gebracht wird. Das Kirschfleisch wird dazu geschüttet, 10 Minuten unter Schütteln gekocht; die Früchte werden in die Gläser gefüllt, dieselben geschlossen und 30 Minuten sterilisiert. Die Gläser müssen im Apparat erkalten. Den überflüssigen Saft füllt man in Flaschen und sterilisiert ihn 30 Minuten.

**Saure Weinkirschen.** Der Zucker wird *Zutaten: 500 Gr. Kirschen,* mit Wasser angefeuchtet und, nachdem er *250 Gr. Zucker.* geschmolzen, ins Kochen gebracht. Man schüttet die Kirschen dazu und kocht sie 10 Minuten unter öfterem Schütteln. Nach dieser Zeit füllt man die Früchte in die Gläser und sterilisiert sie 30 Minuten. Die Flaschen und Gläser müssen im Apparat vollständig erkalten. Den überflüssigen Saft füllt man in Flaschen.

**Kirschmarmelade.** Die Kirschen müssen aus- *Zutaten: 2 Kilo Schatten-* gereift sein und fast schwarzrot aussehen. Sie *morellen, 1 Kilo Zucker.* werden entsteint, mit dem Saft ins Kochen gebracht. 125 Gr. Kerne schlägt man auf und gibt sie zu den kochenden Kirschen; für Kinder und Kranke nimmt man keine Kerne. Die Kirschen kocht man 20 Minuten, dann streicht man sie durch ein Haarsieb; es dürfen nur die Kerne zurückbleiben. Nach diesem wird die Kirschmasse mit dem Zucker unter Rühren 10–15 Minuten gekocht. Dann wird die Masse in die Gläser gefüllt, und diese werden im

Apparat 10 Minuten bei 80 Grad sterilisiert. Benutzt man keinen Apparat, so wird die Marmelade mit einem in Salizyl getauchten Papier belegt, und die Gläser werden noch warm zugebunden.

**Erdbeeren.** Den Zapfen darf man nicht abziehen, sondern man muss den Stiel mit der Schere abschneiden. *Zutaten: 3 Kilo Erdbeeren, 1 Kilo Zucker.* Man feuchtet den Zucker mit kaltem Wasser an, lässt ihn 30 bis 40 Minuten im Topf schmelzen, bringt ihn allmählich ins Kochen und nimmt den Schaum ab, lässt ihn 10 Minuten auskühlen und gießt ihn in die Gläser über die Früchte. Man sterilisiert 30 Minuten und lässt die Gläser in dem Apparat erkalten. Nachdem die Gläser aus dem Apparat genommen sind, müssen sie häufig umgekehrt werden, damit der Saft die Früchte durchzieht.

**Erdbeeren auf andere Art.** Die vorbereiteten Erdbeeren lässt man in dem geschmolzenen Zucker unter öfterem Schütteln 5 Minuten kochen, füllt die Früchte in die Gläser und gießt zuletzt von dem Safte so viel über die Früchte, bis sie bedeckt sind. Der mit einem feuchten Tuche gut abgewischte Rand des Glases ist mit Gummiring und Deckel zu schließen. Dann sterilisiert man die Erdbeeren 30 Minuten. Der überflüssige Saft kann in Flaschen gefüllt und 30 Minuten sterilisiert werden.

**Erdbeermarmelade.** Das Fleisch von den Erdbeeren streicht man durch ein Sieb und *Zutaten: 500 Gr. Erdbeeren, 250 Gr. Zucker.* gibt fast 125 Gr. Zucker auf 500 Gr. Fruchtfleisch. Nachdem der Zucker mit kaltem Wasser angefeuchtet worden, tut man denselben mit dem Erdbeermus zusammen und kocht dieses, immer rührend, 15 Minuten. Die Marmelade wird in trockene Gläser gefüllt und obenauf ein in Salizyl getauchtes Papier gelegt. Die Gläser sind zuzubinden, solange sie noch warm sind.

**Erdbeersaft.** Die Erdbeeren werden abgezupft, dann im geschlossenen Topf oder *Zutaten: Zu 500 Gr. Saft 125 Gr. Zucker.* Messingkessel (um die Farbe zu erhalten, nimmt man den Messingkessel) ins Kochen gebracht. Nachdem sie 5 Minuten gekocht haben, werden die Früchte zum Durchdampfen auf ein Tuch gegossen und der Saft gewogen. Der Zucker (Einmachzucker) wird mit kaltem Wasser angefeuchtet, und dann lässt man ihn in dem Saft vollständig schmelzen; nun füllt man den Saft in die Flaschen. Der Rand der Flaschen ist mit einem feuchten Tuche sorgfältig abzuwischen. Die Flaschen sind darauf mit dem Gummiring zu schließen. Man stellt sie in den Apparat, sterilisiert den Saft 30 Minuten und lässt die Gläser dann in demselben erkalten.

**Erdbeermark.** Die Früchte dürfen nicht zu *Zutaten: 1 Kilo Erdbeeren,* reif sein und müssen frisch verbraucht wer- *250 Gr. Zucker.* den. Auf 1 Kilo Frucht rechnet man 250 Gr. Zucker. Die Erdbeeren werden abgezupft und ohne Wasser angesetzt, zugedeckt 10 Minuten erhitzt, nicht gekocht. Dann wird die Masse durch ein Sieb gestrichen, mit dem Zucker ins Kochen gebracht, unter Rühren 8 Minuten gekocht. Nun füllt man die Masse in die sauberen Gläser, wischt den Rand mit einem nassen Tuch ab und schließt das Glas mit dem nassen Gummiring und Deckel, stellt die Glä- ser auf den Träger unter die Feder, stellt den Träger in den Apparat, der bis zur Hälfte mit Wasser gefüllt ist, und sterilisiert 10 Minuten.

**Erdbeer-Rhabarbersaft.** Der Rhabarber wird *Zutaten: 500 Gr. Erdbeeren,* in kleine Würfel geschnitten und gewaschen. *250 Gr. Rhabarber.* Die Erdbeeren werden gewaschen, auf einen Durchschlag gelegt, dann abge- zupft, mit dem Rhabarber ohne Wasser angesetzt und zugedeckt 10 Minuten langsam gekocht. Hierauf wird die Masse auf ein Fruchtsieb zum Durchtropfen gegossen. Will man Zucker verwenden, so rechnet man 65 Gr. Zucker auf 500 Gr. Saft. Saft und Zucker werden 10 Minuten gekocht. Der sich bildende Schaum muss während des Kochens abgefüllt werden und findet für Fruchtgrützen Ver- wendung. Der Saft wird in Flaschen gefüllt und 30 Minuten sterilisiert.

**Himbeerkompott.** Hierzu nimmt man am *Zutaten: 500 Gr. Himbeeren,* besten die ersten reifen Früchte. Zu 500 Gr. *125 Gr. Zucker.* abgezupften Früchten nimmt man 125 Gr. Zucker. Zucker und Früchte wer- den schichtweise in das Glas gelegt. Das Glas schließen und 10 Minuten ste- rilisieren. Mit einem Tuch zugedeckt unter der Feder erkalten lassen.

**Himbeergelee.** Die frisch gepflückten, reifen *Zutaten: 3 Kilo Himbeeren,* Beeren werden in einer Schüssel zerdrückt *500 Gr. Johannisbeeren, 375* und dann wird mit einem Tuche der Saft aus- *Gr. Zucker.* gedrückt. Der Saft wird gewogen. Zu 500 Gr. Saft nimmt man 375 Gr. Zucker. Der Saft wird in einer Steingutschüssel 1 Stunde dauernd gerührt, der Zucker nach und nach leicht übergestäubt dazu gegeben. Der Saft wird hiernach in saubere und trockene Gelee-Gläser gefüllt und sogleich mit einem in Sali- zyl getauchten Papier bedeckt und zugebunden. Dieses Gelee ist vorzüglich, wird aber erst dick im Laufe des Winters.

**Himbeersaft mit Weinsteißsäure.** Die Him- *Zutaten: 1 Kilo Himbeeren, 15* beeren werden zerdrückt; die Weinsteinsäure *Gr. Weinsteinsäure, 1/8 Ltr.* wird in dem kalten Wasser aufgelöst und die *kaltes Wasser, 500 Gr. Zucker.*

Lösung mit den Himbeeren vermischt. So vorbereitet lässt man die Frucht 24 Stunden stehen. Dann gießt man sie auf ein Tuch zum Durchtropfen und wiegt den Saft. Auf 500 Gr. Saft sind 500 Gr. Zucker zu nehmen. Hiernach wird der rohe Saft 3/4 Stunden gerührt, dann in Flaschen gefüllt und gut zugekorkt.

**Stachelbeermarmelade.** Man nimmt hierzu rote, raue Beeren. Sie werden von Blüte und *Zutaten: Zu 500 Gr. Frucht 250 Gr. Zucker.* Stängel befreit und gewaschen, dann ins Kochen gebracht und unter öfterem Umrühren 15 Minuten gekocht. Der angefeuchtete Zucker wird, nachdem er vollständig geschmolzen, zu den kochenden Stachelbeeren gegossen und beides noch 15 Minuten gekocht, in Gläser gefüllt, mit einem in Salizyl getauchten Papier belegt; die Gläser werden heiß zugebunden. Man kann auch die Marmelade vorher durch ein Sieb streichen, bevor der Zucker dazu gegeben wird.

**Stachelbeeren anderer Art.** Die kleinen, grünen, rauen Früchte sind allen anderen Sorten vorzuziehen. Sie werden vom Stängel und von der Blüte befreit, gewaschen, mit 1 Ltr. kochendem Wasser angesetzt und ein Mal aufgekocht. Das Wasser ist gerechnet für 2 Kilo Stachelbeeren. Mit einem Schaumlöffel nimmt man die Stachelbeeren heraus, füllt sie vorsichtig in die gespülten Gläser; zweifingerbreit müssen die Früchte vom Deckel entfernt bleiben. Das Stachelbeerwasser gießt man über die Frucht, genügt es nicht, so gießt man noch gewöhnliches Wasser nach. Das Wasser muss bis an den Deckel reichen. Der Rand des Glases wird sauber gespült, das Glas mit dem nassen Gummiring und Deckel geschlossen und im Apparat 30 Minuten sterilisiert.

**Johannisbeergelee.** Die abgezupften Johannisbeeren werden erhitzt bis sie platzen, und *Zutaten: Zu 500 Gr. Saft 375 Gr. Zucker.* dann auf ein Tuch zum Durchdampfen gegossen. Hiernach wird der Saft gewogen. Der Zucker muss im Saft vollständig schmelzen, dann lässt man das Ganze unter öfterem Rühren in 10 Minuten zu Gelee kochen. Den Schaum füllt man zuletzt ab und füllt die Flüssigkeit in die Gläser. Nach 3–4 Stunden, wenn sich eine Haut gebildet hat, belegt man das Gelee mit einem in Salizyl getauchten Papier und bindet die Gläser sogleich zu.

**Schwarzes Johannisbeer-Gelee.** Die Früchte müssen großbeerig sein. Sie werden gewaschen, abgezupft, in einem hohen breiten Topf angesetzt und 1 Stunde langsam erhitzt. Hiernach kann man etwas mehr Hitze geben und 5 Minuten kochen, bis die Früchte platzen. Hiernach werden sie auf ein Sieb gegossen zum Durchtropfen. Nach 3 Stunden wird der Saft gewogen. Man muss zu *Zutaten: Auf 500 Gr. Saft 250 Gr. Zucker.*

500 Gr. Saft 250 Gr. Zucker geben. Zucker und Saft rührt man 1 Stunde, bis der Saft am Löffel hängen bleibt, füllt ihn in Gläser und belegt das Gelee mit einem in Salizyl getauchten Papier.

**Johannisbeersaft.** Die abgezupften Johannisbeeren werden erhitzt, auf ein Tuch gegossen
zum Durchtropfen. *Zutaten: Auf 500 Gr. Saft 125 Gr. Zucker.* Man lässt den Zucker im Saft vollständig schmelzen. Man füllt den Saft in die Flaschen und sterilisiert 30 Minuten. Die Flaschen müssen im Apparat vollständig erkalten. Himbeersaft bereitet man ebenso.

**Johannisbeer-Gelee von rohen Früchten.**
Große, recht reife Früchte werden gewaschen
*Zutaten: Auf 500 Gr. Saft 375 Gr. Zucker.* und abgezupft, dann durch ein Tuch gedrückt. Der Saft wird gewogen. Der rohe Saft wird gerührt, und hierbei wird der Zucker nach und nach hinzu-gestreut. Man muss solange weiterrühren, bis der Saft geliert, zirka 30–40 Minuten. Das Gelee füllt man in Gläser, legt obenauf ein in Rum getauchtes Papier und bindet die Gläser sogleich zu.

**Saft für Limonade.** Die Weinsteinsäure wird
mit 1 1/2 Ltr. kaltem Wasser aufgelöst und
über die Frucht gegossen und 1–2 Tage zum
*Zutaten: 2 Kilo Johannisbee-ren, 250 Gr. Himbeeren, 30 Gr. Weinsteinsäure, 2 Kilo Zucker.* Gären hingestellt. Nun gießt man den Saft auf ein Fruchttuch und tut den Zucker dazu. Wenn er geschmolzen und alles verrührt ist, gießt man den Saft in angeschwefelte Flaschen und korkt diese zu.

**Brombeermarmelade mit Waldhimbeeren.**
Die abgerupften Früchte werden angesetzt
und zugedeckt 10 Minuten gekocht, hiernach
*Zutaten: 1 Kilo Brombeeren, 250 Gr. Waldhimbeeren, 500 Gr. Zucker.* streicht man sie scharf durch ein Sieb. Frucht und Zucker lässt man ohne Deckel 1/2 Stunde kochen unter öfterem Umrühren. Nach dieser Zeit füllt man die heiße Marmelade in die Gläser, wischt mit einem nassen Tuch den Rand ab, schließt das Glas mit Gummiring und Deckel und sterilisiert 10 Minuten. Die auf dem Sieb zurückbleibende Masse kann man zu Frucht-grützen oder Fruchtsuppen verwenden.

**Kronsbeerenmarmelade.** Die geschälten
und in Würfel geschnittenen Äpfel, die gewaschenen Kronsbeeren und 1 Essl. Zucker
*Zutaten: 1 Kilo Kronsbeeren, 500 Gr. Birnen oder 500 Gr. Prinzäpfel, 250 Gr. Zucker.* kocht man 10 Minuten und streicht hiernach das Ganze scharf durch ein Sieb. Nun kocht man diese Marmelade mit 250 Gr. Zucker 5 Minuten, füllt

sie in die Gläser und sterilisiert sie 30 Minuten. Hat man keinen Apparat, kann man ein in Salizyl getauchtes Papier über die Marmelade legen und das Glas mit angefeuchtetem Pergamentpapier zubinden.

**Kronsbeerengelee.** Die gewaschenen Krons-beeren und die geschälten Äpfel werden mit 1/2 Ltr. kochendem Wasser angesetzt und zugedeckt 1/4 Stunde langsam gekocht. Danach tut man das Ganze zum Abtropfen auf ein Sieb. Die Flüssigkeit wird gewogen; zu 500 Gr. Flüssigkeit nimmt man 500 Gr. Zucker. Saft und Zucker werden 5 Minuten gekocht und dann in die Gläser gefüllt. 20 Minuten sterilisieren. Die auf dem Sieb zurückbleibende Kronsbeerenmasse kann man durch das Sieb streichen und als Marmelade verwenden.

*Zutaten: 125 Gr. Äpfel, 500 Gr. Kronsbeeren, 1/2 Ltr. kochendes Wasser, 500 Gr. Zucker.*

**Apfelsaft.** Hierzu nimmt man Fallobst, alle verschiedenen Sorten durcheinander. Die Äpfel werden gewaschen, Stängel und Blume entfernt, dann die Äpfel mit dem Kernhaus in kleine Stücke geschnitten, mit kaltem Wasser und einem Stück Zitronenschale angesetzt und zugedeckt 30 Minuten gekocht. Dann gießt man das Ganze auf ein Sieb zum Durchtropfen. Den durchgetropften Saft füllt man in Flaschen. Zweifingerbreit lässt man vom Rand der Flaschen frei. Man schließt die Flaschen mit Gummiring und Deckel, stellt sie auf den Träger unter die Feder und sterilisiert 1/2Ltr.-Flaschen 30 Minuten, 1- bis 2-Ltr.-Flaschen 1 Stunde.

*Zutaten: 5 Kilo Äpfel, 1 Ltr. Wasser, 1 Stück Zitronenschale.*

**Vogelbeerengelee.** Die abgezupften Beeren, am besten schwedische Vogelbeeren, setzt man mit 2 Ltr. kaltem Wasser an, kocht sie zugedeckt 1 Stunde und gießt das Ganze auf ein Sieb zum Abtropfen. Der Saft wird gewogen. Den Zucker lässt man im Stift vollständig schmelzen und bringt das Ganze ins Kochen. Unter Rühren kocht man das Gelee 20–30 Minuten, füllt die Masse in die Gläser, legt, wenn sich nach 3–6 Stunden eine Haut gebildet hat, ein in Salizyl getauchtes Papier auf das Gelee und bindet die Gläser sogleich zu.

*Zutaten: 2 1/2 Kilo Vogelbee-ren, am besten schwedische; auf 500 Gr. Saft 375 Gr. Zucker.*

**Hagebutten.** Große runde Hagebutten (Rosa rugosa) sind fleischiger als die länglichen Hagebutten. Sie werden von der Blüte und dem Stiel befreit, dann einzeln mit einem Tuch abgerieben. Hiernach entfernt man mit einem Obstmes-ser die Kerne und wäscht die Hagebutten. Man nimmt zu 500 Gr. 250 Gr.

*Zutaten: 500 Gr. Hagebutten, 1 Essl. Essig, 250 Gr. Zucker.*

Zucker und 1 Essl. Essig. Die Hagebutten werden mit dem Zucker und Essig angesetzt und 10 Minuten gekocht. Nach dieser Zeit werden sie mit einem Schaumlöffel herausgenommen, in die Gläser gefüllt; den Saft lässt man noch ohne Deckel 5 Minuten kochen, dann wird er über die Hagebutten gegossen. Die Gläser werden 20 Minuten sterilisiert.

**Hagebuttenmarmelade.** Hierzu eignet sich am besten die Hagebutte der Rosa rugosa. Die Früchte werden von den Kernen befreit, gewaschen, mit 1 Ltr. Wasser angesetzt. Die Äpfel werden geschält, in Viertel geschnitten, vom Kernhaus befreit, gewaschen, mit den Hagebutten 20 Minuten gekocht. Dann streicht man die Masse durch ein Sieb. Nun lässt man sie mit dem Zucker ohne Deckel unter Rühren 10 Minuten kochen. Auf 6 Kilo Hagebutten nimmt man 1 Kilo säuerliche Äpfel und 1 1/2 Kilo Zucker.

**Orangenmarmelade, feinere.** Die beste Zeit zum Einmachen ist vom 15. Dezember bis 15. Februar. Blutapfelsinen geben keine schöne Farbe. *Zutaten: 6 Apfelsinen, 6 Orangen, 2 Ltr. Wasser, 3 Kilo Zucker.* Kristallzucker macht die Marmelade klar. Die Früchte werden recht dünn geschält, dann zieht man die weiße Schale ab – diese ist wertlos. Dann übergießt man die dünn geschälte Frucht mit kochendem Wasser. So lässt sich die dicke, weiße Haut leicht abziehen. Das Fleisch der Frucht schneidet man in Würfel, die Kerne müssen entfernt werden. Die dünn abgeschälte Schale schneidet man in Streifen. Nun gießt man das kalte Wasser hinzu und lässt die Masse zugedeckt 24 Stunden stehen. Nach dieser Zeit wird die Frucht langsam 2 Stunden gekocht, und hiernach fügt man unter Rühren den Zucker nach und nach hinzu. Die Marmelade wird ohne Deckel 40 Minuten gekocht und der sich bildende Schaum abgefüllt; er kann später für Fruchtgrütze verwendet werden. Die Marmelade wird in die Gläser gefüllt, mit einem in Rum getauchten Papier belegt und zugebunden. Statt der bitteren Orangen kann man auch 6 Zitronen nehmen.

**Billige Orangen-Marmelade.** Die Apfelsinen schält man recht dünn, die weiße Haut der Apfelsinen entfernt man. Die Apfelsinen- *Zutaten: 6 Apfelsinen, 500 Gr. Karotten, 2 Essl. Essig, 250 Gr. Zucker.* schale schneidet man in feine Streifen, das Fleisch der Apfelsinen in feine Würfel. Die Kerne werden entfernt. Die geschälten, gewaschenen Karotten gibt man durch die Fleischmaschine, 2 Essl. Essig gibt man dazu. Unter öfterem Umrühren kocht man die Masse 1 Stunde, dann werden auf 500 Gr. Masse 250 Gr. Zucker dazu gegeben. Mit dem Zucker noch 1/2 Stunde kochen lassen und im Apparat 1/4 Stunde sterilisieren.

**Zitronenarmelade.** Diese bereitet man ausschließlich aus Zitronen, sonst ebenso wie Orangenmarmelade.

**Quitten in gelber Farbe.** 5 Kilo Quitten werden geschält, vom Kernhaus befreit, mit 4 Liter kochendem Wasser, 125 Gr. Zucker *Zutaten: 5 Kilo Quitten, 4 Ltr. koch. Wasser, 1 1/4 Kilo Zucker.* angesetzt und im geschlossenen Topf 1 Stunde gekocht. Nach dieser Zeit wird die Frucht in die Gläser gefüllt, der Saft mit 1 Kilo Zucker ohne Deckel 15 Minuten gekocht, dann über die Quitten gegossen. Die Gläser werden 45 Minuten sterilisiert.

**Quitten in roter Farbe.** Die Quitten wer- den mit einem Tuche abgerieben, geschält, *Zutaten: 1 Kilo Quitten, 1 1/2 Ltr. Wasser, 65 Gr. Zucker.* in Viertel geschnitten, vom Kernhaus befreit. Das Kernhaus und die Schale setzt man mit dem Wasser an und kocht beides im geschlossenen Topf 3 Stunden. Noch besser wird die Farbe, wenn man die Schale mit dem Wasser am Abend vorher in den heißen Bratofen stellt. Nun gießt man die Schale auf ein Sieb, bringt diese Flüssigkeit mit dem Zucker ins Kochen, gibt die Quitten dazu und kocht sie zugedeckt 3 Stunden. Die Quitten werden schneller rot, wenn man sie im Messingkessel kocht. Die Früchte mit dem Saft füllt man nun in die Gläser, wischt mit einem feuchten Tuche den Rand sauber, schließt das Glas mit einem Gummiring und Deckel und sterilisiert das Kompott 30 Minuten. Die Gläser müssen im Apparat vollständig erkalten.

**Quittengelee und -Marmelade.** Die Quitten werden mit einem Tuch abgerieben, geschält und vom Kernhaus befreit. Die Schale und das *Zutaten: 1 Kilo Quitten, 3 Ltr. kaltes Wasser, zu 500 Gr. Saft 250 Gr. Zucker.* Kernhaus setzt man mit 3 Ltr. kaltem Wasser an, kocht dieses zugedeckt 6 Stunden. Dann gießt man die Flüssigkeit auf ein Sieb, setzt sie mit den Quit- ten an und lässt sie mit dieser Flüssigkeit zugedeckt noch 2 Stunden kochen, bis die Farbe rot ist. Dann gießt man alles auf ein Sieb zum Abtropfen. Der Saft wird gewogen, Zucker und Saft kocht man ohne Deckel 15–20 Minuten, bis ein schwerer Tropfen am Löffel hängen bleibt. Dann in die Gläser füllen und, sobald sich nach 1–2 Stunden eine Haut gebildet hat, legt man ein in Salizyl getauchtes Papier auf das Gelee. Die Gläser werden dann sofort zuge- bunden und an einen kühlen Ort gestellt. Das Gelee wird erst nach einigen Wochen dick. Die zurückbleibenden Quitten werden durch ein Sieb gestri- chen und gewogen. Auf 500 Gr. kommen 125 Gr. Zucker hinzu. Man kocht diese Masse unter Rühren 15 Minuten, dann füllt man die Marmelade in Gläser, belegt sie mit Salizylpapier und bindet sie heiß zu.

**Drei-Frucht-Kompott.** Die Kirschen entsteinen, die Johannisbeeren abstreifen, mit dem Zucker bestreuen und 5 Minuten langsam dämpfen, dann in die Gläser füllen und 10 Minuten sterilisieren.

*Zutaten: 250 Gr. Kirschen, 125 Gr. Johannisbeeren, 500 Gr. Himbeeren, 250 Gr. Zucker.*

**Marmelade von Fruchtresten.** von denen man vorher den Saft gewonnen. Die ausgetropften Johannis- und Himbeeren werden durch ein Sieb gestrichen. Den Zucker feuchtet man mit kaltem Wasser an, lässt ihn in der Marmelade vollständig schmelzen und das Ganze 15 Minuten kochen. Dann ist die Marmelade heiß in die Gläser zu füllen, mit einem in Salizyl getauchten Papier zu belegen und heiß zuzubinden.

*Zutaten: Auf 500 Gr. Mark 125 Gr. Zucker.*

**Früchte in Rum oder Arrak.** Den Rum kocht man mit dem Zucker auf, gießt dieses in Steinkruken. Nun legt man zuerst die festen Erdbeeren und Johannisbeeren in die abgekühlte Flüssigkeit, dann lässt man die Himbeeren, Kirschen, Weinkirschen und Schattenmorellen folgen, hiernach die ausgereiften, geschälten und in Scheiben geschnittenen Gravensteiner Äpfel, die rauen roten Stachelbeeren, Aprikosen, Pfirsiche, Bananen, Trauben und Birnen. Die Steinkruke mit Salizylpapier zubinden.

*Zutaten: 1/4 Ltr. Rum, 1 Kilo Zucker, 500 Gr. Erdbeeren, 250 Gr. Johannisbeeren, 250 Gr. Himbeeren, 250 Gr. Weinkirschen, 500 Gr. Kirschen, je 250 Gr. Schattenmorellen, Äpfel, Stachelbeeren, Aprikosen, Pfirsiche, Bananen, Trauben und Birnen.*

**Kürbis mit Ingwer.** Hierzu bohrt man mit einem Kartoffelbohrer aus dem Fleisch eines Kürbisses 500 Gr. kleine Kugeln. 1 Ltr. Wasser bringt man mit 1/8 Ltr. Zideressig, 65 Gr. Zucker und 1 Ingwerwurzel ins Kochen und kocht die Kugeln in diesem Wasser 20 Minuten. Sodann nimmt man sie mit einem Schaumlöffel heraus und füllt sie in das Glas. Nun kocht man das Wasser noch mit dem Zucker 20 Minuten ohne Deckel. Man gießt das Wasser dann über den Kürbis, wischt die Gläser mit einem feuchten Tuch sauber ab und schließt sie mit einem Gummireifen und Deckel, sterilisiert alsdann 30 Minuten. Die Ingwerwurzel füllt man auch mit ins Glas. Die Gläser mit den Früchten müssen im Apparat gänzlich erkalten.

*Zutaten: 500 Gr. Kürbisfleisch, 1/8 Ltr. Cideressig, 1 Ltr. Wasser, 65 Gr. Zucker, 1 Ingwerwurzel.*

**Kürbis- und Aprikosenmarmelade.** 1 Kilo getrocknete Aprikosen werden mit heißem

*Zutaten: 1 Kilo Aprikosen, 1 Ltr. Wasser, 2 Kilo Kürbis.*

Wasser zwei bis drei Mal gewaschen. Dann mit 1 Ltr. Wasser am Abend vor dem Gebrauch einweichen. 2 Kilo Kürbis werden geschält, in kleine Stücke geschnitten, mit den Aprikosen und dem Wasser angesetzt, 2–3 Stunden gekocht. Nach Bedarf gibt man 1 Kilo Zucker hinzu. Vollenden wie vorstehend.

**Kürbismarmelade.** Der Kürbis wird geschält, die Kerne werden mit einem Löffel ausgeschabt und hiernach wird das Kürbisfleisch in kleine Stücke geschnitten. *Zutaten: 5 Kilo Kürbis, 1 1/2 Kilo Zucker, 3 Zitronen, 1 Stück Ingwerwurzel.* Die fein abgeriebenen Schalen der Zitronen und die Ingwerwurzel kommen dazu, ebenso gießt man den Saft der Zitronen durch ein Sieb dazu. Diese Masse lässt man zugedeckt eine Nacht stehen, am nächsten Tage kocht man die Masse unter Rühren 1 Stunde. Die Ingwerwurzel wird vorher entfernt. Nach dieser Zeit wird der Zucker dazu gegeben, und unter weiterem Rühren kocht man die Marmelade noch 30 Minuten. Dann füllt man die Marmelade in Gläser und sterilisiert 1/4 Stunde.

**Kürbis, wie Senfgurken zu bereiten.** Die Kürbisstücke werden geschält, vorn Kernhaus befreit, dann in breite Streifen geschnitten, mit dem Salz bestreut und zugedeckt 3 Stunden stehen gelassen. Dann werden die Kürbisstücke *Zutaten: 2 Kilo Kürbis, 1/2 Ltr. Cideressig, 30 Gr. Senfkörner, 65 Gr. Zucker, 65 Gr. Meerrettich, 100 Gr. Zwiebeln, 5 Büschel Dill, 65 Gr. Salz.* auf einen Durchschlag gegossen zum Abtropfen. Man verwendet weiße Perlzwiebeln oder Schalotten. Die weitere Zubereitung siehe unter Senfgurken.

**Melone.** Die Netzmelone ist geeignet als erfrischendes Kompott für Kranke. 500 Gr. reife Melone wird dünn geschält, dann vom *Zutaten: 500 Gr. Melone, 250 Gr. Zucker, 1/8 Ltr. Essig, 1/8 Ltr. Wasser.* Kernhaus befreit und in gleichmäßige Stücke geschnitten. 250 Gr. Zucker, 1/8 Ltr. Essig, 1/8 Ltr. Wasser kocht man solange, bis der Zucker geschmolzen ist. Die Melonenstücke werden in die Gläser gelegt, die Zuckerflüssigkeit wird darüber gegossen, und nun werden die Gläser 30 Minuten sterilisiert.

**Senfgurken.** Man nimmt hierzu gelbe reife Gurken; sie werden geschält, der Länge nach durchgeschnitten, dann mit einem silbernen Löffel ausgeschabt, in Stücke geschnitten, mit dem Salz bestreut. Mit letzterem lässt man die Gurken 2 Stunden stehen, hiernach werden die Stücke mit einem Tuch abgetrocknet und *Zutaten: Für 1 Kilo Gurkenfleisch 1 Teel. Senfkörner, 1 Essl. Salz, 1 Essl. in Würfel geschnitten., Meerrettich, 10 kl. Zwiebeln (Schalotten), 1/2 Ltr. weißer Cideressig, 1 Büschel Dill, 65 Gr. Zucker.* abwechselnd mit den übrigen Zutaten in das Glas gelegt. Obenauf legt man den Dill, Essig und Zucker 2 Minuten kochen lassen; nachdem er erkaltet ist, über die Gurken gießen; im Apparat 30 Minuten sterilisieren.

**Salzgurken.** Grüne, noch nicht ausgewachsene Gurken werden mit kaltem Wasser gebürstet und gespült, hiernach an der Luft oder in der Sonne getrocknet. Nun werden die Gurken einzeln in große Weinblätter gewickelt und schichtweise mit Dill, sauren Kirschblättern, Lorbeerblättern, schwarzem Pfeffer und Nelkenpfeffer in einen Steintopf gepackt. 1/2 Kilo Salz kocht man mit 8 Ltr. Wasser 5 Minuten. Nach dem Erkalten gießt man diese Lake über die Gurken. Ein Brett mit einem Stein legt man auf die Gurken. Nach vier Wochen sind die Gurken gebrauchsfertig. Die Lake ist für 10 Kilo Gurken berechnet.

**Salzgurken anderer Art.** Diese Zutaten werden aufgekocht und, wenn sie vollständig erkaltet, gibt man Dill, Pfefferkraut, Estragon, 20 Schalotten dazu. Die kleinen festen Gurken lässt man einen Tag in reichlich kalten Wasser stehen, dann werden sie sauber gebürstet und in die kalte Lösung gelegt. Am besten nimmt man hierzu einen Steintopf. Ein Brett legt man zum Schluss auf die Gurken.

*Zutaten: 10 Ltr. Wasser, 500 Gr. Salz, 1 Ltr. Essig, 125 Gr. Zucker, Dill, Estragon, Pfefferkraut, 20 Schalotten.*

**Pfeffergurken.** Hierzu nimmt man kleine, 6 Zentimeter lange Gurken, wäscht und bürstet sie; danach lässt man sie 6 Stunden in reichlich kaltem Wasser liegen. Nun werden die Gurken mit Salz bestreut. Man nimmt auf 2 Kilo Gurken 20 Gr. Salz. Mit dem Salz lässt man die Gurken 2 Stunden stehen. Nach dieser Zeit schüttet man sie auf einen Durchschlag zum Abtropfen. Danach legt man sie abwechselnd mit frischem Estragon, 20 Gr. Perlzwiebeln, 20 Gr. Pfeffer, 5 Gr. Senfkörnern, etwas Dill in eine Steinkruke. 1 Ltr. Essig kocht man auf einmal auf und gießt ihn heiß über die Gurken. Die Kruke wird sogleich mit Pergamentpapier zugebunden.

*Zutaten: 2 Kilo Gurken, 20 Gr. Salz, Estragon, 20 Gr. Pfeffer, 5 Gr. Senfkörner, etwas Dill, 20 Gr. Perlzwiebeln, 1 Ltr. Essig.*

**Mixed Pickles.** Man verwendet hierzu junge Maiskolben. Häufig zeigen sich zwei Kolben beieinander; man nimmt den schwächeren Kolben, wenn dieser die Länge und Dicke eines Fingers erreicht hat, entfernt die Blätter und Fasern, setzt 500 Gr. Maiskolben mit 1 Ltr. kochendem Wasser an und kocht die Kolben zugedeckt 45 Minuten. Das Wasser verwendet man für Suppe. 500 Gr. kleine grüne

*Zutaten: 500 Gr. Maiskolben, 3/4 Ltr. koch. Wasser, 500 Gr. kleine, grüne Gurken, 10 Gr. Salz, 125 Gr. junge Bohnen, 250 Gr. Blumenkohl, 50 Gr. Karotten oder Wurzeln, 500 Gr. Champignons oder Steinpilze, 12 Ltr. kochendes Wasser, 1 Ltr. Essig, 20 Pfefferkörner, 20 Gr. abgezogene Perlzwiebeln, 5 Gr. Senfkörner, 10 Gr. frischer Estragon.*

Gurken werden gewaschen, mit 10 Gr. Salz bestreut und zugedeckt 4 Stunden beiseite gestellt. 125 Gr. junge Bohnen, die noch keine Körner haben, 250 Gr. Blumenkohl, 50 Gr. Karotten oder Wurzeln, 500 Gr. Champignons oder Steinpilze. Die Pilze und Gemüse werden geputzt, gewaschen, mit 1/2 Ltr. kochendem Wasser angesetzt und 20 Minuten langsam gekocht. Hiernach lässt man die Gemüse in dem Wasser erkalten, sie dürfen nicht zu weich gekocht werden und werden vor dem Kochen in passende Stücke geschnitten. Sobald die Gemüse erkaltet sind, werden sie mit dem Mais und den Gurken hübsch geordnet in die Gläser gefüllt. 1 Ltr. Essig kocht man mit 20 Pfefferkörnern ein Mal auf, 20 Gr. abgezogene Perlzwiebeln, 5 Gr. Senfkörner gibt man dazu, 10 Gr. frischen Estragon legt man in die Gläser und gießt hiernach den ausgekühlten Essig mit den Zwiebeln und dem Pfeffer in die Gläser. Diese werden schnell mit Pergamentpapier zugebunden. Rote Pfefferschoten können außerdem in die Gläser gelegt werden.

**Zuckergurken mit Ingwer.** Hierzu nimmt man reife gelbe Gurken (siehe unter Senfgurken). Zu 1/2 Ltr. Essig nimmt man 65 Gr. Zucker (auf 1 Kilo Fleisch), bringt beides mit einer Ingwerwurzel ins Kochen und kocht die Gurkenstücke in diesem Essig 5 Minuten. Dann nimmt man sie vorsichtig mit einem Schaumlöffel heraus und legt sie in das Einmachglas. Zu dem Saft gibt man noch 200 Gr. Zucker und lässt den Saft ohne Deckel 10 Minuten einkochen, gießt ihn über die Gurken und sterilisiert diese im Apparat 30 Minuten.

*Zutaten: 1 Kilo Gurkenfleisch, 1/2 Ltr. Essig, 200 Gr. Zucker, 1 Ingwerwurzel.*

**Kapern auf Vorrat.** Man kann im Frühjahr und im Sommer für das ganze Jahr Kapern einmachen. Hierzu nimmt man die noch wenig entwickelten grünen Knospen der Sumpfdotterblume (Kuhblume); diese ist eine der ersten Frühlingsblumen. Auch die grünen Kapseln der Kapuzinerkresse können verwendet werden. Vier Tage vor der Verarbeitung der Kapern bereitet man folgenden Würzessig: 1 Ltr. Essig, 10 Gr. in Scheiben geschnittene Zwiebeln, 20 Gr. in Würfel geschnittenen Meerrettich, 20 Pfefferkörner stellt man zugedeckt zum Ausziehen recht kalt. 500 Gr. Knospen oder Kapseln bestreut man mit 60 Gr. Salz und lässt sie hiermit eine Nacht stehen. Am folgenden Tag schüttet man sie zum Abtropfen auf einen Durchschlag und füllt sie danach in Flaschen. Der Essig wird durch ein Sieb gegossen, einmal aufgekocht und, wenn erkaltet, über die Kapern gegossen; sie müssen mit Essig bedeckt sein. Die Flaschen werden zugekorkt und kalt gestellt. Kapern kann man für alle Tunken zum Fisch und zum Fleisch verwenden.

**Spargel einmachen.** Nur frisch gestochenen Spargel darf man zum Einmachen nehmen. Ist der Spargel nicht frisch und der Luft zu lange ausgesetzt, verdirbt er nach einigen Wochen. Der Spargel wird nach unten dick geschält, gewaschen, in eine große Schüssel gelegt und mit reichlich kochendem Wasser übergossen. In diesem Wasser lässt man den Spargel 30 Minuten, dann legt man ihn in die Gläser, die Köpfe nach oben. Zweifingerbreit vom Deckel müssen die Spargelköpfe stehen. Hiernach werden die Gläser mit heißem Wasser gefüllt, soviel, bis das Wasser über die Gläser läuft, dann stellt man sie auf den Träger, gießt bis zur Hälfte der Gläser heißes Wasser in den Apparat und kocht die Gläser 30 Minuten. Nach dieser Zeit wird wieder kochendes Wasser in die Gläser gefüllt, damit der Spargel reichlich bedeckt ist, dann werden die Gläser mit dem nassen Gummiring und Deckel geschlossen, auf den Träger unter die Feder gestellt und 30 Minuten sterilisiert. Diese Zeit ist für schmale hohe Gläser bestimmt. 4-Pfund-Gläser und breite Gläser müssen 1 Stunde sterilisiert werden.

**Schneidebohnen auf Vorrat.** Man nimmt hierzu die breiten, dünnen und langen Stangenbohnen. Man nimmt auf 10 Kilo Bohnen 500 Gr. Salz. *Zutaten: 10 Kilo Bohnen, 500 Gr. Salz.* Die Bohnen werden entfädelt, dann recht fein geschnibbelt. Sind alle Bohnen vorbereitet, so werden sie mit dem Salz gemischt und tüchtig durchgerieben bis sich Schaum bildet. Dauer 10 Minuten. Die Bohnen werden in einen Steintopf gelegt und fest niedergedrückt, bis die Lake über den Bohnen steht. Dann legt man ein sauberes Tuch darüber, darauf wieder einen Holzteller und auf den Teller einen gewaschenen Feldstein. Die Bohnen behalten ihre frische grüne Farbe.

**Grüne Bohnen in Zucker.** Als Beigabe zu jedem Braten geeignet. 2 Kilo recht junge Bohnen, die noch keine Körner haben, werden *Zutaten: 2 Kilo junge Bohnen, 2 Ltr. koch. Wasser, 1/2 Ltr. Essig, 500 Gr. Zucker.* entfädelt, dann gewaschen, mit 2 Ltr. kochendem Wasser angesetzt und zugedeckt 45 Minuten gekocht. Nach dieser Zeit gießt man die Bohnen auf einen Durchschlag zum Abtropfen. 1/2 Ltr. Essig kocht man mit 500 Gr. Zucker 5 Minuten, dann legt man die Bohnen dazu und kocht sie hierin noch 10 Minuten ohne Deckel. Nach dieser Zeit füllt man die Bohnen in Rex- oder Wexgläser, sterilisiert sie 1 Stunde, oder man füllt die Bohnen in eine Steinkruke, legt ein in Salizyl getauchtes Pergamentpapier darüber und bindet die heiße Kruke sogleich mit einem zweiten Pergamentpapier zu. Als Gewürz kann man 10 Nelkenköpfe oder 1 Stück Kaneel mitkochen.

**Wachsbohnen.** Man zieht die Fäden ab, bricht die Bohnen einmal durch, wäscht sie, setzt sie reichlich bedeckt mit kochendem Wasser an und kocht sie im geschlossenen Topf 30 Minuten. Dann füllt man die Bohnen mit ihrem Wasser in die Gläser. Die Bohnen müssen mit Wasser ganz bedeckt sein. 1/2 Stunde sterilisieren. Die Kochzeit ist für kleine Gläser berechnet.

**Große Bohnen.** Man nimmt junge, kleine Bohnen, palt sie aus und befreit sie vom Keime. Dann setzt man die Bohnen reichlich bedeckt mit kochendem Wasser an, am besten in einem Messingkessel zur Erhaltung der Farbe. Man kocht die Bohnen fest zugedeckt 15 Minuten, füllt sie in die Gläser und gießt kochendes Wasser über sie bis sie bedeckt sind. Man schließt das Glas mit Gummiring und Deckel und sterilisiert die Bohnen 1/2 Stunde. Die Gläser müssen im Apparat vollständig erkalten. 14 Tage lang müssen die Gläser täglich nachgesehen werden, ob die Deckel fest sind. Sollten sie sich öffnen, dann muss man das Glas sogleich 30 Minuten sterilisieren, vorher aber den Rand und Gummiring sauber machen. Die Kochzeit ist für kleine Gläser gerechnet.

**Haricots verts.** Die vorbereiteten Haricots verts werden gewaschen, dann reichlich bedeckt mit kochendem Wasser, dem 1/2 Teel. Natron beigegeben ist, angesetzt und 15 Minuten im geschlossenen Topf gekocht. Sie werden in Gläser gefüllt, dann mit kochendem Wasser bedeckt. Man schließt das Glas und sterilisiert 1/2 Stunde. m Apparat erkalten sie.

**Karotten.** Die geschälten Karotten werden gewaschen, reichlich bedeckt mit kochendem Wasser angesetzt und im geschlossenen Topf 35 Minuten gekocht. Dann füllt man sie in Gläser und füllt kochendes Wasser auf die Karotten, so dass sie reichlich bedeckt sind, und sterilisiert sie 30 Minuten. Die Kochzeit ist für kleine Gläser berechnet.

**Erbsen.** Die ausgepalten Erbsen werden gewaschen, mit kochendem Wasser bedeckt und mit 1 Messerspitze Natron angesetzt. Man kocht sie im geschlossenen Topf 15 Minuten, füllt die Erbsen mit dem Wasser in die Gläser und sterilisiert sie 30 Minuten. Man lässt die Erbsen im Apparat erkalten. Nach 2 Tagen müssen sie von neuem angesetzt und wieder 30 Minuten sterilisiert werden. Die Kochzeit ist gerechtet für 500-Gr.-Gläser.

*Zutaten: 20 Ltr. Erbsen, 1 Messerspitze Natron, 1 Ltr. Wasser.*

**Schwarzwurzeln als nachgemachter Ingwer.** Der Ingwer wird gerieben mit dem kalten Wasser am Tage vor dem Gebrauch beiseite gestellt. Die Schwarzwurzeln werden geputzt, gewaschen, in fingerlange Stücke geschnitten, mit dem Zitronen-

*Zutaten: 70 Gr. Ingwerwurzeln, 500 Gr. Schwarzwurzeln, der Saft von 2 Zitronen, 1 Kilo Zucker, 1 Ltr. Wasser.*

saft und 1/2 Ltr. kochendem Wasser angesetzt und zugedeckt 45 Minuten gekocht. Nach dieser Zeit legt man den Deckel beiseite und lässt das Wasser vollständig einkochen. Das Wasser mit dem Ingwer wird 20 Minuten gekocht. Danach wird die Flüssigkeit durch ein Sieb gegossen, wieder mit dem Zucker ins Kochen gebracht; der Schaum wird abgenommen und der Zuckersaft über die Schwarzwurzeln gegossen. Am nächsten Tage gießt man die Flüssigkeit wieder ab und kocht den Saft ohne Deckel 10 Minuten bis der Saft Fäden zieht. Danach füllt man die Schwarzwurzeln in den kochenden Saft, und sobald sie anfangen zu kochen, lässt man sie ohne Deckel 10 Minuten kochen. Man kann diese Schwarzwurzeln in einen Steintopf legen, mit einem in Salizyl getauchten Papier bedecken und zubinden, oder man legt sie mit dem dicken Saft in Gläser und sterilisiert sie 1 Stunde.

**Rotkohl auf Vorrat.** Die beste Zeit zum Einschneiden ist Ende Oktober oder Anfang November. Man nimmt recht feste Köpfe, die *Zutaten: 500 Gr. geschnittener Kohl, 10 Gr. Salz. Zu 5 Kilo Kohl 2 Ltr. Essig.* äußeren losen Blätter entfernt man, dann schneidet man den Kohl in Viertel und hiernach in feine Streifen; eine Gurkenhobel kann man auch sehr gut zum Schneiden benutzen. 500 Gr. geschnittenen Kohl mischt man mit 10 Gr. Salz. Die mit einem Tuch zugedeckte Kohlmenge lässt man eine Nacht stehen. Am nächsten Tage wird der Kohl fest ausgedrückt und in eine Steinkruke gepackt. Für 5 Kilo Kohl nimmt man 2 Ltr. Essig, letzteren kocht man auf und gießt ihn erkaltet über den Kohl. Am nächsten Tage gießt man den Essig wieder ab, kocht ihn ein Mal auf und gießt ihn, wenn erkaltet, wieder über den Kohl. Ein Brett und einen sauberen Stein legt man auf den Kohl. Außerdem bindet man die Kruke zu und bewahrt sie an einem trockenen Ort auf.

**Spinat einwecken.** Nur frisch geschnittenen Spinat darf man verwenden. 10 Kilo Spinat werden ohne gedrückt zu werden gewaschen, 4 bis 6 Mal mit reichlich Wasser, dann mit 5 Gr. Natron oder Soda ohne Wasser angesetzt, 10 Minuten auf geschlossenem Herd gekocht, inzwischen oft umgerührt. Nach dieser Zeit gießt man den Spinat auf einen Durchschlag. Nachdem er abgetropft, wird er fein gehackt, dann in die gespülten Gläser gefüllt und der Rand sauber abgespült. Mit dem Gummiring und Deckel schließen und im Apparat 1 Stunde sterilisieren. Den Saft vom Spinat kann man für Suppen verwenden.

**Champignons.** 500 Gr. Champignons werden geputzt, dann mit 1 Essl. Zitronensaft tüchtig geschwenkt, in Gläser gefüllt, mit kochendem Wasser bedeckt und 1 Stunde sterilisiert.

**Pilze trocknen oder dörren.** Die Pilze werden nicht gewaschen, nur abgeschabt und alles Unbrauchbare entfernt, in dünne Scheiben geschnitten, auf Papier oder Brettern ausgebreitet und in der Sonne, oder auch im Gas oder Bratofen getrocknet. Beim Gebrauch werden diese Pilze mit kaltem Wasser 24 Stunden vorher eingeweicht und mit diesem Wasser ins Kochen gebracht. Morcheln oder Lorcheln müssen vorher trocknen, mit kochendem Wasser gebrüht, dann der Länge nach durchgeschnitten und getrocknet werden.

**Pilzextrakt.** Die gesammelten Pilze, Champignons, Steinpilze, Butterpilze, Pfifferlinge, werden frisch gepflückt gleich geputzt und gewaschen. Dann schichtweise in einen steinernen Topf gelegt mit 10 Gr. in Scheiben geschnittenen Zwiebeln, 50 Gr. Salz, 10 Gr. Salz, 10 Gr. weißem Pfeffer, 2 Gr. Nelkenpfeffer, 2 Lorbeerblättern, 2 Essl. abgezupftem Estragon. Dieses zusammen lässt man 4 Tage stehen. inzwischen rührt man es täglich ein Mal um. Nach dieser Zeit kocht man das Ganze ein Mal auf und gießt es hiernach auf ein Sieb zum Durchtropfen, füllt die Flüssigkeit auf Flaschen und sterilisiert diese 15 Minuten. Hat man keinen Apparat, so kocht man das Ganze 1/4 Stunde, gießt es dann zum Durchtropfen auf ein Sieb, hiernach in Flaschen, legt ein in Benzoenatronsäure getauchtes Papier obenauf. Diesen Extrakt verwendet man zur Geschmacksverbesserung von Tunken und Ragouts. Man darf zur Zeit nur einige Tropfen verwenden. Vorstehende gemischte Pilze können auch im mäßig warmen Bratofen langsam trocknen. Dann können sie durch eine Mühle gemahlen oder im Mörser gestoßen werden.

*Zutaten: 10 Gr. Zwiebeln, 50 Gr. Salz, 10 Gr. weißer Pfeffer, 2 Gr. Nelkenpfeffer, 2 Lorbeerblätter, 2 Essl. Estragon.*

**Chutney.** Diese indischen Pickles reicht man zum Hammelbraten oder auch zu jedem kalten Fleisch. Ingwer und Paprika legt man in den Essig und lässt diesen zugedeckt 2 Tage stehen. Danach wird der Essig mit den Zutaten aufgekocht und durch ein Sieb in den Topf zurückgegossen. Die nicht zu sauren Äpfel, Knoblauch, Zwiebeln, Rosinen werden recht fein gehackt zum Essig gegeben, ebenso werden die Senfkörner, der Zucker und das Salz hinzugefügt. Das Ganze lässt man ohne Deckel 15 Minuten stehen, dann füllt man die Masse in trockene Gläser und bindet sie mit Pergamentpapier zu.

*Zutaten: 150 Gr. getrockneter Ingwer, 500 Gr. Zucker, 250 Gr. Salz, 100 Gr. Zwiebeln, 100 Gr. Knoblauch, 30 Gr. Paprika, 1 Ltr. Weinessig, 250 Gr. große Traubenrosinen, 1 1/2 Kilo Äpfel, 200 Gr. Senfkörner.*

**Trocknen von Kräutern.** Diese Kräuter stellen sich zusammen aus Sellerie, Petersilie, Estragon, Thymian, Salbei, Kerbel, Mint. Die Kräuter werden jedes für sich von den Stängeln befreit, auf Papier gelegt, und dieses auf einen mit Draht bezogenen Rahmen. Diese Rahmen können übereinander und dann auf den Herd oder in den schwach erhitzten Bratofen gestellt werden. Die getrockneten Kräuter werden zum Aufbewahren einzeln in Gläser gefüllt, oder man nimmt Papiertüten und bewahrt diese in einem trockenen, luftigen Raum auf. Diese Kräuter zu trocknen ist deshalb wichtig, weil die ausländischen Gewürze, z.B. Pfeffer, sehr hoch im Preise gestiegen sind. Diese Gewürze können durch unsere einheimischen Kräuter ersetzt werden.

**Kräuteressig für den Wintervorrat.** Dill, 2 Blatt Zitronenmelisse, 1 Essl. Estragonkraut und 2 Essl. frischen grünen Dill legt man in einen Topf; 1 Ltr. kochenden Essig gießt man darüber und lässt ihn zugedeckt 4 Tage stehen. Dann gießt man den Essig durch ein Sieb und füllt ihn in Flaschen, die man zugekorkt an einem luftigen, kühlen Ort aufbewahrt.

*Zutaten: 2 Blatt Zitronenmelisse, 1 Essl. Estragon, 2 Essl. Dill, 1 Ltr. kochender Essig.*

**Eier einlegen auf Vorrat.** in den Monaten März, April, Mai legen die Hühner reichlich. Die Eier sind in diesen Monaten im Einkauf am billigsten. Die Eier müssen vor dem Gebrauch sauber gewaschen werden. Flecke können mit einem in Essig getauchten Lappen abgerieben werden. Außerdem hält man jedes einzelne Ei gegen das Licht. Zeigt sich in dem Ei ein kleiner oder größerer schwarzer Punkt, so ist das Ei angebrütet und darf zum Einlegen nicht benutzt werden. Für 150 Eier verrührt man 1 Ltr. Wasserglas mit 9 Ltr. kaltem Wasser. Die Eier werden einzeln und vorsichtig in die saubere Steinkruke gelegt. Die aufgelöste Wasserglasfüssigkeit wird langsam darüber gegossen. Die Flüssigkeit muss eine Handbreit über den Eiern stehen. im Sommer muss kaltes Wasser nachgegossen werden, weil die Flüssigkeit verdunstet. Wasserglas bezieht man vom Drogisten.

# Verwendung des Gemüse-
# und Obstabfalls

Die Strünke von Rosenkohl und Blumenkohl werden dick geschält, ebenso die Blattrippen vom Blumenkohl, diese in fingerlange Stücke und Würfel geschnitten und mit dem Rosenkohl oder Blumenkohl gekocht oder auch mit Gemüsesuppen verwendet. Erbsenschalen, Spargelschalen, Apfelschale, Sellerieblätter wirft man nicht weg, sondern wäscht jedes für sich und trocknet sie in der Ofenröhre, im Tellerwärmer, oder auf der kleinen Gemüsedarre. Die Apfelschale verwendet man im Winter für Fruchtsuppen, die Gemüseschalen und Sellerieblätter für Hülsenfruchtsuppen oder Knochensuppen.

Zwiebeln kauft man im September, legt sie in Beutel und hängt den Beutel an einem luftigen Ort zum Aufbewahren auf. Für einen kleinen Haushalt von 4–6 Personen gebraucht man 8–10 Pfund Zwiebeln. Diese halten sich 1 Jahr, wenn sie kühl und trocken aufbewahrt werden.

Zur Geschmacksverbesserung von Tunken verwendet man Senf, Dill, Estragon, Petersilie, Kümmel, Pfeffergurken, Meerrettich, Beifuß, Thymian, Lorbeer. Als Unkraut wachsende Gemüse: Sauerampfer und Hedrich, verwendet man als Gemüse, oder auch zur Suppe. Die Stängel werden nicht verwertet.

Löwenzahn oder Butterblume verwendet man als junge Pflanzen zum Salat; klein geschnitten mit Kartoffeln gemischt, vorzüglich.

Schafgarbe wird bereitet wie Spinat. Nun kommen zwei stachliche Burschen: Bisamdistel und Brennnessel. Beide Gemüse sind reich an Salz- und Pflanzeneiweiß. Man verwendet nur junge, zarte Pflanzen. Wenn man Handschuhe beim Pflücken anzieht, tun die Hände nicht weh. Man bereitet beide Gemüse wie Spinat.

Für Teebereitung verwendet man Schafgarbe, die Kerne der Hagebutten, Lindenblüten, die jungen Blattsprossen der Brombeeren und Erdbeeren. Diese Teile werden jedes für sich getrocknet, in Gläsern verschlossen oder in Papiertüten aufbewahrt.

# VEGETARISCHE KÜCHE

Bei rein vegetarischer Beköstigung muss statt der Kuhbutter Pflanzenbutter verwendet werden. Auch muss man, falls der Arzt Käse nicht gestattet, denselben als Beigabe streichen.

Weiße Selleriesuppe
Chicorée mit jungen Schnittbohnen
Spargelspitzen, Kartoffelkotelettes
Brotklöße mit Pflaumen

—

Erbsenmus mit Sauerkohl, gebratenen
Austern
Sellerie mit Rahmtunke
Warmer Nusspudding mit Fruchttunke

—

Kleine Schmorkartoffeln mit Soubise
Spinat mit Rührei und Reiscroquetten
Apfelauflauf

—

Sauerampfersuppe
Risotto, Artischocke mit Sauce
hollandaise
Aprikosengrütze mit Vanilletunke

—

Kartoffelsuppe
Spinatpudding
Brötchen mit Zwiebelmus
Vegetarisches Ragout
Rhabarbergrütze mit Rahm

—

Weiße Bohnensuppe
Märkische Rüben mit Kastanien
Käseauflauf
Obst

—

Champignonsuppe
Knödel mit Sauerkraut
Schwarzwurzeln in Pfannkuchenteig
Zitronenauflauf

—

Endiviensuppe
Selleriemus mit Erbsenkotelettes
Schmorkartoffeln
Warmer Zitronenpudding

—

Blumenkohlsuppe
Linsen mit Zwiebeln und Steckrüben
Omelette mit frischen Champignons
Apfelsinenpudding

—

Erdapfelsuppe
Piments, mit Reis gefüllt
Endivienmus
Schweizer Eier
Kaffeepudding

—

Kerbelsuppe mit verlorenen Eiern
Makkaroni mit Blumenkohl, Champignons, Erbsen
Rumpudding mit Weinschaumtunke
oder Zitronentunke

—

Linsensuppe mit geröstetem Brot
Artischockenmus, Erbsen, Karotten,
Spargel
Mandelauflauf

**Weiße Selleriesuppe für 2 Personen.** 3 Knollen deutscher Sellerie werden geschält, gewaschen, in Viertel geschnitten, mit 1 Ltr. kochendem Wasser angesetzt und im geschlossenen Topf 1 Stunde gekocht. Hiernach wird der Sellerie durch ein Sieb gestrichen. 1/2 Teel. Mehl und ebenso viel Butter schwitzt man im Topfe unter Rühren hellgelb, gießt dann nach und nach das Wasser von dem Sellerie dazu, gibt das Selleriemus an die Suppe, kocht die Suppe ein Mal auf und quirlt sie mit 2 Eidottern, die man vorher in der Schüssel 10 Minuten gerührt hat ab. Mit den Eidottern darf die Suppe nicht mehr kochen. Nun erst gibt man nach Geschmack 1/2 Teel. Salz dazu; will man die Suppe schmackhafter machen, so kann der feste Schnee von 2 Essl. Schlagrahm dazu gegeben werden. Als Einlage dienen kleine in Butter geröstete Brotstücke.

*Zutaten: 3 Knollen Sellerie, 1 Ltr. koch. Wasser, 1/2 Teel. Mehl, 1/2 Teel. Butter, 2 Eidotter, 1/2 Teel. Salz, 2 Essl. Schlagrahm.*

**Sellerie mit Rahmtunke für 2 Personen.** Der Sellerie wird geschält, gewaschen und in dicke Streifen geschnitten, hiernach mit 1/2 Ltr. kochendem Wasser angesetzt und im geschlossenen Topf langsam 1 Stunde gekocht. 1/2 Kochl. Mehl und 1/2 Kochl. Butter schwitzt man im Topf 2–3 Minuten. Dann gießt man das Selleriewasser dazu und 1/8 Ltr. süßen Rahm, gibt nach Geschmack 1 gehäuften Teel. Salz dazu und lässt den Sellerie in dieser Tunke langsam 5 Minuten schmoren.

*Zutaten: 2 Knollen Sellerie, 1/2 Ltr. koch. Wasser, 1/2 Kochl. Butter, 1/2 Kochl. Mehl, 1/8 Ltr. süßer Rahm, 1 gehäufter Teel. Salz.*

**Selleriemus mit Erbsenkotelettes und Schmorkartoffeln für 2 Personen.** 3 Knollen Sellerie werden geschält, gewaschen, in Viertel geschnitten, mit 1 Ltr. kochendem Wasser angesetzt und im geschlossenen Topf in 1 Stunde weich gekocht. Dann streicht man den Sellerie durch ein Sieb. Das Wasser kann man mit für Suppe verwenden. 1/2 Kochl. Butter und 1/2 Kochl. Mehl schwitzt man und gibt das Selleriemus dazu. Nachdem alles gut verrührt, gibt man 2 Essl. Schlagrahm dazu, 1 Teel. Salz und 1/2 Kochl. frische Butter. 30 Minuten vor dem Anrichten stellt man das Mus zum Heißwerden in einen Topf mit heißem Wasser.

*Zutaten: 3 Knollen Sellerie, 1 Ltr. koch. Wasser, 1/2 Kochl. Butter, 1/2 Kochl. Mehl, 2 Essl. Schlagrahm, 1 Teel. Salz, 1/2 Kochl. Butter.*

**Endiviensuppe für 2 Personen.** 1 Kopf Endivien wäscht man drei bis vier Mal mit reichlich kalten Wasser, ebenso eine Handvoll Spinat, setzt den Spinat und die Endivien mit 1 1/2 Ltr. kochendem Wasser, 1/2 Teel. Natron an und

*Zutaten: 1 Kopf Endivien, 1 Handvoll Spinat, 1 1/2 Ltr. kaltes Wasser, 1/2 Teel. Natron, 1/2 Kochl. Butter, 1/2 Kochl. Mehl, 2 Eidotter, 1-2 Teel. Salz, 2 Essl. Schlagrahm.*

kocht die ganze Masse im geschlossenen Topf 20–30 Minuten. Nun streicht man das Ganze scharf durch ein Sieb, 1/2 Kochl. Butter und 1/2 Kochl. Mehl schwitzt man im Topfe unter Rühren 2–3 Minuten, gibt dann das Wasser von den Endivien und das Mus dazu, kocht die Suppe ein Mal auf und quirlt sie mit 2 Eidottern ab. Nach Geschmack gibt man 1–2 Teel. Salz dazu, und will man den Geschmack noch erhöhen, so kann man den festen Schnee von 2 Essl. Schlagrahm dazu geben.

**Chicorée für 2 Personen.** Man schneidet das Wurzelstück ab, wäscht das Ganze, setzt es mit 1 Ltr. kochendem Wasser im fest geschlossenen Topf an und kocht es 1 Stunde. Dann legt man

*Zutaten: 1 Kilo Chicorée, 1 Ltr. kochendes Wasser, 1 gehäufter Teel. Salz, 1 gehäufter Kochl. Butter.*

den Deckel beiseite und lässt das Wasser vollständig einkochen. Dann erst gibt man 1 gehäuften Teel. Salz und 1 gehäuften Kochl. Butter, die vorher in der Pfanne bräunte über das Ganze und lässt es hiermit noch 5 Minuten schmoren.

**Artischocken für 2 Personen.** 2 große Artischocken setzt man reichlich bedeckt mit kochendem Wasser an und kocht sie im

*Zutaten: 4 Eidotter, 2 Artischocken, 1/2 Teel. Salz, 65 Gr. Butter, 1-2 Teel. Zitronensaft.*

geschlossenen Topf 1 Stunde. Beim Anrichten nimmt man die Staubfäden vorsichtig heraus und füllt in die Mitte der Artischocken folgende herzustellende Sauce hollandaise: 4 Eidotter rührt man mit 1/2 Teel. Salz in einer Schüssel 10 Minuten und gibt unter Rühren tropfenweise die kochende Butter dazu. Braun darf die Butter nicht werden. Diese Tunke schmeckt man dann mit dem Zitronensaft ab.

**Sauerampfersuppe für 2 Personen.** Der Salat wird in feine Streifen geschnitten, mit 1/2 Liter kochendem Wasser und 1 Messerspitze Natron angesetzt, im geschlossenen Topf 20 Minuten gekocht, dann beiseite gestellt. Sauerampfer und Kerbel werden drei bis vier Mal mit reich-

*Zutaten: 500 Gr. Sauerampfer, 65 Gr. frischer Kerbel, 2 Kopf Salat, 1/2 Ltr. koch. Wasser, 1 Messerspitze Natron, 1/2 Kochl. Butter, 1 Kochl. Mehl, 2 Eidotter.*

lich kalten Wasser gewaschen, dann fein gehackt, mit 1 Liter kochendem Wasser angesetzt und im geschlossenen Topf 1/4 Stunde gekocht. Butter und Mehl schwitzt man unter Rühren im Topfe 2 Minuten, gibt dann nach und nach den Sauerampfer mit der Flüssigkeit dazu, kocht die Suppe ein Mal auf und quirlt sie mit den Eidottern ab. Die Eidotter müssen vorher in einer Schüssel 5 Minuten tüchtig gerührt werden; auch darf die Suppe mit Eidottern nicht mehr kochen. Beim Anrichten streicht man die Suppe durch ein Sieb und gibt den gekochten Salat mit dem Wasser an die Suppe, die man mit Salz abschmeckt.

**Spinatpudding für 2 Personen.** Den Spinat wäscht man drei Mal mit reichlich kaltem Wasser, dann setzt man ihn mit Natron und kochendem Wasser an und kocht ihn 10 Minuten, gießt ihn dann auf ein Sieb zum Abtropfen und streicht hiernach den Spinat durch das Sieb.

*Zutaten: 1 1/2 Kilo Spinat, 1/2 Teel. Natron, 1/4 Ltr. koch. Wasser, 1 Kochl. Mehl, 1 Kochl. Butter, 1/8 Ltr. süßer Rahm, 1 gehäufter Teel. Salz, 6 Eidotter, 250 Gr. Karotten.*

Mehl und Butter schwitzt man unter Rühren 5 Minuten, gibt dann den Rahm dazu und nach und nach den Spinat. Die Spinatmasse stellt man zum Abkühlen 20 Minuten beiseite und gibt nach Geschmack Salz und die Eidotter dazu. Hiernach füllt man den Spinat in eine glatte Puddingform, die vorher mit Butter ausgestrichen und mit Mehl ausgestreut wurde. Die geschlossene Puddingform stellt man in einen Topf mit kochendem Wasser und kocht den Pudding eine Stunde. Es ist besser, wenn man den Pudding im Bratofen kochen lässt. Beim Anrichten füllt man auf den Pudding die weich gekochten Karotten, und außerhalb auf den Rand der Platte legt man Brötchen mit Zwiebelmus.

**Spinat für 2 Personen.** Den Spinat wäscht man zwei bis drei Mal mit reichlich kalten Wasser, setzt ihn dann mit 1/2 Teel. Natron an und kocht ihn unter öfterem Umrühren 15

*Zutaten: 1 1/2 Kilo Spinat, 1/2 Teel. Natron, 1 Teel. Mehl, 1 Teel. Butter, 1 Teel. Salz, 2 Essl. süßer Rahm, 1/2 Kochl. Butter.*

Minuten. Nach dieser Zeit gießt man den Spinat auf ein Sieb zum Abtropfen und streicht ihn durch das Sieb. 1 Teel. Mehl und 1 Teel. Butter schwitzt man im Topfe 2 Minuten, dann gibt man unter tüchtigem Rühren den Spinat dazu, nach Geschmack 1 Teel. Salz und 2 Essl. süßen Rahm. Dann stellt man den Spinat zum Heißbleiben in einen Topf mit heißem Wasser. Beim Anrichten ist nochmals 1/2 Kochl. frische Butter dazuzugeben.

**Rhabarbergrütze für 2 Personen.** Den frischen, roten Rhabarber schneidet man in Würfel, setzt ihn mit kochendem Wasser an und kocht ihn 10 Minuten lang. Dann streicht man das Ganze durch ein Sieb und

*Zutaten: 500 Gr. Rhabarber, 1/2 Ltr. koch. Wasser, 2 Essl. Mondamin, bis 125 Gr. Zucker.*

bringt die Masse nochmals ins Kochen. Das Mondamin rührt man mit 3 Essl. kaltem Wasser aus, gießt dieses unter Rühren an den kochenden Rhabarber und kocht das Ganze 10 Minuten. Dann erst gibt man nach Geschmack Zucker dazu und füllt die Grütze in eine Steingutpuddingform, die man vorher mit kaltem Wasser ausgespült und mit Zucker ausgestreut hat. Man hält die Grütze 3 Stunden vor dem Gebrauch fertig und gibt süßen Rahm oder Vanilletunke dazu.

**Blumenkohlsuppe für 2 Personen.** Von einem Blumenkohl im Gewicht von 1 Kilo schneidet

*Zutaten: 1 Kilo Blumenkohl, 1 Ltr. koch. Wasser, 1/2 Kochl.*

man den Strunk ab und schält ihn, schneidet ihn in vier lange Stücke, setzt ihn mit den gewaschenen Blumen und 1 Ltr. kochendem Wasser an und kocht das Ganze im geschlossenen Topf 30 Minuten. Die Hälfte der Blumen legt man beiseite und verwendet sie als Einlage bei der Suppe. Alles Übrige streicht man durch ein Sieb. 1/2 Kochl. Butter und ebenso viel Mehl schwitzt man im Topf 2 Minuten und gießt dann das Blumenkohlwasser dazu. Nach Geschmack nimmt man 1 Teel. Salz, kocht die Suppe ein Mal auf und quirlt sie mit 2 Eidottern ab. Will man die Suppe noch besser machen, so kann man beim Anrichten den festen Schnee von 2 Essl. Schlagrahm dazu nehmen.

*Butter, 1/2 Kochl. Mehl, 1 Teel. Salz, 2 Eidotter, 2 Essl. Schlagrahm.*

**Sauerkohl für 2 Personen.** Der Kohl wird gewaschen, gut ausgedrückt, mit 1 1/2 Ltr. kochendem Wasser angesetzt und im geschlossenen Topf 4 Stunden langsam gekocht. Um den schlechten Geruch zu vermeiden, empfiehlt es sich, den Kohl in den heißen Bratofen zu stellen. Nach dieser Kochzeit gibt man 65 Gr. Schmalz, 2 gehäufte Essl. Zucker, 1 Teel. Salz und 1/8 Ltr. Essig an den Kohl. Mit diesen Zutaten lässt man ihn noch 1 Stunde kochen. Hat der Kohl noch zu viel Flüssigkeit, muss er zuletzt ohne Deckel kochen, damit alles Feuchte einkocht. Man kann auch 250 Gr. geschälte, in Würfel geschnittene Äpfel mit dem Kohl kochen; in diesem Falle nimmt man nur 2 Essl. Essig.

*Zutaten: 500 Gr. Kohl, 1 1/2 Ltr. koch. Wasser, 63 Gr. Schmalz, 2 gehäufte Essl. Zucker, 1 Teel. Salz, 1/8 Ltr. Essig.*

**Gemischtes Gemüse für 2 Personen.** Die türkischen Bohnen werden angesetzt mit 1 Ltr. kochendem Wasser, im geschlossenen Topf 1 Stunde gekocht, dann legt man den Deckel beiseite und lässt das Wasser vollständig einkochen; zuvor legt man 1 Tomate auf den Boden des Topfes, 1 Kochl. Butter, 1/2 Teel. Salz wird dazu gegeben; danach mischt man die türkischen Bohnen mit weichgekochten Palerbsen (siehe Erbsen) und den Pfifferlingen (siehe Pfifferlinge). Das Ganze lässt man zugedeckt langsam 10 Minuten dämpfen.

*Zutaten: 1 Ltr. türkische Bohnen, 1 Ltr. koch. Wasser, 250 Gr. Pfifferlinge, 5 Ltr. Palerbsen, 1 Kochl. Butter, 1 Tomate, 1/2 Teel. Salz.*

**Vegetarisches Ragout für 2 Personen.** Die Hülsenfrüchte werden am Abend vorher gewaschen, eingeweicht und mit dem Quellwasser am nächsten Tag ins Kochen gebracht. Die Rote Beete muss in Würfel geschnitten und mit 1/2 Ltr. kochendem Wasser angesetzt werden und im geschlossenen Topf 1 Stunde kochen. 1 Kochl. Butter und ebenso viel Mehl

*Zutaten: 125 Gr. weiße Bohnen, 65 Gr. grüne Erbsen, 1/4 Ltr. rohe Kartoffeln, 1 frische Rote Beete, 1/2 Ltr. koch. Wasser, 1 Kochl. Butter, 1/2 Ltr. sauren Rahm, 1/2 Zitrone, 1 Teel. Salz.*

schwitzt man 1–2 Minuten, gießt dann 1/2 Ltr. sauren Rahm und das Wasser der Roten Beete dazu. Mit dem Saft einer halben Zitrone und 1 Teel. Salz wird die Tunke abgeschmeckt, sämtliche weichgekochten Zutaten werden dazu gegeben.

**Kleine Schmorkartoffeln mit Soubise für 2 Personen.** Die recht kleinen Eierkartoffeln werden geschält, gewaschen, mit einem Tuche getrocknet, dann mit 1 gehäuftem Kochl. Butter im flachen Schmortopfe angesetzt und fest zugedeckt unter öfterem Schütteln 30 Minuten bei nicht zu starker Hitze geschmort. In dieser

*Zutaten: 1 1/2 Ltr. Eierkartoffeln, 2 gehäufte Kochl. Butter, 1 Teel. fein gehackte Petersilie, 1 Teel. Salz, 6 Zwiebeln, 1/2 Kochl. Mehl, 1/8 Ltr. süßer Rahm oder Milch, 1 Messerspitze Pfeffer, 1 Teel. Salz.*

Zeit müssen die Kartoffeln hellbraun werden, dann gibt man beim Anrichten 1 Teel. fein gehackte Petersilie und 1 Teel. Salz dazu. Folgende Soubise füllt man beim Anrichten in die Mitte über die Kartoffeln. 6 Zwiebeln werden abgezogen, in Scheiben geschnitten, mit 1 Kochl. Butter im geschlossenen Topf angesetzt und 20 Minuten langsam gedämpft. Die Zwiebeln dürfen in dieser Zeit nicht braun werden. Durch zu rasches Bräunen werden die Zwiebeln unverdaulich. Nach dieser Zeit gibt man 1/2 Kochl. Mehl an die Zwiebeln. Unter Rühren schwitzt man beides 2 Minuten, gießt dann 1/8 Ltr. süßen Rahm oder süße Milch dazu und lässt die Masse unter Rühren einmal aufkochen. Nun schmeckt man das Mus mit 1 Messerspitze Pfeffer und 1 Teel. Salz ab und streicht es vor dem Anrichten durch ein Sieb.

**Kartoffelkotelettes für 2 Personen.** Die Kartoffeln setzt man mit 1/2 Ltr. kaltem Wasser bedeckt an, kocht sie im geschlossenen Topf in 30 Minuten weich, gießt das Wasser ab, dämpft

*Zutaten: 1/2 Ltr. geschälte Kartoffeln, 1/2 Ltr. kaltes Wasser, 1/2 Kochl. Butter, 1 Teel. Salz, 3 Eidotter.*

die Kartoffeln trocken und streicht sie rasch durch ein Sieb. 1/2 Kochl. Butter und 1 Teel. Salz gibt man an die Masse und rührt diese schnell zusammen, solange die Kartoffeln noch warm sind. Dann stellt man sie zum Auskühlen 30 Minuten beiseite. Nach dieser Zeit sind 3 Eidotter an die Masse zu geben. Nun formt man Bälle, paniert diese in Eiweiß und geriebenem Brot und schlägt diese Bälle platt, damit sie die Form eines Koteletts bekommen. Die Kotelettes brät man 2 Minuten in brauner Butter.

**Kartoffelsuppe für 2 Personen.** Die geschälten Kartoffeln setzt man bedeckt mit kaltem Wasser an, kocht sie in 30 Minuten weich, gießt dann das Wasser ab und dämpft die Kartoffeln trocken, streicht sie durch ein Sieb,

*Zutaten: 250 Gr. geschälte Kartoffeln, 1 Teel. Mehl, 1 Teel. Butter, 1 Ltr. kochendes Wasser, 1 gehäufter Teel. Salz, 1 Teel. fein gehackte Petersilie, 1 Messerspitze Pfeffer.*

wobei die Kartoffeln nicht kalt werden dürfen, und schlägt die Masse fest zusammen. Mehl und Butter schwitzt man unter Rühren 2 Minuten, gibt dann die Kartoffelmasse dazu und nach und nach das kochende Wasser. Nachdem man Salz und Petersilie daran getan hat, wird die Suppe mit diesen Zutaten 5 Minuten gekocht, dann muss sie sogleich angerichtet werden. Darf man Pfeffer verwenden, so wird sie pikanter, wenn man 1 Messerspitze Pfeffer dazu gibt. Als Einlage gibt man in Butter geröstete Brotstückchen.

**Bayerische Knödel für 2 Personen.** 6 alte Rundstücke müssen mit 1/4 Ltr. heißer Milch eingeweicht werden. Hiernach wird die weiche Masse verrührt, bis sie gleichmäßig geworden ist; dann werden 2 Eier, 2 Essl. Mehl und 1 Teel. Salz dazugegeben. Als Gewürz kann man nehmen 1/2 Teel. fein gehackten Thymian, 1 Messerspitze geriebene Zwiebel. Von dieser Masse formt man 4 Klöße, legt sie in kochendes Salzwasser und lässt sie 30–40 Minuten kochen. Das Kloßwasser verwendet man zur Suppe.

*Zutaten: 6 alte Rundstücke, 1/4 Ltr. heiße Milch, 2 Eier 2 Essl. Mehl, 1 Teel. Salz, 1/2 Teel. fein gehackter Thymian, 1 Messerspitze gerieb. Zwiebel.*

**Risotto für 2 Personen.** Der Reis wird drei Mal mit reichlich kaltem Wasser gewaschen, die Zwiebeln werden abgezogen, in Scheiben geschnitten, mit der Butter im geschlossenen Topf angesetzt und 10 Minuten langsam gedämpft. Dann gibt man den gewaschenen Reis dazu und röstet ihn unter öfterem Umrühren mit den Zwiebeln 10 Minuten. Die frischen Tomaten werden in Viertel geschnitten und im geschlossenen Topf im eigenen Saft in 10 Minuten weichgedämpft. Hiernach streicht man die Tomaten durch ein Sieb und gibt das Mus zu dem Reis, gießt das kochende Wasser darüber und kocht den Reis im geschlossenen Topf recht langsam 25 Minuten. Es ist nötig, eine Asbestplatte unter den Topf zu legen. Darf man Gewürze anwenden, so gibt man beim Anrichten Parmesankäse, Pfeffer und Salz dazu. Zum Risotto gibt man gekochte Artischocken mit Sauce hollandaise.

*Zutaten: 125 Gr. Reis, 4 Zwiebeln, 1 Kochl. Butter, 250 Gr. Tomaten, 1/2 Ltr. kochendes Wasser, 65 Gr. Parmesan, 1/2 Teel. Pfeffer, 1 Teel. Salz.*

**Reiscroquetten für 2 Personen.** Der Reis wird zwei bis drei Mal gewaschen, dann mit der Milch im geschlossenen Topf angesetzt und langsam 25 Minuten gekocht; noch besser wird der Reis, wenn man ihn in den Bratofen stellt. Nach dieser Zeit stellt man den Reis 30 Minuten zum Auskühlen beiseite und gibt das Salz, die Butter und die Eidotter dazu. Nun formt man Bälle, paniert sie in Eiweiß und

*Zutaten: 125 Gr. Reis, 1 Ltr. süße Milch, 1 gehäufter Teel. Salz, 2 Eidotter, 1/2 Kochl. Butter.*

geriebenem Brot, drückt die Bälle mit einem Messer etwas nach und brät sie hiernach in hellbrauner Butter an beiden Seiten 20 Minuten.

**Brotklöße mit Pflaumen für 2 Personen.** Die Rundstücke werden geschält, mit lauwarmem Wasser 1–2 Minuten geweicht und gut ausgedrückt. 1 Kochl. Butter lässt man in der Pfanne dünn werden, gibt das Brot dazu und bäckt unter Rühren das Brot auf mäßigem Feuer in 3–5 Minuten ab. Dann stellt man den Teig 20 Minuten zum Auskühlen beiseite und gibt die abgeriebene Schale einer halben Zitrone, 1 Teel. Salz, 1 gehäuften Essl. Zucker und 2 Essl. geriebene Mandeln dazu und, wenn alles gut verrührt ist, zuletzt 2 ganze Eier. Nun formt man kleine, runde Klöße. Hierbei muss die Handfläche öfter mit Mehl bestreut werden. 250 Gr. beste Katharinenpflaumen werden mit 1 Ltr. heißem Wasser am Abend vorher eingeweicht, hiernach mit diesem Quellwasser ins Kochen gebracht und im geschlossenen Topf recht langsam 1 Stunde gekocht. Durch starkes Kochen werden die Pflaumen unansehnlich. Nun gibt man die vorgerichteten Klöße dazu und lässt diese noch mit den Pflaumen 30 Minuten unter öfterem Schütteln langsam kochen. Zucker nach Geschmack.

*Zutaten: 5 alte Rundstücke, 1 Kochl. Butter, 1/2 Zitrone, 1 Teel. Salz, 1 gehäuft. Essl. Zucker, 2 Essl. geriebene Mandeln, 250 Gr. Katharinenpflaumen, 2 Eier.*

**Junge Schnittbohnen mit Spargelspitzen für 2 Personen.** Die Bohnen werden abgezogen, gewaschen, recht lang und dünn geschnitten, dann mit 1/2 Ltr. kochendem Wasser und 1/4 Teel. Natron angesetzt, im geschlossenen Topf 30 Minuten gekocht. Nach dieser Zeit gießt man die Bohnen auf ein Sieb zum Abtropfen und deckt sie schnell mit einem Deckel zu. Hiernach stellt man sie noch 10 Minuten mit dem Sieb zum Nachdämpfen auf kochendes Wasser. Die Spargelspitzen schneidet man zwei Mal durch, das untere, harte Stück des Spargels zurücklassend, wäscht sie und setzt sie mit 1 Ltr. kochendem Wasser und 1/4 Teel. Natron an und kocht sie zugedeckt 30 Minuten. Dann vollendet man sie ebenfalls wie die Schnittbohnen. 3 Eidotter rührt man in einer Schüssel mit 1/2 Teel. Salz 10 Minuten. Unter tüchtigem Rühren gibt man 65 Gr. kochende Butter tropfenweise an die Eidotter. Braun darf die Butter nicht werden. Nun gibt man nach Geschmack 2 Teel. Zitronensaft dazu und 2 in Streifen geschnittene, gedämpfte Trüffeln. Beim Anrichten werden die Spargelspitzen rasch mit dieser Tunke gemischt. Die Schnittbohnen rührt man mit 1 Teel. Salz und 1/2 Kochl. Butter vorsichtig durch und

*Zutaten: 3 Bund Spargelspitzen, 500 Gr. Schnittbohnen, 1/4 Teel. Natron, 1 Ltr. kochendes Wasser, 3 Eidotter, 1/2 Teel. Salz, 65 Gr. Butter, 2 Teel. Zitronensaft, 1/2 Kochl. Butter.*

legt sie als Kranz um die Spargelspitzen, außerdem garniert man die Platte mit kleinen Kartoffelkotelettes.

**Erbsenmus für 2 Personen.** Die Erbsen werden gewaschen und am Abend vor dem Gebrauch mit 1 1/2 Ltr. kaltem Wasser eingeweicht, dann im geschlossenen Topf mit diesem Quellwasser ins Kochen gebracht. Die

*Zutaten: 250 Gr. grüne oder gelbe Erbsen, 1 1/2 Ltr. kaltes Wasser, 1 Teel. Mehlschwitze, 1 gehäufter Teel. Salz, 1 gehäuft. Essl. Butter.*

Erbsen müssen recht langsam 2 Stunden kochen. Um das Anbrennen zu verhüten, ist es nötig, eine Asbestplatte unter den Topf zu legen. Die Erbsen werden durch ein Sieb gestrichen. 1 Teel. Mehlschwitze rührt man mit 1 Löffel von dem Mus aus, gibt das übrige Mus dazu und nach Geschmack 1 gehäuften Teel. Salz und nun 1 gehäuften Essl. Butter. Statt der Butter kann man auch 65 Gr. in Würfel geschnittenen Speck vorsichtig ausbraten und so den Speck an das Mus geben. Man stellt das fertige Mus 30 Minuten vor dem Anrichten in einen Topf mit kochendem Wasser und legt beim Anrichten Sauerkohl und gebackene Austern herum.

**Erbsenkotelettes für 2 Personen.** Selleriemus (siehe S.209) wird, nachdem es abgekühlt ist, mit 3 Eidottern vermischt. Dann formt man Bälle und brät diese in der Pfanne in brauner Butter auf beiden Seiten 2 Minuten. Dann legt man sie beim Anrichten als Garnitur um das Selleriemus und gibt außerhalb der Kotelettes kleine Schmorkartoffeln.

**Linsen mit Zwiebeln und Steckrüben für 2 Personen.** 250 Gr. Linsen werden gewaschen und am Abend vor dem Gebrauch mit 1 Ltr. kaltem Wasser eingeweicht. Mit diesem Quellwasser werden die Linsen angesetzt und im geschlossenen Topf 1 Stunde gekocht. 1 Teel. Butter und 1 Teel. Mehl schwitzt man

*Zutaten: 250 Gr. Linsen, 1 Ltr. kaltes Wasser, 1 Teel. Butter, 1 Teel. Mehl, 1 Teel. Salz, 65 Gr. Schweinespeck, 3 Zwiebeln, 2 Essl. Essig, 500 Gr. Steckrübe, 1/2 Ltr. koch. Wasser, 1/2 Kochl. Butter.*

2 Minuten, gießt dann die Flüssigkeit zu den Linsen und lässt sie in dieser Tunke noch 10 Minuten langsam kochen. Dann gibt man nach Geschmack 1 Teel. Salz dazu. 65 Gr. Schweinespeck schneidet man in Würfel, setzt ihn im geschlossenen Topf mit 3 in Scheiben geschnittenen Zwiebeln an und dämpft die Zwiebeln mit dem Speck recht langsam 20 Minuten. Dann erst lässt man allmählich den Speck und die Zwiebeln braun werden. Nun gießt man dieses über die fertigen Linsen und schmeckt sie mit 2 Essl. Essig ab. Beim Anrichten ist in die Mitte ein Häufchen Steckrüben zu legen. Hierzu nimmt man 1 Steckrübe im Gewichte von 500 Gr. Sie wird geschält, gewaschen, in Streifen

geschnitten, mit 1/2 Ltr. kochendem Wasser und 1/2 Kochl. Butter angesetzt und im geschlossenen Topfe 1 Stunde langsam gedämpft. In der letzten Viertelstunde legt man den Deckel beiseite und lässt das Wasser vollständig einkochen. Dann erst gibt man nach Geschmack 1 Teel. Salz dazu.

**Weiße Bohnensuppe für 2 Personen.** Die weißen Bohnen wäscht man und weicht sie am Abend vor dem Gebrauch mit kaltem Wasser ein, bringt sie mit diesem Wasser ins Kochen und kocht die Bohnen 1 1/2 Stunden.

*Zutaten: 125 Gr. weiße Bohnen, 1 1/2 Ltr. kaltes Wasser, 1 Kochl. Butter, 1 Kochl. Mehl, 1 Teel. fein gehackte Petersilie, 1 Teel. Salz, 1/2 Teel. Pfeffer.*

3 Löffel von den weich gekochten Bohnen legt man beiseite und verwendet sie später als Einlage der Suppe. Alle übrigen Bohnen streicht man durch ein Sieb. Butter und Mehl schwitzt man 2 Minuten. Dann gibt man nach und nach die Bohnenflüssigkeit dazu, kocht die Suppe ein Mal auf und gibt nach Geschmack fein gehackte Petersilie und Salz dazu, außerdem die beiseite gelegten Bohnen und, wenn man Pfeffer verwenden darf, 1/2 Teel. Pfeffer.

**Champignonsuppe für 2 Personen.** 500 Gr. frische Champignons werden geputzt und während des Putzens in ausgerührtes Mehlwasser gelegt, damit sie weiß bleiben. Sind alle vorbereitet, so werden die Champignons noch zwei bis drei Mal mit reichlich kaltem Wasser gewa-

*Zutaten: 500 Gr. Champignons, 1 Kochl. Butter, 1 Teel. Zitronensaft, 1 Kochl. Mehl, 1 1/2 Ltr. koch. Wasser, 3 Eidotter, 1/2 Teel. Salz, 1/8 Ltr. Schlagrahm.*

schen und hiernach recht fein gehackt. Nun setzt man sie mit 1 Kochl. Butter und 1 Essl. Zitronensaft an und dämpft sie unter öfterem Rühren 10 Minuten. Dann schüttet man 1 Kochl. Mehl dazu und schwitzt unter Rühren das Ganze 3 Minuten. Nun gießt man nach und nach 1 1/2 Ltr. kochendes Wasser dazu, kocht die Suppe recht langsam 30 Minuten, quirlt sie dann mit 3 Eidottern ab, die man vorher in der Schüssel tüchtig gerührt hat. Die Suppe darf mit den Eidottern nicht mehr kochen. Man gibt nach Geschmack 1–2 Teel. Salz dazu und beim Anrichten den festen Schnee von 1/8 Ltr. Schlagrahm.

**Schwarzwurzeln im Pfannkuchenteig für 2 Personen.** 1 Kilo Schwarzwurzeln werden geputzt und während des Putzens in ausgerührtes Mehlwasser gelegt, dem man 2 Essl.

*Zutaten: 2 Essl. Essig, 1 Kilo Schwarzwurzeln, 1 Essl. Zitronensaft, 125 Gr. Mehl, 1/8 Ltr. Milch, 2 Eier, 500 Gr. Palmin.*

Essig hinzufügt. Es ist unbedingt nötig, hierzu Essig zu verwenden, damit die Schwarzwurzeln weiß bleiben. Sind alle vorbereitet, so werden sie noch zwei bis drei Mal mit kaltem Wasser gewaschen, mit 1 Ltr. kochendem Wasser und 1 Essl. Zitronensaft angesetzt und im geschlossenen Topf 1 Stunde gekocht. Dann lässt man die Schwarzwurzeln in dem Wasser vollständig erkalten. 125 Gr. Mehl rührt man mit 1/3 Ltr. Milch oder kaltem Wasser zu einem Teig, gibt 2 Eidotter dazu und zuletzt den festen Schnee der Eier. Nun legt man die ausgekühlten Schwarzwurzeln in diesen Teig. 500 Gr. Palmin lässt man in einem großen, tiefen Topf heiß werden, nimmt die Schwarzwurzeln mit einer Gabel vorsichtig aus dem Panierteig und bäckt sie in 3 Partien in dem heißen Fett hellbraun. Man gibt dazu Sauce hollandaise oder in Fett kross gebackene Petersilie.

**Märkische Rüben mit Kastanien für 2 Personen.** 2 Ltr. Rübchen werden geschabt und gewaschen. Den Boden eines Topfes bestreicht man mit Butter, 65 Gr. Zucker gibt man dazu und bräunt diesen bei mäßiger Hitze *Zutaten: 2 Ltr. Rübchen, 65 Gr. Zucker, 1 1/2 Ltr. koch. Wasser, 1/2 Kochl. Butter, 1/2 Kochl. Mehl, 1 Teel. Salz, 1 Teel. Zucker, Kastanien.* hellbraun. Dann gießt man 1 1/2 Ltr. kochendes Wasser in den Topf, und nun gibt man die gewaschenen Rübchen dazu und kocht sie fest zugedeckt recht langsam 2 Stunden. In dieser Zeit muss man die Flüssigkeit bis auf 1/4 Ltr. einkochen lassen. 1/2 Kochl. Butter schwitzt man mit 1/2 Kochl. Mehl, unter Rühren gibt man die Flüssigkeit dazu und nach Geschmack 1 Teel. Salz und 1 Teel. Zucker. In dieser Tunke lässt man die Rübchen noch langsam 10–15 Minuten kochen. Hierzu nimmt man folgende Kastanien:

**Kastanien für 2 Personen.** Man schneidet ein Kreuz in die Schale der Kastanien, setzt sie reichlich bedeckt mit kaltem Wasser an und kocht sie im geschlossenen Topf 1 Stunde. Während dieser Zeit muss man öfter Wasser *Zutaten: 250 Gr. Kastanien, 1 Kochl. Butter, 1 Kochl. Zucker, 1/8 Ltr. Madeira oder Sherry, 1/2 Teel. Mondamin, 1/2 Teel. kaltes Wasser.* ser nachgießen. Sind die Kastanien nicht mit Wasser bedeckt, so werden sie schwarz. Nun entfernt man die Schale und die Haut von den weichgekochten Kastanien. 1 Kochl. Butter lässt man mit 1 Kochl. Zucker in einer Pfanne dünn werden, gibt die Kastanien dazu und schmort sie unter öfterem vorsichtigen Schütteln 15–20 Minuten; in dieser Zeit werden die Kastanien zugedeckt. Nun gießt man 1/8 Ltr. Madeira oder Sherry auf die Kastanien. 1/2 Teel. Mondamin rührt man mit 1/2 Teel. kaltem Wasser aus, gießt dieses unter vorsichtigem Schütteln der Kastanien an die Flüssigkeit und kocht die Kastanien hiermit noch langsam 5 Minuten. Dann werden sie sogleich angerichtet.

**Omelett für 2 Personen.** 6 Eidotter rührt man in einer Schüssel mit 1 Teel. Salz 10 *Zutaten: 6 Eier, 1 Teel. Salz, 1 Kochl. Butter.* Minuten. Dann gibt man den festen Schnee der Eier dazu. 1 Kochl. Butter lässt man in der Pfanne dünn werden, gibt die Eimasse rasch in die Pfanne, stellt dann die Pfanne auf den geschlossenen, nicht zu heißen Herd und hält eine Schaufel mit glühenden Kohlen 3–5 Minuten über das Omelett, damit es recht hoch aufgeht.

**Omelett mit frischen Champignons für 2 Personen.** 500 Gr. frische Champignons werden geputzt. 3 Kochl. Mehl rührt man mit 1/4 Ltr. kaltem Wasser aus und legt die Champignons während des Putzens in dieses Mehlwasser. Man tut es deshalb, damit die Champignons weiß bleiben. Hiernach werden sie zwei bis drei Mal mit reichlich kaltem Wasser gewaschen und nun mit 1 Kochl. Butter und mit 2 Teel. Zitronensaft angesetzt, dann im geschlossenen Topf unter öfterem Schütteln 10 Minuten gedämpft. 1/2 Kochl. Butter schwitzt man mit 1/2 Kochl. Mehl im Topfe und gießt dann den Saft der Champignons dazu. 1–2 Teel. Salz gibt man nach Geschmack dazu und lässt die Champignons in dieser Tunke 5 Minuten langsam kochen. Durch starkes Kochen werden die Champignons hart und schwer verdaulich. Beim Anrichten füllt man die Champignons in vorstehendes Omelett. Das Omelett muss sogleich serviert werden.

*Zutaten: 500 Gr. frische Champignons, 1/4 Ltr. kaltes Wasser, 3 Kochl. Mehl, 1 Kochl. Butter, 2 Teel. Zitronensaft, 1/2 Kochl. Butter, 1/2 Kochl. Mehl, 1 Teel. Salz.*

**Warmer Nusspudding mit Fruchttunke für 2 Personen.** Die Wal- oder Haselnüsse werden ausgebrochen, gerieben oder im Mörser feingestoßen. 65 Gr. Mehl, 65 Gr. Butter werden im Topfe unter Rühren 5 Minuten geschwitzt. Dann gibt man nach und nach 1/8 Ltr. Milch dazu und verrührt die Masse noch 3–5 Minuten, bis sie glatt vom Topfe lässt. Dann gibt man die Nussmasse, 1 Teel. Salz und 2 Essl. Zucker dazu. Ist alles gut verrührt, stellt man die Masse 20 Minuten zum Auskühlen beiseite und gibt unter Rühren nach und nach 6 Eidotter dazu, zuletzt den festen Schnee der Eier. Diese Masse füllt man in eine mit Butter ausgestrichene und mit Mehl ausgestreute Form, schließt die Form und stellt sie in einen Topf mit kochendem Wasser. Man kocht den Pudding 1 Stunde.

*Zutaten: 500 Gr. Wal- oder Haselnüsse, 65 Gr. Mehl, 65 Gr. Butter, 1/8 Ltr. Milch, 1 Teel. Salz, 2 Essl. Zucker, 6 Eier.*

**Warmer Zitronenpudding für 2 Personen.** 65 Gr. Mehl und 65 Gr. Butter schwitzt man im Topfe unter Rühren 10 Minuten. Dann gibt man nach und nach 1/3 Ltr. Milch dazu und rührt den Teig noch 2 Minuten auf mäßigem Feuer. Nun stellt man ihn 10 Minuten zum Auskühlen beiseite und gibt nach und nach unter Rühren 6

*Zutaten: 65 Gr. Mehl, 65 Gr. Butter, 1/8 Ltr. Milch, 6 Eier, 65 Gr. Zucker, 1 Teel. Salz, 2 Zitronen.*

Eidotter hinzu, zuletzt den festen Schnee der Eier. Ist dieses verrührt, dann erst gibt man 65 Gr. Zucker, 1 Teel. Salz, die abgeriebene Schale von 1 Zitrone und den Saft von 2 Zitronen dazu. Diese Masse füllt man in eine mit Butter ausgestrichene und mit Mehl ausgestreute Puddingform und kocht den Pudding 1 Stunde.

**Apfelauflauf für 2 Personen.** Das Mehl und die Butter schwitzt man unter Rühren im Topfe 3 Minuten, gießt dann die Milch dazu und rührt den Teig noch auf mäßigem Feuer 3–5 Minuten, bis die Masse glatt vom Topfe

*Zutaten: 125 Gr. Mehl, 65 Gr. Butter, 1/4 Ltr. Milch, 65 Gr. Zucker, 1 Teel. Salz, 1/2 Zitrone, 6 Eier, 750 Gr. Äpfel, 2 Kochl. Zucker.*

lässt. Nun stellt man den Teig 30 Minuten zum Auskühlen beiseite und gibt hiernach den Zucker, das Salz und die abgeriebene Schale der halben Zitrone und nach und nach die Eidotter dazu. Ist dieses verrührt, gibt man zuletzt den festen Schnee der Eier dazu. Die Äpfel werden geschält, in Viertel geschnitten, vom Kernhaus befreit und in eine Auflaufkumme gelegt. 2 Kochl. Zucker sind über die Äpfel zu streuen, und hiernach ist über die Äpfel der Teig zu füllen und der Auflauf im mäßig heißen Ofen eine Stunde zu backen. Hierzu nimmt man am besten Prinz- oder Reinetteäpfel.

**Apfelsinenpudding für 2 Personen.** Den Saft von 3 Apfelsinen gießt man durch ein Sieb. 1 gehäuften Essl. Zucker gibt man dazu und ebenso die abgeriebene Schale einer halben Apfelsine. 4 Blatt weiße Gelatine feuchtet

*Zutaten: 3 Apfelsinen, 1 gehäufter Essl. Zucker, die abgerieb. Schale von 1/2 Apfelsine, 4 Blatt weiße Gelatine, 2 Essl. Wasser, 1/4 Ltr. Schlagrahm.*

man mit kaltem Wasser an, kocht sie mit 2 Essl. Wasser 1–2 Minuten. Dann gießt man die Flüssigkeit durch ein Sieb an den Apfelsinensaft. Den festen Schnee von 1/4 Ltr. Schlagrahm gibt man dazu, verrührt das Ganze tüchtig, und wenn die Masse anfängt dick zu werden, füllt man sie in eine Puddingform, die man vorher mit Wasser ausgespült und mit Zucker ausgestreut hat. Man hält den Pudding 1 Stunde vor dem Gebrauch fertig.

**Zitronenauflauf für 6 Personen.** 6 Eidotter rührt man mit 65 Gr. Zucker in einer Schüssel 10 Minuten, gibt die fein abgeriebene Schale einer Zitrone dazu, zuletzt den

*Zutaten: 6 Eier, 65 Gr. Zucker, ger. Zitronenschale, 2 Zitronen.*

festen Schnee der Eier. Ist dieses verrührt, so gießt man den Saft von 2 Zitronen durch ein Sieb an die Masse. Nun füllt man die Masse in die Auflaufschüssel, die man vorher mit Butter ausgestrichen hat, und bäckt den Auflauf im mäßig heißen Ofen 40 Minuten.

**Käseauflauf für 2 Personen.** 6 Eidotter rührt man mit 1 Kochl. Butter und 65 Gr. geriebenem Schweizer- oder Chesterkäse 5 Minuten, gibt 1/8 Ltr. sauren Rahm dazu und zuletzt den festen Schnee der Eier. Hiernach den Inhalt einer 250-Gr.-Dose Erbsen, 1 kleinen, weichgekochten Blumenkohl, 2 Essl. weichgekochten Reis und nach Geschmack 1 Teel. Salz. Diese Masse füllt man in eine Auflaufform, die man vorher mit Butter ausgestrichen hat. Nun bäckt man den Auflauf im nicht zu heißen Ofen 40 Minuten.

*Zutaten: 6 Eier, 1 Kochl. Butter, 65 Gr. geriebener Schweizer- oder Chesterkäse, 1/8 Ltr. sauren Rahm, eine 250-Gr.-Dose Erbsen, 1 kleiner Blumenkohl, 2 Essl. Reis, 1 Teel. Salz.*

**Gemüseauflauf für 4 Personen** nach Anna Maria Lütgens. Ein Gericht aus Resten zum Frühstück. Hierzu nimmt man Reste von Blumenkohl. 2 Essl. gewaschenen Reis setzt man mit 1 Teel. Salz und 1/2 Ltr. kochendem Wasser an und kocht ihn im geschlossenen Topf 20 Minuten. Dann gießt man das Ganze auf ein Sieb zum Abtropfen. 2 Zwiebeln schneidet man in Scheiben, setzt sie mit 1/2 Kochl. Butter im geschlossenen Topf an und dämpft sie 20 Minuten, dann gibt man 1/2 Kochl. Mehl dazu. Die Zwiebeln dürfen nicht braun werden. Man schwitzt das Mehl und die Zwiebeln unter Rühren 3 Minuten; dann gibt man 1/4 Ltr. Milch oder Rahm dazu und nach Geschmack 1 Messerspitze Pfeffer und 1 Teel. Salz. Einen abgekochten Blumenkohl von 500 Gr. schneidet man in Stücke, mischt ihn mit dem Reis und den Zwiebeln und gibt 2 Eier an die fast ausgekühlte Masse, zuletzt den festen Schnee der Eier. Hat man Eiweißreste, so nimmt man 4 Eiweißreste. Die Masse rührt man vorsichtig durch, damit der Kohl nicht zerfällt. 3 Tomaten werden in Scheiben geschnitten, mit 1 Teel. Salz und dem Saft einer Zitrone bestreut und dann schichtweise mit der Blumenkohlmasse in eine Auflaufform gefüllt. Obenauf legt man Tomatenscheiben und streut 3 Essl. Käse darüber, auch 1 Kochl. Butter. Dies lässt man dann 30 Minuten im nicht zu heißen Ofen backen. Dazu kann man auch Erbsen oder Kartoffeln verwenden.

*Zutaten: Blumenkohl v. 500 Gr., 2 Essl. Reis, 1 Teel. Salz, 1/2 Ltr. koch. Wasser, 2 Zwiebeln, 1/2 Kochl. Butter, 1/4 Ltr. Milch, 1 Messerspitze Pfeffer, 1 Teel. Salz, 2 Eier, 3 Tomaten, 3 Essl. Käse.*

**Zwiebelmusbrötchen für 2 Personen.** Die Weißbrotscheiben werden dreieckig geschnitten, dann in der Pfanne mit Butter hellbraun gebraten. Die Zwiebeln werden abgezogen, in Scheiben geschnitten, mit Butter im geschlossenen Topf angesetzt und 20–30 Minuten

*Zutaten: 6 Weißbrotscheiben, 1/2 Kochl. Butter, 4 Zwiebeln, 1 Teel. Butter, 1 gehäuft. Kochl. Mehl, 3 Essl. Milch oder Rahm, 1 Teel. Salz, 1 Messerspitze Pfeffer.*

gedämpft. Braun dürfen die Zwiebeln nicht werden. Nun gibt man das Mehl dazu, schwitzt das Ganze unter Rühren 3 Minuten, gießt dann die Milch oder den Rahm dazu, kocht das Mus ein Mal auf und gibt nach Geschmack Salz und Pfeffer, wenn man solchen verwenden darf, dazu. Das dickliche Mus streicht man recht hoch auf die heißen Brötchen.

**Aprikosengrütze mit Vanilletunke für 2 Personen.** Die Früchte werden mit reichlich heißem Wasser zwei bis drei Mal gewaschen, dann am Abend vor dem Gebrauch mit kal-

*Zutaten: 250 Gr. getrocknete Aprikosen, 1 1/2 Ltr. kaltes Wasser, 65 Gr. Mondamin, 125 Gr. Zucker.*

tem Wasser eingeweicht, mit diesem Quellwasser am nächsten Tage ins Kochen gebracht und im geschlossenen Topf 30 Minuten weich gekocht. Hiernach streicht man die Früchte mit dem Wasser durch ein Sieb und bringt die Masse wieder ins Kochen. Das Mondamin rührt man mit kaltem Wasser aus, gießt dieses unter Rühren an die kochende Aprikosenflüssigkeit und kocht unter öfterem Umrühren das Ganze 10 Minuten. Nun gibt man nach Geschmack Zucker hinzu und füllt die Grütze in eine mit Wasser ausgespülte, mit Zucker ausgestreute Form. Man hält die Grütze 4 Stunden vor dem Gebrauch fertig und gibt süßen Rahm oder Vanilletunke dazu. Man kann auch Prünellen ebenso verwenden.

**Vanilletunke für 2 Personen.** Die Eidotter rührt man mit dem Zucker 10 Minuten und bringt die Milch mit 1 Stange Vanille ins Kochen. Diese muss vorher gespalten

*Zutaten: 3 Eidotter, 1 Kochl. Zucker, 1/4 Ltr. Milch, 1 Stange Vanille, 1/2 Teel. Mondamin, 2 Teel. kaltes Wasser.*

und ausgekratzt werden. Das Mondamin rührt man mit kaltem Wasser aus, gießt dieses unter Rühren an die kochende Milch und kocht diese hiermit 10 Minuten, gießt sie dann unter tüchtigem Rühren langsam an die Eidotter, gießt das Ganze in den Topf zurück und bringt die Tunke unter Rühren auf mäßigem Feuer bis kurz vors Kochen, Dann gibt man sie durch ein Sieb. Während des Erkaltens muss die Tunke oft umgerührt werden, damit sich keine Haut bildet.

# Gerichte und Getränke für
# Kranke, Diabetiker und Kinder

## Suppen

**Beeftea für 6 Personen.** Für 1 Person genügen 125 Gr. Fleisch. 1 Kilo schieres Kalbfleisch wird in kleine Würfel geschnitten, dann in ein Glas gefüllt und mit feuchtem Pergamentpapier verschlossen. Hiernach setzt man es in einem Topf mit kaltem Wasser an, legt ein feuchtes Tuch darauf und schließt es mit einem Deckel. Nun bringt man das Wasser zum Kochen, und zwar 2 Stunden; inzwischen wird kochendes Wasser nachgefüllt. Danach wird diese Flüssigkeit durch ein Sieb gegossen. Will man die Flüssigkeit als Gelee benutzen, so muss man sie 4–6 Stunden vor dem Gebrauch fertig haben und zum Abkühlen in Eis stellen. Das Fleisch ist nicht weiter zu verwenden. Statt Kalbfleisch nimmt man auch 2 junge Kücken. Die Knochen der jungen Kücken werden vollständig klein gehackt und zu dem Fleisch in das Glas gesetzt. Ochsenfleisch gallert nicht so leicht wie Kalbfleisch.

**Fleischbrühe für 6 Personen.** Für 1 Person 1/4 Ltr. Wasser, 65 Gr. Ochsenfleisch, 65 Gr. Kalbfleisch. 500 Gr. schieres Ochsenfleisch und 500 Gr. schieres Kalbfleisch werden gewaschen, dann in Würfel geschnitten, mit 1 Teel. Salz in einem geschlossenen Topf angesetzt und in ca. 30 Minuten gebräunt. Ist das Fleisch in dieser Zeit nicht braun genug, so wird der Deckel beiseite gelegt und der Fleischsaft vollständig eingeschmort. Dann gießt man auf das Fleisch 1/4 Ltr. heißes Wasser, damit die Glasur des Topfes nicht abspringt, und außerdem 1 3/4 Ltr. kaltes Wasser. Die fest zugedeckte Fleischbrühe lässt man 2 Stunden langsam kochen. Darf man Gewürz verwenden, so gibt man 1 Stück Sellerie, Porree, 1 gelbe Wurzel und 1 Petersilienwurzel in die Brühe. Nach dieser Kochzeit wird die Brühe durch ein Sieb gegossen; man lässt sie 10 Minuten in einer Schüssel stehen, dann füllt man das Fett ab und lässt sie nochmals 5 Minuten

*Zutaten: 500 Gr. schieres Ochsenfleisch, 250 Gr. Kalbfleisch, 1 Teel. Salz, 1/4 Ltr. heißes Wasser, 1 Stück Sellerie, Porree, 1 gelbe Wurzel, 1 Petersilienwurzel.*

stehen. Danach gießt man sie wieder in einen Topf zurück, den Satz lässt man zurück. Nun bringt man die Fleischbrühe nochmals zum Kochen und füllt beim ersten Aufwallen Schaum und Fett ab. Lässt man die Fleischbrühe kochen ohne Schaum und Fett abzufüllen, bekommt sie einen schlechten Geschmack. Die Fleischbrühe wird, wenn nötig, mit Salz abgeschmeckt.

**Champignonsuppe für 6-8 Personen.** Ein Suppenhuhn wird gewaschen und mit 2 Ltr. kaltem Wasser angesetzt, etwas Suppenkraut, 1 Teel. Salz gibt man dazu. Die fest zugedeckte Brühe lässt man 2 Stunden langsam kochen; durch zu schnelles Kochen wird das Fleisch

*Zutaten: 1 Suppenhuhn, 2 Ltr. kaltes Wasser, Suppenkraut, 1 Teel. Salz, 500 Gr. frische Champignons, Mehlwasser, 1 Essl. Butter, 2 Essl. Mehl, 3 Eigelb.*

hart. 250 Gr. frische Champignons werden geputzt und während des Putzens in ausgerührtes Mehlwasser gelegt. Hierzu nimmt man 2 Essl. Mehl und 4 Essl. kaltes Wasser. Sind alle Champignons vorbereitet, so werden sie noch zwei Mal mit kaltem Wasser gewaschen und fein gewiegt. Die gewiegten Champignons lässt man mit der Hühnerfleischbrühe 30 Minuten kochen. 1 Essl. Butter und 2 Essl. Mehl schwitzt man unter Rühren 2 Minuten, dann gießt man unter weiterem Rühren nach und nach die kochende Kraftbrühe dazu und lässt die Suppe 5 Minuten kochen. Ist das Mehl nicht genügend verteilt, so schlägt man die Suppe 5 Minuten mit dem Eierschläger. 3 Eigelbe rührt man mit 1 Teel. Salz 10 Minuten in einer Schüssel. Nun gießt man unter tüchtigem Rühren die halbe Suppe an die Eidotter. Hierauf gießt man unter Rühren diese Masse wieder an die übrige kochende Suppe zurück. Die Suppe darf mit dem Ei nicht kochen. Wenn nötig, gibt man Salz nach Geschmack an die Suppe. Beim Anrichten gibt man die Suppe durch ein Sieb. Die Champignons bleiben zurück. Als Einlage gibt man das in Streifen geschnittene Brustfleisch des Huhnes dazu.

**Weinsuppe für 2 Personen.** Den Sago setzt man mit 1/2 Ltr. kochendem Wasser an und kocht ihn 20 Minuten in geschlossenem

*Zutaten: 1 Essl. Sago, 1/2 Ltr. Weißwein, 1/2 Essl. Zucker, 2 Eidotter.*

Topfe. Dann gießt man den Weißwein dazu, lässt die Suppe ein Mal aufkochen. Jetzt schmeckt man sie mit 1/2 Essl. Zucker ab, rührt diese Suppe, wenn sie aufgekocht ist, mit 2 Eidottern ab; letztere dürfen nicht mitkochen und müssen vorher 5 Minuten gerührt werden. Statt Weißwein kann man auch Rotwein nehmen; in diesem Falle lässt man die Eidotter fort.

**Sturensuppe für 2 Personen.** 10 Sturen werden ausgenommen, mit 1 Ltr. kaltem Wasser oder Kalbfleischbrühe angesetzt, im geschlos-

*Zutaten: 10 Sturen, 1 Kochl. Butter, 1 Kochl. Mehl, 1/2 Teel. Salz, 1 Messerspitze Pfeffer.*

senen Topf 10 Minuten langsam gekocht. Nun trennt man das Fleisch von der Gräte, streicht es durch ein Sieb. 1 Kochl. Butter, 1 Kochl. Mehl schwitzt man unter Rühren 2 Minuten, gibt die Fleischbrühe und das gesiebte Fischfleisch dazu, nur wenn nötig, nach Geschmack 1/2 Teel. Salz. Auch kann man als Gewürz eine Messerspitze Pfeffer verwenden.

**Sturensuppe für Diabetiker** bereitet man ebenso; statt Mehl kann man die Suppe beim Anrichten mit 2 Eidottern abrühren.


# Fleischspeisen

**Roastbeef für 6-8 Personen.** (125 Gr. auf die Person.) Das Roastbeef im Gewicht von 3 Kilo wird mit 1 Essl. Butter angesetzt und *Zutaten: 3 Kilo Roastbeef, 1 Essl. Butter, 2 Teel. Mondamin, 1 Teel. Salz.* unter fleißigem Begießen bei mäßiger Hitze 1 1/2 Stunden gebraten. In der letzten halben Stunde wird das Fett vollständig abgegossen und 3/4 Ltr. Wasser oder Knochenbrühe über den Braten gegossen; mit dieser Flüssigkeit lässt man ihn noch 15 Minuten im Ofen. Nun gießt man die Flüssigkeit wieder ab und gießt das abgenommene Fett wieder über den Braten. Mit diesem Fett lässt man den Braten noch 15 Minuten im Ofen. Jetzt wird der Ofen heißer gemacht. Die vorher abgegossene Brühe wird entfettet und wieder ins Kochen gebracht. 2 Teel. Mondamin rührt man mit 1 Essl. kaltem Wasser aus, gießt es an die kochende Brühe, kocht die Tunke 5 Minuten, gibt 1 Teel. Salz nach Geschmack dazu. Diese Tunke wird beim Anrichten durch ein Sieb gegeben. Das Roastbeef darf nicht gleich angeschnitten werden, sondern 10 Minuten nachher. Man stellt es mit einem Tuch zugedeckt in den nicht zu heißen Tellerwärmer.

**Kalbssteak für 2 Personen.** 1 Essl. Butter lässt man in einer Pfanne heiß werden. Das Kalbsteak, 3 cm dick geschnitten, mit Salz *Zutaten: 1 Essl. Butter, Eiweiß und Zwieback, 250 Gr. Steak, 1/2 Teel. Salz.* bestreut, mit Eiweiß und Zwieback paniert, legt man in die Pfanne und brät es auf beiden Seiten je 3–5 Minuten.

**Schweser-Pain für 6 Personen.** Hierzu nimmt man 1 Schweser von 500 Gr., legt sie in reichliches kaltes Wasser. Das Wasser wird häufig erneuert; man tut es deshalb, damit die *Zutaten: 1 Zwiebel, 1 Essl. Salz, 500 Gr. Schweser, 1/2 Kochl. Butter, 1 Kochl. Mehl, 3 Eidotter, 1 Teel. Salz.* Schweser weiß wird. Nun setzt man die Schweser mit 1 Ltr. kaltem Wasser an, tut Zwiebel und Salz daran; den fest zugedeckten Topf bringt man ins Kochen, hiernach stellt man den Topf zur Seite, lässt ihn langsam kochen. Durch schnelles Kochen wird das Fleisch geschmacklos. Man kocht die Schweser 30 Minuten. Nach dieser Zeit legt man sie in kaltes Wasser, zieht die Haut ab und streicht das Fleisch durch ein Drahtsieb. 1/2 Essl. Butter und 1 Kochl. Mehl schwitzt man unter Rühren; man schüttet unter Rühren 1/4 Ltr. der Schweserbrühe dazu. Darf man Rahm verwenden, so nimmt man diesen statt Brühe. Unter tüchtigem Rühren lässt man die Tunke 2 Minuten kochen. Nach dem Erkalten gibt man 3 Eidotter, 1 Teel. Salz dazu. Diese Masse wird nun in eine glatte Form gefüllt, die man vorher mit Butter ausgestrichen, mit Mehl ausgestäubt hat. Die Schüssel wird mit einem Deckel geschlossen, man stellt sie bis zur Hälfte in einen Topf mit kochendem Wasser, stellt dieses 3/4 Stunde in den nicht zu heißen Bratofen.

# Gemüse

**Apfelreis für 2 Personen.** 2 Essl. Reis werden 3 bis 4 Mal gewaschen, dann schält man die Äpfel, schneidet sie in Würfel, setzt alles mit 1/8 Ltr. Wasser im geschlossenen Topf an und kocht das Ganze 30–40 Minuten. Nun gibt man nach Geschmack 1 Essl. Zucker dazu.

*Zutaten: 2 Essl. Reis, 2 Äpfel, 1 Essl. Zucker, Zitronenschale.*

**Curry-Reis für 6 Personen.** 250 Gr. Reis wird zubereitet wie oben und hiernach mit 1 1/2 Ltr. kochendem Wasser, 2 Teel. Curry, 2 Teel. Salz angesetzt und 20 Minuten gekocht. Nach dieser Zeit gießt man den Reis zum Abtropfen auf ein Sieb. Nun schüttet man den Reis in den Topf zurück, gibt 1 Kochl. Butter dazu und stellt den Reis 10 Minuten ohne Deckel in den heißen Bratofen.

*Zutaten: 250 Gr. Reis, 2 Teel. Curry, 2 Teel. Salz, 1 Kochl. Butter.*

**Tomatenreis für 6 Personen.** 250 Gr. Reis werden gewaschen, dann mit 1 Ltr. kochendem Wasser angesetzt und in geschlossenem Topf 15 Minuten gekocht. Nach dieser Zeit gießt man den Reis auf ein Sieb zum Abtropfen. 250 Gr. Tomaten werden zerschnitten, im geschlossenen Topf angesetzt und 5–10 Minuten gedämpft, dann durch ein Sieb gestrichen. Nun schüttet man den Reis in den Topf zurück, gibt die Tomaten, 1 Teel. Salz und 1 Essl. Butter dazu. Den Reis lässt man zugedeckt 10 Minuten dämpfen. Man gibt den Tomatenreis zu jedem Braten als Gemüse, auch zum Huhn.

*Zutaten: 250 Gr. Reis, 250 Gr. Tomaten, 1 Teel. Salz, 1 Essl. Butter.*

**Risotto für 6 Personen.** 250 Gr. Reis werden gewaschen, dann in geschlossenem Topfe angesetzt mit 1 Essl. Butter, 1 Teel. Salz, 1/8 Teel. Pfeffer; nach Geschmack 1 zerschnittene Zwiebel. Den fest zugedeckten Reis dämpft *Zutaten: 500 Gr. Reis, 1 Essl. Butter, 1 Teel. Salz, 1/2 Teel. Pfeffer, 1/2 Ltr. Kraftbrühe, 125 Gr. rohe, gehackte Geflügelleber, 125 Gr. Tomaten.* man bei mäßiger Hitze 10 Minuten. Er darf nicht gerührt werden. Nun gießt man 1/2 Ltr. Brühe oder Wasser auf den Reis, kocht ihn noch 15 Minuten zugedeckt. Dann gibt man 125 Gr. rohe, gehackte und gesiebte Geflügelleber dazu. 125 Gr. Tomaten bereitet man zu Mus, gibt dieses an den Reis und lässt alles zusammen 5 Minuten dämpfen. Man gibt Risotto als Gemüse zum Kalbsbraten, Roastbeef und Suppenfleisch.

**Mais für 2 Personen.** Der Mais muss frisch geschnitten, reichlich bedeckt mit kochendem *Zutaten: 1 Teel. Salz, 2 große Maiskolben.* Wasser oder Brühe angesetzt werden und im geschlossenen Topfe 1 Stunde kochen. In den letzten 5 Minuten gibt man 1 Teel. Salz dazu. Man serviert den Mais mit gerührter Butter. Ist der Mais nicht frisch geschnitten, wird er nicht weich.

**Erbsenmus für 2 Personen.** 125 Gr. (1 Person 65 Gr.) Erbsen werden gewaschen, am Tag vorher in 1 Ltr. kaltem Wasser einge- *Zutaten: 125 Gr. Erbsen, 1/2 Teel. Salz, 1 Teel. Butter, 1 Teel. Mehl.* weicht. Mit diesem Wasser bringt man die Erbsen zum Kochen und kocht sie fest zugedeckt 1 1/2 Stunden. In dieser Zeit ist das Wasser eingekocht, und nun streicht man das Ganze durch ein Sieb. 1 Teel. Butter und 1 Teel. Mehl schwitzt man unter Rühren, gibt dann 1 Löffel von dem Mus dazu und hiernach das übrige Mus. Nachdem das Ganze gerührt ist, gibt man 1/2 Teel. Salz dazu. Nun stellt man das Mus 3/4 Stunden vor dem Anrichten in einen Topf mit kochendem Wasser. Obendrauf legt man 1 Teel. Butter, damit sich keine Haut bildet. Man kann das Mus mit etwas Spinat grün Färben.

**Kartoffelmus für 3 Personen.** 1 Ltr. geschälte Kartoffeln lässt man eine Nacht in kaltem Was- *Zutaten: 1 Ltr. geschälte Kartoffeln, 1 Teel. Salz, 1 Teel. Butter, 1/8 Ltr. Milch oder Kraftbrühe.* ser stehen. Hiernach setzt man die Kartoffeln mit kaltem Wasser an, kocht sie 30 Minuten im geschlossenen Topf, gießt das Wasser ab, dämpft die Kartoffeln in 2–3 Minuten trocken. Dann rührt man sie schnell, noch heiß, durch ein Sieb. Hierbei muss man die durchgerührte Masse öfter fest zusammenstreichen. Nun gibt man das Ganze wieder in den Topf zurück. 1 Teel. Salz, 1 Teel. Butter, 1/8 Ltr. Milch oder Brühe tut man dazu. Jetzt rührt man die Kartoffeln auf mäßigem

Feuer tüchtig, bis die Masse heiß geworden ist. Nun stellt man das Ganze zugedeckt in einen Topf mit kochendem Wasser. Wird es nicht gleich gegessen, tut man Milch, Brühe oder Butter über das Mus, damit sich keine Haut bildet.

**Wurzelmus für 2 Personen.** Die Karotten werden geschält und gewaschen, in Viertel geschnitten, mit 1/2 Ltr. kochendem Wasser *Zutaten: 8 große Karotten, 1 Teel. Mehl, 1 Messerspitze Salz, 1 Teel. Butter.* angesetzt und im geschlossenen Topfe 1 Stunde gekocht. Nach dieser Zeit legt man den Deckel beiseite, lässt das Wasser vollständig einkochen und weicht die Masse durch ein Sieb. 1 Teel. Mehl, 1 Teel. Butter schwitzt man 1–2 Minuten. Dann gibt man 1 Essl. von dem Wurzelmus dazu, nachdem dieses gut verrührt ist, den Rest. Dann nach Geschmack 1 Messerspitze Salz.

**Endivien-Mus für 2 Personen.** Hierzu nimmt man einen Kopf im Gewicht von 250 Gr.; das Wurzelstück wird abgeschnitten, ebenso die äußeren, schlechten Blätter. Dann wird das Gemüse 3–4 Mal in kaltem Wasser gewaschen, mit 1 Messerspitze Natron, 1/8 Ltr. kochen- *Zutaten: 250-Gr.-Kopf Endivien, 1 Messerspitze Natron, 1 Teel. Pflanzenfett, 1/2 Teel. Mehl, 1/2 Teel. Salz, 1-2 Eidotter, 1 gehäufter Teel. Butter, 2 Essl. süßer Rahm.* dem Wasser angesetzt und 30 Minuten gekocht. Jetzt gießt man das Gemüse zum Abtropfen auf ein Sieb und streicht es durch. 1 Teel. Pflanzenfett, 1/2 Teel. Mehl schwitzt man unter Rühren 1–2 Minuten. Dann gibt man 1 Löffel von dem Mus unter Rühren dazu und lässt das Ganze ein Mal aufkochen; danach gibt man das übrige Mus dazu und 1/2 Teel. Salz. Nun kocht man das Ganze nochmals auf, schlägt dann 1–2 Eigelb dazu und verrührt die Masse sehr rasch. Statt Fett nimmt man auch 1 gehäuften Teel. Butter, 2 Essl. süßen Rahm.

**Soubise von Zwiebeln.** Die Zwiebeln werden in Scheiben geschnitten, mit 1 Kochl. Butter in geschlossenem Topf langsam 20 Minuten *Zutaten: 1/2 Kochl. Mehl, 1/3 Ltr. süßer Rahm, Salz, Pfeffer, 1 Kochl. Butter.* gedämpft. 1/2 Kochl. Mehl gibt man dazu, schwitzt beides 2 Minuten, gießt dann 1/8 Ltr. süßen Rahm dazu. Nachdem das Ganze ein Mal aufgekocht ist, wird es durch ein Drahtsieb gegeben und mit Salz und Pfeffer abgeschmeckt. Als Beigabe von Hammelkotelettes zu nehmen. Bei rohen Kartoffeln, die in Butter oder Fett gedämpft sind, verwendet man 1/2 Teel. Salz, 1/2 Teel. gehackte Petersilie. Letzteres für 1/2 Ltr. Kartoffeln gerechnet.

**Blumenkohlmus für 2 Personen.** Hierzu nimmt man einen kleinen Blumenkohl im Gewicht von 125 Gr., die Blätter werden voll- *Zutaten: 125 Gr. Blumenkohl, 1 Teel. Mehl, 1 Teel. Butter, 1 Essl. süßer Rahm, 1 Messerspitze* ständig entfernt. Der gewaschene Blumenkohl *Salz, 2 Essl. Kohlmus, 1-2* wird mit 1/2 Ltr. kochendem Wasser angesetzt *Eidotter.* und im geschlossenen Topf 30 Minuten gekocht. Nach dieser Zeit gießt man das Wasser ab und streicht den Kohl rasch durch ein Sieb. 1 Teel. Butter, 1 Teel. Mehl schwitzt man unter Rühren 1–2 Minuten. Dann gibt man 1 Essl. süßen Rahm oder Milch dazu, hiernach 2 Essl. von dem Kohlmus. Ist dieses verrührt, gibt man den Rest des Kohls dazu und nach Geschmack eine Messerspitze Salz und 1–2 Eidotter. Nun stellt man das Mus 10 Minuten bis zum Gebrauch in einen Topf mit kochendem Wasser (ohne Mehl für Diabetiker geeignet).

**Spinat für 2 Personen.** 500 Gr. Spinat werden *Zutaten: 500 Gr. Spinat, 1* 2–3 Mal mit kaltem Wasser gewaschen, dann *Messerspitze Natron, 1 Teel.* mit 2 Essl. Wasser, 1 Messerspitze Natron ange- *Butter, 1 Teel. Weizenmehl,* setzt, im geschlossenen Topf 15–20 Minuten *1/2 Teel. Salz, 2 Kochl. süßer* gekocht, nach dieser Zeit auf ein Sieb gegossen *Rahm, 1 Teel. frische Butter.* zum Abtropfen und dann durch ein Sieb gestrichen. Das Wasser gießt man fort. 1 Teel. Butter schwitzt man mit 1 Teel. Weizenmehl und gibt dann 1 Kochl. von dem Spinat hinzu. Beim Anrichten gibt man 2 Kochl. süßen Rahm, 1 Teel. But- ter und 1/2 Teel. Salz dazu. Darf man keinen Rahm verwenden, so nimmt man stattdessen gute Brühe und statt Butter 1 Eidotter dazu. Den fertigen Spinat stellt man eine halbe Stunde vor dem Anrichten in einen Topf kochenden Wassers.

# Mehlspeisen

**Grießklöße für 6 Personen.** Den Grieß *Zutaten: 65 Gr. Grieß, 1/2* schüttet man in einen trockenen Topf, gibt *Löffel Butter, 2 bis 3 Eier, 1* dazu 1/2 Löffel Butter und 1/4 Ltr. kaltes *Essl. Salz, 1/4 Ltr. Wasser.* Wasser. Auf mäßigem Feuer rührt man diesen Teig 10–15 Minuten bis die Masse glatt vom Topfe lässt. Nun stellt man den Topf 30 Minuten zur Seite. Nach dieser Zeit gibt man unter tüchtigem Rühren 2–3 Eier dazu. 1 Ltr. Was- ser und 1 Essl. Salz werden zum Kochen gebracht. Mit einem Teelöffel formt man Klöße, setzt sie in das kochende Wasser und lässt sie 5 Minuten kochen. Die Klöße dürfen nicht zugedeckt werden.

**Schwemmklöße für 6 Personen.** Das Mehl *Zutaten: 65 Gr. Mehl, 65 Gr.* und die Butter schwitzt man im Topf 5 Minu- *Butter, 2 Eier, 1/8 Ltr. Wasser.* ten. Dann gießt man unter Rühren 1/8 Ltr. Wasser hinzu und rührt die Masse auf mäßigem Feuer 5–8 Minuten, bis der Teig vom Topfe lässt. Nun stellt man diesen Teig zum Abkühlen 30 Minuten zur Seite. Nach dieser Zeit gibt man 2 Eier dazu, setzt die Klöße in kochendes Wasser mit Salz und vollendet sie so, wie die Grießklöße.

**Pfannkuchen für 6 Personen.** Das Weizenmehl wird mit 1/4 Ltr. kaltem Wasser, 1 Teel. Salz glatt gerührt. Nun gießt man 1/8 Ltr. kochendes Wasser dazu. Ist dieses verrührt, so *Zutaten: 125 Gr. Weizenmehl, 1 Teel. Salz, 4 Eier, 1/4 Ltr. kaltes, 1/8 Ltr. koch. Wasser, Butter oder Fett.* gibt man 4 Eidotter und zuletzt den festen Schnee der Eier dazu. 3–4 Pfannen setzt man 10 Minuten vor dem Backen auf den heißen Herd, dann gibt man in jede Pfanne 1 gehäuften Teel. Butter, füllt in jede Pfanne 2–3 Essl. von diesem Teig und bäckt die Pfannkuchen unter öfterem Umlegen 2–3 Minuten. Sie müssen gleich serviert werden.

**Buchweizengrütze für 4-6 Personen.** Die Buchweizengrütze wird mit 1 Ltr. kochendem Wasser, 1/2 Teel. Salz angesetzt und in *Zutaten: 125 Gr. Buchweizengrütze, 1 Teel. Salz, 1 Teel. Butter.* einem geschlossenen Topfe unter öfterem Rühren 1 Stunde gekocht. Um das Anbrennen zu verhüten ist es erforderlich, eine Astbestplatte unter den Topf zu legen. Beim Anrichten gibt man 1 Teel. frische Butter darunter. Mit der Butter darf die Grütze nicht kochen. Alsener Grütze ist die beste.

# Eierspeisen

**Eierstich für 6 Personen.** Die Eier schlägt man mit 1 Messerspitze Salz in einer Schüssel 10 Minuten. Dann gibt man 3 Essl. Wasser, Brühe oder Milch dazu. Hiernach gießt man die Masse durch ein Sieb in eine Schüssel, die vorher mit Butter ausgestrichen ist. Dann lässt man sie in einem Wasserbade in einem nicht zu heißen Ofen 15 Minuten kochen. Nachdem der Eierstich erkaltet ist, wird er gestürzt und zerschnitten.

*Zutaten: 3 Eier, 1 Messerspitze Salz, Kraftbrühe oder Milch.*

**Omelett für 2 Personen.** 4 Eigelbe rührt man mit 1 Messerspitze Salz 10 Minuten. Dann gibt man den festen Schnee der Eier dazu. 1/8 Löffel Butter lässt man in der *Zutaten: 4 Eier, 1 Messerspitze Salz, 1 Löffel Butter.* Pfanne dünn werden, gibt die Eimasse hinein, hält die glühende Schaufel darüber und bäckt bei mäßiger Hitze auf geschlossenem Herd 5 Minuten. Beim Anrichten wird das Omelett mit Obst gefüllt und dann zusammengeklappt. Es muss gleich serviert werden. Auf diese Weise bereitet man das Omelett als Nachtisch. Man kann es auch mit Ragout aus Schweser oder

Champignons füllen; man kann es aber auch ganz ohne Füllung geben, dann kann man an die Eimasse vorher 1 Teel. feingehacktes Kraut tun. Dieses Omelett mit Kraut nennt sich „aux fines herbes". Das Kraut stellt man zusammen aus reichlich Petersilie, wenig Schnittlauch, Estragon und Kerbel.

# Getränke

**Mandelmilch für 4 Personen.** Die Mandeln werden abgezogen und gerieben, dann mit 1 Ltr. Wasser angesetzt, langsam ins Kochen gebracht und 30 Minuten gekocht. Hiernach gießt man die Masse durch ein Tuch, das drei bis vier Mal durch heißes Wasser gezogen ist. Der Rest in dem Tuch wird fest ausgepresst.

*Zutaten: 250 Gr. Mandeln, 1 Ltr. Wasser.*

**Zitronenmilch für 1-2 Personen.** Die Milch bringt man bis vors Kochen. Ein recht dünn abgeschältes Stück der äußeren gelben Schale einer Zitrone legt man in die heiße Milch und lässt diese zugedeckt stehen bis sie erkaltet ist. Dann gießt man sie durch ein Sieb.

*Zutaten: 1/2 Ltr. Milch, 1 Stück dünn geschälte Zitronenschale.*

**Milchgetränk für Kranke, für 1 Person.** Die Mandeln werden abgezogen und fein gerieben, worauf man sie mit der rohen, kalten Milch 2 Stunden zugedeckt stehen lässt. Dann bringt man die Milch mit den Mandeln ins Kochen und gibt nur nach Geschmack 1 Teel. Zucker dazu. Hiernach presst man die Milch durch ein Tuch und gibt das Orangenblütenwasser an die Milch. Das Tuch muss man vorher drei bis vier Mal durch heißes Wasser ziehen. Die Milch kann man warm oder auch mit Eisstücken kalt geben.

*Zutaten: 30 Gr. süße Mandeln, 1/4 Ltr. Milch, 2 bittere Mandeln, 1/2 Teel. Orangenblütenwasser.*

**Haferschleim für 2 Personen.** Die Haferflocken werden mit 1/2 Liter kaltem Wasser angesetzt und 40 Minuten langsam gekocht. Darauf gießt man den Schleim durch ein Sieb und gibt dann 1/2 Teel. Salz, 2 Teel. Zucker und 1 Essl. Butter dazu. Lässt man diese Suppen gleich im Anfang überkochen, so geht der Nährwert verloren. Auch wird die Suppe nicht sämig.

*Zutaten: 65 Gr. Haferflocken, 1/2 Ltr. kaltes Wasser, 1/2 Teel. Salz, 2 Teel. Zucker, 1 Essl. Butter.*

**Graupenschleim.** Grobe Graupen weicht man abends vor dem Gebrauch mit 1 Ltr.

*Zutaten: 125 Gr. Graupen, 1 Ltr. Wasser, 1 Essl. Butter, 1 Teel. Salz, 2 Teel. Zucker.*

Wasser ein. Am andern Tage kocht man sie in demselben Wasser langsam 1 Stunde, gibt sie dann durch ein Sieb und gibt 1 Essl. Butter, 1 Teel. Salz und 2 Teel. Zucker dazu.

**Gerstenwasser für 3 Personen.** Kalt oder auch warm zu geben. Die Graupen setzt man mit 1 Ltr. kaltem Wasser an, gibt 1 Essl. Kandiszucker dazu und lässt das Ganze 1 Stunde *Zutaten: 125 Gr. Graupen, 1 Ltr. kaltes Wasser, 1 Essl. Kandiszucker, der Saft einer Zitrone, 2-3 Essl. Honig.* langsam kochen. Hierauf gibt man die Masse durch ein Sieb. Dann kommen der Saft von einer Zitrone und 2–3 Essl. Honig dazu.

**Brotwasser für 1-2 Personen.** Das Brot wird gerieben und in einem Topfe auf mäßigem Feuer hellgelb geröstet. 1 Ltr. kochendes Wasser wird auf das geröstete Brot gegossen und *Zutaten: 1 Ltr. Wasser, 125 Gr. Schwarzbrot, 2 Essl. Kognak, 20 Gr. Zucker, 1 Messerspitze Salz.* dann 30 Minuten zugedeckt beiseite gestellt. Nach dieser Zeit gibt man Kognak, Zucker und Salz hinzu und gießt das Getränk durch ein feines Haarsieb. Man kann es kalt oder warm reichen. Statt Kognak kann man auch 1 Essl. Zitronensaft verwenden. Für Kranke geeignet.

# Fischgerichte

**Elbbutt für 1 Person.** 1/2 Kochl. Butter, ebenso viel Mehl schwitzt man unter Rühren 2 Minuten, dann gießt man 1/8 Ltr. Wasser oder Kalbfleischbrühe dazu, ebenso 1 Teel. *Zutaten: 1/2 Kochl. Butter, 1/2 Kochl. Mehl, 1 Teel. Zitronensaft, 1 Teel. Salz, 1/2 Teel. Petersilie, 1 Butt.* Salz. Nun lässt man den Fisch in dieser Tunke langsam 10 Minuten dämpfen. Man kann beim Anrichten 1/2 Teel. fein gehackte Petersilie dazugeben.

**Gedämpfte Scholle, Zunge oder Elbbutt.** Die gewaschene Scholle im Gewicht von 500 Gr. wird mit 1/8 Ltr. kaltem Wasser, 1 Teel. Salz, 10 Pfefferkörnern, 1 Zitronenscheibe angesetzt, zugedeckt, ein Mal aufgekocht, dann beiseite gestellt. 30 Minuten ziehen lassen, nicht kochen. *Zutaten: 1 Teel. Salz, 10 Pfefferkörner, 1 Zitronenscheibe, 500 Gr. Scholle, 1/2 Kochl. Mehl, 1/2 Kochl. Butter, 1 Eidotter, 1 Lorbeerblattspitze, 1 kleine Zwiebel.* 1/2 Kochl. Butter rührt man mit der Fischbrühe aus. Nachdem die Tunke ein Mal aufgekocht, quirlt man sie mit 1 Eidotter ab. Dieser muss 5 Minuten vorher gerührt werden. Darf man weitere Gewürze benutzen, so kann man eine Spitze von einem Lorbeerblatt und 1 kleine Zwiebel mit in die Fischbrühe geben.

**Gebackene Seezunge für 2 Personen.** Eine abgezogene Zunge, Gewicht 750 Gr., wird mit 1 Teel. Salz bestreut. Hiernach lässt man die Zunge 30 Minuten stehen. Dann wird sie mit einem Tuche getrocknet und darauf in Eiweiß und geriebenem Zwieback paniert. 1 Essl. Butter lässt man in der Pfanne hellbraun werden, legt die Zunge hinein und brät sie dann 10 Minuten bei mäßiger Hitze. Nach 5 Minuten wird die Zunge ein Mal in der Pfanne gewendet.

*Zutaten: 375 Gr. abgezogene Zunge, 1 Teel. Salz, Eiweiß, geriebener Zwieback, 1 Essl. Butter.*

**Holländische Tunke zu Fischpudding für 1 Person.** 1 Eidotter wird mit 1 Messerspitze Salz 10 Minuten gerührt. Dann gibt man tropfenweise 1 Essl. heiß gemachte Butter unter Rühren daran, zuletzt 1/2 Teel. Zitronensaft.

*Zutaten: 1 Eidotter, 1 Messerspitze Salz, 1 Essl. Butter, 1/2 Teel. Zitronensaft.*

**Fischpudding für 4 Personen.** Hierzu kann man Reste von jedem Fisch verwenden, oder 500 Gr. roher Schellfisch wird gewaschen und dann von Haut und Gräten befreit. Einen Esslöffel fein gehackte Petersilie gibt man dazu. Zwei alte Rundstücke werden geschält, mit 1/8 Ltr. heißem Wasser oder Milch 10 Minuten geweicht, dann ausgedrückt. Nun vermischt man das Brot mit dem fein gehackten Fischfleisch, einen gestrichenen Teel. Salz gibt man dazu. Ist alles gut verrührt, so gibt man unter Rühren nach und nach 2 Eigelbe daran. Diese Masse füllt man in eine Puddingform, stellt diese in einen Topf mit kochendem Wasser und kocht den Pudding eine Stunde.

*Zutaten: 500 Gr. roher Schellfisch, 1 Essl. Petersilie, 2 alte Rundstücke, 1 Teel. Salz, 2 Eidotter.*

# Warme Nachtische

**Zitronenauflauf für 2 Personen.** 4 Eigelb rührt man mit 1 gehäuften Kochl. Zucker 10 Minuten. Dann gibt man den festen Schnee der Eier hinzu und, ist dieser verrührt, den Saft von einer Zitrone. Diese Masse füllt man in eine Auflaufschüssel, die man vorher mit Butter ausgestrichen hat. Nun bäckt man den Auflauf bei mäßiger Hitze 20 Minuten. Der Auflauf muss gleich serviert werden. Für Diabetiker nimmt man statt Zucker 2 Tabletten Sacharin.

*Zutaten: 4 Eier, 1 Kochl. Butter, 1/2 Zitrone, Butter.*

**Zitronenpudding, warm, für 8 Personen.** 65 Gr. Butter, 65 Gr. Mehl schwitzt man unter

*Zutaten: 65 Gr. Butter, 65 Gr. Mehl, 1/2 Zitrone, 1 Essl. Zucker, 1/2 Teel. Salz, 4 Eier.*

Rühren 5 Minuten. Dann gießt man unter Rühren 1/8 Ltr. Wasser dazu und rührt den Teig bei mäßiger Hitze 5 Minuten, bis die Masse glatt vom Topfe lässt. Dann gibt man die geriebene Schale einer halben Zitrone dazu, ebenso 1 Essl. Zucker, 1/2 Teel. Salz und stellt den Teig 10 Minuten zum Auskühlen beiseite. Dann gibt man nach und nach 4 Eigelb dazu und zuletzt den Schnee der Eier. Die Masse füllt man in eine Puddingform, die mit Butter ausgestrichen und mit Mehl ausgestäubt ist, schließt die Form mit einem Deckel und stellt sie bis zur Hälfte in einen Topf mit kochendem Wasser, dann zugedeckt 1 Stunde in den Backofen. Hierzu kann man Karamelltunke geben.

**Grießpudding für 4 Personen.** Die Milch bringt man mit einem Stück Zitronenschale ins Kochen. Den Grieß rührt man mit Wasser oder Milch aus und gießt ihn unter Rühren an die kochende Milch. Nun rührt man das Ganze bis es tüchtig kocht, stellt den Topf zugedeckt auf eine Asbestplatte, lässt den Grieß 20 Minuten kochen und gibt dann 1 Teel. Salz und 1 Essl. Zucker nach Geschmack dazu. Man kann den Grieß auch mit 2 Eidottern abrühren. Auch kann man an die ausgekühlte Grießmasse den festen Schnee von 2 Eiweiß geben. Diese Masse gießt man in eine mit kaltem Wasser ausgespülte Form. Reismehl-Flammeri kocht man ebenso.

*Zutaten: 1 Ltr. Milch, Zitronenschale, 125 Gr. Grieß, 1 Teel. Salz, 1 Essl. Zucker.*

**Schokoladenpudding für 4-6 Personen.** 125 Gr. beste Schokolade kocht man mit 1/8 Ltr. Milch weich. 125 Gr. Butter, ebenso viel Mehl schwitzt man im Topf unter Rühren 5 Minuten bei mäßiger Hitze. Dann gießt man die Schokolade dazu und rührt die Masse, bis sie glatt vom Topfe lässt. Nun stellt man die Masse 20 Minuten zum Auskühlen beiseite. Dann gibt man nach und nach unter Rühren 4 Eigelb dazu. Sind diese verrührt, zuletzt den festen Schnee der Eier. Diese Masse füllt man in eine Puddingform, die mit Butter ausgestrichen und mit Mehl ausgestäubt ist. Die geschlossene Form stellt man in einen Topf kochenden Wassers und kocht den Pudding 1 Stunde. Man muss inzwischen Wasser nachgießen. Zu diesem Pudding gibt man Vanilletunke.

*Zutaten: 125 Gr. Schokolade, 1/4 Ltr. Milch, 125 Gr. Butter, 125 Gr. Mehl, 4 Eier.*

**Reiskuchen für 1-2 Personen.** Der Reis wird zwei bis drei Mal mit kaltem Wasser gewaschen, dann setzt man ihn mit der Milch, 1 Stück Vanille an und kocht ihn im geschlossenen Topfe 15 Minuten. Dann stellt man ihn zum Auskühlen 10 Minuten beiseite. Inzwischen werden 2 Eigelb mit 1 Essl. Zucker, 1 Teel. Butter, 1 Mes-

*Zutaten: 1 Essl. Reis, 1/8 Ltr. Milch, 1 Stück Vanille, 2 Eier, 1 Essl. Zucker, 1 Teel. Butter, 1 Messerspitze Salz.*

serspitze Salz 10 Minuten gerührt. Nun gibt man den Reis dazu. Ist dieses vorsichtig verrührt, dann zuletzt den festen Schnee der Eier. Diese Masse füllt man in eine kleine Springform, die man mit Butter ausgestrichen und mit Mehl ausgestäubt hat. Nun bäckt man den Kuchen im nicht zu heißen Ofen 15–20 Minuten. Man kann den Kuchen als Nachtisch verwenden und kalt oder warm servieren. Will man Rosinen für den Kuchen verwenden, so wäscht man 1 Teel. Rosinen zwei bis drei Mal mit reichlich heißem Wasser und lässt die gewaschenen Rosinen mit dem Reis 10 Minuten kochen.

## Kalte Nachtische mit Tunke

**Apfelsinengelee für 2 Personen.** Den Saft von 2 Apfelsinen und 1/2 Zitrone gießt man durch ein Sieb, 1 Teel. Zucker gibt man dazu. *Zutaten: 2 Apfelsinen, 1/2 Zitrone, 1 Teel. Zucker, 1/2 Teel. Agar-Agar.*
1/2 Teel. Agar-Agar kocht man mit 2 Essl. kaltem Wasser 1–2 Minuten, dann gießt man dieses durch ein Sieb in das Gelee. Das Gelee füllt man in ein Glas oder in die ausgespülte Apfelsinenschale.

**Weingelee für 2-3 Personen.** 8 Blatt Gelatine werden mit kaltem Wasser gespült und hiernach mit 2 Essl. kochendem Wasser, 1 Essl. *Zutaten: 8 Blatt Gelatine, 1 Essl. Zucker, 1/2 Zitrone, 1/2 Ltr. Rheinwein.*
Zucker, dem Saft einer halben Zitrone 1–2 Minuten gekocht. Nun gießt man diese Masse durch ein Sieb in eine Schüssel, gießt 1/2 Ltr. Rheinwein dazu. Man hält das Gelee 3–4 Stunden vor dem Gebrauch fertig. Will man das Gelee klar haben, so gibt man an die kochende Gelatine van 1 Ei den nicht zu festen Schnee dazu und lässt beides ein Mal aufkochen, dann stellt man die Flüssigkeit zum Ziehen beiseite; kochen darf sie nicht wieder. Ein Tuch wird drei bis vier Mal durch kochendes Wasser gezogen, dann über eine Schüssel gelegt, und nun gießt man das Gelee auf das Tuch zum Durchtropfen. Hierbei darf die Flüssigkeit nicht gerührt werden.

**Zitronencreme für 2 Personen.** 2 Eidotter werden mit 1 Essl. Zucker 10 Minuten gerührt, 3 Blatt Gelatine kocht man mit dem *Zutaten: 2 Eier, 30 Gr. Zucker, 3 Blatt weiße Gelatine, 1/2 Zitrone.*
Saft einer halben Zitrone, etwas abgeriebener Zitronenschale, 1 Essl. Wasser 1–2 Minuten. Dann gießt man die kochende Masse langsam unter Rühren an die Eidotter, gießt das Ganze durch ein Sieb und gibt den festen Schnee der Eier an die Masse, worauf man die Creme in ein Glas füllt.

**Weingelee für Kranke.** Die Gelatine wird mit kaltem Wasser angefeuchtet, mit dem Wasser und dem Zucker ein Mal aufgekocht und dann durch ein Sieb in eine Schüssel gegeben. Darauf wird sofort unter Rühren der Wein nach und nach dazu gegossen. Für Diabetiker 1 Tablette Sacharin statt des Zuckers.

*Zutaten: 1/4 Ltr. Weißwein, 65 Gr. Zucker, 1 Teel. Zitronensaft, 2 Essl. Wasser, 4 Blatt weiße Gelatine.*

**Zitronencreme für 2 Personen.** Den Zitronensaft gießt man durch ein Sieb in eine Schüssel, den Zucker tut man dazu. Die Gelatine wird mit kaltem Wasser angefeuchtet, mit 2 Essl. Wasser zwei Mal aufgekocht und dann durch ein Sieb zum Zitronensaft gegossen. Ist der Zucker vollständig aufgelöst, wird der feste Schnee von der Schlagsahne dazu gegeben. Man serviert die Creme in Gläsern. Für Diabetiker statt Zucker 2 Tabletten Sacharin.

*Zutaten: 3 Essl. Zitronensaft, 3 Blatt weiße Gelatine, 4 Essl. Schlagrahm, 50 Gr. Zucker.*

**Charlotte Russe, für 6-8 Personen.** 4 Eigelbe rührt man mit 2 Essl. Zucker 10 Minuten. 1/2 Ltr. Wasser wird mit 1/2 Stange Vanille, die vorher gespalten und ausgeschabt wurde, gekocht. Dieses gießt man unter stetem Rühren an die Eidotter. 8 Blatt weiße Gelatine feuchtet man mit kaltem Wasser an, kocht sie 2 Minuten mit 2 Essl. Wasser und gibt sie zu der Creme. Hiernach gießt man die Masse durch ein Sieb und stellt sie 10 Minuten auf Eis. Während dieser Zeit rührt man die Creme oft um, und wenn sie anfängt, dick zu werden, gibt man den Schnee der Eier dazu. Eine Puddingform, ausgespült und mit Zucker ausgestreut, legt man mit Makronen, kandierten Früchten, in Würfel geschnitten, aus. An die Creme gießt man 2 Essl. Maraschino, außerdem die abgeriebene Schale einer Zitrone. Die Hälfte dieser Masse legt man in die ausgefüllte Puddingform, streut jetzt die übrigen Makronen und Früchte darauf und füllt die Form mit dem Rest der Creme. 2 Stunden vor Gebrauch fertig halten.

*Zutaten: 4 Eier, 65 Gr. Zucker, 1/2 Stange Vanille, 8 Blatt weiße Gelatine, 30 Gr. Makronen, 2 Essl. Maraschino, die abgeriebene Schale einer Zitrone.*

**Karamellpudding für 6 Personen.** 4 Eigelbe rührt man mit 1 Essl. Zucker 10 Minuten. 65 Gr. Zucker bräunt man in der Pfanne und gießt 1/2 Ltr. Wasser dazu. Unter weiterem Rühren kocht man dieses Karamell 5 Minuten, dann gießt man die kochende Flüssigkeit unter Rühren an die Eidotter. 6 Blätter weiße Gelatine feuchtet man mit etwas kaltem Wasser an, legt sie in die Pfanne, worin man den Karamell gekocht hat, gießt 2 Essl. Wasser kochend auf die Gelatine und kocht dieses 1–2 Minuten. Nun gießt

*Zutaten: 4 Eier, 1 Essl. Zucker, 1/2 Ltr. Wasser, 6 Blatt weiße Gelatine.*

man dieses durch ein Sieb dazu, und hiernach stellt man die Schüssel in Eis. Inzwischen wird die Masse oft umgerührt, wenn sie anfängt, dick zu werden, gibt man den festen Schnee der Eier dazu und, wenn nötig, nach Geschmack 1–2 Löffel Zucker. Nachdem alles verrührt ist und die Masse anfängt rund zu werden, wird sie in eine Puddingform gefüllt; vorher wird dieselbe mit kaltem Wasser ausgespült und mit Zucker ausgestreut. Man stellt den Pudding in Eiswasser. Hierzu kann man eine Himbeertunke geben. Eine Blechform darf man nicht nehmen. Statt Gelatine nimmt man auch 5 Gr. Agar-Agar.

**Karamelltunke für 6 Personen.** 3 Eigelbe werden 10 Minuten gerührt, 1 Kochl. Zucker lässt man in einer Pfanne bei mäßiger Hitze braun werden, gießt 1/8 Ltr. kochendes Wasser dazu; unter Rühren kocht man das Karamell zur Hälfte ein. Dann gibt man die heiße Masse tropfenweise unter Rühren an das Eigelb; zuletzt gibt man den Schnee von 2 Eiern oder 1/3 Ltr. Schlagrahm dazu. Diese Tunke gibt man zu kaltem oder warmem Pudding.

*Zutaten: 3 Eier, 1 Kochl. Zucker, Schnee von 2 Eiern oder 1/8 Ltr. Schlagrahm.*

**Rote Grütze für 6 Personen.** 500 Gr. Johannisbeeren und 250 Gr. Himbeeren werden gewaschen und abgezupft, mit 1/2 Ltr. heißem Wasser angesetzt und im geschlossenen Topfe 10 Minuten gekocht, hiernach auf ein Sieb zum Abtropfen gegossen. Den Saft bringt man wieder zum Kochen. 3 Essl. Reismehl werden mit 3 Essl. kaltem Wasser verrührt, worauf man dieses unter Rühren in 10 Minuten an den Saft gießt. Man kocht das Ganze unter Rühren 30 Minuten, dann gibt man nach Geschmack 65 Gr. Zucker dazu und füllt die Masse in eine mit kaltem Wasser ausgespülte und mit Zucker ausgestreute Steingutform.

*Zutaten: 250 Gr. Himbeeren, 500 Gr. Johannisbeeren, 3 Essl. Reismehl, 65 Gr. Zucker.*

**Aprikosengrütze für 10-12 Personen** siehe unter kalten Puddingen.

**Schweizer Reis für 4 Personen.** 1 Essl. Reis wäscht man drei bis vier Mal in kaltem Wasser, setzt ihn mit 1/4 Ltr. Milch und einem Stück Vanille an und kocht ihn im geschlossenen Topf langsam 20 Minuten. Dann lässt man den Reis 20 Minuten auskühlen. 1 Teel. Agar-Agar kocht man mit 2 Essl. Wasser 1–2 Minuten, gießt dieses an die Reismasse. 1/4 Ltr. Schlagrahm schlägt man mit 1 gehäuftem Kochl. Zucker zu festem Schnee, mischt den Rahm mit dem Reis und rührt die Masse vorsichtig durch. Man füllt diese in eine Puddingform, die man vorher mit kaltem Wasser ausgespült und mit Zucker bestreut hat.

*Zutaten: 1 Essl. Reis, 1/4 Ltr. Milch, 1 Stück Vanille, 1 Teel. Agar-Agar, 1/4 Ltr. Schlagrahm, 1 gehäufter Kochl. Zucker.*

**Vanilletunke für 6 Personen.** 2 Eidotter rührt man mit 1 Essl. Zucker 10 Minuten. 1/4 Ltr. Milch bringt man mit einer halben Stange Vanille, die man vorher der Länge *Zutaten: 2 Eidotter, 1 Essl. Zucker, 1/4 Ltr. Milch, 1/2 Stange Vanille, 1/2 Teel. Reismehl.* nach durchgeschnitten und ausgekratzt hat, zum Kochen. 1/2 Teel. Reismehl oder Mondamin rührt man mit etwas kaltem Wasser an und in die kochende Milch hinein; es muss 2 Minuten kochen. Nun gießt man es unter Rühren an die Eidotter, gießt dieses wieder in den Topf zurück, bringt es unter Rühren bis kurz vor das Kochen, gibt die Masse durch das Sieb und lässt sie kalt werden (für 1 Person 1 Eidotter, 1/8 Ltr. Milch, 1 Messerspitze Maismehl).

# Kompotte

**Kirschenkompott für 3-4 Personen.** 500 Gr. entkernte und gewaschene Weinkirschen oder Maikirschen werden mit 65 Gr. Zucker ange- *Zutaten: 500 Gr. Weinkirschen oder Maikirschen, 65 Gr. Zucker.* setzt und im geschlossenen Topf 10–20 Minuten gekocht, inzwischen öfter geschüttelt. Nun nimmt man die Früchte mit einem Schaumlöffel aus dem Saft, gibt 65 Gr. Zucker dazu und lässt den Saft mit dem Zucker 5 Minuten kochen. Ist der Saft vollständig ausgekühlt, werden die Kirschen dazu gegeben und öfter geschüttelt. Schüttet man den heißen Saft auf die Kirschen, so werden sie hart und schrumpfen zusammen.

**Pflaumen für 4-6 Personen.** 500 Gr. Pflaumen werden am Tage vor dem Gebrauch zwei *Zutaten: 500 Gr. Pflaumen, 1 Kochl. Zucker.* bis drei Mal mit heißem Wasser gewaschen, mit 1 Ltr. kaltem Wasser eingeweicht. Am nächsten Tag bringt man die Pflaumen mit diesem Wasser zugedeckt ins Kochen. Wenn sie kochen, stellt man sie zugedeckt 1 1/2 Stunden in den heißen Backofen, dann gibt man, wenn nötig, 1 Kochl. Zucker dazu; die Pflaumen dürfen nicht gerührt werden, sie werden inzwischen geschüttelt. Ist noch zu viel Flüssigkeit vorhanden, so legt man den Deckel beiseite und lässt die Pflaumen noch 5–10 Minuten kochen.

**Pflaumenkompott aus frischen Früchten.** Die Pflaumen werden in eine große Schüssel *Zutaten: 500 Gr. Pflaumen, 2 Essl. Zucker.* gelegt; dann gießt man rasch kochendes Wasser auf die Pflaumen und zieht die Haut ab. Man spaltet die Pflaumen und entfernt die Steine. Sind alle vorbereitet, so überstreut man sie mit 2 Essl. Zucker. Zugedeckt werden sie ins

Kochen gebracht und langsam 5 Minuten gekocht. Inzwischen werden die Pflaumen öfter geschüttelt. Der Zucker ist für 500 Gr. Pflaumen berechnet.

**Apfelmus für 2-3 Personen.** 500 Gr. geschälte Äpfel werden in Viertel geschnitten, vom Kernhaus befreit, gewaschen mit 1 Stück Zitronenschale, 2 Essl. heißem Wasser angesetzt und im geschlossenen Topf 20–30 Minuten weich gekocht. Hiernach werden die Äpfel mit dem Saft sogleich durch ein Sieb gestrichen, mit 2–3 Essl. Zucker abgeschmeckt. Man kann die Äpfel mit dem Schnee eines Eiweiß verrühren.

*Zutaten: 500 Gr. geschälte Äpfel, 1 Stück Zitronenschale, 2-3 Essl. Zucker.*

# Diabetikergerichte

Als *Suppe* nimmt man: Champignonsuppe, Endiviensuppe, Artischockensuppe, Selleriesuppe, Tomatensuppe, klare Fleischbrühe, Beeftea, Spargelsuppe und Blumenkohlsuppe.

Als *Fleischspeisen* verwendet man: jedes Fleisch und Geflügel, gekocht und gebraten, unpaniert, außer Leber.

Alle *Fischarten* kann man verwenden. Fischtunken nicht mit Mehl, sondern mit Fleischbrühe und Ei sämig machen. Von Hecht, Karpfen, Seezunge, Stör kann man die Brühe verwenden.

Als *Gemüse* sind geeignet: Zwiebel, Blumenkohl, Spinat, Sellerie, Porree, Spargel, Erdäpfel, Sauerampfer, Rosenkohl, Wirsingkohl und gekochte Salate.

Als *Nachtische* sind geeignet: Teepudding, Kaffeepudding, Kakaopudding, Zitronenpudding, Apfelsinen, Johannisbeeren, Waldbeeren. Man nimmt auf 1 Ltr. Fruchtflüssigkeit 6 Tabletten Sacharin.

**Champignonsuppe für 2 Personen.** Ein Kücken wird gewaschen und mit 1 1/2 Ltr. kaltem Wasser angesetzt; dasselbe lässt man 1 1/2 Stunde kochen. Unterdessen putzt man 125 Gr. Champignons und legt sie in Mehlwasser. Die gehackten Champignons werden mit Fleischbrühe 1/4 Stunde gekocht. 3 Eidotter rührt man mit einer Messerspitze Salz 10 Minuten und gibt die Brühe dazu. Beim Anrichten durchgeben. Wenn man es darf, so verwendet man 2 Essl. Schlagrahm dazu.

*Zutaten: 1 Kücken, 1 1/2 Ltr. Wasser, 125 Gr. Champignons, 3 Eidotter, 1 Messerspitze Salz, 2 Essl. Schlagrahm.*

**Endiviensuppe.** 1 kleinen Kopf von 250 Gr. waschen und mit 1 Ltr. kochendem Wasser ansetzen, mit einer Messerspitze Natron (damit

*Zutaten: 250-Gr.-Kopf Endivien, 1 Messerspitze Natron, 3 Eidotter, 1 Teel. Salz.*

die grüne Farbe bleibt) 30 Minuten kochen und durch ein Sieb streichen. 3 Eidotter dazu geben, mit 1 Teel. Salz abschmecken. Eierstich als Einlage.

**Weiße Selleriesuppe für 2 Personen.** 1 Knolle wird in Viertel geschnitten, hiernach mit 1 Ltr. kochendem Wasser angesetzt und *Zutaten: 1 Sellerieknolle, 1 Ltr. Wasser, 2 Eigelbe, 2 Essl. Schlagrahm.* 30 Minuten gekocht, durch ein Sieb gestrichen und beim Anrichten mit 2 Eigelb abgerührt. 2 Essl. Schlagrahm kann man hinzufügen.

**Tomatensuppe für 2 Personen.** 250 Gr. frische Tomaten werden in Viertel geschnitten, mit 1 Ltr. kochendem Wasser angesetzt und *Zutaten: 250 Gr. Tomaten, 1 Ltr. Wasser, 6 Pfefferkörner, 1/2 Teel. Salz.* 10 Minuten langsam gekocht. 6 Pfefferkörner und 1/2 Teel. Salz gibt man dazu; vollenden wie oben.

**Schweser-Pain für 6 Personen.** Hierzu nimmt man eine Schweser von 500 Gr., legt sie in reichliches kaltes Wasser. Das Wasser wird häufig erneuert, damit die Schweser *Zutaten: 1 Ltr. Wasser, 500 Gr. Schweser, 1 Zwiebel, 1 Essl. Salz, 1/2 Kochl. Butter, 3 Eidotter, 1 Teel. Salz.* weiß wird. Nun setzt man die Schweser mit 1 Ltr. kaltem Wasser an, daran tut man 1 Zwiebel, 1 Essl. Salz. Den fest zugedeckten Topf bringt man ins Kochen, hiernach stellt man ihn zur Seite und lässt ihn langsam kochen. Durch schnelles Kochen wird das Fleisch geschmacklos. Man kocht die Schweser 30 Minuten. Dann legt man sie in kaltes Wasser, zieht die Haut ab und streicht das Fleisch durch ein Drahtsieb. 1/4 Kochl. Butter und 1/4 Ltr. der Schweserbrühe gießt man dazu. Unter tüchtigem Rühren lässt man die Tunke 2 Minuten kochen. Nachdem sie erkaltet ist, gibt man 3 Eigelbe, 1 Teel. Salz dazu. Diese Masse wird nun in eine glatte Form gefüllt, die man vorher mit Butter ausgestrichen hat. Die Schüssel wird mit einem Deckel geschlossen und bis zur Hälfte in einem Topf mit kochendem Wasser 1/4 Stunden in den nicht zu heißen Bratofen gestellt.

**Elbbutt für 1 Person.** 1 kleiner Butt wird gewaschen, mit 1/8 Ltr. lauwarmem Wasser, 1/2 Teel. Salz, 1 Teel. Zitronensaft angesetzt und zugedeckt ins Kochen gebracht, dann bei *Zutaten: 1 Butt, 1/8 Ltr. Wasser, 1/2 Teel. Salz, 1 Teel. Zitronensaft, 2 Eidotter, 1/2 Teel. fein gehackte Petersilie.* seite gestellt; und nun lässt man den Fisch langsam 10 Minuten ziehen, nicht kochen. 2 Eidotter rührt man in einer Schüssel 10 Minuten, dann gießt man die kochende Fleischbrühe langsam dazu. Die Tunke darf mit dem Ei nicht mehr kochen. Nach Geschmack 1/2 Teel. fein gehackte Petersilie dazu.

**Sturensuppe für 2 Personen.** Die Sturen werden ausgenommen, mit 1 Ltr. kaltem Wasser oder Kalbfleischbrühe angesetzt und im geschlossenen Topf 10 Minuten langsam gekocht. Nun trennt man das Fleisch von der Gräte und streicht es durch ein Sieb. Man tut das durchgestrichene Fleisch in die Fleischbrühe und rührt diese beim Anrichten mit 2 Eidottern ab. Nur wenn nötig, nach Geschmack 1/2 Teel. Salz dazu; man kann auch als Gewürz 1 Messerspitze Pfeffer verwenden.

*Zutaten: 10 Sturen, 1 Ltr. Wasser oder Kalbfleischbrühe, 2 Eidotter, 1/2 Teel. Salz, 1 Messerspitze Pfeffer.*

**Blumenkohlmus für 2 Personen.** Hierzu nimmt man 1 kleinen Blumenkohl im Gewicht von 125 Gr. Die Blätter werden vollständig entfernt, der gewaschene Blumenkohl wird mit 1/2 Ltr. kochendem Wasser angesetzt und im geschlossenen Topf 30 Minuten gekocht. Nach dieser Zeit gießt man das Wasser ab und streicht den Kopf rasch durch ein Sieb. 1 Teel. Butter lässt man zergehen, dann gibt man 1 Essl. süßen Rahm oder Milch dazu, hiernach 2 Essl. von dem Kohlmus. Ist dieses verrührt, gibt man den Rest des Kohls dazu und nach Geschmack 1 Messerspitze Salz und 1–2 Eigelb. Nun stellt man das Mus 10 Minuten vor dem Gebrauch in einen Topf mit kochendem Wasser.

*Zutaten: Ein 125-Gr.-Kopf Blumenkohl, 1/2 Ltr. Wasser, 1 Teel. Butter, 1 Essl. süßer Rahm oder Milch, 1 Messerspitze Salz, 1 bis 2 Eidotter.*

**Selleriemus für 1 Person.** 1 große Knolle Sellerie wird geschält und in Viertel geschnitten, gewaschen, mit 1/2 Ltr. kochendem Wasser angesetzt und 1 Stunde gekocht. Hierbei muss das Wasser eingekocht sein. Dann streicht man die Knolle durch ein Sieb. 1 Teel. Pflanzenfett oder Butter verrührt man mit dem Mus, lässt es ein Mal aufkochen und gibt 1 Eigelb dazu; nach Geschmack 1 Teel. Salz. Statt Eigelb 1 Teel. Rahm.

*Zutaten: 1 Knolle Sellerie, 1/2 Ltr. Wasser, 1 Teel. Pflanzenfett oder Butter, 1 Eigelb, 1 Teel. Salz, 1 Teel. Rahm.*

**Erdapfelmus für 3 Personen.** 500 Gr. Erdäpfel werden geschält, hiernach gewaschen, mit 1/4 Ltr. kochendem Wasser oder Kalbfleischbrühe angesetzt und zugedeckt in 30 Minuten weichgekocht. Nach dieser Zeit wird das Gemüse durch ein Sieb gestrichen. 1/2 Kochl. Butter wird mit 1 Löffel von dem Mus ausgerührt. Hiernach wird 1/2 Teel. Salz und das übrige Mus dazu gegeben. Nachdem dieses alles gut verrührt, kommen noch 2 Essl. Schlagrahm oder Milch dazu. 2–3 Eidotter rührt man 5 Minuten, gibt unter tüchtigem Rühren

*Zutaten: 500 Gr. Erdäpfel oder Topinambur (Erdartischocke genannt), 1/4 Ltr. koch. Wasser oder Kalbfleischbrühe, 1/2 Kochl. Mehlschwitze, 1/2 Teel. Salz, 2 Essl. Schlagrahm oder Milch, 2 bis 3 Eidotter.*

die Hälfte vom Erdapfelmus dazu. Ist dieses verrührt, fügt man den Rest der Masse hinzu und nach Geschmack 1/2 Teel. Salz und 2 Teel. frische Butter.

**Apfelmus für 1 Person.** Einen großen, recht sauren Apfel schält man und schneidet ihn in Viertel, setzt ihn mit 1 Essl. kochendem Was- *Zutaten: 1 Apfel, 1 Essl. kochendes Wasser, 1 Tablette Sacharin.*
ser an und kocht ihn zugedeckt 15 Minuten; dann streicht man das Ganze durch ein Sieb. Das Wasser darf man nicht weggießen. 1 Tablette Sacharin löst man mit 1 Messerspitze Apfelmus und verrührt es gut.

**Zitronenpudding für 1 Person.** 2 Eigelbe werden 10 Minuten gerührt. 1/8 Ltr. Wasser, 2 Tabletten Sacharin und 5 cm Agar-Agar, das *Zutaten: 2 Eier, 1/8 Ltr. Wasser, 2 Tabletten Sacharin, 5 cm Agar-Agar, 3 Teel. Zitronensaft.*
man kalt abspült und mit dem Wasser 1–2 Minuten kochen lässt. Dieses gießt man unter Rühren langsam an die Eigelbe. Jetzt stellt man dieses 30–40 Minuten zum Abkühlen beiseite. Wenn die Masse anfängt rund zu werden, gibt man den festen Schnee der Eier hinzu. Ganz zuletzt rührt man 3 Teel. Zitronensaft dazu. Diese Masse füllt man in eine mit Wasser ausgespülte Form und hält den Pudding 3 Stunden vor dem Gebrauch fertig.

**Zitronenauflauf für 2 Personen.** 4 Eigelb rührt man mit der Butter 10 Minuten und fügt 2 Tabletten Sacharin hinzu. Wenn man darf, *Zutaten: 4 Eier, 2 Tabletten Sacharin, 1 1/2 Zitrone, 65 Gr. Butter.*
gibt man 1/2 Zitrone (abgeriebene Schale) dazu, dann den festen Schnee von 4 Eiern. Ist dieses verrührt, gibt man den Saft einer Zitrone dazu. Diese Masse füllt man in eine Auflaufschüssel, die man vorher mit Butter ausge-strichen hat. Nun bäckt man den Auflauf bei mäßiger Hitze 20 Minuten. Der Auflauf muss gleich serviert werden.

**Apfelsinencreme für 2 Personen.** Eigelb und Zucker rührt man eine Viertelstunde. Die Gelatine wird angefeuchtet, mit 1 Essl. Weiß- *Zutaten: 3 Eier, 65 Gr. Zucker, der Saft von 2 Apfelsinen, 3 Blatt weiße Gelatine.*
wein gekocht und sodann durch ein Sieb an die Masse gegeben. Man fügt noch 1 Messerspitze geriebene Apfelsinenschale und den festen Schnee der Eier hinzu. Die Masse kann man in die ausgehöhlten Apfelsinenschalen fül-len. Man hält die Speise 1 Stunde vor Gebrauch fertig.

**Apfelsinengelee für 4-6 Personen.** Den Saft von 2 Apfelsinen, 1/2 Zitrone gießt man durch ein Sieb. 2 Tabl. Sacharin gibt man dazu. *Zutaten: 2 Apfelsinen, 1/2 Zitrone, 2 Tabletten Sacharin, 1/2 Teel. Agar-Agar, 2 Essl. kaltes Wasser.*

1/2 Teel. Agar-Agar kocht man mit 2 Essl. kaltem Wasser 1–2 Minuten, dann gießt man dieses durch ein Sieb in das Gelee. Das Gelee füllt man in eine Glasschale oder in die ausgehöhlte Apfelsinenschale.

**Soubise von Zwiebeln für 2 Personen.** Die Zwiebeln werden in Scheiben geschnitten, mit 1 Kochl. Butter im geschlossenen Topf langsam 20 Minuten gedämpft; dann gießt man 1/8 Ltr. süßen Rahm dazu. Nachdem das Ganze einmal aufgekocht, wird es durch ein Drahtsieb gestrichen, mit Salz und Pfeffer abgeschmeckt. Als Beigabe für Hammelkotelettes zu geben.

*Zutaten: 6 Zwiebeln, 1 Kochl. Butter, 1/8 Ltr. süßer Rahm.*

**Mais.** Der Mais muss frisch geschnitten, reichlich bedeckt mit kochendem Wasser oder Brühe angesetzt werden und in geschlossenem Topf 1 Stunde kochen. Während der letzten 5 Minuten gibt man 1 Teel. Salz dazu. Man serviert den Mais mit gerührter Butter. Ist der Mais nicht frisch geschnitten, wird er nicht weich.

*Zutaten: Mais, Kraftbrühe oder Wasser, 1 Teel. Salz, Butter.*

**Kleine Teekuchen für Diabetiker.** Das Backpulver mischt man mit dem Aleuron. Die Butter tut man in eine Schüssel. Die Sacharintabletten feuchtet man mit einem Tropfen kalten Wassers an und gibt sie zur Butter, ebenso den Saft einer Zitrone und 1 Eidotter. Diese Masse rührt man tüchtig 6 Minuten. Dann wird die Hälfte der Aleuronmischung dazu gegeben, sowie die fein gehackten Nüsse oder Mandeln. Die Masse wird nun wiederum 5 Minuten tüchtig gerührt. Den so gewonnenen Teig stellt man eine Viertelstunde kalt. Dann streut man die letzte Hälfte der Aleuronmischung auf ein Backbrett, knetet den Teig mit dieser Mischung aus, rollt ihn dünn aus und sticht mit einem Glase kleine Plätzchen aus, welche man mit Eigelb bestreicht. Diese Plätzchen legt man auf ein mit Butter bestrichenes Backblech und bäckt sie in 5 Minuten im nicht zu heißen Ofen hellgelb.

*Zutaten: 8 Essl. Alleuronatmischung, 1 Teel. Backpulver, 1 Zitrone, 3 Essl. fein gehackte Mandeln oder Nüsse, 200 Gr. Butter, 4 Sacharin-Tabletten, 1 Eidotter.*

**Kleine Kringel für Diabetiker.** Die Sacharintabletten legt man in eine Schüssel, gibt den Rahm dazu und rührt denselben solange, bis die Sacharintabletten vollständig aufgelöst sind. Dann gibt man die Butter, die Eidotter und das Salz hinzu und rührt das Ganze 5 Minuten. Dann fügt man die Hälfte der Aleuronmischung und das Backpulver hinzu und rührt den Teig

*Zutaten: 250 Gr. Alleuronatmischung, 4 Sacharin-Tabletten, 1/2 Paket Backpulver, 125 Gr. Butter, 2 Essl. süßer Rahm, 2 Eidotter, 1/2 Teel. Salz.*

5 Minuten. Hiernach gibt man die andere Hälfte der Aleuronmischung auf ein Backbrett, knetet den Teig mit dieser Mischung nach und nach aus und formt nun kleine Kränze, legt sie auf ein mit Butter bestrichenes Backblech und bäckt sie im nicht zu heißen Ofen 5 Minuten.

# MAN RECHNET AUF 1 LITER FLÜSSIGKEIT

| | |
|---|---|
| 300 Gr. Bohnen als Gemüsegang | 100 Gr. Grieß, grober, in Milch |
| 150 Gr. Erbsen zur Suppe | 120 Gr. Grieß, grober, in Wasser oder Fruchtsaft |
| 500 Gr. Linsen als Gemüsegang | 150 Gr. Buchweizengrütze |
| 30 Gr. Mehl, 15 Gr. Fett zur Mehl-schwitze für Suppe, abgerührt mit Ei | 100 Gr. Reis, dick gekocht in Milch |
| 80 Gr. Mehl, 40 Gr. Fett zur Mehl-schwitze ohne Ei | 100 Gr. Reismehl in Milch |
| 200 Gr. Grieß, feiner, dick gekocht in Milch | 120 Gr. Reismehl in Wasser oder Fruchtsaft |
| 220 Gr. Grieß, feiner, in Wasser oder Fruchtsaft | 150 Gr. Maismehl |
| 150 Gr. Sago | 150 Gr. Kartoffelmehl |
| 100 Gr. Brot zur Brotsuppe | |

# ERKLÄRUNG DER ABKÜRZUNGEN

Unter Kochlöffel Mehlschwitze versteht man einen Löffel Mehl und ebenso viel Butter. Beides im Topfe auf geschlossenem Herd unter Rühren 2 Minuten schwitzen. Es genügt auch, wenn man 1/2 Kochlöffel Butter und einen Kochlöffel Mehl nimmt.

Zuckerfarbe (Couleur), siehe Seite 51, benutzt man zum Braunfärben von Suppen und Tunken.

Zum Grünfärben benutzt man Spinat, zum Rotfärben Rote Beete Saft.

| | |
|---|---|
| Ltr. = Liter | Teel. = Teelöffel |
| Kochl. = Kochlöffel | Gr. = Gramm |
| Essl. = Esslöffel. | geh. = gehäuft |

| | |
|---|---|
| 1 Teel. Zucker = 10 Gr. | 1 Kochl. Zucker = 20 Gr. |
| 1 Teel. Mehl = 7 Gr. | 1 Kochl. Mehl = 15 Gr. |
| 1 Essl. Zucker = 30 Gr. | 12 Blätter weiße Gelatine = 18 Gr. |
| 1 Essl. Mehl = 25 Gr. | 12 Blätter rote Gelatine = 20 Gr. |

| |
|---|
| Pröben = Weißbrot |
| Schweser = Kalbsmilch |

# Register